大跨度公铁平层斜拉桥设计与科研创新

孙 云　杨如刚　唐 勇　王应良　李永乐　著

西南交通大学出版社
·成都·

图书在版编目（CIP）数据

大跨度公铁平层斜拉桥设计与科研创新 / 孙云等著. —成都：西南交通大学出版社，2023.4
ISBN 978-7-5643-9270-3

Ⅰ. ①大… Ⅱ. ①孙… Ⅲ. ①长跨桥–斜拉桥–桥梁设计 Ⅳ. ①U448.43②U448.27

中国国家版本馆 CIP 数据核字（2023）第 075080 号

Dakuadu Gongtie Pingceng Xielaqiao Sheji yu Keyan Chuangxin

大跨度公铁平层斜拉桥设计与科研创新

孙 云　杨如刚　唐 勇　王应良　李永乐　著

责任编辑	韩洪黎
封面设计	何东琳设计工作室
出版发行	西南交通大学出版社 （四川省成都市金牛区二环路北一段 111 号 西南交通大学创新大厦 21 楼）
邮政编码	610031
发行部电话	028-87600564　028-87600533
网址	http://www.xnjdcbs.com
印刷	四川煤田地质制图印务有限责任公司
成品尺寸	185 mm×260 mm
印张	24
字数	507 千
版次	2023 年 4 月第 1 版
印次	2023 年 4 月第 1 次
定价	120.00 元
书号	ISBN 978-7-5643-9270-3

图书如有印装质量问题　本社负责退换

版权所有　盗版必究　举报电话：028-87600562

前言

为节约通道资源和工程投资，宜宾临港长江大桥采用"4线高速铁路+6车道公路"同层布置，为公铁两用双塔双索面斜拉桥，桥面宽度63.9 m。该桥是世界上首座公路与高铁同层合建桥，也是目前世界最宽的公铁两用桥，它给设计与施工带来了诸多新的挑战。为此，建设单位联合设计单位和高等院校共进行了11项研究，相关成果在该桥建设实践中得到应用，并进一步总结、汇编成此书，以期为我国桥梁建设积累经验。

本书旨在为广大桥梁工程师提供一本可供借鉴的公铁平层合建斜拉桥设计和科研方面的技术参考书。全书共11章，主要介绍了宜宾临港长江大桥概况、公铁合建斜拉桥总体设计、公铁合建斜拉桥刚度、宽体箱梁空间行为、索梁锚固区结构行为、公路组合桥面结构行为、铁路线路几何形位及控制、桥梁抗震性能、桥梁抗风性能、风车桥耦合振动性能、列车冲击波及噪声控制等内容。

原四川省铁路产业投资集团孙云、蜀道投资集团杨如刚和四川蜀道铁路投资集团唐勇等主持领导了宜宾临港长江大桥的建设和科研工作，并组织了本书的规划、撰写、修订及统稿工作。本书第1章由建设单位川南城际铁路公司张伟勇、徐代宏和韩冰撰写，第2~3章由设计单位中铁二院工程集团有限责任公司王应良、任万敏、王玉珏、袁明、朱敏、王亮、李秀华和梁春明等撰写；第4~11章由科研单位西南交通大学李永乐、祝兵、周凌远、陈嵘、卫星、叶华文、马存明、向活跃、栗怀广、周强和朱金撰写。

本书撰写过程中，得到了宜宾临港长江大桥各参建单位的大力支持，在此一并表示感谢。由于时间仓促、水平有限，书中难免存在遗漏和不足，恳请专家和读者不吝指正。

作 者
2023年4月

目 录

第1章 桥梁概况 ·· 001
   1.1 工程概况 ·· 001
   1.2 大桥设计创新 ·· 014

第2章 公铁合建斜拉桥总体设计 ·· 016
   2.1 公铁合建桥梁概述 ·· 016
   2.2 公铁合建桥的分类 ·· 018
   2.3 公铁合建桥梁型及结构特点 ·· 019
   2.4 公铁合建桥的两岸接线 ·· 025
   2.5 临港长江大桥方案的确定过程 ······································ 027
   2.6 公铁合建斜拉桥的约束体系 ·· 032
   2.7 公铁平层布置时铁路和公路之间的隔离装置 ·························· 038
   2.8 本章小结 ·· 042

第3章 公铁合建斜拉桥刚度研究 ·· 044
   3.1 概　述 ·· 044
   3.2 公铁合建斜拉桥竖向刚度 ·· 044
   3.3 公铁合建斜拉桥横向刚度 ·· 059
   3.4 扭转刚度和相邻钢轨的允许扭曲变形 ································ 063
   3.5 伸缩缝处钢轨的最大竖向位移和横向位移 ···························· 065
   3.6 高速铁路线路的线形技术要求 ······································ 066
   3.7 列车运行安全性和旅客舒适性要求 ·································· 067
   3.8 临港长江大桥刚度控制 ·· 070
   3.9 本章小结 ·· 077

第4章	宽体箱梁空间行为	080
	4.1 概　述	080
	4.2 宽幅钢箱梁双向弯曲效应	081
	4.3 宽幅钢箱梁的弯-扭耦合行为	098
	4.4 宽幅钢箱梁局部稳定及极限承载力	106
	4.5 本章小结	115

第5章	索梁锚固区结构行为	118
	5.1 概　述	118
	5.2 主梁锚固区模型试验方案设计	119
	5.3 主梁锚固区模型试验结果分析	127
	5.4 主梁锚固区缩尺模型有限元分析	138
	5.5 主梁锚固区足尺模型有限元分析	144
	5.6 主梁锚固区板件结构优化分析	149
	5.7 本章小结	165

第6章	公路组合桥面结构行为	168
	6.1 概　述	168
	6.2 正交异性组合桥面板的构造与受力特点	168
	6.3 正交异性钢-砼组合桥面的轮载扩散效应	175
	6.4 混凝土层切缝对正交异性钢-砼组合桥面板受力性能的影响	184
	6.5 本章小结	190

第7章	铁路线路几何形位及控制	192
	7.1 概　述	192
	7.2 斜拉桥上无缝线路设计方案研究	193
	7.3 斜拉桥上有砟轨道结构变形及控制措施研究	199
	7.4 斜拉桥上轨道几何形位特征分析与评估	216
	7.5 本章小结	241

第8章	**桥梁抗震性能**	244
8.1	概　述	244
8.2	公铁两用斜拉桥有限元模型建立及自振特性分析	248
8.3	不同减隔震装置的参数分析及减震效果研究	249
8.4	基于模糊逻辑控制理论的减隔震装置参数优化	259
8.5	本章小结	271

第9章	**桥梁抗风性能**	274
9.1	概　述	274
9.2	桥位风特性参数分析	274
9.3	结构动力特性分析	276
9.4	主梁静风荷载研究	279
9.5	主梁颤振稳定性研究	281
9.6	主梁涡振特性研究	285
9.7	全桥气弹模型风洞试验研究	291
9.8	本章小结	307

第10章	**风-车-桥耦合振动性能**	309
10.1	概　述	309
10.2	车桥气动特性风洞试验	309
10.3	风-车-桥耦合振动分析方法	316
10.4	风-列车-桥耦合振动分析	327
10.5	风-汽车-桥耦合振动分析	339
10.6	本章小结	354

第11章	**列车冲击波及噪声控制**	356
11.1	概　述	356
11.2	研究现状及进展	359
11.3	高速列车气动力及气动噪声数值方法研究	363
11.4	桥梁列车气动冲击波计算	368
11.5	桥上高速列车气动噪声分析	373
11.6	本章小结	373

第1章
桥梁概况

1.1 工程概况

宜宾临港长江大桥（以下称临港长江大桥）位于宜宾市内，是新建川南城际铁路自贡至宜宾线的重点控制性工程，也是连接自贡岸宜宾三江新区、宜宾岸叙州区市政交通的共同过江通道，桥梁平面如图1-1所示。大桥建成通车后也是蓉昆高铁、渝昆高铁共同过长江的通道，未来将形成四川南向出川的大通道，带动沿线多个城市交通互联互通，区域融合发展。

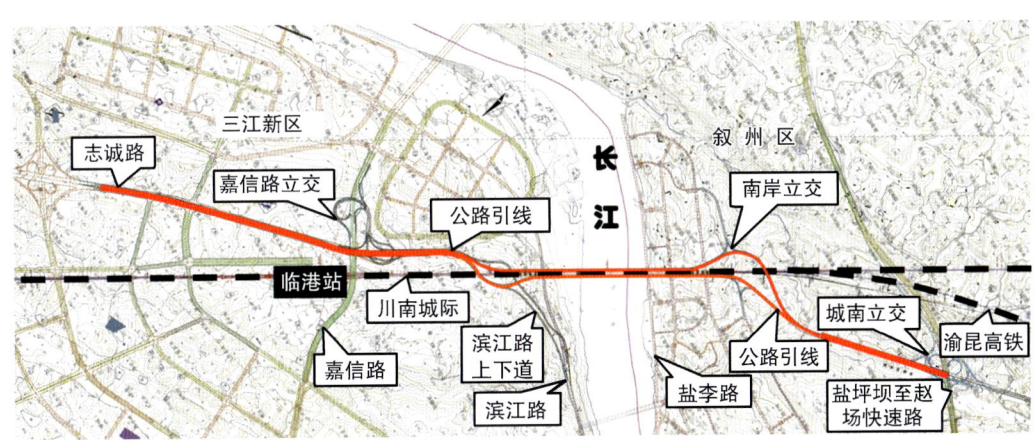

图1-1 大桥线位平面布置图

为节约通道资源和工程投资，大桥采用"4线铁路+6车道公路"同层布置，为公铁两用双塔双索面斜拉桥。铁路为4线客运专线，设计速度300 km/h；公路为双向6车道布置于铁路两侧，设计速度80 km/h，外侧设非机动车道和人行道。桥跨布置为9×40.7 m（北引桥）+（72.5+203+522+203+72.5）m（主桥）+7×40.7 m（南引桥），桥梁总体布置如图1-2所示。大桥全长1742.1 m，其中主桥长1075.2 m，主桥主梁采用钢箱梁，引桥主梁采用3×40.7 m或4×40.7 m一联的钢-砼结合梁。桥塔采用外包钢箱梁的钻石形混凝土桥塔，桥塔处的人行道和非机动车道外绕桥塔。大桥主跨长522 m，主桥梁宽63.9 m。

临港长江大桥系世界上首座公路与高铁同层合建桥，也是目前世界上跨度最大的公铁两用箱型主梁斜拉桥及世界最宽的公铁两用桥。主桥上公路和高速铁路近距离共面，在引桥上高速铁路与公路分离，一侧公路降坡分叉下穿铁路。

全桥设双向3‰人字纵坡，变坡点设置在主桥中跨跨中，竖曲线半径25000 m。

本桥约束体系如图1-3所示，综合制动力及抗震分析情况，采用塔墩固结，塔梁分

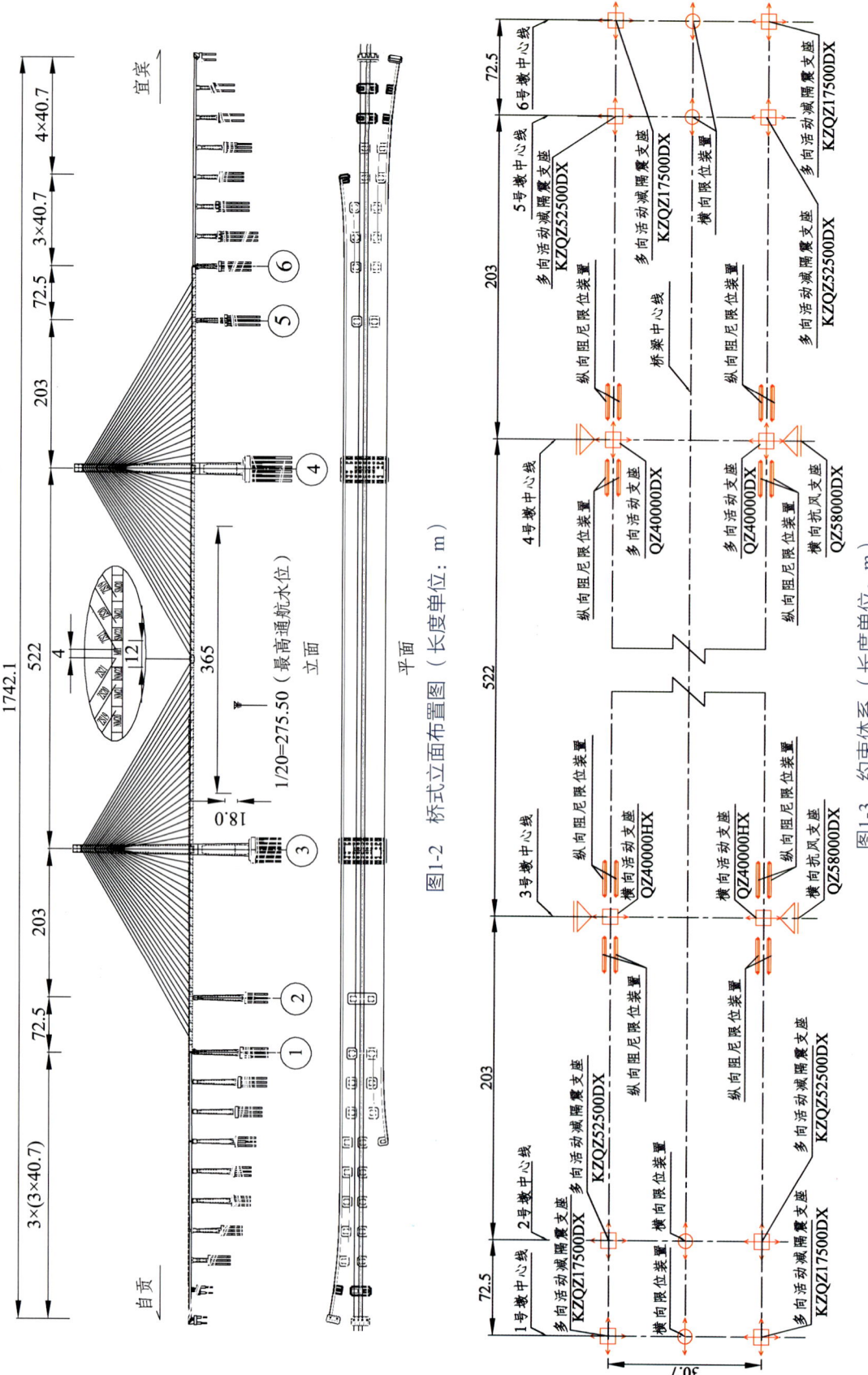

图1-2 桥式立面布置图（长度单位：m）

图1-3 约束体系（长度单位：m）

离，自贡侧主梁与桥塔之间设置固定支座，其他桥塔和桥墩处设置支座约束主梁竖向及横向位移，边墩和辅助墩设横向限位装置。自贡侧塔梁之间的固定支座仅在正常运营的状态下发挥纵向限位作用，在设计地震作用下应快速剪断支座纵向约束，使阻尼器发挥作用，以免结构发生破坏。剪断力为28800 kN，大致是多遇地震水准下水平力的1.7倍，主+附工况下水平力的1.2倍。正常使用时，自贡侧桥塔与主梁纵向固定，列车制动力等可以直接通过固定支座传递，减小梁端位移。

地震作用下，当水平力大于多遇地震水准下的1.7倍时，自贡侧桥塔上的固定支座采用可剪断设计，两侧桥塔设置的相同的阻尼器共同发挥作用，使得设计地震下，形成对称的抗震体系，既满足正常运营，也满足抗震要求。

在梁体主塔与主梁之间纵向共设置16套黏滞阻尼器，每个桥塔8套，阻尼系数$C=4000$ kN/(m/s)$^{0.2}$，阻尼指数为0.2，每个阻尼器最大阻尼力为3500 kN，最大动力行程为550 mm。阻尼器布置如图1-4所示。

为保证主桥和引桥过渡处钢轨的横向位移小于1 mm，在辅助墩和交界墩设置横向限位支座。

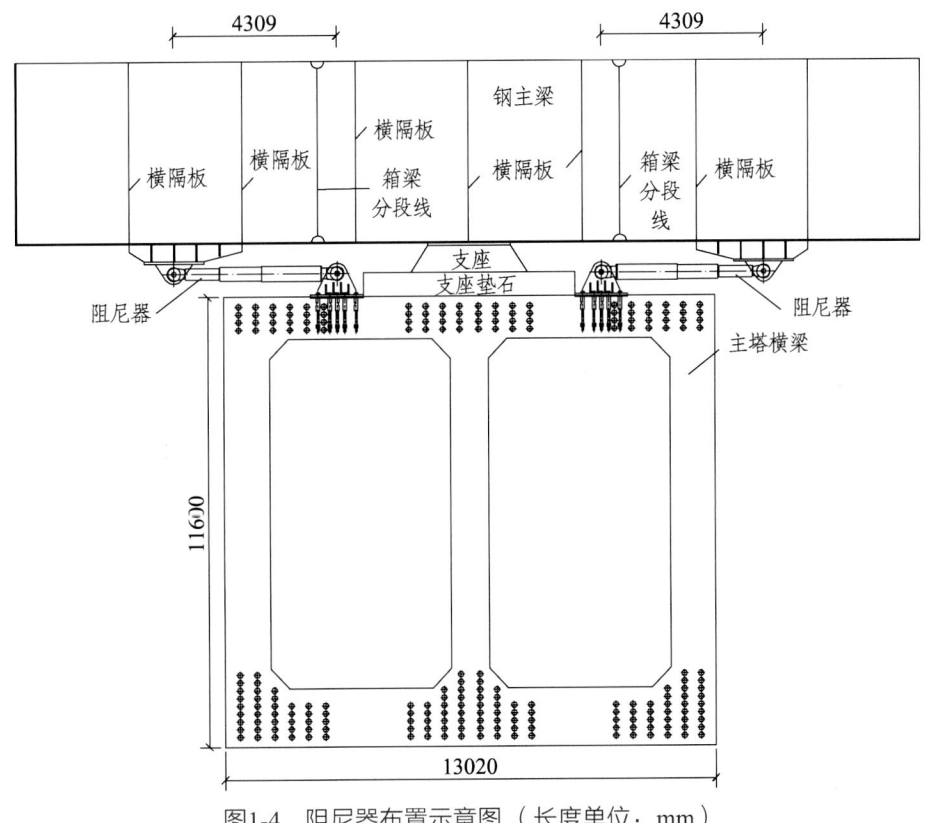

图1-4 阻尼器布置示意图（长度单位：mm）

为适应梁体伸缩的要求，临港长江大桥在1#墩、6#墩梁端铁路桥面设置钢轨伸缩调节器及上承式梁端伸缩装置一体化设备，钢轨伸缩调节器的伸缩量为±600 mm；在1#墩、6#

墩梁端公路桥面设置满足多向变位功能要求的单元式多向变位梳齿板式伸缩装置，伸缩量为±600 mm。

1.1.1 主塔基础

自贡岸索塔基础采用66根钻孔灌注桩，桩径2.5 m，桩长29~36 m，如图1-5所示；宜宾岸索塔基础采用64根钻孔灌注桩，桩径2.5 m，桩长60 m，如图1-6所示。矩形承台尺寸为67 m×35.75 m×7 m，混凝土方量16767 m³。塔座为棱台体，高3 m，混凝土方量5456.3 m³。承台最大嵌岩深度2.9 m。河床覆盖层为砂加卵石，厚度5~8 m，其下泥岩、砂岩交错，墩位处岩层强度较高，局部达100 MPa。

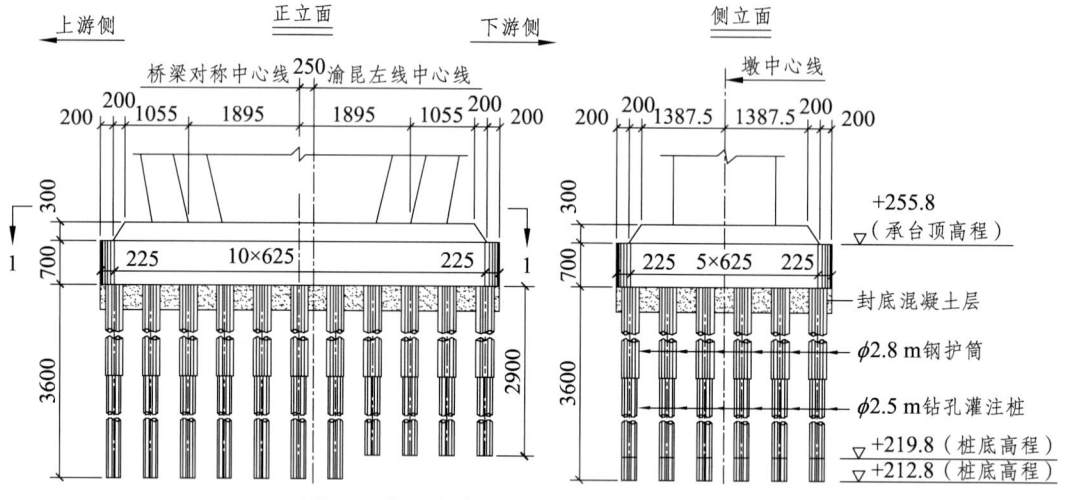

图1-5 自贡岸索塔基础（长度单位：cm）

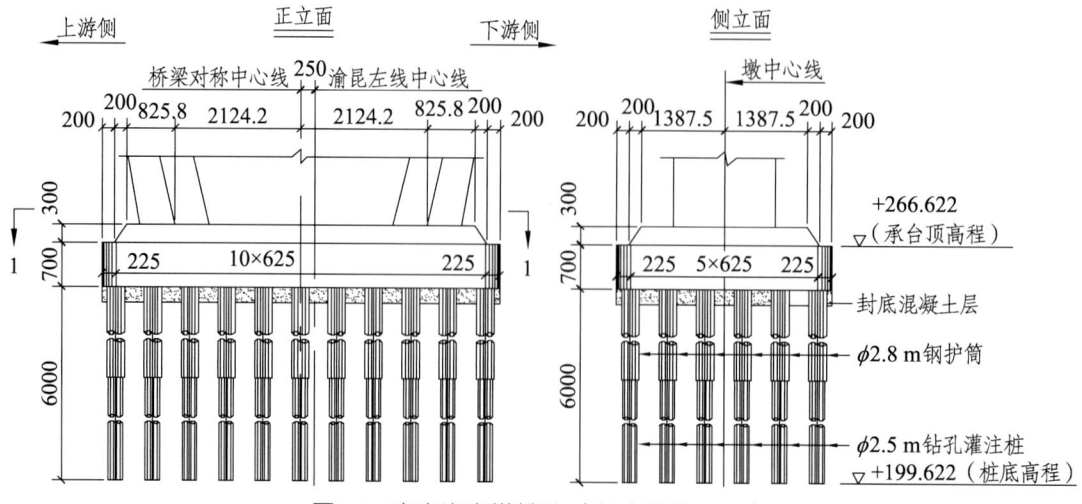

图1-6 宜宾岸索塔基础（长度单位：cm）

1.1.2 主 塔

主塔为钢筋混凝土结构，采用C55混凝土，自贡侧塔高250.8 m（不含塔座），宜宾侧塔高239.978 m（不含塔座）。其中，上塔柱高70.8 m，中塔柱高108 m，自贡侧桥塔（3号塔）下塔柱高72 m，宜宾侧桥塔（4号塔）下塔柱高61.178 m，桥面以上为八字形，2个塔柱用连接板相连，为了减少风阻，中间设2个开孔，连接板之间设置3道横梁，整个桥塔在横向为钻石型。塔高全范围及连接均设置通风孔，自贡侧桥塔一般构造如图1-7所示。

上、中塔柱采用六边形截面，在下横梁顶由六边形截面变为四边形截面，承台以上塔高253.8 m；4号塔承台以上塔高242.978 m。上塔柱标准段横桥向尺寸为7.2 m，中塔柱由7.2 m渐变为8.5 m，下塔柱由8.5 m渐变为12 m。

为保证船撞时的安全，下塔柱内采用C25混凝土自塔座顶向上浇筑填充至标高+278.0位置，浇筑前须先在该区段下塔柱内壁涂刷一层沥青。

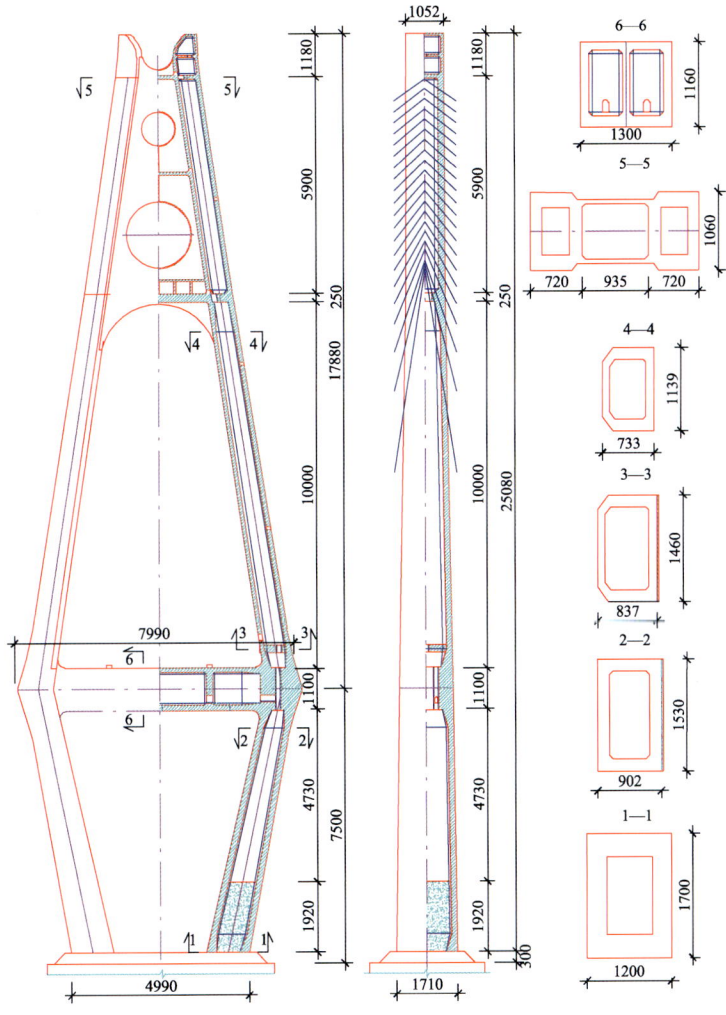

图1-7 自贡侧桥塔一般构造图（长度单位：cm）

下塔柱与中塔柱交界处设下横梁，横梁为预应力混凝土结构，采用单箱双室矩形截面，横梁宽13 m，跨中高11.6 m，底板厚1.5 m，中腹板厚1.0 m，边腹板厚1.2 m，支座处设有横隔板。横梁顶、底板均配置预应力钢绞线。

塔柱截面内外侧塔壁均设置单排直径36 mm受力主筋，主筋穿过塔座插入承台顶面以下锚固。

下横梁采用预应力混凝土箱形结构，为单箱双室矩形截面，高11.6 m、宽13 m，梁高宽13 m，跨中高11.6 m，底板厚1.5 m，中腹板厚1.0 m，边腹板厚1.2 m，支座处设有横隔板。横梁顶、底板均配置预应力钢绞线。

下横梁预应力采用22-ϕ^s15.2（f_{pk}=1860 MPa）低松弛钢绞线，一个主塔下横梁共设212束。

为满足塔柱与横梁间的受力要求，横梁的纵向钢筋锚固于塔柱内，预应力钢束锚固于塔柱的外侧，塔柱外侧预留一段封锚混凝土尺寸，待下横梁预应力张拉完成后，再进行封锚混凝土的浇注。

1.1.3 钢箱梁

临港长江大桥主梁采用整体式钢箱梁，桥面采用公铁同层布置，4线高铁设置在桥面中间，桥面两侧各布置3车道城市道路和人行道及非机动车道。4线铁路线间距为（6.5+5+6.5）m，外侧川南城际铁路线路中心线到铁路防撞墙外侧的距离为4.1 m，公铁间索梁锚固区域间距为1.8 m。铁路桥面宽26.2 m，两侧公路各宽12.75 m，非机动车道宽2.5 m，人行道宽1.5 m，护栏宽0.3 m，桥面总宽63.9 m。主桥钢箱梁标准截面如图1-8所示。

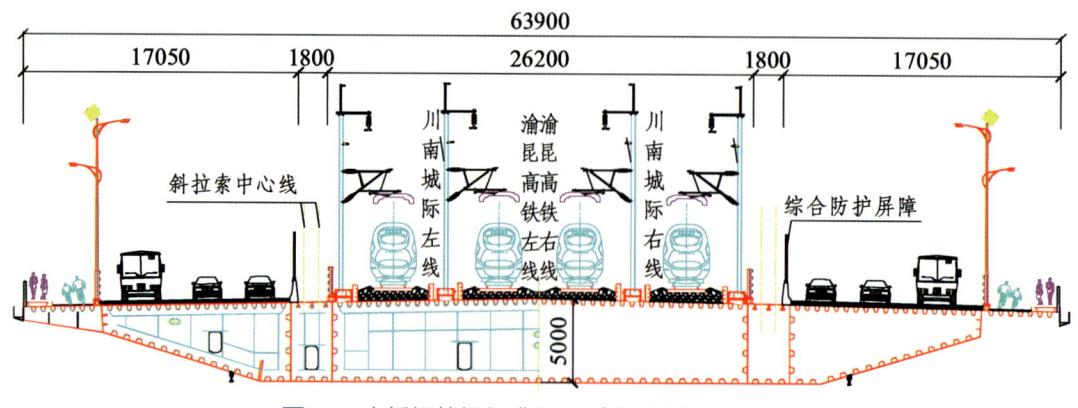

图1-8 主桥钢箱梁标准断面（长度单位：mm）

钢箱梁采用单箱五室结构，梁高5.0 m（箱梁中心线顶板顶到底板顶），主梁总宽63.9 m，箱宽54.2 m，两侧翼缘各宽4.85 m，桥面设2%人字横坡。拉索锚固在铁路和公路之间，采用内置式钢锚箱，锚箱宽2.6 m；中间铁路箱室宽25.5 m；两侧公路箱室各宽

11.75 m。钢梁共划分16种类型、99个节段，标准节段长12 m，其余根据节段重量和施工需要划分的长度还有6 m、8 m、8.5 m、9 m、9.5 m、9.6 m，最大节段质量为519.6 t。

根据受力需要，顶板在顺桥向不同区段采用16 mm、18 mm、20 mm、22 mm、24 mm、26 mm、30 mm等7种不同的厚度，桥塔位置抗风支座附近顶板厚度局部加厚至32 mm；非机动车道及人行道悬臂部分顶板全桥均采用12 mm厚钢板。底板包括平底板和斜底板两部分，根据受力需要，平底板、斜底板在顺桥向不同区段采用14 mm、16 mm、18 mm、20 mm、22 mm、26 mm、30 mm等7种板厚，桥塔位置抗风支座附近斜底板厚度局部加厚至32 mm。边腹板在顺桥向不同区段采用18 mm、20 mm、24 mm、40 mm等4种板厚，主塔横向抗风支座位置的边腹板板厚最大，为40 mm。在横断面内，共设置4道中纵腹板，顺桥向同一位置处的4个中纵腹板厚度相同。根据受力要求，中纵腹板在顺桥向不同区段采用20 mm、24 mm、26 mm、30 mm、40 mm等5种钢板厚度，辅助墩墩顶梁段板厚最大。由于锚固构造位于2个中纵腹板间，斜拉索索力主要通过锚固位置的腹板进行传力，在含有锚固构造的部分区域，中腹板局部加厚至30 mm。

横隔板采用整体式，每个隔板均由上下2块板组成（分别称之为"上连接板"和"下横隔板"），上下2块板通过隔板横肋连接。铁路箱隔板上连接板最小板厚为22 mm，公路箱隔板上连接板板厚与下横隔板板厚一致。横隔板标准间距4 m，索塔区A1、A2梁段，辅助墩区G、E、F梁段，梁端J2梁段及跨中M梁段部分横隔板间距加密至3 m。一般梁段非吊点处横隔板厚16 mm，斜拉索锚点附近处板厚18 mm，支座、压重段等特殊部位根据受力需要和构造要求，采用不同的板厚。

斜拉索和钢箱梁采用内置式锚箱锚固，如图1-9和图1-10所示。单侧斜拉索采用2根索并置方案，斜拉索中心距0.9 m；在宽2.6 m的锚固箱室内设置2道抗剪板，抗剪板和斜拉索平行，拉索索力通过2道抗剪板传递到主梁腹板，在索力较大区段，锚固区域腹板局部加厚。

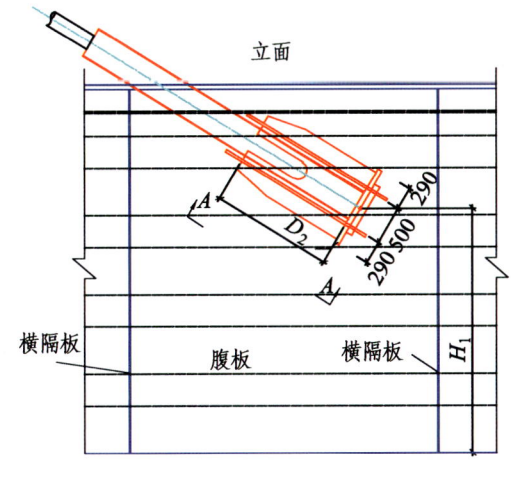
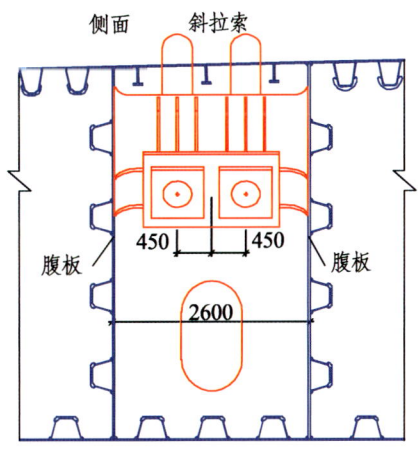

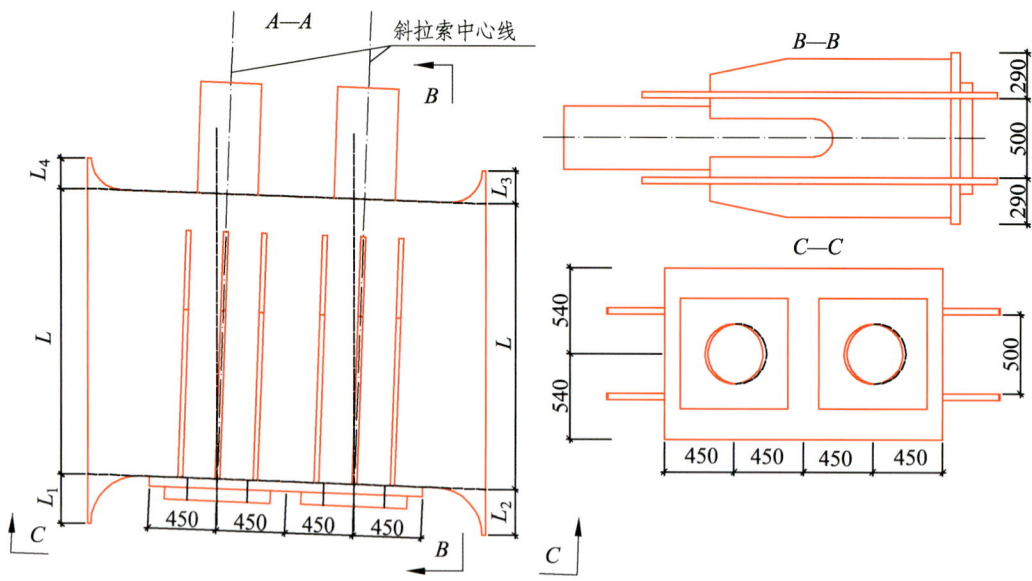

图1-9 斜拉索和主梁的锚固图（长度单位：mm）

图1-10 斜拉索和主梁的锚固照片

钢箱梁钢材：顶板及顶板U肋、锚固腹板、横隔板上部约700 mm高度部分采用E级钢，其余部分采用D级钢。钢材选用以Q345为主，局部加强位置采用Q420。斜拉索锚固箱室的腹板采用Z向性能钢。

在桥塔位置，为了减小桥塔的横向宽度，采用人行道和非机动车道外绕桥塔塔柱的构造，如图1-11和图1-12所示。外绕桥塔的人行道和非机动车道宽5.0 m，采用型钢固定在桥塔塔柱的外侧。穿桥塔部分桥面宽55.3 m。

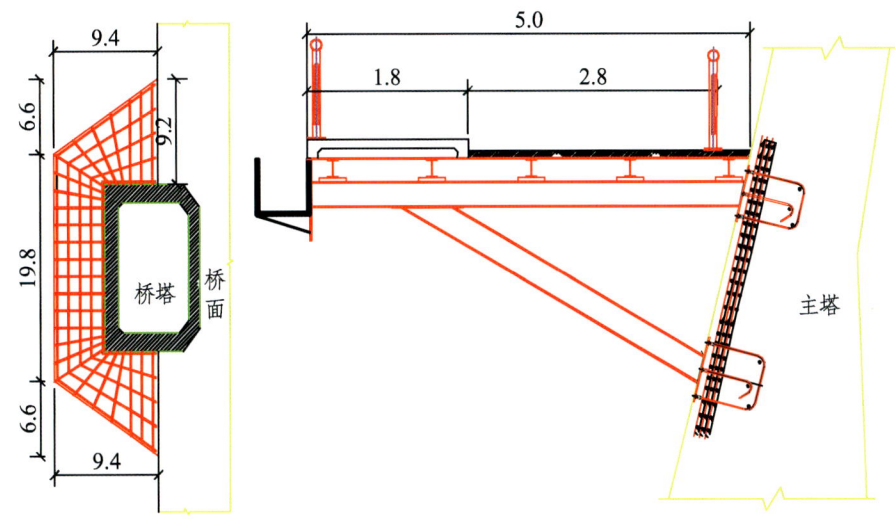

图1-11　塔柱外的非机动车及人行道（长度单位：m）

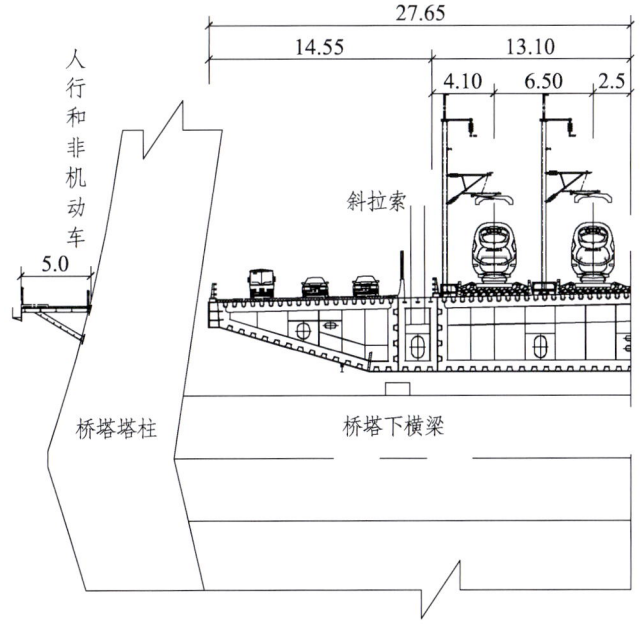

图1-12　穿过桥塔时的主梁横截面（长度单位：m）

1.1.4 斜拉索

斜拉索采用双索面扇形布置，一个斜拉索扇面共21对索，全桥共计336根斜拉索。斜拉索采用$\phi 7$ mm平行钢丝索，外包双层PE护套，2层PE护套间设置隔离层，$\sigma_b=1860$ MPa，分LPES7-163、LPES7-187、LPES7-211、LPES7-223、LPES7-241、LPES7-265、LPES7-283、LPES7-301等8种规格，锚具为冷铸锚。斜拉索索长86.353~299.799 m，单根斜拉索钢丝质量为4.2~25.2 t，单根斜拉索最大索力约7500 kN。

设置除湿系统对336根斜拉索进行除湿以提高斜拉索的设计使用寿命，其工作原理为外界新风经过滤增压箱过滤后进入到除湿机进行干燥，变成干空气后，在高压风机的作用下，经风管系统进入到斜拉索的下锚头，然后流经拉索内部空间，从拉索的上锚头排出，从而对斜拉索进行除湿防护，如图1-13所示。

斜拉索在主梁纵向的标准间距为12 m，在塔上的标准竖向间距为2.8 m。

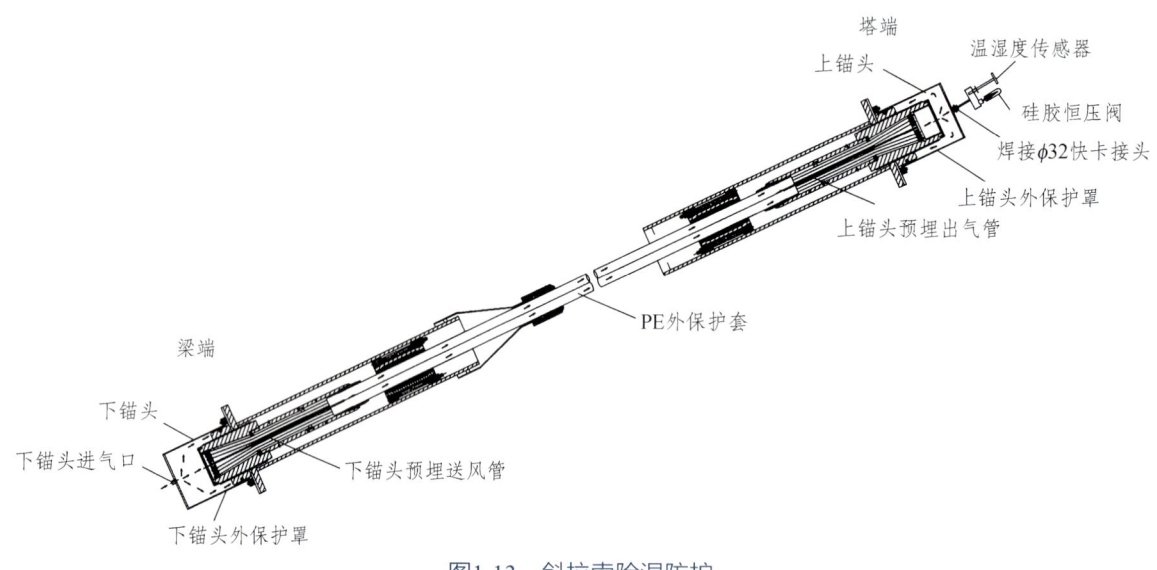

图1-13 斜拉索除湿防护

1.1.5 斜拉索和桥塔的锚固

斜拉索和桥塔的锚固采用钢锚梁形式。钢锚梁由受拉锚梁和锚固构造（钢牛腿）组成。全桥钢锚梁共计72套，每套钢锚梁锚固2对4根斜拉索。4~21号斜拉索采用钢锚梁作为斜拉索锚固结构，钢锚梁水平放置于上塔柱内侧钢牛腿上，承受斜拉索水平力；2~3号斜拉索直接锚固于中、上塔柱连接段的隔板上，1号采用齿块构造锚固于塔壁内侧。

钢牛腿是钢锚梁的支承结构，每根钢锚梁直接支承在一对钢牛腿顶板上。钢牛腿由顶板、腹板、腹板加劲板、塔壁预埋钢板、剪力钉、加劲钢板、加劲钢筋及横向挡块结构组成。钢牛腿高1.2~1.5 m，顶板厚36 mm，边跨侧设置8 mm厚填板，中跨侧顶板焊接2块

4 mm厚不锈钢板，边跨侧顶板两侧各设置8个φ33圆孔，中跨侧顶板两侧各设置8个φ33×53长圆孔，采用M30高强度螺栓连接钢锚梁及钢牛腿。顶板下设置2块牛腿支承腹板，板厚48 mm，腹板两侧焊有加劲肋，如图1-14和图1-15所示。

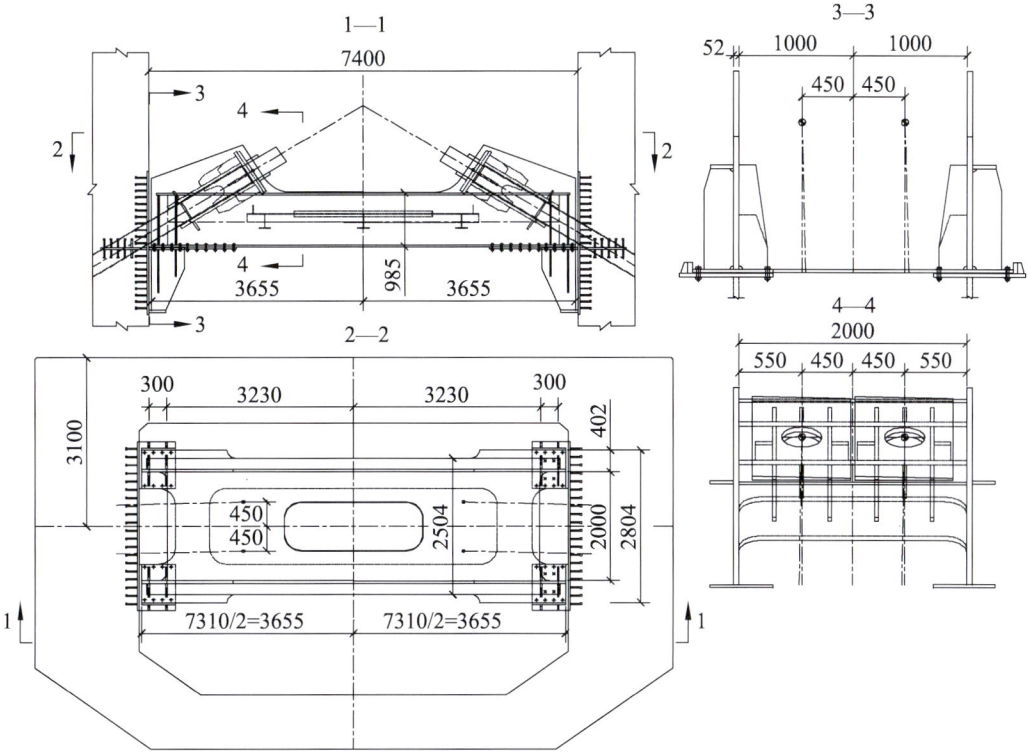

图1-14　斜拉索和桥塔的锚固图（长度单位：mm）

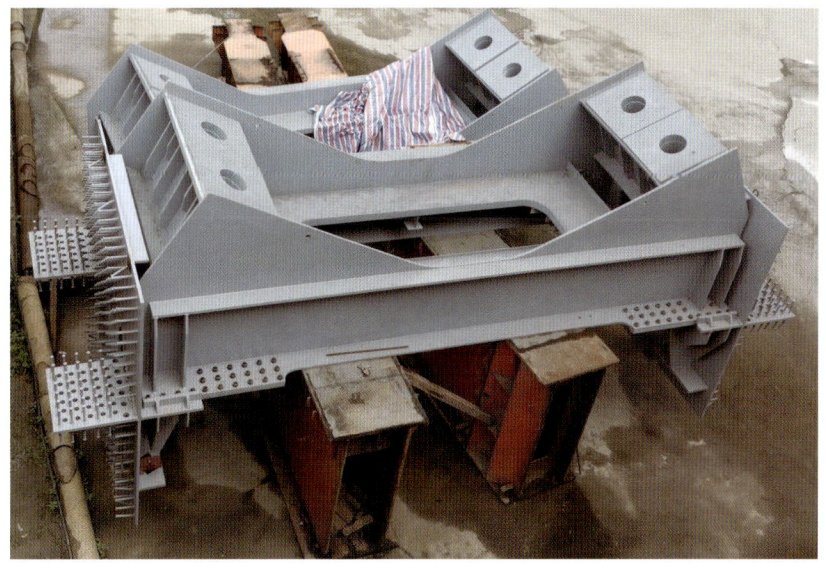

图1-15　索塔钢锚梁照片

施工期间，受两岸施工塔吊吊装能力影响，自贡侧采用钢锚梁+钢牛腿分体吊装，宜宾侧采用钢锚梁+钢牛腿整体吊装，最大吊重约34 t。

1.1.6　主桥铁路桥面和公路桥面铺装

1. 铁路桥面铺装

铁路桥面铺装采用ECO改性聚氨酯防水黏结层（0.15～0.3 kg/m²）+3 cm厚ECO改性聚氨酯混凝土+玻璃纤维布+HYE黏层（0.8～1.0 kg/m²）+3.5 cm厚SMA高弹改性沥青铺装，具有铺装工序少、施工速度快、铺装养护周期短、后期维护方便等特点，其表面铺设的玻璃纤维布，进一步提升了铺装结构的抗裂性，工艺成熟，性能稳定。

2. 公路桥面铺装

公路桥面采用正交组合板桥面体系。正交组合板桥面体系是在正交异性板钢桥面上铺设15 cm厚混凝土层，该混凝土层内设置2层钢筋。混凝土层与钢主梁通过剪力钉连接，再在其上摊铺9 cm厚沥青混凝土磨耗层。

1.1.7　主桥施工概述

桥梁2019年开工，2022年5月底主桥合龙，预计2023年底开通运营。

临港长江大桥两岸的边跨大部分位于岸上，自贡侧地形比较平坦，宜宾侧的地形比较陡峭，起伏比较大，修建便道也比较困难。中跨绝大部分的区域都可把梁段船运到最终位置下面。

自贡侧的主梁可以采用搭设低位支架存梁的方法架设，在跨越辅助墩处采用变幅吊机，也可以采用顶推法从主跨侧向边跨顶推的方法架设边跨主梁。

宜宾侧的主梁因为地形起伏大，采用顶推法从主跨侧向边跨顶推的方法架设边跨主梁比较合适。为了加快速度，在桥塔施工高度超出桥面后，即搭设支架从侧桥塔向边跨顶推主梁。宜宾侧设置2个辅助墩，顶推的跨度为66.13 m+60 m+60 m+72.5 m。主桥顶推导梁长40 m，单侧导梁重127 t，共使用2根导梁与主桥钢梁连接，导梁总重254 t。

中跨主梁采用悬臂拼装法施工。主桥最终的施工方法如图1-16所示。

1.1.8　主桥数量

主桥的主要数量如下：

（1）桥塔基础。

混凝土（C45）：44368 m³

混凝土（C35）：33377 m³

钢筋：8469 t

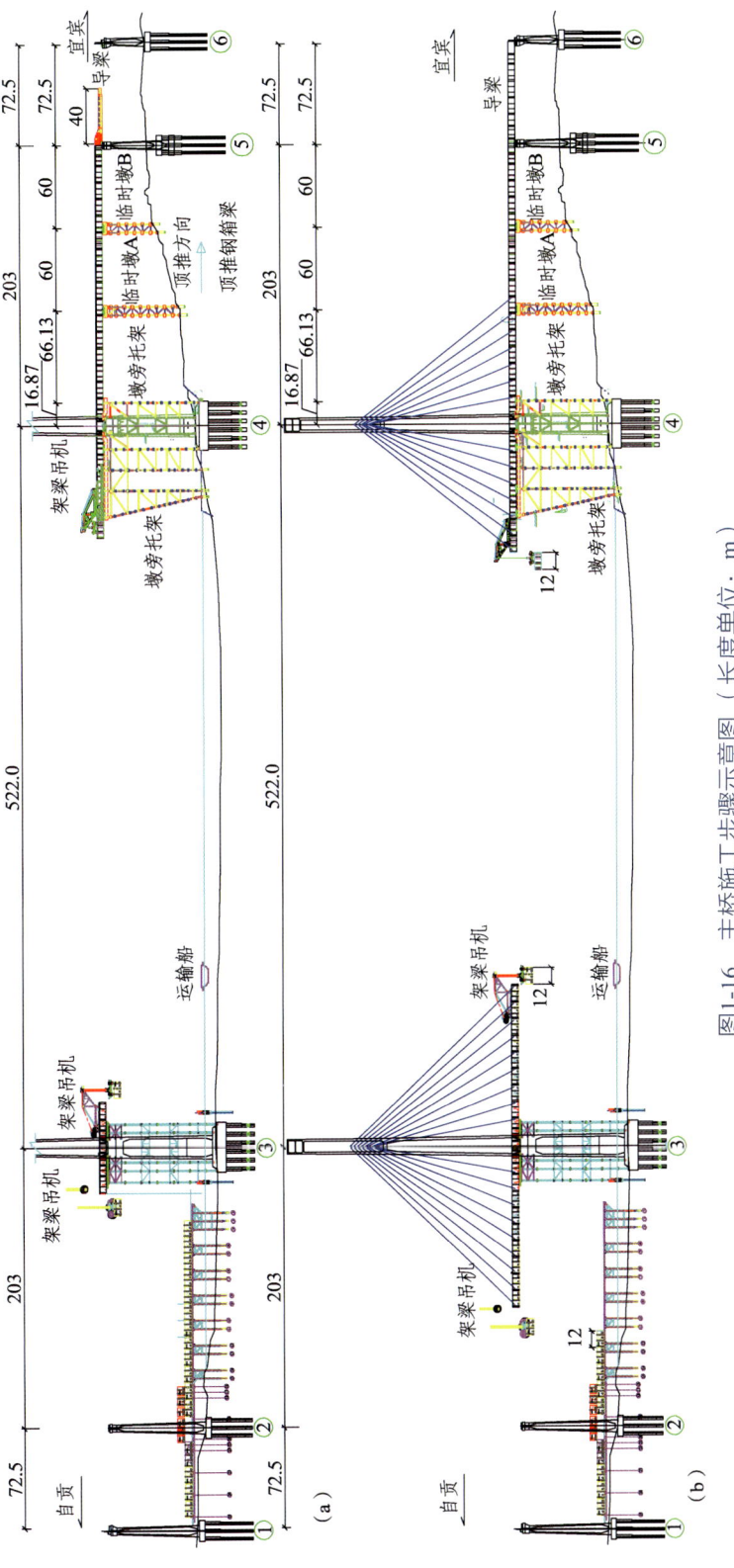

图1-16 主桥施工步骤示意图（长度单位：m）

（2）桥塔。

混凝土（C55）：71839 m³

预应力钢绞线：808 t

钢筋：15708 t

钢锚梁：2390 t

（3）主梁。

Q345：44343 t

Q420：2289 t

桥面板混凝土（C55）：3775 m³

桥面板钢筋：1640 t

斜拉索（1860 MPa）：4766 t

1.2 大桥设计创新

（1）临港长江大桥结合桥位地形，采用公路和高速铁路平层布置，大大减少了两岸引桥的长度和工程造价，减少了碳排放。

临港长江大桥设计之初，首先提出传统的钢桁梁斜拉桥方案。4线铁路在下层，6车道公路在上层，并详细对比双主桁、三主桁方案，该桥型方案是国内最常见的公铁两用桥方案，设计及施工技术相对成熟。然而，临港长江大桥位处地形特殊，大桥前后的临港站和宜宾站限制了铁路桥面标高。

为了降低公路引线爬坡高度、减少碳排放和工程投资，临港长江大桥采用公铁同层方案，公路、铁路同层布置，大大降低了公路桥的桥面高程并减小了引桥长度，因此显著降低了工程量、造价和碳排放。这为设计、建设和运营带来很多新的技术挑战，例如：为使本桥设计更加合理、可靠，通过自主创新，独立开发并掌握了大跨径正交异性宽钢箱斜拉桥的设计技术。

（2）采用全焊箱型梁承载公路和高速铁路，减少了主梁的用钢量及养护和维修工作量，公路维修对铁路运营的影响明显减小。

（3）在公路和高速铁路之间设置多功能的隔离装置，具有防撞、防眩和防抛等多种功能，既保证了运营的安全性，又提高了桥梁的经济性。

（4）对公铁合建箱型主梁双塔斜拉桥跨中采用交叉索，提高箱型主梁铁路或公铁合建桥斜拉桥的竖向刚度。同钢桁梁斜拉桥相比，竖向刚度降低不足10%，但横向刚度提高1倍。

（5）宽体钢箱梁结构刚度大、抗风抗震性能良好。

铁路列车活载大、运行速度高，且对行车过程中的稳定性和舒适性要求高，因而要求具备较大的竖向刚度、横向刚度及较小的梁端转角，还需具有合理的结构受力体系及较好的抗风、抗震性能。整体钢箱、外包桥塔与强大拉索体系使得大桥结构整体刚度大、抗风能力强、颤振和涡振均不控制。通过理论分析和模型试验,颤振临界风速大于100 m/s,远高于颤振检验风速60.2 m/s。本桥具有较好的抗风、抗震性能,结构刚度满足高速列车运行需求。

(6)宽体箱梁高速铁路轨道适应性较好。

本桥跨度大、桥面宽、公铁同层、结构新颖,在温度荷载、风荷载、公路汽车荷载、铁路列车荷载、人群及非机动车荷载等作用下,轨道结构会产生较大变形。根据风荷载、温度荷载、公路以及列车荷载作用下临港长江大桥的梁体变形,计算得到临港长江大桥的轨道几何形位,并采用线路平纵断面、线路静态几何偏差等方法研究本桥的轨道适应性。分析表明,宽体箱梁对高速铁路轨道适应性较好。

第 2 章
公铁合建斜拉桥总体设计

2.1 公铁合建桥梁概述

2.1.1 公铁合建桥的优点

公铁合建桥具有不少优点,具体体现在:
(1)节省资源和资金。
公铁合建桥梁可以充分利用桥位资源。两座桥梁的报批、勘测、设计、施工、建设管理一次完成,因此能节约时间、资金和资源。

根据经验,修建一座公铁合建桥和分别修建一座公路桥、一座铁路桥相比,节约的建设期费用为10%~30%,节约的具体造价取决于不同的地区、桥梁形式、跨度、两岸接线的标高及桥梁的总长。

(2)公铁合建缆索承重桥加大了主梁的恒载重量或者主梁宽度,大大提高了桥梁的竖向或横向刚度。

满足铁路桥使用功能所需要的宽度一般比较小,使得桥梁的宽跨比比较小。两线铁路的宽度大约为12 m。

如果斜拉桥的主跨长600 m,承载2线铁路,则需要把桥面加宽以满足其横向刚度的要求。如果该桥能与4车道公路平层合建,其主梁无须额外加宽,则其竖向刚度和横向刚度都会大大增加;如果能与4车道公路双层合建,则其竖向刚度会大大增加。如果只从主桥建设的角度看,节约较多。

公铁(轨)合建桥梁的横向刚度取决于主梁的横向刚度和缆索系统的横向刚度。

据不完全统计,目前世界共有公铁合建桥梁100多座,包括拱桥、梁桥、斜拉桥、悬索桥和组合体系桥梁,主要分布在中国、日本、美国、德国、委内瑞拉、乌克兰、塞尔维亚、丹麦等国家。

2.1.2 公铁合建桥的缺点

公铁合建桥也有不少缺点,具体体现在:
(1)限制了桥位,公路桥和铁路桥必须在一个走廊。
(2)公路和铁路的平面和立面线型相互影响,公路的标高和坡度受到铁路的约束。

公路的爬坡能力比铁路大,但是受到铁路的制约。公路和铁路的标高相互制约,导致公路或铁路的引桥或者两岸接线增加,有时还需要较大规模的两岸疏解。

（3）虽然公铁合建桥建设期的建设成本减少，但是运营和养护期间，铁路和公路相互影响，甚至会造成较大的维修费用，使得其优势大打折扣，甚至损失殆尽。

1980年前德国修建过多座公铁合建桥，但是根据多年的运营实践，1980年后德国铁路公司反对公铁合建，理由是公路和铁路运营相互影响。之后在德国本土再没有修建过公铁合建桥，而是采用公铁完全并行的2个座桥，上部和下部结构完全分开。例如：德国威腾贝格市的易北河桥（Elbe Bridges of Wittenberg），海德明登市的维拉峡谷桥（Werratalbrucke Hedemunden）等，如图2-1和图2-2所示。

图2-1　德国威腾贝格市的易北河公铁并行桥

图2-2　德国海德明登市的维拉峡谷公铁并行桥

公铁合建桥是把双刃剑，其优点和缺点都是非常明显的，作为设计师要最大程度地发挥公铁合建的优点，同时尽量减少公铁合建造成的缺点。

公铁合建桥的控制因素比较多，因此首先要确定是否适合公铁合建。另外，如果确定采用公铁合建，则要对2个并行的桥、公铁双层布置、公铁平层布置和公铁错层布置进行比较。不仅要考虑主桥和两岸疏解，还要综合考虑使用寿命内公路或铁路养护和维修、碳排放等因素。

2.2 公铁合建桥的分类

根据公路和铁路的相对位置，公铁合建桥可以分为公铁双层布置、公铁平层布置、公铁错层布置和公铁混合层布置4种，如图2-3所示。

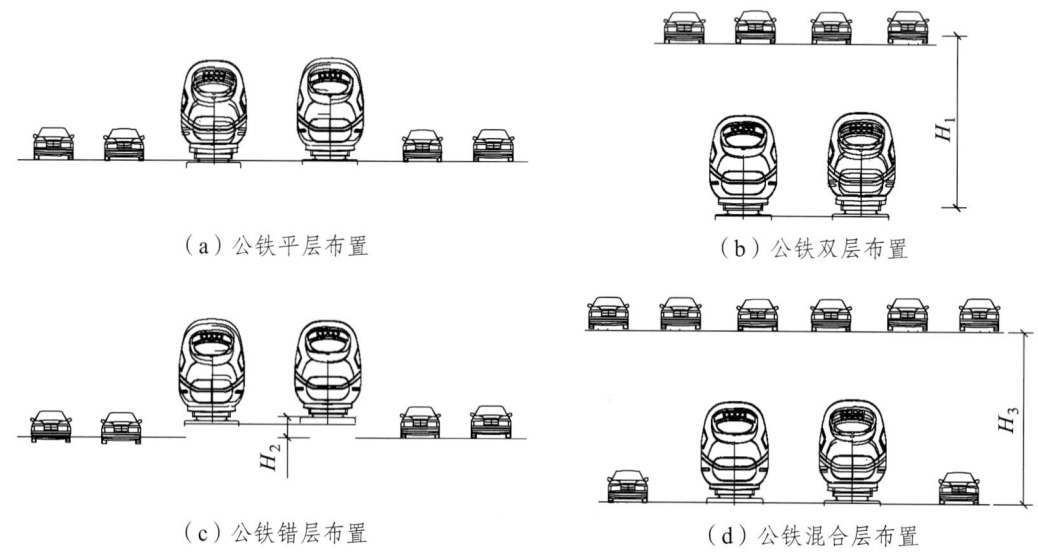

（a）公铁平层布置　　（b）公铁双层布置

（c）公铁错层布置　　（d）公铁混合层布置

图2-3　公路和铁路相对位置

1. 公路和铁路平层布置

如果是双线铁路，通常把铁路放在桥面的中间，公路置于铁路的两侧。如果是单线铁路，也可以把铁路置于一侧，公路置于另外一侧，这样两岸的疏解和接线相对简单一些。

2. 公路和铁路双层布置

通常是公路在上层桥面，铁路在下层桥面。因为公路的爬坡能力强一些，但是有时候由于地形所限，也采用铁路在上层桥面，公路在下层桥面的布置。

3. 公路和铁路错层布置

公铁错层布置和公铁双层布置类似，但是两者的桥面高相差1.0~3.0 m。通常是铁路桥面高一点，尤其是高速铁路，以保证铁路的运营安全。

4. 公路和铁路混合层布置

公铁混合层布置主要表现为同一层既有公路也有铁路，并在另外一层布置铁路或公路，比较典型的是中国香港的汲水门大桥和青马大桥。公路和铁路混合层布置的两岸疏解通常是最复杂的。

公铁合建桥中公路和铁路的相对位置，到底是采用双层布置，平层布置，错层布置还是混合层布置，主要取决于以下因素：

（1）桥梁的总长度、主桥的长度、引桥的长度和各自的占比。
（2）公路的车道数和铁路的线路数量。
（3）桥梁基础的情况。
（4）桥梁两岸的地形和接线。
（5）铁路和公路的功能（过境交通还是市内交通）。
（6）当地的运输条件等因素。

以上这些影响因素在每个具体的公铁合建桥中的影响程度和重要性都不相同，需要精通桥梁设计的设计师综合判断和比选，这个也是公铁合建桥最核心的技术之一。

2.3 公铁合建桥梁型及结构特点

2.3.1 公铁合建桥的主梁类型

公铁合建桥的主梁一般分为：桁梁、箱梁，箱-桁组合梁3种。

通常桁梁主要用于公铁双层布置的公铁合建桥，箱梁主要用于公铁平层布置的公铁合建桥，箱-桁组合梁主要用于公铁双层布置或公铁混合层布置的公铁合建桥。

1. 桁 梁

桁梁一般包括梯形两主桁桁梁、矩形带托架两主桁桁梁和矩形三主桁桁梁，如图2-4所示。

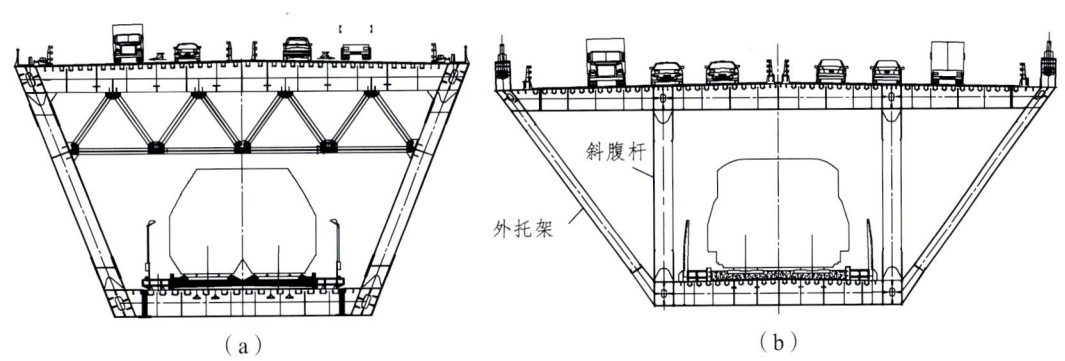

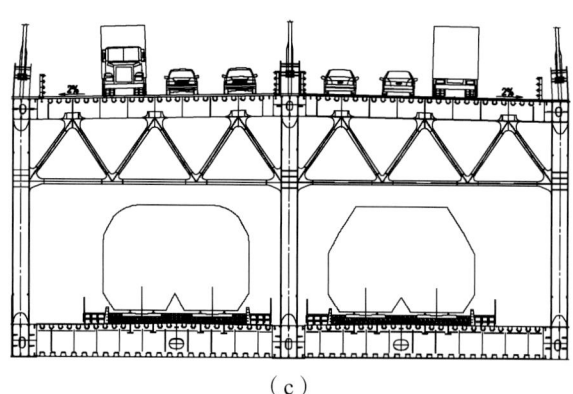

(c)

图2-4 典型钢桁梁的横截面

2. 箱 梁

箱梁可以分为整体式箱梁和分体式箱梁2大类。

目前国内外采用公路和铁路（轨道交通）平层布置，且主梁宽度大于40 m的典型缆索承重桥如表2-1所示。

表2-1 采用整体箱梁且桥面宽度大于40 m的典型公铁（轨）合建缆索承重桥梁

桥名	建成年份	国家	主跨长/m	主梁宽/m	轨道数	车道数	桥塔数
路德维希港大桥	1972	德国	287	36.9～51.9	2	4～8	1
基普南桥	1991	乌克兰	271	41.5	2	6	1
萨瓦河桥	2012	塞尔维亚	376	45.0	2	8	1
博斯普鲁斯海峡三桥	2016	土耳其	1408	58.5	2	8	2
东平水道桥	2018	中国	260	46.5	2	6	1
沱江四桥	2018	中国	200	49.0	2	6	1
宜宾临港长江大桥	2021	中国	522	63.9	4	6	2

分体式箱梁分为双分箱式分体箱梁和三分箱式分体箱梁2大类，如图2-5和图2-6所示。分体式箱梁主要用于桥面宽度大于45 m的公铁合建缆索承重桥。分体式箱梁更容易适应桥塔内穿主梁的布置形式，图2-6所示的三分箱式分体箱梁更容易做成公路和铁路错层布置的形式。

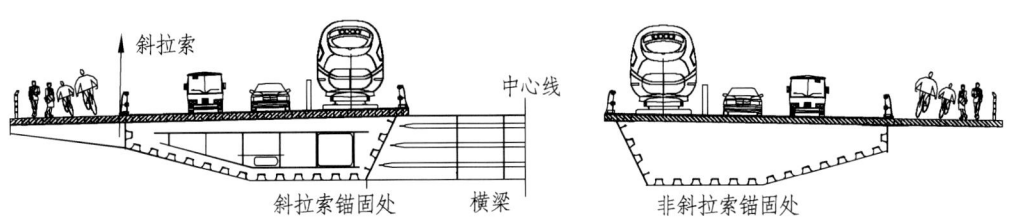

图2-5 双分箱式分体箱梁横截面

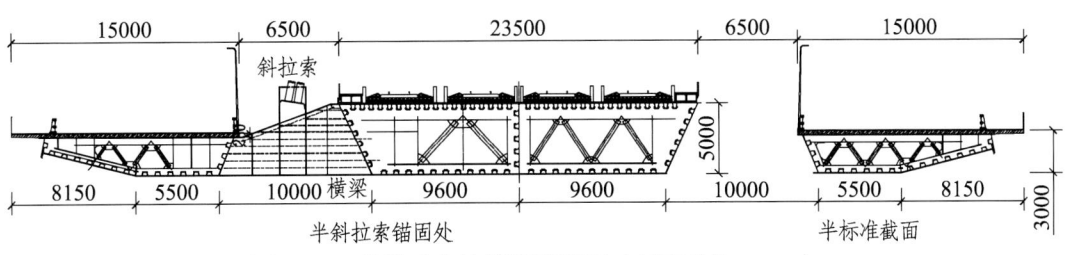

图2-6 三分箱式分体箱梁横截面（长度单位：mm）

采用分体式箱梁的典型公铁（轨）桥梁如表2-2所示。

表2-2 采用分体式箱梁的典型公铁合建缆索承重桥梁

桥梁	建成年份	桥型	主跨长/m	主梁宽/m	轨道数	车道数	箱梁数	桥塔数
汲水门大桥	1997	斜拉桥	430	35.5	2	6+2	2	2
青马大桥	1997	悬索桥	1377	41	2	6+2	2	2
新尚普兰大桥	2019	斜拉桥	240	59.7	2	10	3	1
淡江大桥	2022	斜拉桥	450	45~69	2	6	2	1
墨西纳海峡桥	未知	悬索桥	3300	61.5	2	4	3	2

3. 箱-桁组合梁

箱-桁组合梁主要用于公路和铁路双层布置或混合层布置的缆索承重桥梁。图2-7为香港汲水门大桥的主梁横截面，该桥上层承载6车道公路，下层承载2车道公路和2线轨道交通，是典型的公铁混合层布置。该桥的主梁总体为箱型截面，但是箱内在纵向和横向都采用桁梁。

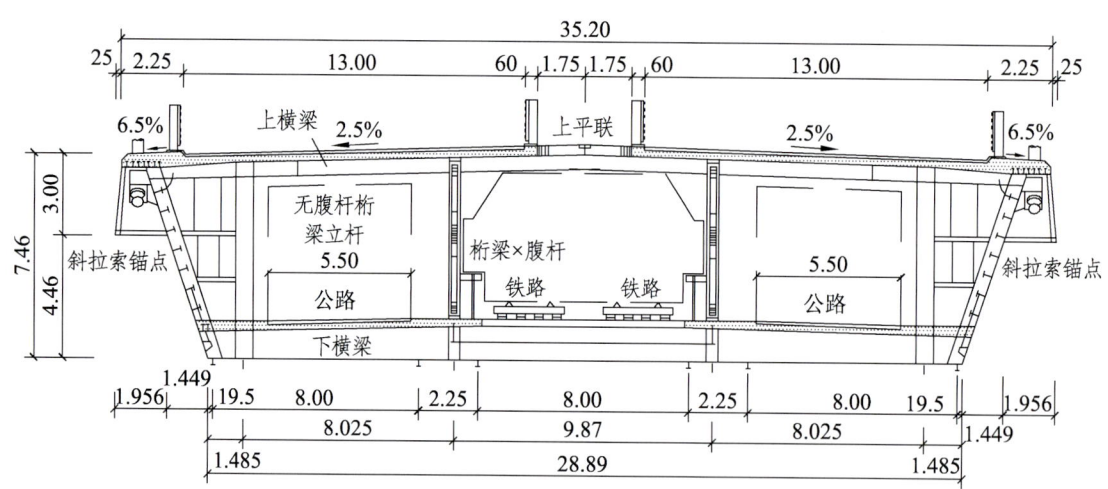

图2-7 箱-桁组合梁截面（长度单位：m）

2.3.2 公铁平层斜拉桥的特点

公铁平层合建桥的主梁通常采用箱型主梁，而公铁双层合建桥的主梁一般采用桁梁。下面定性给出这两种布置的特点。

1. 公铁平层布置和箱型主梁斜拉桥的优点

（1）公路和铁路平层布置后上层桥面的高程大大降低，上层桥面的高度大致降低9~12 m，上层引桥的长度大大减小。在梁底标高不受限制和受限制时，其公路和铁路的高程变化如图2-8和表2-3所示。

如果梁底的标高不受桥梁通航净空的限制，则公路桥面降低的高度为h_1，铁路桥面标高不需要抬高。

如果梁底的标高受到桥梁通航净空的限制，则公路桥面降低的高度为h_{11}，铁路桥面需要抬高h_{22}。

临港长江大桥的梁底标高不受桥梁通航净空的限制，公路桥面降低的高度比较大，两岸的公路引桥节约的长度较多；铁路桥面不需要抬高，铁路引桥的长度不需要增加。因此采用平层布置其两岸接线的经济性好。

（2）通常对密索体系斜拉桥而言，同等条件下，箱梁的用钢量比桁梁少。桁梁的最大优点是桁高可以做得比较大，因此能抵抗较大的弯矩，但密索体系斜拉桥主梁的受力特点是巨大的轴力和较小的弯矩。钢箱梁主要由加劲板单元构成，而加劲板在抵抗轴力方面的能力比桁梁的杆件强。

（3）在轨道数和公路车道数相同的情况下，公铁平层布置后，箱梁的宽度明显宽于公铁双层布置的桁梁，箱梁的横向抗弯刚度远大于桁梁的横向抗弯刚度，明显提高了高速列车运营的平稳性和旅客的舒适性。

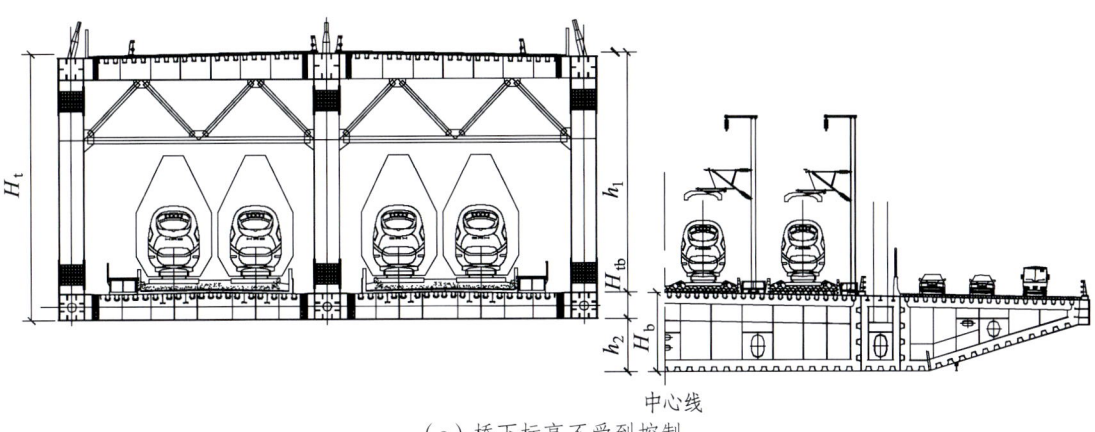

（a）桥下标高不受到控制

（b）桥下标高受到控制

图2-8 公铁双层和平层布置的高差

表2-3 平层和双层的标高变化

项目	桥下标高不受控	桥下标高受控
公路桥面降低高度	h_1	h_{11}
铁路桥面抬高量	0	h_{22}

（4）在桥梁的边跨，箱梁方案的斜拉索间距可以方便地减小，因此边跨长度可以明显减小。桁梁因为受到节间长度的约束，减小斜拉索的水平间距比较困难。因此箱梁方案总的主桥长要比桁梁方案的短，在经济效益上更好一些。一座采用桁梁和箱梁方案的公铁合建斜拉桥的总体布置如图2-9所示。

（5）采用箱梁以后，公路和铁路同层布置，公路桥面的更换和大修不会对铁路运输产生较大的影响。公铁双层布置时，上层公路桥面的更换不能影响下层铁路的正常运营，因此能够施工的时间特别短，而且要在铁路限界的上方设置纵向防护棚架，公路桥面更换的造价高。

（6）箱梁更易于维护，其内部采用抽湿处理，外部均为光滑表面，喷漆容易。桁梁杆件因为暴露的表面积大，喷漆困难。因此钢箱梁的维护费用要比钢桁梁少。

（7）箱型主梁更容易采用压重的方法解决边跨辅助墩和交界墩的负反力，而且压重采用普通混凝土，经济性更好。桁梁因为受到空间的限制，一般需要采用钢砂混凝土压重，而钢砂混凝土的价格比较高。

（8）箱梁的梁高一般比桁梁矮得多，因此看起来比较纤细和优雅。

（9）桁梁一般采用栓焊结构，现场接头大部分因为板厚较厚而采用栓接。高强螺栓一般有延迟断裂的特点，后期补上的高强螺栓一般只能承受活载内力。如果高强螺栓位于行车限界内，上层掉落的高强螺栓容易击打高速列车。

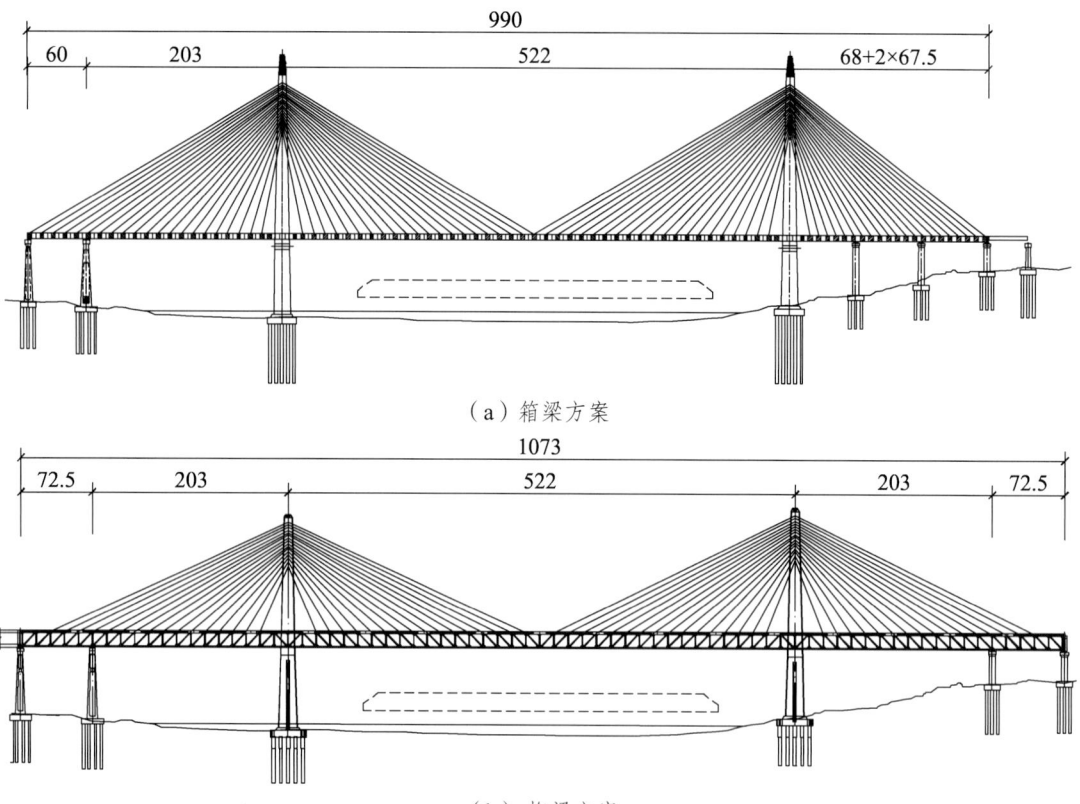

（a）箱梁方案

（b）桁梁方案

图2-9　斜拉桥总体布置（长度单位：m）

2. 公铁平层布置和箱型主梁斜拉桥的缺点

（1）如果铁路布置在中间，公路布置在铁路的两侧，在离开主桥以后，两侧的公路一侧要下穿或上跨铁路与另一侧的公路合并，有一块夹心地，如果在城市这个费用更高。如果铁路和公路都在一侧，则不存在这个问题。

（2）大跨度的公铁合建斜拉桥，如果不能设置辅助墩，则箱梁和桁梁的竖向刚度都不能满足要求，如果设置辅助墩，两者都能满足要求，但是同等条件下，桁梁的竖向刚度更大。

（3）在山区钢箱梁运输不便，桁梁杆件更好运输。如果用箱梁，则采用结合梁。

（4）如果两岸的接线必须双层，采用桁梁更合适。

公铁合建桥采用平层布置还是双层布置是非常复杂的，没有固定的答案，不能笼统地说哪种更好，需要根据建设条件、具体桥位和用地等具体分析，才能选择出合理的公铁合建方案。

2.4 公铁合建桥的两岸接线

公铁合建桥是个系统工程，其总体造价不仅取决于主桥本身的造价，也取决于两岸接线的造价，因此要主桥和两岸接线一起综合考虑，取得最优造价。应该通过主桥和两岸接线的综合对比确定：

（1）是否应该采用公铁合建？

（2）如果采用公铁合建，公铁双层布置、平层布置、混合层布置，应该采用哪一种？

本节主要侧重于介绍两岸接线的总体方案，下面以临港长江大桥为例说明采用双层和平层时的两岸接线。

临港长江大桥公铁并行段工程研究范围：起点对接既有志诚路，终点与盐坪坝至临港快速路城南立交对接。公路引线起点位于志诚立交以南约400 m，接志诚路，随后上跨进入临港站的规划路，向南上跨规划嘉信路，设置T形+单喇叭立交，之后与公铁两用桥顺接，并设置上下道与滨江路相接。跨越长江后，道路从公铁两用桥分离，设置宜宾岸立交，终点直接与盐坪坝至临港快速路对接，设置城南立交。

铁路的标高是给定的，不能轻易变动，因为涉及两岸车站的标高和位置。如果铁路高度不变，则公路有以下3种布置形式：

（1）公路和铁路双层布置，公路在上层，铁路在下层。道路与主桥分离后，公路整幅采用S弯线性与铁路快速分离，随后与铁路平行布置。该方案导致两岸的引桥长度较长，两岸引线价格偏高。

（2）公路和铁路同层（错层）布置，公路位于铁路的两侧。公路与公铁桥分离后，采用左右分修方式，其中半幅下穿铁路后，与另一幅会合至合修断面。该方案导致两岸的夹心地较多，但是该夹心地基本位于城市郊外的河滩区域，夹心地本身的征地成本比较低。

（3）公路和铁路双层布置，公路在下层，铁路在上层。该方案导致宜宾岸有长约300 m的隧道，公路业主不希望出现这个隧道。

3种方案的立面和平面布置分别如图2-10和2-11所示。对于公路引线而言，3个方案均可实现地方道路的对接，在道路功能、与地方路节点处理等方面并无太大差异，主要差别是道路的标高、道路与铁路分离的方式，以及由此带来的工程处理方式不同。在铁路线路标高确定的前提下，受地形的控制，采用公铁平层钢箱梁比采用公铁上下层钢桁梁引桥标高更低，桥梁高度越低且长度越短，造价就越小，两岸接线费用就越低。另外，因为公路的标高降低，在运营期间，汽车的爬坡减小，减少了油耗和碳排放量。

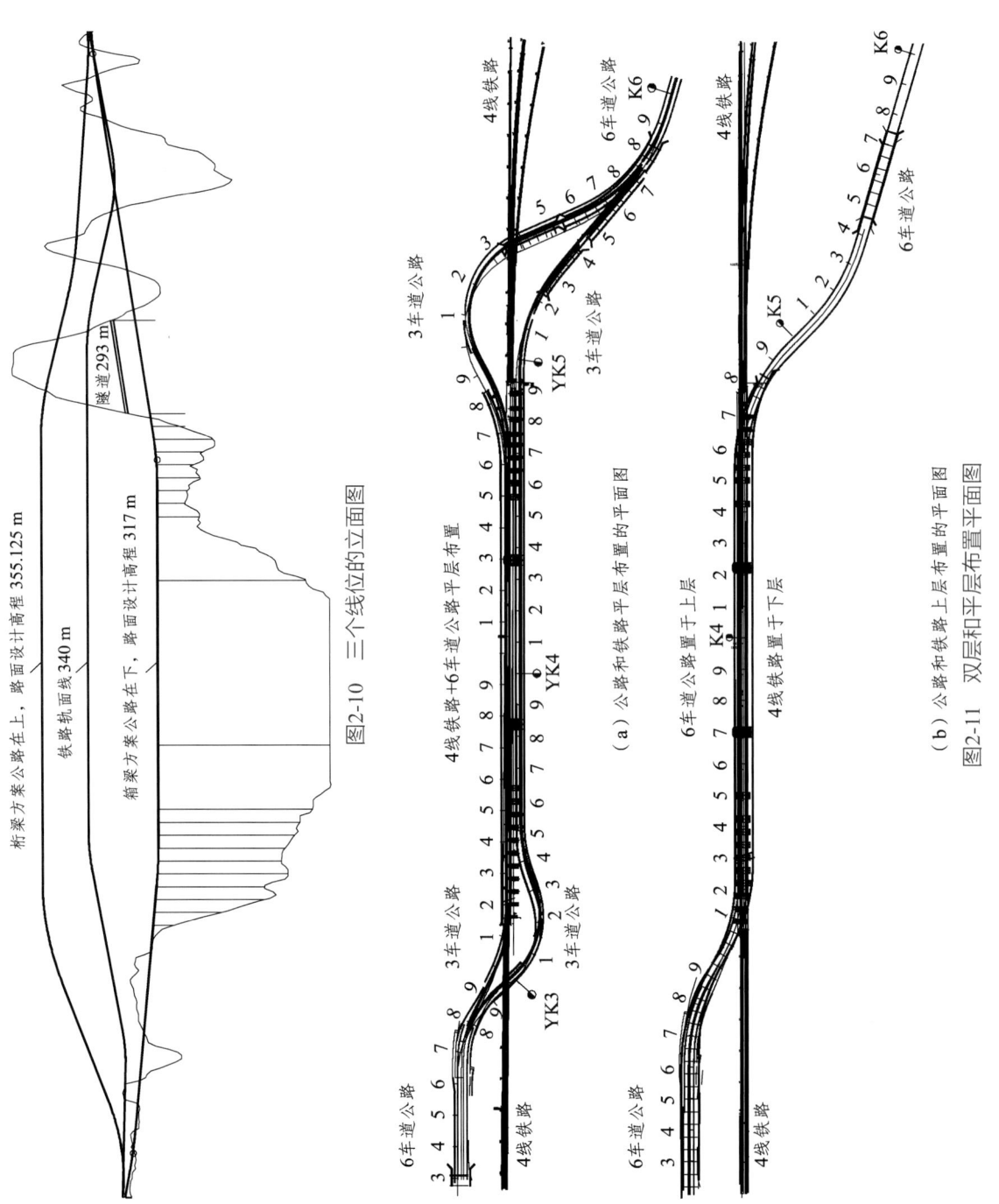

图2-10 三个线位的立面图

（a）公路和铁路平层布置的平面图

（b）公路和铁路上层布置平面图

图2-11 双层和平层布置平面图

对于主桥而言，采用平层钢箱斜拉桥方案，公路和铁路的修护互不干扰，运营维护方便；公路和铁路养护和维修的工作和资金界面划分清晰；另外，列车脱轨后的逃生和救援也更为方便。

因此从地形和两岸接线来看，临港长江大桥采用公铁平层布置或公铁错层布置更为合理。

2.5 临港长江大桥方案的确定过程

2.5.1 工程可行性研究阶段的方案

在临港长江大桥的工程可行性研究阶段，根据桥位地形、行洪、环保等专题要求和通航的初步建议，决定主桥一跨过江且桥梁跨度不宜小于520 m。推荐传统的公铁双层布置的钢桁梁斜拉桥，根据钢桁梁的梁高和节间长度等综合考虑，桥梁总体布置为72.5 m+203 m+522 m+203 m+72.5 m，如图2-12（a）所示，主梁横截面如图2-13所示，桥塔一般构造如图2-14所示。

采用双层布置的钢桁梁斜拉桥方案正式提交通航论证。后来按照此通航净空批准通航标准，批复文件同时批复主桥的主要孔跨布置为203 m+522 m+203 m。收到正式的通航批复后，对公路和铁路的相对位置进行了更为深入的研究，采用公铁平层布置的箱型主梁斜拉桥更适合本桥的建设条件。因为桥梁的总体布置已经确定并批复，因此桥塔、辅助墩和交界墩沿用了原来的位置，其总体布置如图2-12（b）所示。

2.5.2 桥梁初步设计阶段的方案

因为主桥的总体布置在工程可行性研究阶段已经确定，在初步设计阶段主要开展主梁截面形式的研究。分别研究了以下3种主梁截面：

（1）桥塔外包的整体式钢箱梁方案，其桥塔和主梁截面分别如图1-7和图1-8所示。

为了减小桥塔的横向宽度，在桥塔处采用人行道和非机动车绕塔外行的构造。

（2）桥塔内穿的三分箱式钢箱梁方案，其桥塔和主梁截面分别如图2-15和图2-6所示。

主梁采用三分箱式箱梁，公路箱梁和铁路箱梁下翼缘对齐，形成公路和铁路错层布置的构造。桥塔从公路和铁路之间的空隙穿过，横向宽度比较小。

（3）桥塔内穿的整体式钢箱梁方案，其桥塔和主梁截面分别如图2-15和图2-16所示。

主梁采用整体式箱梁，并在桥塔处主梁上设置长15 m、宽7 m的2个纵向槽，以便于内穿的桥塔从该纵向槽中穿出。在桥塔处采用三分箱式箱梁，公路箱梁和铁路箱梁下翼缘对齐，形成公路和铁路错层布置的构造。桥塔从公路和铁路之间的空隙穿过，横向宽度比较小。

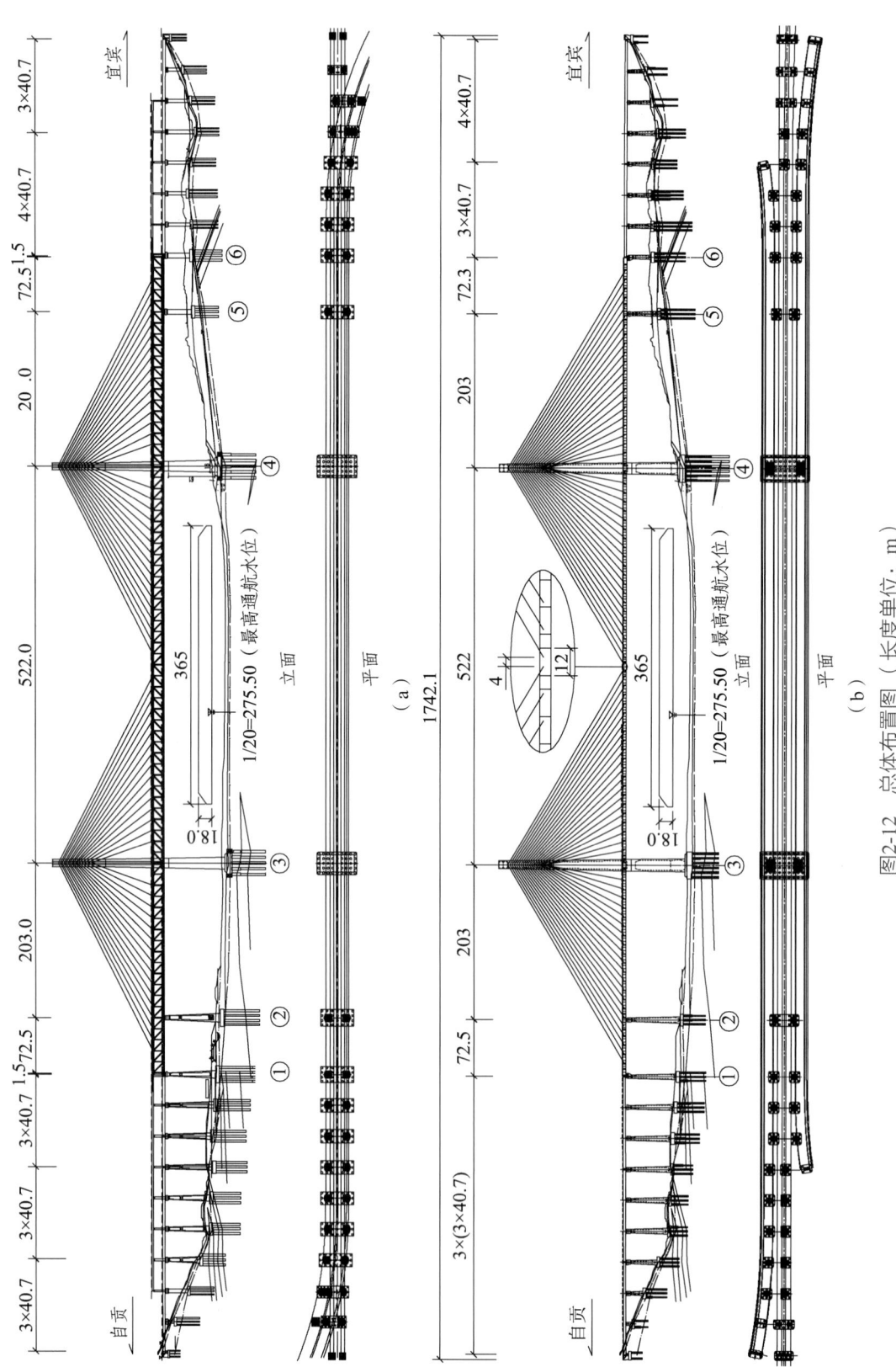

图2-12 总体布置图（长度单位：m）

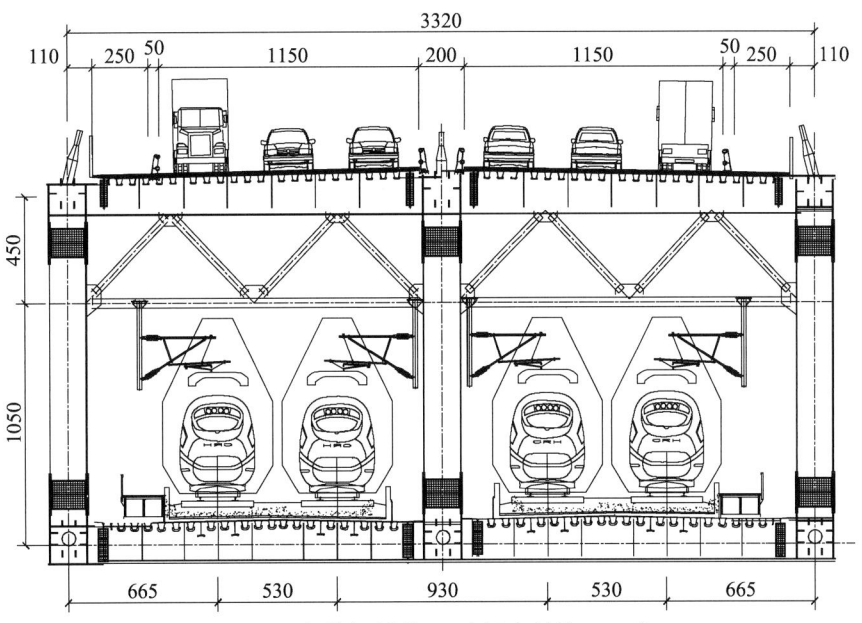

图2-13 钢桁梁横截面（长度单位：cm）

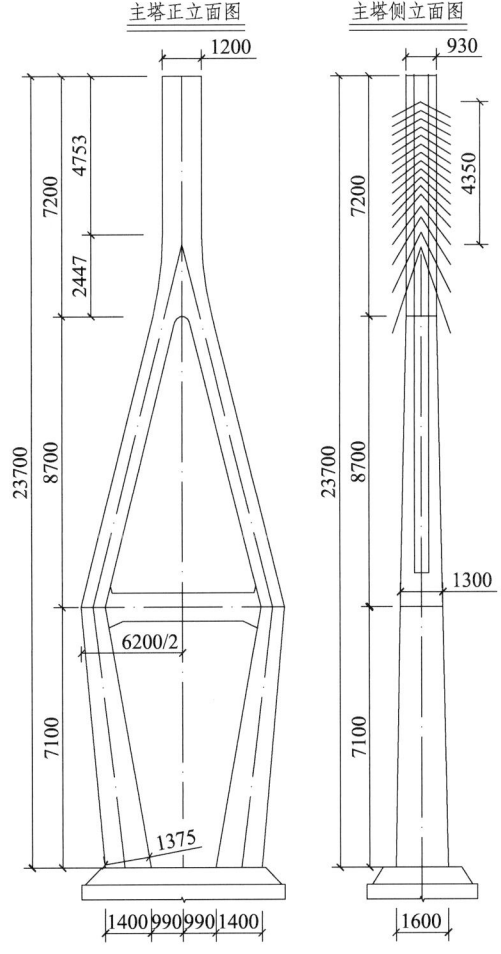

图2-14 桥塔一般构造（长度单位：cm）

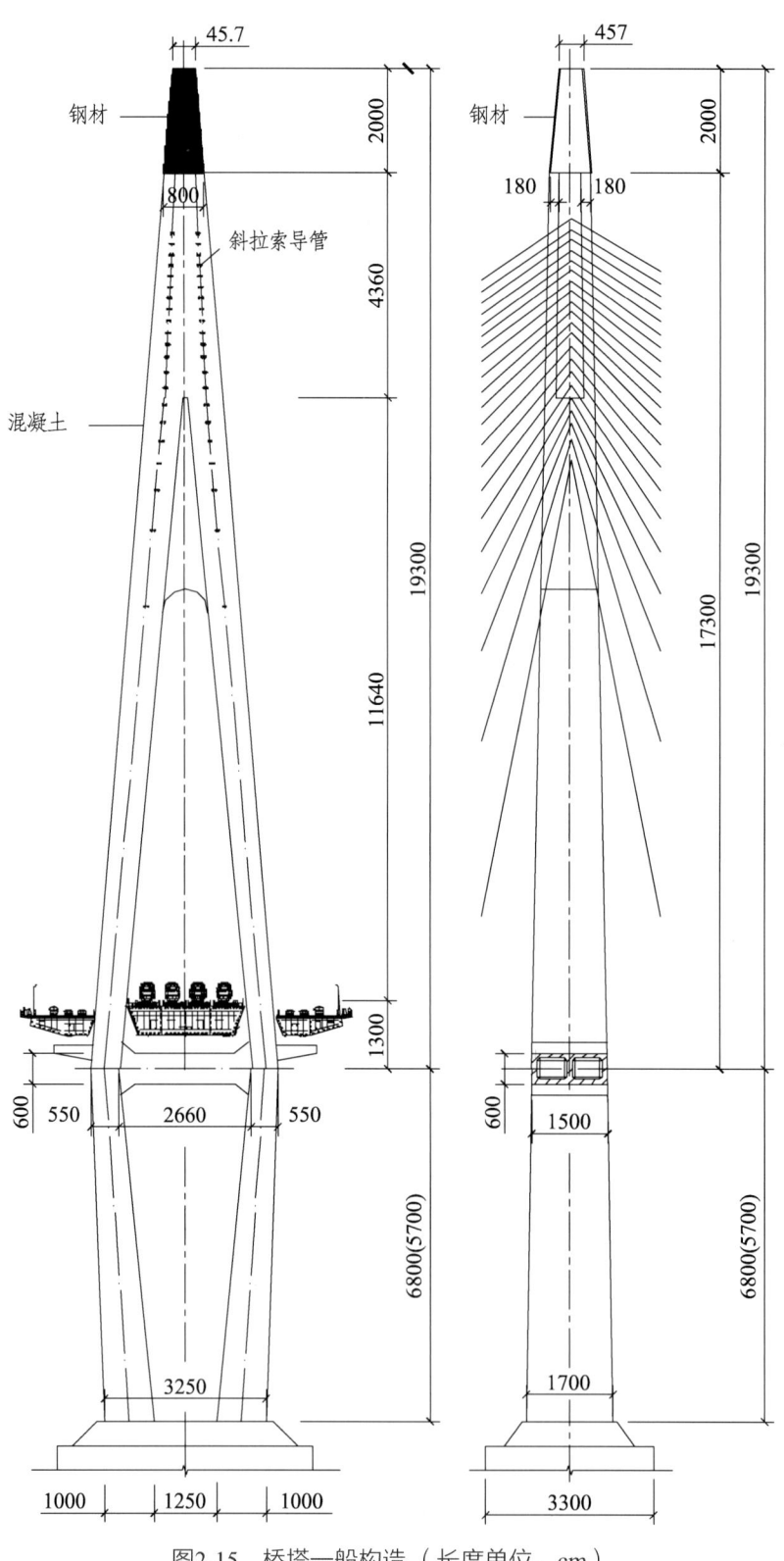

图2-15 桥塔一般构造（长度单位：cm）

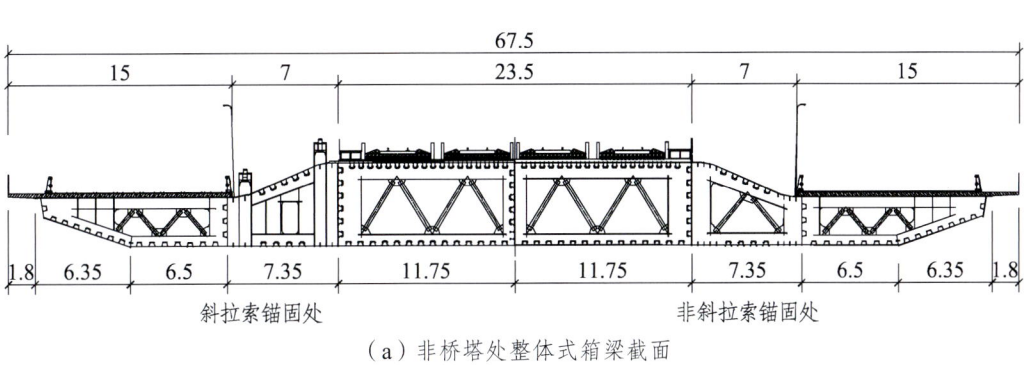

（a）非桥塔处整体式箱梁截面

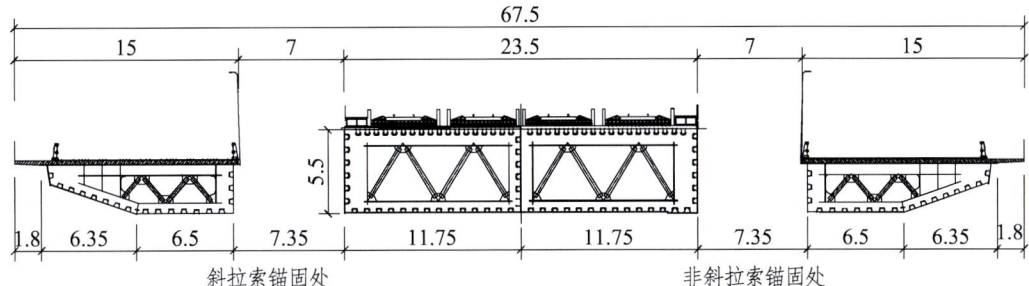

（b）非桥塔处三分箱式箱梁截面

图2-16 桥塔内穿的整体式钢箱梁横截面（长度单位：m）

这三个方案的效果图分别如图2-17、图2-18和图2-19所示。

图2-17 桥塔外包的整体式钢箱梁方案效果图

图2-18 桥塔内穿的三分箱式钢箱梁方案效果图

图2-19 桥塔内穿的整体式钢箱梁方案

按照以下次序上报初步设计文件，随后进行了初步设计评审。

（1）桥塔内穿的整体式钢箱梁方案。

（2）桥塔内穿的三分箱式钢箱梁方案。

（3）桥塔外包的整体式钢箱梁方案。

最后初步设计评审批准本桥采用桥塔外包的整体式钢箱梁方案进行施工图设计。

2.6 公铁合建斜拉桥的约束体系

2.6.1 概　述

公铁合建桥梁一般具有以下两个特点：

（1）列车高速行驶，对桥梁的竖向刚度、横向刚度和扭转刚度要求都比较高。高速列车的牵引力和制动力都比较大，导致梁端纵向位移比较大，而主梁两端的伸缩缝尺寸和钢轨伸缩调节器的纵向活动量都不能太大，否则维修养护工作量很大。

（2）桥梁恒载较重，通常4线铁路和6车道公路合建桥的恒载在80 t/m以上。因此在地震作用下，水平力和水平力导致的桥塔、桥墩和基础的弯矩也比较大。这使得与同跨径桥梁相比，结构承受的纵向荷载较大。要解决这个问题，如果仅仅依靠加大塔柱尺寸和增加桩基数量显然是不经济的。因为增大结构尺寸一方面会增加迎风面、增大风荷载，另一方面会增加结构自重，需增加桩数，从而进入增加尺寸、增加桩数的恶性循环。因此，如何采用合理的约束体系来同时满足正常运营期与地震作用下桥梁的安全性和适用性是公铁合建桥研究的重要课题。

斜拉桥本身是柔性桥梁，同等荷载作用下，梁桥与拱桥相比，其竖向挠度较大。此外，斜拉桥的约束体系也比较复杂。

公铁平层合建的箱型主梁斜拉桥具有公铁合建桥和斜拉桥共同的特征，因此其约束体系的确定更为复杂。

本节以临港长江大桥为例，说明公铁合建斜拉桥的合理约束体系的选取过程。处理问题的方法是普遍适用的，但是结论只对临港长江大桥适用。

2.6.2 竖向约束体系

斜拉桥竖向约束体系的不同主要体现在塔梁约束方式上，一般可分为飘浮体系、支承体系、塔梁固结体系和刚构体系。

（1）飘浮体系：墩塔固结、塔梁分离，主梁除两端有支承外，其余全部用斜拉索支承。

（2）支承体系：塔墩固结、塔梁分离，主梁在塔墩上设置竖向支座或弹性支承。

（3）塔梁固结体系：塔梁固结并支承在墩上，可减小塔墩弯矩，但一般所需支座型号较大，结构整体刚度较差，不适用于大跨度斜拉桥。

（4）刚构体系：塔、梁、墩全部固结，该体系节省了大型支座，结构整体刚度较好，满足悬臂施工的稳定要求，但主梁固结处负弯矩很大，通常来说适用于独塔公铁合建斜拉桥。

本桥为双塔空间索面斜拉桥，如采用塔梁固结或塔梁墩固结体系，塔梁固结处主梁负弯矩太大。同时，塔梁固结或塔梁墩固结的构造处理相对困难，施工难度也较大。本桥钢箱梁重量较大，若采用飘浮体系，结构内力、纵向变形等较为控制，竖向约束体系选用支承体系最为合适。

2.6.3 横向约束体系

斜拉索一般不能为主梁提供有效横向支承，因此主梁和桥塔（墩）之间需设置横向约束，以限制主梁横向位移，传递横向荷载。斜拉桥塔（墩）与主梁间横向约束一般可分为横向固定约束体系及横向减隔震约束体系2种，其中横向固定约束体系最为常见，当结构抗震需要时，也可设置减震耗能装置，以满足斜拉桥抗震要求。

可选的横向约束体系有以下3种：

（1）塔梁间设置抗风支座，其他桥墩处均采用普通球形钢支座，地震作用下横向固定支座不剪断。

（2）与（1）基本相同，区别在于地震作用下横向固定支座可剪断，但无回复力机制。

（3）塔梁间设置抗风支座，边墩采用摩擦摆式减隔震支座，运营荷载下约束体系与（1）相同，但地震作用下横向固定约束剪断，进入减隔震模式。

根据《新建川南城际铁路宜宾临港长江大桥工程场地地震构造环境评价与设计地震动参数确定报告》，以多遇地震（100年超越概率63%），同时考虑重要性系数1.5、设计地震（100年超越概率10%）、罕遇地震（100年超越概率4%）等3个地震动水准进行抗震设计，地震反应谱参数见表2-4。

表2-4　场地地表水平向地震反应谱参数（5%阻尼比）

超越概率	A_{max}/（cm/s²）	β_m	α_m	T_1/s	T_2/s	γ
100年63%	60	2.5	0.150	0.10	0.55	0.9
100年10%	180	2.5	0.45	0.10	0.65	0.9
100年4%	262	2.5	0.655	0.10	0.70	0.9

通过大桥静力和抗震分析，横向极限风为静力支座控制工况，该工况与多遇地震工况下大桥各塔墩的支座横向水平力见表2-5。

表2-5 静力及多遇地震工况下支座横向水平力　　　　　　　　单位：kN

设计工况	墩（塔）号					
	1#	2#	3#	4#	5#	6#
静力控制工况（横向极限风）	140	2394	22659	22416	3176	−1052
多遇地震	6770	7520	23720	25693	14016	7742

在不改变结构及配筋设计的情况下，5#墩顶水平力为14016 kN，大于桥墩承载能力。为统一下部结构尺寸和降低工程造价，采用设置横向固定约束的减隔震体系。结合桥墩承载能力，提出横向限位装置抵抗水平力上限值见表2-6，当地震作用大于限位装置抵抗力上限值时，横向限位装置剪断，减隔震支座发挥作用，使下部结构处于弹性状态，该约束体系可同时满足运营期与抗震需要。

表2-6 横向限位装置抵抗水平力上限值　　　　　　　　单位：kN

墩号	1#	2#	5#	6#
横向限位装置抵抗水平力上限值	7000	8000	8000	8000

在边墩、辅助墩墩顶与主梁之间设置单向摩擦摆装置（横桥向隔震，纵桥向活动），每个墩顶处设置2个，对应的性能参数见表2-7。

表2-7 边墩及辅助墩摩擦摆减隔震支座参数

桥墩	球心距R/m	摩擦系数	水平极限承载力/kN	屈服力/kN	屈服前刚度/(kN/mm)	屈服后刚度/(kN/mm)	等效刚度/(kN/mm)
边墩	4	0.03	3000	177	88	1.5	2.4
辅助墩	7	0.03	3000	741	370	4.1	7.8

2.6.4 纵向约束体系

斜拉桥的纵向约束体系主要体现在桥塔和主梁之间的纵向约束，一般分为飘浮体系、塔梁顺向弹性/限位约束、塔梁固结/纵向固定约束等。可选的主要分为全桥纵向无约束的飘浮体系、塔处设固定支座的纵向固定体系和纵向弹性约束体系等。由于纵向无约束体系位移较大,对公铁合建桥梁适用性较差,因此重点研究比选塔处设固定支座的纵向固定体系和纵向弹性约束体系。

将主桥结构约束体系按一个桥塔设纵向固定支座+阻尼器,另一个桥塔设纵向活动支座+阻尼器方案与只采用纵向阻尼器约束体系方案,2种方案水平力、主塔控制弯矩及梁端位移结果对比如表2-8~表2-10所示。

表2-8 塔梁连接水平力对比

荷载组合	约束体系	3号塔 纵向水平力/kN	4号塔 纵向水平力/kN
主力组合	纯阻尼器方案	—	—
	设固定支座方案	26472	0
主+附组合	纯阻尼器方案	—	—
	设固定支座方案	56648	0
设计地震	纯阻尼器方案	19310	19310
	设固定支座方案	112000	0

注:主力、主+附结果未考虑阻尼器作用,表中支座水平力为2套支座的合力,阻尼器方案为阻尼器合力。

表2-9 主塔控制截面弯矩对比

荷载组合	位置	约束体系	3号塔 弯矩/(kN·m)	4号塔 弯矩/(kN·m)
主力组合	中塔柱底	纯阻尼器方案	1.05×10^6	1.06×10^6
		设固定支座方案	1.15×10^6	9.92×10^5
	下塔柱底	纯阻尼器方案	1.58×10^6	1.49×10^6
		设固定支座方案	1.69×10^6	1.49×10^6
主+附组合	中塔柱底	纯阻尼器方案	1.80×10^6	1.86×10^6
		设固定支座方案	1.30×10^6	1.32×10^6

续表

荷载组合	位置	约束体系	3号塔 弯矩/(kN·m)	4号塔 弯矩/(kN·m)
主+附组合	下塔柱底	纯阻尼器方案	2.74×10^6	2.66×10^6
		设固定支座方案	2.37×10^6	2.02×10^6
设计地震	承台底	纯阻尼器方案	4.23×10^6	4.5×10^6
		设固定支座方案	1.0×10^7	5.3×10^6

表2-10 梁端位移对比 单位：mm

荷载组合	约束体系	1号墩侧	6号墩侧
主力组合	纯阻尼器方案	415	415
	设固定支座方案	103	120
主+附组合	纯阻尼器方案	822	822
	设固定支座方案	189	345

在恒载+设计地震作用下，单个固定支座最大纵向力达56000 kN，支座部位主梁底板需设置620个M30高强螺栓，构造布置很难满足规范要求。

设置固定支座后，支座地震水平力较大，设计难度较大，并对主塔下横梁、下塔柱及桥塔基础受力不利。设置固定支座后，3号主塔基础由主力控制设计变为由纵向地震控制设计，桩顶配筋率及桩长均需增加，承台也需要加厚。

根据表2-10中位移值的对比结果，单纯依靠阻尼器纵向约束，在主力或主+附工况下，梁端位移为设固定支座的4倍左右。在大桥运营阶段，梁端频繁大幅位移不利于轨温调节器和梁端伸缩缝的正常使用。因此，在运营工况下，设固定支座方案优于纯阻尼器方案。由球形钢支座、横向抗风支座、阻尼器、横向限位装置及减隔振支座等构成的组合约束体系，约束体系如图1-3所示。

2.6.5 组合约束体系参数

根据上述分析，采用运营状态下固定支座发挥作用，在设计地震下剪断，阻尼器发挥抗震作用的纵向约束体系可同时满足运营期和地震期的要求。确定采用固定支座（运营期）+阻尼器（抗震期）约束体系以后，需要根据静动力分析确定支座和阻尼器的参数。

1. 支座纵向剪断力

通过全桥静动力分析，计算出3号主塔在主+附工况下支座纵向水平力为23654 kN，多遇地震（100年63%，考虑1.5的安全系数）工况下水平力为24140 kN。设计纵向剪断力按多遇地震水准下水平力的约1.7倍、主+附工况下水平力的约1.2倍考虑，确定3号塔固定支座设计纵向剪断力不大于28800 kN。

2. 横向限位剪断力

对于横向约束，各墩在主+附工况和多遇地震工况下横向水平力见表2-11。

表2-11　1、2、5、6号墩横向水平力　　　　　　　　　　　　单位：kN

各墩横向水平力	主+附	多遇地震 （100年63%，考虑1.5的安全系数）	墩顶横向水平力承载能力
1#	470	6770	6500
2#	2375	7520	12000
5#	3412	14016	12000
6#	1591	7742	8000

结合桥墩承载力，确定边墩限位装置剪断力不大于6500 kN，辅助墩限位装置剪断力不大于12000 kN。

3. 阻尼器参数

斜拉桥用液体黏滞阻尼器在地震作用下对结构减震的贡献，主要参考结构的变形及塔底弯矩和剪力的大小。阻尼器参数的选取要综合考虑主梁的梁端位移和塔顶位移，并参考阻尼器的出力及塔底弯矩和剪力减振率，同时也考虑到阻尼器的价格因素。价格主要受吨位和冲程的影响。

由于结构的重要性，必须对主梁的纵向位移进行一定的限制。经分析，在只考虑地震荷载作用的情况下可选取阻尼器的阻尼系数$C=8000$ kN/(m/s)$^{0.2}$，阻尼指数$\alpha=0.2$，阻尼器出力为6877 kN，阻尼器行程为315 mm，结构各部分响应控制较好。考虑到钢箱梁构造及受力要求，选取在梁体主塔与主梁之间纵向共设置16套黏滞阻尼器，每个桥塔8套，阻尼系数$C=4000$ kN/(m/s)$^{0.2}$，阻尼指数$\alpha=0.2$，综合静力分析结果，阻尼器动力行程取550 mm。设计最大名义阻尼力为3500 kN，设计最大速度为0.513 m/s。

4. 组合约束参数

支座及限位装置的参数见表2-12。

表2-12 支座及限位装置参数　　　　　　　　　　　　单位：kN

墩台号	支座/装置型号	类型	极限承载力		
			竖向	纵向	横向
1#	KZQZ17500DX-450/350	纵横向活动支座	17500		
2#	KZQZ52500DX-400/300	纵横向活动支座	52500		
3#	LQZ-T-40000HX-600/10	横向活动支座	40000	28800	
4#	LQZ-T-40000DX-600/10	纵横向活动支座	40000		
5#	KZQZ52500DX-550/350	纵横向活动支座	52500		
6#	KZQZ17500DX-600/500	纵横向活动支座	17500		
1#、2#、6#	HXXW6500-410	横向限位装置			6500
5#	HXXW11500-380	横向限位装置			11500

2.7 公铁平层布置时铁路和公路之间的隔离装置

2.7.1 隔离装置高度确定

大桥上公路与铁路对向行驶，在夜间高速列车光源会对公路行车产生眩光影响，高速列车驶过时所产生的噪声也会对公路行驶车辆驾驶员的生理和心理产生一定冲击，从而威胁到公路行车安全。同时，列车高速运行时产生的气动冲击可能会对临近公路车辆的行车舒适性和安全性产生不利影响，甚至会因此造成交通事故。

临港长江大桥公铁同层布置，公路路面比铁路轨面低约0.9 m，外侧铁路中心线距公路侧防撞护栏仅6.4 m，小于《公路铁路并行路段设计技术规范》（JT/T 1116—2017）规定的Ⅱ级公铁并行等级最小并行间距15 m，为保障公铁之间形成安全有效隔离，设计采用双层最高等级HA级防撞护栏，公路侧为混凝土护栏，铁路侧为钢制护栏，防止公路侧车辆冲入列车运营线路。

由于列车左线行车，公路右线行车，临近的火车和汽车刚好对向开行，受眩光影响，列车头灯对公路行车会造成一定安全隐患，需要增设防眩屏障消除眩光影响。通过研究比较，在公路侧护栏上增设防眩屏障比在铁路侧护栏上增设防眩屏障所需高度更低，同时，若因意外发生屏障倒伏，公路侧护栏上增设的防眩屏障倒伏后不会影响铁路安全行车，最终采用在公路侧防撞护栏上设置防眩隔离屏障的工程方案。

防眩板高度需要满足两个条件，一是保证眩光板能将高铁眩光"挡"到公路离高铁较近一侧车道外缘，二是保证沿直线传播的眩光光线至少不能影响最内侧车道临界点处驾驶员的视线。

通过眩光理论与试验分析，研究列车对公路行车眩光临界点，根据临界点位置，计算防眩板最低高度。

根据公路和铁路的位置关系（见图2-20），按几何比例关系可得：

$$\frac{L_1}{\Delta L} = \frac{x - h_1}{h_0 + \Delta h - x}$$

式中：L_1为眩光影响临界点距公路侧防眩板的距离；h_1为驾驶员视线高度，大型车辆取2.2 m，小汽车取1.2 m；ΔL为铁路与公路路肩平距（最不利位置）；h_0为铁路机车前照灯高度；Δh为铁路与公路高程差（最不利位置）。

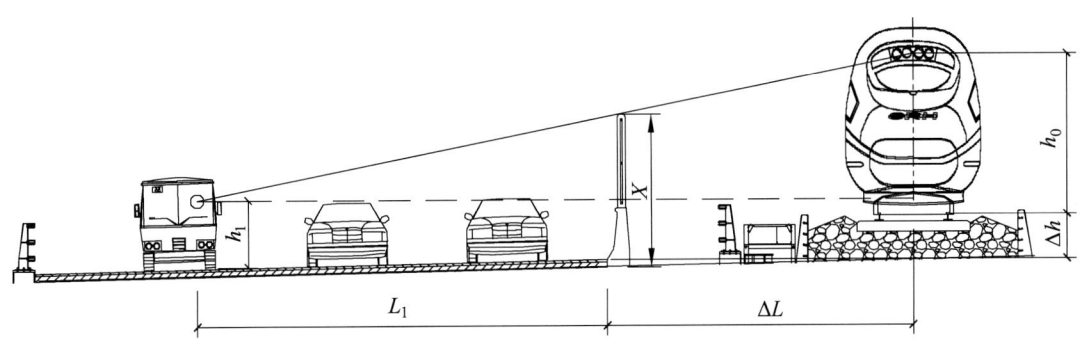

图2-20 公铁并行段防眩高度计算（长度单位：m）

表2-13 防眩屏障高度计算结果

参数值	计算高度	设计高度
ΔL=6.4 m L_1=1.8 m h_0=3.3 m h_1=2.2 m Δh=0.9 m	X=2.64 m	2.65 m

结合大桥桥面布置，通过表2-13参数计算，本桥防眩屏障总高度取2.65 m，分为上下两个部分，上部1.35 m为金属声屏障，下设1.3 m高HA级混凝土防撞墙形成综合防护。该防护屏障同时具备隔离、降噪、降低列车气动冲击等作用。经试验验证，结构对主桥抗风影响较小。

2.7.2 隔离装置设计

为减少大桥公铁并行段高速列车运营时产生的眩光、噪声、气动冲击等对公路交通安全的影响，并防止公路车辆侵入铁路限界，设计单位通过开展理论及试验研究，提出在公路和铁路中间设置集防眩、降噪、减轻气动冲击的公铁并行交通安全综合防护屏障，如图2-21所示。屏障总高度2.65 m，分为上下两个部分，上部1.35 m为金属声屏障，下设1.3 m高HA级混凝土防撞墙综合防护，同时满足防列车眩光、降低列车气动冲击、降噪及防撞功能，有效解决了公铁并行交通安全防护问题。

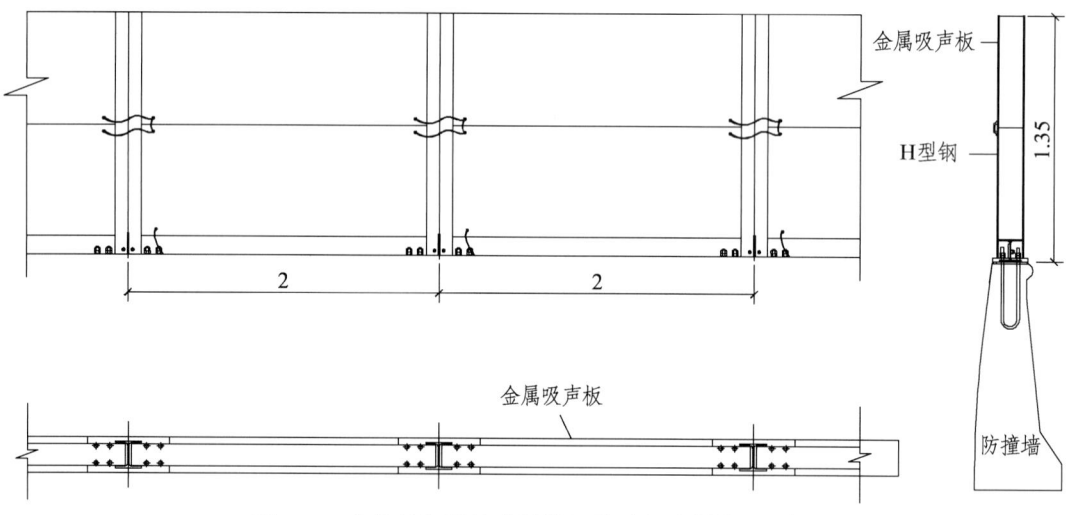

图2-21 公铁并行段综合防护屏障（长度单位：m）

2.7.3 汽车横向风力

列车高速运行时，会对侧面的汽车产生横向的推力或吸力。列车对建筑物或构件的气动力如图2-22所示。

考虑汽车与高速列车相向行驶，至少应按列车300 km/h计算气动力。假设不设置公铁并行防护屏障，汽车所受气动压力或吸力与作用线至线路中心距离有关，相距6.4 m处所受气动力为0.2 kPa，计算一般轿车所受横向力约为1.4 kN。通过计算，该横向力对汽车的稳定性有一定的影响，但是在设置图2-21所示的隔离装置后，列车的横向风力几乎全被隔离装置吸收，保证了汽车的安全行驶。

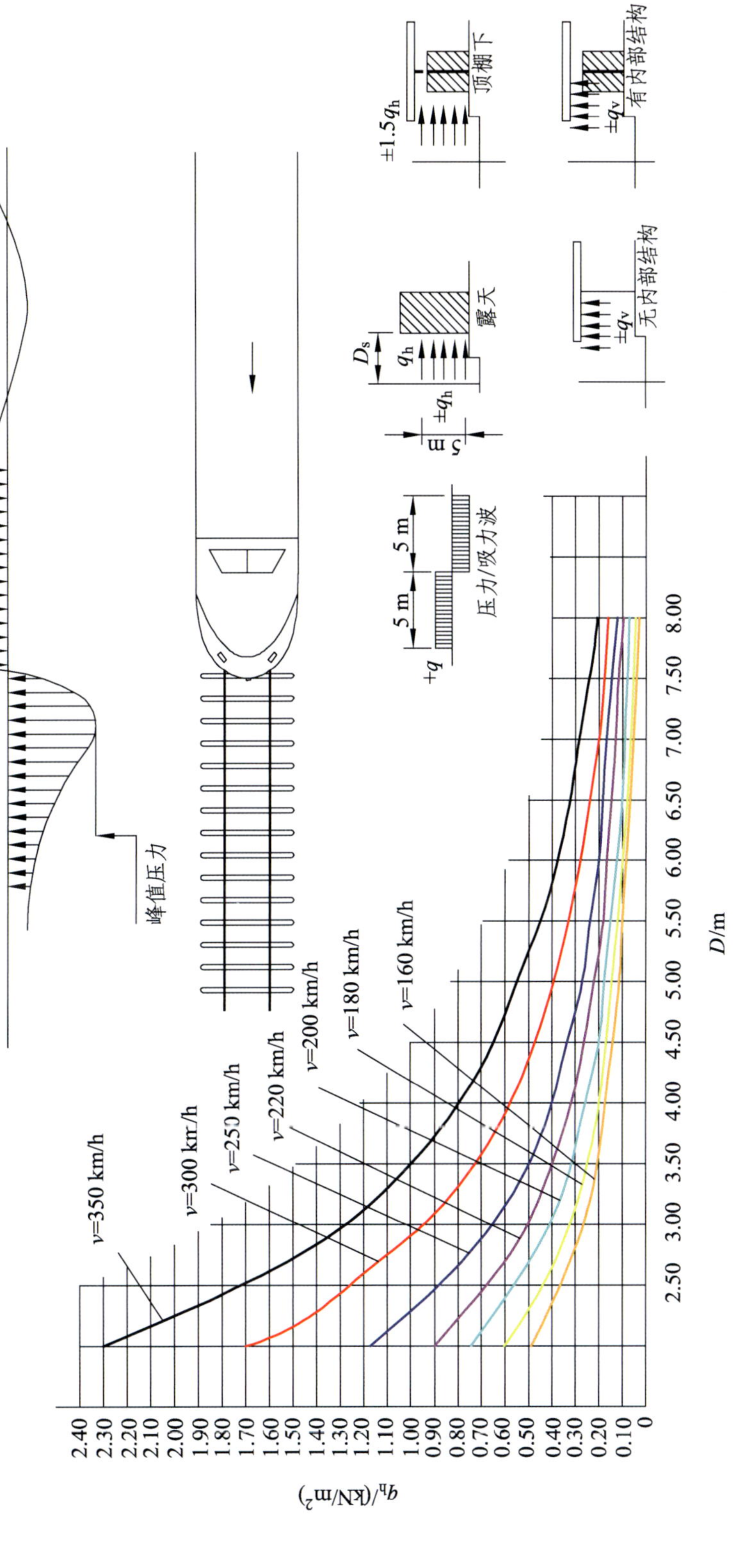

图2-22 列车对建筑物或构件的气动力

2.8 本章小结

本章从公铁合建斜拉桥的总体布置出发，先从总体上论述了公铁合建桥的优缺点，对公铁合建桥采用平层和双层布置的优缺点进行了分析。由于公铁合建桥的主桥和引桥是一个系统工程，因此分别研究了平层和双层布置的两岸接线方案。在确定公铁平层布置后，对公铁合建斜拉桥的竖向、横向和纵向约束体系进行研究，确定本桥合理的约束体系。最后对公铁平层布置时公路和铁路之间的隔离装置进行分析，根据防撞和防眩确定其高度，然后再对列车产生的横向力进行分析，确保汽车的横向稳定性。

本章主要得出以下研究结论：

（1）公铁合建桥的控制因素比较多，因此首先要确定是否适合公铁合建。如果确定公铁合建，则要对公铁双层布置、平层布置和混合层布置进行比较。不仅要考虑主桥和两岸疏解，还要综合考虑使用寿命内公路或铁路养护和维修、碳排放等因素。

（2）根据公路和铁路的相对位置，公铁合建桥可以分为公铁双层布置、公铁平层布置、公铁错层和公铁混合层布置4种。公铁合建桥梁中公路和铁路的相对位置，到底是采用双层布置，平层布置，还是混合层布置，取决于桥梁的总长度、主桥的长度、引桥的长度和各自的占比、公路的车道数和铁路的线路数量、桥梁基础的情况、桥梁两岸的地形和接线、铁路和公路的功能（过境交通，市内交通）、当地的运输条件等因素，需要综合判断和比选。

（3）公铁合建桥是一个系统工程，两岸的疏解方案也很重要。采用平层布置还是双层布置是非常复杂的，没有固定的答案，需要根据建设条件、具体桥位和用地等具体分析，才能选择出合理的公铁合建方案。临港长江大桥采用公铁平层布置的方案在系统上是最优的。

（4）针对铁路制动力和牵引力比较大、本桥位地震烈度比较高的特点，兼顾平时的铁路运营和抗震，桥梁竖向和横向支承体系采用组合约束体系。组合约束体系由球形钢支座、横向抗风支座、阻尼器、横向限位装置及减隔震支座等构成。在顺桥向，固定支座可以很好地约束主梁在正常运营期的位移，提高桥梁整体纵向刚度。地震作用下塔梁间固定约束剪断，通过塔梁间设置黏滞阻尼器减震，可显著改善静力和地震作用下的桥塔和主梁受力，同时可较好地控制梁端。在横桥向，通过在塔梁间设置抗风支座、边墩支座采用摩擦摆式减隔震支座，充分利用桥塔自身强度，可减小边墩及其基础受力，有效控制主梁横向位移，改善整桥抗震性能。

（5）根据列车头灯的光照特点，通过对汽车司机的炫光分析确定了防眩的最小高度。根据防撞和防眩的综合要求确定公路和铁路之间隔离装置的高度和形式。屏障总高度2.65 m，分为上下两个部分，上部1.35 m为金属声屏障，下设1.3 m高HA级混凝土防撞墙综合防护，同时满足防列车眩光、降低列车气动冲击、降噪及防撞功能，有效解决了公铁并行交通安全防护问题。

参考文献：

[1] WANG Y L, REN W M, HAN B, et al. Conceptual design of cable-supported bridges with road and railway traffic[J]. Structural Engineering International, 2021, 31（4）：488-497.

[2] WANG Y L, REINER S. Wide cable-supported bridges for rail-cum-road traffic [J]. Structural Engineering International, 2020, 30（4）：552-559.

[3] WANG Y L, The cross-section selection of road-cum-railway cable-supported bridges with box girders[J]. Steel Construction , 2019（1）：114-123.

[4] 王应良，陈星宇，杨国静. 基于运营纵坡控制的大跨铁路和公铁合建桥竖向刚度设计方法[J]. 桥梁建设，2021（4）：25-30.

[5] 陈良江. 我国铁路斜拉桥的实践与设计参数研究[J]. 铁道建筑，2017（11）：1-6.

[6] GIMSING N J, GEORGAKIS C T. Cable supported bridges: concept and design [M]. 3rd. London: John Wiley and Sons, 2012.

[7] VEJRUM T, GIMSING J. Long span cable-stayed bridges for railway [C]. Bergen: Strait Crossings, 2013.

[8] LEONHARDT F, ZELLNER W, SAUL R. Two cable- stayed bridges for railway and highway traffic across the Paraná River in Argentina [J]. Stahlbau, 1979（48）：225-236，272-277.

[9] SAUL R, HOPF S. The Kap-Shui-Mun- Bridge at Hongkong- a double deck cable-stayed bridge for road and railway traffic [J]. Beton-und Stahlbetonbau 1997（92）：261-265，308-312.

[10] BEARD A S. Tsing Ma Bridge, Hong Kong[J]. Structural Engineering International，1995，5（3）：138-140.

[11] OLIVEIRA PEDRO J J, REIS A J. Composite cablestayed bridges: state of the art [J]. Proceedings of the Institution of Civil Engineers-Bridge Engineering，2016，169（1）：13-38.

[12] HAUGE L, PETERSEN A. Detailed design of the Öresund Bridge [J]. Structural Engineering International，1999，9（1）：39-41.

[13] KLEIN J F. Third bosporus bridge-a masterpiece of sculptural engineering [J]. Stahlbau，2017，86（1）：160-166.

[14] NADER M, MCGAIN Z, DEMIRDJIAN S, et al. Design and construction of the new champlain bridge，Montreal，Canada [J]. Structural Engineering International，2017，27（1）：38-43.

第3章 公铁合建斜拉桥刚度研究

3.1 概述

目前国内外大跨度斜拉桥以公路桥居多,主要因为铁路桥除应具有跨越江河的能力外,还需为桥上运行的列车提供更高的舒适性和安全性。因此,铁路斜拉桥要具有更大的刚度,对大跨度公铁合建斜拉桥这种柔性结构的刚度设计和控制提出了更高的要求。

临港长江大桥为了降低公路引线爬坡高度、减少投资,采用公铁同层方案,公路、铁路在同层布置,节约结构高度和引桥长度,降低桥梁工程量和碳排放。与传统的钢桁梁斜拉桥相比,本桥采用整体性更好的公铁平层钢箱梁方案,其结构受力行为与传统钢桁梁有很大的区别,为设计、建造和运营带来了很多新的技术挑战。

采用公铁合建箱型主梁斜拉桥,在构造、受力、养护维修、景观效果方面都有其特点和独特优势。这种构造形式具有创新性,在国外有一定应用,在临港长江大桥的工程可行性研究阶段尚未在国内见到公路和高速铁路平层布置的公铁合建斜拉桥。

3.2 公铁合建斜拉桥竖向刚度

3.2.1 公铁合建斜拉桥竖向刚度的主要影响因素

尽管铁路荷载很重,但斜拉桥也适用于大跨度的公铁合建桥。根据铁路和公路的相对位置,公铁合建桥可以分为公铁双层布置和公铁平层布置两种形式。公铁双层布置的桥梁通常采用钢桁梁,其中铁路和公路分别位于下层桥面和上层桥面。少数情况下,铁路位于上层桥面,公路位于下层桥面,因为铁路的爬坡能力远弱于公路,除非是铁路的高程受到相邻车站、货场或地形的控制。公铁平层合建的桥梁一般采用箱梁。

铁路桥和公铁合建桥对最大纵向坡度、竖向变形和梁端转角的要求要比公路桥严格得多。特别是活载作用下,梁端转角更需要受到重视。

密索体系公铁合建斜拉桥主梁的行为主要有以下3个方面:

行为1:承受总体体系的受力。

行为2:承受主梁的轴力和斜拉索锚固点之间的荷载。主梁对竖向荷载的传递能力取决于结构的总体布置。实际上主梁承受交通荷载和自重,但只在斜拉索的锚固点处受到斜拉索的支撑,主梁的承载能力至少应能跨越这些斜拉索的锚固点。

行为3:分布集中荷载。主梁分配集中荷载的能力将在密索体系缆索承重桥梁中得到最基本的应用。集中荷载将被充分地分配到附近的几根斜拉索中。

密索体系缆索承重公铁合建桥的总体竖向刚度主要取决于恒载的大小和桥梁的总体布置。主梁的竖向刚度对密索体系大跨度公铁合建斜拉桥梁的竖向刚度贡献比较小，特别是跨度大于300 m的密索体系斜拉桥。密索体系大跨度缆索承重桥梁的竖向刚度实际上是重量提供的，和主梁的高度关系不是很大。例如：武汉天兴洲大桥是一座主跨504 m的公铁合建钢桁梁斜拉桥，其钢桁梁高度为15.2 m；沪苏通长江大桥是主跨1092 m的公铁合建钢桁梁斜拉桥，其钢桁梁高度为16.0 m，两者的钢桁梁高度相差比较小。不同抗弯刚度的斜拉桥主梁变形如图3-1所示。

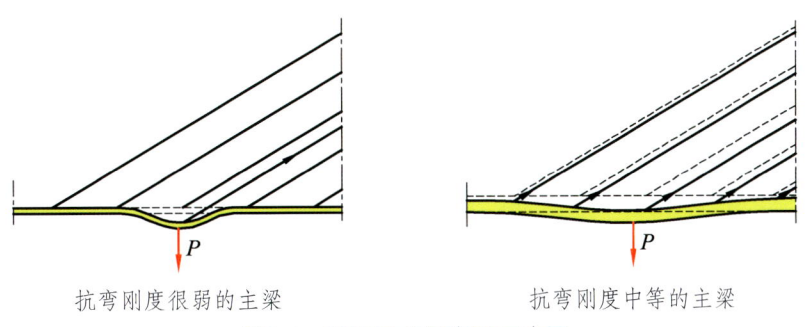

图3-1 斜拉桥主梁变形示意图

主梁端部的梁端转角同竖向刚度一样也很重要，它可以通过在边跨增加辅助墩或减小梁端的斜拉索间距来减小。

密索体系和边跨的辅助墩使得采用箱梁的斜拉桥承载重载铁路和高速铁路成为可能。同三跨连续梁相比，相同跨度的密索体系斜拉桥的主梁弯矩大大减小，如图3-2所示。

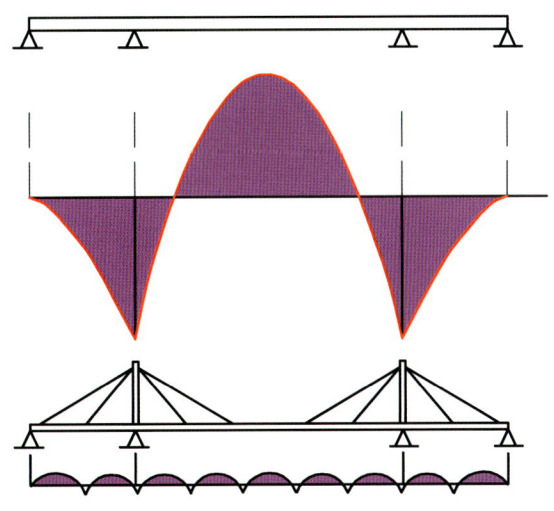

图3-2 密索体系斜拉桥主梁和连续梁弯矩图

根据经典结构力学可知,结构的挠度由式(3-1)计算。

$$\Delta_{KP} = \sum\int \frac{\overline{M}M_P}{EI}\mathrm{d}s + \sum\int \frac{\overline{F_N}F_{NP}}{EA}\mathrm{d}s + \sum\int k\frac{\overline{F_S}F_{SP}}{GA}\mathrm{d}s \qquad (3\text{-}1)$$

式中:密索体系缆索承重桥梁主梁和桥塔的弯矩很小,第1项贡献很小,主梁的剪切面积大,第3项贡献也很小。

其变形主要是轴力引起的,而轴力影响量则分为桥塔的轴力、主梁的轴力和斜拉索的轴力3部分。桥塔和主梁都是低强度材料,所以面积都比较大,轴力压缩贡献小。而斜拉索是高强材料,面积小,轴力大,因此对变形的贡献最大。斜拉桥的变形实际上大部分是斜拉索的伸长贡献的。

影响斜拉桥竖向刚度的因素中,主梁的重量决定斜拉索的面积,斜拉索的面积和总体布置决定了活载的挠度,如果2座桥的总体布置完全相同,则主要取决于主梁重量,与主梁的高度关系不是很大。

在总体布置相同的情况下,密索体系斜拉桥的刚度主要是由斜拉索提供的,而且斜拉索的面积是由主梁每延米的恒载(包含主梁重量和二期恒载)和活载决定的。密索体系斜拉桥主梁的弯矩非常小,主梁的高度对大跨度密索体系斜拉桥的刚度贡献很小。

斜拉桥的竖向变形主要是斜拉索的伸长造成的,包括中跨斜拉索和边跨背索的伸长。中跨斜拉索伸长导致的竖向挠度见图3-3和公式(3-2)。

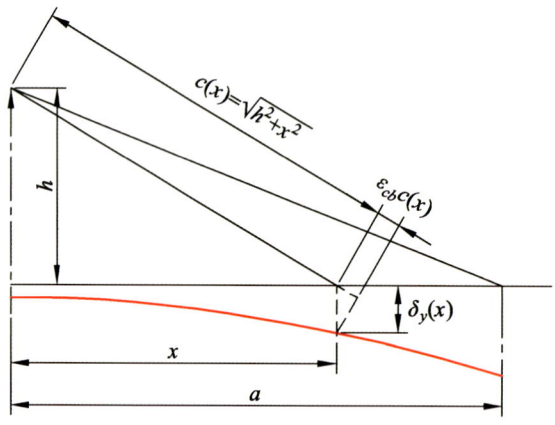

图3-3 中跨斜拉索伸长导致的中跨挠度

$$\delta_y(x) = h\left(1 + \frac{x^2}{h^2}\right)\varepsilon_{cb} \qquad (3\text{-}2)$$

式中:ε_{cb}为中跨斜拉索的轴向应变。

边跨斜拉索对跨中竖向挠度的贡献主要体现在背索索伸长导致的竖向挠度,见图3-4和公式(3-3)。

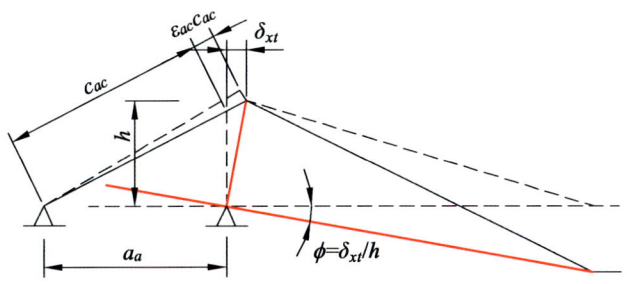

图3-4 边跨背索伸长导致的中跨挠度

$$\varphi = \frac{\delta_{xt}}{h} = \frac{h^2 + a_a^2}{ha_a}\varepsilon_{ac} \quad (3\text{-}3)$$

式中：ε_{ac}为边跨背索的轴向应变。

跨中总的竖向变形主要是主跨拉索和背索伸长导致，如式（3-4）所示。

$$\delta_y(x) = h\left(1 + \frac{x^2}{h^2}\right)\varepsilon_{cb} + \frac{h^2 + a_a^2}{ha_a}\varepsilon_{ac}x \quad (3\text{-}4)$$

如果假定$a_a = 0.5a_m$，$h = 0.3a_m$，$\varepsilon_{ac} = \varepsilon_{cb}$，对于斜拉索按照扇形体系布置的斜拉桥，则背索伸长导致的竖向位移是中跨斜拉索伸长导致的40%左右，如图3-5所示。

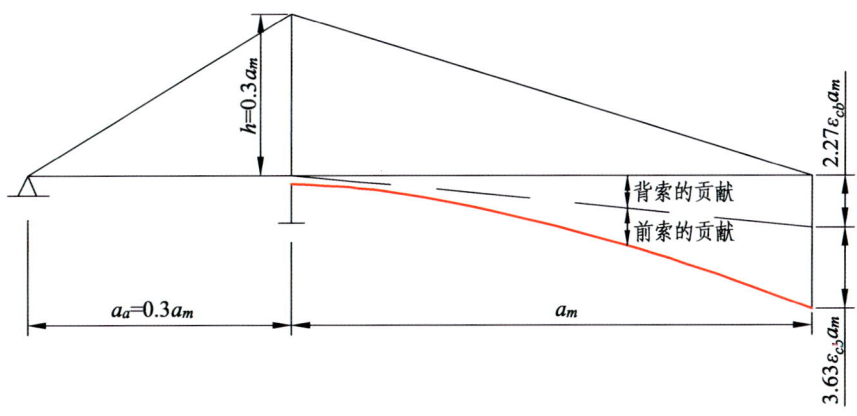

图3-5 中跨斜拉索和边跨背索伸长导致的中跨挠度

如果把边跨背索的面积增加一倍，则背索伸长导致的竖向位移会减少到中跨斜拉索伸长导致的20%左右。

中跨斜拉索的面积是主梁恒载和活载的和决定的，一般无法进行较大的调整。但是边跨背索的面积可以通过设置以下措施主动调整：

（1）设置多个辅助墩，增加多个背索，但是辅助墩在3个以后效果不明显。

（2）在辅助墩处把斜拉索集中锚固，让背索的面积有效加大。德国杜塞尔多夫的欧博卡塞莱茵河公轨合建桥（Oberkasseler Bridge）就把所有背索锚固在桥墩上，大大提高了桥梁的总体刚度。即使轨道交通采用无砟无枕的直接固定式轨道，也未发生问题，其总体布置如图3-6所示。

（3）对于总体布置相同的钢桁梁斜拉桥和钢箱梁斜拉桥而言，如果斜拉索的面积相同，则活载作用下前索伸长导致的挠度基本相同。箱型主梁在边跨背索索距减小为3~5 m，背索面积翻倍，但桁梁因为节间长度限制，背索面积翻倍比较难。

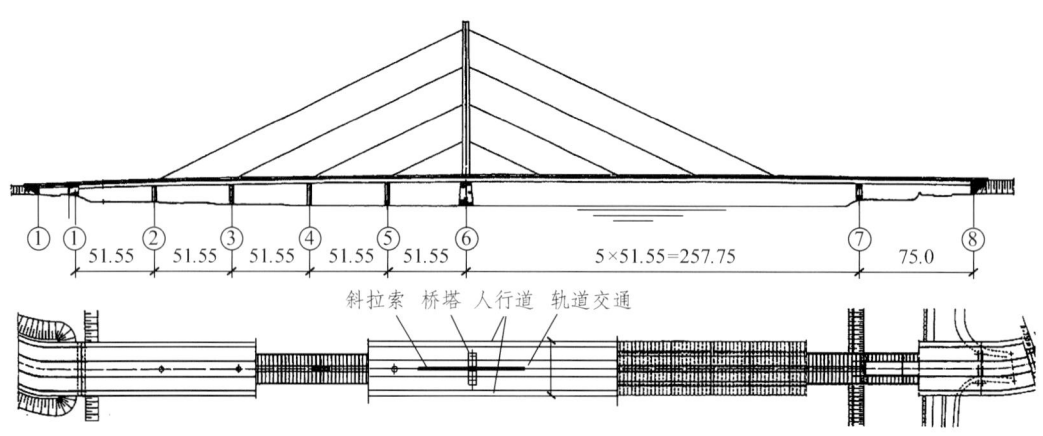

图3-6 德国欧博卡塞莱茵河桥总体布置

一般来说，斜拉索的面积是不能大范围调整的。为了减小主桥跨中位移，提高桥梁整体竖向刚度，可以在主跨跨中区域设置斜拉索交叉来提高整体竖向刚度。具体的方法是在跨中区域，让几对斜拉索相互交叉，这样导致背索也会增加，从而减小主梁的竖向挠度，如图3-7所示。

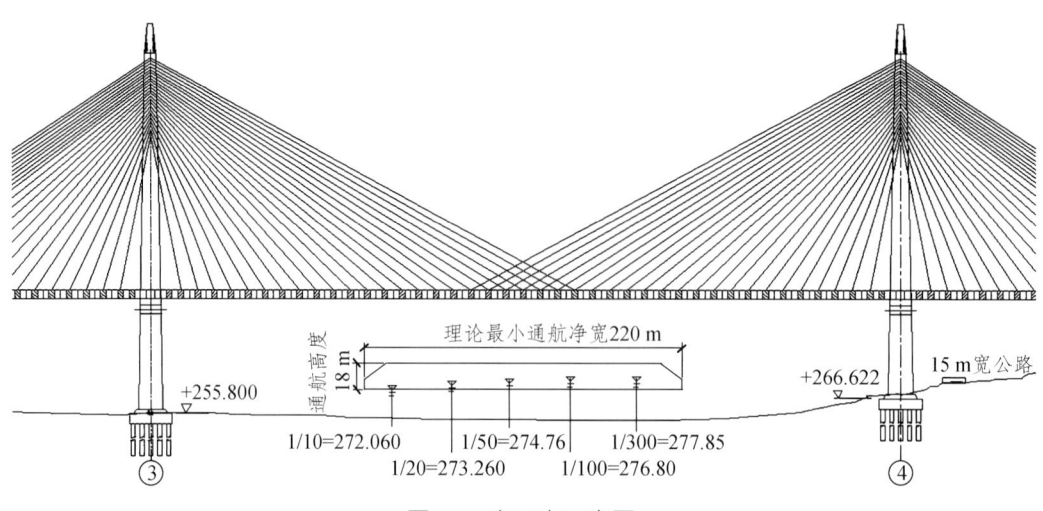

图3-7 交叉索示意图

在临港长江大桥的初步设计中，对比了不同交叉索对数对跨中挠度和梁端转角的影响，如图3-8所示。由图3-8可知，随着交叉索对数的增加，跨中挠度随之减小，梁端转角也呈减小趋势。由此可知，对大跨度斜拉桥，竖向刚度主要靠拉索提供，交叉索可以有效减小中跨的竖向位移，提高中跨的竖向刚度。

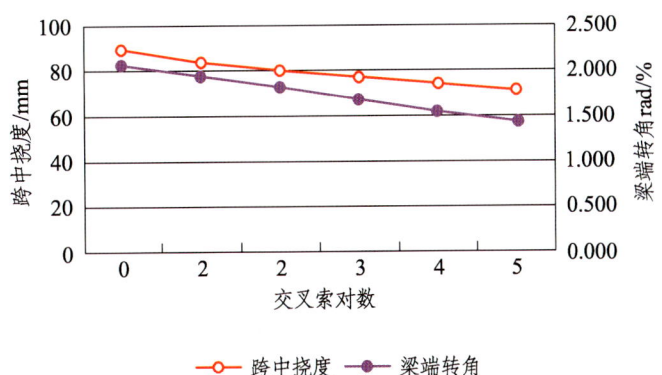

图3-8 交叉索对数对跨中挠度和梁端转角的影响

增加交叉索对数可以提高全桥竖向刚度，但是整体式箱梁交叉索的布置比较困难，跨中区域受多对斜拉索共同作用，局部受力复杂，对跨中主梁的局部受力较不利。综合考虑各种因素，最终本桥采用1对跨中交叉索方案，既提高了全桥的竖向刚度，又避免了斜拉索布置困难的问题。

跨中区域交叉索，配合压重，刚度可以一点点地调整。临港长江大桥最早使用3对交叉索，施工图设计时只在跨中保留了1对交叉索，后来其他双塔铁路斜拉桥也采用了交叉索。

3.2.2 大跨度铁路桥和公铁合建桥竖向刚度控制的运营纵坡法

国内规范对铁路斜拉桥和公铁合建斜拉桥的挠度提出了比较高的要求，一般要求小于1/500。实际上国外不少铁路和公铁合建桥的竖向刚度并不满足这个要求，如表3-1所示。

表3-1 国外部分大跨度公铁合建缆索承载桥挠跨比

桥名	主跨长度/m	主梁	铁路线数	铁路设计速度/(km/h)	公路车道数	竖向挠跨比
4月25日大桥（悬索桥）	1013	桁梁	2	120	6	1/191
博斯普鲁斯海峡三桥	1408	箱梁	2	160	8	1/300
厄勒海峡桥	490	桁梁	2	200	4	1/412
柜石岛-岩黑岛桥	420	桁梁	4	160	4	1/437

本书作者提出了大跨铁路桥和公铁合建桥竖向刚度控制的运营纵坡方法。在临港长江大桥的设计中，也采用最大纵坡和最大纵坡差方法来控制其竖向刚度。即要求在运营活载作用下，桥面各点的最大纵坡和最大纵坡差和列车在路基上的相同。桥面纵坡定义为：

$$\theta = \arctan\left(\frac{\Delta}{L}\right) \quad (3\text{-}5)$$

式中：Δ 为列车转向架之间的桥面高差，L 为列车转向架长度，如图3-9所示。

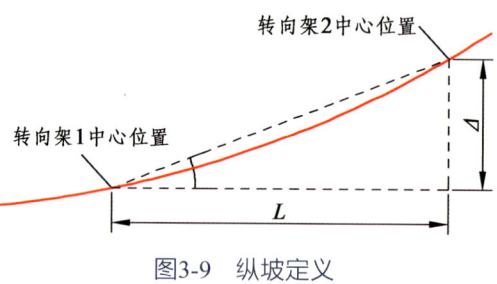

图3-9 纵坡定义

列车过桥时，桥梁的运营纵向坡度 θ_i 由3部分组成：成桥时的桥面纵向坡度 θ_l、列车活载作用引起的桥梁纵向坡度 θ_c 以及温度荷载作用下引起的桥梁纵向坡度 θ_w，如图3-10所示。

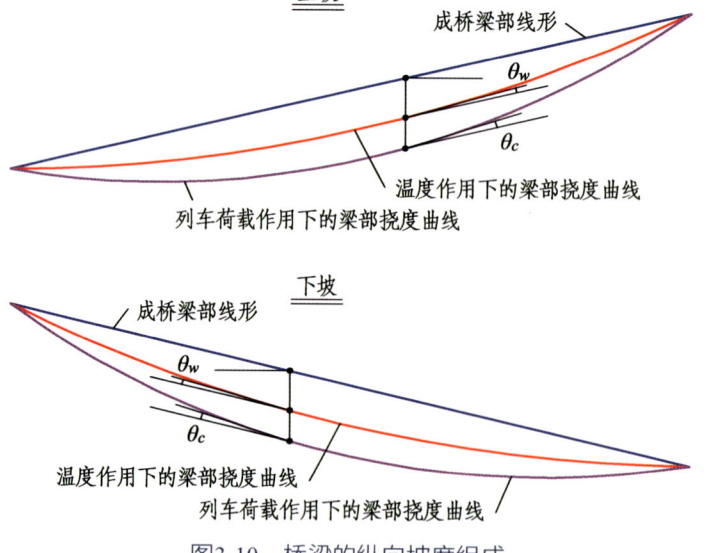

图3-10 桥梁的纵向坡度组成

（注：图示温度作用引起的梁部变形为下挠，实际温度作用引起的梁部变形可能为上拱）

列车上桥以后 i 点的总纵向坡度为：

$$\theta_i = \theta_{l,i} + \theta_{c,i} + \theta_{w,i} \quad (3\text{-}6)$$

式中：成桥时的桥面纵向坡度是可以进行调整的，但这个是刚体位移，调整引起的结构内力非常小，而列车活载和温度荷载作用下的桥面纵向坡度是和结构刚度相关的，无法进行较大的调整。

为保证列车过桥全过程中不出现爬坡困难和停车溜逸等问题，桥梁的运营纵向坡度应满足：

$$[\theta]_{\min} \leqslant \theta_i \leqslant [\theta]_{\max} \quad (3\text{-}7)$$

式中：$[\theta]_{\max}$ 为线路的最大牵引纵向坡度，用于保证在意外情况下，列车在桥上停车后启动不出现爬坡困难的最大坡度，根据列车车型、牵引质量、牵引特性以及线路情况综合确定；$[\theta]_{\min}$ 为线路的最小溜逸纵向坡度，用于保证在意外情况下，列车在坡度上制动后不溜逸的最小坡度，根据列车车型、牵引质量和制动性能确定。

桥梁的运营纵向坡度差 Δ_i 为车钩相连两节列车车体中心下方桥面处纵向坡度的代数差，如图3-11所示。

$$\Delta_i = \theta_1 - \theta_2 \quad (3\text{-}8)$$

式中：θ_1 为左侧列车车体中心下方桥面处的纵向坡度值；θ_2 为右侧列车车体中心下方桥面处的纵向坡度值。

为保证列车通过变坡点时不出现车钩折断的情况，列车过桥时桥面任一点处的运营纵向坡度差应该满足：

$$\Delta_i \leqslant [\Delta] \quad (3\text{-}9)$$

式中：$[\Delta]$ 为保证列车不断钩的最大运营纵向坡度差允许值，由车钩强度和牵引质量控制。

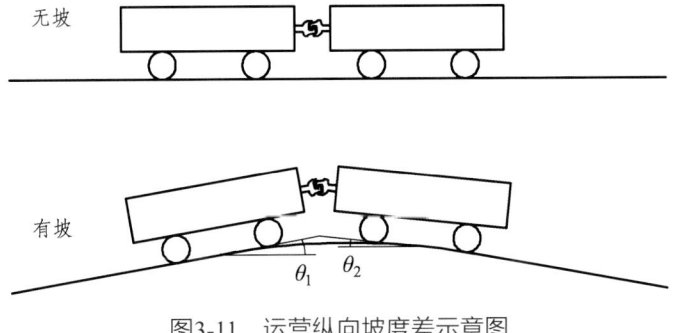

图3-11　运营纵向坡度差示意图

我国规范对各种铁路线路的纵向坡度和最大坡差的要求参见本书3.6节。丹麦与德国之间的费马恩海峡固定通道在初步设计中为201 m+282 m+704 m+282 m+201 m的三塔钢桁梁斜拉桥方案，承载2线铁路和4车道公路。斜拉桥在列车活载作用下的静挠度，主跨和边跨的最大挠度为2.4 m和0.5 m，挠跨比为1/292和1/400。如果按照挠跨比小于1/500的要求，中间桥塔需要的材料数量很多。后来此通道采用隧道方案。

3.2.3 国内外规范对桥梁竖向刚度的要求

多数国家的桥梁设计规范给出了普通跨度桥梁竖向刚度的要求。斜拉桥作为桥梁的一种，因为跨度比较大，许多国家规范没有直接给出其竖向刚度的要求。先对国内外公铁合建斜拉桥和铁路斜拉桥的竖向刚度进行调研。表3-2和表3-3分别为国外与国内部分大跨度公铁两用斜拉桥挠跨比。

表3-2 国外典型公铁两用斜拉桥竖向刚度统计

桥名	孔跨布置/m	桥面布置	车道布置	竖向挠跨比
日本岩黑岛桥	185+420+185	双层	4线铁路+4车道公路	1/435
日本柜石岛桥	185+420+185	双层	4线铁路+4车道公路	1/396
丹麦厄勒海峡桥	141+160+490+160+141	双层	2线铁路+4车道公路	1/408
德国塞弗林桥	47.8+301.6+150.68+52.45	平层	2线轨道交通+6车道公路	1/450
塞尔维亚萨瓦河桥	376+200+50	平层	2线轨道交通+6车道公路	1/500
土耳其博斯普鲁斯海峡三桥	220+1408+220	平层	2线铁路+8车道公路	1/297

从上述实践资料中可以看出，国外已建成的大跨度公铁两用斜拉桥挠跨比最大值在1/400左右。多年来实际桥梁在列车荷载作用下运行状态良好，至少可以说明在国外列车荷载标准的情况下，这样的挠跨比值是可行的。

表3-3 国内典型公铁两用斜拉桥竖向刚度统计

桥名	孔跨布置/m	桥面布置	车道布置	竖向挠跨比
宜宾临港长江大桥	72.5+203+522+203+72.5	平层	4线高速铁路+6车道公路	1/707
武汉天兴洲长江大桥	98+196+504+196+98	双层	2线Ⅰ级干线+2线客专+6车道公路	1/750
铜陵公铁两用长江大桥	90+240+630+240+90	双层	2线Ⅰ级干线+2线客专+6车道公路	1/711
黄冈公铁两用长江大桥	81+243+567+243+81	双层	2线城际铁路+6车道公路	1/706
平潭海峡元洪航道桥	132+196+532+196+132	双层	2线铁路+6车道公路	1/666

续表

桥名	孔跨布置/m	桥面布置	车道布置	竖向挠跨比
平潭海峡鼓屿门水道桥	128+154+364+154+128	双层	2线铁路+6车道公路	1/787
平潭海峡大小练岛水道桥	80+140+336+140+80	双层	2线铁路+6车道公路	1/837
沪苏通长江大桥	140+462+1092+462+140	双层	2线Ⅰ级干线+2线客专+6车道公路	1/524
芜湖长江公铁大桥	99.3+238+588+224+85.3	双层	4线铁路+8车道公路	1/584
荆州长江公铁大桥	98+182+518+182+98	双层	2线重载铁路+6车道公路	1/516

从以上统计的国内公铁两用桥的情况看，大部分大跨斜拉桥的竖向挠跨比值在1/700左右，但也有部分斜拉桥的竖向挠跨比值超出了1/700，如沪苏通长江大桥的竖向挠跨比值仅1/524。

部分国内外大跨度铁路斜拉桥的挠跨比如表3-4所示，最小的挠跨比为1/500。

表3-4　国内外典型铁路斜拉桥竖向刚度统计

桥名	建成年份	孔跨布置/m	主梁类型	铁路线数	竖向挠跨比
萨瓦河铁路桥	1980	52.74+85.0+250+50.15+64.2	钢箱梁	2	1/500
韩家沱长江大桥	2013	81+135+432+135+81	钢桁梁	2	1/799
白沙沱长江大桥	2018	81+162+432+162+81	钢桁梁	6	1/787
明月峡长江大桥	2022	62.5+125+425+175+75	钢桁梁	4	1/695
安庆长江铁路大桥	2015	101.5+188.5+580+217.5+159.5+116	钢桁梁	4	1/707
椒江特大桥	2022	84+156+480+156+84	钢桁梁	4	1/703
鳊鱼洲长江大桥	2021	2×50+224+672+174+3×50	钢箱混合梁	4	1/670
宁波北环铁路甬江特大桥	2016	53+50+50+66+468+66+50+50+53	钢箱混合梁	2	1/701
浩吉铁路洞庭湖特大桥	2019	99.12+140+406+406+140+99.12	钢桁梁	2	1/564

国内大部分铁路斜拉桥在铁路列车荷载作用下挠跨比值在铁路桥涵设计规范有关主跨跨度1/700的规定上下，但是也有些斜拉桥挠跨比值超出了中国铁路桥梁规范有关主跨跨度

1/700挠度上限的规定。

桥梁竖向刚度过小可能导致以下问题：

（1）桥面坡度过大导致桥上线路坡度超限；

（2）列车过桥时振动过大使司机、乘客感到不舒适甚至造成列车脱轨；

（3）因桥梁与桥台间或桥梁与桥梁间形成过大的折角而危及行车安全；

（4）因桥梁刚度过小而引起过大次应力；

（5）因动应力过大而引起过大冲击及疲劳。

因此铁路桥梁规范都对桥梁竖向刚度做了比较严格的要求。挠跨比不仅与桥梁本身的刚度有关，而且也和桥梁上的荷载密切相关。由于综合考虑了桥梁刚度及荷载，因此竖向挠跨比作为评价竖向刚度的标准为各国规范所广泛采用。

1. 中国规范对桥梁刚度的要求

《铁路桥涵设计规范》（TB 10002—2017）统计、计算了近年建成的简支梁、连续梁、连续刚构桥等桥跨结构梁体的竖向挠度，经归纳提炼后以挠跨比形式制定了梁式桥跨结构竖向刚度容许值，对梁体竖向变形限制做了规定，如表3-5所示。

表3-5 《铁路桥涵设计规范》关于竖向挠跨比限值的规定

铁路设计标准	设计速度	跨度范围		
		$L \leq 40$ m	40 m $< L <$ 80 m	$L \geq 80$ m
高速铁路	350 km/h	$L/1600$	$L/1900$	$L/1500$
	300 km/h	$L/1500$	$L/1600$	$L/1100$
	250 km/h	$L/1400$	$L/1400$	$L/1000$
城际铁路	200 km/h	$L/1750$	$L/1600$	$L/1200$
	160 km/h	$L/1600$	$L/1350$	$L/1100$
	120 km/h	$L/1350$	$L/1100$	$L/1100$
客货共线铁路	200 km/h	$L/1200$	$L/1000$	$L/900$
	160 km/h	$L/1000$	$L/900$	$L/800$
重载铁路	120 km/h及以下	$L/900$	$L/800$	$L/700$

《铁路斜拉桥设计规范》（TB 10095—2020）规定，斜拉桥在列车静活载作用下主梁的竖向挠度宜小于$L/500$。该规定对高速铁路与普速铁路未做区分。宜宾临港公铁合建桥设计于2016—2018年，当时该规范并未颁布实施。

2. 欧洲规范对桥梁刚度的要求

对于跨度大于120 m的桥梁，应通过动态分析来验证加速度要求是否得到满足。

对于跨度小于120 m的桥，要满足 $\dfrac{\delta}{L} < \dfrac{1}{600}$。

这些规定在桥梁设计中发挥了重要作用，并得到了长期的实践检验。但是对大跨度桥梁却不尽合理。这是因为各国规范中有关规定大都是建立在对于中小跨度桥梁的动力分析与试验基础上，故对大跨度桥梁竖向挠跨比不该用规范中对一般桥梁的规定来约束，而是应该有适当的放宽。

从本节统计结果可知，实际建造的大跨度铁路桥（大跨度公铁两用桥）的刚度有很大一部分小于有关规范的规定值。

欧洲规范没有对大跨度缆索承重桥梁给出最大的变形或坡度限制。实际上它必须保证桥梁结构上铁路的安全运行和乘客的舒适度。乘客舒适度取决于旅程中车辆的垂直加速度。

3.2.4 国内外规范对梁端转角的规定

铁路桥梁除了对竖向挠度有要求外，对梁端的转角也有严格的限制，主要是为了防止钢轨的附加应力超出规范要求的范围。

较大的梁端折角会使列车通过时产生冲击，造成桥梁产生较大振动与钢轨的疲劳。由于梁端竖向转角使得梁缝两侧的钢轨支点分别产生钢轨的上拔和下压现象，当上拔力大于钢轨扣件的扣压力时将导致钢轨与下垫板脱开，当垫板所受下压力过大时可能导致垫板产生破坏，如图3-12所示。为了保证梁端扣件系统的受力及线路安全，减少运营期间的维修工作量，梁端转角应得到有效控制。梁端转角示意如图3-13所示。

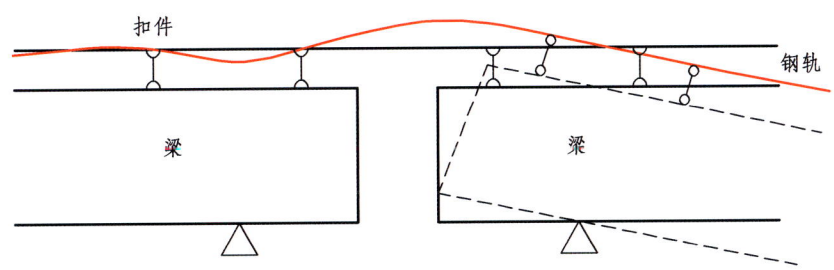

图3-12　梁端转角影响示意图

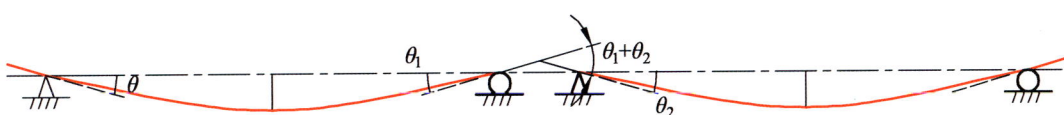

图3-13　梁端转角示意图

减小梁端折角不仅有利于改善行车性能，还可改善钢轨的受力条件，避免设置复杂而又昂贵的缓冲梁结构，简化钢轨伸缩调节装置。

国内建设的公铁两用斜拉桥中梁端转角都控制得比较严格，统计到的资料均在2‰以内。部分公铁两用大桥的梁端转角统计见表3-6。

表3-6　国内典型公铁两用斜拉桥梁端转角统计

桥名	孔跨布置/m	桥面布置	车道布置	梁端转角
宜宾临港长江大桥	72.5+203+522+203+72.5	平层	4线高速铁路，6车道公路	1.286‰
武汉天兴洲长江大桥	98+196+504+196+98	双层	2线Ⅰ级干线+2线客专+6车道公路	1.3‰
铜陵公铁两用长江大桥	90+240+630+240+90	双层	2线Ⅰ级干线+2线客专+6车道公路	0.958‰
黄冈公铁两用长江大桥	81+243+567+243+81	双层	2线城际铁路，6车道公路	0.972‰
平潭海峡元洪航道桥	132+196+532+196+132	双层	2线铁路，6车道公路	1.5‰
平潭海峡鼓屿门水道桥	128+154+364+154+128	双层	2线铁路，6车道公路	1.5‰
平潭海峡大小练岛水道桥	80+140+336+140+80	双层	2线铁路，6车道公路	0.94‰
沪苏通长江大桥	140+462+1092+462+140	双层	2线Ⅰ级干线+2线客专+6车道公路	1.42‰
芜湖长江公铁大桥	99.3+238+588+224+85.3	双层	4线铁路，8车道公路	0.58‰

从表3-6可以看出，我国已建和在建的大部分公铁两用斜拉桥的梁端转角基本都严格执行规范要求，对梁端转角进行了严格控制。

从表3-6中的桥梁布跨可以看出：

（1）这些公铁合建斜拉桥除过宜宾临港长江大桥外，均采用了钢桁梁；

（2）公铁合建斜拉桥的边中跨比都比较大；

（3）都采用了至少一个辅助墩，在不增加边跨梁高的情况下，可有效控制梁端转角。若不设置辅助墩，梁端转角很难满足规范要求。

日本规范对不同时速的列车提出了梁端折角限值。日本本四联络线上的岩黑岛和柜石岛2座斜拉桥梁端最大折角为9.9‰及−7.50‰，均已超过国内的铁路运营规范要求，但这2座桥梁端设有特殊设计的过渡梁结构，将一个集中的大值折角化整为零地分散为2个较小转角。

国内外规范对梁端转角的相关规定如下：

①国际铁路联盟规定：当车速$v\leqslant200$ km/h时，单线桥梁端折角限值为6.5‰（单侧）和10‰（双侧），双线桥梁端折角限值为3.5‰（单侧）和5‰（双侧）；当车速$v>200$ km/h时，双线桥梁端折角限值为2‰（单侧）和4‰（双侧）。

②德国规范DIN-101（2003）规定：对于有砟轨道桥梁，在考虑动力系数的UIC71荷载和温差作用下，线路中心处的梁端最大转角不应超过下列值：

单线桥：

$$\theta \leqslant 6.5\text{‰ rad}（桥台与桥梁之间）$$
$$\theta_1 + \theta_2 \leqslant 10\text{‰ rad}（相邻两孔梁之间）$$

双线梁：

$$\theta \leqslant 3.5\text{‰ rad}（桥台与桥梁之间）$$
$$\theta_1 + \theta_2 \leqslant 5\text{‰ rad}（相邻两孔梁之间）$$

当速度$v>200$ km/h时，要求对考虑动力系数的实际运营荷载做附加检验，线路中心处的梁端最大转角不应超过下列值：

$$\theta \leqslant 2\text{‰}/h_m \text{ rad}（桥台与桥梁之间）$$
$$\theta_1 + \theta_2 \leqslant 4\text{‰}/h_m \text{ rad}（相邻两孔梁之间）$$

式中：h_m为钢轨顶面至桥梁支座中心间的距离。

③中国《铁路斜拉桥设计规范》（TB 10095—2020）规定：斜拉桥在列车竖向静活载作用下，梁端竖向转角应符合《铁路桥涵设计规范》（TB 10002—2017）的规定，有伸缩装置时可另行研究。《铁路桥涵设计规范》（TB 10002—2017）对梁端转角限值的规定见表3-7。

表3-7 《铁路桥涵设计规范》允许梁端转角

轨道类型	位置	限值/rad	备注
有砟轨道	桥台与桥梁之间	$\theta \leqslant 2.0$‰	—
	相邻两孔梁之间	$\theta_1 + \theta_2 \leqslant 4.0$‰	—
无砟轨道	桥台与桥梁之间	$\theta \leqslant 1.5$‰	梁端悬出长度$\leqslant 0.55$ m
		$\theta \leqslant 1.0$‰	0.55 m<梁端悬出长度$\leqslant 0.75$ m
	相邻两孔梁之间	$\theta_1 + \theta_2 \leqslant 3.0$‰	梁端悬出长度$\leqslant 0.55$ m
		$\theta_1 + \theta_2 \leqslant 2.0$‰	0.55 m<梁端悬出长度$\leqslant 0.75$ m

梁端转角和桥梁边跨的总体布置有很大关系，大跨度的铁路或公铁两用斜拉桥如果不设置辅助墩，无论其主梁是桁梁还是箱梁，都很难通过。为了减小梁端转角，通常采用如下措施：

（1）如果有条件可在边跨设置2个辅助墩，当主梁采用箱梁时，辅助墩距离边墩的间距一般不大于75 m比较有效；当主梁采用桁梁时，辅助墩距离边墩的间距一般不大于160 m比较有效。

（2）边跨的主梁向引桥侧延伸一跨，同时斜拉索布置也越过交界墩，如图3-14所示。

（3）在主桥和引桥的主梁之间设置过渡板，其原理和构造如图3-15所示。

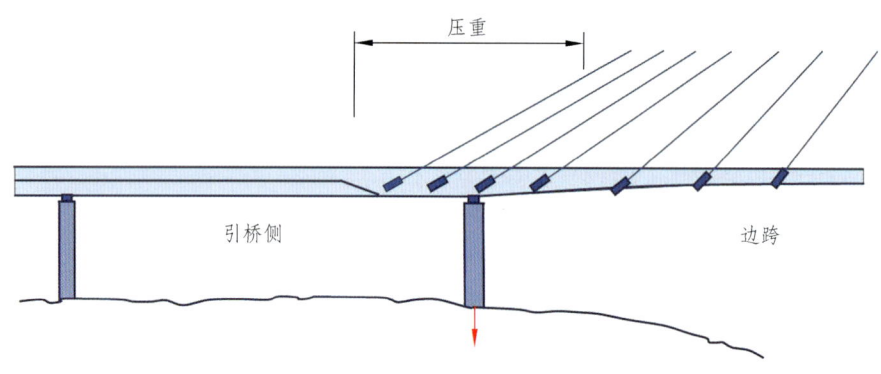

图3-14　斜拉索越过交界墩的总体布置

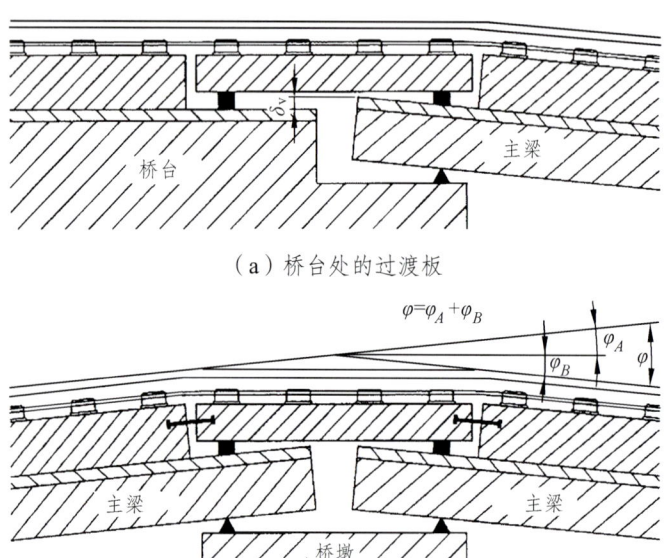

（a）桥台处的过渡板

（b）桥墩处的过渡板

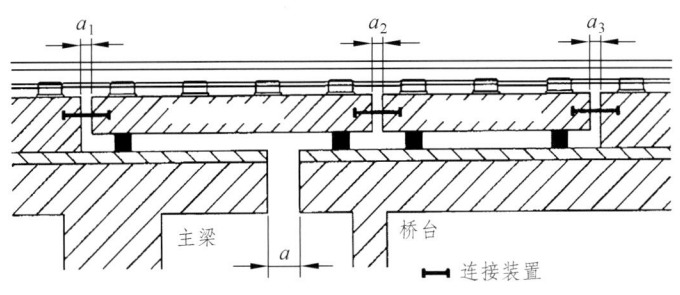

(c)弥补较大纵向位移的过渡板

图3-15 过渡板示意图

3.3 公铁合建斜拉桥横向刚度

大跨度公铁平层合建斜拉桥主梁宽度首先需要满足铁路和公路的功能布置需要,其次须具有足够的横向刚度和竖向刚度以及良好的行车安全性和乘坐舒适性。若主梁横向刚度不足,则可能引起横向剧烈振动,导致列车脱轨或使旅客感觉不舒适。为了避免上述情况的出现,桥梁必须具有足够的横向刚度。

桥梁横向刚度较大时,旅客的舒适感必定得到改善,过去建设的几座纯铁路桥梁靠提高桥梁的横向刚度来改善旅客的舒适感,从而加宽主梁,但在一定程度上这是不经济的一种做法。主梁的宽度是影响桥梁横向刚度的主要因素,主梁宽度的增加使结构的整体横向刚度显著增加。而公铁平层合建则最大程度加宽了主梁的宽度,使得横向刚度得到很大提高。

铁路横向刚度是在工程实践中提出来的,有些桥梁在列车高速通过时,横向振幅较大,引起司机、旅客和桥上行人的不舒适和不安全感,影响桥梁的正常使用。国内外部分公铁合建斜拉桥的横向刚度如表3-8所示。实际建设的斜拉桥中关于横向挠跨比的资料较少,根据日本柜石岛、岩黑岛桥两座桥的数据,其挠跨比在1/1000左右,均已超出国内现有规范规定。但国内武汉天兴洲长江大桥、芜湖长江公铁大桥等双层斜拉桥的横向刚度都较大,基本接近《铁路桥涵设计规范》(TB 10002—2017)的规定值。

表3-8 国内外部分公铁两用斜拉桥横向刚度

桥名	孔跨布置/m	桥面布置	车道布置	横向挠跨比
日本岩黑岛桥	185+420+185	双层	4线铁路,4车道公路	1/977
日本柜石岛桥	185+420+185	双层	4线铁路,4车道公路	1/1273
中国天兴洲长江大桥	98+196+504+196+98	双层	2线Ⅰ级干线+2线客专+6车道公路	1/4000

续表

桥名	孔跨布置/m	桥面布置	车道布置	横向挠跨比
中国铜陵长江公铁大桥	90+240+630+240+90	双层	2线Ⅰ级干线+2线客专+6车道公路	1/4960
中国沪苏通长江大桥	140+462+1092+462+140	双层	2线Ⅰ级干线+2线客专+6车道公路	1/1519
中国芜湖长江公铁大桥	99.3+238+588+224+85.3	双层	4线铁路，8车道公路	1/7636
中国宜宾临港长江大桥	72.5+203+522+203+72.5	平层	4线高速铁路，6车道公路	1/8420

通过已建和在建大跨度铁路或公铁合建斜拉桥的横向挠跨比可以看出，一般大跨度铁路斜拉桥横向挠跨比值不大于主跨跨径的1/4000，日本的岩黑岛桥和柜石岛桥横向挠跨比值平均近似主跨跨径的1/1000，这可能与日本的车辆荷载轻有关；沪苏通长江大桥主航道桥的横向挠跨比近似主跨跨径的1/1500。

国内外铁路桥梁设计规范都对桥梁的最大横向变形（静位移）进行了限制，目的是为列车运行提供平直的轨道，如果水平位移过大，就会产生显著的轨道的方向不平顺，进而影响车辆运行的安全性和乘坐舒适性。

1. **中国规范对横向刚度和水平折角的要求**

《铁路桥涵设计规范》（TB 10002—2017）规定：在列车横向摇摆力、离心力、风力和温度的作用下，梁体的水平挠度不应大于梁体计算跨度的1/4000。设计速度大于200 km/h以及以上铁路梁端水平折角不应大于1‰ rad。

《高速铁路设计规范》规定：在列车横向摇摆力、离心力、风力和温度作用下，梁体的水平挠度应小于或等于梁体计算跨度的1/4000。

《铁路斜拉桥设计规范》（TB 10095—2020）规定：在列车偏载、横向摇摆力、离心力、风荷载和温度的作用下，主梁的水平挠度宜小于$L/1200$。

2. **欧洲规范对横向刚度和水平折角的要求**

采用梁端水平转角和最小水平弯曲曲率半径双控，如表3-9所示。

表3-9　横向变形允许值对应的梁端水平转角和最小水平弯曲曲率半径

设计速度/（km/h）	梁端最大水平转角/rad	最小曲率半径 R/m	
		单线铁路	多线铁路
$v \leqslant 120$	3.5‰	1700	3500
$120 < v \leqslant 200$	2.0‰	6000	9500
$v > 200$	1.5‰	14000	17500

注：$R = L^2/8\delta_H$，L为桥梁跨度，δ_H为水平挠度。

3．日本规范对水平折角的要求

日本新干线对桥梁墩台间相对位移量和桥上线路折角的限定标准见表3-10。

表3-10　日本新干线竖向容许位移

位移方向	最高车速/（km/h）	错位δ/mm	折角θ/‰			
			平移折角		转折折角	
			$L<30$ m	$L \geqslant 30$ m	$L<30$ m	$L \geqslant 30$ m
垂直	70	2	9	9	9	9
	110		7.5	9	9	9
	160		5	6	6.5	7
	210		4.5	4	5.5	4.5
	260		3.5	3	4	3

表中位移和折角的定义：

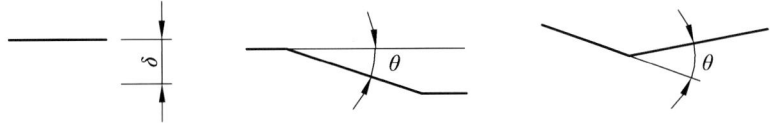

铁路桥梁的横向挠度是由列车振动的摇摆力、列车与桥梁所受的横向风力，以及曲线上桥梁运行时的离心力所产生的。铁路桥梁的横向刚度条件也是用设计荷载作用下横向挠跨比最大限值来保证。对于大跨度公铁两用平层斜拉桥来说，同样不能完全受到一般桥梁规范规定的约束，即容许最大横向挠跨比应有所增大，宜通过车桥耦合振动响应分析和实桥试验来验证。

规范中对横向挠跨比的规定是在列车横向摇摆力、离心力、风力和温度力的作用下进行限制的。一般可以认为，在可行车风速以下时，列车摇摆力、离心力等才可能与风力组合，此时产生的横向挠度才会对行车造成影响。当风速大于可行车风速时，桥上已经封闭通行，由于桥上无车，故横向挠度自然也不会对车辆走行性构成影响，此时桥梁横向挠度可适当放宽。因此在可行车风速下，考虑横向挠度对车辆走行性的影响，建议横向挠跨比限值按规范取为1/4000；在设计风速大于行车风速时，横向挠跨比可放宽到1/1000~1/2000。

大跨度铁路桥梁的横向刚度，一般以宽跨比、横向挠跨比表示。宽跨比作为单一的几何指标，不能全面考虑到主梁结构形式、截面形式的差异，仅作为一般的参考指标；横向挠跨比考虑到桥梁整体结构，同时也与竖向刚度指标评价标准相协调，可以较为全面地反映结构横向刚度。本次研究主要选取横向挠跨比作为分析参考指标。

铁路桥梁的横向刚度主要体现在由列车摇摆力、横向风力和横向温度力共同作用产生的横向挠度或横向振幅指标即横向挠跨比。显然，增加梁的宽度能够很显著地增加斜拉桥的横向刚度，但也会相应地增加工程量。

在水平荷载给定的情况下，斜拉桥的横向刚度主要是由以下3部分提供的：

1. 主梁自身的横向刚度

斜拉桥的横向刚度主要是由主梁的横向抗弯刚度决定，主梁的横向抗弯刚度则主要由主梁本身的宽度决定。公路和铁路双层合建的斜拉桥其桥面宽度要明显窄于同等条件下公路和铁路平层合建的桥面宽度，因此公铁平层布置斜拉桥的横向刚度也要大得多。

2. 斜拉桥的总体布置

斜拉桥的横向刚度还与其总体布置有关，如果在边跨设置辅助墩能提高其横向刚度，但是在横向风力和横向地震荷载作用下，辅助墩的横向水平力也比较大，下部结构可能控制设计。

3. 桥塔和斜拉索的横向刚度

斜拉桥的横向刚度还与桥塔自身的横向刚度、斜拉索的横向布置有关。如果桥塔自身的横向刚度比较低，则对总体的横向刚度贡献也比较小。在桥梁横向，斜拉索如果采用平行索面，则其对横向刚度的贡献也很小；如果斜拉索在桥梁横向采用倒V形或倒Y形，则横向的斜拉索更容易形成三角形，可提高对横向刚度的贡献。

《铁路桥涵设计规范》（TB 10002—2017）和《高速铁路设计规范》对横向刚度限制偏于严格，均要求1/4000，这对于大跨度斜拉桥和悬索桥是很难满足的。《铁路斜拉桥设计规范》（TB 10095—2020）将横向刚度的要求降低为1/1200，但对大跨度悬索桥来说也是很难满足的。

宜宾临港长江大桥和武汉天兴洲长江大桥的跨度和规模相似，主要参数如表3-11所示，可见公铁平层合建斜拉桥的横向刚度是比较大的。

表3-11 两座类似长江大桥设计参数

桥名	武汉天兴洲长江大桥 （98+196+504+196+98）m					宜宾临港长江大桥 （72.5+203+522+203+72.5）m				
参数	桁梁高/m	桁梁宽/m	竖向挠跨比	横向挠跨比	梁端转角/rad	箱梁高/m	箱梁宽/m	竖向挠跨比	横向挠跨比	梁端转角/rad
	15.2	30	1/750	1/4000	1.3‰	5.0	55.3	1/707	1/8420	1.3‰

3.4 扭转刚度和相邻钢轨的允许扭曲变形

3.4.1 扭转刚度

对于扭转刚度和主梁横坡，规范没有给出明确的限制，但是列车作用下的桥面横坡和相邻钢轨的水平高差对铁路运营的安全性是有影响的。相邻钢轨的水平高差可借用欠超高或过超高的概念来解释。

对于欠超高或过超高，偏心距与未平衡的超高值 Δh 有关。假设车体重心到轨面的高度为 H，则偏离轨道的中心距离 e（见图3-16）为：

$$e = \frac{H}{S_1} \Delta h$$

式中：H 为车体重心到轨顶面高，货车 H=2200 mm，客车 H=2057.5 mm；Δh 为未被平衡的超高度；S_1 为两轨头中心线之间的距离。

列车在两轨之间运行时的稳定系数 n 定义为：

$$n = \frac{S_1}{2e} = \frac{S_1^2}{2H \times \Delta h} \tag{3-10}$$

行车稳定系数 n 和列车速度无关，只和欠超高、过超高的数值有关。

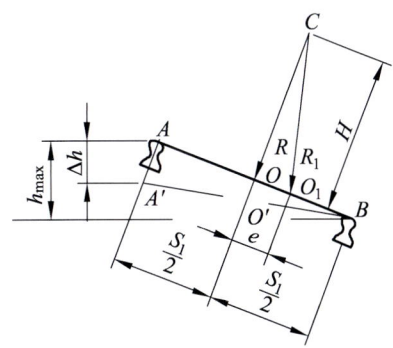

图3-16 外轨最大超高分析图

《铁路轨道设计规范》(TB 10082—2017)对高速铁路和城际铁路的欠超高和过超高允许值规定如表3-12所示。

表3-12 欠超高及过超高允许值

铁路等级	欠超高			过超高		
	优秀	良好	一般	优秀	良好	一般
高速铁路	40	60	90	40	60	90
城际铁路	40	80	110	40	80	110

如果把铁路过超高和欠超高的允许值均设置为40 mm,则主梁的扭转角允许值为2.78‰。

对于相邻钢轨的水平高差,未见其他国家规范有明确的规定,但丹麦和瑞典之间的厄勒海峡公铁合建桥对主梁扭转角有比较严格的限制:

(1)总的扭转变形应小于1.5‰;按照该扭转角推算(1435 mm的标准轨距),相邻钢轨的水平高差为21.5 mm。

(2)沿桥梁纵向每米扭转角的变化率$d\theta/dl$:当$v \geq 200$ km/h时,$d\theta/dl \leq 0.06‰$;当$v < 200$ km/h时,$d\theta/dl \leq 1.00‰$。

相邻钢轨的水平高差较大,会对列车运营的舒适性造成影响,也会导致钢轨的磨损增大,钢轨的换轨频率增加,这个问题又和铁路的运量、钢轨质量等相关,还需要深入地研究。

3.4.2 相邻钢轨的允许扭曲变形

高速列车运行时,各国规范严格限制了相邻钢轨扭曲变形造成的三角坑,相邻钢轨扭曲变形如图3-17所示。

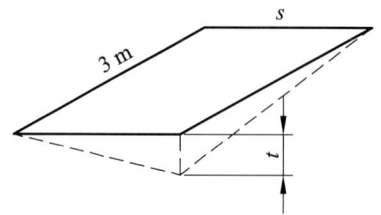

图3-17 桥面扭曲变形示意图

（1）欧洲规范EN1990桥梁附录规定：计算桥梁扭转时采用考虑动力系数的UIC71荷载，3 m长度的最大扭曲变形不超过表3-13所列限值。

表3-13　欧洲规范规定的钢轨扭曲变形限值

设计速度/（km/h）	梁端最大水平转角/rad
$v \leqslant 120$	$t \leqslant 4.5$ mm/3 m
$120 < v \leqslant 200$	$t \leqslant 3.0$ mm/3 m
$v > 200$	$t \leqslant 3.0$ mm/3 m

（2）我国《铁路斜拉桥设计规范》（TB 10095—2020）规定：高速铁路、城际铁路列车竖向静活载作用下梁体扭转引起的轨面不平顺限值，在3 m长的线路范围一线两根钢轨的竖向相对变形量限值应符合表3-14的规定。

表3-14　3 m长的线路范围一线两根钢轨的竖向相对变形量限值

铁路类型		竖向相对变形量t/mm
高速铁路		1.5
城际铁路	200 km/h	3.0
	60 km/h	3.7
	120 km/h	4.5

3.5　伸缩缝处钢轨的最大竖向位移和横向位移

在相邻的桥台或者梁跨末端，梁端的竖向最大位移差也要满足相应要求，如图3-18所示。欧洲规范EN 1991-2规定：当$v \leqslant 160$ km/h时，$\Delta z \leqslant 3.0$ mm；当$v > 160$ km/h时，$\Delta z \leqslant 2.0$ mm。

在列车的横向摇摆力、列车及汽车的离心力和温度的作用下，高速铁路、城际铁路无砟轨道桥梁相邻梁端两侧的钢轨支点处横向相对位移不大于1 mm。

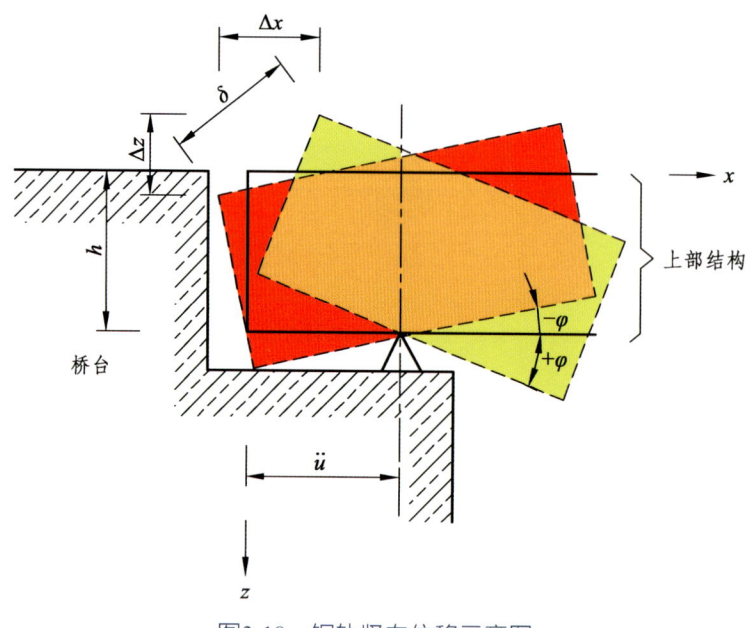

图3-18　钢轨竖向位移示意图

3.6　高速铁路线路的线形技术要求

1. 平曲线和竖曲线半径要求

桥梁位于线路上，其线形除了要满足桥梁和轨道本身的要求外，还要满足线路本身的要求。《高速铁路设计规范》（TB 10621—2014）要求桥梁的平曲线半径应满足表3-15的要求，竖曲线半径应满足表3-16的要求。另外，在竖曲线和平面圆曲线重叠设置时，平曲线和竖曲线半径应满足表3-17的要求。

表3-15　平面曲线半径

设计速度/（km/h）	有砟轨道曲线半径/m		无砟轨道曲线半径/m		最大平曲线半径/m
	一般	困难	一般	困难	
250	3500	3000	3200	2800	12000
300	5000	4500	5000	4000	12000
350	7000	6000	7000	5500	12000

表3-16 竖曲线半径

设计速度/(km/h)	最小竖曲线半径/m	最大竖曲线半径/m	最小竖曲线长度/m
250	20000	30000	25
300	25000	30000	25
350	25000	30000	25

表3-17 竖曲线和平面圆曲线重叠设置时的最小曲线半径

设计速度/(km/h)		350	300	250
平面最小曲线半径/m	一般条件	7000	5000	3500
	困难条件	6000	4500	3000
竖曲线最小半径/m		25000	25000	20000

2. 竖向挠曲曲线坡度要求

《铁路线路设计规范》(TB 10098—2017)规定：高速铁路、城际铁路在竖向列车活载作用下，主梁挠曲后的竖向曲线最大纵坡在区间正线不宜大于15‰，困难条件下经技术经济比较后不应大于20‰。

3. 竖向挠曲曲线坡度差要求

《铁路线路设计规范》(TB 10098—2017)规定：正线相邻坡段的坡度差≥1‰时，应设置竖曲线连接，竖曲线半径参照表3-16。

3.7 列车运行安全性和旅客舒适性要求

3.7.1 安全性评定指标

列车运行安全性主要通过脱轨系数和轮重减载率来判断。

1. 脱轨系数评价标准

脱轨系数是评定防止车轮脱轨稳定性的指标。脱轨系数定义为轮对一侧车轮的侧向压力与动轮重之比，记作Q/P。脱轨系数的极限值与车轮的轮缘角和轮缘与钢轨之间的摩擦系数有关，脱轨系数的允许值各国有一定差异。我国《铁道车辆动力学性能评定和试验鉴定规范》(GB 5599—1985)规定的车辆脱轨系数指标为：

第1限度：$Q/P \leqslant 1.2$

第2限度：$Q/P \leqslant 1.0$

其中：第1限度为合格标准，第2限度为增加了安全裕量的标准。

《铁道机车动力学性能试验鉴定方法及评定标准》（TB/T 2360—1993）规定的车辆脱轨系数指标如表3-18所示。

表3-18 脱轨系数的评定标准

评价指标	优良	良好	合格
$(Q/P)_{max}$	0.6	0.8	0.9
$(Q/P)_{m-M}$	0.4	0.6	0.7

注：$(Q/P)_{max}$为Q/P的最大值，试验样本中出现的最大数值；$(Q/P)_{m-M}$为Q/P的常见最大值，$(Q/P)_{m-M} = \overline{Q}/\overline{P} + 1.65\sigma$，$\overline{Q}/\overline{P}$为$Q/P$的平均值，$\sigma$为$Q/P$的均方根值。

《高速铁路设计规范》（TB 10621—2014）规定，脱轨系数$Q/P \leqslant 0.8$。

根据《地铁设计规范》（GB 50157—2013）规定，跨度超过100 m的桥梁，按实际运行列车进行车桥系统耦合振动分析后，分析得出的列车脱轨系数$Q/P \leqslant 0.8$。

综合《铁道车辆动力学性能评定和试验鉴定规范》《铁道机车动力学性能试验鉴定方法及评定标准》《高速铁路设计规范》《地铁设计规范》规定，脱轨系数取$Q/P \leqslant 0.8$。

2. 轮重减载率评价标准

轮重减载率定义为一侧车辆轴重减载量与左右侧平均轮重之比，记作$\Delta P/P$。我国《铁道车辆动力学性能评定和试验鉴定规范》（GB 5599—1985）规定的车辆轮重减载率安全指标为：

第一限度：$\Delta P/P \leqslant 0.65$（危险限度）

第二限度：$\Delta P/P \leqslant 0.60$（允许限度）

《高速铁路设计规范》（TB 10621—2014）规定，轮重减载率$\Delta P/P \leqslant 0.60$。

《地铁设计规范》（GB 50157—2013）规定，跨度超过100 m桥梁，按实际运行列车进行车桥系统耦合振动分析后，分析得出的列车轮重减载率$\Delta P/P \leqslant 0.60$。

综合《铁道车辆动力学性能评定和试验鉴定规范》《高速铁路设计规范》《地铁设计规范》采用的评定标准，轮重减载率取$\Delta P/P \leqslant 0.60$。

3.7.2 车体最大振动加速度评定指标

《铁道机车动力学性能试验鉴定方法及评定标准》（TB/T 2360—1993）规定的机车车体振动加速度评定标准如表3-19所示。

表3-19 机车车体振动加速度评定标准

评定等级	优秀	良好	合格
车体竖向振动加速度/（m/s²）	2.45	2.95	3.63
车体横向振动加速度/（m/s²）	1.47	1.98	2.45

《铁道车辆动力学性能评定和试验鉴定规范》（GB 5599—1985）中规定车速低于140 km/h的铁路客车车体振动加速度评定标准为：

客车车体竖向振动加速度：2.0 m/s²

客车车体横向振动加速度：1.5 m/s²

综合《铁道机车动力学性能试验鉴定方法及评定标准》《铁道车辆动力学性能评定和试验鉴定规范》和已有线路设计取值，车体竖向振动加速度≤2.0 m/s²，车体横向振动加速度≤1.5 m/s²。

《铁道机车动力学性能试验鉴定方法及评定标准》（TB/T 2360—1993）和《铁道车辆动力学性能评定和试验鉴定规范》（GB 5599—1985）基于Sperling指标的舒适度等级见表3-20。

表3-20 我国机车车辆的舒适度等级

舒适度等级		机车	客车	货车
Ⅰ	优秀	≤2.75	≤2.5	≤3.5
Ⅱ	良好	2.75～3.10	2.5～2.75	3.5～4.0
Ⅲ	合格	3.10～3.45	2.75～3.0	4.0～4.25

3.7.3 梁体最大加速度

梁体振动过大会使桥上线路失稳，影响列车运行安全，同时桥梁疲劳强度降低。因此对桥梁的变形和振动加速度需要限制。

《铁路桥梁检定规范》要求，当列车通过时，桥跨结构在荷载平面的横向振动加速度不应超过1.4 m/s²，即$a≤0.14\,g$。

《高速铁路设计规范》（TB 10621—2014）规定，有砟桥面的竖向振动加速度$a≤0.35\,g$，无砟桥面的竖向振动加速度：$a≤0.5\,g$。

综合《铁路桥梁检定规范》和《高速铁路设计规范》，桥梁加速度偏保守取值：横向振动加速度$a_{max}≤0.14\,g$，竖向振动加速度$a_{max}≤0.35\,g$。

3.7.4 旅客舒适度

我国高速铁路和城际铁路设计规范要求的旅客舒适度见表3-20。欧洲规范EN1990对旅客的舒适度按照旅客车厢内的竖向加速度b_v来确定，具体见表3-21。

表3-21 推荐的舒适度等级

舒适度等级	竖向加速度b_v/（m/s²）
非常好	1.0
好	1.3
合格	2.0

3.8 临港长江大桥刚度控制

3.8.1 计算基本参数

针对以上刚度的要求，临港长江大桥在设计中进行了详细研究。

1. 恒 载

（1）结构自重。

结构自重按照各梁段实际重量考虑。

（2）二期恒载。

二期恒载由公路和铁路两部分组成。其中，公路二期恒载包含桥面混凝土板、铺装、防撞及其相关附属设置；铁路二期恒载包含轨道、道砟、电力电缆、保护层、防护层、检查车轨道等。二期恒载合计518.5 kN/m。

（3）辅助墩压重。

两岸辅助墩压重830 kN/m，分布于辅助墩前后共48 m（边跨侧21 m，中跨侧27 m）主梁范围内。

2. 可变荷载

公路：城市主干道，双向6车道，城-A活载。

铁路：4线，ZK活载。

人群和非机动车荷载标准值2.5×1.15=2.875 kN/m²。

公路活载纵向折减系数根据跨度取0.96，公路活载冲击系数根据主桥基频取1.05，公路活载偏载系数取1.15，公路活载和铁路活载分别按《公路桥涵设计通用规范》和《铁路桥涵设计规范》进行相应车道折减，公路和铁路活载同时组合时公路活载折减系数取0.75。

铁路4线ZK活载，根据《铁路桥涵设计规范》，应按所有线路在最不利位置承受75%的ZK活载计，折合64×4×0.75=192 kN/m。

公路双向6车道城-A活载,根据《城市桥梁设计规范》,横向折减系数取0.55,纵向折减系数根据跨度取0.96,冲击系数根据主桥基频取1.05,公路活载偏载系数取1.15,折合10.5×6×0.55×0.96×1.05×1.15=40.2 kN/m。

人群和非机动车荷载每延米折合2.875×4×2=23 kN/m。

活载组合合计:192+0.75×(40.2+23)=239.4 kN/m。

3.8.2 竖向刚度和梁端转角

按照设计荷载,临港长江大桥的相关挠度和刚度如表3-22所示。

表3-22 结构竖向位移

项目	工况	计算结果
主梁跨中挠度/mm	城A	17/−112
	客专	89/−580
	人群	11/−74
	客专+城A+人群	112/−738
主梁跨中挠跨比	客专+城A+人群	1/707
	客专	1/900
3号塔塔顶偏位/mm	城A	−24/52
	客专	−116/281
4号塔塔顶偏位/mm	城A	−50/23
	客专	−269/115
跨中挠度/mm	恒载	−30
	整体升温	−45
	整体降温	31

为了研究梁高对斜拉桥整体刚度的影响,综合结构强度和横竖向刚度要求,以主跨522 m临港长江大桥主桥最终实施方案为例,将梁高作为主梁刚度的变化量,计算分析箱梁梁高对公铁合建斜拉桥结构刚度的影响。通过改变梁高,计算结构竖向刚度和梁端的水平转角,如表3-23所示。

表3-23 不同梁高下的跨中最大竖向位移和梁端转角

梁高/m	跨中主梁挠度/m	跨中挠跨比	梁端转角/rad
4	−0.802	1/651	1.971‰

续表

梁高/m	跨中主梁挠度/m	跨中挠跨比	梁端转角/rad
4.5	−0.762	1/685	1.578‰
5	−0.738	1/707	1.286‰
5.5	−0.698	1/748	1.265‰
6.5	−0.674	1/775	1.20‰

随着梁高的加大，加劲梁活载挠度、桥塔活载纵向位移逐渐减小，梁端转角减小尤为明显，但梁高并非斜拉桥整体竖向刚度的主要控制因素，斜拉桥的整体刚度主要由斜拉索及桥塔提供。但梁高的变化增加了迎风面积，在风力、摇摆力、温度组合作用下的横向位移并不一定减小。

梁高变化对桥塔内力和斜拉索索力有较小影响，但不起决定性作用。梁高变化对桥塔塔顶纵向位移和主梁横向变形影响很小，可以忽略。

综上分析可知，梁高对梁跨中的竖向位移影响较小，梁高的改变并未引起挠跨比大的变化，即可认为大跨度公铁平层合建斜拉桥的主梁高度对结构竖向刚度的影响较小。随着梁高的增高，挠度增加有限。实际上，当钢箱梁的梁高大于5.5 m以后，其制造和运输都比较困难。

为了研究梁高对公铁平层合建斜拉桥梁端转角的影响，综合结构强度、横竖向刚度要求，以主跨522 m临港长江大桥主桥最终实施方案为例，将梁高作为主梁刚度的变化量，通过计算分析箱梁梁高对公铁合建斜拉桥梁端转角的影响。

从表3-23可知，梁高的增大对梁端竖向折角的影响较大。梁高超过5 m后进一步增加，梁端转角减小趋缓，梁高对梁端转角的影响减低。因此，在主梁梁端转角考量下，梁高的选择满足规范要求即可，继续增加梁高对改善梁端转角作用有限，反而增加了用钢量指标。

对于临港长江大桥，在桥塔和主梁的面积和挠度均不变的情况下，斜拉索面积对主梁挠度的影响如表3-24所示。可见斜拉索的面积对跨中竖向挠度的影响最大，边跨背索伸长导致的跨中竖向位移稍微小于中跨斜拉索伸长导致的竖向位移。

表3-24 斜拉索面积对主梁跨中竖向位移的影响　　　　　　　　　　单位：mm

正常斜拉索面积		边跨斜拉索弹性模量加大10000倍		中跨斜拉索弹性模量加大10000倍		边中跨斜拉索弹性模量同时加大10000倍	
列车挠度	汽车挠度	列车挠度	汽车挠度	列车挠度	汽车挠度	列车挠度	汽车挠度
−598	−120	−322	−71	−435	−85	−66	−14

对于临港长江大桥，在主梁和斜拉索截面均不变的情况下，桥塔纵向刚度提高100倍对主梁挠度的影响如表3-25所示，可见桥塔的纵向刚度对跨中竖向挠度的影响比斜拉索的面积小很多。

表3-25 桥塔纵向刚度对主梁跨中竖向位移的影响　　　　　　　　　　　　　　单位：mm

设计的桥塔纵向刚度		桥塔纵向刚度提高100倍	
列车挠度	汽车挠度	列车挠度	汽车挠度
−598	−120	−322	−71

3.8.3 运营纵坡和纵坡差

根据3.2.2节大跨度铁路和公铁合建桥竖向刚度控制的运营纵坡法，对临港长江大桥分别计算运营最大和最小纵坡，如图3-19所示。从图3-19可以看出，最大纵坡不到9‰，最小纵坡约10‰，无论在夏天还是冬天均能满足高速铁路线路规范要求的15‰。临港长江大桥的坡度差如图3-20所示，在最不利工况下最大坡度差接近0.95‰。

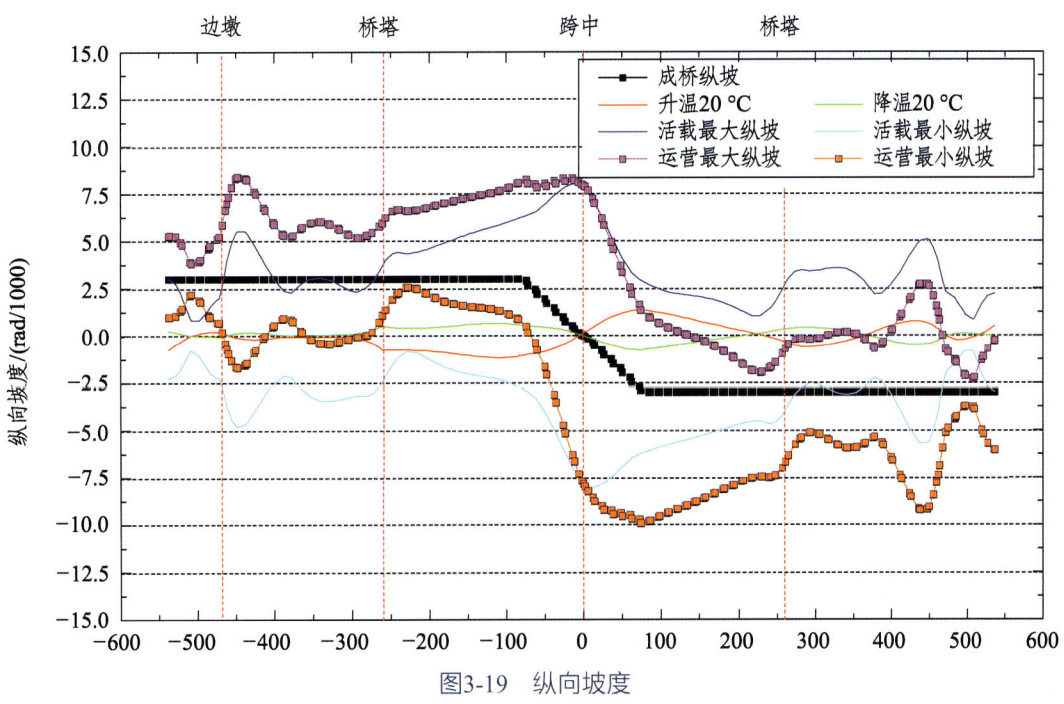

图3-19　纵向坡度

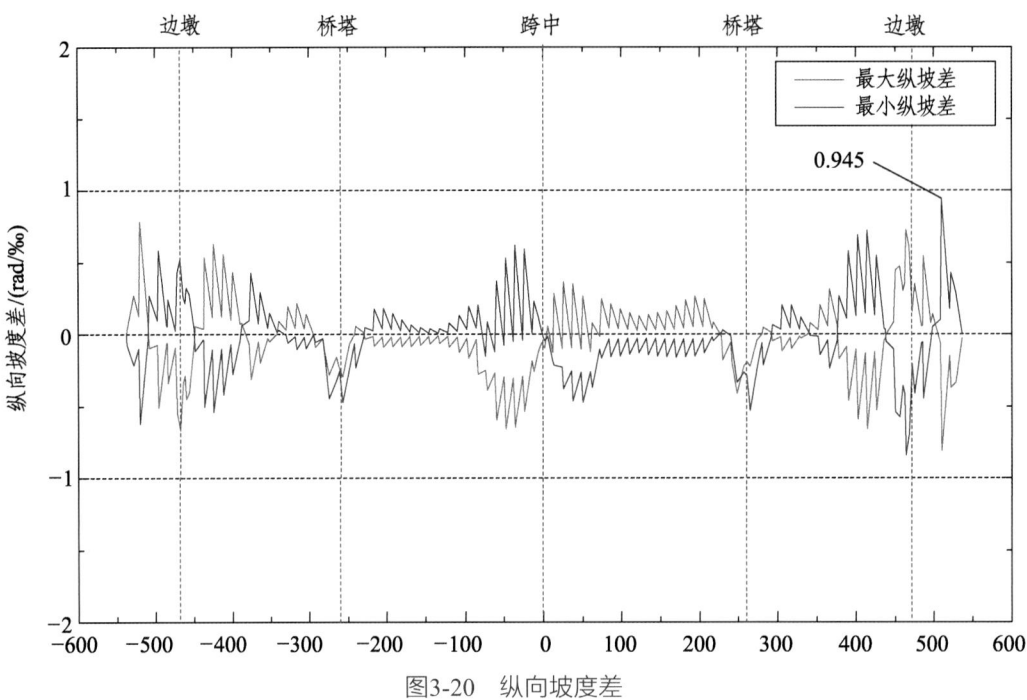

图3-20 纵向坡度差

经计算,临港长江大桥的主桥结构横向位移如表3-26所示,其控制工况为横向摇摆力+横风+温度。

表3-26 结构横向位移

项目	结果
跨中横向位移/mm	62
跨中横向挠跨比	1/8420
横向曲率半径/m	549362

由于公铁平层布置方式桥面宽度主要由车道数量确定,因此对梁宽不再做比选研究,但从表3-26可知,由于大桥桥面宽度较大,横向挠跨比已经小于1/8000,远远低于现行规范限制指标,横向刚度不控制本桥设计。同理,对于其他公铁平层合建斜拉桥,由于桥面宽度足够宽,横向截面惯性矩大,横向挠跨比将不再是刚度限值因素,在设计中只需简单验证计算即可。

在横向极限风荷载作用下梁端转角为0.00019‰ rad,摇摆力作用下梁端转角为0.00062‰ rad,合计后远小于欧洲规范要求的1.5‰ rad,可见公铁平层合建斜拉桥的横向刚度是很好的。

以上讨论的横向刚度指标主要是基于已建成的大跨度公铁两用斜拉桥刚度参数及现有规范。公铁平层合建斜拉桥，由于主梁宽度相比传统双层公铁合建桥的桥面宽度大大增加，横向刚度得到较大的提高。从国内正在建设的临港长江大桥横向挠跨比可以看出，横向挠跨比非常小，远低于规范限值。可见，公铁平层合建方式对增加主梁横向刚度具有积极高效的作用。

3.8.4 主梁的扭转刚度

大跨度桥梁在偏载作用下主梁可能发生较明显的扭转变形，过大的扭转变形会对桥上行车带来不利影响。大跨度桥梁典型的扭转变形从塔梁结合处到跨中逐渐增大。

采用有限元软件MIDAS CIVIL建立空间有限元模型进行偏载加载分析，分别采用列车荷载、汽车荷载、人群荷载进行加载，然后进行荷载组合，得到偏载作用下的钢轨轨差。各荷载下的钢轨轨差如表3-27所示。

表3-27 独立工况下的钢轨轨差

项目类别	中跨跨中		中跨1/4跨		203 m边跨跨中	
	扭转角/rad	相邻钢轨水平高差/mm	扭转角/rad	相邻钢轨水平高差/mm	扭转角/rad	相邻钢轨水平高差/mm
2线列车偏载（ZK=0.8UIC）	0.003399	4.88	0.002346	3.37	0.000942	1.35
2线列车运营偏载（0.4UIC）	0.001700	2.44	0.001173	1.68	0.000471	0.68
3车道汽车偏载	0.002678	3.84	0.001867	2.68	0.000835	1.20
公路单侧人行道	0.001629	2.34	0.001123	1.61	0.000470	0.67

铁路和公路荷载偏载下相邻轨道水平高差沿纵桥向分布如图3-21、图3-22所示。

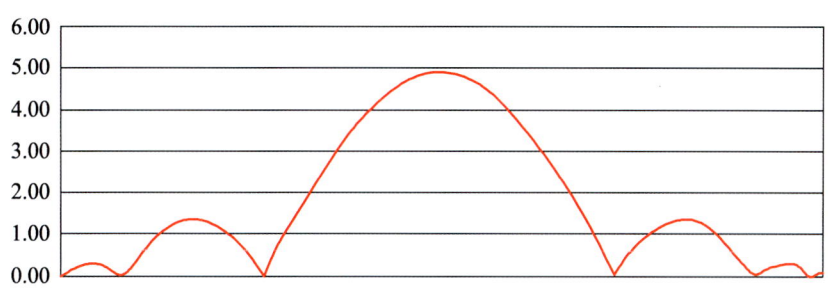

图3-21 铁路偏载下的相邻钢轨水平高差沿纵桥向分布

图3-22 公路偏载下的相邻钢轨水平高差沿纵桥向分布

几种不利荷载组合下的相邻钢轨水平高差的计算结果如表3-28所示。

表3-28 荷载组合下的相邻钢轨水平高差　　　　　　　　单位：mm

荷载组合	中跨跨中相邻钢轨水平高差	中跨1/4跨相邻钢轨水平高差	203 m边跨跨中相邻钢轨水平高差
2线列车活载（ZK）+3车道汽车活载+单侧人群活载	11.06	7.66	3.22
2线列车活载（ZK）+0.75×3车道汽车活载	7.76	5.38	2.25
2线列车活载（ZK）+单侧人群	7.22	4.98	2.03
3车道汽车活载+单侧人群	6.18	4.29	1.87

从表3-28可知，相邻钢轨的最大水平高差约11 mm，满足总体扭转刚度的要求。

本桥在任意3 m长的线路范围一线两根钢轨的竖向相对变形量最大值约0.06 mm，远低于规范限值1.5 mm的要求，说明本桥具有足够大的抗弯刚度。

竖向活载作用下主桥最大梁端转角为1.286‰，梁端悬臂长1.1 m，梁端转角引起的梁端上抬量为tan（1.286‰ rad）×1.1×1000=1.4 mm，小于规范要求的2 mm的允许值。

3.8.5 轨道几何形位

从轨道横断面来看，轨道的几何位形包括轨距、水平、外轨超高和轨底坡4个参数。

轨距是钢轨顶面以下16 mm范围内两股钢轨作用边之间的最小距离。轨距允许偏差值为+6 mm和−2 mm；水平是指线路左右钢轨顶面的相对高差；轨向是指轨道中心线在水平面上的平顺性；轨底坡指轨底与轨道平面之间形成的横坡，我国的轨底坡在直线上为1/40，在曲线上应视其外轨超高值而加大轨底坡。

本桥跨度大，公铁同层，结构新颖，桥面较宽，在温度荷载、风荷载、公路汽车荷载、铁路列车荷载、人群及非机动车荷载等作用下，轨道结构会产生较大变形。对于轨道几何形位，主要考虑轨道结构的垂向变形和横向变形。纵向变形主要影响轨道结构的受力，本次计算不予考虑。因此，本桥几何形位计算主要针对轨道垂向变形和横向变形，计算工况包括温度荷载、风荷载、公路荷载、人群及非机动车荷载、列车荷载及其相关荷载组合。

本书的第7章将重点介绍本桥的轨道几何形位分析，分析结果表明，轨道各项指标都满足线路静态几何偏差管理的作业验收标准，列车荷载和组合工况荷载作用下的轨道高低几何偏差最大值处于作业验收标准和经常保养标准之间，能保证列车安全运行。这也说明本桥的抗扭刚度满足列车安全运行。

3.8.6 列车运行安全性和旅客舒适性要求

对临港长江大桥列车运行安全性和旅客舒适性的计算具体参见本书第10章。

3.9 本章小结

高速铁路对桥梁的竖向刚度、横向刚度、扭转刚度、梁端水平和竖向转角，相邻钢轨的允许扭曲变形，伸缩缝处钢轨的最大竖向和横向位移等都有比较严格的规定。本章就是针对大跨度公铁平层合建斜拉桥的这些控制因素逐渐展开，分析其本质，得出以下结论：

（1）密索体系缆索承重公铁合建桥的总体竖向刚度主要取决于恒载和桥梁总体布置，主梁本身的竖向刚度对全桥竖向刚度贡献比较小，特别是跨度大于300 m的密索体系斜拉桥。

（2）在影响斜拉桥竖向刚度的因素中，主梁的重量决定了斜拉索的面积，斜拉索的面积和总体布置决定了活载的挠度。在总体布置相同的情况下，密索体系斜拉桥的刚度主要是由斜拉索提供的，而且斜拉索的面积是由主梁每延米的恒载（包含主梁重量和二期恒载）和活载决定的。密索体系斜拉桥主梁的弯矩非常小，主梁的高度对大跨度密索体系斜拉桥的刚度贡献很小。

（3）在跨中区域采用交叉索可以有效提高桥梁的总体竖向刚度。本桥采用1对跨中交叉索方案，既提高了全桥的竖向刚度，又避免了斜拉索布置困难的问题。

（4）提出了大跨铁路和公铁合建桥竖向刚度控制的运营纵坡方法，让列车过桥时的动态纵坡和动态纵坡差达到线路设计的要求，让竖向刚度有了更明确的物理意义。

（5）公铁平层合建的箱型主梁斜拉桥只要采用合适的辅助墩布置，在竖向刚度上可以和采用桁梁和双层布置的公铁合建斜拉桥媲美。在横向刚度上，公铁平层布置的斜拉桥比公铁双层布置的要大得多。

（6）通过对临港长江大桥的仔细分析，其竖向刚度、横向刚度、扭转刚度、梁端水平和竖向转角，相邻钢轨的允许扭曲变形，伸缩缝处的钢轨最大竖向和横向位移等均能满足规范要求，而且综合指标较好。通过运营纵坡法分析后，临港长江大桥的最大、最小运营纵坡在冬季和夏季均高于本线线路要求的指标，其运营纵坡差也满足本线线路要求的指标，能够保证高速列车运营的安全性和舒适性。

参考文献：

[1] WANG Y L, REN W M, HAN B, et al. Conceptual design of cable-supported bridges with road and railway traffic [J]. Structural Engineering International, 2021, 31（4）：488-497.

[2] WANG Y L, REINER S. Wide cable-supported bridges for rail-cum-road traffic [J]. Structural Engineering International, 2020, 30（4）：552-559.

[3] WANG Y L, The cross-section selection of road-cum-railway cable-supported bridges with box girders [J]. Steel Construction, 2019（1）：114-123.

[4] 陈良江. 我国铁路斜拉桥的实践与设计参数研究[J]. 铁道建筑, 2017（11）：1-6.

[5] 王应良, 陈星宇, 杨国静. 基于运营纵坡控制的大跨铁路和公铁合建桥竖向刚度设计方法[J]. 桥梁建设, 2021（4）：25-30.

[6] 郑健. 中国高速铁路桥梁[M]. 北京：中国铁道出版社，2008.

[7] 高宗余. 武汉天兴洲公铁两用长江大桥总体设计 [J]. 桥梁建设, 2007（1）：05-09.

[8] 秦顺全. 武汉天兴洲公铁两用长江大桥关键技术研究[J]. 工程力学, 2008（增刊2）：99-105.

[9] GIMSING N J, GEORGAKIS C T. Cable supported bridges: concept and design [M]. 3rd ed. London: John Wiley and Sons, 2012.

[10] VEJRUM T, GIMSING J. Long span cable-stayed bridges for railway [C]. Bergen: Strait Crossings, 2013.

[11] ROMBERG M, HOPF S, STEINKÜHLER M. Design and construction of the bridge over the Sava River at Ada Ciganlija in Belgrade [C]. London: 35th Annual IABSE Symp, 2011.

[12] European Committee for Standardization. Basis of structural design: BS EN 1990 (2002) [S]. Brussels: European Committee for Standardization, 2002.

[13] European Committee for Standardization. Traffic loads on bridges: BS EN 1991-2 (2003) [S]. Brussels: European Committee for Standardization, 2003.

[14] HOLGER SVENSSON. Cable-stayed bridges: 40 years for experince worldwide [M]. Berlin: Ernst and Sohn, 2012.

[15] 陈良江，文望青. 中国铁路桥梁（1980—2020）[M]. 北京：中国铁道出版社，2020.

[16] 中铁大桥勘测设计院集团有限公司. 铁路斜拉桥设计规范：TB 10095—2020[S]. 北京：中国铁道出版社，2020.

[17] GIMSING N J. The Oresund technical publications [Z]. Oresundbro Konsortiet, 2000

[18] LEONHARDT F, ZELLNER W, SAUL R. Two cable-stayed bridges for railway and highway traffic across the Paraná River in Argentina [J]. Stahlbau，1979（48）：225-236.

第4章
宽体箱梁空间行为

4.1 概述

大跨度公铁平层斜拉桥主梁通常采用扁平钢箱梁截面形式，扁平钢箱梁具有宽幅、扁平的外形轮廓特征，且结构抗扭刚度大、横向抗弯刚度大、整体性强、强度高、自重轻、抗风性能好、工厂化程度高等优点。随着经济发展，交通流量日益增加，为适应多线公路和铁路布置需要，钢箱梁宽度不断增大，横向宽度超过40 m的宽幅钢箱梁在城市桥梁中得到不少应用，其中横向宽度超过60 m的钢箱梁在公路及公铁两用桥梁中也逐渐得到推广应用，如表4-1所示。

表4-1 主要宽幅钢箱梁桥梁统计

桥名	梁宽/m	梁高/m	高宽比
宜宾临港长江大桥	63.9	5.0	1/12.78
凤凰路黄河大桥	61.7	4.0	1/15.42
齐鲁黄河大桥	60.7	4.0	1/15.18
郑州贾鲁河大桥	55.0	3.3	1/16.67
巴拿马运河第四大桥	51.0	5.0	1/10.20
武汉青山长江大桥	48.0	4.5	1/10.67

由于宽幅钢箱梁的梁体横向宽度较大，主梁的高宽比基本都在1/15～1/12之间变化。在竖向荷载作用下宽幅箱梁会发生纵、横向双向挠曲变形，两者变形值几乎在同一数量级，且由于横桥向存在不同的支撑方式，公、铁移动荷载作用形式也各不相同，使得宽幅钢箱梁结构受力更复杂。

临港长江大桥是目前世界最宽的扁平钢箱梁公铁平层斜拉桥，主梁横向宽度达到63.9 m，如图4-1所示。主梁横向采用双索面锚固的挑担式支撑梁方式，铁路荷载作用在斜拉索弹性支承的正弯矩控制的简支梁段内，公路荷载、非机动车及人群荷载作用在斜拉索弹性支承的负弯矩控制的悬臂梁段内。在不同荷载作用下，扁平钢箱梁会产生纵向弯曲、横向弯曲、约束扭转等力学行为，且扁平钢箱梁宽度较大，弯曲变形受力分析需要考虑剪力滞效应影响，同时因主梁受到强大的拉索索力作用，主梁各组成加劲板件存在局部屈曲稳定问题。

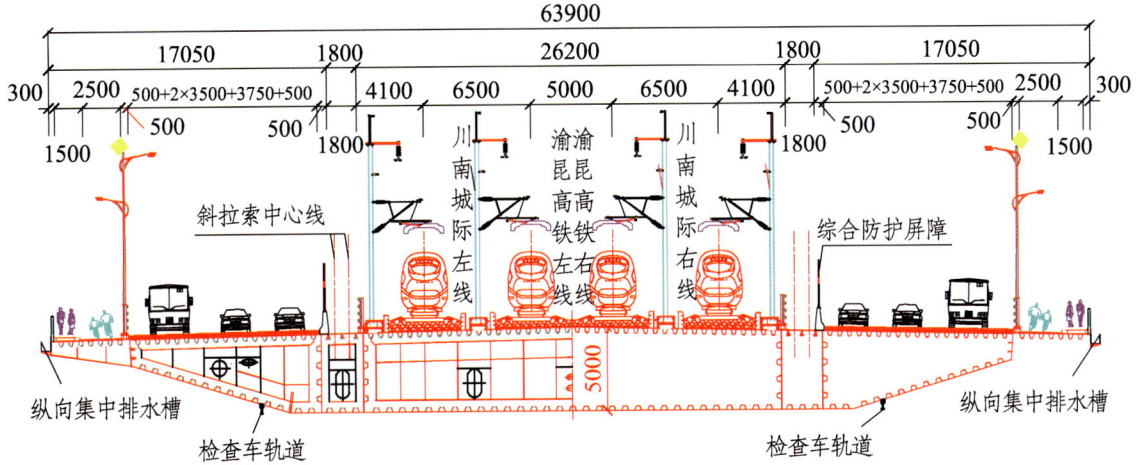

图4-1 主梁标准横断面（长度单位：mm）

为全面、系统研究宽幅钢箱梁空间力学行为，本章采用数值模拟的方法开展研究工作。利用有限元数值模拟技术，从全桥整体-局部梁段-局部板件3个层次对分析目标开展理论分析，宽幅钢箱梁空间力学具体研究内容及研究方法如下：

1. 宽体钢箱梁双向弯曲下空间力学行为研究

利用有限元数值分析手段对大桥钢箱梁梁段开展梁段精细化有限元分析，讨论双向弯曲下宽幅扁平钢箱梁关键组成板件的空间应力分布，进而分析宽体钢箱梁纵、横向剪力滞效应，并进行了剪力滞效应的参数化研究分析。

2. 宽体钢箱梁弯扭组合下空间力学行为研究

利用有限元数值分析手段对大桥钢箱梁梁段开展梁段精细化有限元分析，讨论弯扭组合作用下宽幅扁平钢箱梁变形及空间应力分布特征，进而分析宽体箱梁扭转畸变性能，并对影响结构扭转畸变性能的因素进行参数化分析。

3. 宽体钢箱梁局部稳定及极限承载力研究

利用有限元数值分析手段对大桥钢箱梁典型加劲板件开展板件受压稳定性有限元分析，讨论轴向受压状态下加劲板弹性稳定及极限承载力问题，进而分析复杂应力状态下加劲板弹性稳定及非线性极限承载力问题。

4.2 宽幅钢箱梁双向弯曲效应

宽幅钢箱梁在荷载作用下，不仅会发生纵向挠曲变形，同时也会发生横向挠曲变形，且由于梁体宽度较大，纵、横两个方向的挠曲变形几乎处于同一幅值水平。宽幅箱梁在纵、横向弯曲受力状态下，因剪力滞效应会使顶、底板应力呈现不均匀分布特征，而本桥箱梁横向宽度达到63.9 m，斜拉索纵向间距仅为12 m，使得索距之间的宽幅钢箱梁横向宽度是纵向梁长的2.5倍，梁体双向弯曲效应所带来的剪力滞效应会更加明显，传统钢箱梁的经典理论方法就不再适用。假如忽略剪力滞效应的影响，则钢箱梁板件的真实应力可能高于结构设计应力，甚至高于材料标准强度，从而引起结构或构件破坏。

本节以临港长江大桥为研究对象，通过有限元软件建立全桥杆系模型与局部梁段模型，开展宽幅钢箱梁纵、横向剪力滞效应研究，讨论成桥状态宽幅箱梁纵、横向剪力滞系数及双向剪力滞系数随相关参数随动关系。

1. 计算模型及工况类型

首先，利用MIDAS CIVIL 2020建立全桥三维空间杆系模型，如图4-2所示。计算模型中主塔与主梁均采用梁单元模拟，斜拉索则采用桁架单元模拟，边墩、辅助墩、主墩与主梁之间采用弹性连接，斜拉索与主梁、主塔之间采用刚性连接。根据作用在桥梁上不同荷载效应，考虑7种荷载工况（见表4-2），完成不同荷载工况下主梁内力及变形分析，计算结果表明，最大正弯矩值出现在主梁中跨跨中处，最大负弯矩值出现在主梁辅助墩处。

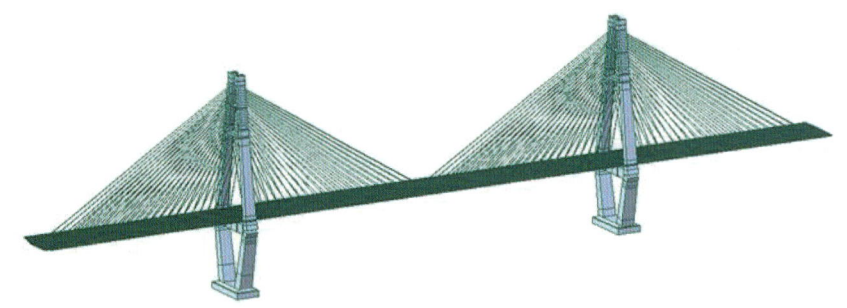

图4-2 全桥空间三维杆系有限元计算模型

表4-2 荷载工况类型

工况种类	荷载分布情况
工况1	自重+铁路二期+公路二期
工况2	自重+铁路二期+公路二期+铁路活载+公路活载+人群以及非机动车荷载
工况3	自重+铁路二期+公路二期+铁路活载
工况4	自重+铁路二期+公路二期+公路活载+人群以及非机动车荷载
工况5	自重+铁路二期+公路二期+铁路活载+公路活载+人群以及非机动车荷载（活载单边加载）
工况6	自重+铁路二期+公路二期+铁路活载（活载单边加载）
工况7	自重+铁路二期+公路二期+公路活载+人群以及非机动车荷载（活载单边加载）

其次，借助有限元软件ANSYS建立局部梁段模型，根据全桥杆系模型计算结果，选取主梁跨中梁段、桥塔梁段以及辅助墩梁段等3处弯矩效应较大梁段进行梁段精细化建模分析，如图4-3所示。梁段模型计算长度考虑圣维南原理边界条件影响范围，跨中梁段与桥塔梁段计算模型长度均为90 m，辅助墩梁段计算模型长度为99.6 m。梁段计算模型选用3种单元类型进行建模，分别为SHELL63、MASS21及SURF154单元。用SHELL63单元模拟局部板壳模型的主梁；用MASS21单元建立刚臂与主梁横截面连接，便于施加位移边界条件和力边界条件；用SRUF154单元施加面荷载和索力。施加位移边界条件采用在截面形心处建立一个MASS21质量单元，将从杆系模型中提取到的竖向、纵桥向及横桥向位移值施加到该质量单元，与此同时，将质量单元与该截面所有节点形成刚性区域，从而间接将位移边界条件施加到截面所有节点上，计算工况如表4-2所示。

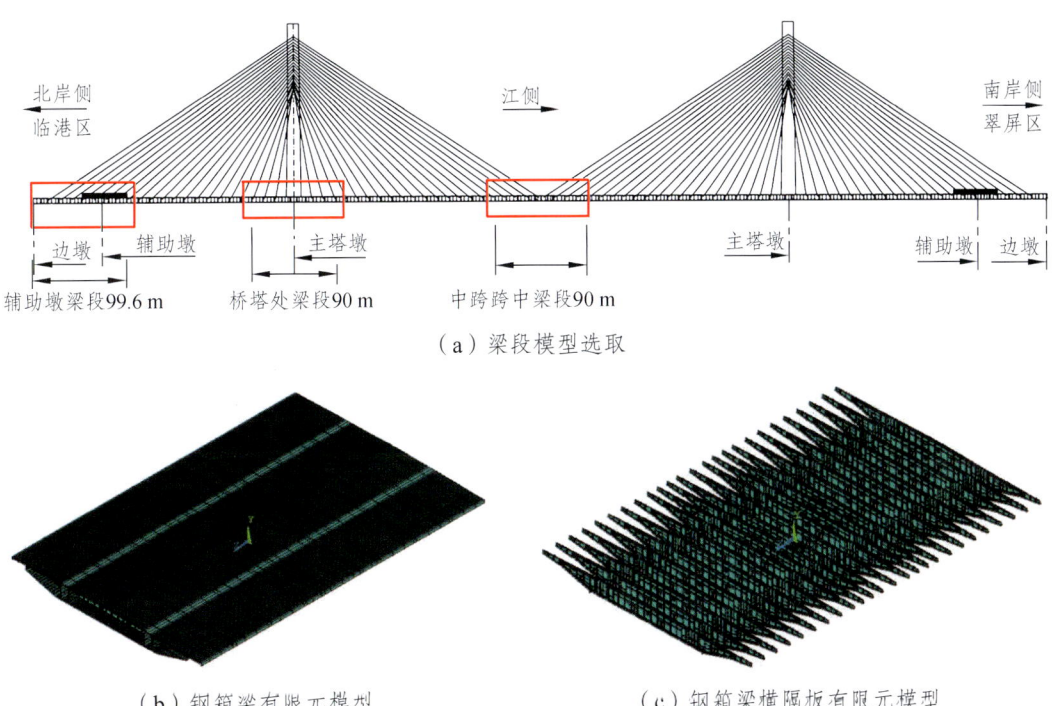

图4-3 梁段有限元计算模型

2. 剪力滞系数定义

本书对剪力滞系数定义为：

$$\lambda = \frac{\sigma}{\bar{\sigma}} \tag{4-1}$$

式中：σ代表考虑剪力滞效应求得的正应力；$\bar{\sigma}$代表翼缘板实际应力图下的面积除以翼板的宽度，得到相似于按初等梁理论求得的应力平均值。

式（4-1）既相似于经典定义中的剪力滞系数，同时也考虑了空间结构分析的特点。

4.2.1 宽幅钢箱梁纵向剪力滞

1. 纵向剪力滞系数计算分析

研究宽幅箱梁纵向剪力滞效应分布情况时,每个梁段取3个计算截面进行分析研究,跨中梁段取跨中截面作为计算截面2,离跨中截面左右各10 m,作为计算截面1和3;桥塔处梁段以桥塔处截面作为计算截面2,离桥塔截面左右各10 m,作为计算截面1和3;辅助墩处梁段以辅助墩处截面作为计算截面2,距离此截面左右各10 m,作为计算截面1和3。将全桥杆系有限元模型在7种不同荷载工况下计算得到的力及位移边界条件施加到梁段局部有限元模型上,计算得到7种荷载工况下梁段纵桥向正应力分布,进一步借助公式(4-1)计算得出不同工况下,截面1、2、3剪力滞系数沿主梁横截面分布变化曲线。限于篇幅,选取工况1荷载作用下,3个计算梁段纵向正应力云图进行展示,如图4-4所示;选取工况1荷载作用下,跨中计算梁段计算截面2剪力滞系数横桥向分布变化曲线进行展示,如图4-5所示。

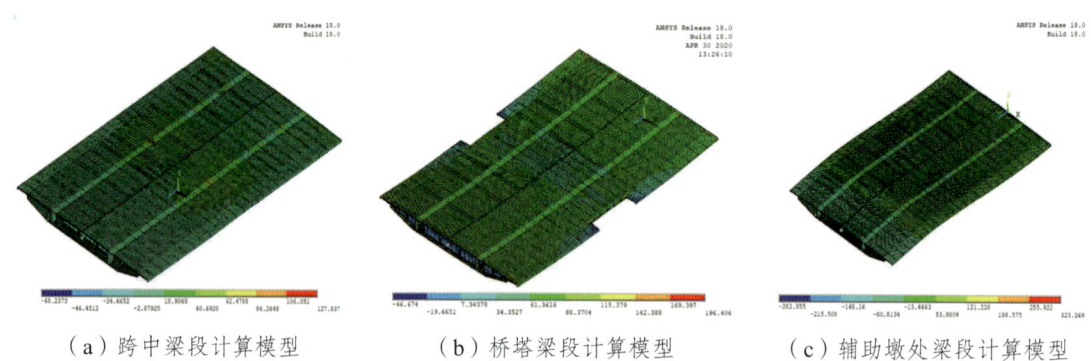

(a)跨中梁段计算模型　　(b)桥塔梁段计算模型　　(c)辅助墩处梁段计算模型

图4-4　工况1梁段纵向正应力云图(单位:MPa)

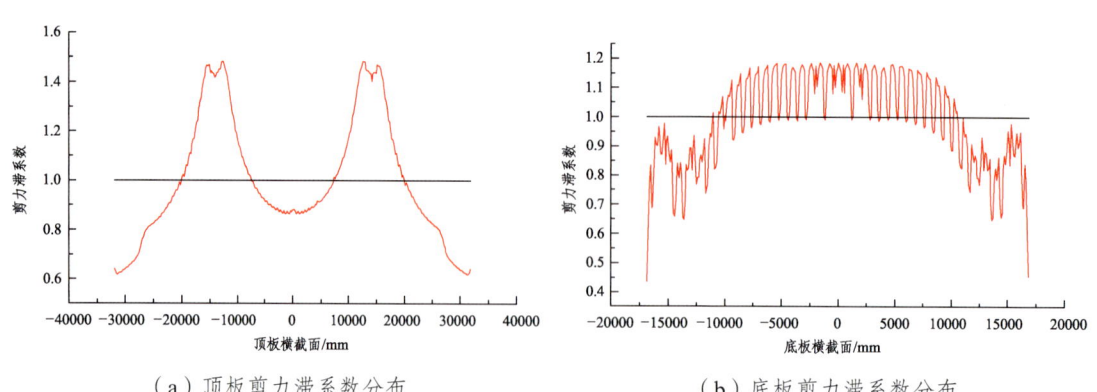

(a)顶板剪力滞系数分布　　(b)底板剪力滞系数分布

图4-5　工况1跨中截面2剪力滞系数横桥向分布

通过对一系列有限元计算模型进行计算分析，并提取相关梁段计算截面顶、底板最大剪力滞系数如表4-3所示。表4-3给出了7种计算工况下，主梁跨中梁段、桥塔梁段以及辅助墩梁段3个计算截面顶、底板最大剪力滞系数计算结果。

表4-3 各工况剪力滞系数

荷载工况		中跨跨中梁段			桥塔梁段			辅助墩梁段		
		截面1	截面2	截面3	截面1	截面2	截面3	截面1	截面2	截面3
工况1	顶板	1.322	1.484	1.379	1.142	1.644	1.150	1.716	2.423	1.289
	底板	1.094	1.186	1.151	1.071	1.173	1.119	1.113	1.720	1.075
工况2	顶板	1.318	1.531	1.417	1.117	1.536	1.118	1.589	1.138	1.170
	底板	1.036	1.073	1.051	1.074	1.804	1.153	1.166	1.989	1.216
工况3	顶板	1.330	1.561	1.442	1.121	1.547	1.125	1.901	1.683	1.233
	底板	1.040	1.083	1.052	1.071	1.704	1.143	1.114	1.837	1.125
工况4	顶板	1.326	1.485	1.397	1.121	1.624	1.140	1.688	1.564	1.219
	底板	1.053	1.101	1.080	1.067	1.284	1.127	1.106	1.720	1.083
工况5	顶板	1.440	1.603	1.558	1.144	1.598	1.150	1.758	1.105	1.229
	底板	1.096	1.116	1.097	1.099	1.440	1.170	1.129	1.882	1.109
工况6	顶板	1.389	1.559	1.495	1.139	1.600	1.145	1.740	1.026	1.251
	底板	1.080	1.117	1.076	1.082	1.360	1.144	1.113	1.825	1.095
工况7	顶板	1.388	1.544	1.489	1.148	1.642	1.155	1.896	1.476	1.266
	底板	1.118	1.154	1.113	1.081	1.325	1.140	1.107	1.660	1.098

由表4-3分析可得：

（1）中跨跨中梁段顶板的剪力滞系数变化范围为0.6~1.6，底板的剪力滞系数变化范围为0.4~1.2；桥塔处梁顶板的剪力滞系数变化范围为0.2~1.2，底板的剪力滞系数变化范围为0.85~1.1；辅助墩梁段顶板的剪力滞系数变化范围为0.6~1.8，底板的剪力滞系数变化范围为0.6~1.15。

（2）中跨跨中梁段截面2顶板的剪力滞系数曲线波动剧烈，顶板呈明显的正剪力滞。在腹板处的剪力滞系数都大于1，并且系数较大，最大剪力滞系数约为1.6，然而翼缘板边缘处与翼缘板中点处附近剪力滞系数较小，最小剪力滞系数约为0.6，因此中跨跨中梁段顶板剪力滞效应呈正剪力滞。底板剪力滞系数曲线呈锯齿状，最大剪力滞系数约为1.2，腹板处的剪力滞系数明显小于翼缘板边缘处与翼缘板中点处的剪力滞系数，即中跨跨中梁段底板剪力滞效应呈负剪力滞。

（3）桥塔处梁段截面1处顶板的剪力滞系数曲线波动较大，顶板呈明显的负剪力滞。在腹板处的剪力滞系数基本在1左右，在翼缘板边缘处与翼缘板中点处顶板的剪力滞系数大于1，因此桥塔处顶板剪力滞效应呈负剪力滞。底板剪力滞系数曲线呈锯齿状，在腹板处的剪力滞系数大于1，最大剪力滞系数约为1.1，明显大于翼缘板边缘处与翼缘板中点处的底板剪力滞系数，因此桥塔处顶板剪力滞效应呈正剪力滞。

（4）辅助墩处梁段截面1顶板的剪力滞系数曲线波动较大，且顶板呈正剪力滞。在腹板处的剪力滞系数都大于1，且剪力滞系数较大，最大剪力滞系数约为1.8，腹板处的剪力滞系数明显大于翼缘板边缘处与翼缘板中点处的剪力滞系数，因此辅助墩处梁段顶板剪力滞效应呈正剪力滞。底板剪力滞系数曲线呈锯齿状，在腹板处的剪力滞系数较小，最小剪力滞系数约为0.6，而腹板处的剪力滞系数明显小于翼缘板边缘处与翼缘板中点处的剪力滞系数，因此辅助墩处梁段底板呈负剪力滞。

（5）工况5~7为偏载作用，在荷载作用一侧的剪力滞系数明显大于无荷载作用一侧的剪力滞系数。在中跨跨中梁段顶板最大剪力滞系数负数区域明显大于正数区域，负数区域最大剪力滞系数为1.6左右，而正数区域最大剪力滞系数为1.45左右。梁段底板负数区域的剪力滞效应也大于正数区域。分析桥塔处梁段与辅助墩梁段也存在相同的情况。因此可以得出结论，有荷载作用的一侧剪力滞效应明显大于无荷载一侧。

2. 纵向剪力滞系数参数化分析

本节重点研究改变钢箱梁参数对主梁纵向剪力滞效应的影响，参数变化包括横隔板间距以及斜拉索间距，计算模型选取主梁跨中梁段进行计算分析，依次分析不同横隔板间距和不同斜拉索间距情况下，跨中梁段计算截面2剪力滞系数变化规律。

（1）横隔板间距变化。

临港长江大桥标准钢箱梁节段横隔板设计间距为4 m，为分析横隔板间距变化对纵向剪力滞效应的影响规律，横隔板间距分别取3 m、4 m、5 m以及6 m，计算分析主梁跨中梁段计算截面2顶、底板剪力滞系数，H1、H2、H3和H4分别代表横隔板间距为3 m、4 m、5 m和6 m。

选取典型荷载工况1、工况2下顶、底板剪力滞系数变化和所有工况下顶、底板最大剪力滞系数变化进行展示，如图4-6所示。

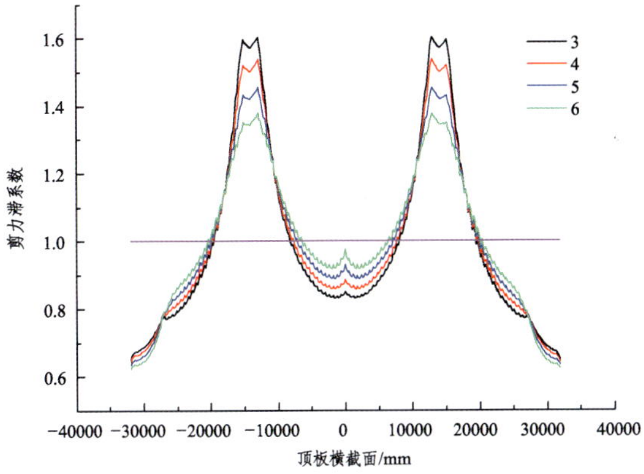

（a）工况1顶板剪力滞系数分布

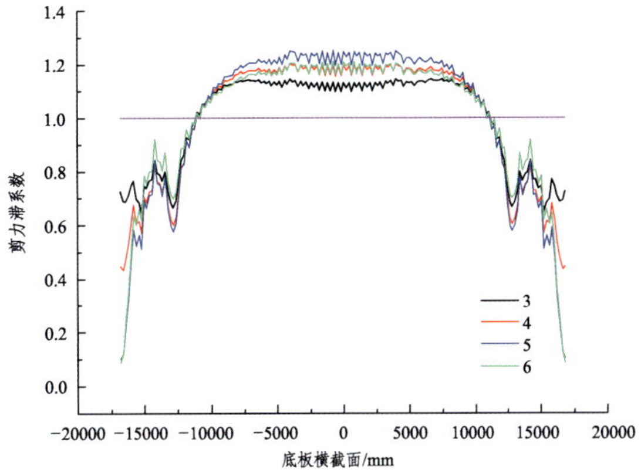

（b）工况1底板剪力滞系数分布

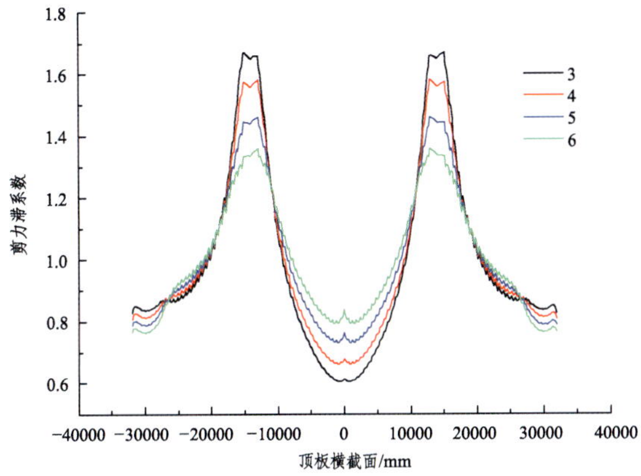

（c）工况2顶板剪力滞系数分布

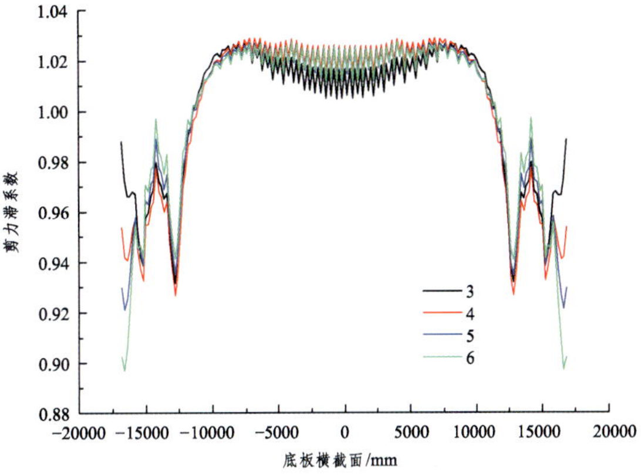

（d）工况2底板剪力滞系数分布

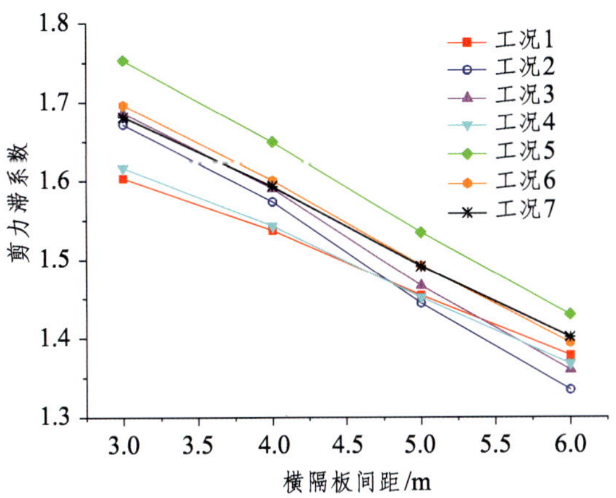

（e）顶板最大剪力滞系数变化

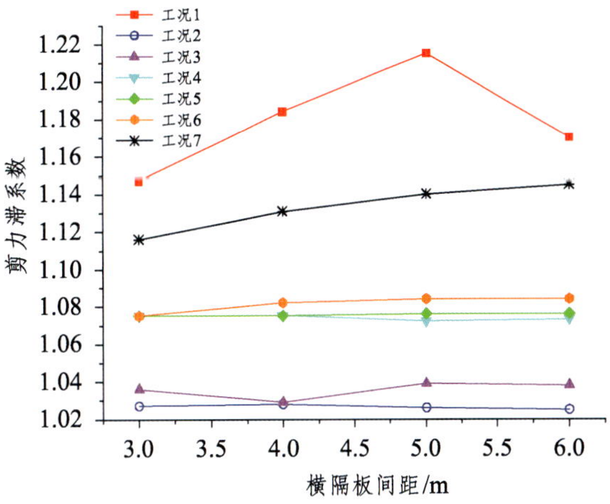

（f）底板最大剪力滞系数变化

图4-6　不同横隔板间距剪力滞系数变化

由图4-6可知：

① 在各种荷载工况作用下，顶板的剪力滞系数较底板的剪力滞系数更大。顶板的最大剪力滞系数在1.3～1.8之间。底板的最大剪力滞系数在1.02～1.20之间。

② 随着横隔板间距从3 m增加到6 m，顶板腹板处最大剪力滞系数不断减小，然而腹板处顶板的剪力滞系数在增大。取典型的荷载工况1、2、5分析，当横隔板间距为3 m、4 m、5 m、6 m时，顶板最大纵向剪力滞系数分别为1.603、1.537、1.454、1.378、1.671、1.573、1.444、1.334，1.753、1.649、1.534、1.429。当横隔板间距从3 m改变到6 m，翼缘板中间的顶板剪力滞系数从约0.6增加至约0.8。因此可以认为，随着横隔板间距的增加，在相同的荷载工况下顶板对应的剪力滞系数减小，且改变幅值较大。在保证稳定性与畸变的情况下，增大横隔板间距，能够改善横截面顶板处应力的分布，使应力分布更加均匀，既能保证桥梁结构的安全，又能够充分利用钢材。

③ 随着横隔板间距从3 m增加到6 m，底板剪力滞系数几乎没有变化，找不到明显的规律。取典型荷载工况1、2、5分析，当横隔板间距为3 m、4 m、5 m、6 m时，底板最大纵向剪力滞系数分别为1.147、1.184、1.215、1.170、1.027、1.027、1.026、1.025、1.075、1.075、1.076、1.076。因此可以认为，随着横隔板间距的增加，在相同的荷载工况作用下，底板对应的剪力滞系数几乎没有变动。

（2）斜拉索间距变化。

大桥斜拉索纵桥向设计索距为12 m，考虑斜拉索索距变化，索距分别取8 m、10 m、12 m以及14 m，同理计算其对宽幅箱梁剪力滞效应影响规律，选取典型荷载工况1、工况2下顶、底板剪力滞系数变化和所有工况下顶、底板最大剪力滞系数变化进行展示，如图4-7所示。

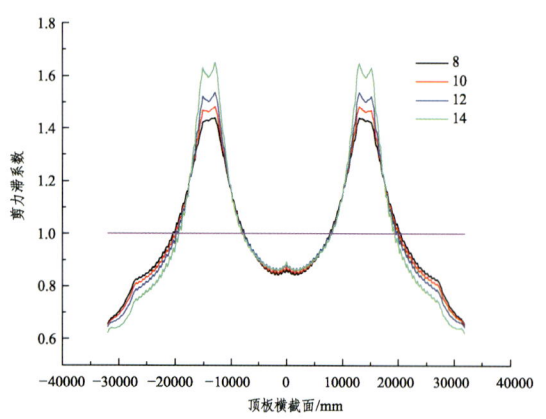

（a）工况1顶板剪力滞系数分布

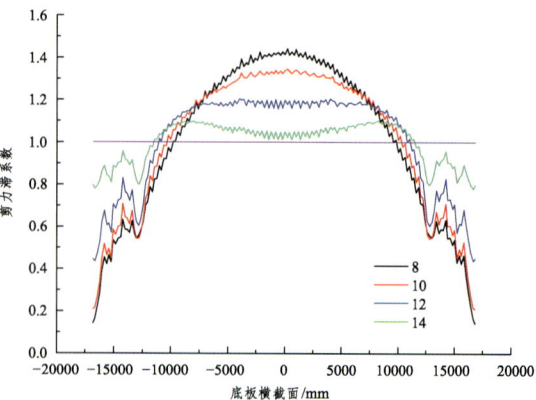

（b）工况1底板剪力滞系数分布

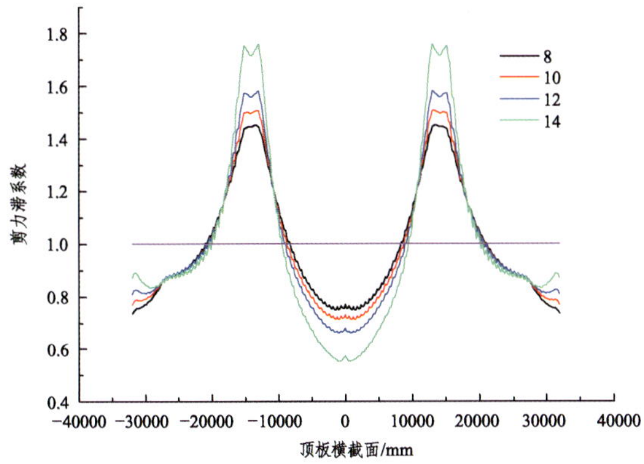

（c）工况2顶板剪力滞系数分布 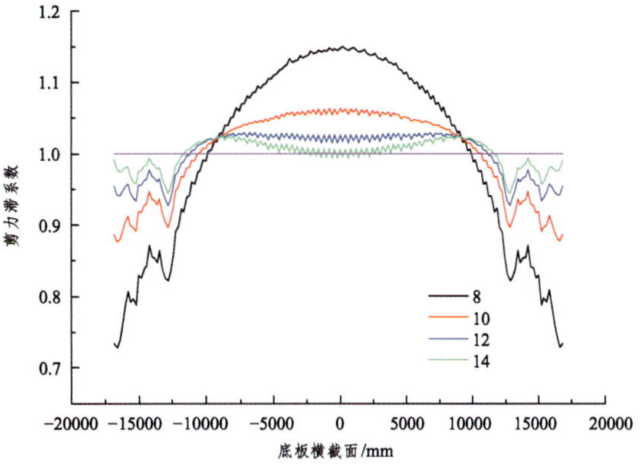　　　　　（d）工况2底板剪力滞系数分布

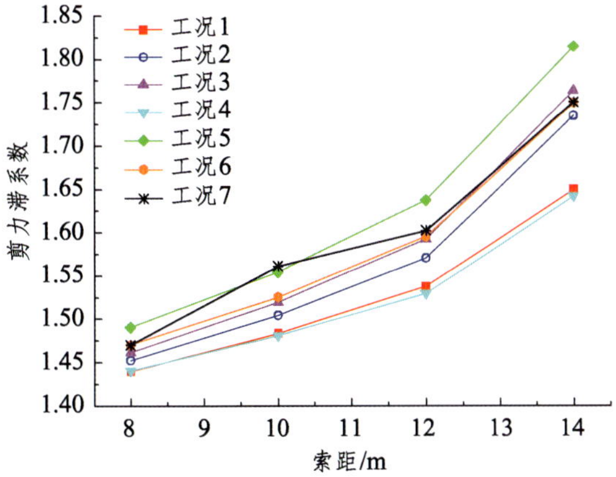

（e）顶板最大剪力滞系数变化 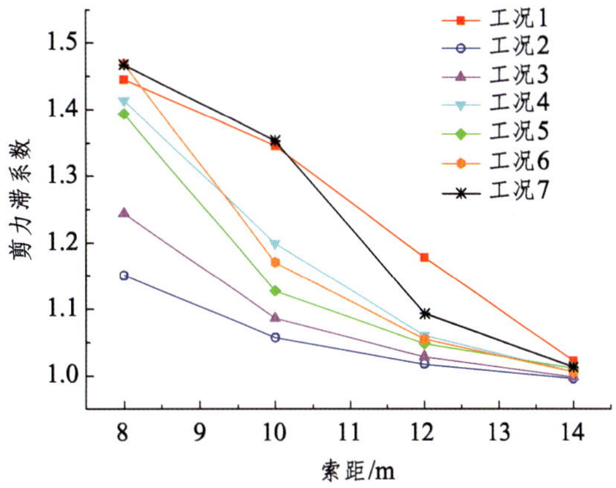　　　　　（f）底板最大剪力滞系数变化

图4-7　不同斜拉索间距剪力滞系数变化

由图4-7可知：

① 在各种荷载工况作用下，顶板的最大剪力滞系数大于底板的剪力滞系数，顶板的最大剪力滞系数在1.4~1.85之间，而底板的最大剪力滞系数在0.95~1.5之间。

② 随着斜拉索索距从8 m增大至14 m，顶板的最大剪力滞系数呈明显增大趋势。取典型荷载工况1、2、5进行分析研究，顶板的最大纵向剪力滞系数分别为1.439、1.483、1.537、1.649、1.452、1.504、1.570、1.734、1.490、1.554、1.637、1.814，剪力滞系数均呈不断增加的趋势。因此可以认为，随着索距的增加，在相同荷载工况作用下，顶板的最大剪力滞系数不断增加，且变化趋势较明显。

③ 随着索距从8 m增大至14 m，底板的剪力滞系数连续减小。取典型荷载工况1、2、5进行分析研究，底板的最大纵向剪力滞系数分别为1.444、1.345、1.177、1.022、1.150、1.507、1.017、0.995、1.393、1.127、1.048、1.011，均呈不断减小的趋势。因此可以认为，随着索距的增大，在相同的荷载作用下，底板的最大剪力滞系数不断减小，且变化趋势较明显。

4.2.2 宽幅钢箱梁横向剪力滞

1. 横向剪力滞系数计算分析

宽幅钢箱梁的横向剪力滞效应主要引起箱梁横桥向正应力沿纵桥向分布不均，本节针对宽幅箱梁横向剪力滞效应分析方法如下：① 选取梁段纵向计算截面（见图4-8）；② 将梁段纵向截面均匀划分为包含横隔板的工字梁截面形式（见图4-9）；③ 以工字梁纵向截面为计算单元进行横向剪力滞效应计算分析。

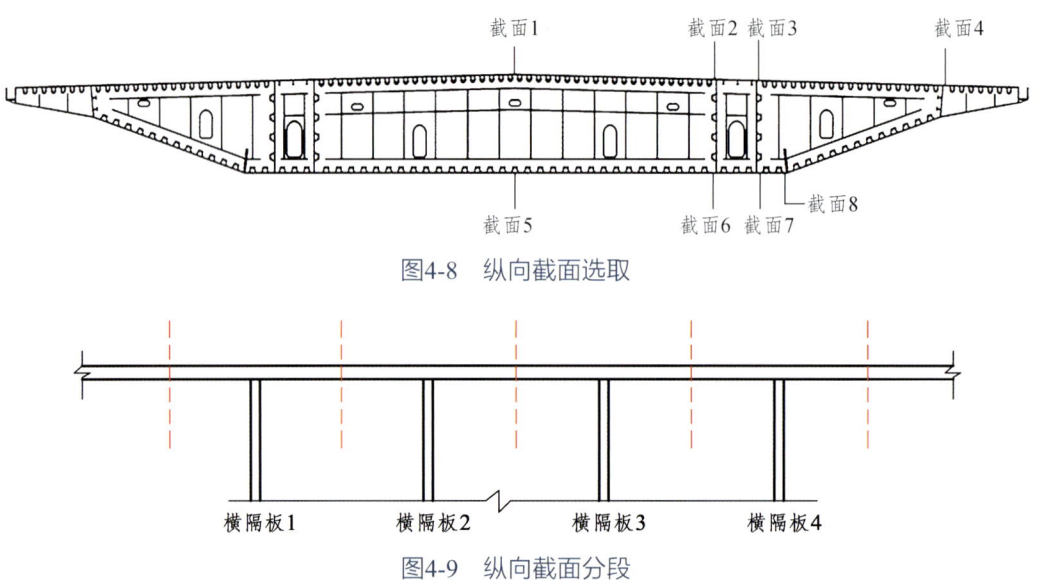

图4-8 纵向截面选取

图4-9 纵向截面分段

通过对有限元模型计算分析，提取宽幅箱梁横桥向正应力云图如图4-10所示，并计算3个梁段不同纵向截面横向剪力滞系数。限于篇幅，选取工况1荷载作用下，不同梁段纵向截面2、7的横向剪力滞系数分布情况进行展示（见图4-11），同时将工况2、工况5下的宽幅箱梁横向剪力滞系数统计归纳于表4-4。

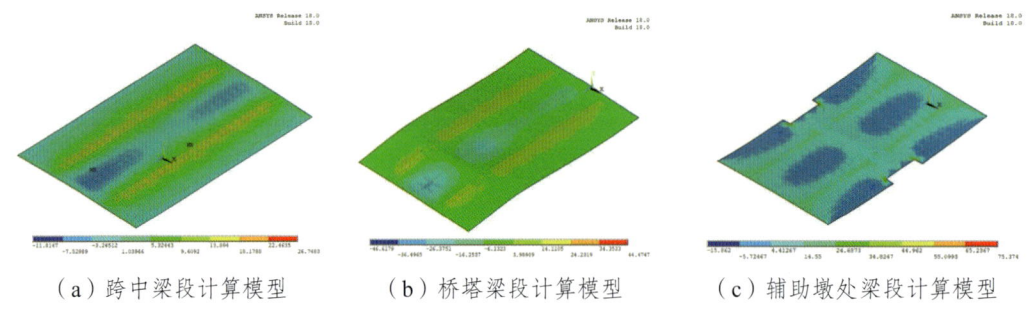

（a）跨中梁段计算模型　　（b）桥塔梁段计算模型　　（c）辅助墩处梁段计算模型

图4-10 工况1梁段横向正应力云图（单位：MPa）

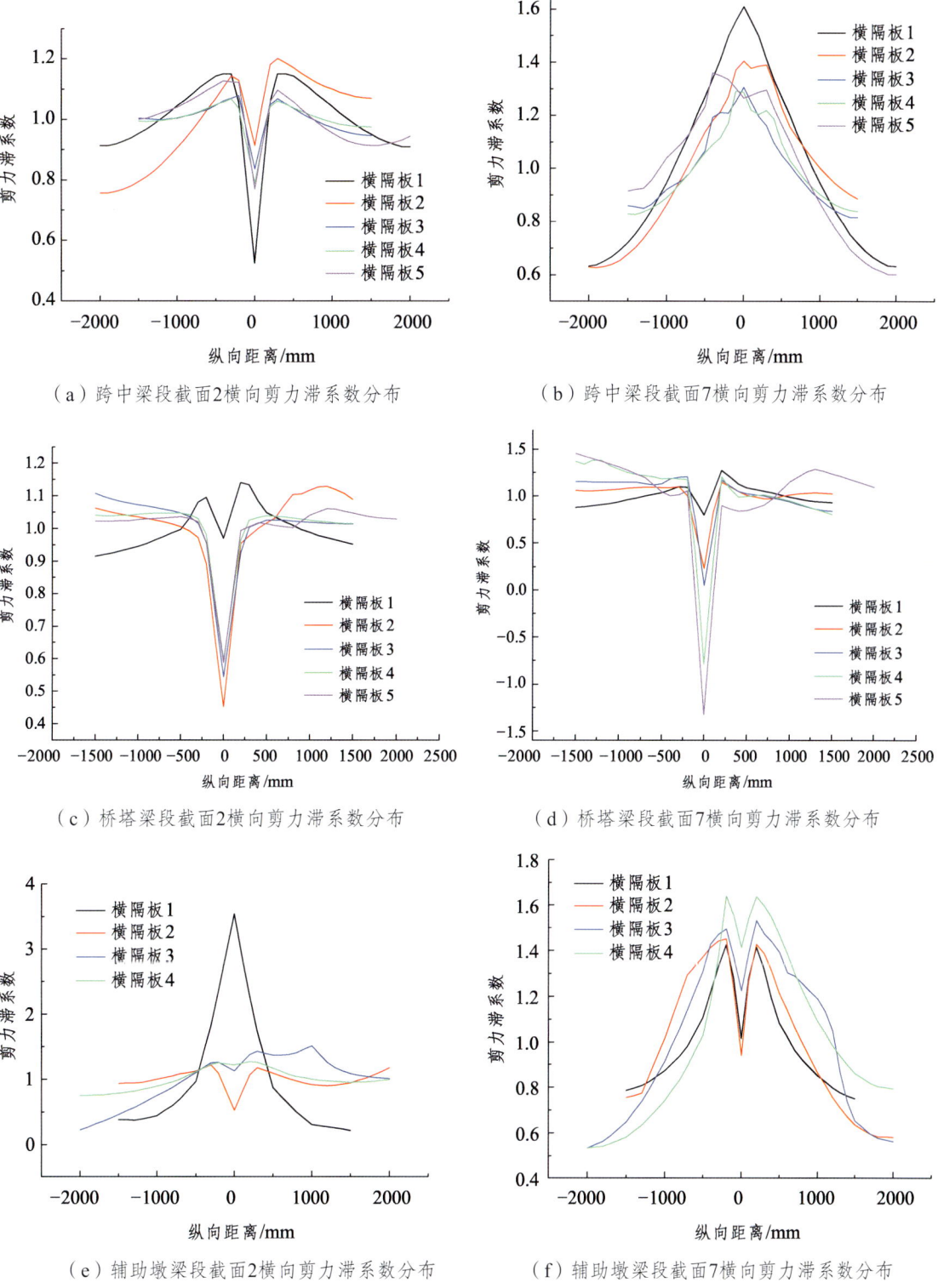

图4-11 工况1作用下箱梁横向剪力滞系数

表4-4 横向剪力滞系数

横隔板位置		主跨跨中梁段		桥塔梁段		辅助墩梁段	
		截面2	截面7	截面2	截面7	截面2	截面7
横隔板1	工况1	1.151	1.610	1.141	1.271	3.537	1.425
	工况2	1.127	2.286	1.228	3.130	5.524	1.486
	工况5	1.146	1.949	1.204	1.165	4.723	1.442
横隔板2	工况1	1.201	1.404	1.291	1.146	2.432	1.451
	工况2	1.183	1.986	1.173	1.141	5.214	1.469
	工况5	1.204	1.689	1.185	1.136	4.628	1.457
横隔板3	工况1	1.078	1.305	1.107	1.200	1.512	1.532
	工况2	1.060	1.871	1.160	1.478	1.672	1.554
	工况5	1.077	1.587	1.139	1.222	1.487	1.541
横隔板4	工况1	1.067	1.291	1.047	1.376	1.268	1.639
	工况2	1.050	1.815	1.053	2.197	1.307	1.642
	工况5	1.061	1.552	1.051	1.676	1.294	1.641
横隔板5	工况1	1.127	1.302	1.061	1.453	—	—
	工况2	1.121	1.784	1.078	2.252	—	—
	工况5	1.132	1.517	1.068	1.722	—	—

由图4-11和表4-4可得：

（1）中跨跨中梁段在成桥荷载工况作用下，纵向截面1最大剪力滞系数为1.838，最小剪力滞系数为-0.026；纵向截面2最大剪力滞系数为1.204，最小剪力滞系数为0.496；纵向截面3最大剪力滞系数为1.205，最小剪力滞系数为0.740；纵向截面4最大剪力滞系数为1.235，最小剪力滞系数为0.479；纵向截面5最大剪力滞系数为1.178，最小剪力滞系数为0.873；纵向截面6最大剪力滞系数为2.292，最小剪力滞系数为0.593；纵向截面7最大剪力滞系数为2.286，最小剪力滞系数为0.520。

（2）桥塔处梁段在成桥荷载工况作用下，纵向截面1最大剪力滞系数为3.391，最小剪力滞系数为-2.841；纵向截面2最大剪力滞系数为1.291，最小剪力滞系数为0.372；纵向截面3最大剪力滞系数为1.415，最小剪力滞系数为0.469；纵向截面4最大剪力滞系数为4.773，最小剪力滞系数为−3.516；纵向截面5最大剪力滞系数为1.216，最小剪力滞系数为0.802；纵向截面6最大剪力滞系数为2.218，最小剪力滞系数为−3.377；纵向截面7最大剪力滞系数为3.130，最小剪力滞系数为−3.697。

（3）辅助墩梁段在成桥荷载工况作用下，纵向截面1最大剪力滞系数为3.382，最小剪力滞系数为−0.697；纵向截面2最大剪力滞系数为5.524，最小剪力滞系数为−0.399；纵向截面3最大剪力滞系数为2.157，最小剪力滞系数为0.362；纵向截面4最大剪力滞系数为4.374，最小剪力滞系数为−3.905；纵向截面5最大剪力滞系数为2.105，最小剪力滞系数为0.012；纵向截面6最大剪力滞系数为1.770，最小剪力滞系数为0.593；纵向截面7最大剪力滞系数为1.642，最小剪力滞系数为0.525。

（4）中跨跨中梁段各横隔板剪力滞系数变化趋势大致一致，而桥塔处梁段与辅助墩梁段剪力滞系数在横隔板1与其他的横隔板变化趋势不一致。主要原因是在桥塔处与辅助墩处布置了支座，由圣维南原理可知，在支座处的应力和实际存在一定的差别。

2. 横向剪力滞系数参数化分析

本节重点研究改变钢箱梁参数对主梁横向剪力滞效应的影响，参数包括横隔板间距变化以及斜拉索索距变化。计算模型选取主梁跨中梁段和2、7两个典型纵向截面进行横向剪力滞系数分析。

（1）横隔板间距变化。

将钢箱梁横隔板间距变为3 m、4 m、5 m以及6 m，计算分析其对宽幅箱梁横向剪力滞系数影响规律，本节中H1、H2、H3和H4分别代表横隔板间距为3 m、4 m、5 m和6 m。

选取典型荷载工况1下纵向截面2横向剪力滞系数变化进行展示，如图4-12所示，而工况1、工况2及工况5作用下横向剪力滞系数统计归纳于表4-5。

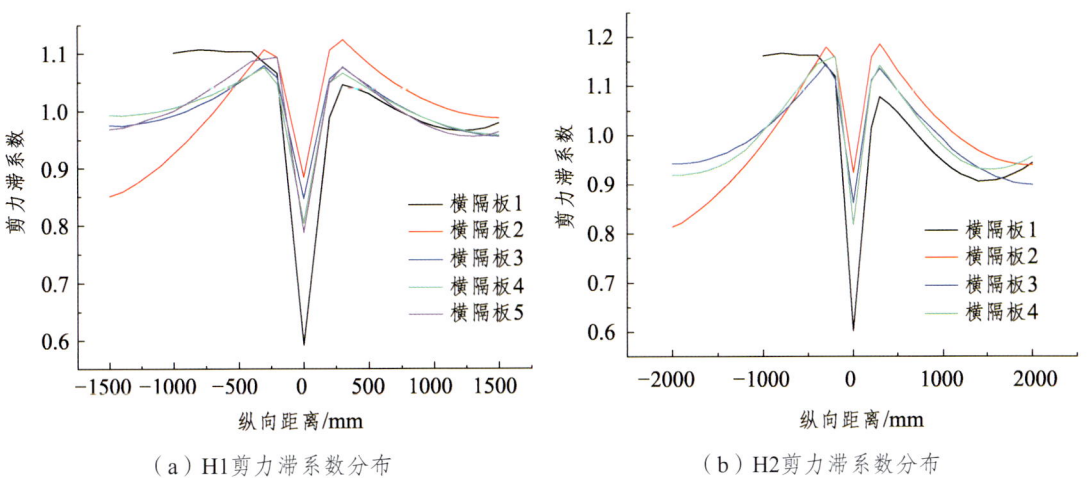

（a）H1剪力滞系数分布　　　　　　（b）H2剪力滞系数分布

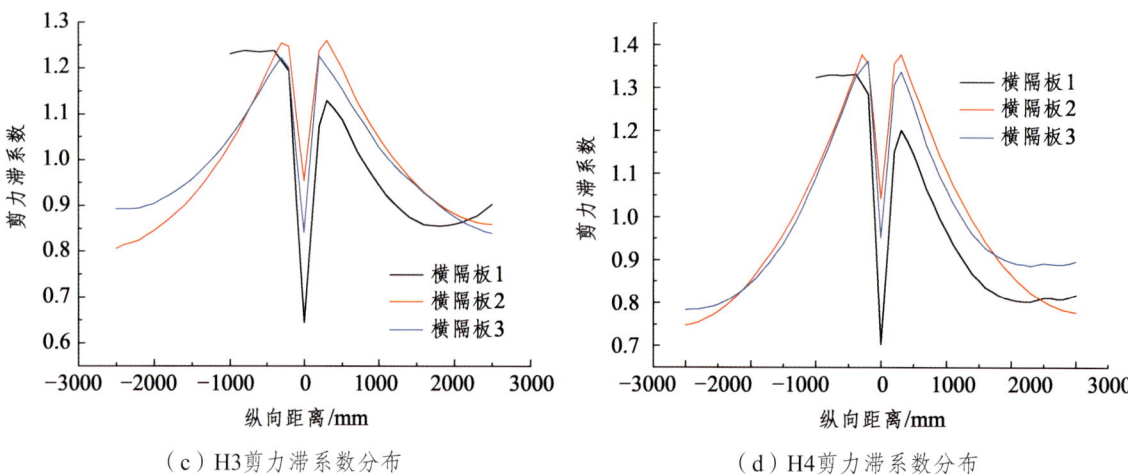

（c）H3剪力滞系数分布　　　　　　　　（d）H4剪力滞系数分布

图4-12　工况1纵向截面2横向剪力滞系数变化

表4-5　宽幅箱梁横向剪力滞系数

横隔板间距变化		截面2			截面7		
		工况1	工况2	工况5	工况1	工况2	工况5
横隔板1	H1	1.107	1.108	1.108	1.191	1.339	1.207
	H2	1.167	1.162	1.166	1.339	1.406	1.363
	H3	1.237	1.244	1.251	1.500	1.549	1.528
	H4	1.332	1.366	1.359	1.675	1.735	1.710
横隔板2	H1	1.123	1.110	1.126	1.171	1.502	1.276
	H2	1.186	1.161	1.185	1.362	1.647	1.452
	H3	1.260	1.251	1.278	1.543	1.884	1.669
	H4	1.378	1.384	1.417	1.762	2.112	1.899
横隔板3	H1	1.075	1.067	1.078	1.173	1.623	1.381
	H2	1.144	1.132	1.150	1.339	1.724	1.509
	H3	1.226	1.220	1.248	1.638	2.009	1.784
	H4	1.363	1.364	1.401	1.801	1.998	1.860

续表

横隔板间距变化		截面2			截面7		
		工况1	工况2	工况5	工况1	工况2	工况5
横隔板4	H1	1.075	1.060	1.072	1.165	1.631	1.381
	H2	1.160	1.141	1.163	1.374	1.641	1.434
	H3	—	—	—	—	—	—
	H4	—	—	—	—	—	—
横隔板5	H1	1.093	1.081	1.090	1.195	1.520	1.284
	H2	—	—	—	—	—	—
	H3	—	—	—	—	—	—
	H4	—	—	—	—	—	—

由图4-12和表4-5可得：

① 在各工况作用下，纵向截面2和7呈明显的负剪力滞效应，在横隔板处的剪力滞系数明显减小。

② 在各工况作用下，横隔板间距为3 m时，纵向截面2最大剪力滞系数为1.126，最小剪力滞系数为0.589，纵向截面7最大剪力滞系数为1.631，最小剪力滞系数为0.664；横隔板间距为4 m时，纵向截面2最大剪力滞系数为1.186，最小剪力滞系数为0.587，纵向截面7最大剪力滞系数为1.724，最小剪力滞系数为0.511；横隔板间距为5 m时，纵向截面2最大剪力滞系数为1.278，最小剪力滞系数为0.625；纵向截面7最大剪力滞系数为2.009，最小剪力滞系数为0.292；横隔板间距为6 m时，纵向截面2最大剪力滞系数为1.417，最小剪力滞系数为0.689，纵向截面7最大剪力滞系数为2.112，最小剪力滞系数为0.320。

③ 横隔板间距从3 m增至6 m时，纵向截面2与纵向截面7各横隔板最大剪力滞系数与最小剪力滞系数均不断增大，但最大剪力滞系数的增幅明显大于最小剪力滞的增幅。

（2）斜拉索间距变化。

钢箱梁斜拉索索距设计间距为12 m。考虑钢箱梁斜拉索索距取8 m、10 m、12 m以及14 m，计算分析其对2、7两个纵向截面横向剪力滞效应影响规律。本节中S1、S2、S3和S4分别代表斜拉索索距为8 m、10 m、12 m和14 m。

选取典型荷载工况1下纵向截面2横向剪力滞系数变化进行展示，如图4-13所示，而工况1、工况2及工况5作用下横向剪滞系数统计归纳于表4-6。

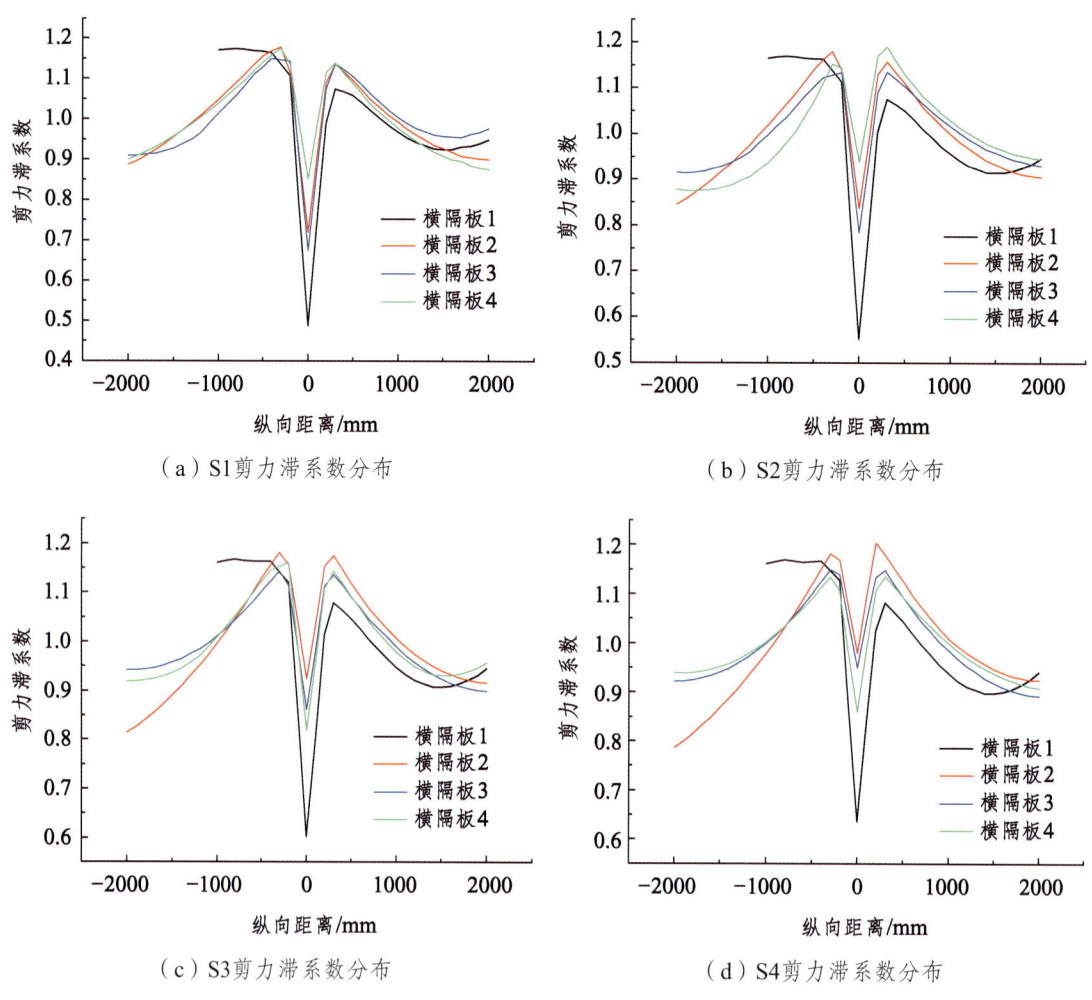

图4-13 工况1纵向截面2横向剪力滞系数变化

表4-6 宽幅箱梁横向剪力滞系数

斜拉索索距变化		截面2			截面7		
		工况1	工况2	工况5	工况1	工况2	工况5
横隔板1	S1	1.174	1.173	1.176	1.309	1.326	1.319
	S2	1.170	1.166	1.169	1.323	1.351	1.339
	S3	1.167	1.162	1.166	1.339	1.406	1.363
	S4	1.169	1.164	1.168	1.357	1.549	1.390

续表

斜拉索索距变化		截面2			截面7		
		工况1	工况2	工况5	工况1	工况2	工况5
横隔板2	S1	1.178	1.161	1.180	1.323	1.381	1.340
	S2	1.181	1.161	1.182	1.329	1.494	1.376
	S3	1.182	1.165	1.185	1.350	1.664	1.454
	S4	1.205	1.179	1.208	1.383	1.879	1.579
横隔板3	S1	1.149	1.145	1.157	1.341	1.371	1.358
	S2	1.135	1.132	1.145	1.350	1.533	1.382
	S3	1.144	1.132	1.150	1.339	1.724	1.509
	S4	1.150	1.142	1.158	1.371	1.976	1.666
横隔板4	S1	1.174	1.161	1.176	1.329	1.396	1.350
	S2	1.191	1.180	1.197	1.358	1.469	1.377
	S3	1.160	1.141	1.163	1.374	1.641	1.434
	S4	1.136	1.128	1.144	1.421	1.991	1.677

由图4-13和表4-6可知：

① 在各工况作用下，纵向截面2呈明显的负剪力滞效应，在横隔板处的剪力滞系数明显。纵向截面7则在不同荷载工况与不同斜拉索索距下，呈不同的剪力滞效应。

② 在各工况作用下，斜拉索索距为8 m时，纵向截面2最大剪力滞系数为1.180，最小剪力滞系数为0.487，纵向截面7最大剪力滞系数为1.976，最小剪力滞系数为0.597；斜拉索索距为10 m时，纵向截面2最大剪力滞系数为1.197，最小剪力滞系数为0.532，纵向截面7最大剪力滞系数为1.533，最小剪力滞系数为0.559；斜拉索索距为12 m，纵向截面2最大剪力滞系数为1.185，最小剪力滞系数为0.586，纵向截面7最大剪力滞系数为1.724，最小剪力滞系数为0.511；斜拉索索距为14 m，纵向截面2最大剪力滞系数为1.208，最小剪力滞系数为0.620，纵向截面7最大剪力滞系数为1.991，最小剪力滞系数为0.452。

③ 斜拉索索距从8 m增至14 m时，纵向截面2各横隔板的最大剪力滞系数与最小剪力滞系数几乎没有变化；纵向截面7各横隔板的最大剪力滞系数不断增大，而最小剪力滞系数不断减小。

4.3 宽幅钢箱梁的弯-扭耦合行为

临港长江大桥主梁采用超宽薄壁扁平钢箱梁结构形式，扁平钢箱梁具有薄壁杆件的受力和变形特点，箱梁截面会发生翘曲和横向变形，使常规的基于周边刚性假设的杆件弯曲理论、扭转理论不再适用。在偏心荷载作用下，主梁边箱承担着桥梁典型的偏心荷载工况，即人群及非机动车辆荷载和3线公路车辆荷载，扁平钢箱梁会产生纵向弯曲、横向弯曲、扭转及畸变4种基本变形状态。前面针对箱梁的双向弯曲效应进行了研究，本节将对箱梁在偏心荷载作用下的扭转与畸变性能进行研究，并对其进行参数化分析，研究顶板厚度、底板厚度、横隔板间距及横隔板厚度变化对箱梁扭转与畸变性能的影响规律。

全桥主梁梁段类型繁多，合计16种，99个节段，板厚不尽相同，合计7种不同厚度，因此选取典型箱梁节段——标准钢箱梁D节段进行分析研究，如图4-14所示。

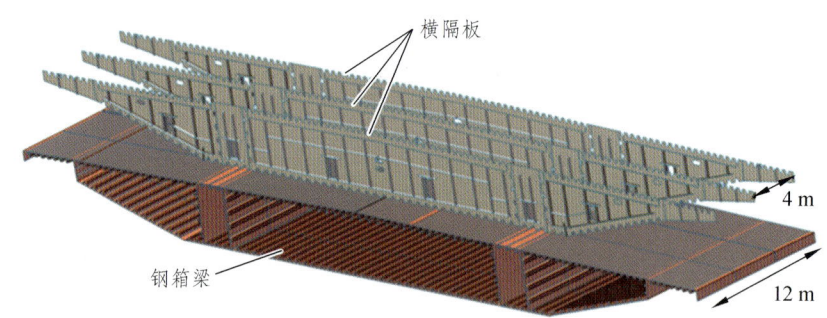

图4-14　标准钢箱梁D节段

1. 弯-扭耦合行为计算模型

借助ABAQUS有限元软件对梁段钢箱梁进行建模分析，考虑圣维南原理边界条件影响范围，选取4个标准节段，梁段长度合计48 m，梁段模型所有板件均采用4节点的S4R壳单元进行模拟，对移动车辆荷载车轮接触区域梁段进行了局部网格加密，钢材的应力-应变关系采用弹塑性强化关系，材料屈服准则选用von Mises屈服准则。

主梁第二体系计算分析揭示的是钢箱梁局部受力行为，所以本节将模型的边界条件进行了等效简化处理，模型简化为多点竖向支撑连续梁，两端采用简支边界条件，拉索采用竖向支撑模拟，梁段有限元计算模型如图4-15所示，同时沿研究节段纵向长度L（24 m）方向选取了5个计算截面，即S1~S5，间距分别为$L/4$。

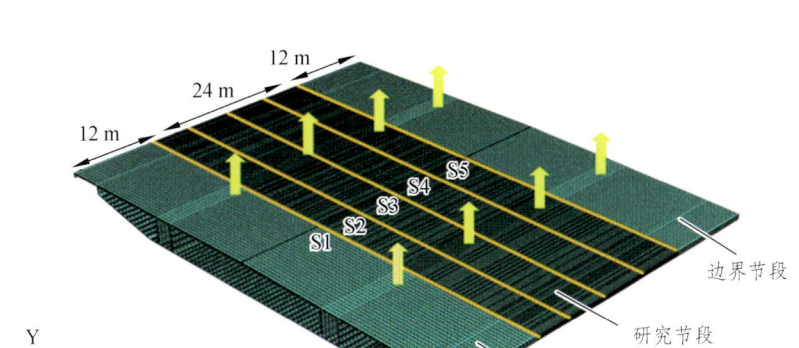

图4-15　梁段有限元计算模型

2. 扭转畸变效应计算思路

宽体箱梁在偏心荷载作用下会产生约束扭转并伴随截面畸变效应，为保证计算结果更接近实际结果，在ABAQUS建模计算分析时，考虑两者的耦合效应，将扭转和畸变引起的纵向正应力作为一项指标计算，即扭转畸变正应力。为研究宽幅钢箱梁偏载下扭转畸变效应，对偏心荷载和总荷载大小不变的对称荷载作用下主梁的抗扭性能进行分析计算，即在控制梁体总荷载大小不变的情况下，可以巧妙地通过对称布载和偏心布载在横截面上产生的正应力差值来计算得到截面偏心荷载作用下的扭转畸变正应力，计算简图如图4-16所示。

模型计算工况加载如图4-17所示，典型偏载计算工况为恒载+单侧人群及非机动车辆荷载+单侧3线公路车辆荷载，正对称荷载工况数值为偏心荷载工况的二分之一，对称布置在梁体两侧。

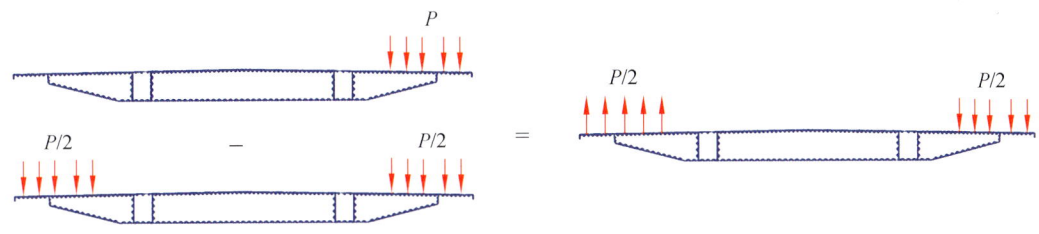

图4-16　梁体扭转畸变正应力计算简图

前面研究了不同移动荷载对宽体箱梁的作用效应，详细对比了不同偏心和对称工况对梁体空间变形形态和应力分布的影响规律，发现梁体在偏心工况4作用下，梁体偏心扭转变形显著，应力水平较高，所以本节研究梁体扭转畸变效应选取该种荷载工况为偏心计算工况，即恒载+单侧人群及非机动车辆荷载+单侧3线公路车辆荷载，正对称荷载工况数值为偏心荷载工况的二分之一，对称布置在梁体两侧，偏心计算工况和正对称计算工况具体布置形式如图4-17所示。

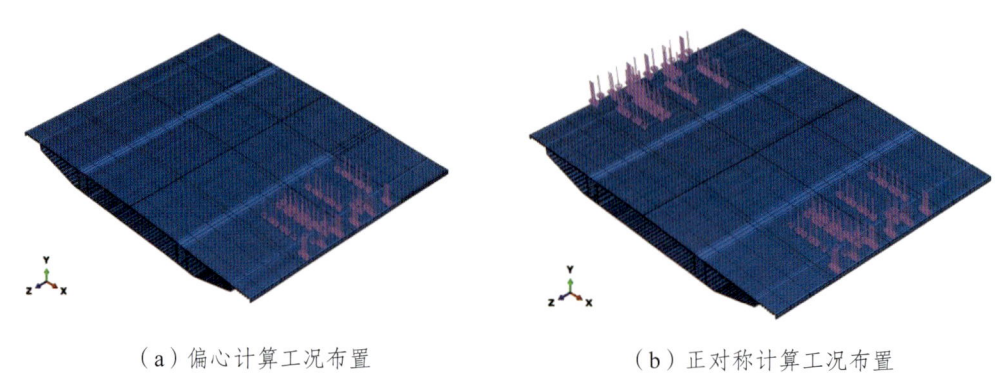

(a) 偏心计算工况布置　　　　　　(b) 正对称计算工况布置

图4-17　计算工况布置示意图

4.3.1　宽幅钢箱梁抗弯性能分析

1. 梁体横向弯曲变形分析

通过对模型施加偏心计算工况和正对称计算工况，计算得到梁体在不同工况下空间变形特征，现提取S2、S3两个计算截面竖向位移变化曲线，并将其与初始恒载状态进行了对比，如图4-18所示。

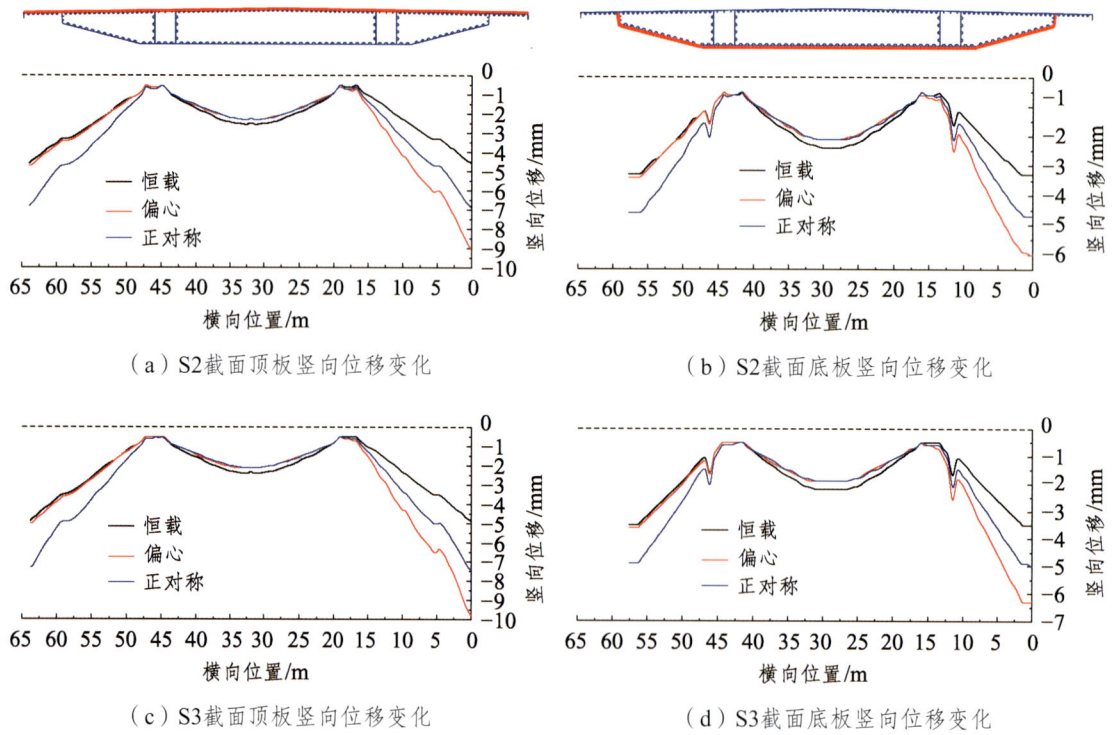

(a) S2截面顶板竖向位移变化　　　　　　(b) S2截面底板竖向位移变化

(c) S3截面顶板竖向位移变化　　　　　　(d) S3截面底板竖向位移变化

图4-18　不同工况组合下主要截面竖向位移变化

由图4-18分析可得，在不同工况荷载作用下，S2和S3两个截面表现了相同的梁体变形规律，且梁体偏心一侧竖向变形与荷载呈线性关系。具体表现为：① 在恒载工况下，梁体变形表现为"M"形,两侧公路箱悬臂段和中间铁路箱简支梁段下挠变形,两侧下挠4.5 mm左右,中部下挠2.5 mm;② 在正对称计算工况下,梁体变形同样表现为"M"形,但梁体变形位移更大,两侧下挠7 mm左右,中部基本保持不变;③ 在偏心计算工况下,梁体明显呈现偏心一侧下挠现象,偏心一侧下挠9 mm左右,而中部则上翘0.5 mm,另外一侧边箱保持不变。

2. 梁体弯曲纵向正应力分布

在对梁体横向弯曲变形特征分析的基础上,对梁体在不同工况下纵向正应力分布状态进行了对比研究,同理提取了不同工况下S2、S3两个横截面纵向正应力分布变化曲线,如图4-19所示。

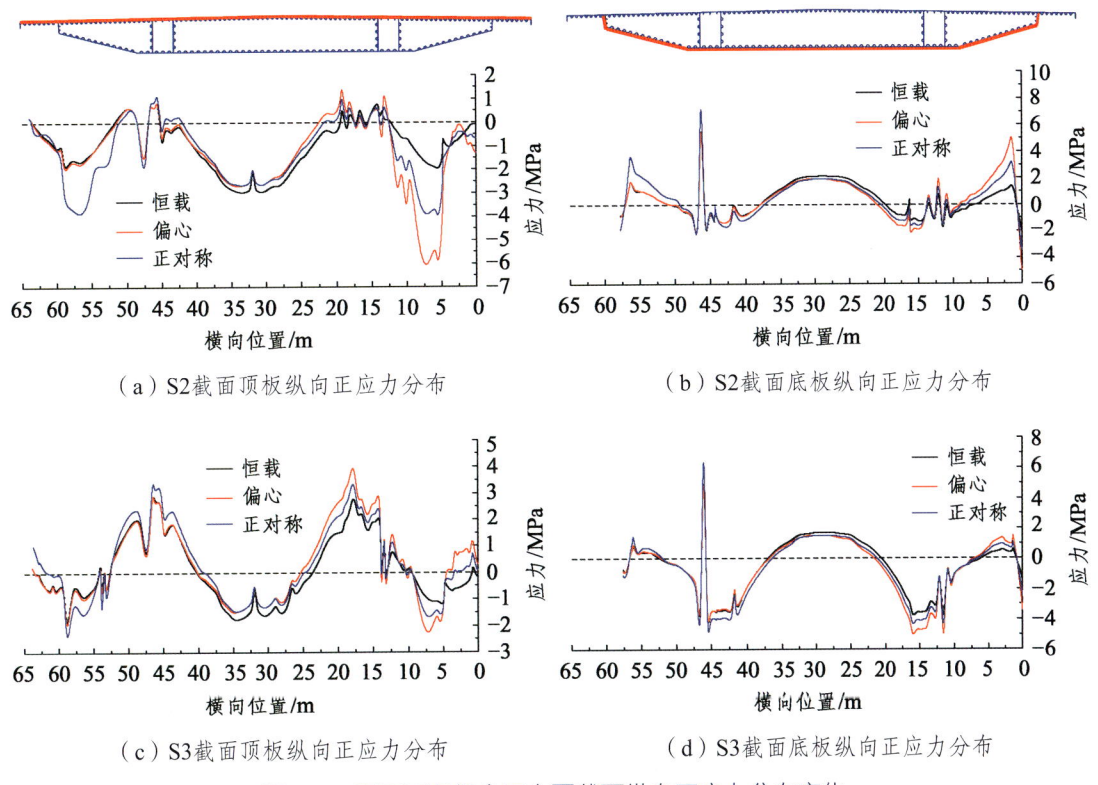

(a) S2截面顶板纵向正应力分布　　(b) S2截面底板纵向正应力分布

(c) S3截面顶板纵向正应力分布　　(d) S3截面底板纵向正应力分布

图4-19　不同工况组合下主要截面纵向正应力分布变化

由图4-19分析可得,不同荷载工况下,S2和S3两个截面表现了相同纵向正应力分布规律,顶板纵向正应力变化幅度较大,底板变化幅度较小,应力分布主要有以下几个特征:① 由于箱梁剪力滞效应存在,梁体顶、底板纵向正应力分布不均匀,沿横截面基本呈现"M"形分布,支撑处应力水平较高,恒载工况和正对称荷载工况下,纵向正应力分布沿中线基本左右对称,梁体两侧边箱正对称荷载工况下施加,使得两侧边箱应力水平提高1倍;② 在偏心计算荷载工况下,偏心一侧箱梁应力增幅明显,在正对称荷载工况基础上增幅50%，而中间箱梁和对侧箱梁，应力基本保持不变，符合前面所述的边箱呈现悬臂梁结构特性。

4.3.2 宽幅钢箱梁抗扭性能分析

1. 梁体扭转畸变效应分析

通过对偏心计算工况和正对称计算工况下的梁体竖向位移变形进行迭加计算差值，得到梁体顶、底板扭转畸变变形和纵向正应力分布计算结果，分别如图4-20、图4-21所示。

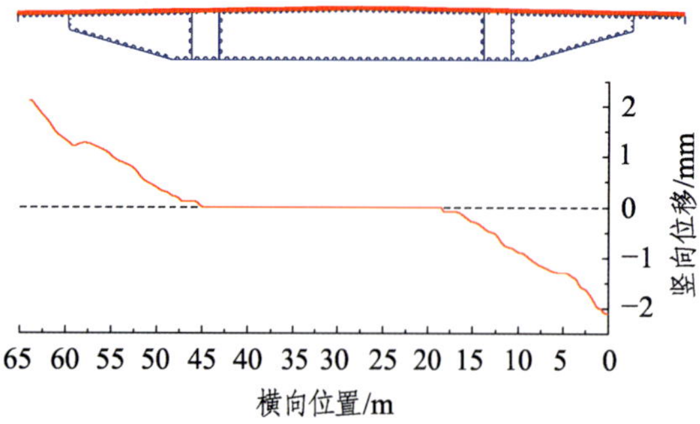

（a）S2截面顶板扭转畸变位移

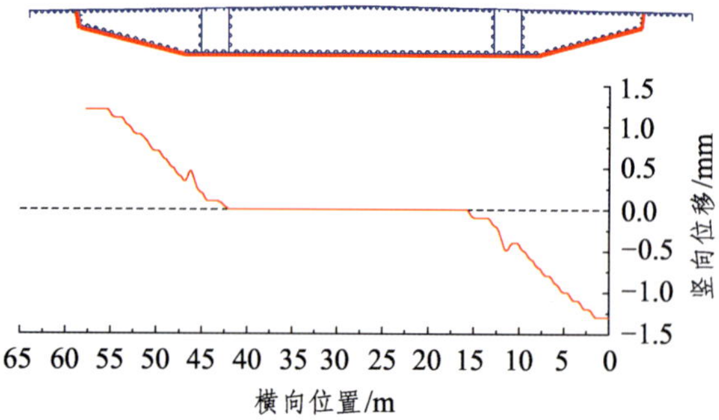

（b）S2截面底板扭转畸变位移

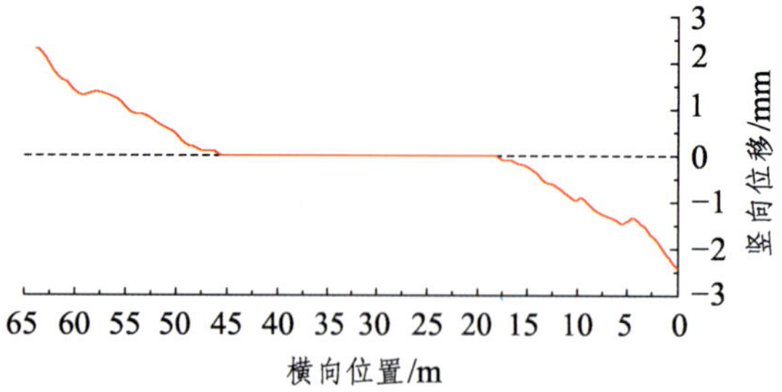

（c）S3截面顶板扭转畸变位移

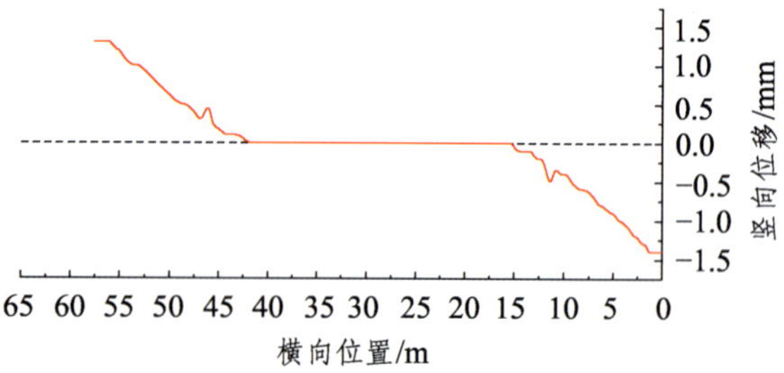

（d）S3截面底板扭转畸变位移

图4-20 主要截面扭转畸变位移变化

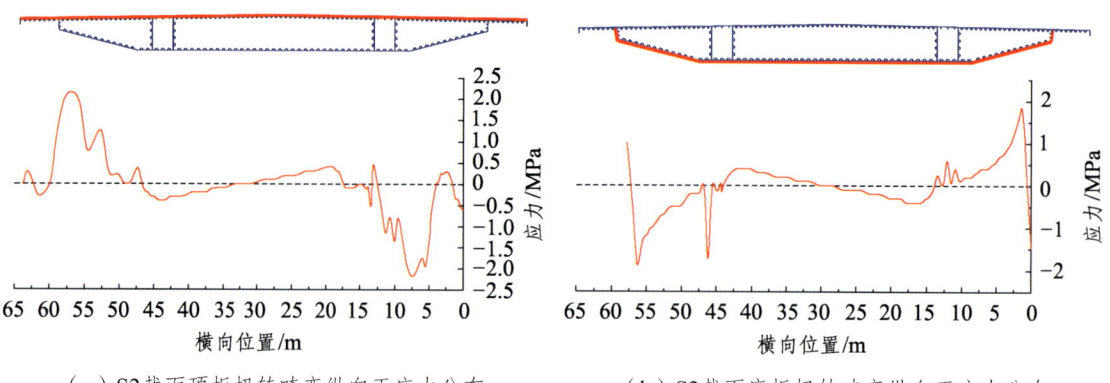

（a）S2截面顶板扭转畸变纵向正应力分布

（b）S2截面底板扭转畸变纵向正应力分布

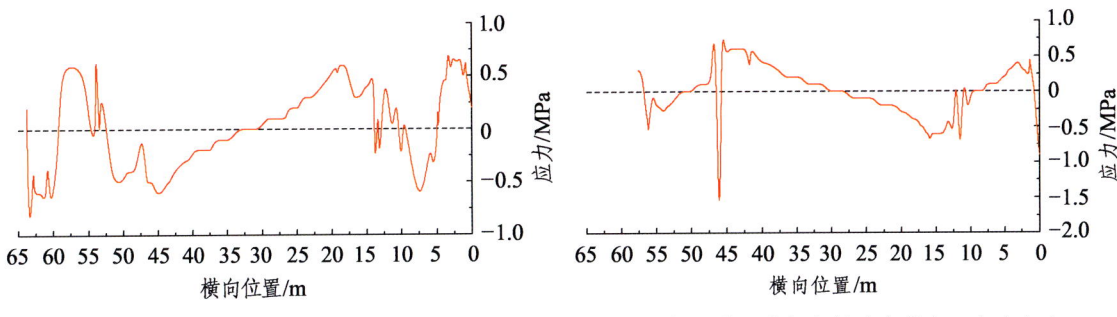

（c）S3截面顶板扭转畸变纵向正应力分布　　　　（d）S3截面底板扭转畸变纵向正应力分布

图4-21　主要截面扭转畸变纵向正应力分布变化

由图4-20分析可得：① 梁体顶、底板竖向变形沿中线呈现反对称分布，梁体偏心一侧下挠2～2.5 mm，反对称一侧上翘2～2.5 mm，S2和S3截面竖向变形不一致，主要原因是车辆荷载前轮和后轮不一样；② 梁体中箱竖向位移基本为0，扭转畸变变形较小。

由图4-21分析可得：① 梁体顶、底板扭转畸变正应力分布同样沿中线呈反对称分布，应力峰值位于荷载作用区域，中部箱梁扭转畸变应力水平较低；② 对比S2和S3截面可以发现，两个截面产生的扭转畸变应力水平不一致，S2截面应力水平较高，应力变化区间为–2.0～2.5 MPa，而S3截面应力变化区间仅为–1.0～1.0 MPa，说明梁体扭转畸变正应力分布与纵向车辆荷载不均匀分布有关。

2. 扭转畸变效应参数化分析

本节重点研究改变箱梁顶板厚度、底板厚度、横隔板厚度及横隔板间距对宽幅箱梁扭转畸变性能影响规律，通过控制变量法，保证荷载边界条件不变，改变上述某一参数，分析其对箱梁截面扭转畸变影响规律。

标准钢箱梁顶、底板厚度设计值t_2分别是16 mm和14 mm，为研究板厚对扭转畸变的影响，在原设计基础上增加2个厚度设计值t_1和t_3，如表4-7所示，计算得到梁体扭转畸变纵向正应力如图4-22所示。

表4-7　顶、底板厚度变化

板件名称	t_1/mm	t_2/mm（原设计值）	t_3
顶板	12	16	20
底板	10	14	18

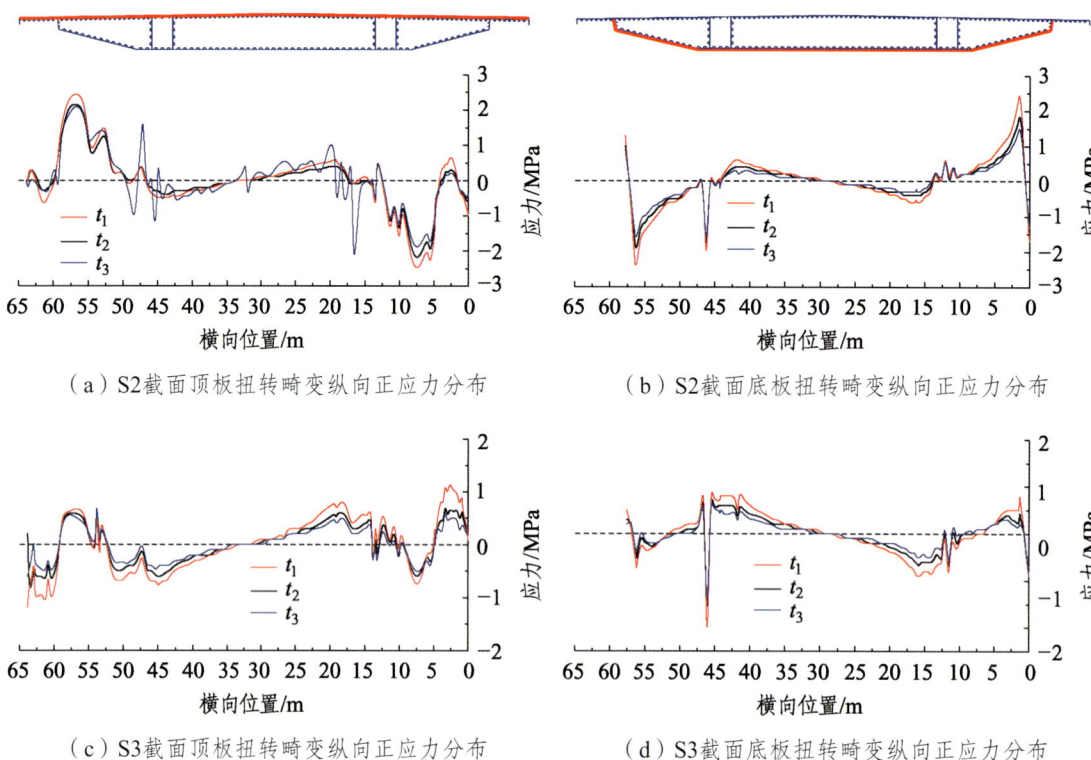

图4-22 主要截面扭转畸变纵向正应力分布变化

由图4-22分析可得：① 顶、底板厚度的变化不改变梁体扭转畸变纵向正应力分布规律，梁体扭转畸变正应力分布同样沿中线呈反对称分布，应力峰值位于荷载作用区域；② 随着顶、底板厚度的增大，箱梁扭转畸变正应力逐渐减小，即顶、底板厚度越薄，扭转畸变效应更明显，同时可以发现，设计厚度t_2相对合理。从S3截面可以看出，由t_1增大到t_2时，扭转畸变纵向正应力降幅明显，约40%（0.5 MPa），当t_2增大到t_3时，扭转畸变纵向正应力仅降幅10%左右。

标准钢箱梁设有横隔板1D和横隔板2D，两种横隔板厚度t_2分别为16 mm和18 mm，为研究板厚对扭转畸变的影响，在原设计基础上增加2个厚度设计值t_1和t_3（见表4-8），计算得到梁体扭转畸变变形和纵向正应力（见图4-23）。

表4-8 横隔板厚度变化

板件名称	t_1/mm	t_2/mm（原设计值）	t_3/mm
横隔板1D	12	16	20
横隔板2D	14	18	22

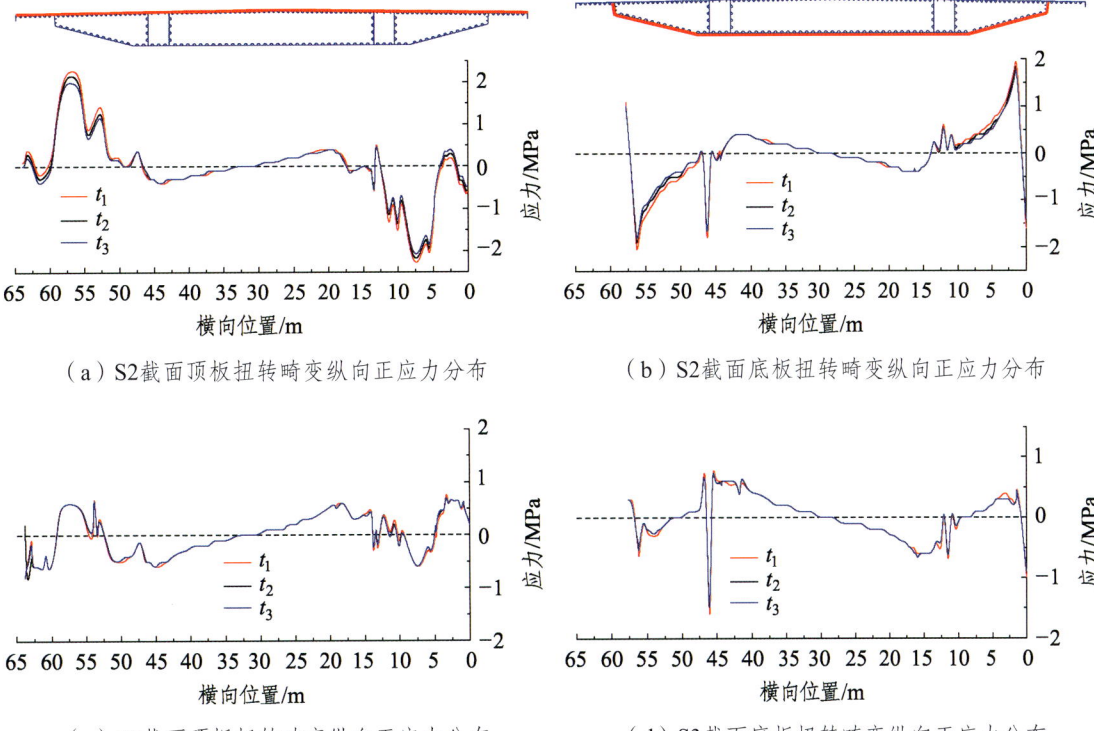

(a) S2截面顶板扭转畸变纵向正应力分布　　(b) S2截面底板扭转畸变纵向正应力分布

(c) S3截面顶板扭转畸变纵向正应力分布　　(d) S3截面底板扭转畸变纵向正应力分布

图4-23　主要截面扭转畸变纵向正应力分布变化

由图4-23分析可得：① 横隔板厚度的变化不改变梁体扭转畸变纵向正应力分布规律，梁体扭转畸变正应力分布同样沿中线呈反对称分布，应力峰值位于荷载作用区域；② 随着横隔板厚度的增大，箱梁扭转畸变正应力逐渐减小，但降幅不明显，t_1、t_2及t_3三条应力分布曲线基本重合。由此可以看出，增大横隔板厚度对减小箱梁扭转畸变性能不显著。

标准钢箱梁节段横隔板间距s_2为4000 mm，为研究横隔板间距对扭转畸变的影响，在原设计基础上增加2个间距s_1和s_3（见表4-9），计算得到梁体扭转畸变纵向正应力分布（见图4-24）。

表4-9　横隔板间距变化

类型	s_1/mm	s_2/mm（原设计值）	s_3/mm
横隔板间距	3000	4000	5000

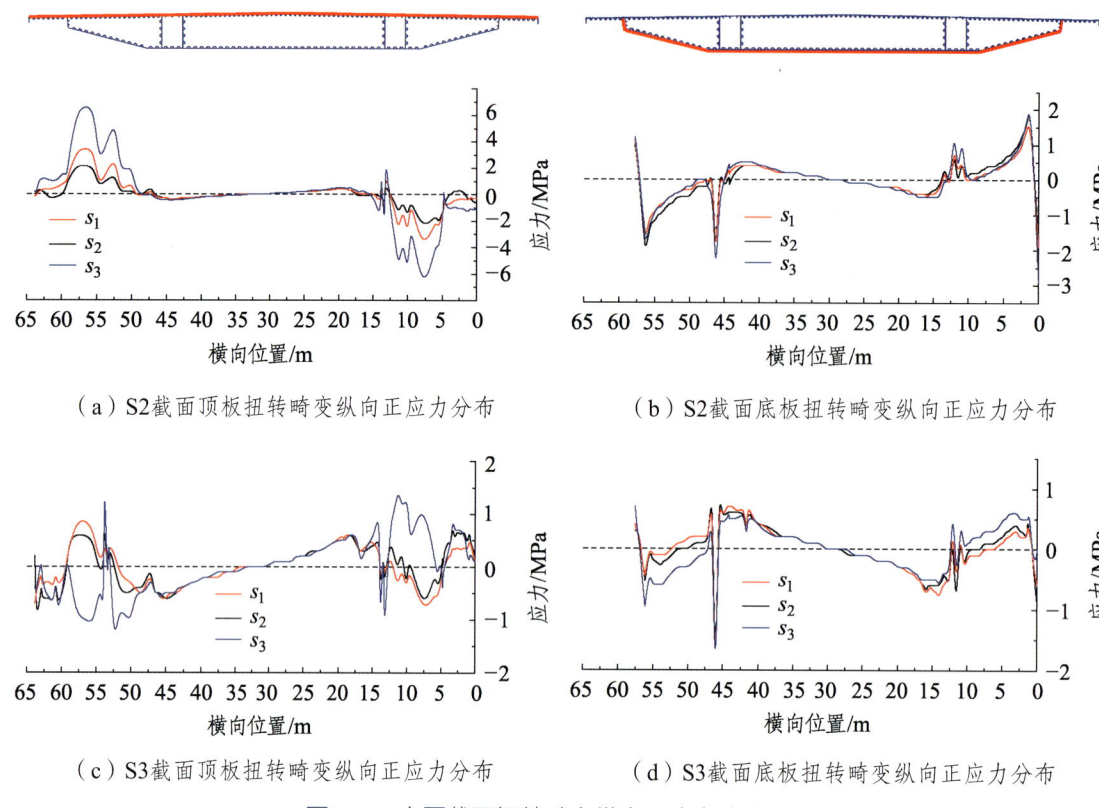

(a) S2截面顶板扭转畸变纵向正应力分布

(b) S2截面底板扭转畸变纵向正应力分布

(c) S3截面顶板扭转畸变纵向正应力分布

(d) S3截面底板扭转畸变纵向正应力分布

图4-24 主要截面扭转畸变纵向正应力分布变化

由图4-24分析可得：① 横隔板间距变化不改变梁体扭转畸变纵向正应力分布规律，梁体扭转畸变正应力分布同样沿中线呈反对称分布，应力峰值位于荷载作用区域，中部箱梁扭转畸变应力水平较低；② 随着横隔板间距的减小，箱梁扭转畸变正应力也随之减小，即横隔板间距越大，扭转畸变效应更明显；③ 横隔板间距由s_1增大到s_2时，扭转畸变纵向正应力增幅20%左右（0.5 MPa），而当横隔板间距由s_2增大到s_3时，s_3扭转畸变应力水平有大幅度提升，增大了1.5倍，如S2截面增大了3 MPa，S3截面增大了2 MPa，同时说明s_2（4000 mm）横隔板间距设计合理，梁体扭转畸变效应较小。

4.4 宽幅钢箱梁局部稳定及极限承载力

4.4.1 加劲板稳定概述

临港长江大桥结构形式采用双索面钢箱梁斜拉桥，其主梁结构采用一般扁平钢箱梁结构形式。在恒载作用下，斜拉桥主梁的弯矩通过索力调整可控制得很小，主梁由受弯为主变为受压为主，由于斜拉索对主梁的多点弹性支撑作用，主梁的长细比可以小到箱梁的屈曲由加劲板件的屈曲荷载控制。这时，屈曲荷载与主梁的长细比无关，分析箱梁的抗压承载力可以取较小的箱梁节段（这里把两个横隔板间的箱梁段称为一个节段，区别于设计节段）来分析。主梁在较大的压力和较小的弯矩作用下，顶板受压，底板受压或受拉，可以按受压状态分析承载力。

图4-25为临港长江大桥主梁截面，抗压承载力计算时，加劲板长度和宽度的取值根据板件的破坏模态来确定。由于横隔板的面内抗弯刚度远远大于加劲顶、底及腹板的面外抗弯刚度，通常顶底板和腹板压屈破坏时会在横隔板处形成波节，因此，加劲板长度取值近似等于箱梁横隔板间距。同样，纵隔板和腹板的面内抗弯刚度远远大于加劲顶、底板的面外抗弯刚度，加劲板横向屈曲会在纵隔板形成波节，加劲板宽度取值为纵向隔板间距或纵向隔板与外腹板间距。因此，整个箱梁断面可以看成由10块加劲板组成，如图4-26所示。由于纵隔板和横隔板的腹板较薄，对顶底板和腹板转动约束较小，综合考虑加劲板横向边界条件影响，加劲板通常按4边简支边界条件考虑。

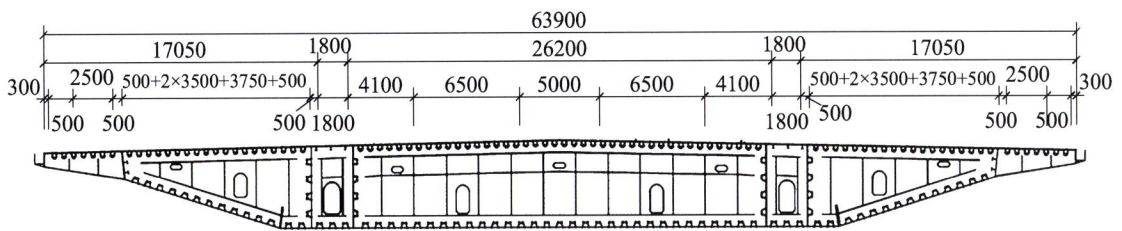

图4-25 临港长江大桥的钢箱主梁横断面（长度单位：mm）

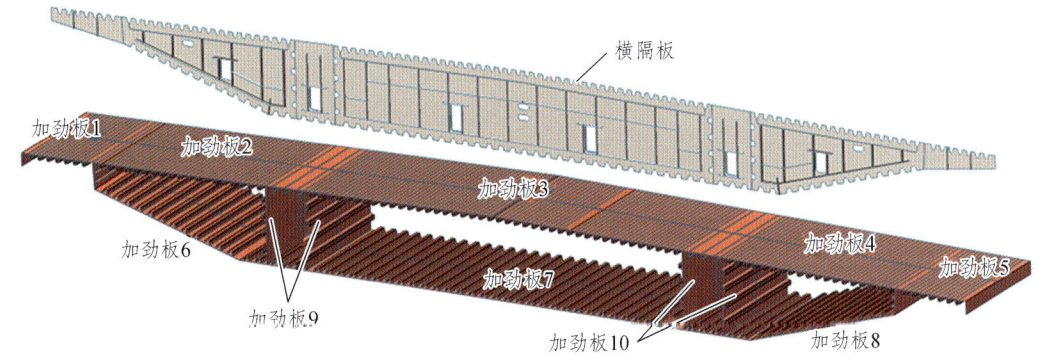

图4-26 箱梁断面加劲板划分示意

基于上述理论，接下来将借助ABAQUS有限元软件，对扁平钢箱梁局部加劲板件进行建模分析，进一步对加劲板横桥向简化和顺桥向简化进行研究，得出加劲板板件合理长度和宽度。

1. 横桥向简化分析

对于扁平钢箱梁，可以把顶底板视为由横隔板和腹板支撑的4边简支加劲板。加劲板的长度 a 和宽度 b 分别近似等于扁平钢箱梁横隔板间距和有效支撑的腹板间距，同时由于一般钢箱梁腹板间距与横隔板间距相比较大，也就是4边简支加劲板的长宽比较小，受力破坏模式趋于柱式破坏，这样可以将4边简支加劲板进一步简化为局部加劲板进行计算分析，以加劲板4为例进行验证分析，分别选取加劲板全宽、5个U肋宽度、3个U肋宽度等3种不同加劲板宽度进行有限元计算分析，加劲板宽度变化如表4-10所示。

表4-10　加劲板宽度变化　　　　　　　　　　　　　　单位：mm

加劲板类型	全宽	5肋	3肋
加劲板宽度b	11752	3000	1800
加劲板长度a	4000		

为保证有限元建模和分析精度，进行了收敛性和网格细化研究，典型的有限元模型如图4-27所示。模型边界条件为4边简支，轴向受压荷载以均布荷载形式施加在模型横截面处，钢材的应力-应变关系采用理想弹塑性本构关系，杨氏弹性模量和泊松比分别为206 GPa和0.3，材料屈服准则选用von Mises屈服准则。

（a）全宽加劲板计算模型　　（b）5个U肋加劲板计算模型　　（c）3个U肋加劲板计算模型

图4-27　U肋加劲板横桥向简化计算模型

针对上述3个有限元模型进行弹性稳定分析，得出其屈曲破坏模态及弹性稳定临界屈曲应力如表4-11所示，由此分析加劲板宽度b变化对其弹性稳定的影响规律。

表4-11　加劲板弹性稳定屈曲临界应力

加劲板类型	全宽	5肋	3肋
加劲板宽度b/mm	11752	3000	1800
加劲板长度a/mm	4000		
弹性屈曲临界应力/MPa	967	965	965
弹性屈曲破坏形式	U肋局部屈曲		

经过上述横桥向弹性稳定屈曲简化计算分析可知，加劲板4的弹性稳定可简化成局部板件弹性稳定分析，其弹性稳定屈曲临界应力及屈曲模态基本不随加劲板宽度的增大而变化，验证了本节加劲板受力特性横向简化理论。

2. 纵桥向简化分析

以横隔板间距为划分标准，选取加劲板10为研究对象，分别进行1、2、3倍横隔板间距长度的加劲板弹性稳定及非线性稳定分析，掌握加劲板长度变化对其稳定性影响规律，进而得出加劲板合理长度尺寸，加劲板顺桥向简化尺寸如表4-12所示。

表4-12　加劲板顺桥向简化尺寸　　　　　　　　　　　单位：mm

腹板厚度	U肋厚度	加劲板宽度	加劲板长度
20	8	4675	4000
			8000
			12000

为保证有限元建模和分析精度，同样对模型进行了收敛性和网格细化研究，模型边界条件为4边简支，且在横隔板截面处约束面外位移DZ，模拟横隔板对曲线加劲板面外约束作用。轴向受压荷载以均布荷载形式施加在模型横截面处，钢材的应力-应变关系采用理想弹塑性本构关系，杨氏弹性模量和泊松比分别为206 GPa和0.3，材料屈服准则选用von Mises屈服准则，有限元模型如图4-28所示，计算结果如表4-13所示。

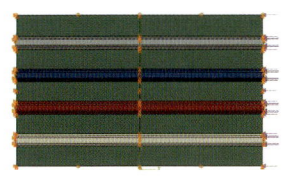

（a）1.0倍横隔板间距　　（b）2.0倍横隔板间距　　（c）3.0倍横隔板间距

图4-28　U肋加劲板纵桥向简化计算模型

表4-13　加劲板10弹性稳定屈曲临界应力

腹板厚度/mm	U肋厚度/mm	加劲板宽度/mm	加劲板长度/mm	弹性屈曲临界应力/MPa	弹性屈曲破坏形式
20	8	4675	4000	1043	U肋局部屈曲
			8000	1040	U肋局部屈曲
			12000	1040	U肋局部屈曲

经过上述纵桥向弹性稳定屈曲简化计算分析可知，加劲板10的长度可简化成单倍横隔板长度进行弹性稳定分析，加劲板10的弹性稳定屈曲临界应力及屈曲模态基本不随加劲板长度的增大而变化，验证了本节加劲板受力特性顺桥向简化理论。

4.4.2 复杂应力下加劲板弹性稳定

扁平钢箱梁由不同类型的加劲板组成，包含了正交异性钢桥面、中腹板、平底板、斜底板等。在各种组合荷载作用下，扁平钢箱梁组成板件处于复杂的三维受力状态，钢箱梁复杂应力状态下典型加劲板稳定承载力值得关注研究。

结合加劲板空间应力分布特征及加劲板受力特性分析可知，加劲板4在宽体箱梁双向弯曲状态下处于顺桥向受压、横桥向受拉的拉压耦合复杂应力状态下，加劲板7处于顺桥向受压、横桥向受压的双向受压应力状态下，两者均不属于一般单向受压状态下板件，特别是轴向压力较大的桥塔处梁段，该处梁段的局部板件的稳定性问题值得关注研究。因此选取加劲板4，分别研究轴向压力状态、拉压耦合状态及双向受压状态下加劲板受压弹性稳定性，进而厘清加劲板件处于复杂应力状态下弹性稳定性变化规律。

1. 轴压状态下加劲板弹性稳定

借助ABAQUS有限元软件建立3肋加劲板件有限元模型，同样采用4节点的S4R壳单元进行模拟，模型边界条件为4边简支，轴向受压荷载以均布荷载形式施加在模型横截面处，钢材的应力-应变关系采用理想弹塑性本构关系，杨氏弹性模量和泊松比分别为206 GPa和0.3，材料屈服准则选用von Mises屈服准则，加劲板件有限元模型如图4-29所示。

对上述模型利用子空间Subspace求解方法，计算其弹性稳定屈曲特征值，进而计算出其弹性稳定临界屈曲应力及弹性稳定屈曲模态，如图4-29所示。

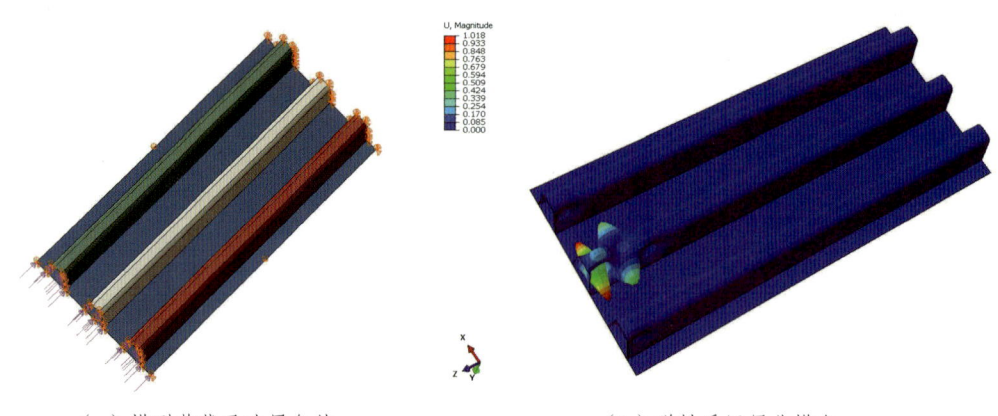

（a）模型荷载及边界条件　　　　（b）弹性受压屈曲模态

图4-29　轴压状态下U肋加劲板弹性稳定计算

经过计算可知，加劲板在单向受压状态表现为U肋局部屈曲，弹性屈曲临界应力为965 MPa，远大于材料屈服强度370 MPa，说明加劲板不会先于材料屈服而发生失稳破坏。

2. 拉压耦合状态下加劲板弹性稳定

借助ABAQUS有限元软件建立拉压耦合3肋加劲板件有限元模型，模型边界条件为4边简支，顺桥向压力和横桥向拉力荷载以均布荷载形式施加在模型2个加载端面上，加劲板件有限元模型如图4-30所示。

计算其弹性稳定屈曲特征值，进而计算出其弹性稳定临界屈曲应力及弹性稳定屈曲模态，如图4-30所示。

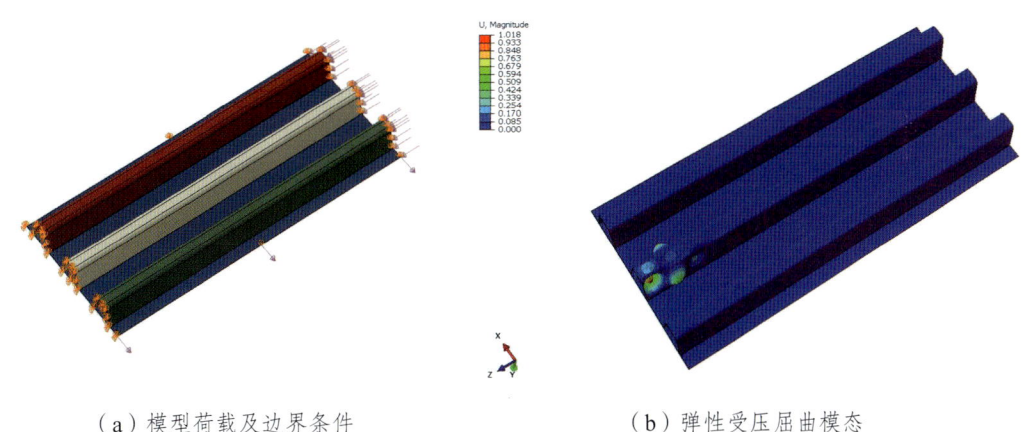

(a) 模型荷载及边界条件　　　　(b) 弹性受压屈曲模态

图4-30　拉压耦合状态下U肋加劲板弹性稳定计算

经过计算可知，加劲板在拉压耦合状态，弹性屈曲临界应力为967.5 MPa，远大于材料屈服强度370 MPa，说明加劲板在拉压耦合受力状态下基本不会影响弹性稳定性，屈曲破坏模态保持不变，加载端U肋局部屈曲。

3. 双轴受压状态下加劲板弹性稳定

借助ABAQUS有限元软件建立双向受压3肋加劲板件有限元模型，模型边界条件为4边简支，顺桥向和横桥向压力荷载以均布荷载形式施加在模型2个加载端面上，加劲板件有限元模型如图4-31所示。

计算其弹性稳定屈曲特征值，进而计算出其弹性稳定临界屈曲应力及弹性稳定屈曲模态，如图4-31所示。

经过计算可知，加劲板在双向受压状态表现为U肋间母板面外失稳屈曲，弹性屈曲临界应力为305 MPa，略小于材料屈服强度370 MPa，说明加劲板在双向受压状态下其受压稳定性会降低，屈曲破坏模态发生改变。

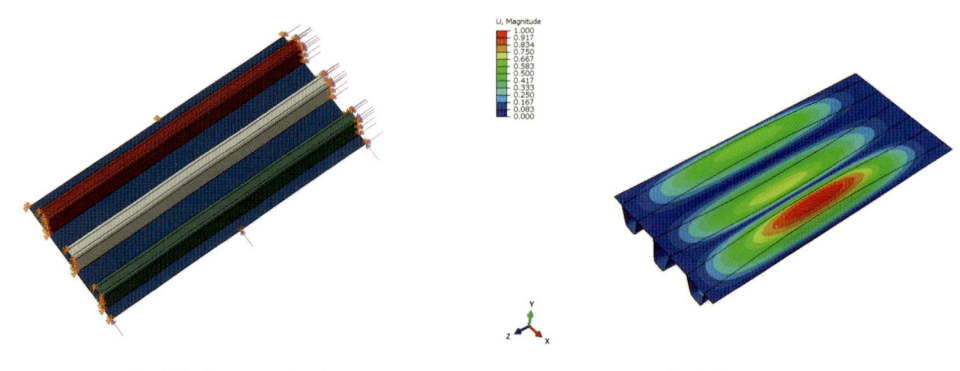

（a）模型荷载及边界条件　　　　　（b）弹性受压屈曲模态

图4-31　双轴受压状态下U肋加劲板弹性稳定计算

4.4.3 复杂应力下加劲板极限承载力

加劲板弹性稳定分析是以特征值为研究对象，特征值是理想线弹性结构的理论屈曲强度，其采用和压杆失稳法一样的基于近似线弹性理论的失稳分析法，而针对加劲板件进行非线性稳定分析，是考虑几何、材料和边界条件等非线性行为，同时考虑加劲板件初始弯曲、残余应力等各种初始缺陷，进而研究板件稳定承载力及破坏模态。

本节针对加劲板件进行极限承载力分析是通过考虑几何非线性和初始几何缺陷计算其稳定极限承载力来实现的，将加劲板特征值屈曲的第一阶屈曲模态作为其初始几何缺陷进行施加。

1. 轴压状态下加劲板极限承载力

借助ABAQUS有限元软件建立3肋加劲板件有限元模型，模型边界条件为4边简支，通过在加载端截面施加强制轴向位移，可得出其荷载-位移曲线来确定加劲板件稳定极限承载力及最终破坏模态。

经过计算可得轴向压力荷载作用下加劲板荷载-位移曲线和破坏模态，如图4-32所示。

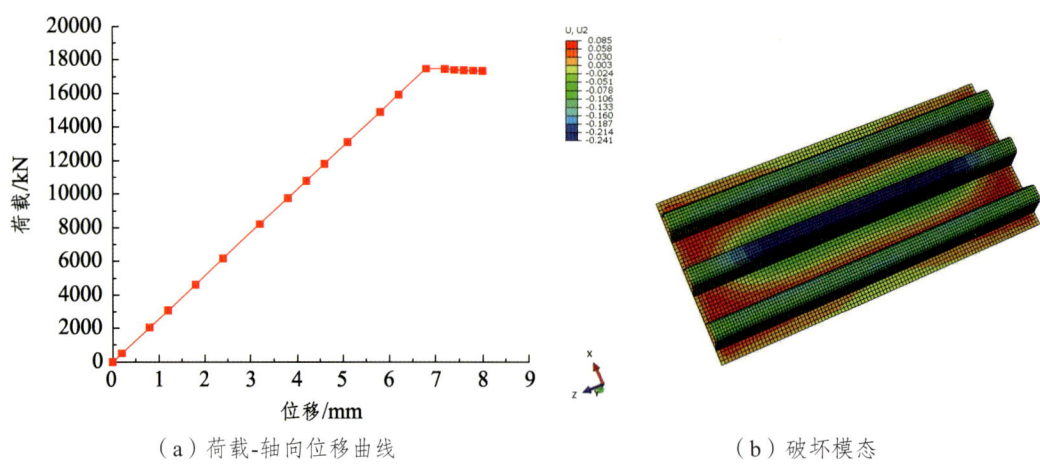

（a）荷载-轴向位移曲线　　　　　（b）破坏模态

图4-32　轴压状态下加劲板极限承载力及破坏模态

由上述图表分析可得，加劲板单向受压的极限承载力基本为17474 kN，基本达到材料屈服荷载，破坏模态为加劲板中部整体挠曲变形。

2. 拉压耦合状态下加劲板极限承载力

结合加劲板空间应力分布研究可知，加劲板处于拉压耦合状态的顺桥向压应力和横桥向拉应力在一定范围内不尽相同。因此本节研究加劲板横向承受0.2倍屈服拉应力（69 MPa）、0.3倍屈服拉应力（103.5 MPa）及0.4倍屈服拉应力（138 MPa）时，加劲板受压稳定性影响规律变化，探明加劲板件处于拉压耦合状态下稳定承载力数值变化及破坏模态变化。

经过计算可得加劲板处于不同拉压耦合状态下荷载-位移曲线和破坏模态，如图4-33所示。

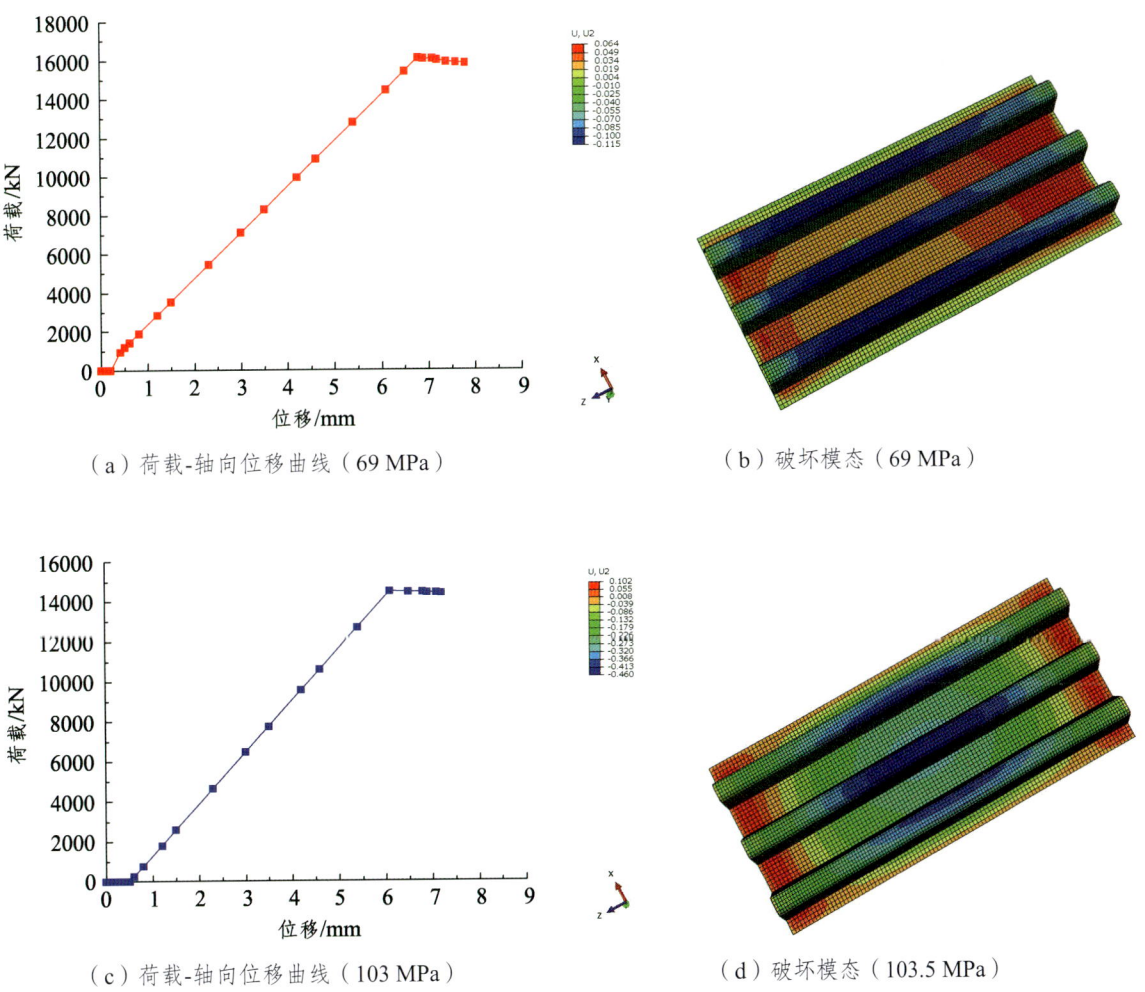

（a）荷载-轴向位移曲线（69 MPa）　　　　（b）破坏模态（69 MPa）

（c）荷载-轴向位移曲线（103 MPa）　　　　（d）破坏模态（103.5 MPa）

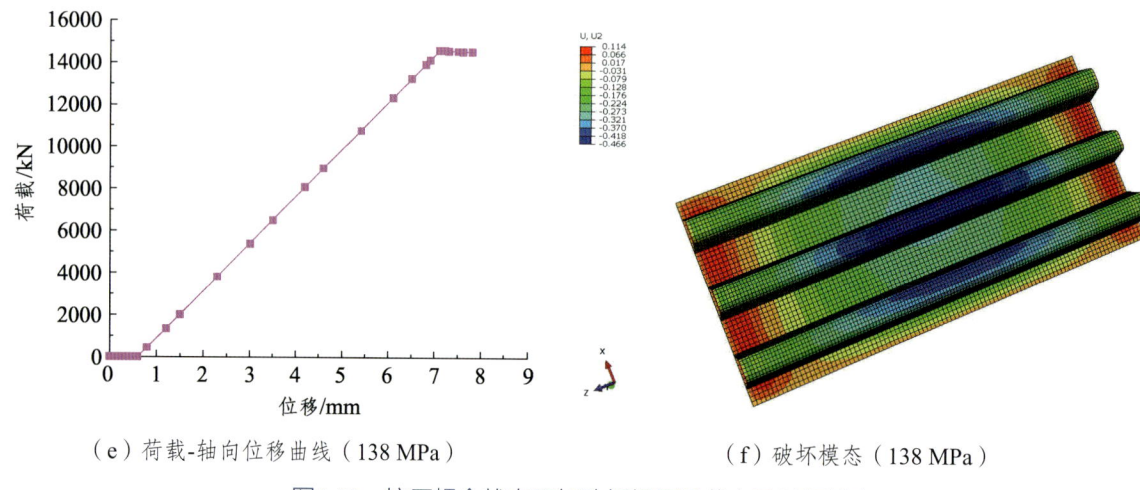

（e）荷载-轴向位移曲线（138 MPa） （f）破坏模态（138 MPa）

图4-33 拉压耦合状态下加劲板极限承载力及破坏模态

由图4-33分析可知，加劲板随着横向拉应力不断增大，受压的极限承载力呈下降趋势，从17474 kN下降到14576 kN，下降了16%左右，说明加劲板横向拉应力的施加会减小加劲板的承载力，模型破坏模态基本保持不变，表现为板件整体挠曲变形。

3. 双轴受压状态下加劲板极限承载力

通过对加劲板空间应力分布研究可知，加劲板处于双向受压状态的顺桥向和横桥向压应力在一定范围内变化，主要表现在不同梁段，加劲板4双压应力均有不同。因此本节研究加劲板横向承受0.2倍屈服应力（69 MPa）、0.3倍屈服应力（103.5 MPa）及0.4倍屈服应力（138 MPa）时，加劲板受压稳定性影响规律变化，探明加劲板件处于双向受压状态下稳定承载力数值变化及破坏模态变化。

经过计算可得加劲板处于不同双轴受压状态下荷载-位移曲线和破坏模态，如图4-34所示。

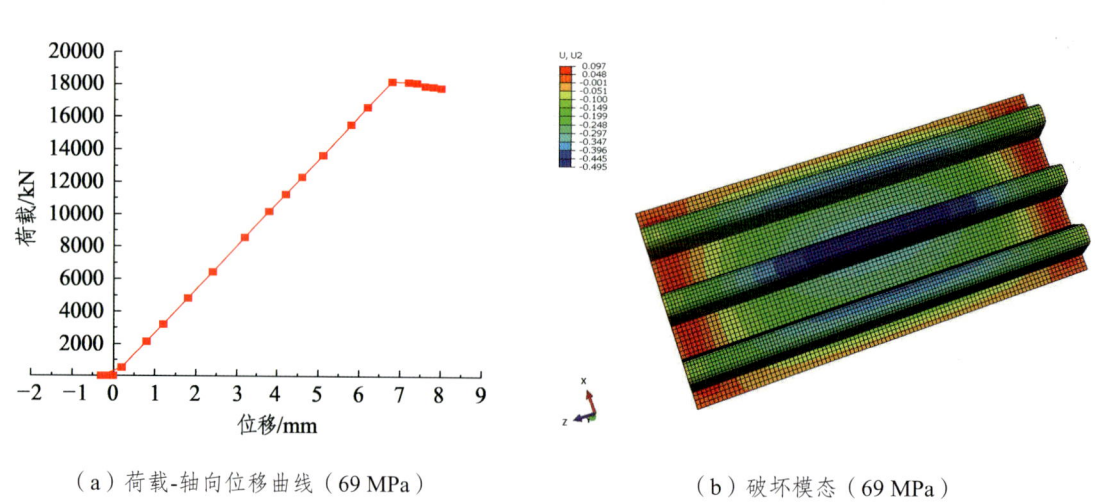

（a）荷载-轴向位移曲线（69 MPa） （b）破坏模态（69 MPa）

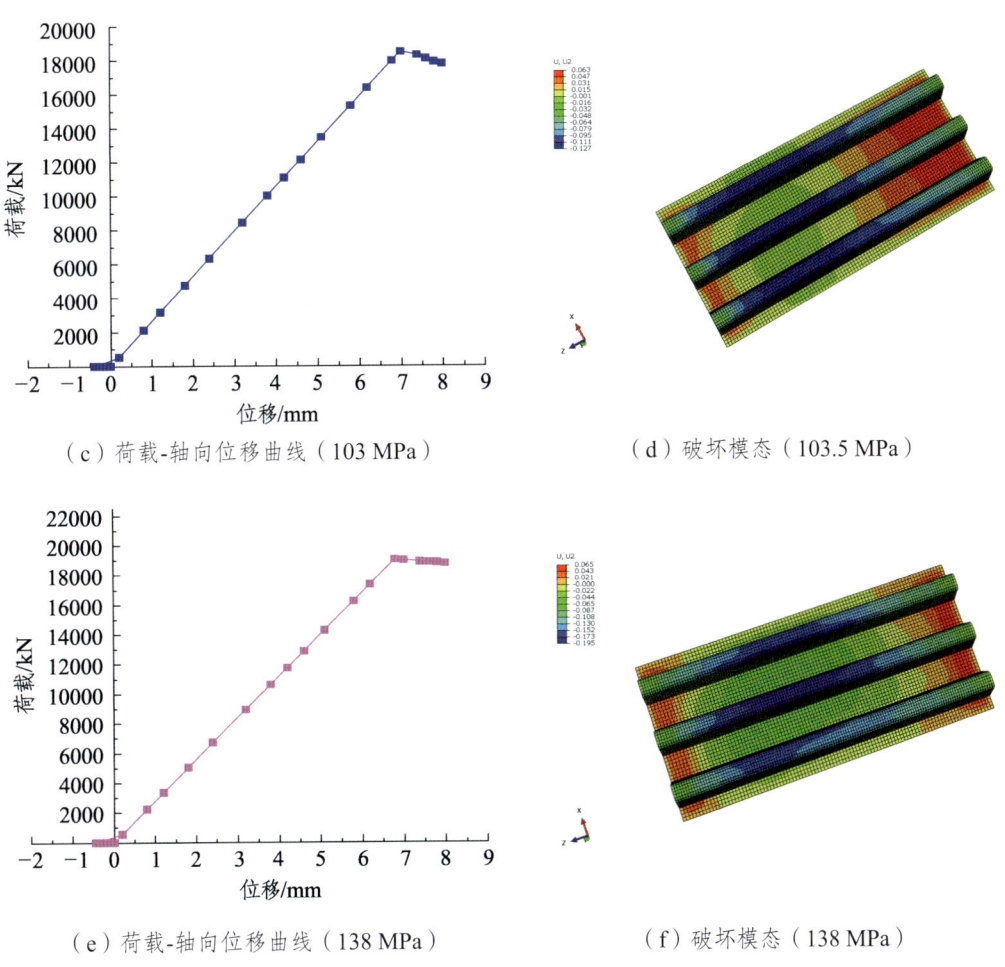

(c) 荷载-轴向位移曲线（103 MPa）　　　（d）破坏模态（103.5 MPa）

(e) 荷载-轴向位移曲线（138 MPa）　　　（f）破坏模态（138 MPa）

图4-34　双压状态下加劲板极限承载力及破坏模态

由图4-34分析可知，加劲板随着横向压应力不断增大，受压的极限承载力呈上升趋势，从17474 kN上升到19051 kN，增大了10%左右，说明加劲板横向压应力的施加会增大加劲板的承载力，模型破坏模态基本保持不变，表现为板件整体挠曲变形。

4.5　本章小结

本章以临港长江大桥为研究对象，对宽幅箱梁双向弯曲效应、弯扭耦合效应、宽幅箱梁局部稳定及加劲板极限承载力进行了分析计算，主要研究结论如下：

（1）主梁纵向剪力滞效应以辅助墩附近梁段最大，中跨跨中其次，桥塔附近梁段最小，但局部受支座影响有突变。辅助墩梁段顶板的剪力滞系数变化范围为0.6~1.8，底板的剪力滞系数变化范围为0.6~1.15；中跨跨中梁段顶板的剪力滞系数变化范围为0.6~1.6，底板的剪力滞系数变化范围为0.4~1.2；桥塔处梁顶板的剪力滞系数变化范围为

0.2~1.2，底板的剪力滞系数变化范围为0.85~1.1。

（2）在保证稳定性与防止畸变的情况下，增大横隔板间距能够改善横截面上的应力分布，使应力分布更加均匀。增大斜拉索索距，顶板的纵向剪力滞系数会不断的增大，而底板的纵向剪力滞系数会不断的减小，因此选择合适的斜拉索索距，可以比较好地控制顶底板的纵向剪力滞效应。

（3）增大横隔板间距，主梁纵向截面横向剪力滞系数呈增大的趋势，可以选择适合的横隔板间距控制主梁横向正应力水平，同时发现增大斜拉索索距对主梁横向剪力滞系数影响不明显，由此可知主梁横向剪力滞系数主要与横隔板间距相关。

（4）成桥状态下，钢箱梁受偏载作用，截面顶、底板产生扭转畸变正应力均以中心呈反对称分布，梁体明显呈现偏心一侧下挠现象，偏心一侧下挠9 mm左右，而中部则上翘0.5 mm，另外一侧边箱保持不变，最大扭转畸变正应力基本都位于荷载作用边箱位置，中部箱梁扭转畸变应力水平较低，增大顶板厚度、底板厚度和减小横隔板间距可以有效改善箱梁扭转畸变效应，而改变横隔板厚度对扭转畸变效应影响较小。

（5）加劲板在轴压状态表现为U肋局部屈曲，弹性屈曲临界应力为965 MPa，在双向受压状态下表现为U肋间母板面外失稳屈曲，弹性屈曲临界应力为305 MPa，在拉压耦合状态下，弹性屈曲临界应力为967.5 MPa，屈曲形式为加载端U肋局部屈曲。由此说明，加劲板处于轴压、拉压耦合及双轴受压等复杂应力状态下表现的受压弹性稳定是不同的，屈曲破坏模式也不同。

（6）在对加劲板复杂应力状态下受压弹性稳定分析基础上，进一步开展加劲板受压极限承载力分析，加劲板单向受压的极限承载力基本为17474 kN，基本达到材料屈服荷载，破坏模态为加劲板中部整体挠曲变形。对加劲板进行双向受压状态受压稳定研究时发现，加劲板随着横向压应力不断增大，受压的极限承载力呈上升趋势，从17474 kN上升到19051 kN，增大了10%左右，模型破坏模态基本保持不变。对加劲板进行拉压耦合状态受压稳定研究时发现，加劲板随着横向拉应力不断增大，受压的极限承载力呈下降趋势，从17474 kN下降到14576 kN，下降了16%左右，模型破坏模态基本保持不变。由此说明，加劲板处于轴压、拉压耦合及双轴受压等复杂应力状态下表现的受压极限承载力是不同的，屈曲破坏模式也不同。

参考文献：

[1] 赵秋，吴冲. 钢桥[M]. 北京：人民交通出版社，2017.

[2] 顾安邦，向中富. 桥梁工程（上册）[M]. 北京：人民交通出版社，2017.

[3] 项海帆. 高等桥梁结构理论[M]. 北京：人民交通出版社，2001.

[4] 彭大文，王忠. 连续弯箱梁剪滞效应分析和实用计算法研究[J]. 中国公路学报，1998（3）：43-51.

[5] 狄谨，周绪红，张茜. 预应力混凝土波纹钢腹板组合箱梁受力性能研究[J]. 中外公路，2007，27（3）：79-83.

[6] 陈智俊，金文成. 独塔单索面斜拉桥施工中的主梁扭转问题[J]. 公路交通科技，2008（6）：117-119.

[7] 颜海. 大跨度斜拉桥扁平钢箱梁整体-局部相关稳定问题研究[D]. 上海：同济大学，2003.

[8] 赵秋. 钢桥U肋加劲板焊接残余应力与受压稳定[M]. 北京：人民交通出版社，2017.

[9] 吴冲. 千米级斜拉桥扁平钢箱梁受力性能与设计理论研究[R]. 上海：同济大学，2006.

第5章 索梁锚固区结构行为

5.1 概　述

5.1.1 研究意义

临港长江大桥索梁锚固结构采用新型的双拉索钢锚箱，该钢锚箱与参与整体受力的两侧纵向腹板连接，使得该索梁锚固区结构受力、变形性能、荷载传递机理更为复杂。此外，索梁端锚固构造承受着巨大的静力荷载和动力荷载，其安全性和耐久性是斜拉桥控制设计的关键部位。现有的规范资料缺乏明确的设计依据，为确保桥梁的安全，有必要进行斜拉索主梁锚固区双拉索钢锚箱结构行为和模型试验研究，并结合国内外其他试验研究的成果，探索斜拉索索梁锚固区的应力分布规律和传力途径，完善、优化细节构造，确保钢锚箱结构的安全性、可靠性及耐久性。

5.1.2 研究内容

以临港长江大桥为工程背景，针对斜拉索主梁锚固区结构行为、索梁锚固区结构静力模型试验开展研究，其具体研究内容如下：

1. 全桥受力分析及索梁锚固区结构受力特性研究

对临港长江大桥进行全桥受力分析，分析大桥在各施工阶段和成桥运营阶段的空间受力情况，确定各阶段受力最不利的索梁锚固区位置。利用ABAQUS有限元软件建立最不利索梁锚固区段的三维空间实体单元模型，对模型进行受力分析，研究索梁锚固区结构行为和传力机理，同时确定荷载传递规律及承载能力，验证索-梁锚固区结构设计的安全性及可靠性。

2. 双拉索钢锚箱结构缩尺静力试验

对索梁的双拉索钢锚箱结构进行缩尺静力试验研究，通过对比最不利受力梁段及钢锚箱的整体分析与局部梁段和钢锚箱的受力分析，确定用于静载试验的缩尺模型；制订试验加载方案，试验测点布置，以及对静力试验研究测试结果进行分析；通过有限元分析验证静力试验结果的真实可靠性。

3. 双拉索钢锚箱关键受力构件参数分析及结构优化设计

针对该新型钢锚箱结构形式进行关键受力构件的参数分析及结构的优化设计，主要研究关键受力构件不同参数取值对结构受力的影响，依据研究结果，对该新型钢锚箱结构进行优化分析，提出优化设计方案。

5.2 主梁锚固区模型试验方案设计

5.2.1 尺寸设计

综合考虑试验设备的加载能力以及试验结果的可靠性,试验缩尺比例采用1∶3,缩尺模型设计图纸如图5-1~图5-4所示,钢锚箱三维模型如图5-5所示,锚箱缩尺模型如图5-6所示。

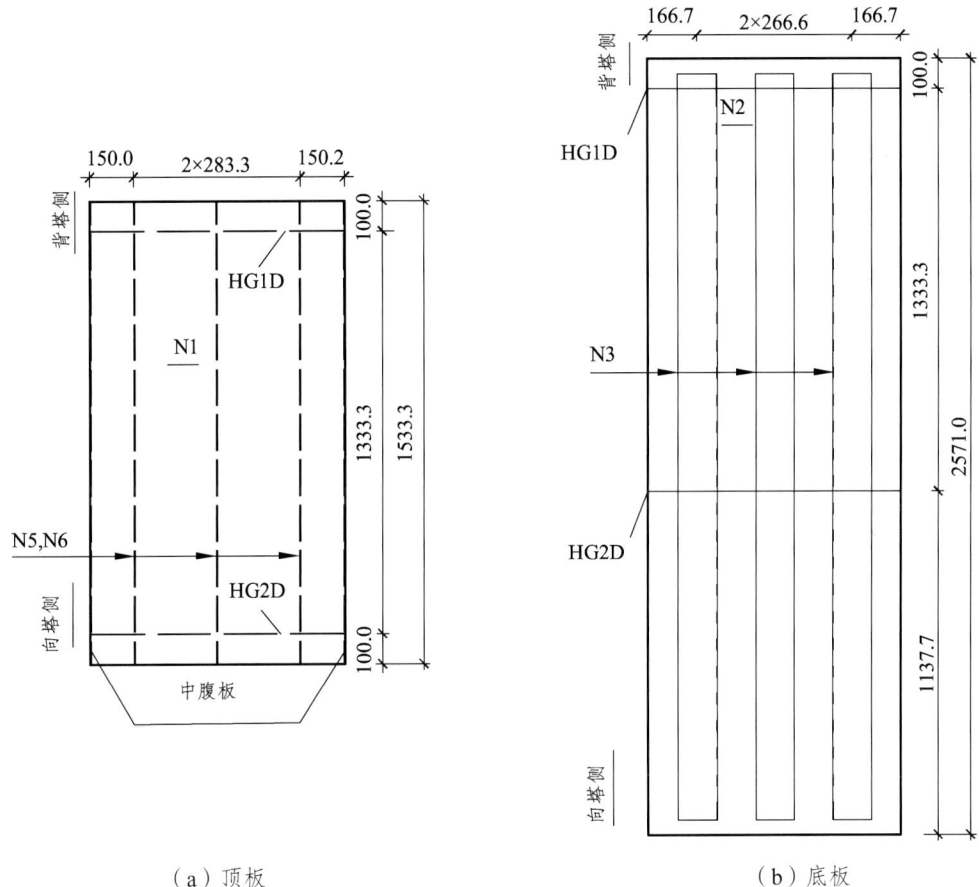

(a)顶板　　　　　　　　　　　(b)底板

图5-1　钢锚箱梁端顶板、底板1∶3缩尺模型平面图

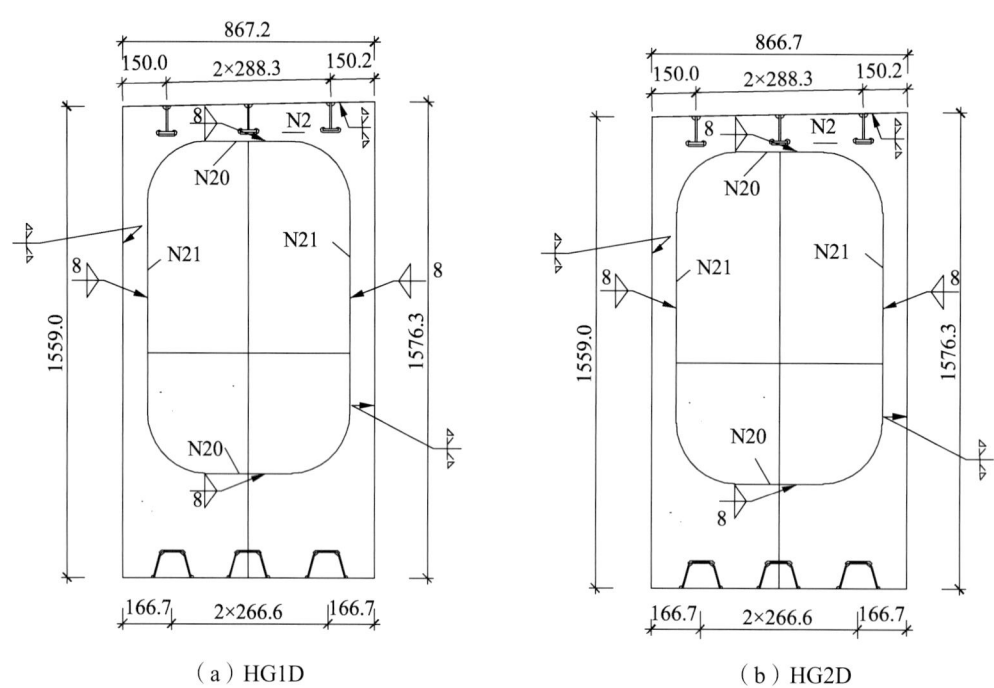

(a) HG1D (b) HG2D

图5-2 钢锚箱梁端横隔板1:3缩尺模型构造图

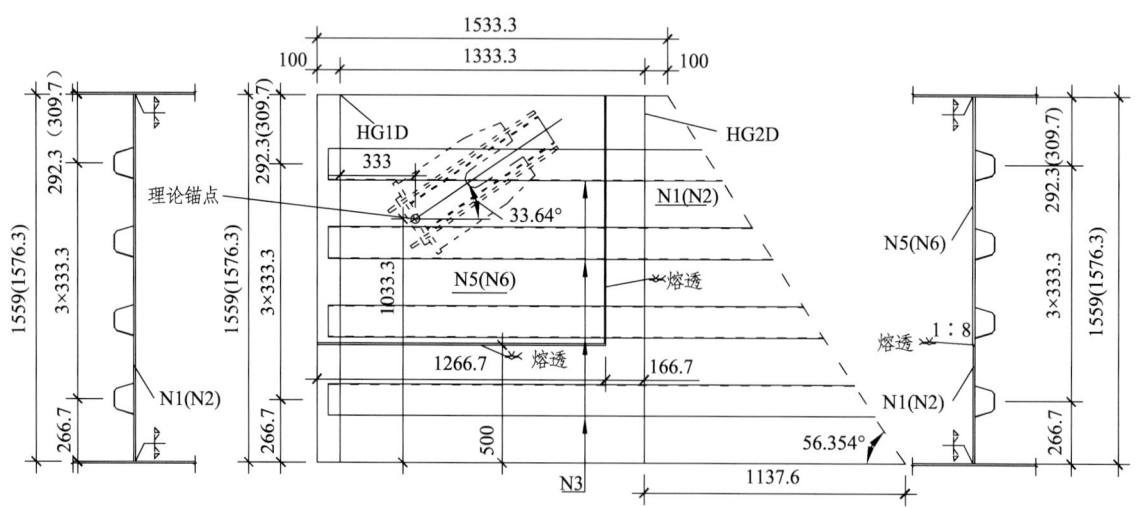

图5-3 钢锚箱梁端腹板1:3缩尺模型立面图

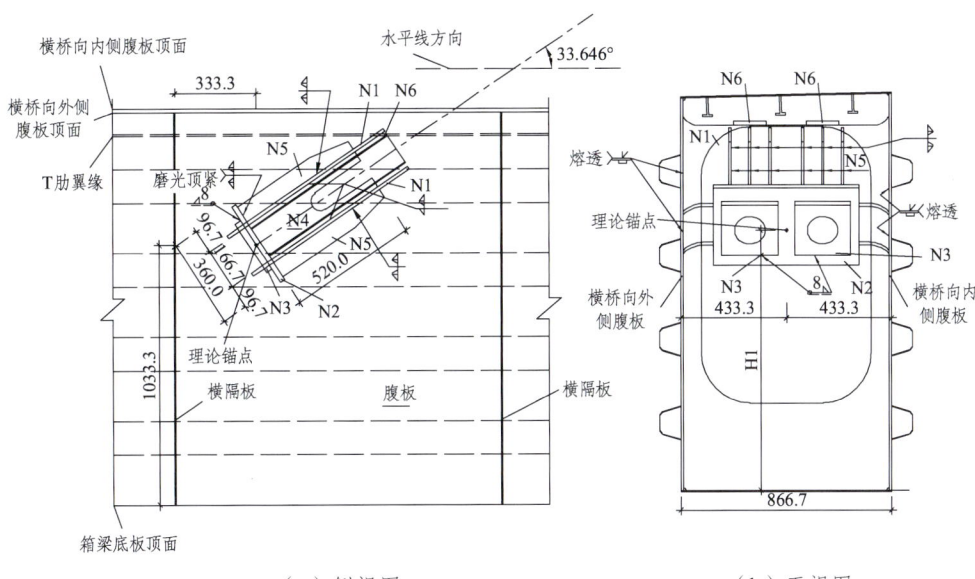

（a）侧视图　　　　　　　　（b）正视图

图5-4　钢锚箱梁端锚固构造1:3缩尺模型立面图

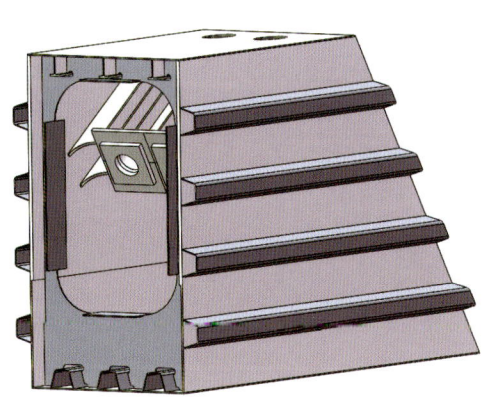

图5-5　钢锚箱缩尺模型

图5-6　钢锚箱缩尺模型实物

5.2.2 锚固方案

根据实验室锚固系统的具体情况，对该模型试验的锚固系统进行设计，本试验中锚固工况采用侧板锚固（侧放），其锚固装置及细部构造设计方案如图5-7和图5-8所示。

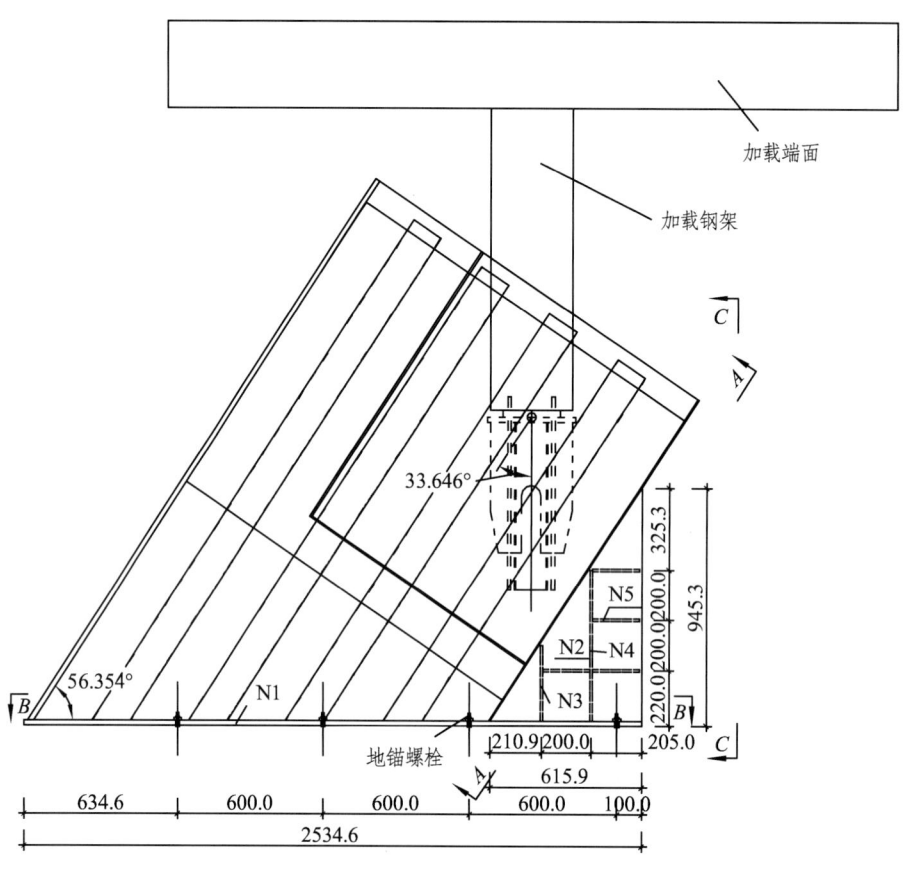

图5-7 模型试验锚固系统立面图

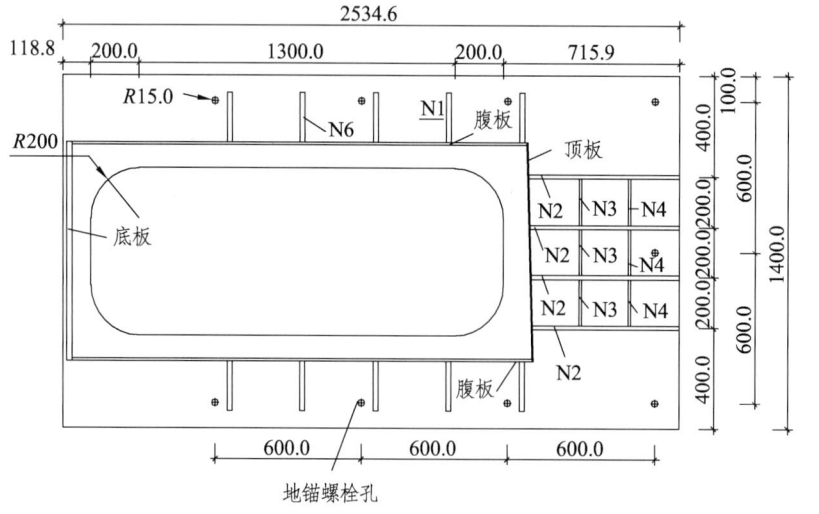

(a) B—B剖面

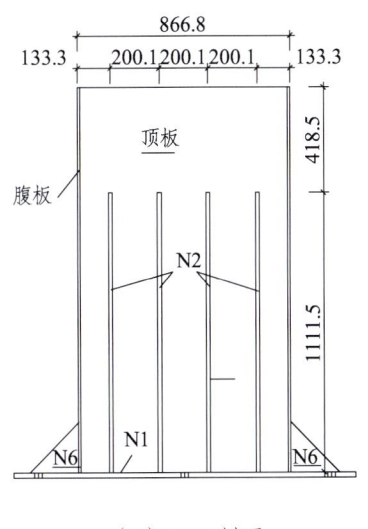
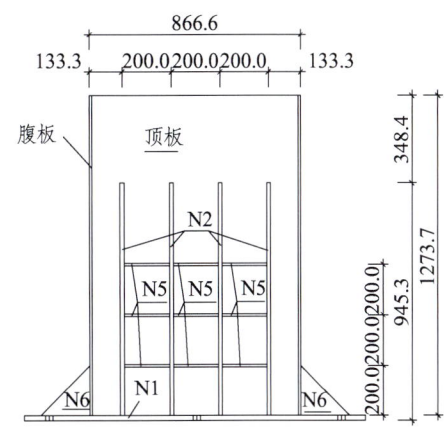

(b) A—A 剖面　　　　　　　　　(c) C—C 剖面

图5-8　锚固装置细部构造

5.2.3 传感器布置

1. 锚固构造应变测点布置

钢束锚固构造直接连接钢束，为钢锚箱主要受力结构，受力明确，分别在锚垫板、锚固构造与箱体连接的N1板以及锚固构造各肋板表面设置测点。其中，在N1板每块均匀布置4行5列共计20个测点，共2块；N2板均匀布置16个测点，共1块；N4板每块均匀布置12个测点，共4块；N5板每块均匀布置9个测点，共12块；N2板布置应变花，其余板件布置应变片，总计应变片142个，应变花16个。测点布置如图5-9～图5-12所示。

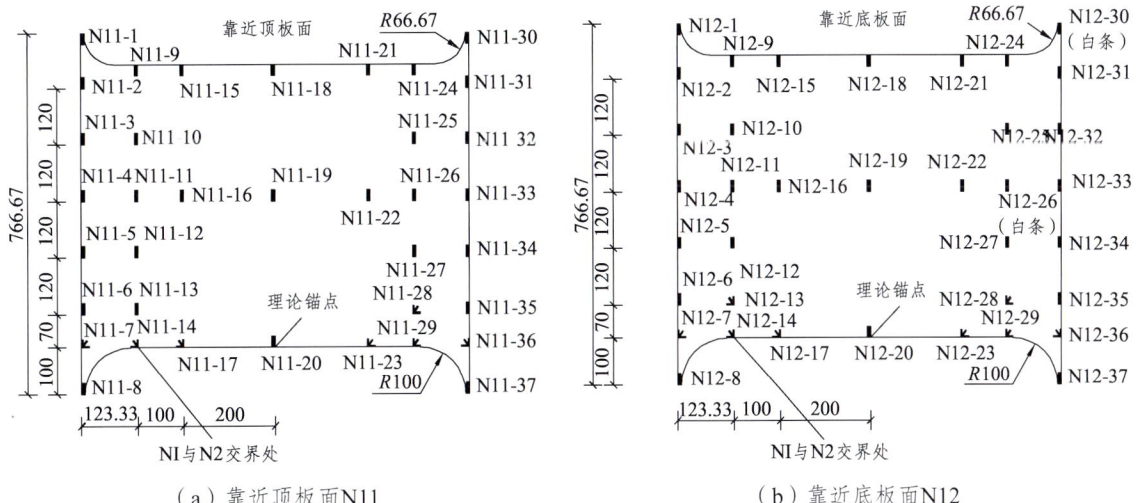

(a) 靠近顶板面N11　　　　　　(b) 靠近底板面N12

图5-9　锚固构造N1板测点布置图

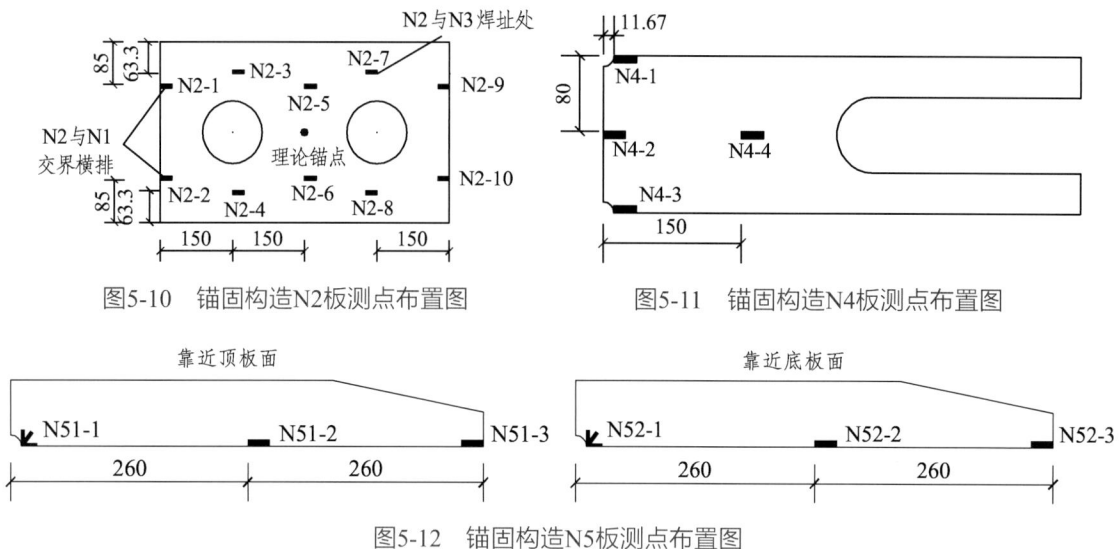

图5-10 锚固构造N2板测点布置图

图5-11 锚固构造N4板测点布置图

图5-12 锚固构造N5板测点布置图

2. 锚箱箱体应变测点布置

钢锚箱箱体受力较小，应变片测点主要布置在钢锚箱内外表面与锚固构造接触位置，共布置应变片测点44个，其中腹板内侧各布置16个测点，共计32个，腹板外侧各布置6个测点，共计12个，应变片测点布置情况如图5-13和图5-14所示。

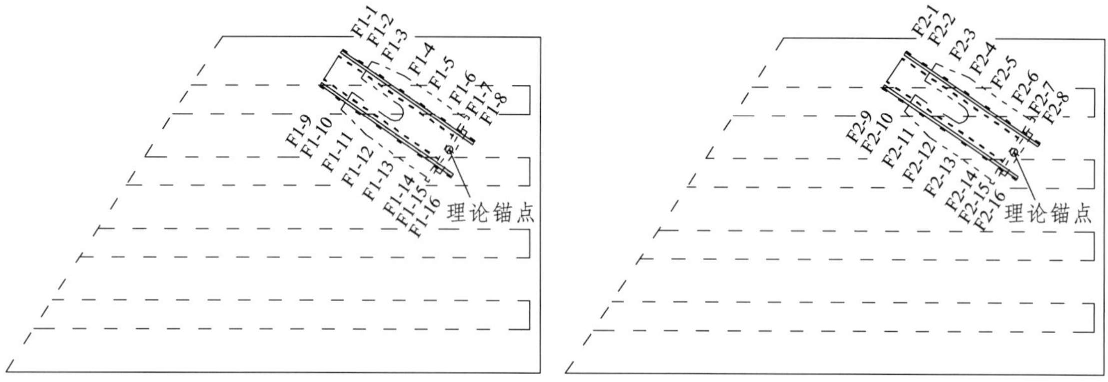

（a）F1　　　　　　　　　　　　　（b）F2

图5-13 腹板内侧测点布置图

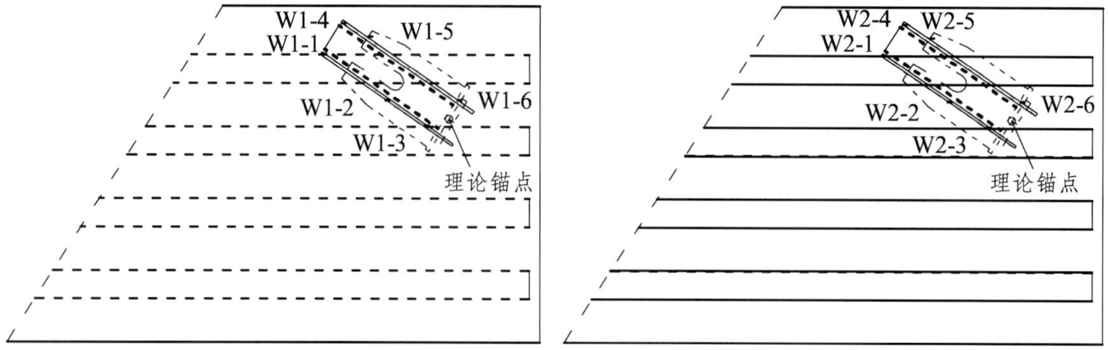

（a）W1　　　　　　　　　　　　　（b）W2

图5-14 腹板外侧测点布置图

5.2.4 试验加载方案

模型加载方案如图5-7所示,模型竖立安装,采用1000T长柱试验机通过加载刚架施加索力荷载,反力由底座及锚固固定构造平衡。钢锚箱模型试件在静力荷载试验中的各种参数(荷载、应力)采用电测和计算机信息采集系统测试。

试验1采用预加载及正式加载;试验2为结构优化,在试验1的基础上加长承压板使其连接两腹板模型试件,加载方式为逐级加载至420 t,同试验1;试验3为偏载试验,模拟断索工况,加载方式为偏载加载至420 t,即只在一个锚垫板上施加荷载。

加载试验方式:

以10000 kN MTS作动器为加载设备。预加载3次后,进行正式单调静力加载。

预加载类型:

(1)以100 kN/级进行加载,直至1000 kN,并按100 kN/级卸载;

(2)以200 kN/级进行加载,直至1000 kN,并按200 kN/级卸载;

(3)以200 kN/级进行加载,直至1000 kN,并按200 kN/级卸载。

正式加载具体步骤:

(1)在0~2000 kN加载区间,按400 kN/级进行加载;

(2)在2000~3000 kN加载区间,按200 kN/级进行加载;

(3)在3000 kN~破坏加载区间,按100 kN/级进行加载。

每级荷载加载后稳载5~10 min,再进行读数。

第一次单调加载应加载到加载设备允许最大荷载或节段所能承受的最大荷载(即节段出现较明显的破坏,无法进行承载时),根据节段模型的破坏情况调整试验方案(加载到最大荷载时,节段仍未出现较为明显的破坏)。进行多次加卸载,着重观察裂缝发生位置、裂缝发展情况及刚度退化情况。

模型结构差异及加载方式如图5-15、图5-16所示。

(a)模型1

(b)模型2

图5-15 模型1、2结构差异

（a）正常加载

（b）偏载加载

图5-16 正常加载与偏载加载

5.2.5 测试设备

本次试验采用东华测试DH3818Y静态应力应变测试分析系统（有线）和DH3819静态应力应变测试分析系统（无线）进行钢锚箱应变的测量工作，共采用4台24通道DH3818Y采集箱、1台16通道DH3818Y采集箱和8台8通道DH3819无线采集箱，共有有效通道176个。采集箱通过以太网线或者无线接收设备与计算机联机使用，实现长时间实时、无间断记录多通道数据。应变测试采用1/4桥（公共补偿）的桥路连接方式，测量频率为1 Hz，采集箱相关技术指标如表5-1所示。

表5-1 DH3818Y采集箱相关技术指标

指标项	DH3818Y主要指标	DH3819主要指标
通道数	16/24通道	8通道
应变量程	±60000 με	±60000 με
应变示值误差	不大于0.5％±3 με	不大于0.5％±3 με
桥路方式	支持全桥、半桥、三线制1/4桥和公共补偿1/4桥	支持全桥、半桥、三线制1/4桥和公共补偿1/4桥
连续采样速率	试验采用1 Hz	1 Hz
指标项	DH3818Y主要指标	DH3819主要指标

续表

触摸屏尺寸	7英寸	无
通信方式	100 Mb/s以太网通信接口	无线ZigBee接收器
供电方式	电池供电（选配）：4节/8节可选，4节电池可持续工作6 h	电池供电：可持续工作6 h
内置存储容量	8 GB	不支持自动储存

5.3 主梁锚固区模型试验结果分析

项目组共进行了3组试验，分别为试验1（静载420 t，同原设计结构所持模型，锚固构造N1板厚14 mm）、试验2（静载420 t，锚固构造锚垫板通长连接主梁腹板）、试验3（偏载420 t，锚固构造N1板加厚至16 mm）。3组试验的力-位移曲线如图5-17所示。

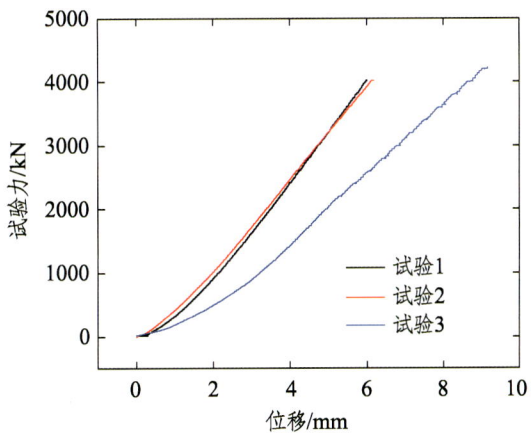

图5-17 加载至420 t的力-位移曲线

5.3.1 试验1

1. N1板实测应力结果与分析

图5-18所示为N11板左右两侧外侧应力分布图。在166 t荷载作用下，左侧外侧最大应力达到了80 MPa，右侧外侧最大应力达到了50 MPa。在420 t荷载作用下，左侧外侧最大应力达到了100 MPa，右侧外侧最大应力达到了150 MPa。

图5-19所示为N11板左右两侧内侧应力分布图。在166 t荷载作用下，左侧内侧最大应力达到了60 MPa，右侧内侧最大应力达到了100 MPa。在420 t荷载作用下，左侧内侧最大应力达到了170 MPa，右侧内侧最大应力达到了230 MPa。

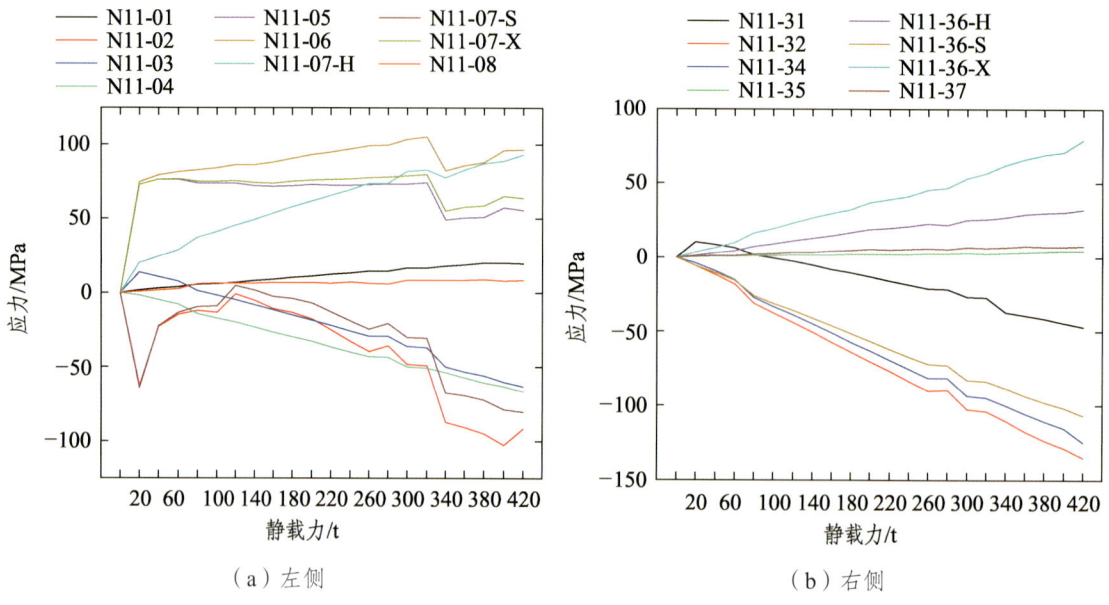

图5-18 N11板左右两侧外侧应力分布

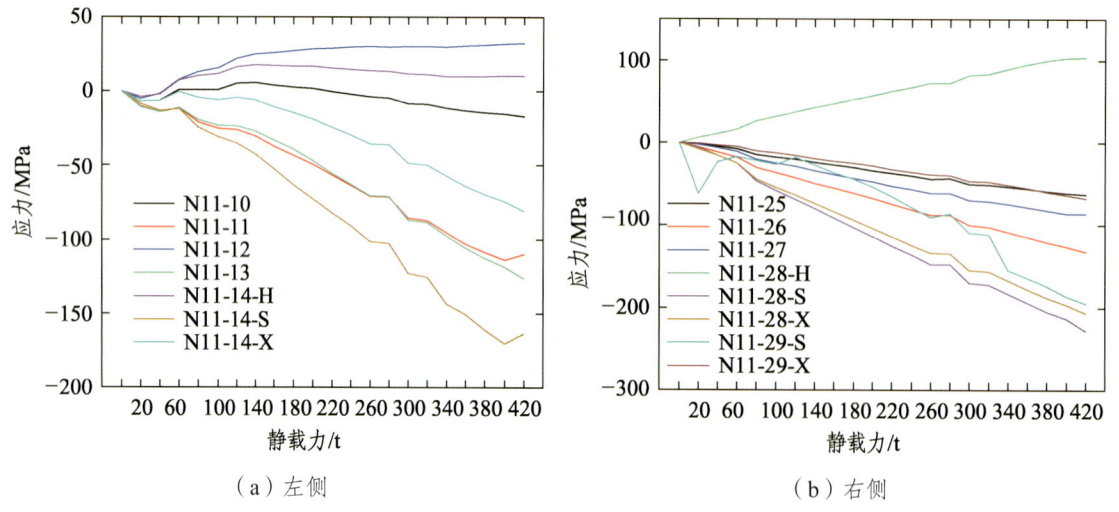

图5-19 N11板左右两侧内侧应力分布

图5-20所示为N11板应力横向分布图。在荷载作用下，沿锚腹板竖向从锚腹板与承压板接触位置往下应力递减，锚腹板与承压板接触位置最大应力为200 MPa。在166 t荷载作用下，往下依次中部最大应力为60 MPa，而底部应力仅30 MPa。在420 t荷载作用下，往下依次中部最大应力为140 MPa，而底部应力仅50 MPa。整个锚腹板横向应力分布较小。

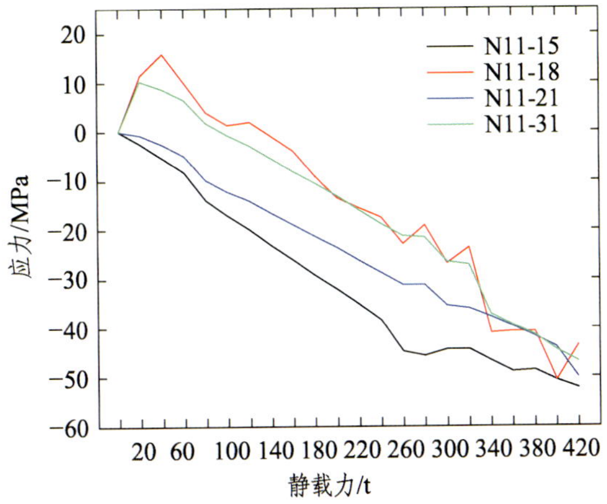

（a）底板纵向应力 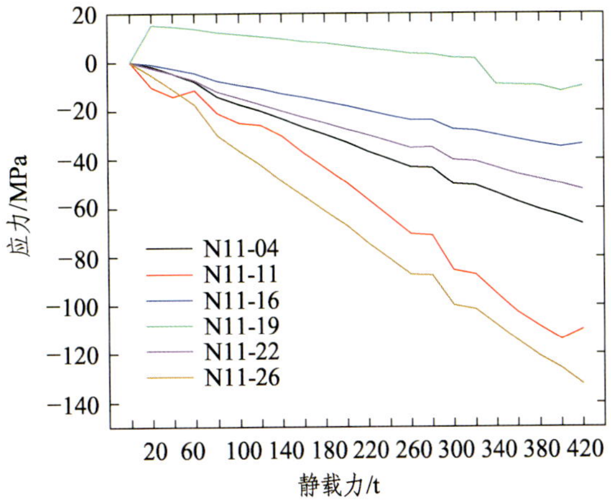　　　　　　　　　　（b）中部纵向应力

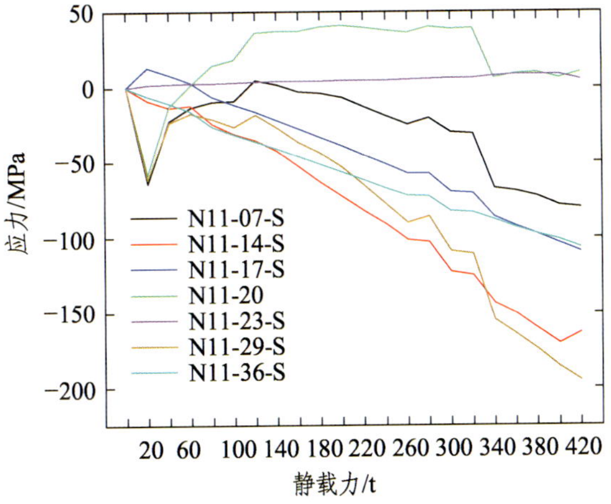

（c）顶部纵向应力 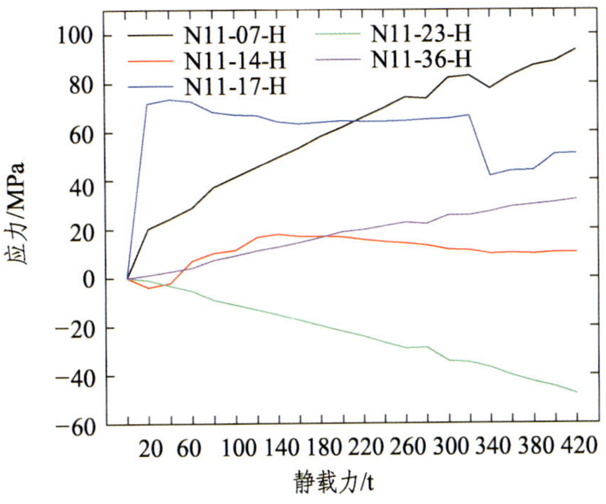　　　　　　　　　　（d）顶部横向应力

图5-20　N11板应力横向分布

2．N2板实测应力结果与分析

图5-21所示为N2板上下侧横向应力分布图。在166 t荷载作用下，上侧最大应力达到了7 MPa，出现在N2-3测点；下侧受力较上侧大，最大应力为80 MPa。在420 t荷载作用下，上侧最大应力15 MPa，出现在N2-3测点；下侧受力较上侧大，最大应力为100 MPa，且受拉显著大于受压。

3．N4板实测应力结果与分析

图5-22所示为N4板应力分布图。在166 t荷载作用下，最大应力为60 MPa，出现在N4-2测点处。在420 t荷载作用下，最大应力为150 MPa，出现在N4-2测点处，且板件上侧受压较下侧小。

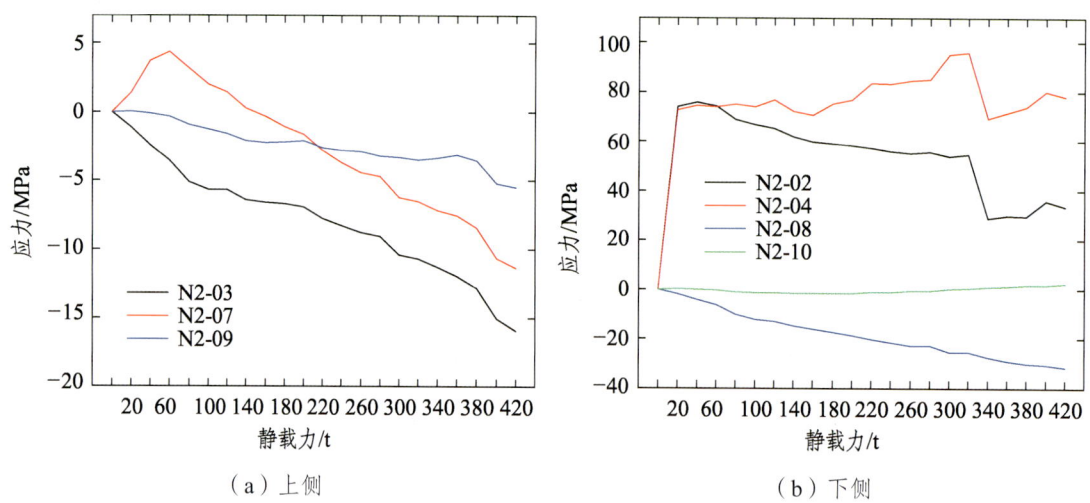

图5-21　N2板横向应力分布

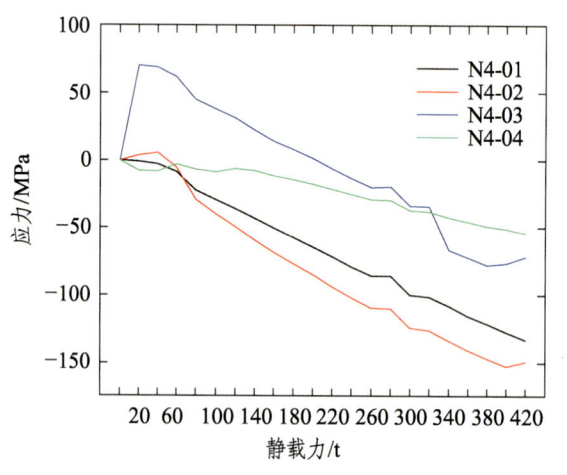

图5-22　N4板应力分布

4．N5板实测应力结果与分析

图5-23所示为N51板应力分布图。在166 t荷载作用下，最大应力为60 MPa，在420 t荷载作用下，最大应力为60 MPa。N51-1和N51-2测点出现一定程度的受拉，N51-3则处于全程轻度受压状态。

图5-24所示为N52板应力分布图。在166 t荷载作用下，最大应力为8 MPa。在420 t荷载作用下，最大应力为16 MPa。

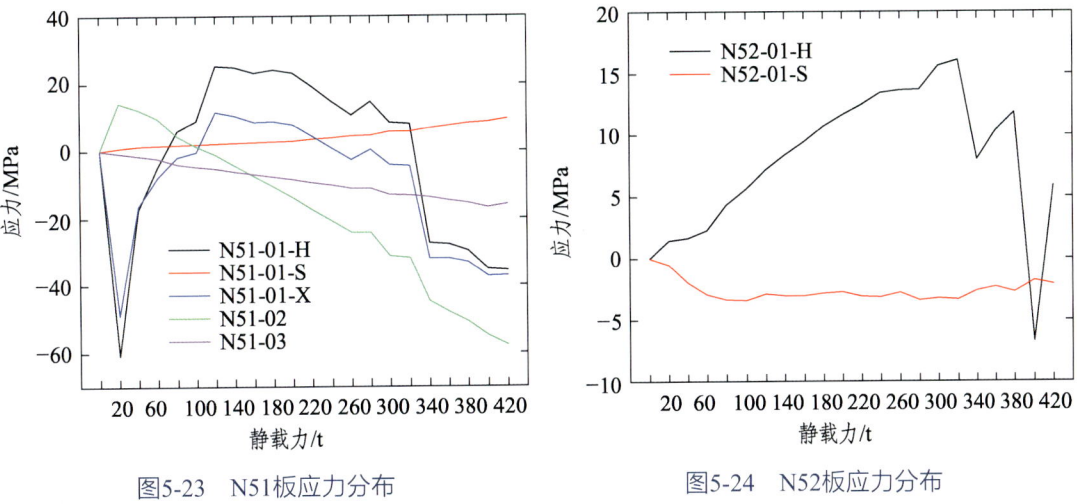

图5-23 N51板应力分布

图5-24 N52板应力分布

5.3.2 试验2

1. N1板实测应力结果与分析

图5-25所示为N11板左右竖向应力分布图。锚固构造锚垫板通长连接主梁腹板的结构（以下统称试验2）板件应力分布与试验1相似，左右内侧肋板处应力较大。在166 t荷载作用下，最大应力达到50 MPa。420 t荷载作用下，最大应力达到180 MPa，板件尚未屈服。

图5-26所示为N12板竖向应力分布图。此锚腹板应力情况与N11相似。在166 t荷载作用下，最大应力为40 MPa。在420 t荷载作用下，最大应力为150 MPa。板件尚未屈服。

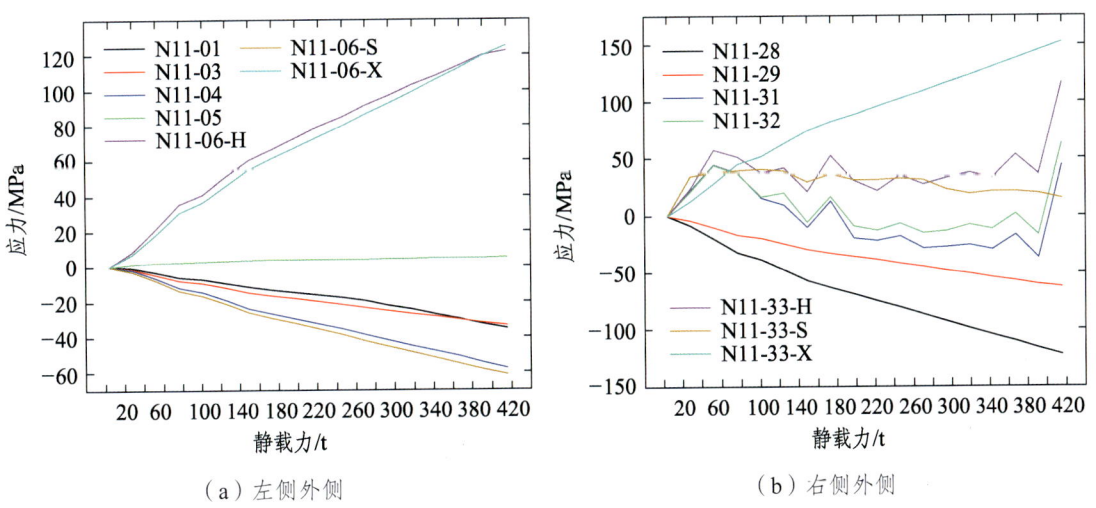

（a）左侧外侧　　　　　　　　　　（b）右侧外侧

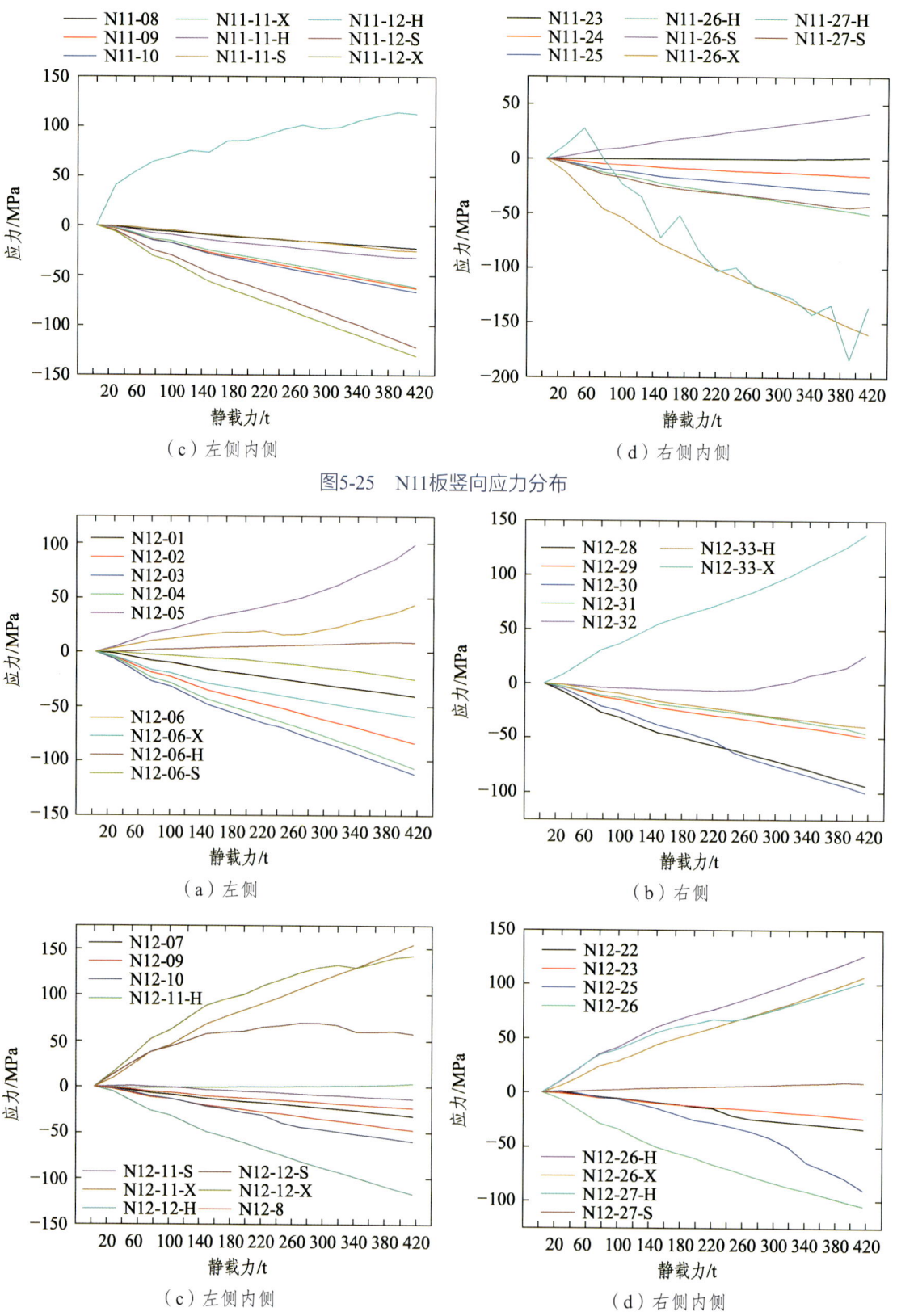

(c) 左侧内侧　　　　　　　　　　（d）右侧内侧

图5-25　N11板竖向应力分布

(a) 左侧　　　　　　　　　　（b）右侧

(c) 左侧内侧　　　　　　　　　　（d）右侧内侧

图5-26　N12板竖向应力分布

2. N2板实测应力结果与分析

图5-27所示为N2板上中下侧横向应力分布图。在166 t荷载作用下,最大应力为40 MPa。在420 t荷载作用下,最大应力为80 MPa。

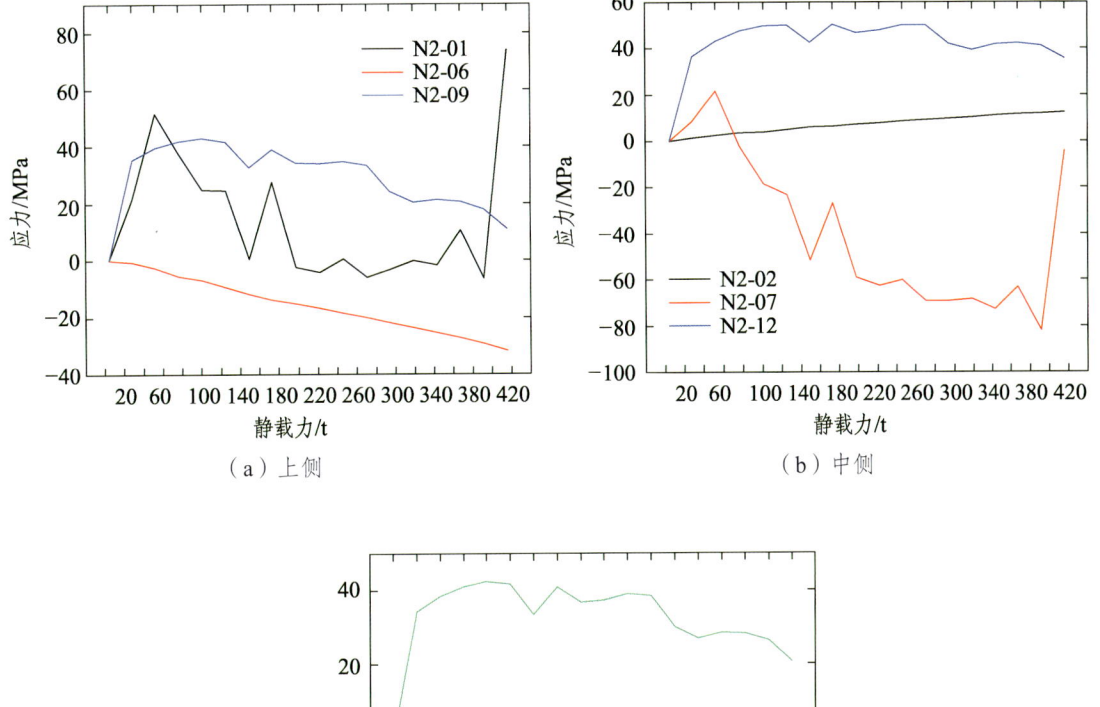

图5-27 N2板横向应力分布

3. N5板实测应力结果与分析

图5-28所示为N51板应力分布图。在166 t荷载作用下,最大应力为42 MPa。在420 t荷载作用下,最大应力为48 MPa。图5-29所示为N52板应力分布图。在166 t荷载作用下,最大应力为19 MPa。在420 t荷载作用下,最大应力为30 MPa。

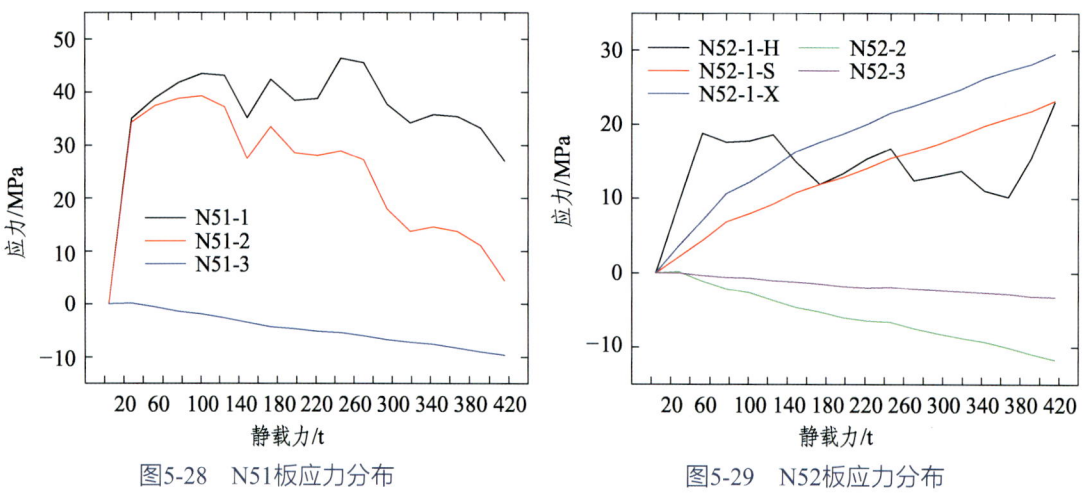

图5-28 N51板应力分布　　　　　图5-29 N52板应力分布

5.3.3 试验3

1. N1板实测应力结果与分析

在420 t荷载作用下，N11板竖向应力分布如图5-30所示，通过对比发现，N11板件在偏载索力下受力侧与不受力侧应力相差较大，有较为明显的应力差，整个锚腹板受力侧最大应力超过400 MPa，已经达到了局部屈服，但是由于组合结构整体受力性能较好，所以结构尚未看出有明显的变形产生，而不受力侧最大应力仅100 MPa，尚处于弹性阶段。同样，从图5-30（e）~（g）中也可以看出，左侧应力明显大于右侧及中间应力。

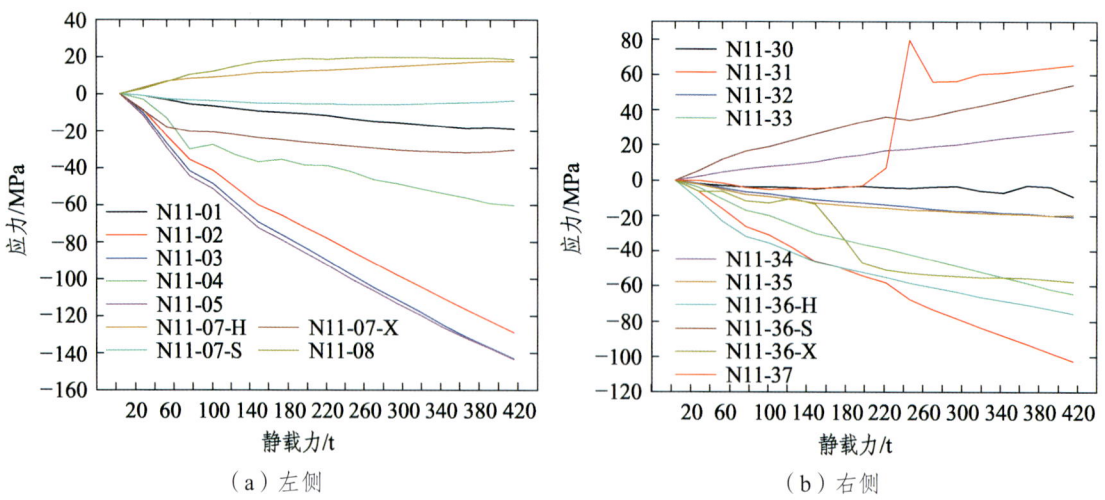

（a）左侧　　　　　　　　　　　（b）右侧

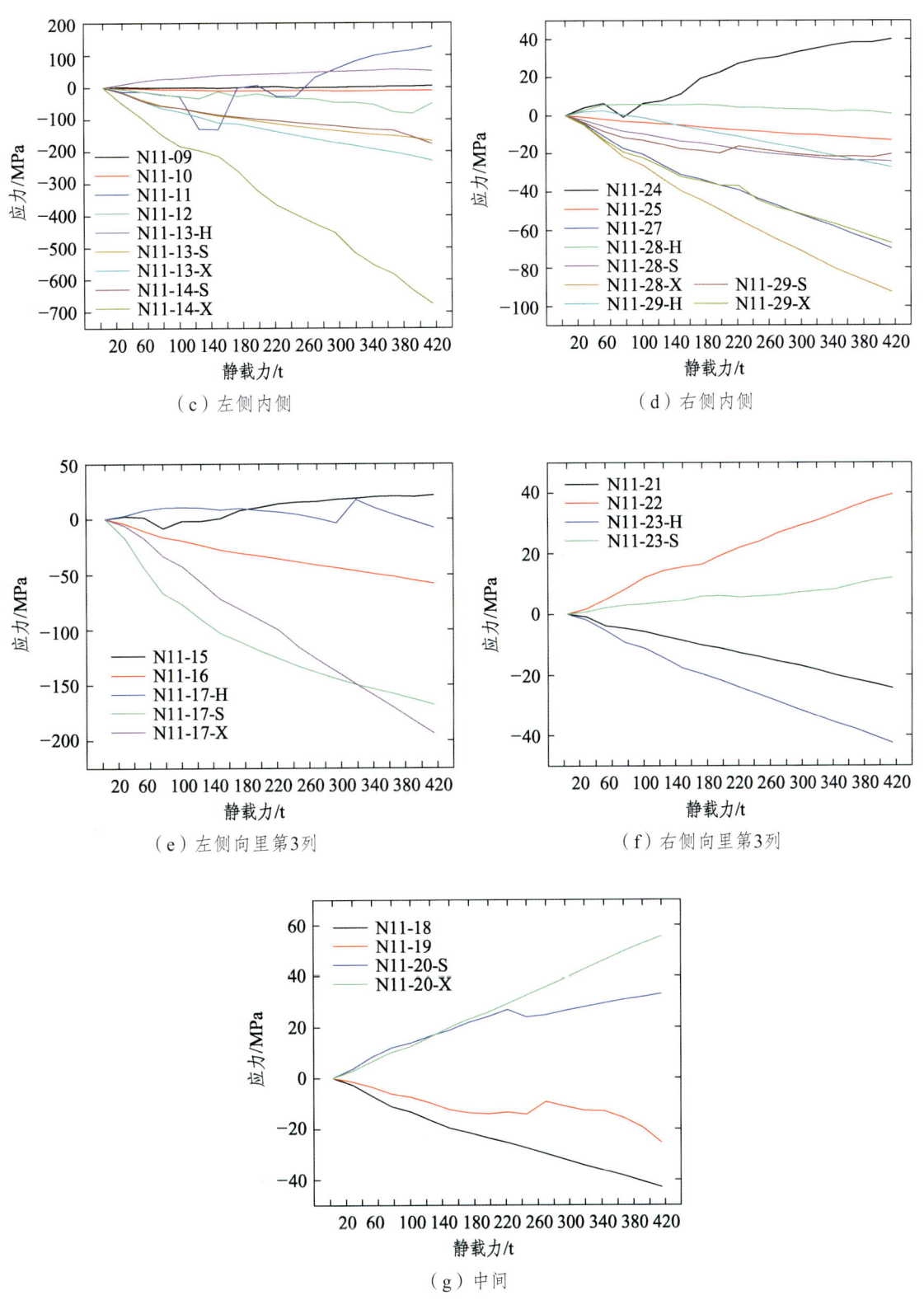

图5-30 N11板竖向应力分布

在420 t荷载作用下，N12板竖向应力分布如图5-31所示，最大应力为720 MPa。

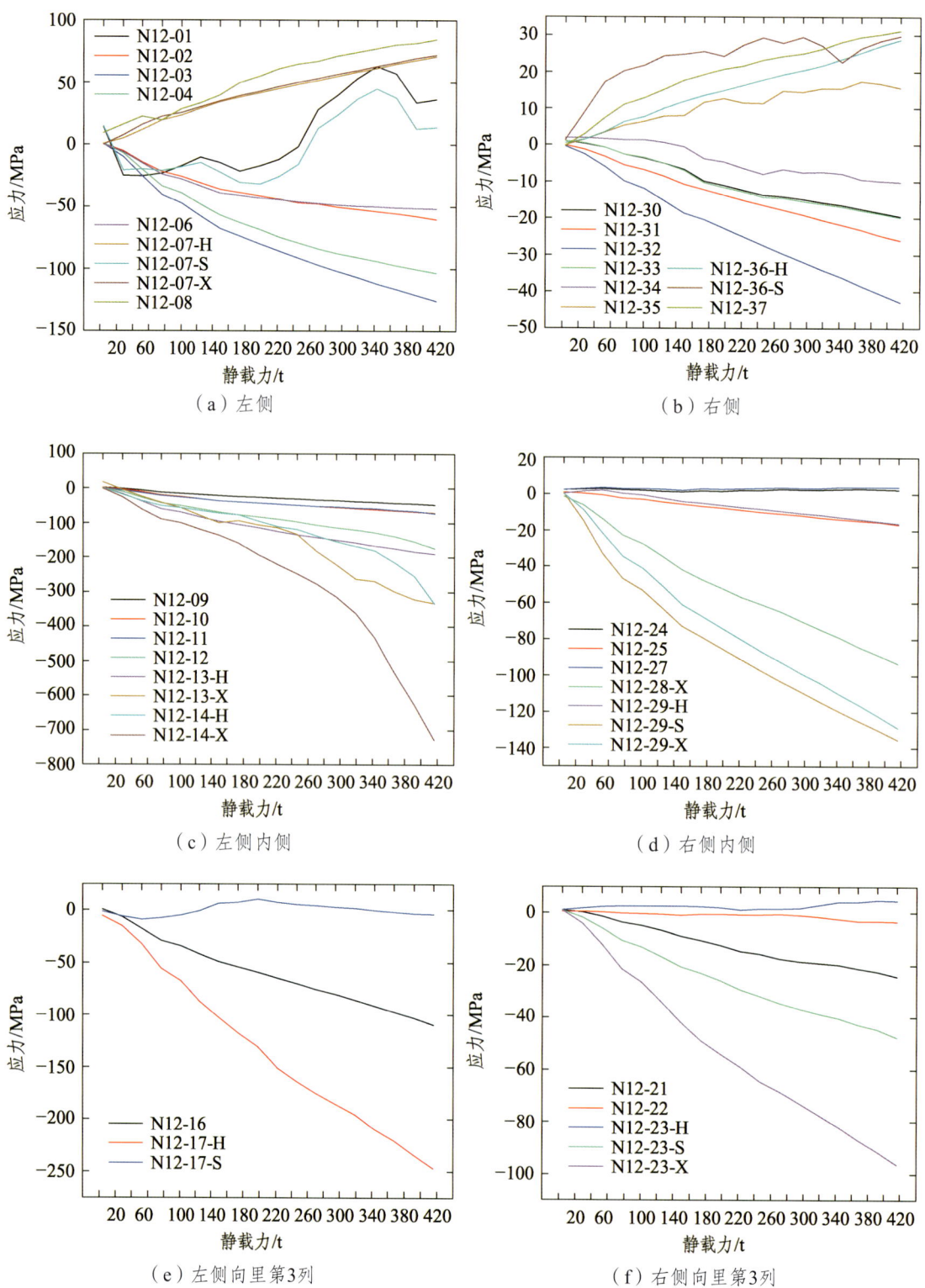

（a）左侧

（b）右侧

（c）左侧内侧

（d）右侧内侧

（e）左侧向里第3列

（f）右侧向里第3列

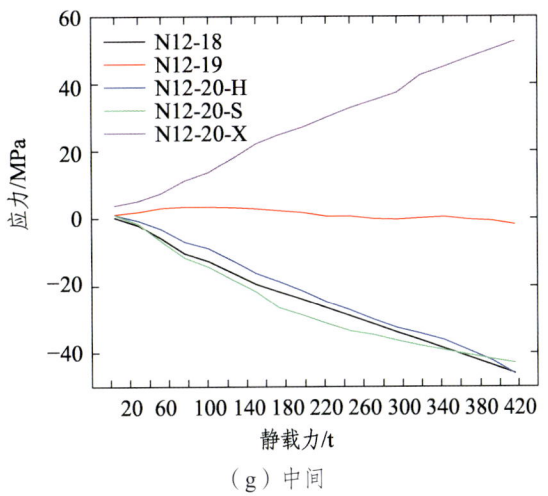

（g）中间

图5-31　N12板竖向应力分布

2. N2板实测应力结果与分析

在420 t荷载作用下，N2板上下侧横向应力分布如图5-32所示，最大应力为110 MPa。

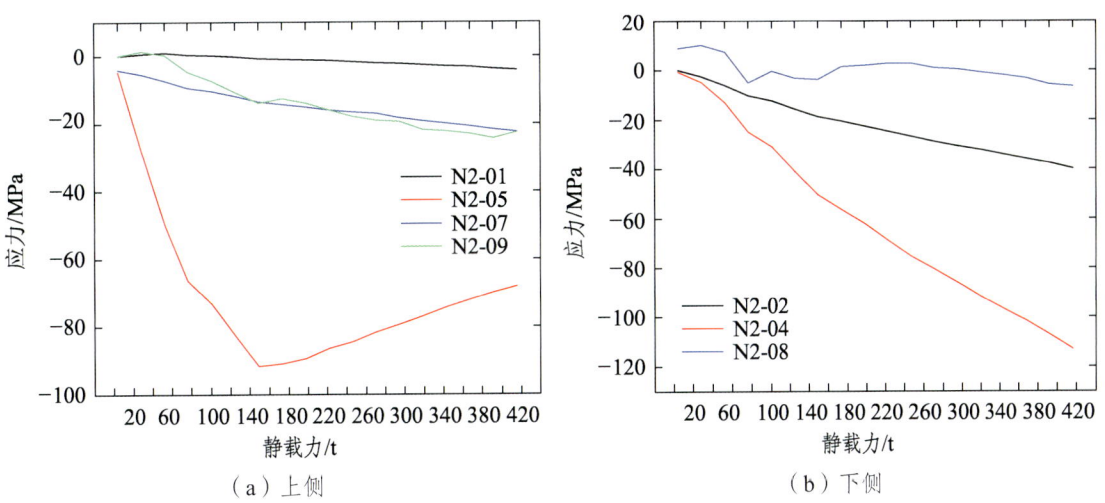

（a）上侧　　　　　　　　　　　　　　　（b）下侧

图5-32　N2板横向应力分布

3. N4板实测应力结果与分析

在420 t荷载作用下，N4板应力分布如图5-33所示，最大应力为78 MPa。

4. N5板实测应力结果与分析

在420 t荷载作用下，N51板应力分布如图5-34所示，最大应力为62 MPa。N52板应力分布如图5-35所示，最大应力为60 MPa。两侧锚肋板N5板在偏载荷载下应力响应比较相似，最大应力均为60 MPa左右，说明在承压板的分担作用下，偏载荷载对于下侧锚肋板影响较小。

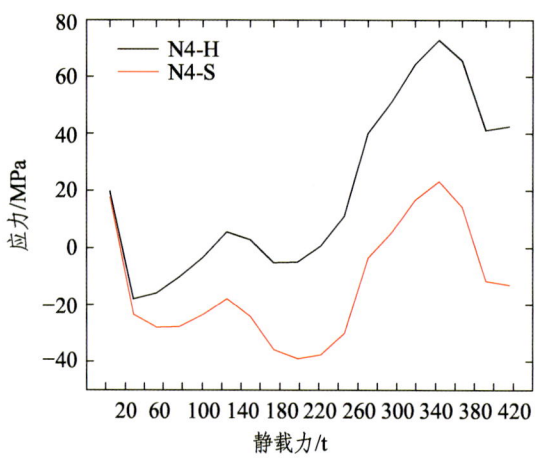

图5-33 N4板应力分布

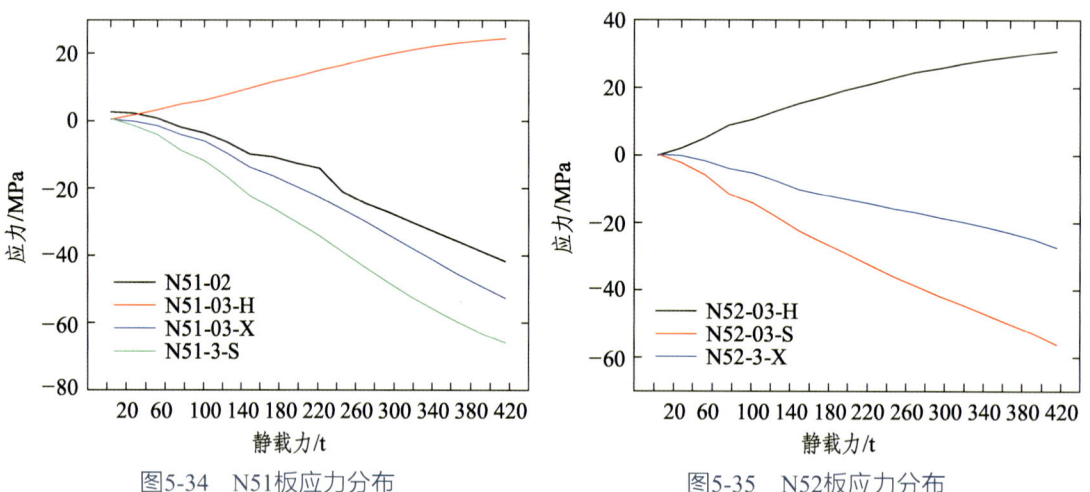

图5-34 N51板应力分布　　　　　　　图5-35 N52板应力分布

5.4 主梁锚固区缩尺模型有限元分析

利用ABAQUS软件对按照1∶3缩尺比例设计的模型进行有限元分析。计算结果显示，各工况作用下，钢锚箱部分位置出现应力超限，但无安全隐患，其余位置均满足强度要求。

5.4.1 模型建立

本工程中钢材型号有Q345、Q420，ABAQUS有限元模型中钢的本构模型采用线性强化弹塑性（双折线）模型，其应力应变按照材料实测值确定，具体材料属性定义如表5-2所示。模型装配图如图5-36所示，模型单位为长度-mm、荷载-N、质量-t、应力-MPa、密度-t/mm³。

表5-2 钢材属性定义

钢材型号	密度	弹性		塑性	
	质量密度	杨氏模量	泊松比	应力	应变
Q345	7.85×10^{-9}	2.06×10^{5}	0.28	345	0
				391	0.0235
				439	0.0474
				519	0.0935
				582	0.1377
				625	0.18
Q420				418	0
				500	0.01499
				695	0.0498
				780	0.0952
				829	0.1456
				908	0.35
				921	0.44

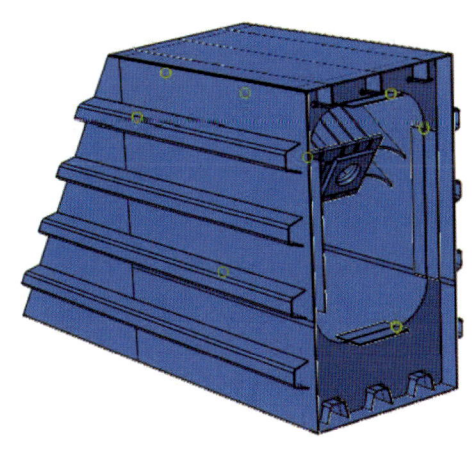

（a）箱梁整体模型

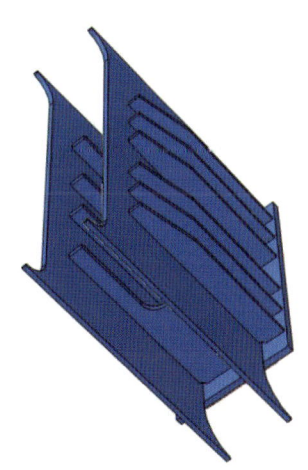

（b）锚固构造模型

图5-36 模型装配图

分析步：在分析步模块，共设置了两个分析步，第一个为系统默认的Initial分析步，进行边界条件的定义；第二个为通用静力学分析步，用于施加载荷，计算输出结果，其参数定义如下：最大增量步10000、初始增量步1E-4、最小增量步1E-8、最大增量步1E-3。

相互作用：创建约束-绑定模拟钢箱梁与钢锚箱、钢锚箱自身部件之间的焊接。

载荷与边界：荷载分别为166 t的设计承载力（设计荷载）以及2.5倍的设计值420 t（屈服荷载）。先在N2板定义两个参考点，两个参考点合成荷载的作用方向，从而在N3板外表面上定义表面荷载分别为21.393、54.127。

边界约束条件：约束箱梁侧面在U1、U2、U3、UR1、UR2、UR3方向的自由度。

网格划分：所有部件选取实体单元C3D8R对模型进行网格划分，共计单元总数10632，节点总数24326。

5.4.2 设计荷载作用下应力结果

1. 横隔板

屈服荷载下，在横隔板下侧出现了应力集中现象，最大应力为345.4 MPa，但是考虑为接触面应力集中现象，无安全问题。应力云图如图5-37所示。

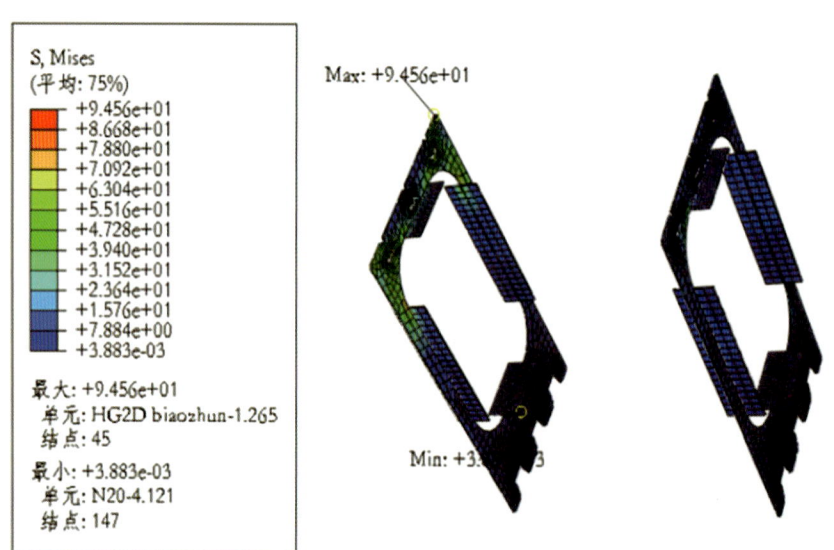

图5-37　1∶3模型横隔板应力云图

2. 锚固构造

屈服荷载下，锚固构造N1板最大应力为463.6 MPa，出现在N1板与锚垫板交界处，考虑为接触面应力集中问题。N3板最大应力为223.3 MPa，小于345 MPa。其余部件受力正常，均小于420 MPa。应力云图如图5-38～图5-42所示。

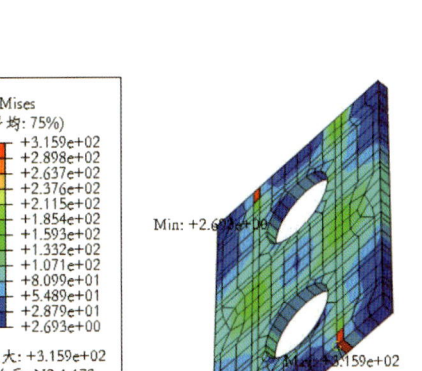

图5-38　1∶3模型锚固构造N1板应力云图　　图5-39　1∶3模型锚固构造N2板应力云图

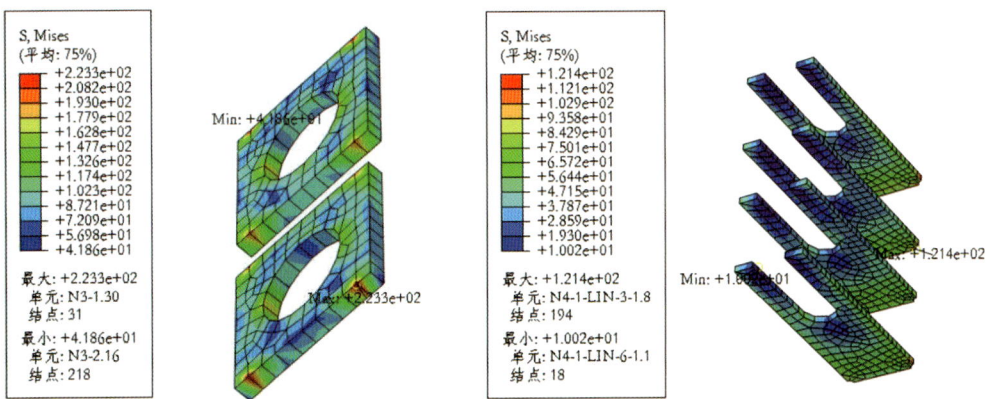

图5-40　1∶3模型锚固构造N3板应力云图　　图5-41　1∶3模型锚固构造N4加劲板应力云图

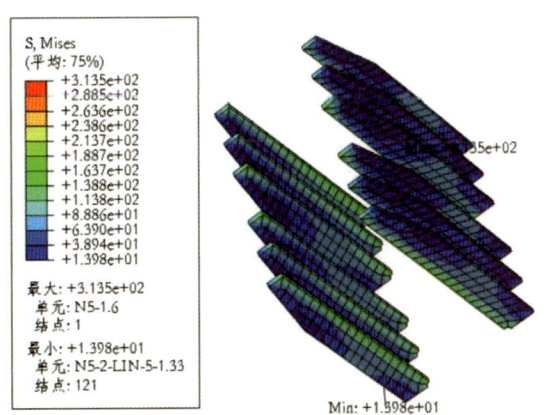

图5-42　1∶3模型锚固构造N5加劲板应力云图

3. 钢箱梁箱体

钢箱梁箱体部分采用Q345qD、Q345qE钢材，在设计荷载下最大应力出现在两侧腹板上侧与约束接触部分，最大应力为315.6 MPa，满足材料强度条件。应力云图如图5-43~图5-45所示。

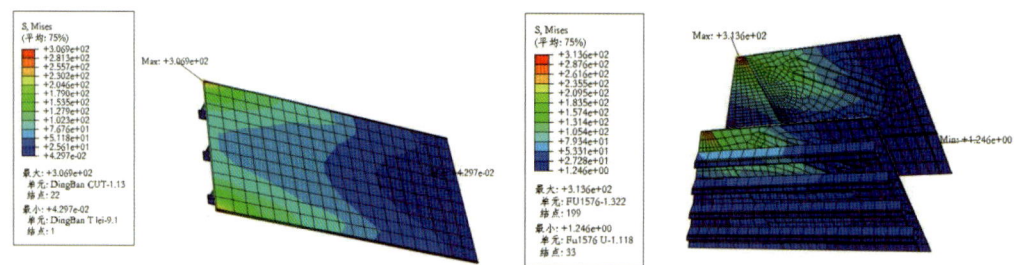

图5-43　1∶3模型上顶板应力云图　　　图5-44　1∶3模型左右腹板应力云图

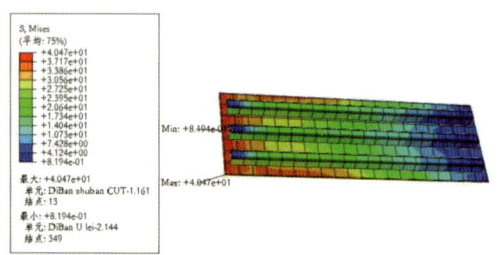

图5-45　1∶3模型底板应力云图

5.4.3　屈服荷载作用下应力结果

1. 横隔板

屈服荷载下，在横隔板下侧出现了应力集中现象，最大应力为345.4 MPa，但是考虑为接触面应力集中现象，无安全问题。应力云图如图5-46所示。

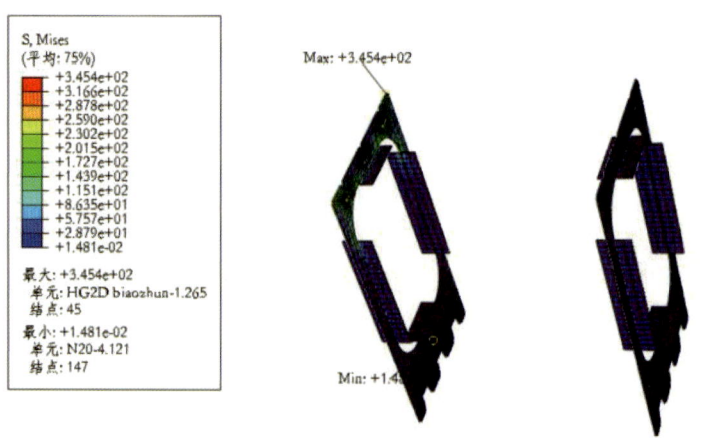

图5-46　模型横隔板应力云图

2. 锚固构造

屈服荷载下，锚固构造N1板最大应力为463.6 MPa，出现在N1板与锚垫板交界处，考虑为接触面应力集中问题。N3板最大应力为223.3 MPa，小于345 MPa。其余部件受力正常，均小于420 MPa。应力云图如图5-47～图5-51所示。

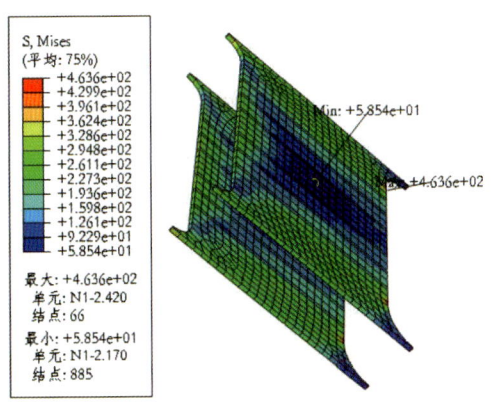

图5-47　1∶3模型锚固构造N1板应力云图

图5-48　1∶3模型锚固构造N2板应力云图

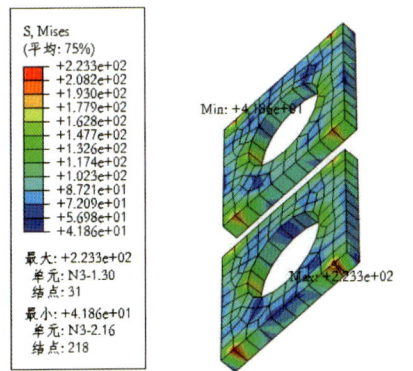

图5-49　1∶3模型锚固构造N3板应力云图

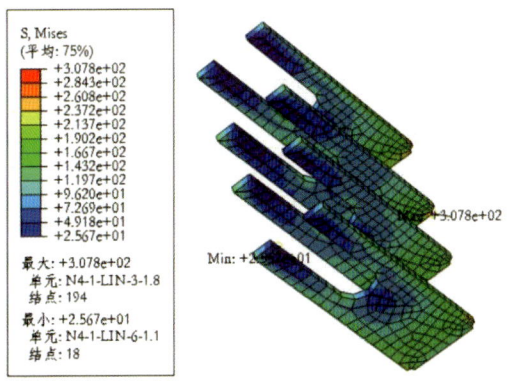

图5-50　1∶3模型锚固构造N4加劲板应力云图

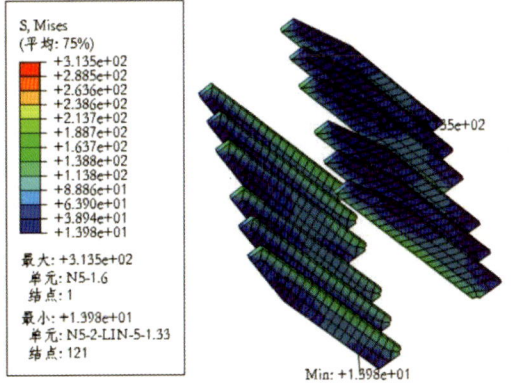

图5-51　1∶3模型锚固构造N5加劲板应力云图

3. 钢箱梁箱体

钢箱梁箱体部分在侧端约束条件下，顶板与约束接触部分、腹板与约束部分均出现了应力集中现象，其最大应力值分别为354.1 MPa、358.3 MPa。以上均为接触面应力集中现象，无安全问题，其他位置荷载满足强度条件。应力云图如图5-52~图5-54所示。

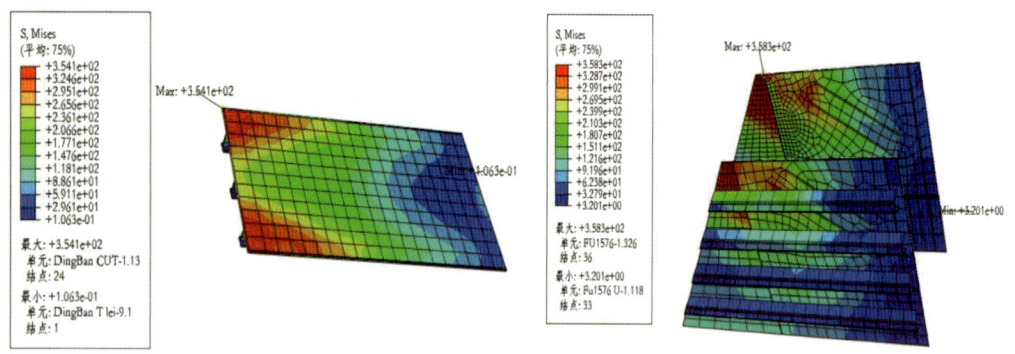

图5-52　1∶3模型上顶板应力云图　　　图5-53　1∶3模型左右腹板应力云图

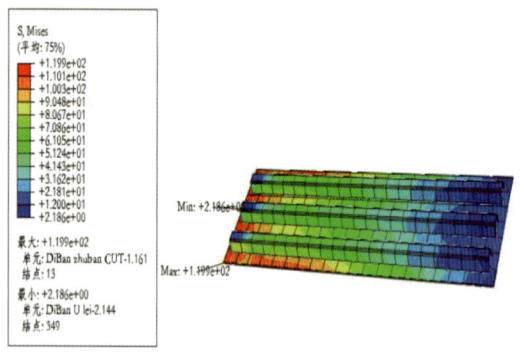

图5-54　1∶3模型底板应力云图

5.5　主梁锚固区足尺模型有限元分析

利用ABAQUS软件对足尺模型进行有限元分析。计算结果显示，在设计荷载和屈服荷载作用下，模型部分接触面位置出现了应力集中超限现象，设计荷载作用下超限值及范围较小，无安全隐患。

5.5.1　模型建立

模型装配图如图5-55所示。

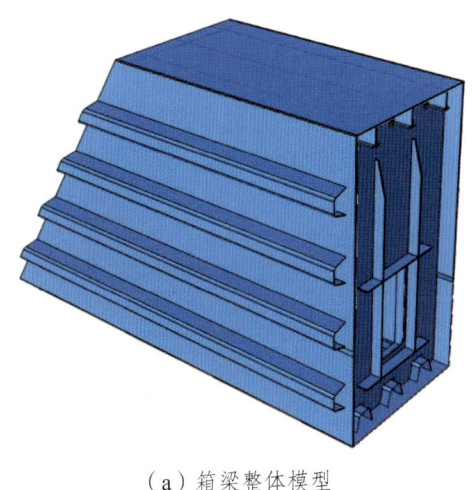 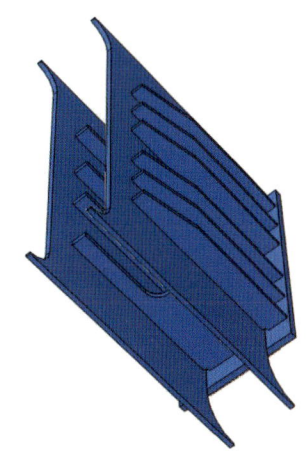

（a）箱梁整体模型　　　　　　　　　　　（b）锚固构造模型

图5-55　模型装配图

载荷与边界：荷载分别为1550 t的设计承载力（设计荷载）以及2.5倍的设计值3750 t（屈服荷载）。先在钢锚箱N2板定义两个参考点，两个参考点合成荷载的作用方向，从而在钢锚箱N3板外表面上定义表面荷载分别为31.506、78.765。

边界约束条件：约束箱梁侧面在U1、U2、U3、UR1、UR2、UR3方向的自由度。

网格划分：腹板厚度变化处采用C3D6单元，其余所有部件选取实体单元C3D8R对模型进行网格划分，共计单元总数50939，节点总数104753。

5.5.2　设计荷载作用下应力结果

1. 横隔板

横隔板最大应力为156.8 MPa，出现在横隔板上端与顶板T肋相交处，均小于材料承载力345 MPa，应力云图如图5-56所示。

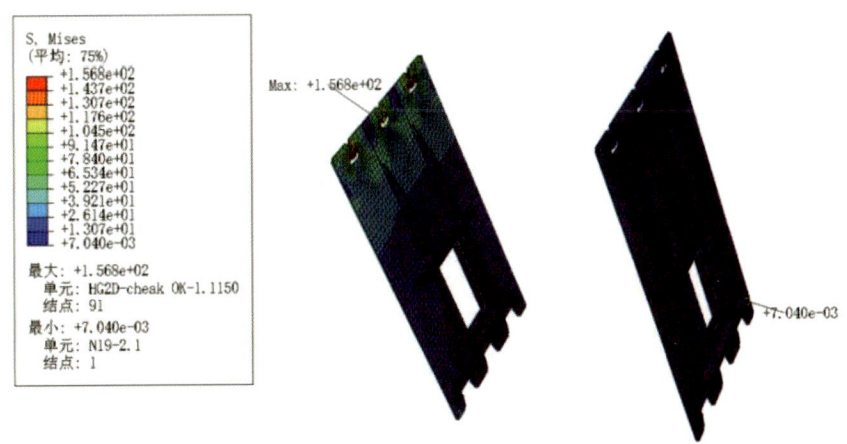

图5-56　足尺模型横隔板应力云图

2. 锚固构造

设计荷载下锚固构造各构件受力平均，均小于设计强度，满足材料强度要求。应力云图如图5-57～图5-61所示。

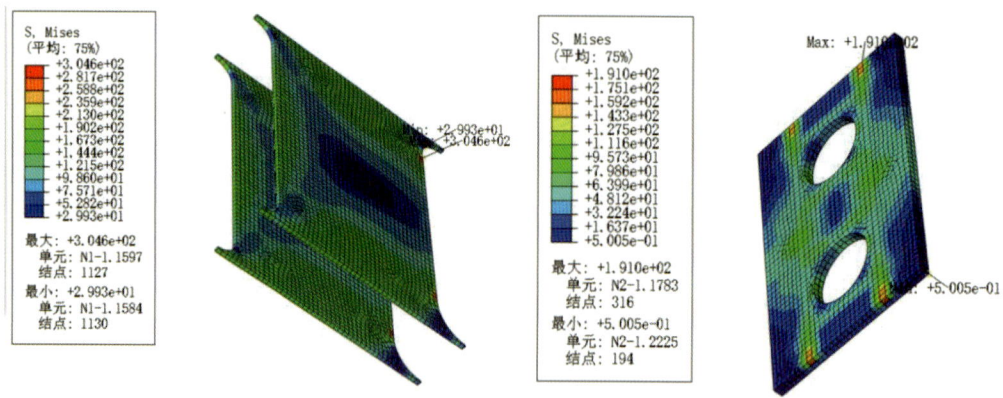

图5-57　足尺模型锚固构造N1板应力云图　　图5-58　足尺模型锚固构造N2板应力云图

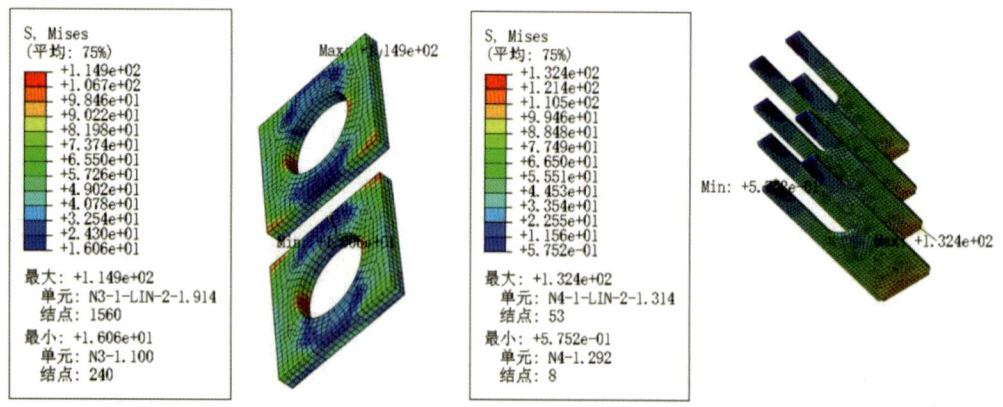

图5-59　足尺模型锚固构造N3板应力云图　　图5-60　足尺模型锚固构造N4加劲板应力云图

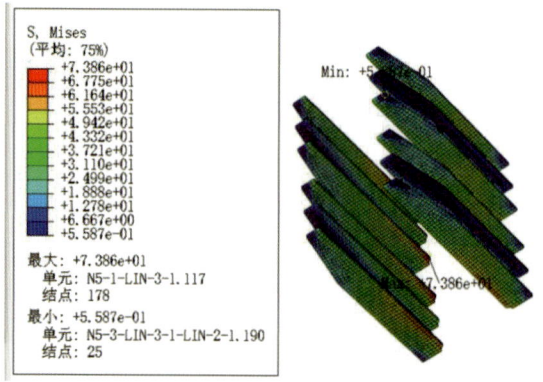

图5-61　足尺模型锚固构造N5加劲板应力云图

3. 钢箱梁箱体

钢箱梁箱体部分在设计荷载下最大应力出现在两侧腹板上侧与约束接触部分，最大应力为349.1 MPa、348.9 MPa。考虑为接触面应力集中现象，且超限较小，其余部件则满足材料强度条件。应力云图如图5-62～图5-64所示。

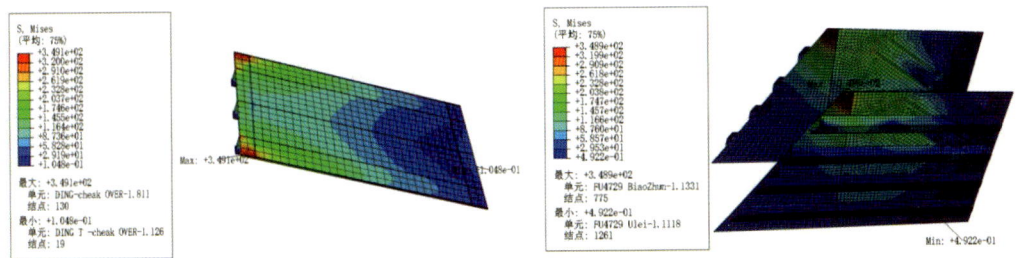

图5-62　足尺模型上顶板应力云图　　　　图5-63　足尺模型左右腹板应力云图

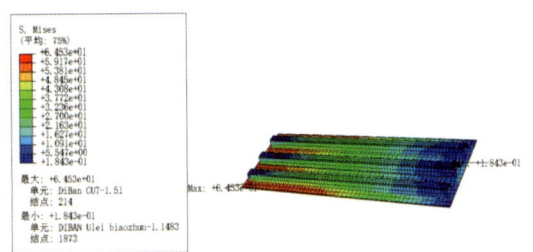

图5-64　足尺模型底板应力云图

5.5.3　屈服荷载作用下应力结果

1. 横隔板

横隔板上侧与腹板接触处出现应力集中现象，其最大应力为355.5 MPa，无安全问题。应力云图如图5-65所示。

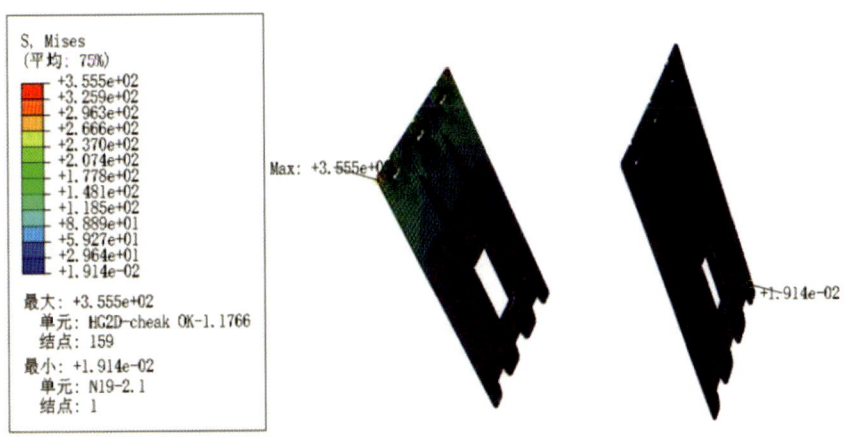

图5-65　足尺模型横隔板应力云图

2. 锚固构造

屈服荷载下，锚固构造N1板最大应力为460.7 MPa，出现在N1板与锚垫板交界处。N2与N1交接处最大应力为420.0 MPa。其余部件受力正常，符合要求。应力云图如图5-66～图5-70所示。

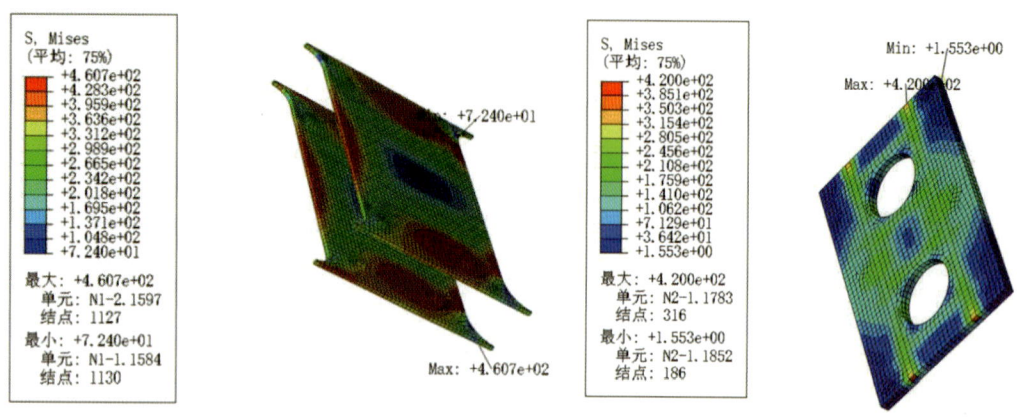

图5-66　足尺模型锚固构造N1板应力云图　　图5-67　足尺模型锚固构造N2板应力云图

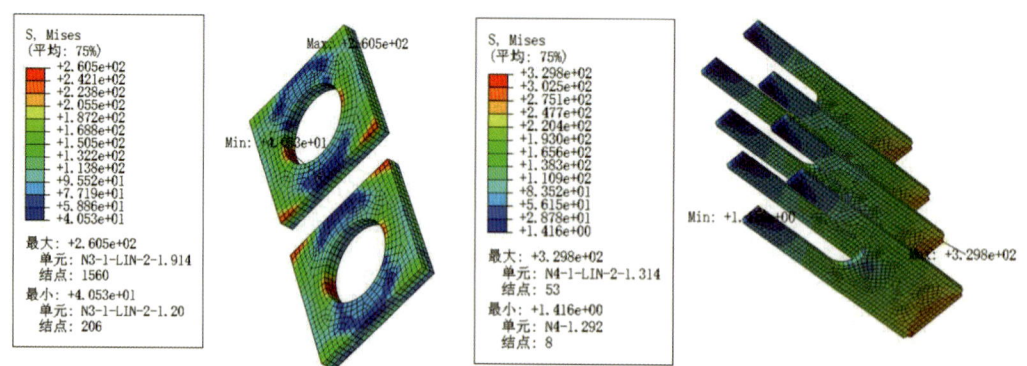

图5-68　足尺模型锚固构造N3板应力云图　　图5-69　足尺模型锚固构造N4加劲板应力云图

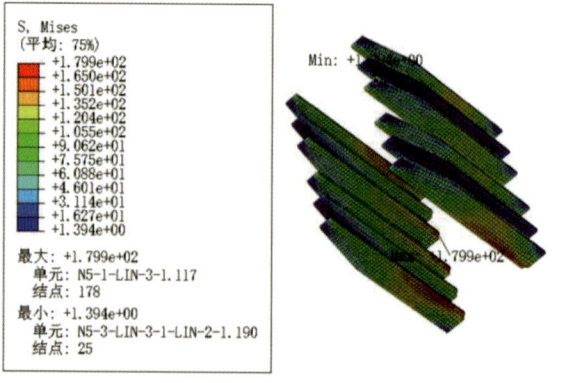

图5-70　足尺模型锚固构造N5加劲板应力云图

3. 钢箱梁箱体

钢箱梁箱体部分在顶板与约束接触部分、腹板与约束部分均出现了应力集中现象，其最大应力值分别为453.6 MPa、443.6 MPa。应力云图如图5-71~图5-73所示。

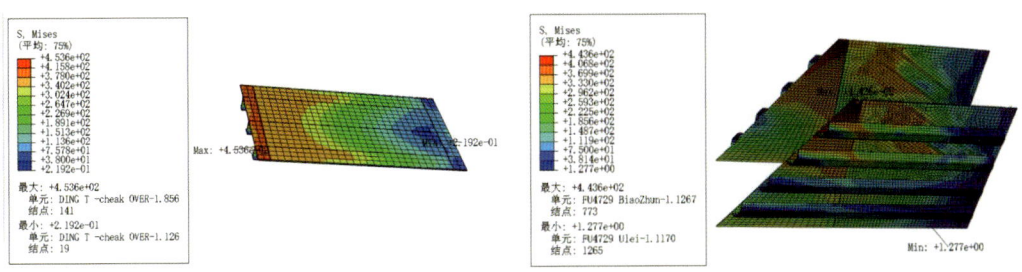

图5-71　足尺模型上顶板应力云图　　　图5-72　足尺模型左右腹板应力云图

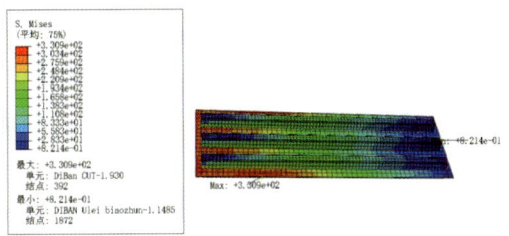

图5-73　足尺模型底板应力云图

5.6　主梁锚固区板件结构优化分析

在模型试验结果的基础上，对足尺模型构件的板件厚度进行单参数优化分析，共5类板件、10个方案，利用有限元模型进行应力计算分析，结果包括10种方案与原足尺模型的最大von Mises应力结果对比。结果显示，通过钢锚箱关键板件的厚度变化不能很好地改善局部微小角点的应力集中，在足尺模型各参数的基础上，加大锚固构造N1板的厚度为钢锚箱设计参数的优化建议。

5.6.1　优化方案

此为钢结构，对于力学性能的影响主要为钢板厚度。原设计钢锚箱主体结构厚度、拟定增加参数如表5-3所示。

表5-3　钢板厚度优化参数　　　　　　　　　　　单位：mm

板件类型	原设计钢锚箱主体结构厚度	拟定修改参数
N1	40	38、42

续表

板件类型	原设计钢锚箱主体结构厚度	拟定修改参数
N2	60	58、62
N3	70~79.1	68~77.1、72~81.1
N4	40	38、42
N5	30	28、32

此处优化分析以单参数形式进行,即一个板件厚度的改变对应一个修改方案。参数优化的方案设计如表5-4所示。

表5-4 足尺模型结构设计的参数优化方案

方案	修改厚度的板件	板厚/mm
1	锚固构造N1板	38
2	锚固构造N1板	42
3	锚垫板N2	58
4	锚垫板N2	62
5	锚垫板N3	68~77.1
6	锚垫板N3	72~81.1
7	锚固加劲肋N4	38
8	锚固加劲肋N4	42
9	锚固加劲肋N5	28
10	锚固加劲肋N5	32

5.6.2 优化结果

1. 方案1应力结果

方案1应力结果如图5-74和图5-75所示。

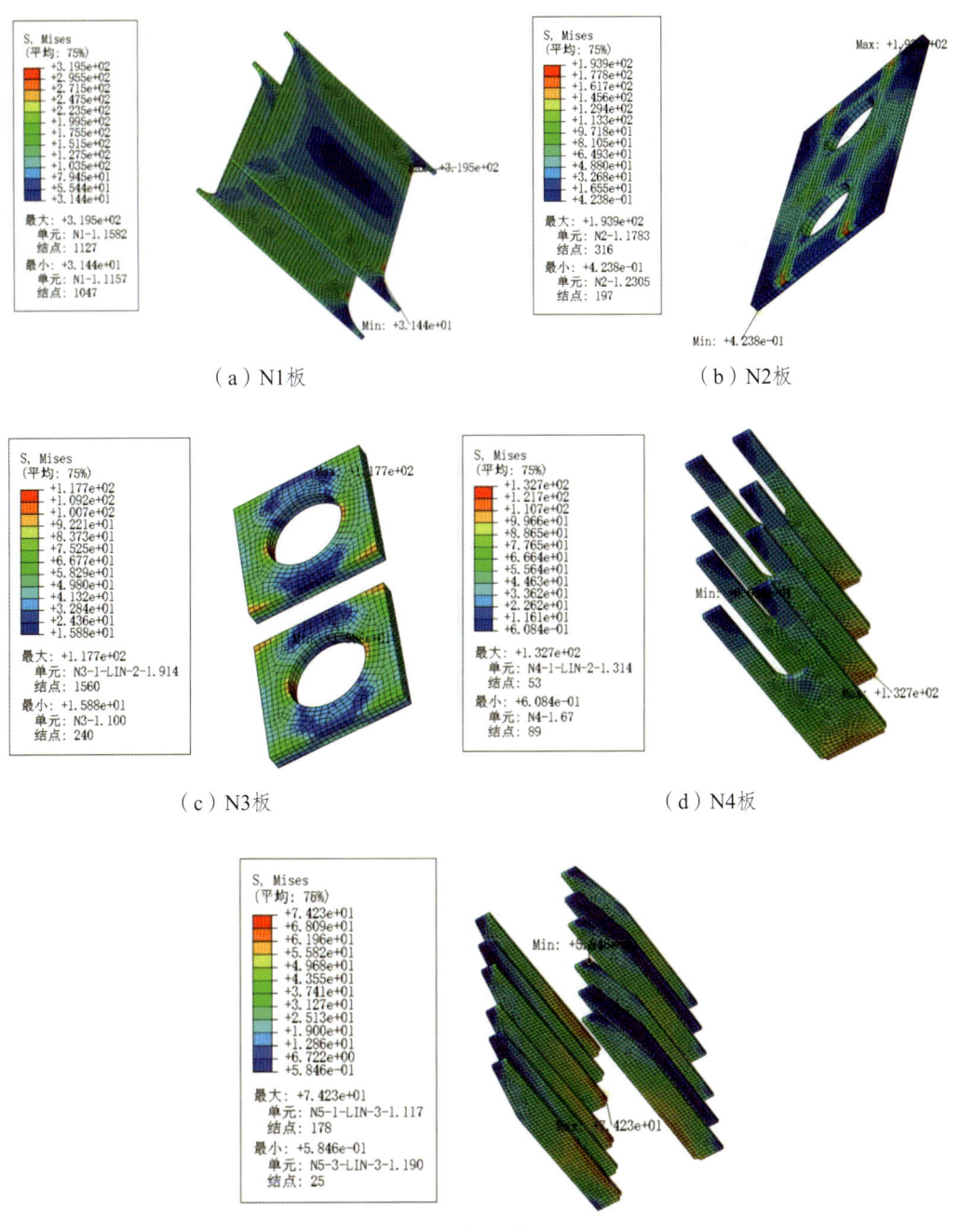

(a) N1板　　(b) N2板

(c) N3板　　(d) N4板

(e) N5板

图5-74　方案1足尺模型锚固构造应力云图（单位：MPa）

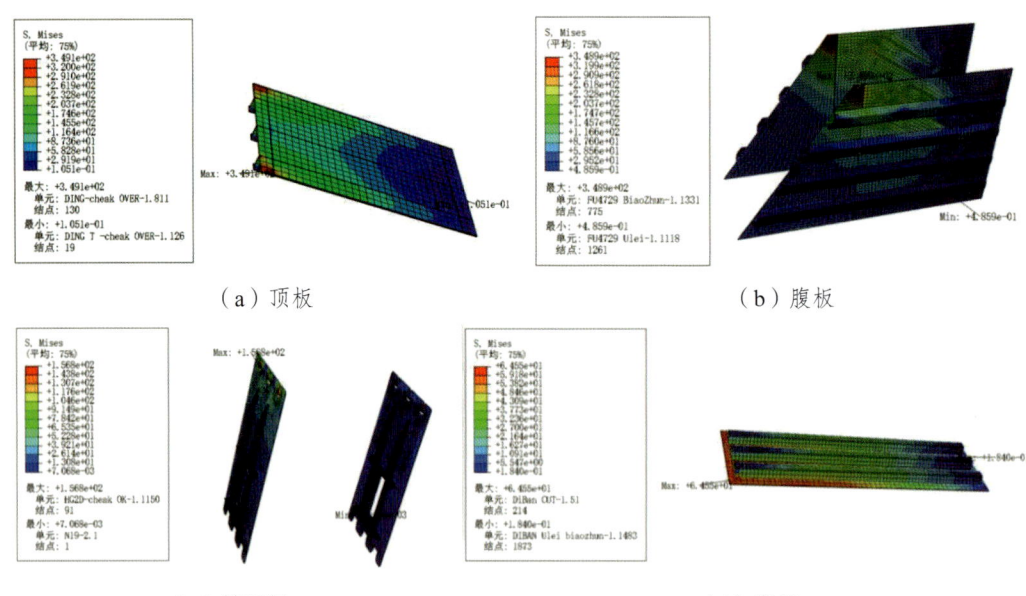

图5-75 方案1足尺模型钢箱梁应力云图（单位：MPa）

2. 方案2应力结果

方案2应力结果如图5-76和图5-77所示。

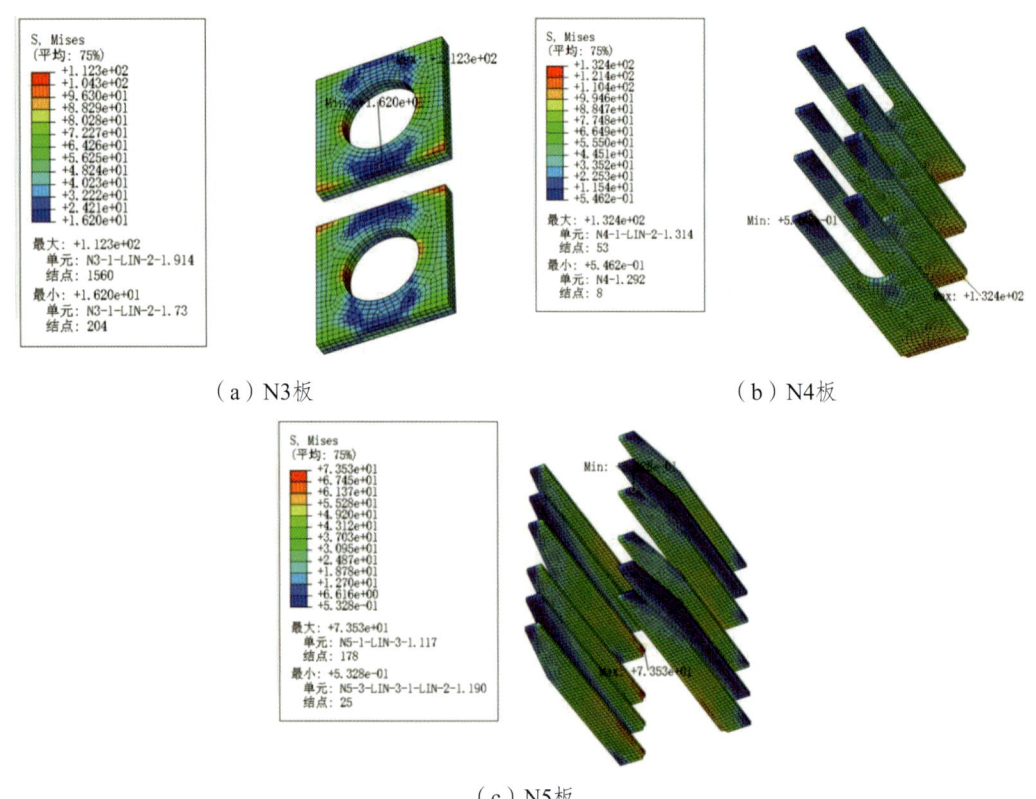

图5-76 方案2足尺模型锚固构造应力云图（单位：MPa）

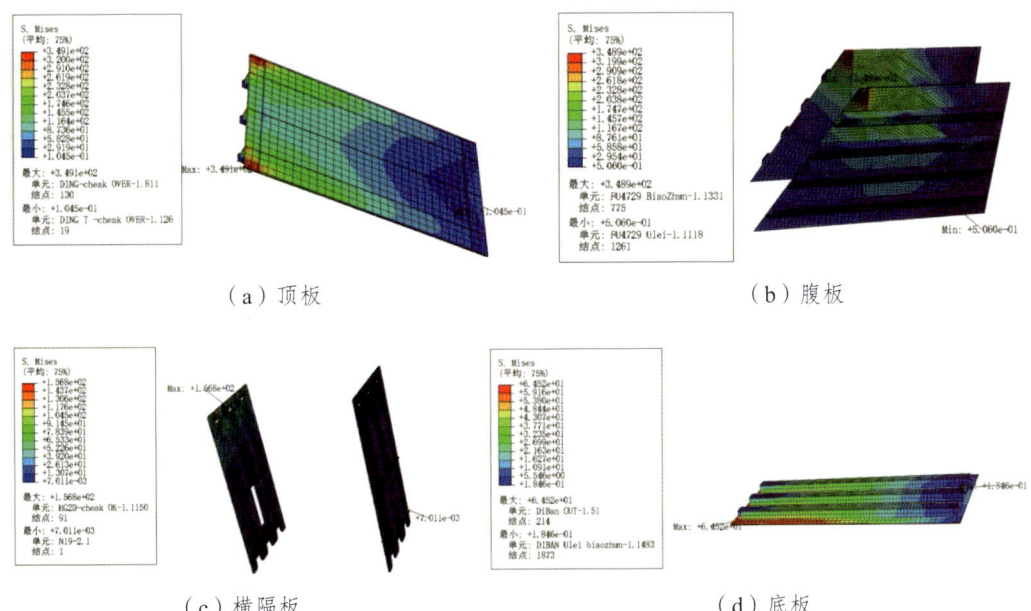

（a）顶板　　　　　　　　　　　　（b）腹板

（c）横隔板　　　　　　　　　　　（d）底板

图5-77　方案2足尺模型钢箱梁应力云图（单位：MPa）

3. 方案3应力结果

方案3应力结果如图5-78和图5-79所示。

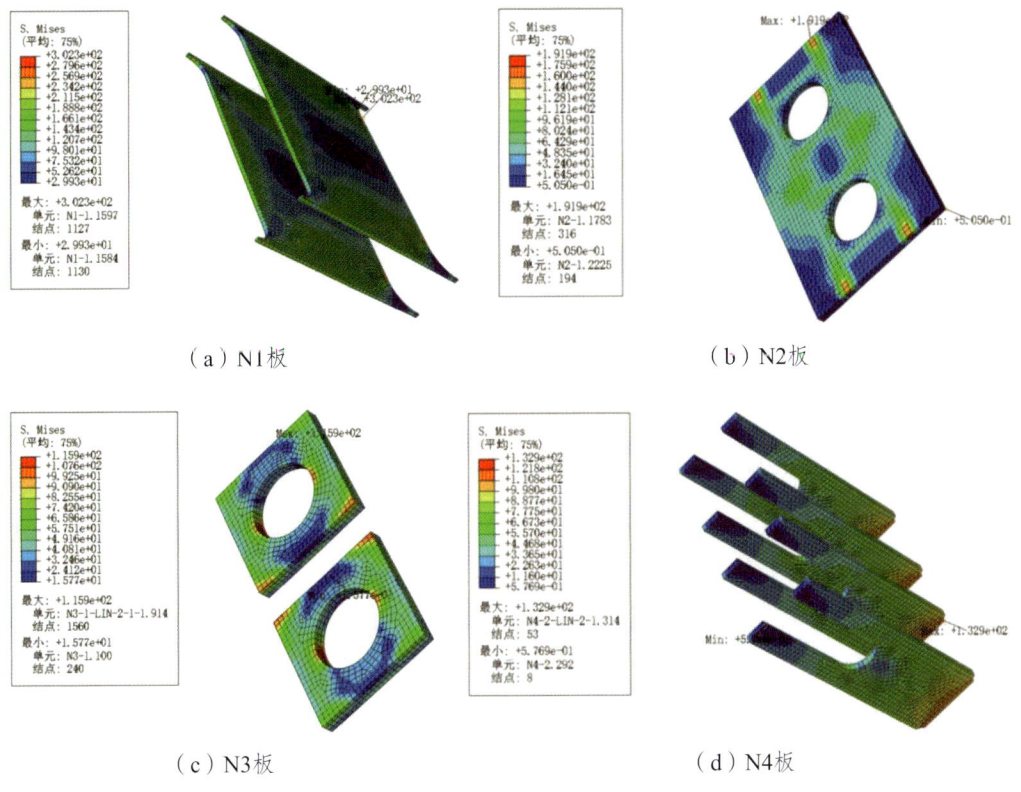

（a）N1板　　　　　　　　　　　　（b）N2板

（c）N3板　　　　　　　　　　　　（d）N4板

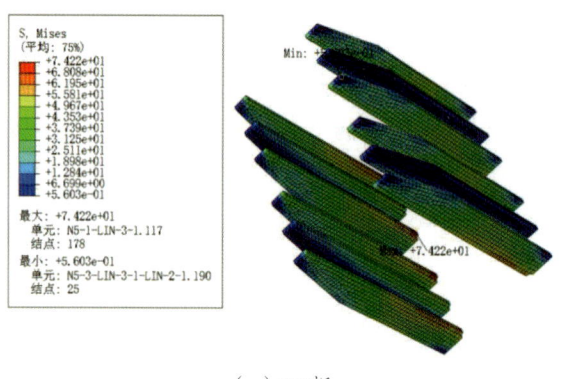

（e）N5板

图5-78　方案3足尺模型锚固构造应力云图（单位：MPa）

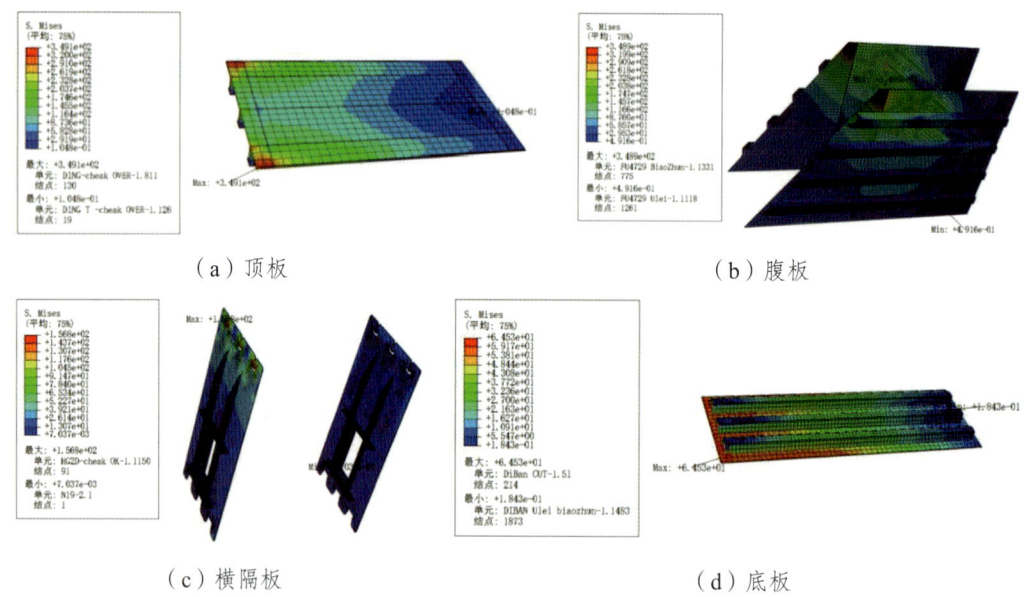

（a）顶板　　　　　　　　　　　　　　（b）腹板

（c）横隔板　　　　　　　　　　　　　（d）底板

图5-79　方案3足尺模型钢箱梁应力云图（单位：MPa）

4. 方案4应力结果

方案4应力结果如图5-80和图5-81所示。

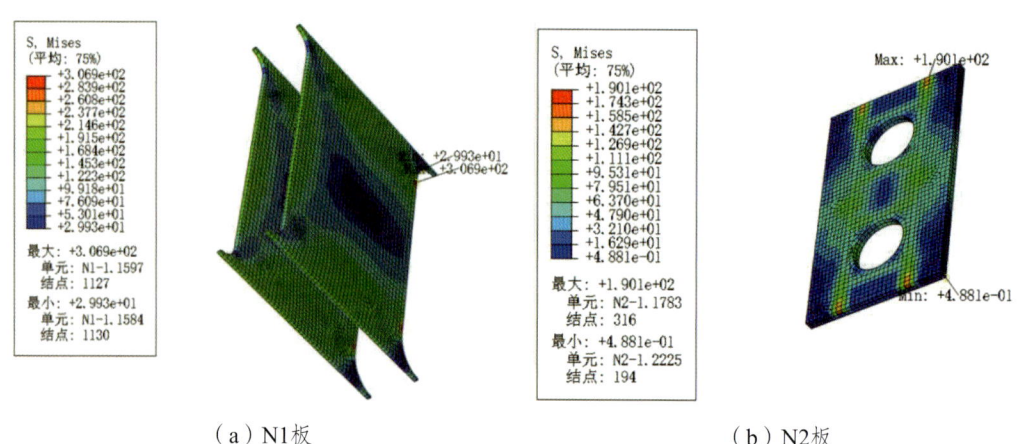

（a）N1板　　　　　　　　　　　　　　（b）N2板

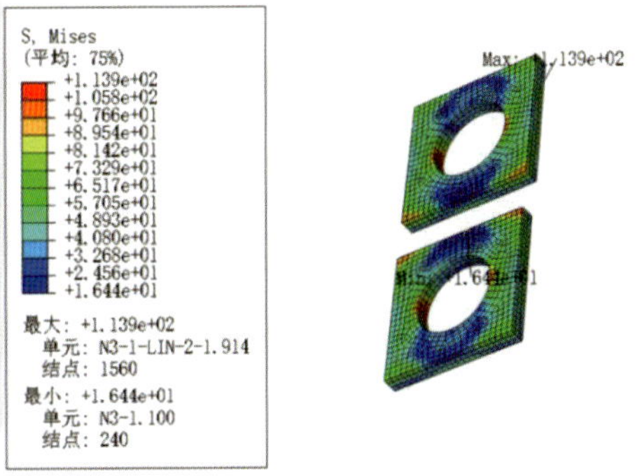

(c) N3板

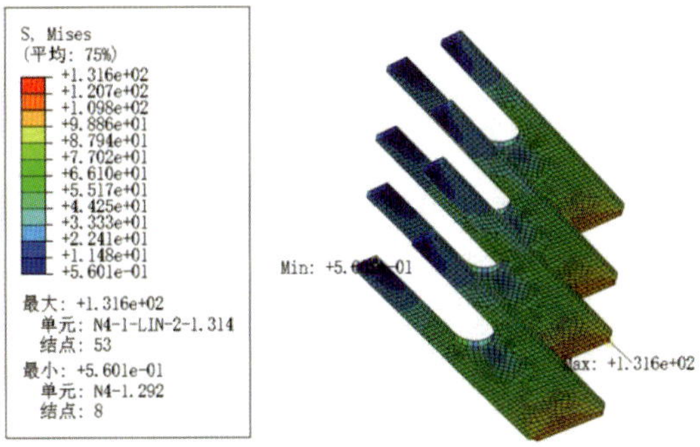

(d) N4板

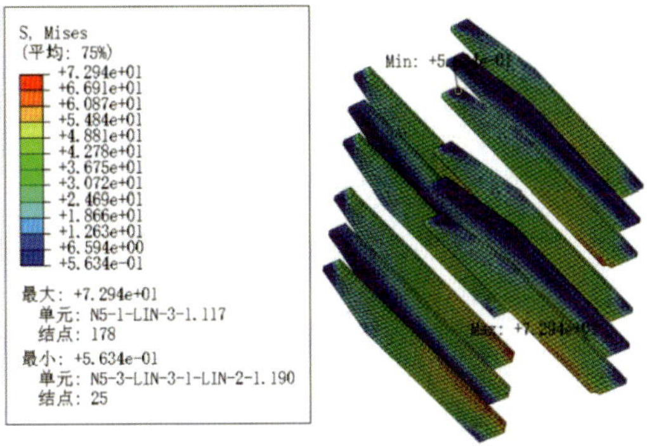

(e) N5板

图5-80 方案4足尺模型锚固构造应力云图（单位：MPa）

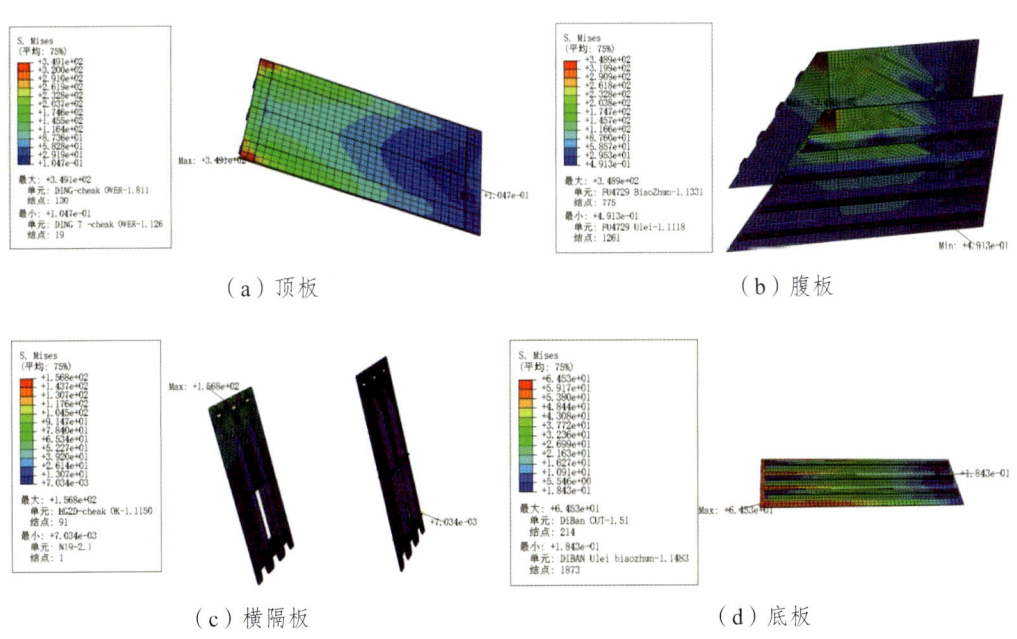

(a) 顶板

(b) 腹板

(c) 横隔板

(d) 底板

图5-81 方案4足尺模型钢箱梁应力云图（单位：MPa）

5. 方案5应力结果

方案5应力结果如图5-82和图5-83所示。

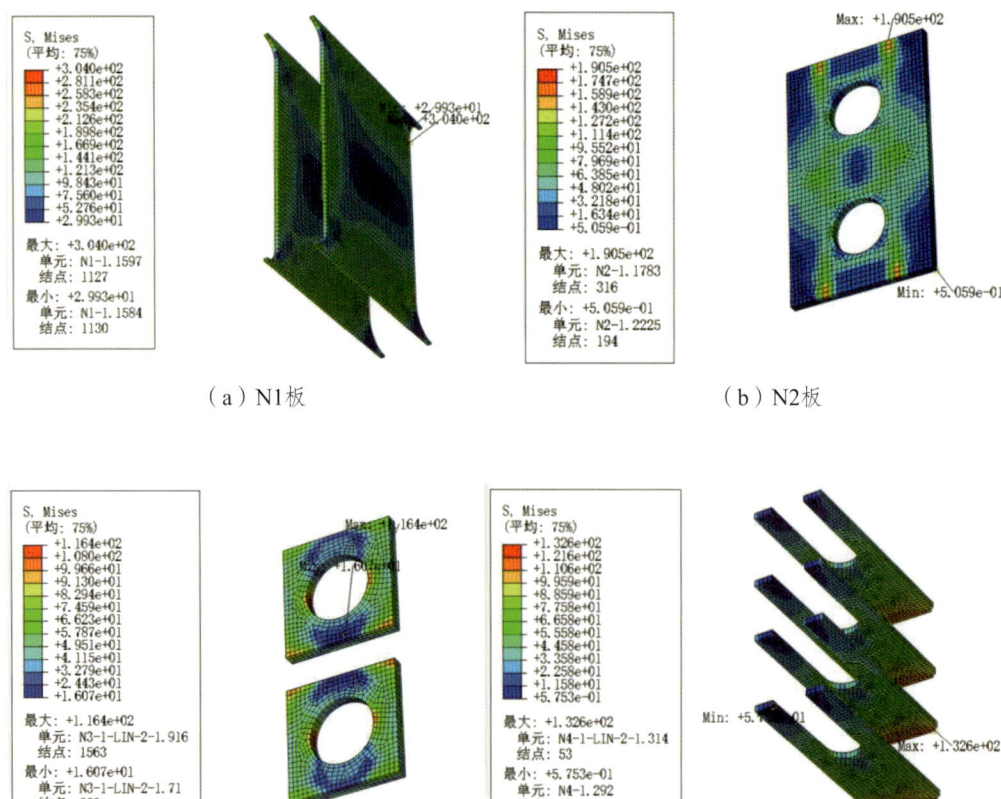

（a）N1板　　　　　　　　　　　（b）N2板

（c）N3板　　　　　　　　　　　（d）N4板

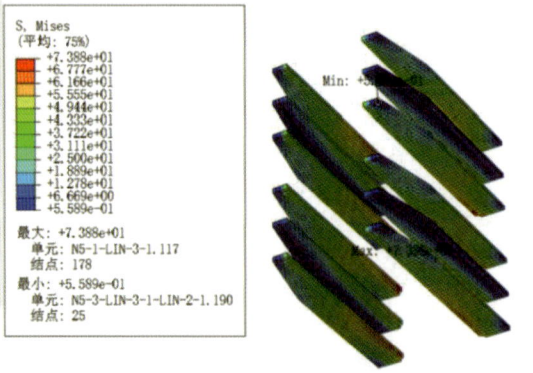

（e）N5板

图5-82　方案5足尺模型锚固构造应力云图（单位：MPa）

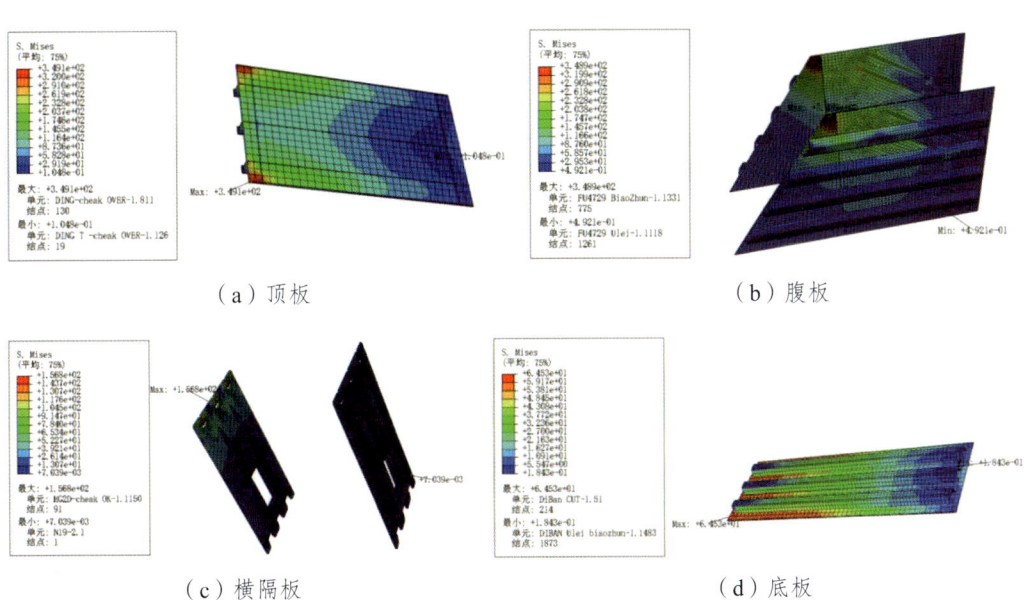

（a）顶板　　　　　　　　　　　（b）腹板

（c）横隔板　　　　　　　　　　（d）底板

图5-83　方案5足尺模型钢箱梁应力云图（单位：MPa）

6. 方案6应力结果

方案6应力结果如图5-84和图5-85所示。

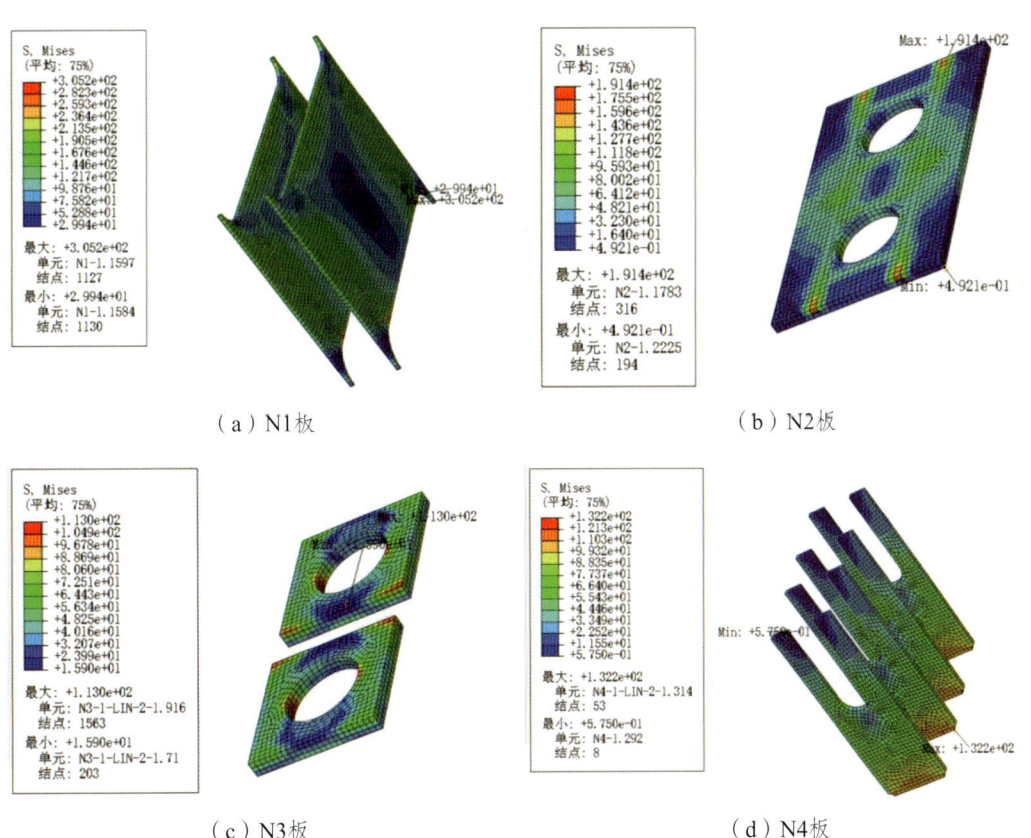

（a）N1板　　　　　　　　　　　（b）N2板

（c）N3板　　　　　　　　　　　（d）N4板

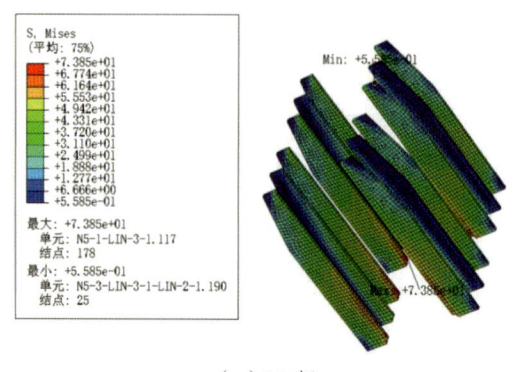

（e）N5板

图5-84　方案6足尺模型锚固构造应力云图（单位：MPa）

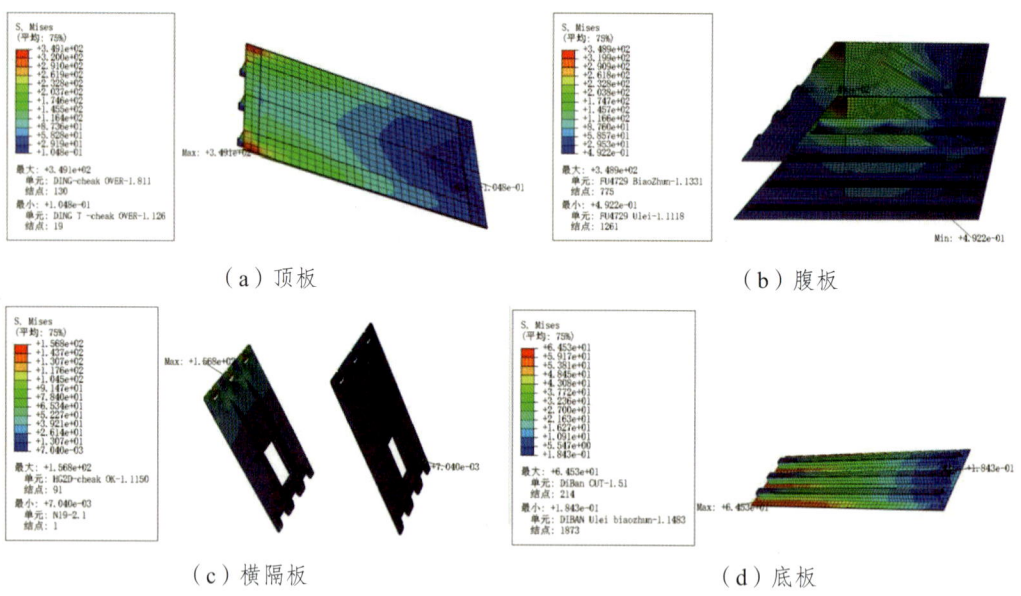

（a）顶板　　　　　　　　　　　　　　（b）腹板

（c）横隔板　　　　　　　　　　　　　（d）底板

图5-85　方案6足尺模型钢箱梁应力云图（单位：MPa）

7. 方案7应力结果

方案7应力结果如图5-86和图5-87所示。

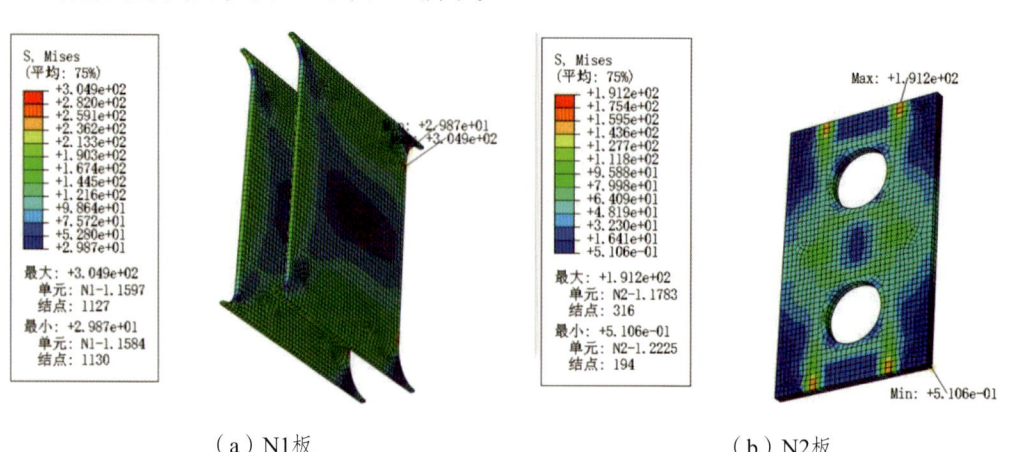

（a）N1板　　　　　　　　　　　　　　（b）N2板

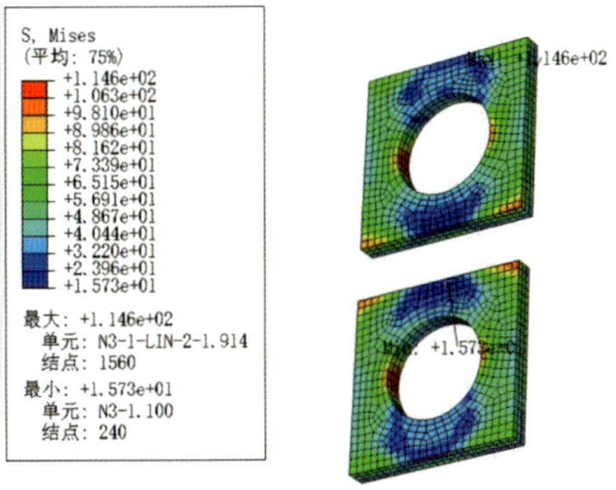

（c）N3板 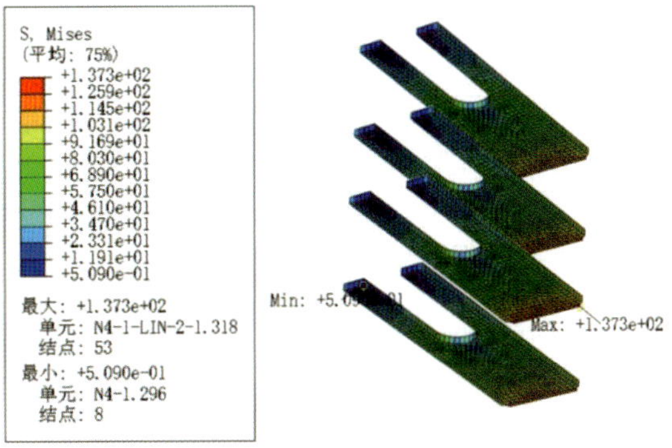　　　　　　　　　　　　（d）N4板

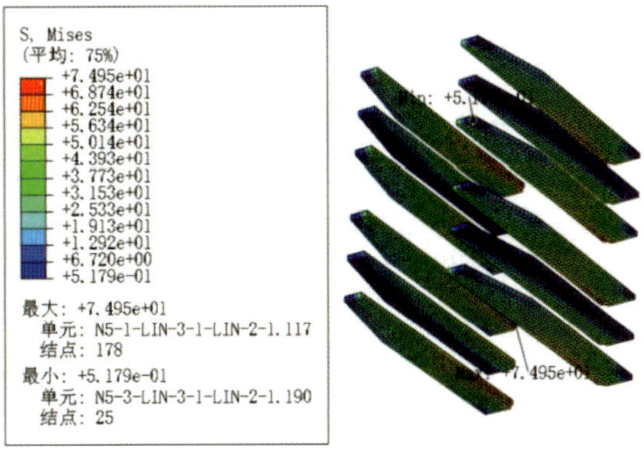

（e）N5板

图5-86　方案7足尺模型锚固构造应力云图（单位：MPa）

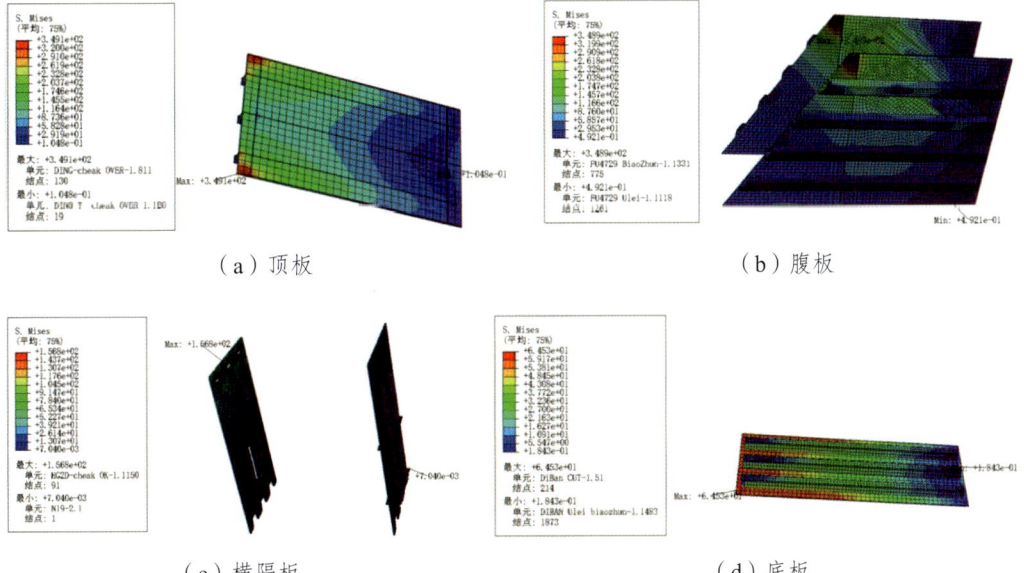

（a）顶板　　　　　　　　　　　　（b）腹板

（c）横隔板　　　　　　　　　　　（d）底板

图5-87　方案7足尺模型钢箱梁应力云图（单位：MPa）

8. 方案8应力结果

方案8应力结果如图5-88和图5-89所示。

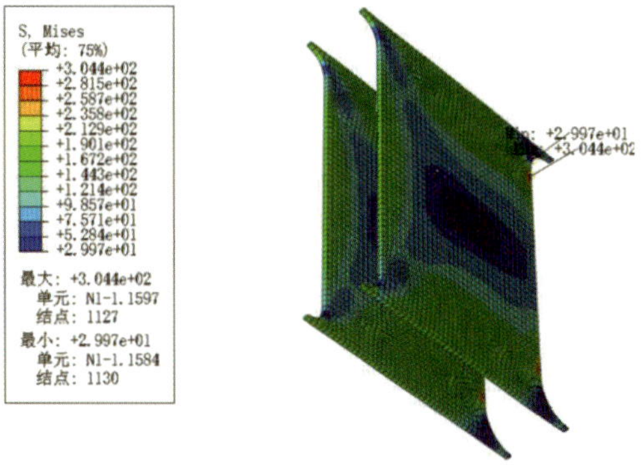

（a）N1板

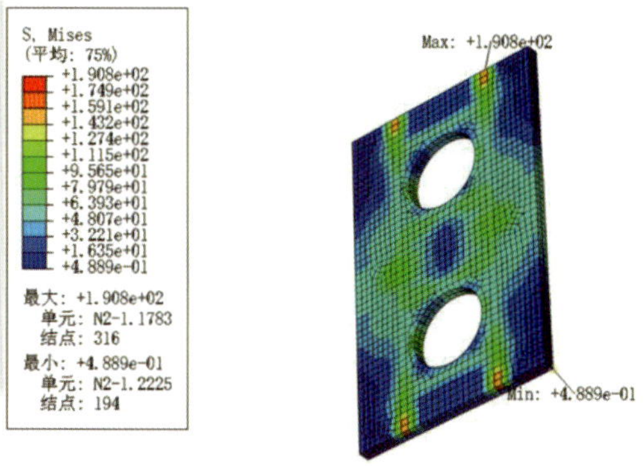

（b）N2板

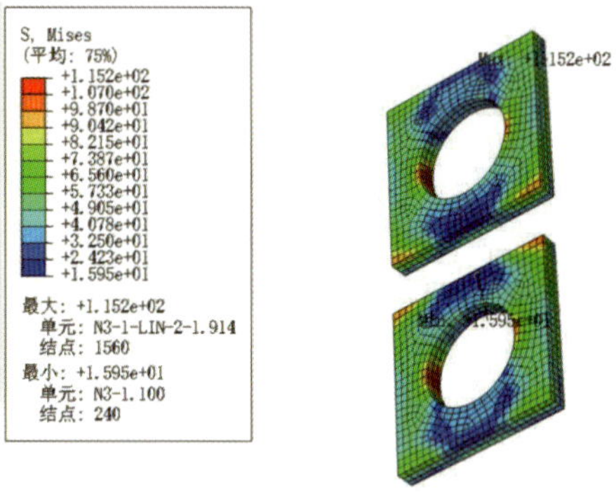

（c）N3板

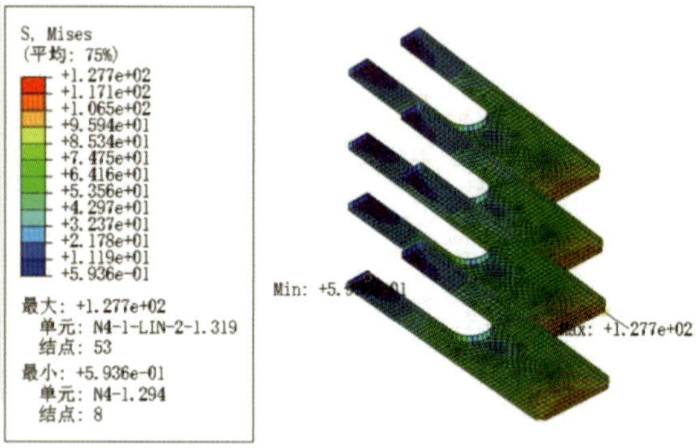

（d）N4板

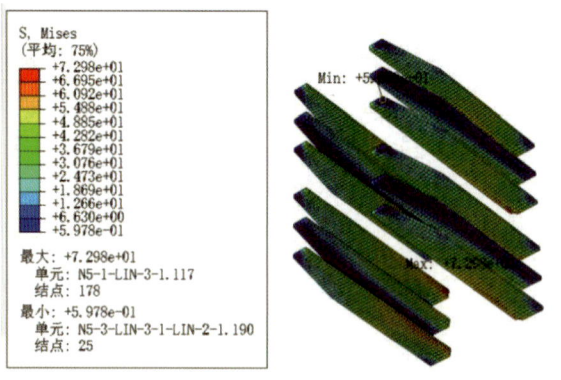

（e）N5板

图5-88 方案8足尺模型锚固构造应力云图（单位：MPa）

(a) 顶板　　　　　　　　　　(b) 腹板

(c) 横隔板　　　　　　　　　(d) 底板

图5-89　方案8足尺模型钢箱梁应力云图（单位：MPa）

9. 方案9应力结果

方案9应力结果如图5-90和图5-91所示。

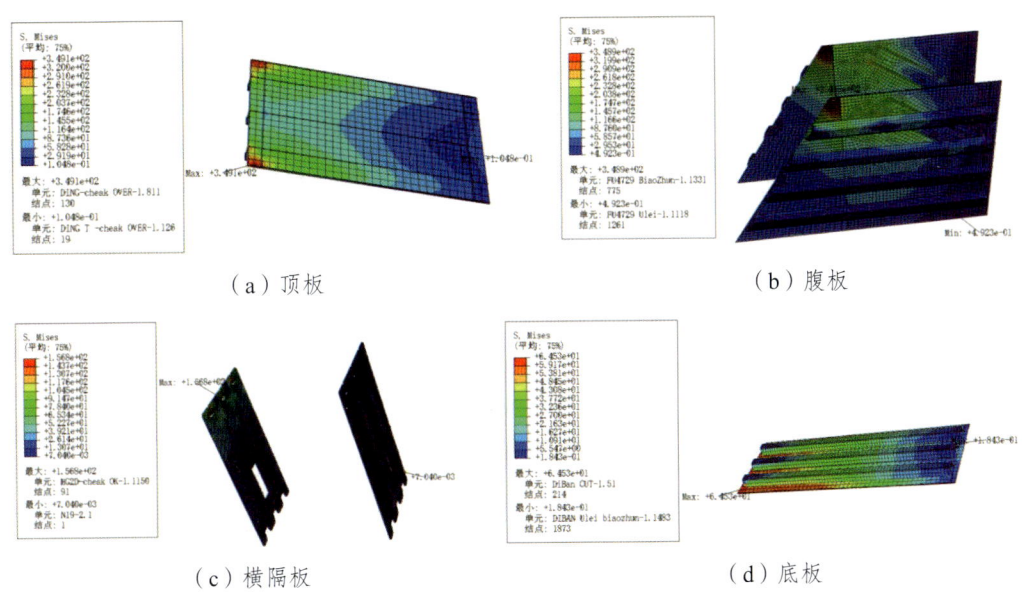

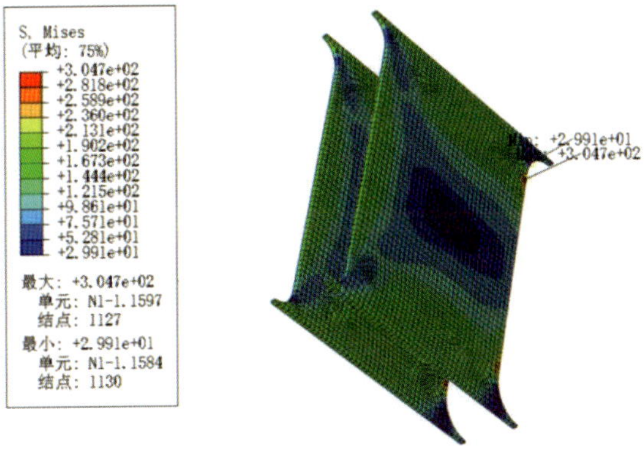

(a) N1板 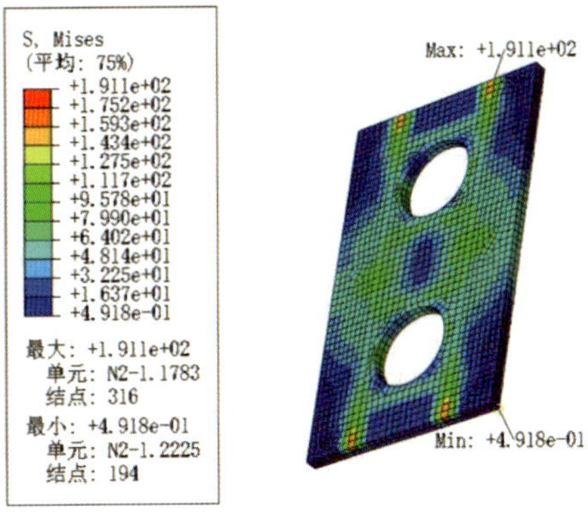　　　　　　　　　　(b) N2板

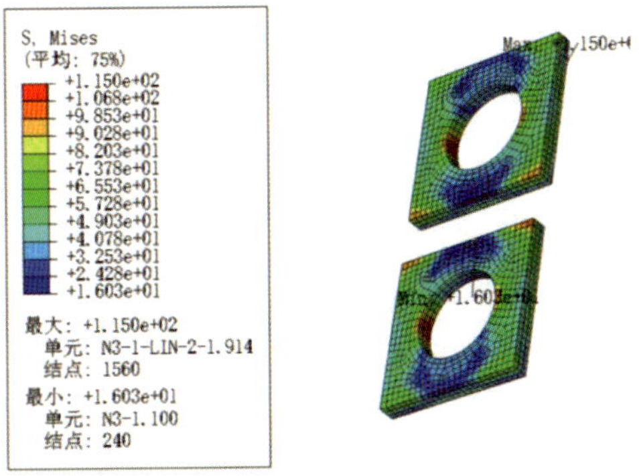

(c) N3板 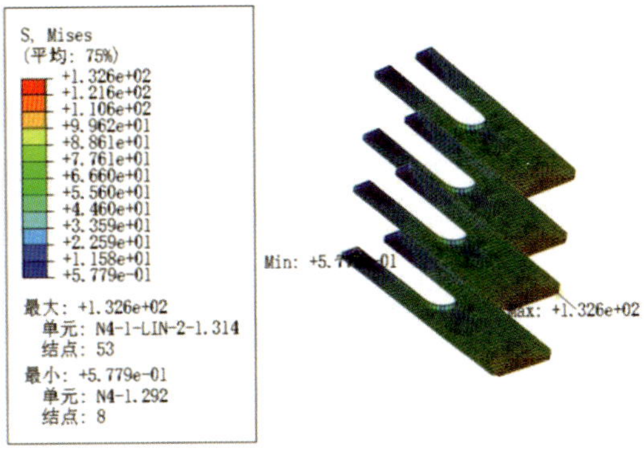　　　　　　　　　　(d) N4板

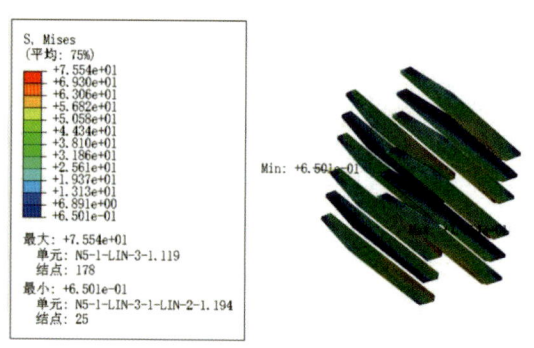

（e）N5板

图5-90　方案9足尺模型锚固构造应力云图（单位：MPa）

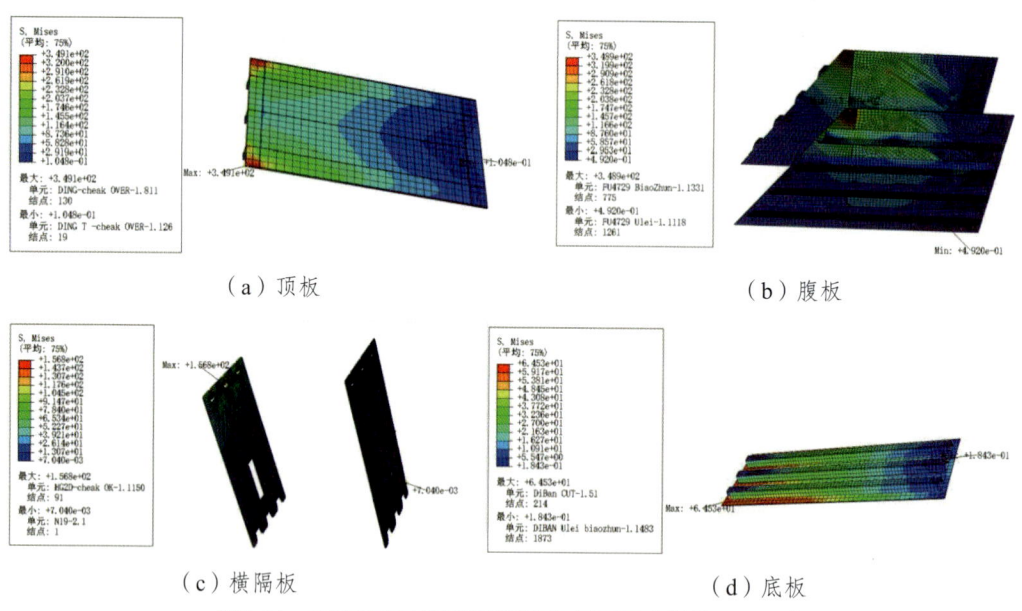

（a）顶板　　　　　　　　　　　　　　（b）腹板

（c）横隔板　　　　　　　　　　　　　（d）底板

图5-91　方案9足尺模型钢箱梁应力云图（单位：MPa）

10．方案10应力结果

方案10应力结果如图5-92和图5-93所示。

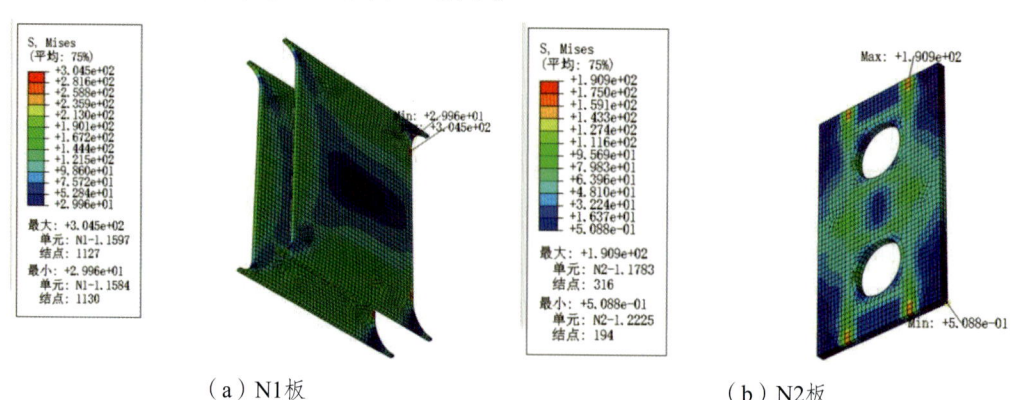

（a）N1板　　　　　　　　　　　　　　（b）N2板

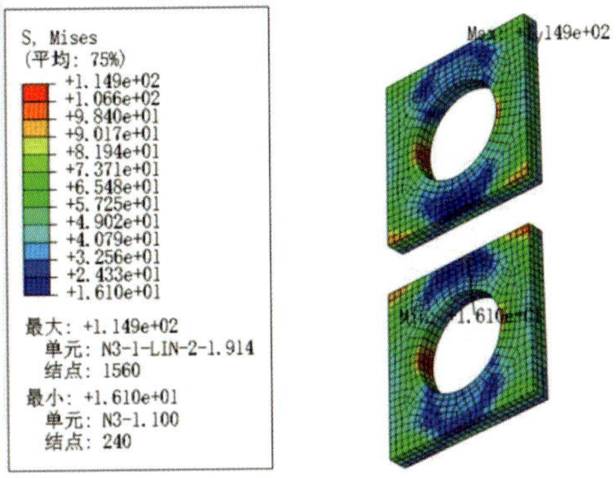

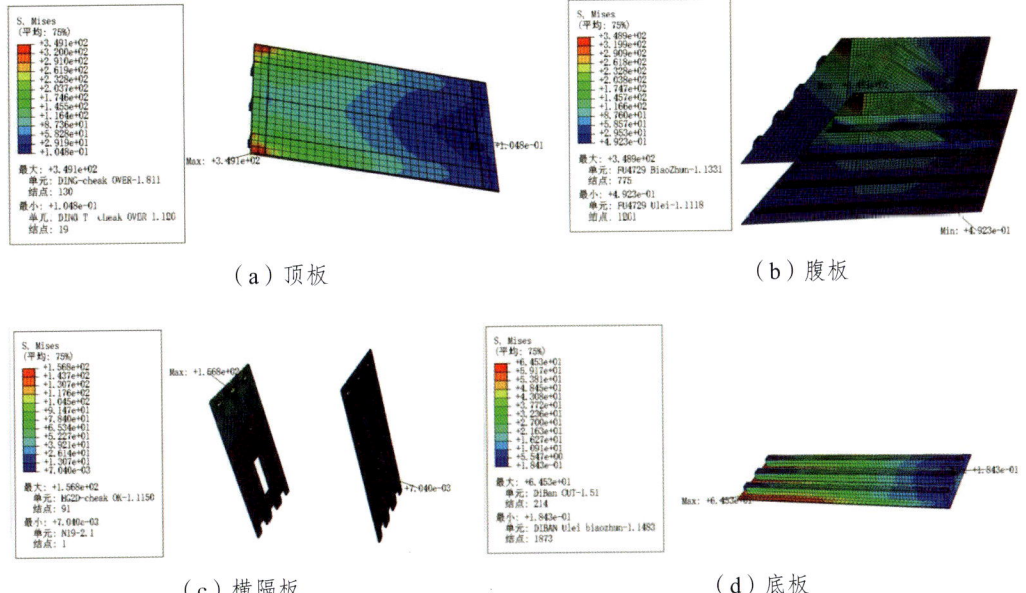

(c) N3板 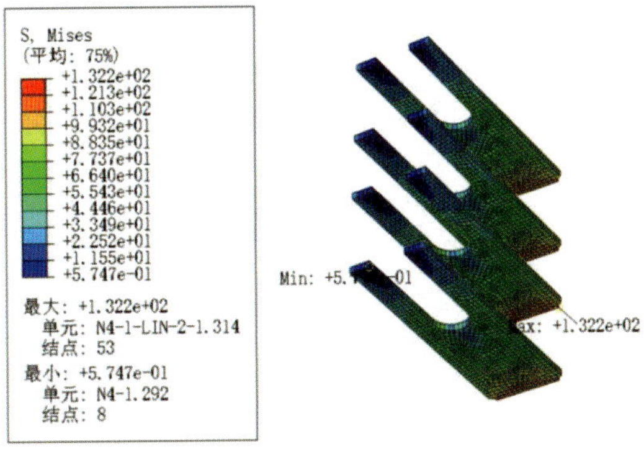　　　　　　　　　　　　　　(d) N4板

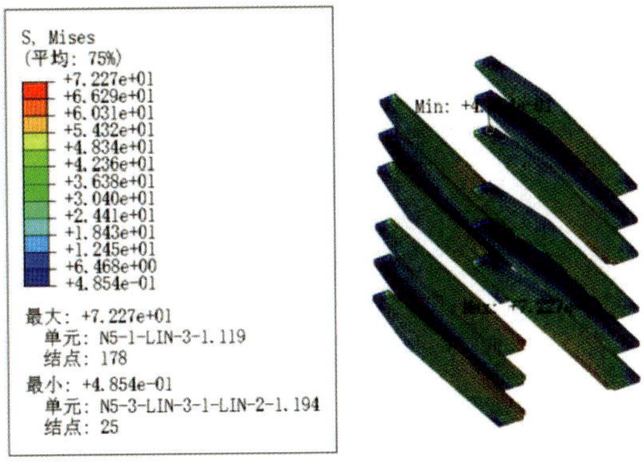

(e) N5板

图5-92　方案10足尺模型锚固构造应力云图（单位：MPa）

(a) 顶板　　　　　　　　　　　　　　(b) 腹板

(c) 横隔板　　　　　　　　　　　　　(d) 底板

图5-93　方案10足尺模型钢箱梁应力云图（单位：MPa）

5.6.3　结果对比

通过对比以上10种参数优化方案中关键板件的von Mises应力，探寻不同板件厚度变化对钢锚箱受力的影响，原模型与锚固构造板件的最大von Mises应力如表5-5所示，原模型与钢箱梁板件的最大von Mises应力如表5-6所示。

表5-5　原模型与锚固构造板件的最大von Mises应力结果　　　　单位：MPa

方案	N1	N2	N3	N4	N5
原模型	304.6	191.0	114.9	132.4	73.86
1	319.5	193.9	117.7	132.7	74.23
2	287.2	186.5	112.3	132.4	73.53
3	302.3	191.9	115.9	132.9	74.22
4	306.9	190.1	113.9	131.6	72.94
5	304.0	190.5	116.4	132.6	73.88
6	305.2	191.4	113.0	132.2	73.85
7	304.9	191.2	114.6	137.3	74.95
8	304.4	190.8	115.2	127.7	72.98
9	304.7	191.1	115.0	132.6	75.54
10	304.5	190.9	114.9	132.2	72.27

表5-6　原模型与钢箱梁板件的最大von Mises应力结果　　　　单位：MPa

方案	顶板	腹板	横隔板	底板
原模型	349.1	348.9	156.8	64.53
1	349.1	348.9	156.8	64.55
2	349.1	348.9	156.8	64.52
3	349.1	348.9	156.8	64.53
4	349.1	348.9	156.8	64.53
5	349.1	348.9	156.8	64.53
6	349.1	348.9	156.8	64.53

续表

方案	顶板	腹板	横隔板	底板
7	349.1	348.9	156.8	64.53
8	349.1	348.9	156.8	64.53
9	349.1	348.9	156.8	64.53
10	349.1	348.9	156.8	64.53

由表5-5可以看出，方案2即加厚锚固构造N1板的厚度可最为有效地降低锚固构造板件的应力水平。由表5-6可以看出，10种方案中钢箱梁板件的von Mises应力结果均与原足尺模型的结果相差不大，说明通过钢锚箱关键板件的厚度变化不能很好改善局部微小角点的应力集中。

5.7 本章小结

为研究临港长江大桥双拉索索梁钢锚箱结构这一新型桥梁结构形式的受力性能及传力机理，验证结构设计的安全性及可靠性，提出了一种适用于复杂索梁锚固区的模型加载方式与传力桁架体系，对该结构进行加载—破坏全过程计算分析及大比例模型试验，获得了结构从加载至破坏的全过程的受力、变形性能指标，并结合有限元方法分析了该新型钢锚箱结构的受力性能及优化方案。主要结论如下：

（1）对比3组试验结果可知，在设计荷载及屈服荷载下，锚固构造均有良好的受力响应，整体结构处于弹性阶段，结构安全系数高。通过使承压板通长与梁腹板相连的结构形式不能明显改善锚固构造的结构行为，但是其在低应力作用下对于减小板件的峰值应力效果显著。在承压板的分担作用下，偏载荷载对于下侧锚肋板影响较小，箱体受力依然稳定。

（2）锚腹板边侧应力分布与中间应力分布相反，边侧与梁腹板相连位置，近承压板侧承受拉应力作用，远承压板侧承受压应力作用；中侧则是近承压板侧承受压应力作用，远承压板侧承受拉应力作用，推断锚腹板结构内部索力自承压板斜向下方扩散传播。

（3）试验结果与数值分析结果吻合较好，受力分布规律相似，相同工况下应力规律相似。部分接触面位置均有应力集中超限现象，超限值及范围较小，无安全隐患。其余位置在设计荷载下和屈服荷载下均满足强度条件。

（4）通过足尺模型板件结构优化结果对比可知，增加N1板厚度能显著降低N1板、N2板和N3板的最大von Mises应力，可以提高钢锚箱结构整体承载能力。

参考文献:

[1] WEI X, XIAO L, WANG Z. Full-scale specimen testing and parametric studies on tensile-plate cable-girder anchorages in cable-stayed bridges with steel girders [J]. Journal of Bridge Engineering, 2018, 23（4）: 04018006.

[2] SU Q, YANG G, QIN F, et al. Investigation on the horizontal mechanical behavior of steel-concrete composite cable-pylon anchorage [J]. Journal of Constructional Steel Research. 2012（72）: 267-275.

[3] JO B, BYUN Y, TAE G. Structural behavior of cable anchorage zones in prestressed concrete cable-stayed bridge [J]. Canadian Journal of Civil Engineering, 2002, 29（1）: 171-180.

[4] WEI X, LI J.Theoretical and experimental study on cable-to-irder anchorages in long-span cable-stayed bridges with steel box girder [J]. Advanced Materials Research, 2011, 255-260.

[5] 李小珍, 蔡婧, 强士中. 大跨度钢箱梁斜拉桥索梁锚固结构型式的比较研究[J]. 土木工程学报, 2004（3）: 73-79.

[6] 陈开利, 郑纲. 大跨度钢箱梁斜拉桥索梁锚固区传力机理[J]. 中国铁道科学, 2005（4）: 28-31.

[7] 么超逸, 蒲黔辉, 施洲, 等. 大跨度铁路钢箱梁斜拉桥索梁锚固结构疲劳性能试验研究[J]. 铁道学报, 2015（8）: 72-79.

[8] 庄义民. 大跨度铁路斜拉桥锚拉板式索梁锚固区受力特性研究[D]. 成都: 西南交通大学, 2017.

[9] 王冲, 周莉, 孙东利, 等. 独塔斜拉桥钢桥塔锚固区钢锚箱应力分析[J]. 桥梁建设, 2015, 45（3）: 51-57.

[10] 刘玉擎, 陈聪, 郑双杰. 钢锚箱嵌固型索塔锚固结构受力机理分析[J]. 桥梁建设, 2015, 45（1）: 33-38.

[11] 陈开利. 钢锚箱索塔锚固区受力机理[J]. 中国铁道科学, 2008（4）: 58-64.

[12] 李乔, 张清华. 锚箱式索梁锚固结构受力特性研究Ⅱ: 传力机理[J]. 土木工程学报, 2012, 45（9）: 100-107.

[13] 李丹, 苏庆田, 吴冲, 等. 锚箱式钢桥塔锚固区力学性能研究[J]. 结构工程师, 2014, 30（1）: 63-69.

[14] 张清华, 李乔. 锚箱式索梁锚固结构受力特性研究Ⅰ: 理论模型[J]. 土木工程学报, 2012, 45（7）: 120-126.

[15] 刘庆宽, 王新敏, 强士中. 南京长江二桥南汊桥索梁锚固足尺模型试验研究[J]. 土木工程学报, 2001（2）: 50-54.

[16] 刘振标，施洲，罗世东，等. 铁路混合梁斜拉桥索梁钢锚箱受力分析与试验研究[J]. 桥梁建设，2015，45（2）：12-18.

[17] 陈伟庆，唐兵，郑家树. 斜拉桥锚箱结构空间有限元分析[J]. 工程力学，2001（A1）：413.

[18] 张育智，李乔，满洪高. 斜拉桥锚箱式索梁锚固区应力及传力途径分析[J]. 西南交通大学学报，2006（2）：179-183.

第6章
公路组合桥面结构行为

6.1 概 述

本章阐述了正交异性钢-砼组合桥面板的构造及其结构行为，首先介绍传统正交异性钢桥面板在使用过程中桥面出现的病害问题，进而逐渐演化成将铺装层和钢桥面结合起来的正交异性钢-砼组合桥面，显著提升了钢桥面结构的疲劳性能；然后研究正交异性钢-砼组合桥面的轮载扩散效应，依托实际工程，采用理论推导结合有限元软件分析了桥面板的竖向传力机制，提出了轮载分担率用于计算组合桥面板在轮载下的横桥向受力状态，可为混凝土的设计提供理论依据；最后依托临港长江大桥，分析混凝土层切缝对大跨斜拉桥正交异性钢-砼组合桥面板负弯矩区混凝土拉应力消减效果，取最不利梁段建立组合桥面板节段有限元模型，分析在斜拉桥辅助墩处桥面板受力性能，比较不同切缝方式对桥面板受力的影响，可为正交异性钢-砼组合桥面板切缝设计提供参考。

6.2 正交异性组合桥面板的构造与受力特点

6.2.1 传统正交异性钢桥面板的病害

正交异性钢桥面板是由纵向加劲肋、横向加劲肋、横隔板以及钢顶板共同组成的整体结构，因其具有质量轻、极限承载能力大、装配化施工周期短等特点广泛应用于国内外大跨度桥梁建设中，例如1994年建成的法国诺曼底大桥、2007年建成的舟山连岛工程西堠门大桥及2008年建成的广州珠江黄埔大桥、江苏苏通长江大桥等均采用正交异性钢桥面。正交异性钢桥面构造复杂，制造过程中需要大量的焊接，因此存在应力集中，在局部车轮荷载的反复作用下容易产生疲劳问题。1971年建成的英国Severn桥通车仅5年就出现了钢桥面疲劳开裂问题，之后世界范围内不断出现关于正交异性钢桥面疲劳病害问题的案例和报道。正交异性钢桥面结构的两类典型病害为：① 沥青混凝土铺装层损坏；② 钢桥面疲劳易损细节开裂破坏。

为防止正交异性钢桥面锈蚀，保证桥梁的耐久性、平顺性和行车舒适性，钢桥面顶板上方铺设一定厚度的混凝土铺装层。正交异性钢桥面混凝土铺装与公路路面铺装不同，公路路面底层有刚性路基的支撑，而钢桥面的混凝土铺装直接浇筑在顶板上，钢桥面相对柔度较大并且存在应力集中，会对铺装层的受力产生不利影响。此外，沥青混凝土铺装层受温度、风雨等气候条件影响较大,在车轮荷载的反复作用下会对铺装层与钢桥面的黏结强度产生不利影响。在车轮荷载、温度荷载及结构体系综合影响下,沥青混凝土铺装层容易出现不同程度的破坏,典型破坏形式有铺装层疲劳开裂、黏结层失效或脱层、车辙、推移、拥包、坑槽、局部冲压破坏等。

正交异性钢桥面板各构造位置应力影响线较短,应力比较集中,而车辆通行造成的应力循环次数较多,在车轮荷载的反复作用下,正交异性钢桥面板焊缝部位及横隔板开孔部位容易发生疲劳开裂破坏。正交异性钢桥面常见的疲劳易损细节有:① 横隔板弧形切口:为使纵肋连续穿过横隔板,横隔板通常会设置弧形切口,弧形切口处存在较大的应力集中,容易出现疲劳开裂现象;② 纵肋与横隔板焊缝:纵肋与横隔板的连接形式较多,但我国正交异性桥梁起步较晚,主要借鉴国外桥梁采用纵肋贯穿带有弧形切口的横隔板,该构造形式开裂位置主要在纵肋与横隔板焊缝弧形切口起点处;③ 纵肋与顶板焊缝:正交异性钢桥面板中纵肋与顶板焊缝的数量远多于其他焊缝,该疲劳细节的疲劳性能会直接影响桥梁的安全性和耐久性;④ 纵肋对接焊缝:纵肋之间的连接方式可以采用焊接或栓钉连接,栓钉连接的疲劳性能较好,但经济性较差,因此大量正交异性桥梁仍采用纵肋对接焊的形式。

铺装层损坏及钢桥面板疲劳细节开裂等病害严重了影响正交异性钢桥面结构的正常使用,降低了结构的耐久性与安全性,甚至会导致工程事故的发生。桥面频繁地维修加固不仅影响大桥日常交通,还会造成大量经济损失。为解决正交异性钢桥面板疲劳病害问题,各国学者开展了大量的研究,提出通过改善沥青混合料的配合比、改变结构构造尺寸、增加桥面板刚度、减少焊缝、采用新型焊接工艺等方式改善钢桥面板疲劳性能。其中应用最为广泛的方式是采用大纵肋正交异性钢桥面结构和正交异性钢-砼组合桥面结构。

相关研究表明,相较于正交异性钢桥面结构,采用大纵肋正交异性钢桥面结构能够使纵肋与顶板焊缝减少35%、纵肋与横隔板焊缝减少60%,但该结构并未改变焊接细节的受力模式和疲劳强度,疲劳细节依旧存在开裂的风险,且存在结构局部刚度不足的问题。能够有效解决钢桥面疲劳问题的另一方案就是采用正交异性钢-砼组合桥面结构。

6.2.2 正交异性钢-砼组合桥面板构造特点

钢纤维混凝土由于其优越的抗拉、抗冲击、抗断裂和抗弯等性能,近年来被广泛应用于公路路面、桥面和铁路轨枕等工程结构中。桥面系正交异性板在设计时适当加强了其局部刚度,钢桥面上铺设钢纤维混凝土结构层,增强抗疲劳和耐久性,同时优化了钢桥面细节构造以减小由车轮重载引起的应力集中。

当前国内外学者对组合桥面正交异性钢桥面板的疲劳特性进行了研究,结果表明,通过引入钢纤维混凝土结构层与钢桥面板而形成组合结构协同受力,将为综合解决正交异性钢桥面板的两类典型病害问题提供新的途径和方法。基于这一思路，在正交异性钢桥面上设置钢纤维-钢筋混凝土结构层，将钢桥面转变成组合桥面板，为提高正交异性钢桥面板及其桥面铺装的抗疲劳性能提供切实可行的综合解决方案。新型正交异性组合面板桥面主要优点如下：

（1）面层为水泥基材料，改善了表面沥青混凝土层的工作条件，有效降低了黏结层失效和沥青铺装层开裂、车辙、推移等破坏风险。

（2）组合结构提高了桥面刚度，减小了钢面板和纵横肋在轮载下的应力，能够大幅提高钢桥面的疲劳寿命。

（3）钢纤维混凝土结构层具有良好的抗疲劳性能，可大幅度降低桥面开裂风险，减少桥面养护费用。

正交异性桥面板的疲劳病害问题是影响其使用的关键因素，目前各学者已针对相关问题提出解决措施，在已有基础上优化了结构，正交异性组合桥面板才得到广泛的使用。大纵肋正交异性钢桥面结构和正交异性钢-砼组合桥面结构的使用改善了桥面的疲劳性能，逐渐成为桥面板使用及发展的重要方向之一。

1. 桥面构造形式

早期各国研究者将正交异性钢桥面板和桥面铺装分开研究，但随着正交异性钢桥面桥梁疲劳病害问题的不断出现，研究者们意识到将正交异性钢桥面与混凝土铺装层作为一个整体来研究的重要性，于是出现了正交异性组合桥面板力学研究体系。如图6-1所示，正交异性钢-砼组合桥面通过在正交异性钢桥面上方铺设混凝土结构层，通过抗剪连接件将混凝土层与钢桥面连接形成共同受力构件。

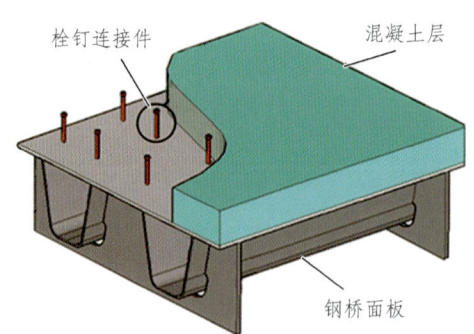

图6-1 正交异性钢-砼组合桥面板构造示意图

正交异性钢-砼组合桥面结构能够显著提高钢桥面疲劳性能，主要应用于既有正交异性钢桥面桥梁加固和大跨度桥梁修建，表6-1汇总了近年来建成的正交异性钢-砼组合桥面桥梁及其构造参数。

表6-1 近年国内外组合桥面桥梁的构造参数汇总　　　　　　　单位：mm

年份	桥名	砼厚度	栓钉构造（直径×高×间距）	顶板厚度	U肋构造（宽×高×厚×间距）	横隔板（厚×间距）
2014	佛陈大桥扩建西桥	50	13×35×285	16	285×280×8×570	12×2500
2015	天津海河大桥加固	45	13×40×150	14	300×260×6×600	12×3200
2016	汕头礐石大桥加固	45	13×35×150	12	300×280×8×600	10×3000
2018	武汉军山大桥加固	55	13×35×150	12	300×260×6×600	10×3000
2018	湖南岳阳洞庭湖二桥	50	13×35×150	12	300×260×8×600	16×2800
2020	江苏沪苏通长江大桥	60	19×35×300	16	300×280×8×600	16×2800

广东佛陈大桥扩建工程西桥2014年建成通车，主桥为3跨连续钢箱梁桥，主跨112.8 m，钢桥面混凝土层采用薄层超高性能混凝土，通车一年后该桥进行了疲劳细节应力检测，并分析混凝土层对钢桥面的疲劳应力消减作用，结果表明混凝土层能够有效改善结构受力情况，结构抗疲劳设计能够满足设计使用寿命要求。

天津海河大桥建成于2002年，主桥为钢-砼凝土混合梁独塔斜拉桥，主跨310 m钢箱梁，桥面采用正交异性钢桥面结构，通车后产生大量疲劳病害问题，采用薄层超高性能混凝土组合桥面结构对该桥进行加固，结果表明加固后钢桥面疲劳应力显著降低，运行状态良好。

汕头礐石大桥建成于1999年，主桥为钢-砼凝土混合梁半悬浮弹性体系斜拉桥，主跨518 m正交异性钢箱梁，通车后铺装层出现开裂等病害，经过了多次维修但病害仍重复出现，采用薄层超高性能混凝土组合桥面结构方案对其进行加固，加固后钢桥面各疲劳细节应力显著降低，通车后运营状况良好，未出现任何病害问题。

武汉军山长江大桥建成于2001年，主桥为半飘浮5跨连续双塔双索面钢箱梁斜拉桥，桥面采用正交异性钢桥面结构，通车后出现铺装层和钢桥面开裂，先后经过10次维修仍无法解决，采用超高性能混凝土组合桥面加固，并通过应力检测系统检测加固后的疲劳细节应力，结果表明组合桥面结构能够显著降低各疲劳细节应力，有效提高钢桥面的疲劳寿命。

湖南岳阳洞庭湖二桥2018年建成通车，主桥为双塔双跨钢桁梁悬索桥，主跨1480 m，为防止桥面出现疲劳问题，桥面采用正交异性超高性能混凝土组合桥面结构，提升了组合桥面板的疲劳性能。

江苏沪苏通长江大桥于2020年建成通车，主桥为双塔5跨钢桁梁斜拉桥，主跨1092 m，下层铁路桥面采用正交异性超高性能混凝土组合桥面结构,在混凝土层厚度为50~60 mm时,混凝土层对钢桥面的疲劳应力消减作用显著且混凝土层满足抗渗要求。

2. 混凝土层材料性能

20世纪建成的正交异性钢桥面桥梁大多采用沥青混凝土铺装,但正交异性钢桥面疲劳病害问题严重影响了结构的使用性和耐久性。随着正交异性钢-砼组合桥面结构的提出,各国学者对组合桥面的各构造细节进行了大量的研究,其中针对组合桥面混凝土层材料的相关研究呈两大趋势:①采用钢纤维混凝土(SFRC);②采用具有特殊强度、耐久性或延性的高性能混凝土,如活性粉末混凝土(RPC)和超高性能混凝土(UHPC)等。

(1)典型沥青混凝土。

沥青混凝土具有质量轻、黏接力强、行车舒适度高等特点,广泛应用于大跨度钢桥桥面铺装,常用厚度在35~80 mm之间。典型的沥青混凝土铺装材料主要有4类:高温拌和浇注式沥青混凝土、沥青玛蹄脂混凝土、改性密级配沥青混凝土以及环氧树脂沥青混凝土。

20世纪70年代建成的桥梁主要采用高温拌和浇注式沥青混凝土作为铺装,如1970年建成的丹麦小贝尔特桥和1973年建成的土耳其博斯普鲁斯海峡大桥。浇注式沥青混凝土具有较好的整体性和防水性,以及良好的抗裂和抗老化性能,但高温稳定性较差,对气候条件有一定要求,不适用于夏季温度较高的国家和地区。

英国主要采用沥青玛蹄脂混凝土作为钢桥面铺装,我国1997年建成的香港青马大桥和1999年建成的江苏江阴长江公路大桥都采用了此类铺装。沥青玛蹄脂混凝土的原料组成与浇注式沥青混凝土相似,区别在于玛蹄脂是一种矿粉与沥青组成的胶凝状物,具有较高的黏聚力和温度稳定性。

日本和德国主要采用改性密级配沥青混凝土作为钢桥面铺装,我国1996建成的湖北西陵长江大桥也采用此类铺装。改性密级配沥青混凝土具有良好的抗裂性能、温度稳定性和防水性能,作为桥面上层铺装能够使路面具有良好的平整性和行车舒适度。但改性密级配沥青混凝土粗骨料含量较高、孔隙率较大,与钢桥面的黏接力较弱且防水性能较差,不适合作为钢桥面下层铺装。

美国和中国主要采用环氧树脂沥青混凝土作为钢桥面铺装,如2000年建成的南京长江二桥和2002年建成的美国圣马特奥-海沃德大桥。环氧树脂沥青混凝土具有强度高、韧性好、耐腐蚀、抗疲劳性能好和黏接力强等特点,但其早期强度较低,容易开裂,养护时间较长,对施工养护条件有一定的要求。

(2)钢纤维混凝土。

钢纤维混凝土(SFRC)由于钢纤维乱序分散于混凝土之中,使其比普通混凝土具有更高的抗弯强度、抗拉强度、抗裂性能、抗冲击性能、耐久性和疲劳性能。我国规范对钢纤维混凝土的制备和强度有明确的规定,钢纤维按形状可分为平直形和异形,异形钢纤维可分为压痕形、波纹形、端钩形、大头形和不规则麻面形等。其中波纹形钢纤维力学性能较好、便于施工,并且在拉拔过程中会产生较强的机械咬合力,使混凝土基体与钢纤维的界面黏结性能更好。钢纤维混凝土现已广泛应用于实际工程中,如武黄高等级公路桥面铺装层修复、铜陵长江大桥加固、武汉长江二桥加固等。

日本学者首次采用钢纤维混凝土对实桥中正交异性桥面开裂进行加固,并进行了大量大比例尺疲劳模型试验。Ono进行了轮载疲劳试验并证明铺设50 mm的钢纤维混凝土层对正交异性钢桥面的疲劳性能有显著改善。

(3)高性能混凝土。

活性粉末混凝土(RPC)是在钢纤维混凝土出现之后,于20世纪90年代研发出来的新型水泥基复合材料,具有超高强度、超高耐久性、高韧性、体积稳定性好等优点。活性粉末混凝土的出现解决了混凝土抗拉强度不够、体积稳定性差和脆性大等问题。基于活性粉末混凝土的上述优点,学者们开展了全方位的应用研究,邵旭东等为了改善桥面板受力状态,提出了一种新型的正交异性钢-薄层活性粉末混凝土组合桥面结构体系,并对此进行纵向足尺节段试验和横向受弯试验,结果表明活性粉末混凝土层能显著改善钢桥面及磨耗层的受力状况,能解决钢桥面铺装易开裂损坏的难题。

随着设计理论的完善、超高效减水剂的问世以及配制技术的进步,超高性能混凝土(UHPC)于本世纪出现。超高性能混凝土堪称耐久性最好的工程材料,适当配筋的超高性能混凝土力学性能接近钢结构,同时超高性能混凝土具有优良的耐磨、抗爆性能。基于超高性能混凝土的材料性能,Lamine提出了超高性能纤维混凝土新型组合桥面结构,并通过试验和数值计算证明该结构对钢桥面疲劳性能有显著的改善作用。目前,超高性能混凝土已经应用于大跨径人行天桥、公路铁路桥梁等实际工程中。

混凝土层的力学性能、混凝土层厚度、施工养护条件和经济性对比分析如表6-2所示。目前正交异性钢-砼组合桥面混凝土层的研究和应用主要倾向于薄层高性能混凝土。薄层高性能混凝土正交异性组合桥面主要通过采用高模量、高抗拉强度和高韧性的混凝土层与钢桥面形成组合结构,提高结构刚度以改善钢桥面疲劳性能,但其造价高且施工复杂。钢纤维混凝土相比高性能混凝土,具有经济性好和便于施工等优点,但钢纤维混凝土抗拉强度较差,容易出现混凝土层开裂问题。关于正交异性钢-砼组合桥面轮载扩散效应的研究表明,混凝土层厚度越大,应力扩散范围越大,应力分布越均匀。Ye提出了厚层钢纤维混凝土正交异性组合桥面,并进行了疲劳试验和数值计算,研究结果证明该结构能够显著改善正交异性钢桥面板的疲劳性能,能够有效解决混凝土层和钢桥面疲劳开裂的问题。目前关于厚层钢纤维混凝土正交异性组合桥面的研究和应用还是比较缺乏,还需进一步研究其力学行为特征和疲劳性能,确定钢纤维混凝土层和合理厚度,为其实际应用提供参考。

表6-2 混凝土层性能对比

类型	抗拉强度/MPa	施工养护	经济性（以沥青混凝土为基准）	厚度/mm
沥青混凝土	1.0~3.5	自然养护	1	35~80
钢纤维混凝土（SFRC）	1.5~5.0	自然养护	2~3	80~150
高性能混凝土（RPC、UHPC）	5.0~30.0	蒸汽养护或自然养护	20~30	40~60

3. 负弯矩区混凝土受力性能

钢-砼组合桥面斜拉桥辅助墩处（负弯矩区）因负弯矩的存在，上缘混凝土桥面板容易受拉开裂，降低路面的服务质量和使用寿命，特别是大跨度公铁两用斜拉桥成桥及运营阶段，辅助墩处混凝土层在设计荷载组合作用下最大名义拉应力可达10 MPa，明显超过混凝土的抗拉强度。

各学者通过有限元法对桥面铺装层受力及开裂展开研究，得到桥面混凝土层受力的最不利位置。王钧利通过有限元计算，得到钢桥面铺装的高应力区位于加劲肋和横隔板顶部位置，在这些位置铺装层表面均容易发生开裂。因此需要采取合适的措施减小混凝土桥面板拉应力，保证桥面板结构安全和耐久性。目前降低钢-砼组合梁负弯矩区混凝土桥面板拉应力水平主要有两类方法：① 被动增强混凝土抗拉强度或抗拉储备，如采用高性能材料、施加预应力、支点强迫位移、桥面板滞后结合、高配筋率等；② 主动消减负弯矩区混凝土层刚度，如设置切缝。切缝本质上就是人为地在混凝土路面中切割出一定深度缝隙，形成的薄弱面可引导裂纹发生。

王昊利用软件程序分析水泥混凝土路面早期裂缝产生的因素，研究各因素对其影响规律，其中影响最明显的就是切缝，切缝措施可改善裂缝的产生。权磊建立三维有限元模型，对混凝土板内的结构响应进行数值模拟，分析不同的边界条件、地基刚度、切缝深度等工况对混凝土上表面的应力、应变释放规律。多数针对混凝土切缝的研究主要还是集中于公路混凝土路面，在桥面板铺装层切缝对结构的受力影响研究上尚不充分，且综合考虑到混凝土力学特性和架设施工对正交异性钢-砼组合桥面板受力性能的影响，以及大跨度斜拉桥承载的交通量，在负弯矩区混凝土层设置切缝仍然是减小混凝土拉应力的有效方法。

正交异性钢-砼组合桥面结构结合了正交异性钢桥面板的抗拉性能和混凝土层的抗压性能，通过提高钢桥面板刚度，降低钢桥面在局部轮载作用下的应力水平，能够有效解决铺装层损坏及钢桥面板疲劳细节开裂等病害问题。钢桥面铺装既是桥面板的保护层，也是为用户提供服务的功能层，因此铺装层的受力分析对桥梁建设的研究极为重要。

6.3 正交异性钢-砼组合桥面的轮载扩散效应

大跨钢桥正交异性钢桥面运营过程中在长期局部车轮荷载作用下容易出现上层铺装损坏和下层钢桥面构造疲劳开裂，轮载作用下正交异性钢桥面板构造细节显著的局部效应是其出现病害的主要原因。近些年来，在钢桥面上铺设刚性混凝土层形成的正交异性钢-砼组合桥面板，通过扩散轮载和提高顶板局部刚度来消减局部荷载效应，成为工程界探索发展的研究热点。常规公路桥面一般采用45°扩散角来表征轮载在柔性铺装层（沥青砼）的扩散作用。刚性混凝土层的刚度远大于柔性铺装层，由于U肋的加劲支撑作用，正交异性钢-砼组合钢桥面的横桥向刚度极不均匀，在轮压作用下横桥向受力局部效应明显。在这种局部受力模式主导下，轮载经混凝土层传递到钢顶面上的压力分布会受到轮载加载位置、纵肋构造、混凝土层材料性能及厚度和钢-砼界面剪力连接件的影响，若仍然采用45°扩散角来描述轮载的扩散效应，其疲劳行为评估势必与桥面实际局部行为产生较大偏差。而且混凝土层厚度及其力学性能指标选取影响正交异性钢-砼组合桥面板的安全性和经济性，而轮载的扩散作用机理分析可为混凝土层设计提供理论依据。

6.3.1 轮载扩散效应分析理论模型

汽车轮胎作用于桥面的实际形状及轮压分布相当复杂，轮胎接地形状接近于矩形，接地压力近似呈均匀分布。因此假设轮胎接地形状为矩形，b为接地宽度，l为接地长度，σ_0为均匀接地压力分布，如图6-2所示。研究表明，相同轴载下，钢桥面铺装层对单轮、双轮的响应是相似的，但双轮的影响更为不利，因此从结构疲劳行为分析的角度出发，偏安全地仅考虑重轴双轮，轮载总重为P（kN），接地形状（$b \times l$）按中国桥梁规范规定的600 mm × 200 mm取值。

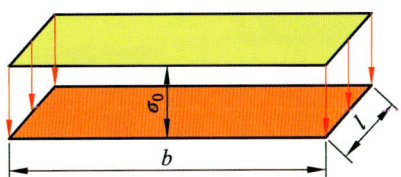

图6-2　轮胎接地压力均匀分布模型

在横桥向上正交异性钢-砼组合桥面刚度分布差异显著，如图6-3（a）所示，在纵肋腹板处的竖向刚度远大于其他区域，可将其视为竖向支撑，因此车轮荷载由混凝土层传到钢桥面的力学机制可简化为等跨简支梁的受力模式，t_c和t_s分别为混凝土层和钢顶板厚度，E_c和E_s分别为混凝土和钢材弹性模量，纵肋腹板间距为d，如图6-3（b）所示，并做以下假设：

（1）不考虑车辆超载，钢材和混凝土均为理想线弹性材料，应力与应变呈线性关系。

（2）轮胎接地压力均匀，如图6-2所示。

（3）不考虑U肋扭转效应及其扭转刚度。

（4）轮压作用下正交异性钢-砼组合桥面满足小变形假设。

（5）忽略钢-砼界面的剪力键连接刚度和混凝土层竖向压缩变形，混凝土层厚度不超过150 mm。

（6）不考虑横隔板的支撑作用。因横隔板连接作用，该处桥面横桥向刚度差异较小，本书暂不考虑。

根据横桥向力学分析，混凝土层与钢面板的竖向荷载基本按其抗弯刚度（竖向变形）分配，并决定钢桥面板的竖向受力状态，抗弯刚度越大，竖向荷载承担比例越高，因此定义两者的抗弯刚度比λ来研究轮载作用下混凝土层的扩散效应。

$$\lambda = \frac{E_c I_c}{E_s I_s} = \frac{E_c}{E_s}\left(\frac{t_c}{t_s}\right)^3 \quad (6\text{-}1)$$

式中：I_c和I_s分别为顺桥向单位长度混凝土层和钢顶板惯性矩；t_c和t_s分别为混凝土层和钢顶板厚度；E_c和E_s分别为混凝土和钢材弹性模量。

由式（6-1）可见，混凝土材料弹性模量和厚度显著影响了轮载扩散效应。

工程实际中正交异性钢桥面板厚度一般为12～16 mm，其上铺设的桥面混凝土层厚度为50～150 mm，弹性模量为30～45 GPa，抗弯刚度比λ大于6，因此轮载经混凝土层主要传给纵肋腹板与顶板交接处［图6-3（b）支撑处］，钢顶板压应力分布极不均匀。我国工程实际结构中U肋腹板间距d一般为300 mm，双轮接地宽度b为600 mm，因此，轮载作用范围基本上在2个U肋范围内，因此为简化计算，偏保守地假定轮载扩散范围为2个U肋间距，轮载由4片U肋腹板承担，从而进一步将图6-3（b）的分析模型简化为三等跨简支梁，如图6-3（c）所示。

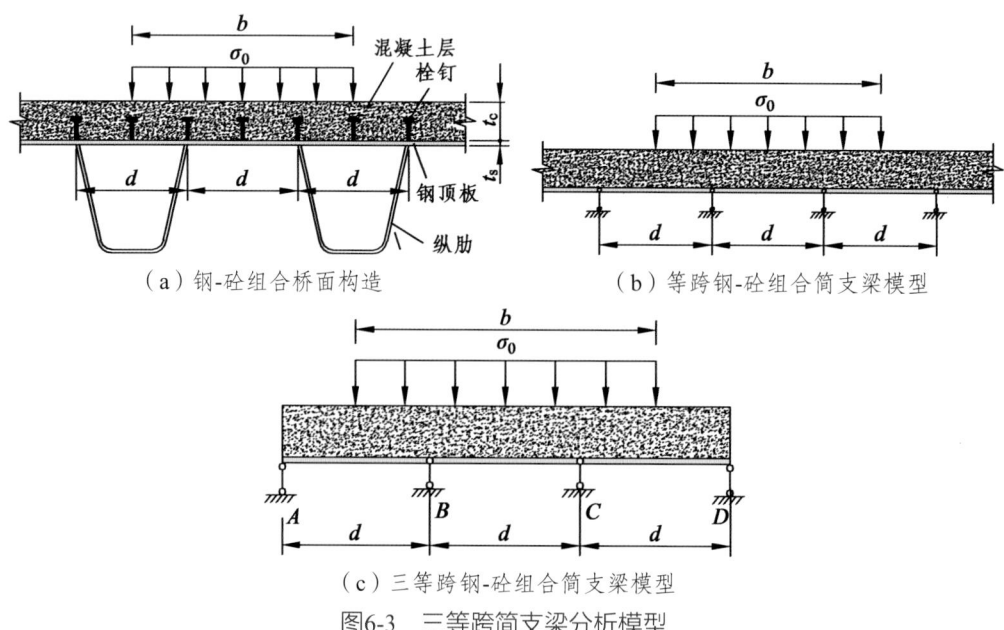

（a）钢-砼组合桥面构造　　（b）等跨钢-砼组合简支梁模型

（c）三等跨钢-砼组合简支梁模型

图6-3　三等跨简支梁分析模型

定义轮载分担率δ为轮载作用下钢面板一定区域上分担的压力荷载与总轮载P（$b \times l \times \sigma_0$）的比例，$\delta_1$、$\delta_2$、$\delta_3$和$\delta_4$分别为支点处$A$、$B$、$C$和$D$承担总轮载的轮载分担率。根据典型轮载加载位置[U肋中心加载（轮载中心作用于U肋中心）和偏心加载（轮载中心作用于U肋腹板与面板交接处）]建立横桥向轮载分担率简化计算模型，如图6-4所示，按照经典结构力学方法可求得各支点处轮载分担率分别为：

① U肋中心加载：

$$\delta_1 = \delta_4 = 7/64 = 0.11; \quad \delta_2 = \delta_3 = 25/64 = 0.39 \qquad (6-2)$$

② U肋偏心加载：

$$\delta_1 = \delta_3 = 0.25; \quad \delta_2 = 0.5; \quad \delta_4 \approx 0 \qquad (6-3)$$

式中：δ_1、δ_2、δ_3和δ_4分别为支撑处（U肋腹板与面板交接处）的轮载分担率。

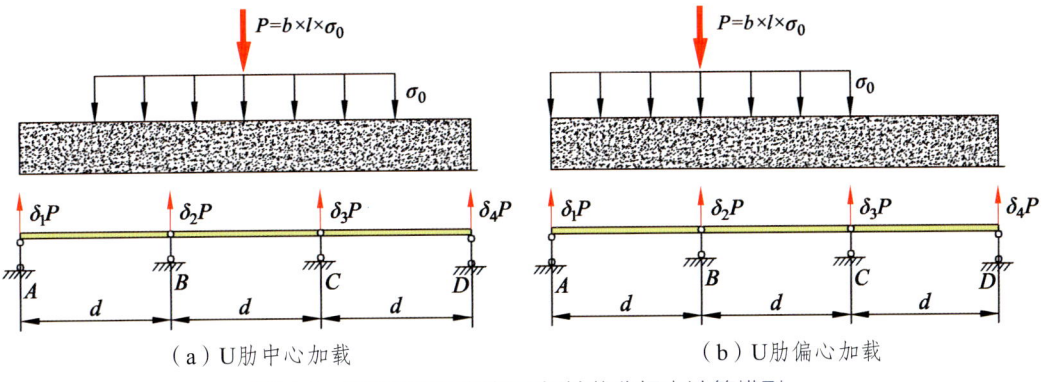

（a）U肋中心加载　　　　　　　　（b）U肋偏心加载

图6-4　典型工况下钢桥面板轮载分担率计算模型

6.3.2　基于既有足尺模型试验的扩散效应分析

1. 既有正交异性钢-砼组合桥面足尺试验模型

轮载作用下正交异性钢-砼组合桥面扩散效应的实测结果很少，一般采用数值模拟和模型试验相结合的方法。本章以该足尺模型为基础，建立空间有限元模型，研究轮载扩散效应。尺寸为4200 mm × 5200 mm的试验模型如图6-5所示，横桥向设置中心距600 mm的7道U肋（尺寸为上口宽300 mm，下口宽170 mm，高280 mm，厚8 mm），纵（顺）桥向上横隔板间距2.8 m，并向两端各延伸1.2 m，横隔板厚度16 mm，钢顶板厚12 mm。顶板上铺设厚50 mm、弹性模量E_c为42.6 GPa的UHPC，UHPC层与钢面板通过高35 mm、直径13 mm、间距为150 mm × 150 mm的剪力栓钉连接。轮载均布加载面积为600 mm × 200 mm，作用于纵向跨中U肋R1中心，轮载值分别为140 kN和200 kN，加载时2道横隔板设置简支和悬臂约束2种支承工况。为探明组合桥面板在轮载下的横桥向受力状态，分别在桥面板顶、底面对应位置布设应变片。

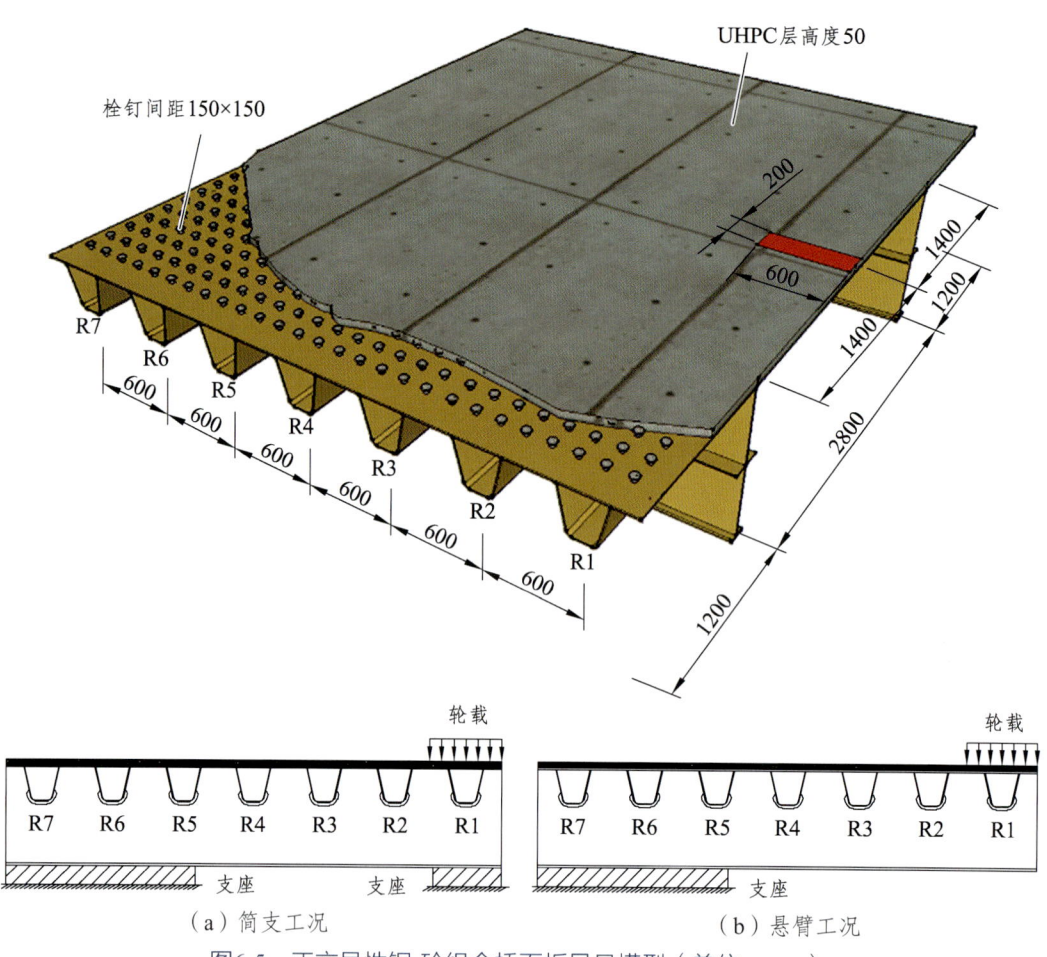

图6-5 正交异性钢-砼组合桥面板足尺模型（单位：mm）

2. 有限元模型

根据上述足尺模型几何尺寸，采用ANSYS建立相应空间有限元模型，如图6-6所示。正交异性钢桥面板采用SHELL63单元，弹性模量为206 GPa；UHPC层采用SOLID65单元，弹性模量为42.6 GPa；剪力钉采用COMBIN14单元，将栓钉等效为横向、纵向及竖向的弹簧。考虑钢面板和UHPC层间的受力，在钢-砼界面设置接触单元，钢面板节点设为TARGE170目标单元，UHPC底部设为CONTA175接触单元，两者通过定义共同的实常数形成接触单元的接触对，其接触算法采用多点约束（MPC）。按照图6-5中试验模型的约束设置有限元模型的边界，横隔板与支座接触面上进行约束。

图6-7和图6-8分别对比分析了140 kN轮载作用下横桥向和纵桥向混凝土层顶面和钢面板底面的横向应力分布的实测值与有限元值。试验模型的抗弯刚度比λ等于15，横向应力在U肋腹板与钢面板交接处明显增大，且在简支和悬臂2种工况下差异不大，表明轮载作用下组合桥面板变形呈现明显的局部性。图6-9为200 kN轮载作用和悬臂工况下的桥面板跨中局部挠度值（桥面跨中与横隔板位置的挠度差），考虑到测试误差（测量值都不

大），在横桥向上横向应力和挠度实测值与有限元值吻合良好，在纵桥向上基本趋势是吻合的，这表明所建立的有限元模型可以合理反映正交异性钢-砼组合桥面板在轮载作用下的结构行为。

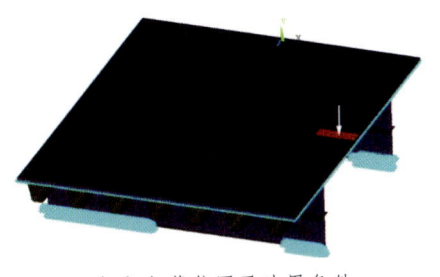
（a）加载位置及边界条件

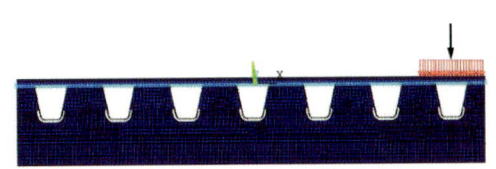
（b）跨中横向加载模型

图6-6　空间有限元分析模型

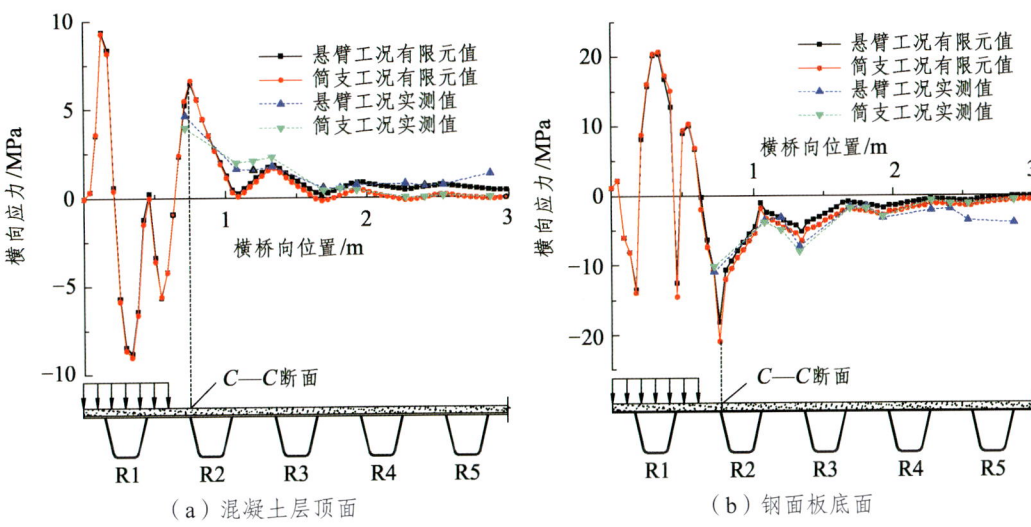

（a）混凝土层顶面　　　　　　　　　　（b）钢面板底面

图6-7　跨中截面横桥向上横向应力分布

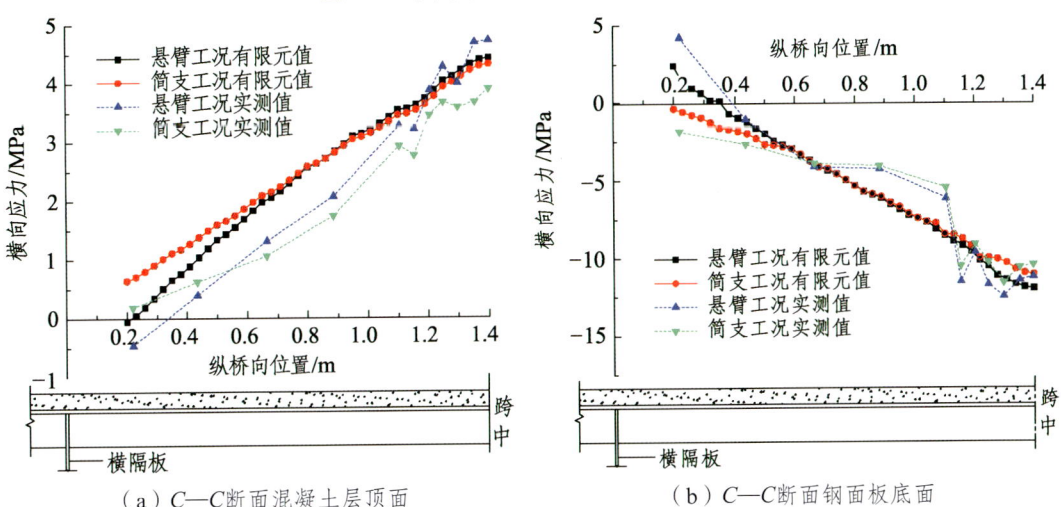

（a）C—C断面混凝土层顶面　　　　　　（b）C—C断面钢面板底面

图6-8　横桥向上横向应力分布

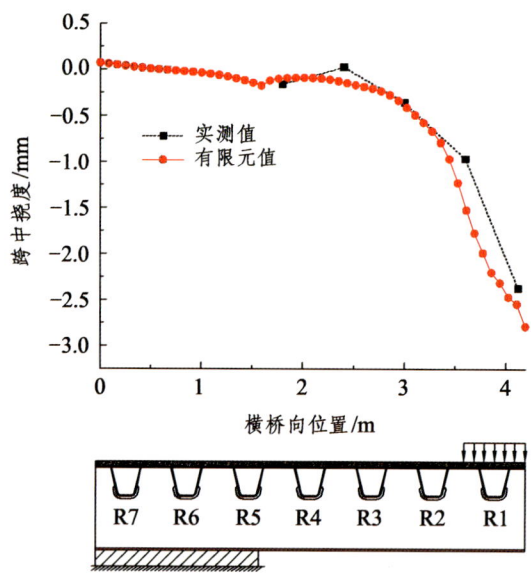

图6-9 挠度实测值与有限元值对比分析

3. 轮载扩散效应分析

基于上述足尺模型的空间有限元分析模型，考虑边界条件的影响，将轮载移至U肋R3跨中位置，分析简支工况下轮载的扩散效应。图6-10为140 kN轮载作用下钢顶板面上的压应力σ_y及无量纲压应力（σ_y/σ_0，竖向压力与轮压之比）分布图。3种加载位置条件下（U肋中心和偏心加载等），纵桥向上钢顶板压应力分布符合轮载按45°角扩散，但其在横桥向上的分布极不均匀，在U肋腹板上方附近区域压应力远大于其他区域，与传统的45°扩散角假设是不相符的。

以离轮载中心最近位置的U肋腹板与钢面板交接中心处向两侧横向偏移50 mm，为计算轮载分担率的受载区域，其他受载区域均为横向间距100 mm范围的条形区域，轮载纵桥向长度上按45°角扩散，如图6-11所示，轮载分担率的有限元值与理论值吻合较好，理论值偏大，原因在于U肋腹板实际上为弹性支承，而非理论模型中的刚性支承。

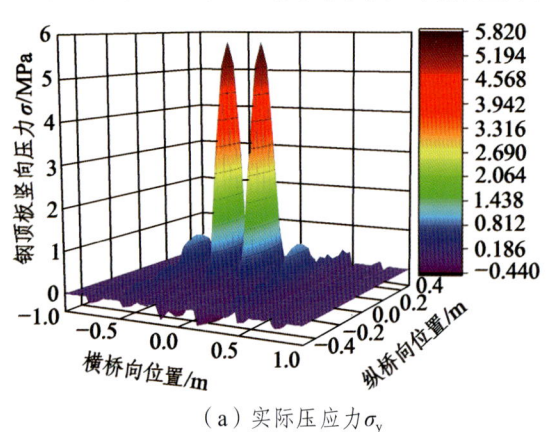
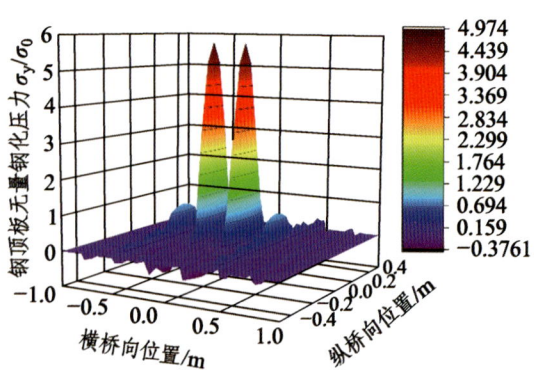

（a）实际压应力σ_y　　　　　　　　　（b）无量纲化压应力σ_y/σ_0

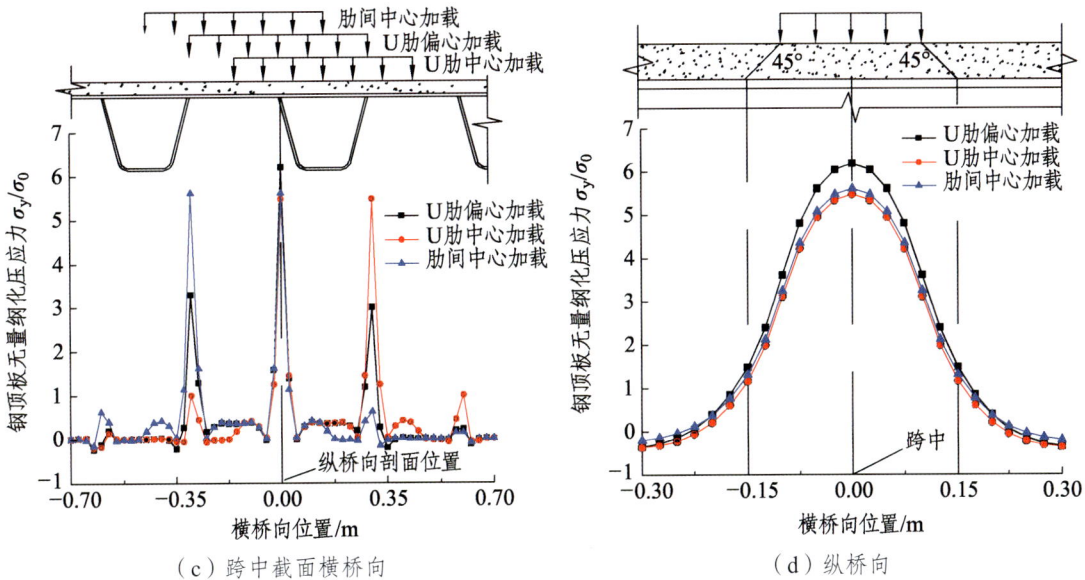

(c) 跨中截面横桥向　　　　　　　　　(d) 纵桥向

图6-10　钢面板竖向压应力分布

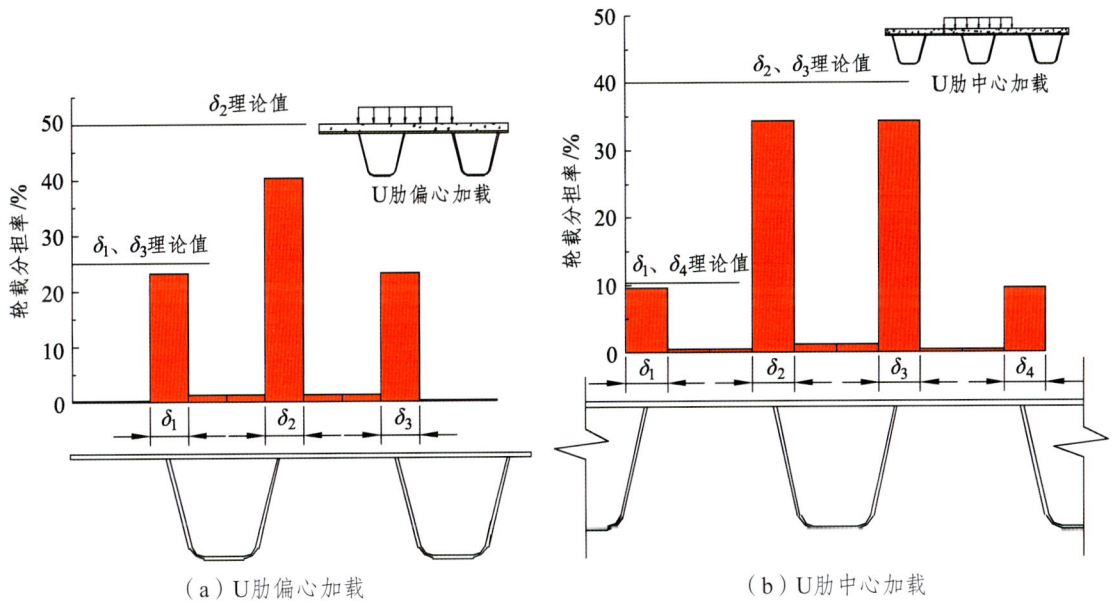

(a) U肋偏心加载　　　　　　　　　(b) U肋中心加载

图6-11　钢面板各区域轮载分担率

6.3.3　关键影响参数分析

轮载加载位置、U肋构造形式、混凝土层刚度和钢-砼连接界面剪力连接件等因素均可能影响轮载扩散效应，因此基于上述设计参数的工程常用取值范围，采用上节中建立的空间有限元模型，对轮载扩散效应的影响进行参数分析。参数分析的基准模型采用如图6-2所示的足尺模型及简支工况，双轮接地面积采用我国桥梁规范规定的600 mm×200 mm，作用于U肋R3跨中区域。参数分析时只改变所研究的参数，其他参数保持不变。

1. U肋构造尺寸

选取中国和日本典型的2种U肋构造尺寸U300×280×8和U320×240×6,分析其对轮载扩散效应的影响,如图6-12所示。结果表明,2种U肋构造尺寸对轮载扩散效应的影响很小,可忽略不计。

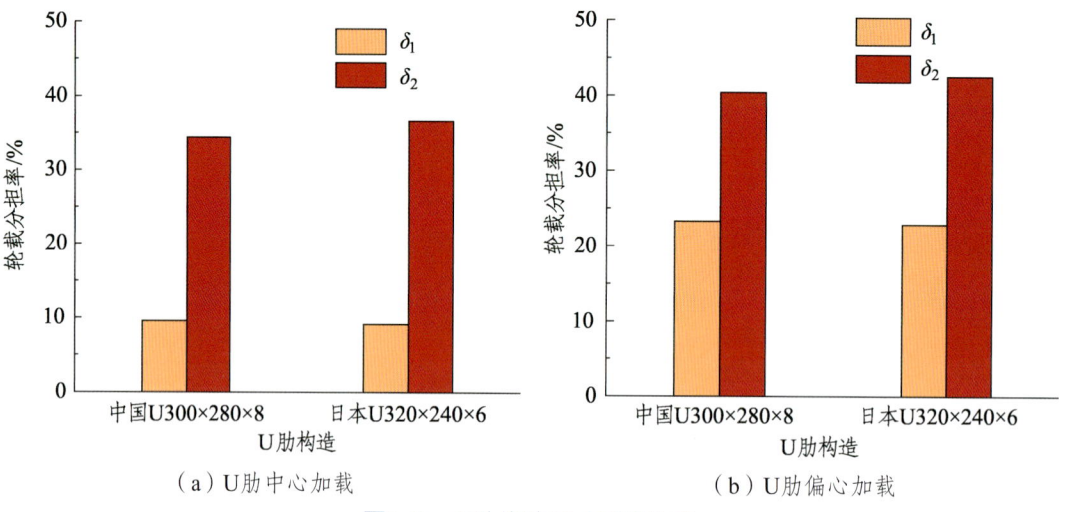

图6-12　U肋构造尺寸影响效应

2. 栓钉剪力键

钢-砼界面的连接剪力键影响两者的组合作用,进而影响到轮载扩散作用,考虑不同的栓钉直径和间距,分析剪力键对轮压在钢-砼组合桥面板间扩散效应的影响。如图6-13和图6-14所示,轮载分担率随间距增加而增加,但变化幅度很小,栓钉直径对轮载分担率影响也不大。结果表明,由于栓钉为柔性剪力键,在常规布置情况下抗剪刚度有限,对轮载的扩散作用影响很小,可忽略不计。

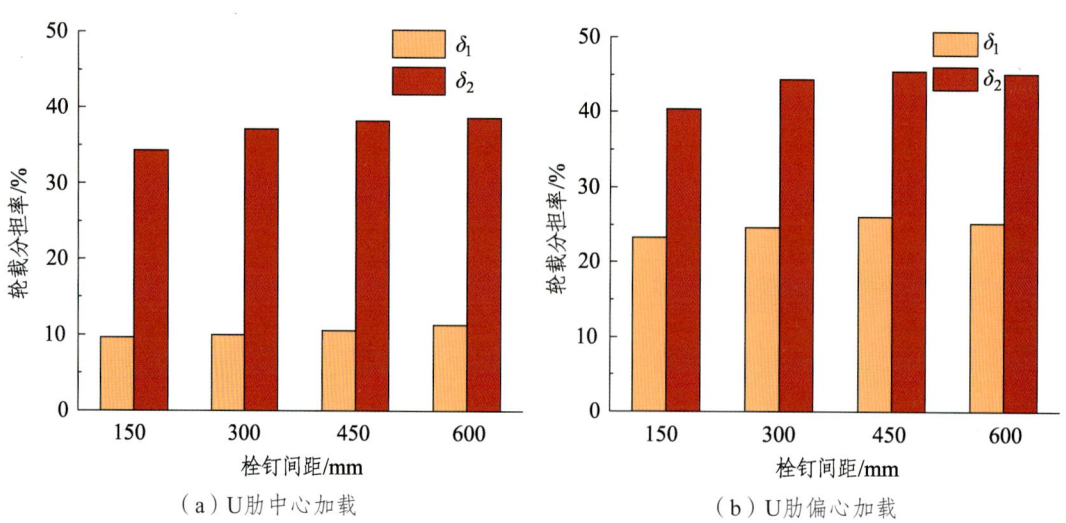

图6-13　栓钉间距影响效应

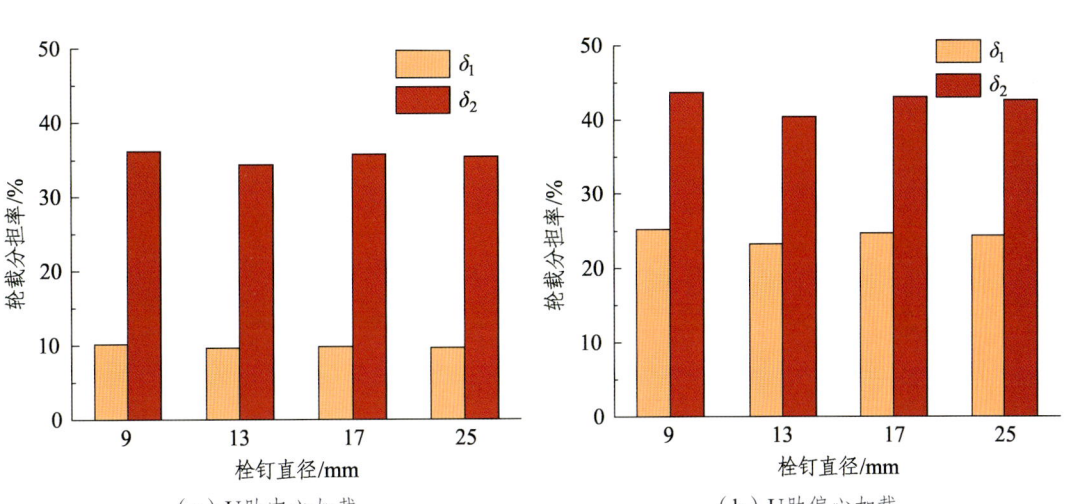

图6-14 栓钉直径影响效应

3. 混凝土层

工程常用的桥面混凝土层厚度一般为30~150 mm，弹性模量（包括沥青混凝土）为0.5~50 GPa，分别对其弹性模量和厚度的影响效应进行参数分析，如图6-15和图6-16所示。随着抗弯刚度比λ的增加，轮载分担率δ_1、δ_2均先增加，到λ约等于10时到达顶点，然后逐渐减小且δ_1、δ_2越来越接近，这说明轮载被分担到更多的支撑处，分布越来越均匀。根据抗弯刚度比λ的定义，抗弯刚度比λ与厚度的三次方成正比，所以混凝土层厚度对轮载扩散效应影响最显著。综合图6-15和图6-16可知，正交异性钢-砼组合桥面板常用设计参数取值范围内，λ在1~100的范围内，因此所提出的理论模型能给出合理的轮载分担率预测结果。

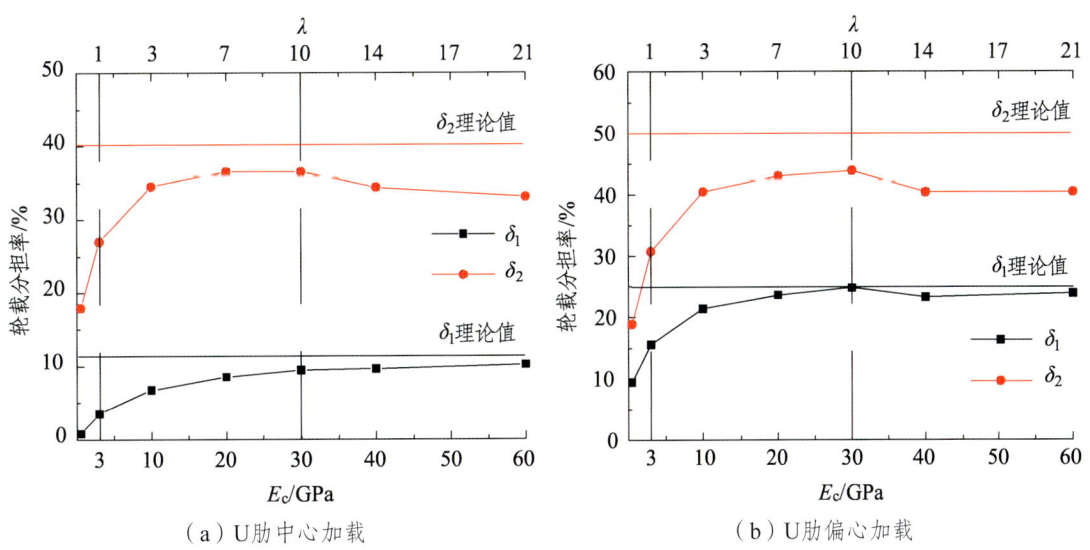

图6-15 混凝土弹性模量影响效应

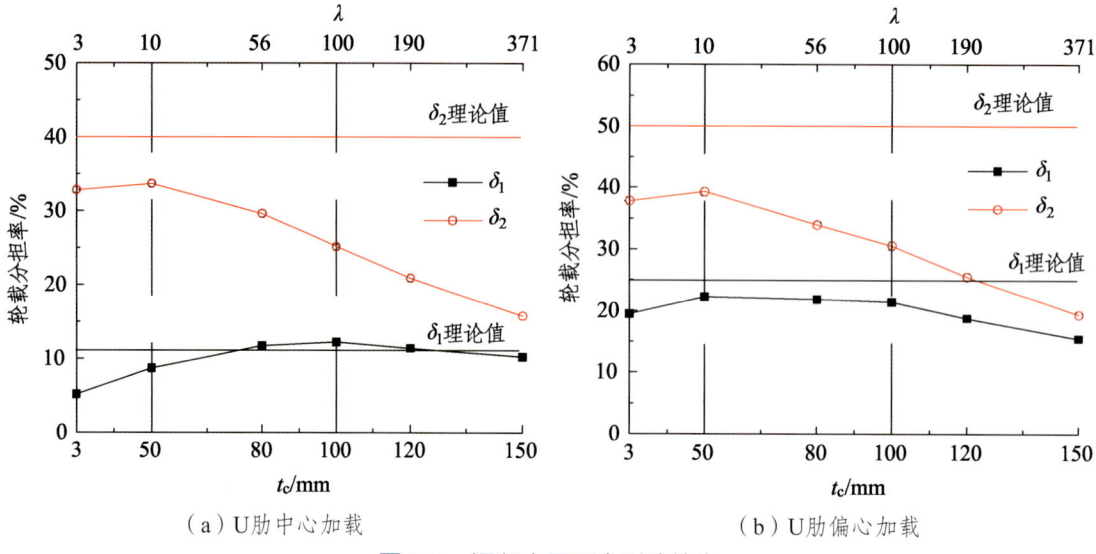

（a）U肋中心加载　　　　　　　　（b）U肋偏心加载

图6-16　混凝土层厚度影响效应

6.4　混凝土层切缝对正交异性钢-砼组合桥面板受力性能的影响

本节依托临港长江大桥中正交异性钢-砼组合桥面工程实践，采用有限元模拟对大跨公铁两用斜拉桥正交异性钢-砼组合桥面板负弯矩区（辅助墩处）砼层切缝形式对组合桥面板受力性能的影响开展分析，为正交异性钢-砼组合桥面板的合理切缝方式提供理论支撑和设计建议。

6.4.1　正交异性钢-砼组合桥面板受力性能分析

1. 工程概况

临港长江大桥为公铁两用钢箱梁斜拉桥，主跨522 m，全长1073 m，桥面总宽63.9 m，主梁梁高5 m，斜拉索间距12 m，按照"4线铁路6车道公路"公铁两用标准建设，是目前世界上最宽和主跨最大的公铁平层布置的钢箱梁斜拉桥，如图6-17所示。钢箱梁节段标准长度12 m，采用高300 mmU型加劲肋（厚度8~10 mm），加劲肋间距600 mm，横隔板标准间距4 m，采用正交异性钢-钢纤维砼组合桥面结构。先施工钢箱梁，合龙成桥后再铺设15 cm钢纤维混凝土层和沥青面层。

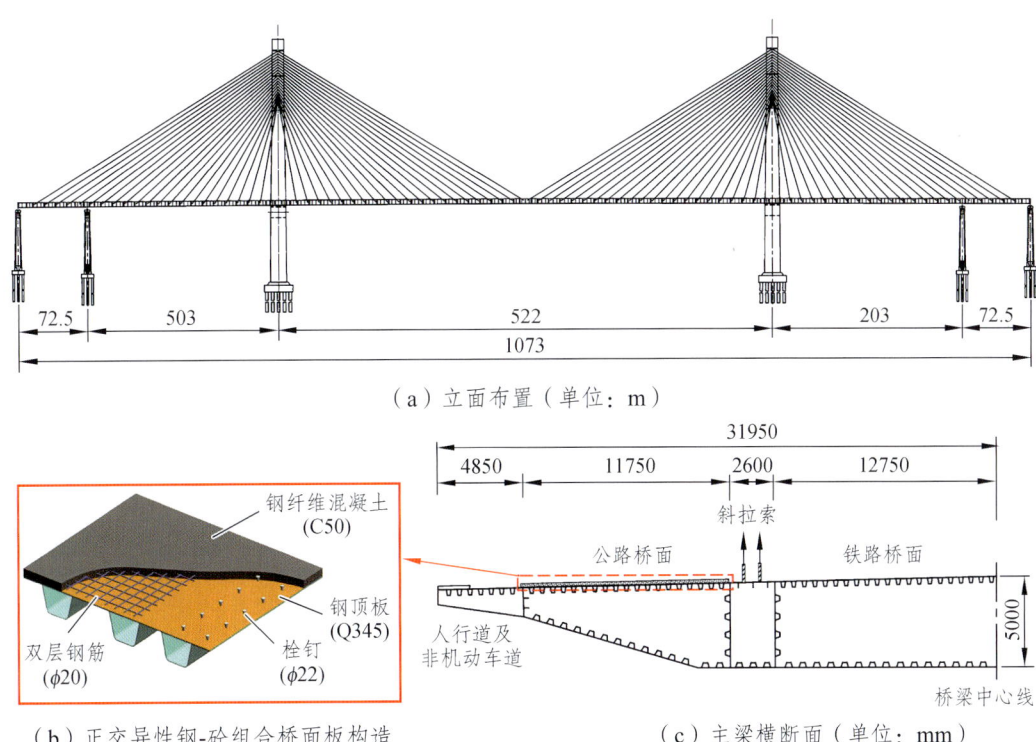

图6-17 临港长江大桥钢-砼组合桥面板

2. 有限元分析模型

由于大跨度公铁平层斜拉桥及正交异性钢-砼组合桥面结构复杂，精细的局部应力分析难以在一个全桥有限元模型中实现，因此根据圣维南原理，采用全桥模型加局部模型的两步分析法：① 采用有限元软件MIDAS梁和杆单元建立全桥结构有限元模型进行施工过程及使用阶段的内力分析，把计算得到的最不利工况下的辅助墩区域的内力作为外力施加在局部模型上；② 取出辅助墩区域5个斜拉索间距范围内的钢箱梁节段，采用ANSYS建立实体有限元模型，施加上一步的荷载和边界条件分析局部空间应力分布情况。考虑到实桥荷载作用下全桥及梁拱结合部均处于弹性情况，故假定各材料均为线弹性材料，以弹性模量和泊松比来表示结构的材料特性。

根据施工工艺，混凝土层所承担的荷载主要为公铁活载、二期恒载、温度荷载和收缩徐变。根据设计图纸，由于桥面同时承担公路和铁路活载，同时组合时公路活载折减系数为75%。公路二期恒载取262.2 kN/m（含15 cm公路混凝土桥面板）。公路桥面温度荷载考虑升温10 ℃、降温5 ℃两种情况。按照规范进行荷载工况组合计算后确定混凝土层拉应力的最不利工况为：公铁活载（列车荷载+0.75倍汽车荷载+人群荷载）+公路二恒+桥面板升温。

全桥结构有限元模型中主梁的边界条件均采用弹性连接来模拟：边墩与主梁间施加竖向及横桥向的弹性连接，辅助墩与主梁间施加竖向及横桥向的弹性连接，桥塔处主梁通过弹性连接竖向支撑于桥塔下横梁、横向支撑于塔柱上，同时一侧主塔塔梁连接约束纵桥向位移。边跨支架梁段的支架按仅受压单向点支撑模拟。静力计算时不计入阻尼作用。主梁采用鱼骨梁的方式模拟，共891个节点，872个单元，如图6-18（a）所示。

根据对称性原理，取半幅钢-砼组合桥面结构进行ANSYS建模，钢结构部分采用SHELL63单元，混凝土层采用SOLID65单元。钢桥面板与混凝土层间不考虑栓钉，以共节点方式模拟钢-砼连接，忽略混凝土层中的普通钢筋。节段模型两端的荷载（轴力、剪力和弯矩）采用节点耦合的方式施加，索力按照节点荷载施加在横隔板上，辅助墩处支座反力按照支座面积均匀施加在梁底板，横向对称面上采用对称边界条件。采用生死实体单元模拟混凝土层切缝。

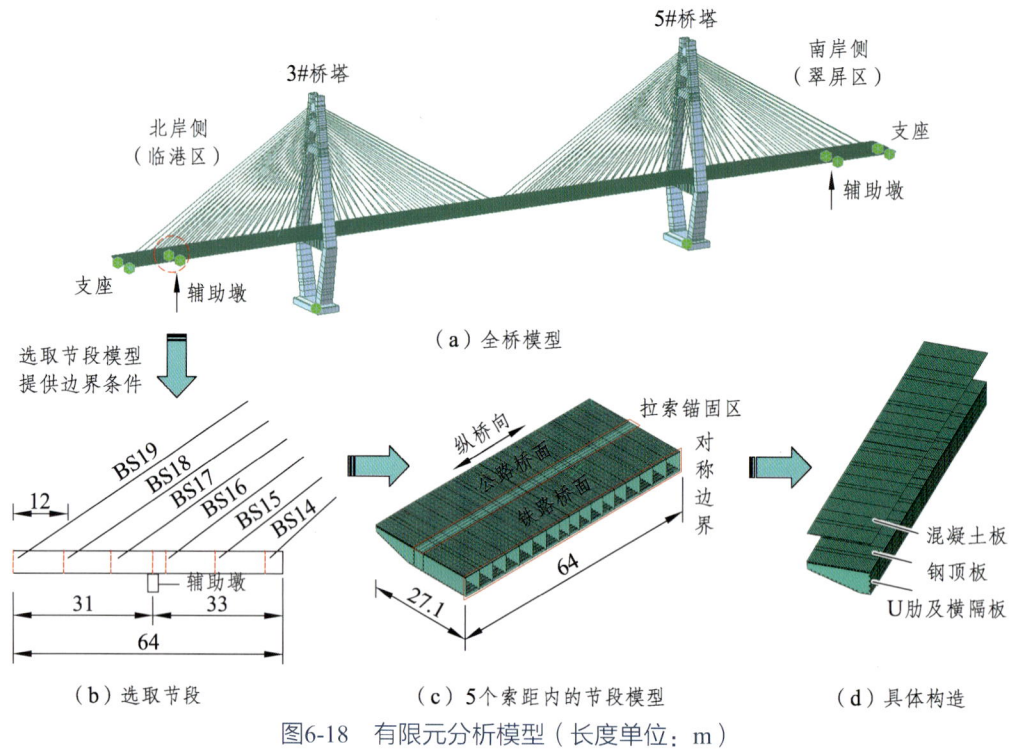

图6-18 有限元分析模型（长度单位：m）

3. 分析结果

通过全桥模型分析结果可知，在最不利工况下混凝土层上翼缘纵向拉应力主要出现在辅助墩及主塔处，其中辅助墩处的纵向拉应力为7.45 MPa，容易开裂，如图6-19所示。对辅助墩处5个拉索间距范围内的主梁节段的精细化计算结果如图6-20所示，考虑节段两端边界条件影响，取纵桥向辅助墩处左右各24 m范围内的纵向拉应力分布。纵桥向上混凝土纵向拉应力分布呈中间大、两端小，横桥向上辅助墩处纵向拉应力从人行道侧向铁路侧逐渐增大，结构空间效应明显，最大拉应力为10 MPa，如图6-20（b）所示。由于MIDAS全桥模型无法考虑横桥向的应力分布，可看作是纵向拉应力的平均值，节段模型的计算结果与全桥模型结果吻合良好，所建立的有限元模型及计算方法可模拟实桥的结构行为。

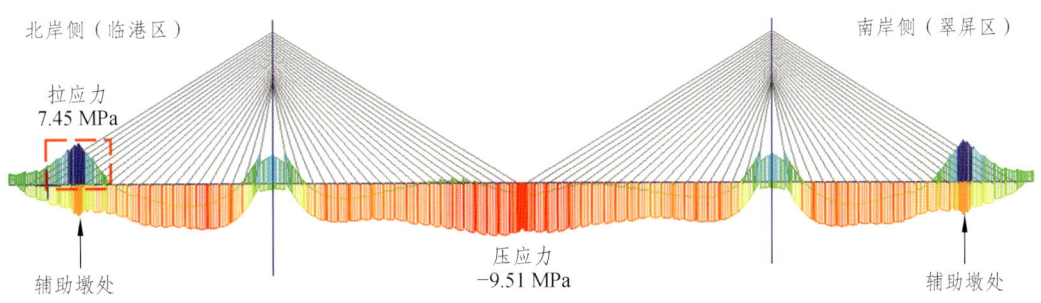

图6-19 混凝土层上翼缘纵向拉应力分布

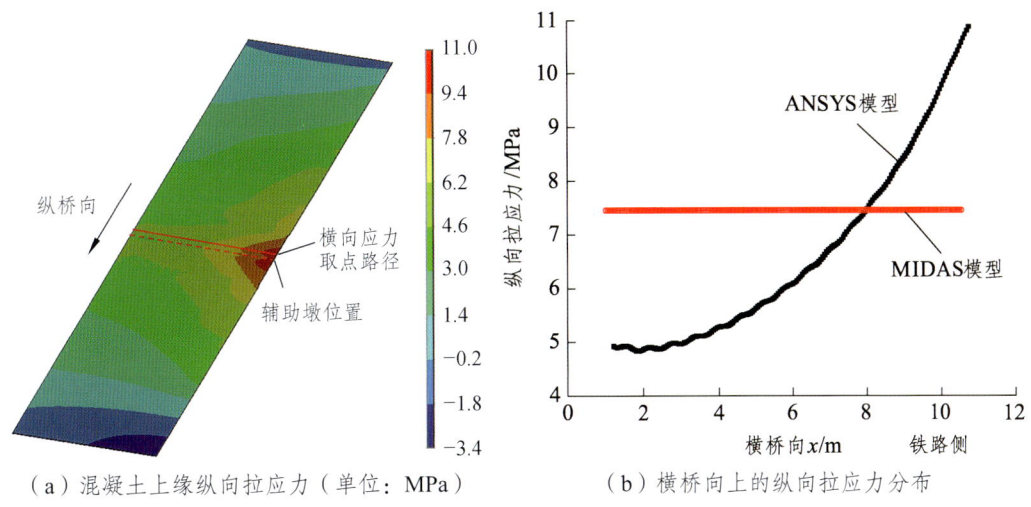

(a) 混凝土上缘纵向拉应力（单位：MPa） (b) 横桥向上的纵向拉应力分布

图6-20 桥面混凝土层纵向拉应力

6.4.2 混凝土层切缝形式及应力消减效果

1. 切缝形式

为改善混凝土层的纵向拉应力，根据有限元模型的计算结果提出以辅助墩处为中心的切缝形式，如图6-21所示。切缝宽度、深度和多缝纵向间距分别为D、H和L，坐标系位于辅助墩处，原点位于人行道侧，x、y、z轴分别为横桥向、竖向和纵桥向，分别取路径x等于2 m、6 m和8 m分析混凝土纵向拉应力分布情况。

2. 仅在辅助墩处切缝后的应力分析

分析仅在辅助墩处切缝（$D=10$ cm，$H=150$ mm），对混凝土层和钢顶板的纵向拉应力的影响，如图6-22所示。结果表明，对于$x=6$ m路径，切缝后混凝土层最大纵向拉应力值降低65%，最大拉应力仅为2.15 MPa，混凝土层应力明显改善，如图6-22（a）所示。图6-22（b）中，切缝前后，混凝土层下的钢顶板纵向应力有少量增加，可忽略不计，因此切缝对钢顶板影响不大，可不考虑。

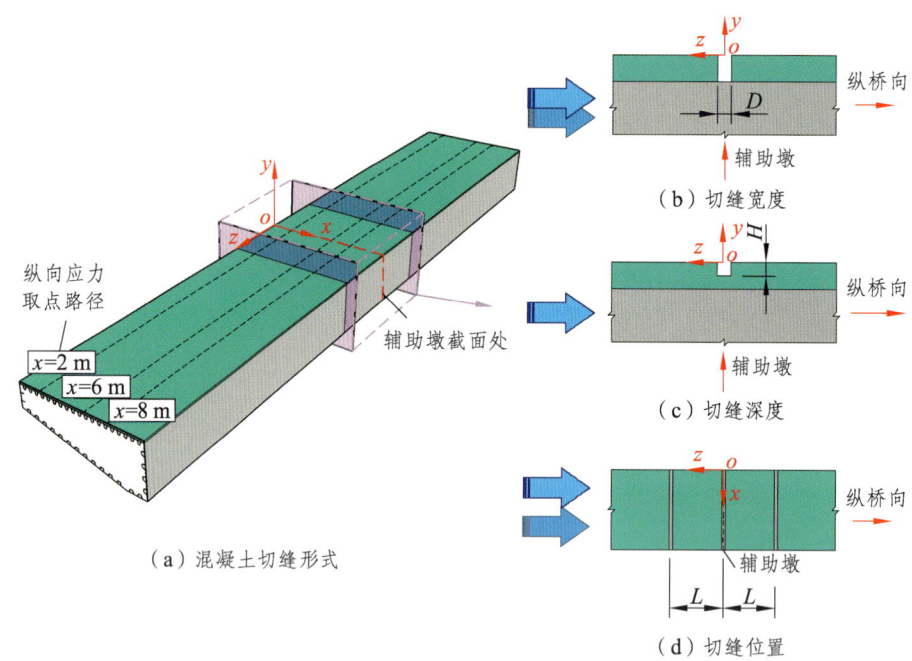

图6-21 桥面混凝土层切缝形式

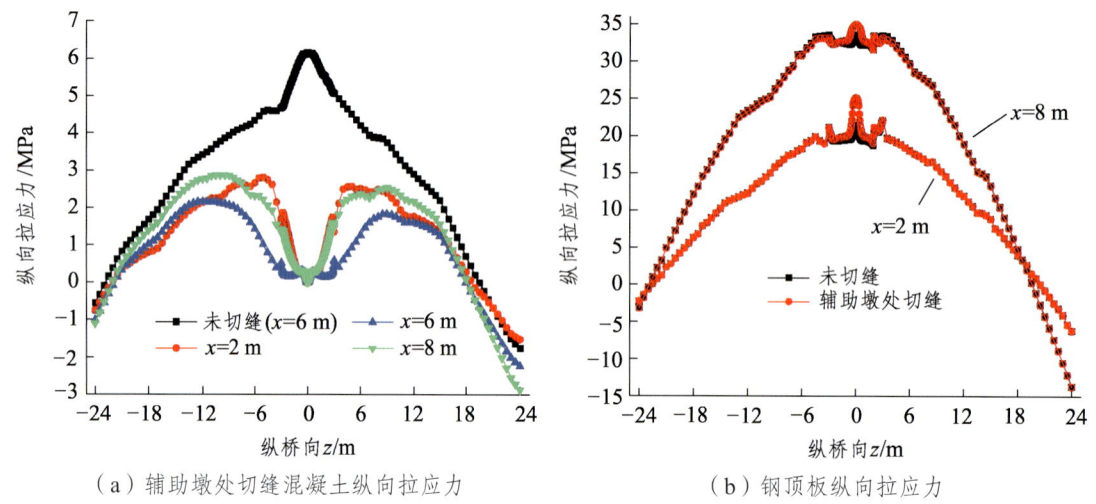

(a) 辅助墩处切缝混凝土纵向拉应力　　(b) 钢顶板纵向拉应力

图6-22 切缝前后混凝土及钢顶板的纵向拉应力

6.4.3 参数分析

为研究图6-21中切缝形式对混凝土层纵向拉应力的消减效应，以图6-18中的主梁节段模型及荷载为基准分析模型（仅在辅助墩处切缝，$D=10$ cm，$H=15$ cm），对切缝宽度、深度和多位置3种不同的设计参数下的混凝土层纵向拉应力进行参数研究，得到正交异性组合桥面板合理切缝形式。参数分析时，只改变研究的参数，其他参数不变。同时，考虑到混凝土层纵向拉应力横桥向逐步增大，仅取最不利的路径（$x=8$ m）进行参数分析。

1. 切缝宽度

为分析切缝宽度的影响情况，以仅辅助墩处切缝为例，取宽度D为10 cm、20 cm和30 cm分别进行计算，如图6-23所示。3种切缝宽度下混凝土层纵向拉应力值基本相同，都在3 MPa以下，最大拉应力为2.86 MPa，在所研究的切缝宽度范围内对混凝土拉应力的影响不大。

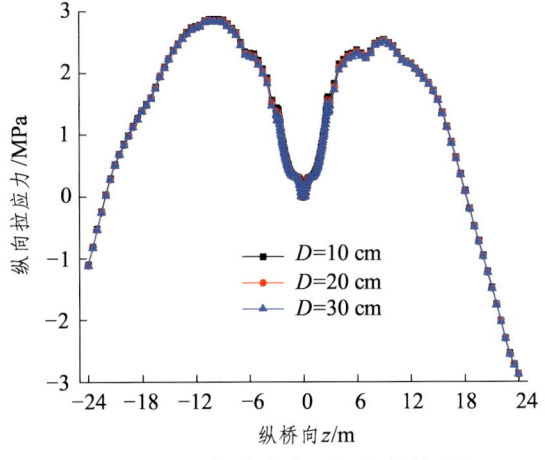

图6-23　不同切缝宽度下混凝土拉应力

2. 切缝深度

切缝深度对混凝土层的纵向拉应力分布影响较大，取深度H为0 cm（未切缝）、7.5 cm（砼层厚度50%）、15 cm（砼层厚度）分别进行分析，如图6-24所示。当深度只有一半的混凝土层厚度，即H=7.5 cm时，在切缝处左右各3 m范围内拉应力值有所下降，应力集中程度降低，影响范围不大，总体上拉应力值仍很大；当砼层厚度全切断，即H=15 cm时，在切缝处左右各约12 m范围内拉应力值显著减小。由此可见，切缝深度需要到达砼层厚度。

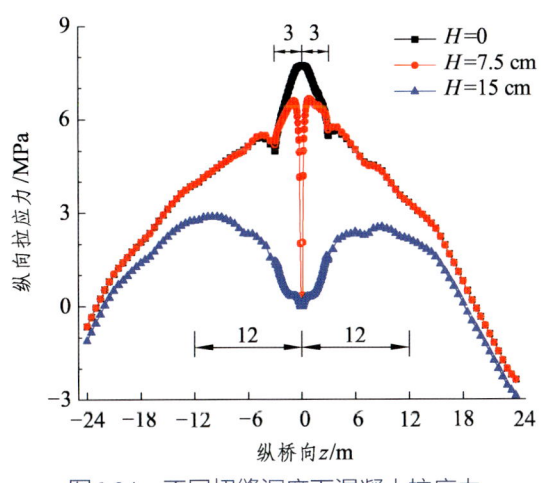

图6-24　不同切缝深度下混凝土拉应力

3. 切缝位置（单缝与多缝）

根据图6-21（d），为研究不同切缝位置对混凝土拉应力的消减效果，假定以辅助墩处为中心分别有1条和3条切缝（L等于6 m和12 m），$L=12$ m切缝位置为拉索处，如图6-25所示。图6-25（a）比较了单条和3条切缝对混凝土拉应力的影响，两种情况下辅助墩附近左右12～15 m范围内（约一个拉索间距）的混凝土层拉应力都明显减小，效果基本相同，3条切缝的效果稍好；图6-25（b）比较了切缝间距对混凝土拉应力的影响，两种情况下辅助墩附近左右12～15 m范围内（约一个拉索间距）的混凝土层拉应力都明显减小，效果也基本相同。因此仅在辅助墩处切一条缝即可达到显著消减纵向拉应力的目的。考虑到切缝多对后期养护维修的不利影响，建议仅在辅助墩处切一条缝。

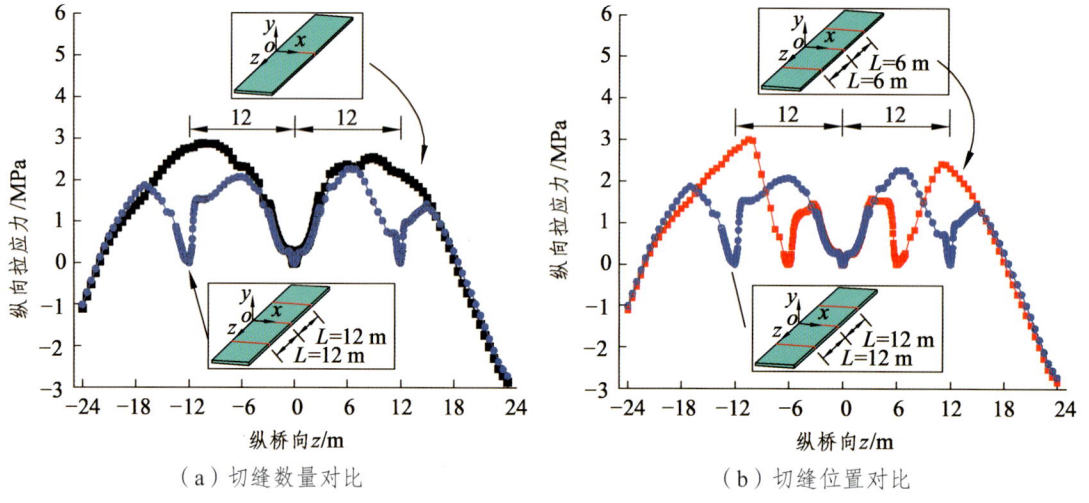

（a）切缝数量对比　　　　　（b）切缝位置对比

图6-25　不同切缝形式下混凝土拉应力

6.5　本章小结

通过对临港长江大桥正交异性钢-砼组合桥面板的研究，可得到如下结论：

（1）正交异性钢桥面结构的2类典型病害为：① 沥青混凝土铺装层损坏；② 钢桥面疲劳易损细节开裂破坏。采用新型正交异性组合桥面板，如钢纤维砼正交异性组合桥面板可延长结构寿命，提高结构耐久性，改善桥梁全寿命过程的运营经济性。

（2）正交异性钢-砼组合桥面结构主要应用于既有正交异性钢桥面桥梁加固和大跨度桥梁修建，加固后钢桥面各疲劳细节应力显著降低，且混凝土层的存在能够有效改善结构受力情况。

（3）轮载作用下正交异性钢-砼组合桥面结构的竖向传力机制与传统看法不同，所提出的轮载的扩散作用机理可为混凝土层设计提供理论依据。

（4）正交异性钢-砼组合桥面因负弯矩的存在混凝土层易受拉开裂，采取合理切缝方式等措施可减小混凝土桥面板拉应力。

参考文献：

[1] 陶晓燕，刘晓光，张玉玲．正交异性钢桥面板受力特征研究[J]．钢结构，2010，25（7）：12-14+11．

[2] 叶华文，段智超，刘吉林，等．正交异性钢-混组合桥面的轮载扩散效应[J]．吉林大学学报（工学版），2022，52（8）：1808-1816．

[3] 叶华文，徐勋，强士中，等．开口肋正交异性钢桥面板双轴疲劳试验及开孔形式研究[J]．中国公路学报，2013，26（1）：87-92．

[4] 叶华文，王应良，张清华，等．新型正交异性钢-混组合桥面板足尺模型疲劳试验[J]．哈尔滨工业大学学报，2017，49（9）：25-32．

[5] 郑州大学，大连金广建设集团有限公司．钢纤维混凝土标准：JG/T472—2015[S]．北京：中国标准出版社，2015．

[6] ONO S, HIRABAYASHI Y, SHIMOZATO T, et al. Fatigue properties and retrofitting of existing orthotropic steel bridge decks [J]. Journal of Japan Society of Civil Engineers, 2009, 65（2）: 335-347.

[7] 邵旭东，张哲，刘梦麟，等．正交异性钢-RPC组合桥面板弯拉强度的试验研究[J]．湖南大学学报（自然科学版），2012，39（10）：7-13．

[8] LAMINE D, PIERRE M, FERNANDA G, et al. Use of UHPFRC overlay to reduce stresses in orthotropic steel decks[J]. Journal of Constructional Steel Research, 2013（89）: 30-41.

[9] YE H, YANG Z, HAN B, ct al. Failure mechanisms governing fatigue strength of steel-SFRC composite bridge deck with U-Ribs[J]. Journal of Bridge Engineering, 2021, 26（4）: 04021014.

[10] 王钧利．桥面铺装疲劳性能参数及可靠性[J]．长安大学学报（自然科学版），2004（3）：39-42．

[11] 于昊，李鹏程，毛洪录，等．水泥混凝土路面早期裂缝影响因素分析[J]．山东大学学报（工学版），2012，42（5）：108-112．

[12] 权磊，田波，牛开民，等．切缝法测定水泥混凝土路面残余应力数值模拟分析[J]．土木工程学报，2014，47（6）：118-125．

[13] 中交公路规划设计院有限公司．公路钢结构桥梁设计规范：JTGD64—2015[S]．北京：人民交通出版社，2015．

[14] 邵旭东，郑晗，黄细军，等．钢-UHPC轻型组合桥面板横向受力性能[J]．中国公路学报，2017，30（9）：70-77+85．

[15] WANG Y, REN W, HAN B, et al. Conceptual design of cable-supported bridges with road and railway traffic[J]. Structural Engineering International, 2021, 31（4）: 488-497.

第7章 铁路线路几何形位及控制

7.1 概 述

复杂荷载作用下，大跨度公铁平层斜拉桥具有桥梁挠曲变形大、梁端变位复杂、桥上轨道结构易变形的特点。大跨度公铁平层斜拉桥上无缝线路不仅受列车动载、温度力的影响，还受到桥梁伸缩、挠曲变形引起的梁轨相互作用力的影响，钢轨内应力过大易导致断轨、胀轨跑道现象的发生；高速行车条件下大跨度公铁平层斜拉桥上有砟轨道振动变形较大，道砟流变、迁移易导致道床松散，进而引起道床稳定性降低，影响有砟轨道正常服役性能；大跨度公铁平层斜拉桥桥梁结构变形会引起桥上轨道结构的几何形位动态变形，直接影响高速行车的安全与品质。因此，有必要对大跨度公铁平层斜拉桥上无缝线路设计技术、轨道结构变形与控制、轨道几何形位分析与评估开展系统研究。

（1）无缝线路设计技术方面。

建立斜拉桥上梁轨相互作用有限元模型，考虑梁轨之间的相互作用关系，对斜拉桥上无缝线路多组设计方案进行检算，明确钢轨伸缩调节器铺设的必要性并给出临港长江大桥桥上无缝线路设计方案。

（2）在轨道结构变形与控制方面。

首先，考虑到大跨度公铁平层斜拉桥不同位置处约束条件不同，且有砟道床始终处于拉伸-压缩的动态变化中，因此对斜拉桥上有砟道床阻力分布特性和道床阻力演化机制展开研究，从而对临港长江大桥有砟道床的设计提出建议，提高有砟道床的服役性能；其次，鉴于大跨度公铁平层斜拉桥挠曲变形对有砟道床动态稳定性的影响，分别探索了桥梁振动、冲击荷载及列车荷载对桥上有砟道床动态稳定性的影响，进一步提高桥上轨道的稳定性，保证列车的平稳运行；最后，考虑到斜拉桥上有砟轨道道床稳定性、容重特性，对高速铁路桥上有砟轨道最优级配展开了初步探索，提高道床质量和降低桥梁挠曲程度。

（3）在轨道几何形位分析与评估方面。

首先，分析线路纵断面及外荷载对桥上轨道几何形位的影响规律；其次，采用线路等效平纵断面、轨道谱及中点弦测法等方法，对各荷载工况及荷载组合工况下的轨道平顺性进行评估；同时，基于车辆-轨道耦合动力学理论，建立轨道虚拟轨检动力学模型，检测轨道动态几何形位，分析轨道几何形位对列车运行品质的影响；最后，考虑成桥施工线形偏差，对桥上线路轨道精调设计方法进行研究，并对斜拉桥上轨道平顺性控制措施提出建议。本研究可提高临港长江大桥轨道的平顺性与稳定性，进而提高旅客乘坐的舒适性和降低桥上线路的运营成本。

上述研究不仅可为临港长江大桥铁路线路的设计、建设和运营提供支撑，而且对同类型的大跨度公铁平层斜拉桥的无缝线路设计、有砟道床的养护与维修、高速列车的长期安全平稳运行也提供了重要参考。

7.2 斜拉桥上无缝线路设计方案研究

无缝线路能够减少钢轨接头，延长车轮及钢轨的使用寿命，有效提高列车的运行品质，但在温度荷载、列车荷载等外部荷载共同作用下，大跨度公铁平层斜拉桥易发生较大的伸缩、挠曲变形，导致钢轨内应力过大，进而引发钢轨断裂、轨道胀轨跑道，严重时导致铁路交通事故的发生。因此，为保障列车在大跨度公铁平层斜拉桥有砟轨道无缝线路上安全平稳运行，对大跨度公铁平层斜拉桥上无缝线路设计方案展开相应研究具有重要意义。

7.2.1 无缝线路检算方法

1. 有限元模型的建立

临港长江大桥是公铁两用长江大桥，设4线铁路和6车道公路。主桥由跨径组合为74.65 m+203 m+522 m+203 m+74.65 m的钢桁梁组成；北引桥为3×40 m+3×40 m+3×40 m混凝土梁；南引桥为3×40 m+4×40 m混凝土梁。轨道设计相关资料显示，最高轨温60 ℃，最低轨温−1.40 ℃，设计锁定轨温为34.30 ℃±5 ℃，主梁边跨混凝土箱梁日温差取为15 ℃，斜拉桥钢桁梁日温差取25 ℃，斜拉索和主塔墩的日温差分别取为25 ℃、20 ℃。

根据上述情况，基于有限元软件ANSYS建立斜拉桥上梁轨相互作用计算模型，利用此模型计算桥梁伸缩、挠曲及列车制动工况下的钢轨纵向力，如图7-1所示。

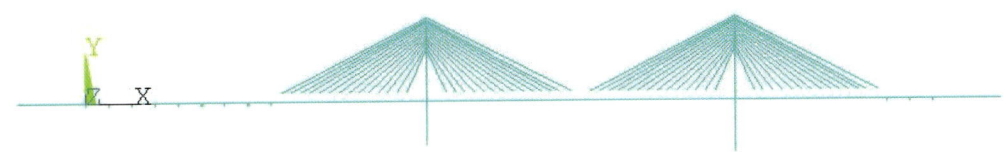

图7-1 有限元计算模型

模型建立完成后，无缝线路设计荷载采用ZK活载，如图7-2所示。

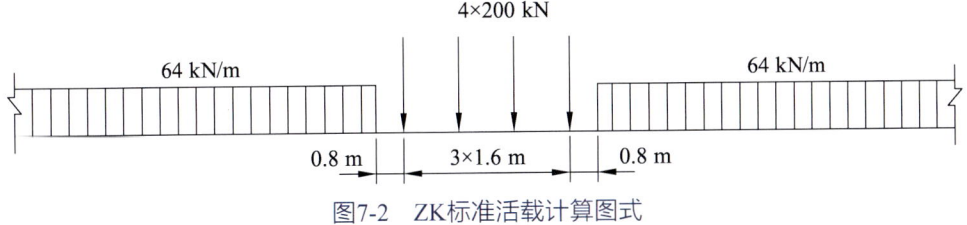

图7-2 ZK标准活载计算图式

2. 无缝线路检算标准

为防止钢轨断裂、轨道胀轨跑道，无缝线路铺设前应进行钢轨断缝值、钢轨强度及轨道稳定性检算。

（1）钢轨断缝检算。

$$\lambda = \frac{EF(\alpha \Delta T_{dmax})}{\gamma} \quad (7\text{-}1)$$

式中：λ 为钢轨断缝；F 为钢轨横断面面积；α 为钢轨线膨胀系数，取 $1.18 \times 10^{-5}/℃$；ΔT_{dmax} 为最大降温幅度，$\Delta T_{dmax} = T_u - T_{min}$；$\gamma$ 为线路纵向阻力，有砟轨道参照相应线路开通验收时道床纵向阻力取值，无砟轨道根据扣件技术条件取最不利值。$[\lambda]$ 为钢轨断缝容许值，一般情况取 70 mm，困难条件下取 90 mm。

（2）钢轨强度检算。

$$\sigma_d + \sigma_t + \sigma_f \leqslant [\sigma] \quad (7\text{-}2)$$

式中：σ_d 为钢轨动弯应力；σ_t 为钢轨温度应力；σ_f 为钢轨附加应力，包括伸缩附加力和制动附加力；$[\sigma]$ 为钢轨容许应力，由钢轨强度控制，$[\sigma] = \dfrac{\sigma_s}{1.3} = 363.10 \text{ MPa}$。

（3）轨道稳定性检算。

桥上有砟轨道结构稳定性检算采用统一无缝线路稳定计算公式。由规范可知，计算钢轨温度压力 P_0 的稳定性计算公式为：

$$P_0 = \frac{EI_y \pi^2 \cdot \dfrac{(f + f_{oe})}{l^2} + \dfrac{4}{\pi^3} Q l^2}{f + f_{oe} + \dfrac{4l^2}{\pi^3 R'}} \quad (7\text{-}3)$$

$$l^2 = \frac{\omega + \sqrt{\omega^2 + \left(\dfrac{4Q}{\pi^3} - \dfrac{\omega t}{f}\right) EI_y \pi^2 f}}{\dfrac{4Q}{\pi^3} - \dfrac{\omega t}{f}} \quad (7\text{-}4)$$

$$\frac{1}{R'} = \frac{1}{R} + \frac{1}{R_{op}} \quad (7\text{-}5)$$

$$\omega = EI_y \pi^2 \left(t + \frac{4}{\pi^3 R'}\right) \quad (7\text{-}6)$$

式中：l 为轨道弯曲变形半波长，$l = l_0$；f 为轨道弯曲变形矢度，取 0.20 cm；f_{oe} 为轨道原始弹性弯曲矢度，轨道原始塑性弯曲的相对曲率 $\frac{(f_{op})}{l^2}$ 取 1.75×10^{-7}，轨道原始弹性弯曲的相对曲率 $\frac{(f_{op})}{l^2}$ 取 3.58×10^{-7}；Q 为道床等效横向阻力，$Q = \frac{\pi q_1}{4} f$；R 为曲线半径；R_{op} 为钢轨原始塑性弯曲半径，$\frac{1}{R_{op}} = 8 \times \frac{f_{op}}{l^2} = 1.40 \times 10^{-5}$；$t$ 为轨道原始弹性弯曲的相对曲率，$t = \frac{f_{oe}}{l_0^2}$。

单股钢轨的允许温度压力 $[P]$ 为：

$$[P] = \frac{P_0}{1.3 \times 2} \tag{7-7}$$

安全系数取1.3，相关参数取值参照《铁路无缝线路设计规范》（TB 10015—2012），经过计算，单股钢轨的允许应力为1785 kN，钢轨的温度力为576 kN，则钢轨允许附加力为1785−576=1209 kN。

7.2.2 无缝线路设计方案检算结果

基于临港长江大桥有限元模型，对4种无缝线路设计方案下的钢轨强度及轨道稳定性进行检算，具体设计方案如表7-1所示。

表7-1 斜拉桥上无缝线路设计方案

方案序号	伸缩调节器	扣件类型
方案1	不铺设	全桥铺设常阻力扣件
方案2	不铺设	全桥铺设小阻力扣件
方案3	主桥两端分别设置两组单向伸缩调节器	伸缩调节器基本轨一侧分别铺设100 m小阻力扣件
方案4	在主桥两端各设置一组单向伸缩调节器	全桥铺设小阻力扣件，伸缩调节器基本轨一侧分别铺设100 m小阻力扣件

以方案3为例进行检算。斜拉桥上无缝线路设计方案3为主桥两端分别设置两组单向伸缩调节器，伸缩调节器基本轨一侧分别铺设100 m小阻力扣件。计算此方案条件下钢轨纵向力，并对钢轨强度及轨道稳定性进行检算。

1. 伸缩工况

伸缩工况下，钢轨纵向力如图7-3所示。

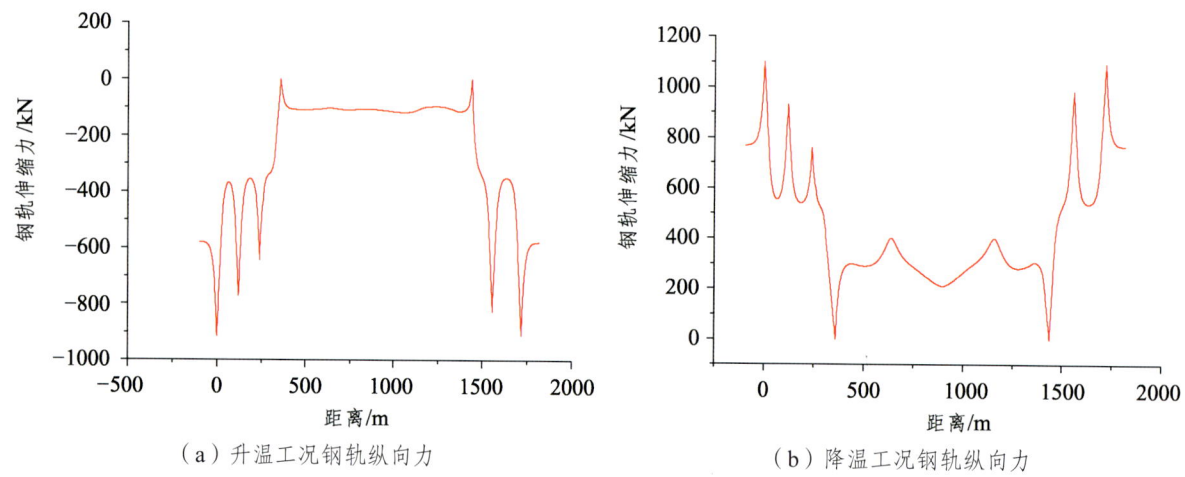

(a) 升温工况钢轨纵向力　　　　(b) 降温工况钢轨纵向力

图7-3　升降温工况下钢轨纵向力

由图7-3可知，由于设置了伸缩调节器，钢轨中纵向力发生大幅度的下降，伸缩工况下钢轨最大伸缩力发生在左桥台位置处，升温工况下钢轨纵向力值为913.96 kN（含基本温度力），降温工况下钢轨纵向力值为1099.37 kN（含基本温度力）。

2. 断缝值及断轨计算

由于在主梁两端设置有伸缩调节器，所以断轨工况在这里不予考虑。

3. 制动工况

分别考虑4种制动工况，荷载布置如图7-4所示。

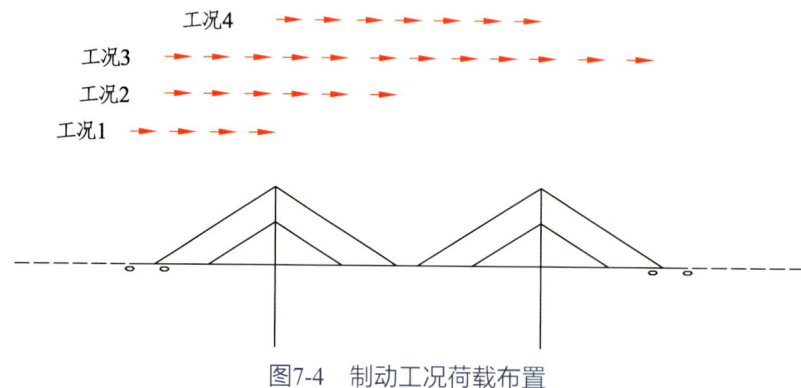

图7-4　制动工况荷载布置

工况1荷载布置时，列车从左桥台进入主梁，作用跨度为主桥左端到左侧辅助墩之间（73 m+203 m）。制动附加力如图7-5（a）所示，最大制动附加拉力为46.78 kN，最大制动附加压力为52.65 kN。

工况2荷载布置时，列车从左桥台进入主梁，作用跨度为左侧辅助墩到左主塔最右侧斜拉索之间（203 m+260 m）。制动附加力如图7-5（b）所示，最大制动附加拉力为46.18 kN，最大制动附加压力为54.28 kN。

工况3荷载布置时，列车从左桥台进入主梁，作用跨度为左右两辅助墩之间（203 m+522 m+203 m）。制动附加力如图7-5（c）所示，最大制动附加压力为44.73 kN，最大制动附加拉力为28.43 kN。

工况4荷载布置时，列车从左桥台进入主梁，作用跨度为两主墩之间522 m。制动力如图7-5（d）所示，最大制动附加压力为52.09 kN，最大制动附加拉力为51.41 kN。

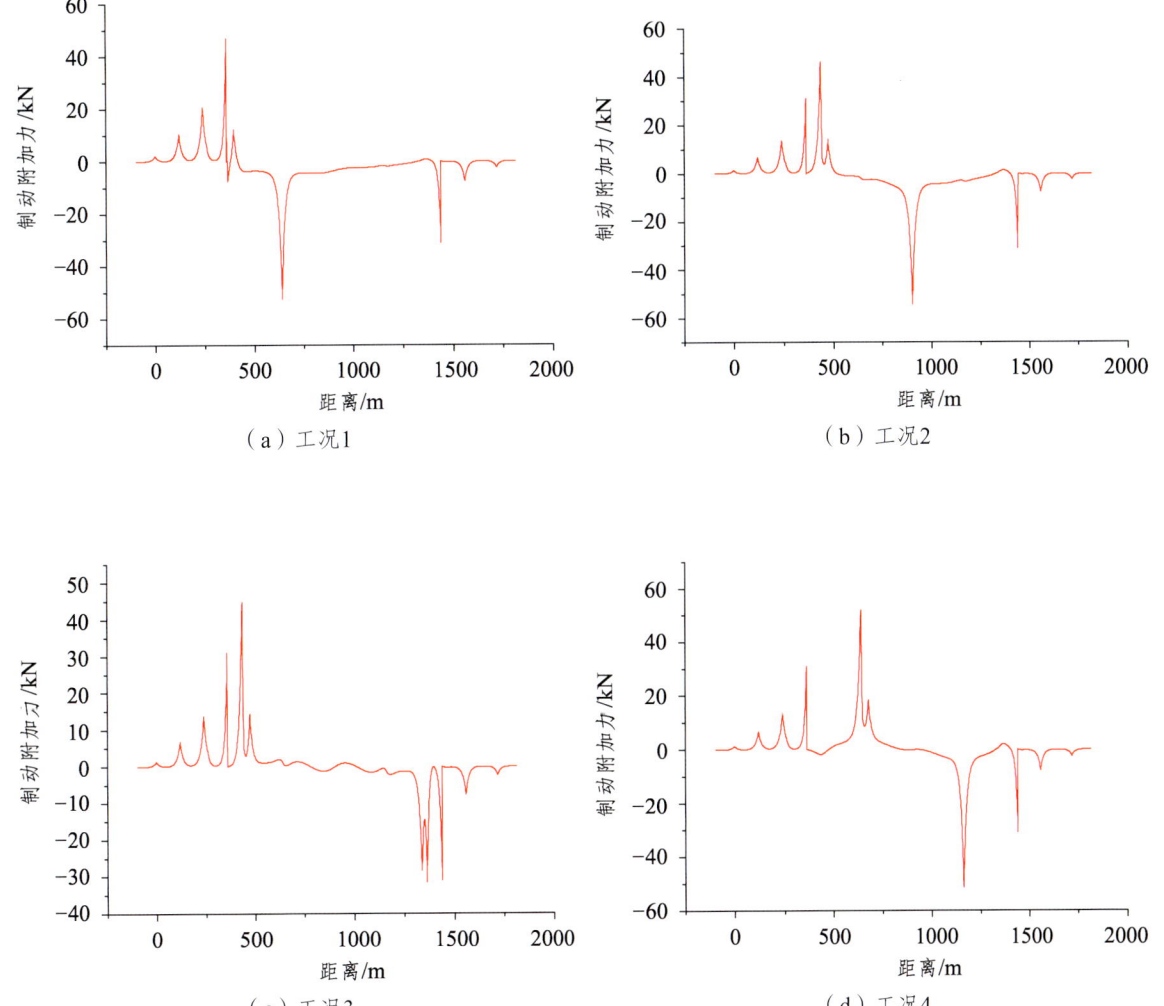

图7-5 制动附加力图

4. 挠曲工况

列车从左桥台进入主梁，作用跨度为两主墩之间（522 m），挠曲附加力如图7-6所示，最大挠曲附加压力为174.56 kN。

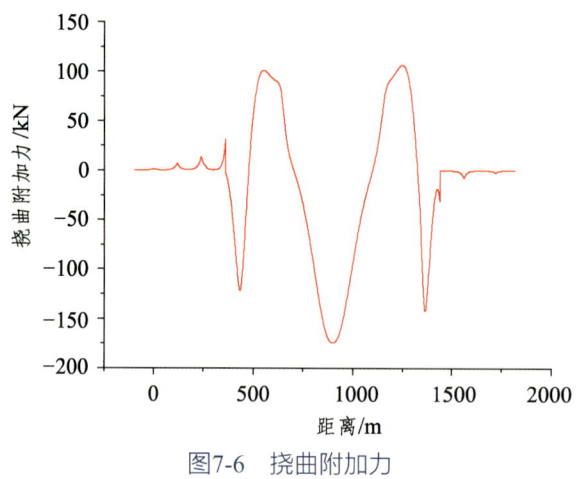

图7-6 挠曲附加力

根据上述计算结果进行钢轨强度、轨道稳定性检算：钢轨应力峰值（拉、压）为239.90/244 MPa，钢轨容许应力为363.10 MPa，检算通过；钢轨附加应力峰值为716.90 MPa，钢轨容许附加力为1209 MPa，检算通过。

基于上述方法，大跨度公铁平层斜拉桥上无缝线路不同设计方案下钢轨强度、轨道稳定性检算结果如表7-2所示。

表7-2 斜拉桥上无缝线路不同设计方案下钢轨强度、轨道稳定性检算结果

方案名称	钢轨应力峰值（拉、压）/MPa	钢轨容许应力/MPa	强度检算	钢轨附加力峰值/kN	钢轨容许附加力/kN	稳定性检算
方案1	455.10/458.20	363.10	不通过	2572.62	1209	不通过
方案2	381.70/384.80		不通过	2003.92		不通过
方案3	239.90/244		通过	716.90		通过
方案4	239.90/244		通过	716.90		通过

由表7-2可知，采用方案1或方案2，即全桥铺设常阻力或小阻力扣件而不设伸缩调节器时，钢轨强度及轨道稳定性条件均不满足斜拉桥上无缝线路设计要求；采用方案3或方案4，即主桥两端各设两组或一组单向伸缩调节器时，钢轨强度及轨道稳定性条件均满足斜拉桥上无缝线路设计要求。

综上所述，大跨度公铁平层斜拉桥无缝线路设计时需在主桥两端铺设钢轨伸缩调节器，此时钢轨强度及轨道稳定性均满足无缝线路设计要求。当大跨度公铁平层斜拉桥变形较大、梁端变位较为复杂时，建议无缝线路设计时采取在主桥两端分别设置两组单向伸缩调节器，伸缩调节器基本轨一侧分别铺设100 m小阻力扣件。此外，列车在大跨度公铁平层斜拉桥上运行过程中，应尽量避免在伸缩调节器附近制动，防止轨条位移量过大，造成行车安全隐患。

7.3 斜拉桥上有砟轨道结构变形及控制措施研究

大跨度公铁平层斜拉桥具有结构轻柔、位移量大的特点，其主要铺设有砟轨道结构。有砟道床由散体道砟颗粒堆积而成，结构组合性和状态依赖性强，而大跨度公铁平层斜拉桥挠曲变形会引起桥上轨道结构的变形，影响有砟轨道正常服役性能，因此，为保证列车运行安全性与平稳性，对斜拉桥上有砟轨道结构变形及控制措施开展相关研究具有重要意义。上述研究可为大跨度公铁平层斜拉桥上有砟轨道的设计和养护维修提供科学支撑，并为未来大跨度公铁平层斜拉桥上有砟轨道相关研究提供参考。

7.3.1 斜拉桥上有砟道床阻力分布及演化机制研究

大跨度公铁平层斜拉桥上不同位置处桥梁变形所受约束不同，进而导致梁-轨相互作用下有砟道床纵、横向阻力分布存在差异，通常会引发有砟轨道结构变形，如梁缝位置处常出现轨枕歪斜、梁端位置处易出现轨枕与挡砟墙相互挤压等现象，影响斜拉桥上列车的安全运行；同时，在温度荷载等作用下，大跨度公铁平层斜拉桥上有砟轨道始终处于拉伸-压缩的动态变化中，散体道砟颗粒不断平衡—转移—重分布，使得道床纵、横向阻力不断变化，影响桥上有砟道床正常服役性能。因此，为保障大跨度公铁平层斜拉桥上有砟轨道正常服役性能，研究大跨度公铁平层斜拉桥上有砟道床阻力分布特性和道床阻力演化机制对大跨度公铁平层斜拉桥上有砟道床的设计、养护具有指导意义。

1. 斜拉桥上有砟道床阻力分布特性

为明确桥上不同位置处道床阻力的分布情况，在桥梁梁缝及桥梁跨中等典型位置处共设置6个测点（每个测点选择2个点位进行测试，编号分别为LF1-1、LF1-2、QD-1、QD-2、LF2-1、LF2-2），每个点位选取5根轨枕进行测试，轨枕编号依次为1、2、3、4、5，取测试平均值作为最终该点位的道床阻力值。松开待测轨枕的扣件，并取下轨下胶垫，采用传统单根轨枕法进行道床阻力现场测试，选取各点位中间的3根轨枕测试道床横向阻力，外侧2根轨枕测试道床纵向阻力，现场实测试验测点布置如图7-7所示。

现场实测试验所得斜拉桥上不同位置处道床纵、横向阻力如表7-3所示。

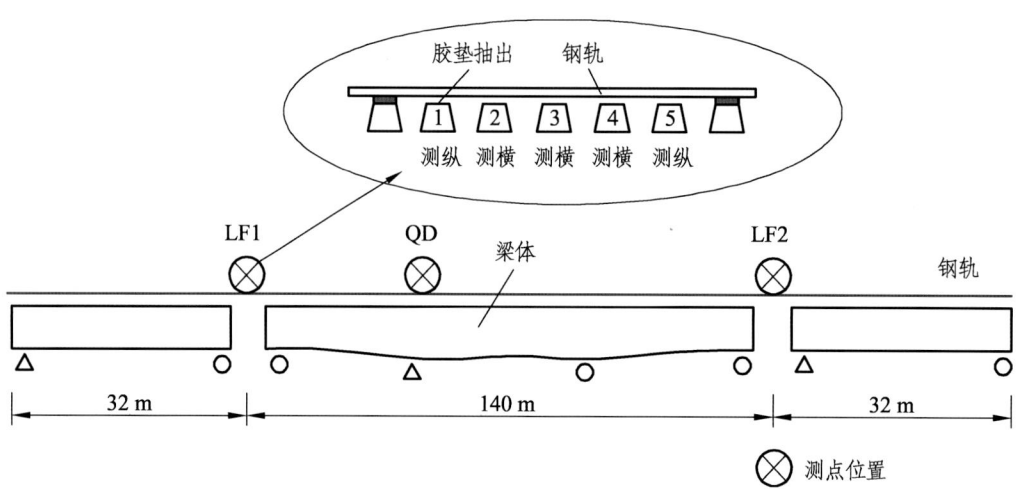

图7-7 道床纵、横向阻力测点布置

表7-3 道床纵、横向阻力测试结果

阻力类型	阻力位置	平均值/(kN/枕)	备注
纵向阻力	LF1	21.70	温度跨度为72 m
	LF2	15.80	温度跨度为100 m
	QD	31.80	桥梁固定墩上方
横向阻力	LF1	25.50	温度跨度为72 m
	LF2	20.20	温度跨度为100 m
	QD	31.70	桥梁固定墩上方

由表7-3可知，桥上道床纵、横向阻力的大小与测点位置有关，且相对于道床横向阻力而言，桥上道床纵向阻力明显呈区域分布。桥梁固定墩上方，道床纵、横向阻力值最大，纵向阻力为31.80 kN/枕，横向阻力为31.70 kN/枕；桥梁左端梁缝处纵、横向阻力次之，纵向阻力为21.70 kN/枕，横向阻力为25.50 kN/枕；桥梁右端梁缝处纵、横向阻力最小，纵向阻力为15.80 kN/枕，横向阻力为20.20 kN/枕。桥梁温度跨度越大，道床所受扰动越大，道床纵、横向阻力值越小。

综上所述，桥梁温度跨度越大，道床所受扰动越大，道床纵、横向阻力值越小。桥上道床纵向阻力的大小明显呈区域分布，桥梁固定墩处阻力值最大，左端梁缝处次之，右端梁缝处最小，应加强桥梁梁缝处有砟道床的养护维修工作，重点关注梁缝处道床稳定性是否满足规范要求。

2. 斜拉桥上有砟道床阻力演化机制

在实验室内搭建有砟轨道模型，道床受到外力作用变形时还原初始状态的抗力为恢复力，变形和恢复力之间的相互作用关系曲线称为滞回曲线。循环荷载作用下，轨枕动态位移导致轨枕盒内道砟的状态处于"挤压—松弛"的循环变化中，道床密实度和阻力随之改变。相较于道床横向阻力而言，道床纵向阻力能够有效防止轨道纵向位移，更能体现出道床阻力随桥梁拉伸-压缩作用下的演化规律。因此，对无载工况（昼夜交替的温差变化）下轨排与有砟道床纵向阻力性能展开研究。循环荷载由安装在试验机上的伺服系统施加，纵向位移由位移传感器测定，荷载-位移由数据分析系统实时采集，绘制循环荷载作用下道床纵向阻力-位移滞回曲线。循环荷载按三角波方式缓慢加载，研究加载时位移幅值、加载速率对道床纵向阻力-位移滞回曲线形态特征的影响。模型循环加载、作动器单元加载时程曲线如图7-8所示。

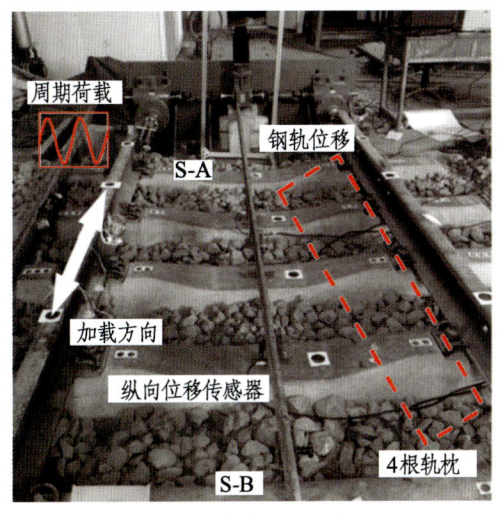
（a）模型循环加载

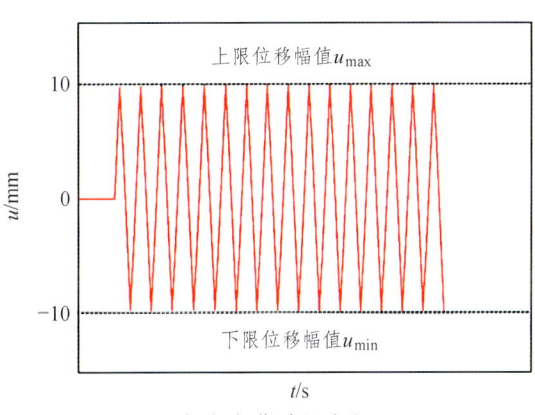
（b）加载时程曲线

图7-8 试验加载情况

通过实测试验获取循环荷载作用下道床纵向阻力-位移滞回曲线，分析滞回曲线的形态特征，研究斜拉桥上有砟道床阻力演化规律。体现散体道床循环加载特性的等效参数为滞回环面积、动阻尼比、动刚度等。其中，滞回环面积反映了循环加载过程中的滞回能大小，即由颗粒接触滑移、黏聚等形成的道床耗能特性，也反映其动阻尼比的大小；滞回环骨架曲线的斜率体现了道床的动弹性性能和纵向动刚度的大小。

在单轴对称位移控制循环载荷作用下，不同位移幅值的循环荷载作用时道床纵向阻力-位移滞回曲线如图7-9所示。

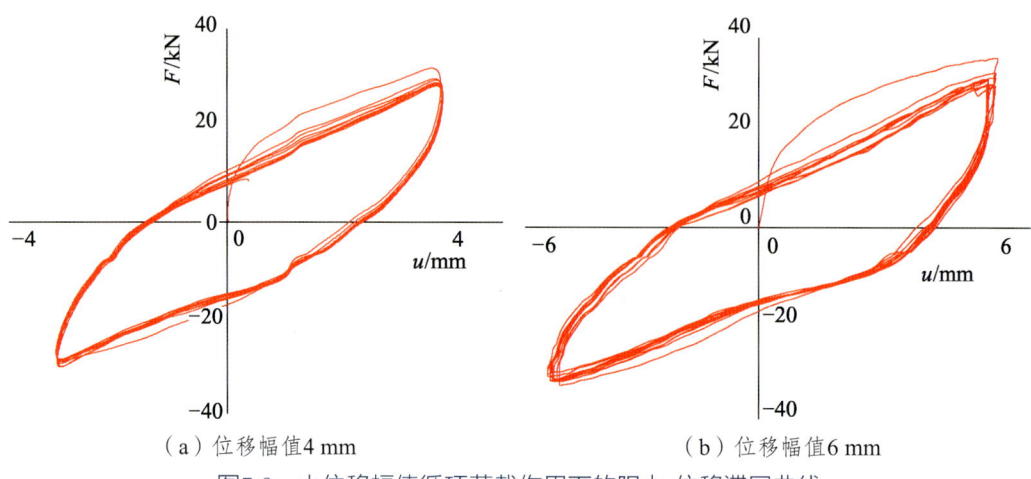

（a）位移幅值4 mm　　　　　　　（b）位移幅值6 mm

图7-9　小位移幅值循环荷载作用下的阻力-位移滞回曲线

由图7-9可知，散体道床在循环荷载作用下力-位移曲线为一簇封闭且相对稳定的滞回曲线，这表明道床在受到对称位移循环荷载纵向作用时处于稳定的耗能状态。起始加载时的力-位移曲线存在与单向加载相一致的变化规律，且与其后的曲线变化不重合。其后的循环周期力-位移曲线基本相同，道床阻力处于稳定的滞回变化中。当位移幅值相对较大时，自第2个加载周期开始，滞回曲线的重复性相对较差，且散体道床表现出极明显的循环软化特性。

道床纵向动刚度与循环周次、位移幅值之间关系曲线如图7-10所示。

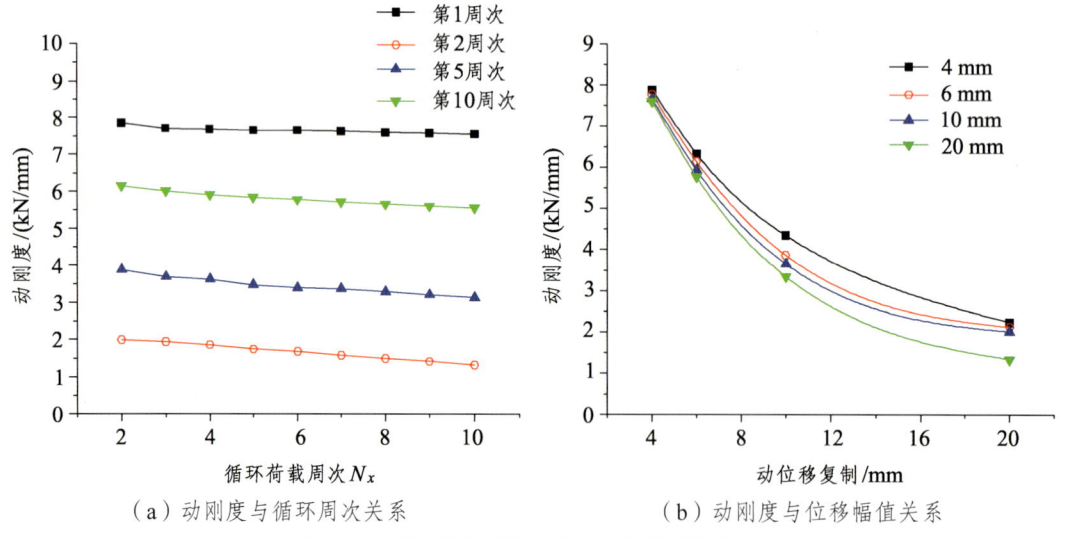

（a）动刚度与循环周次关系　　　　　（b）动刚度与位移幅值关系

图7-10　动刚度与循环周次及位移幅值关系

由图7-10（a）可知，位移幅值越大，道床流动性、黏滞性表现更明显，动刚度下降的趋势更显著。由图7-10（b）可知，散体道床动刚度与位移幅值近似呈曲线递减关系，随着位移幅值的增加，道床动刚度值快速下降，位移幅值对道床扰动较大，位移幅值越大，道床受扰动越大，10周次后动位移6 mm、10 mm、20 mm时的纵向动刚度分别只有4 mm时的约73%、44%、14%。

滞回环面积与循环周次、位移幅值之间关系曲线如图7-11所示。

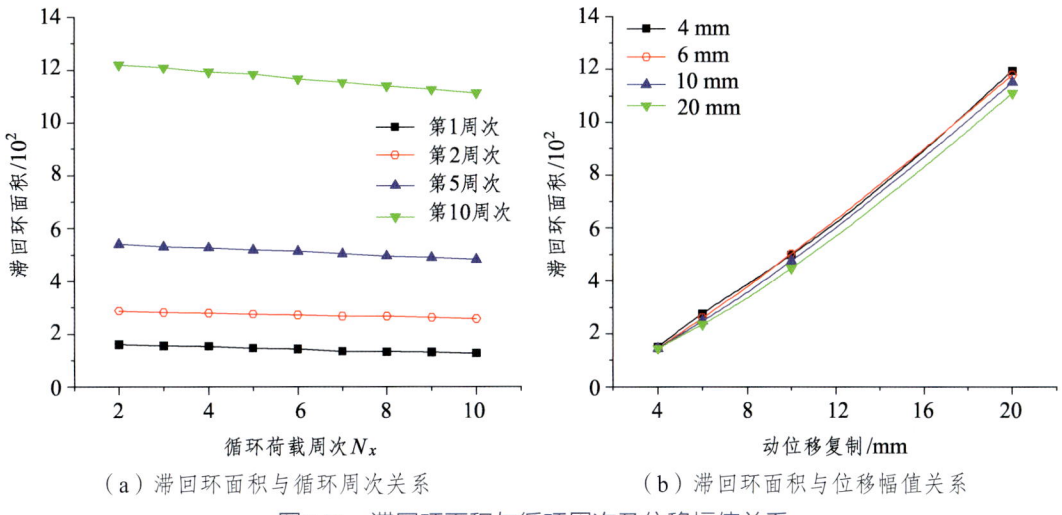

（a）滞回环面积与循环周次关系　　（b）滞回环面积与位移幅值关系

图7-11　滞回环面积与循环周次及位移幅值关系

由图7-11（a）可知，滞回环面积随循环荷载周次的增加变化不大，循环荷载下散体道床处于相对稳定的耗能状态。由图7-11（b）可知，滞回环面积随位移幅值的增加呈线性增长，位移幅值越大道床耗能能力越大。此外，当位移幅值较大时，滞回环面积随循环周次的增加略有减小，如位移为20 mm时，在经历10个周期后，滞回环面积约减小8%。

以位移幅值4 mm、20 mm为例，滞回环面积与加载速率之间关系曲线如图7-12所示。

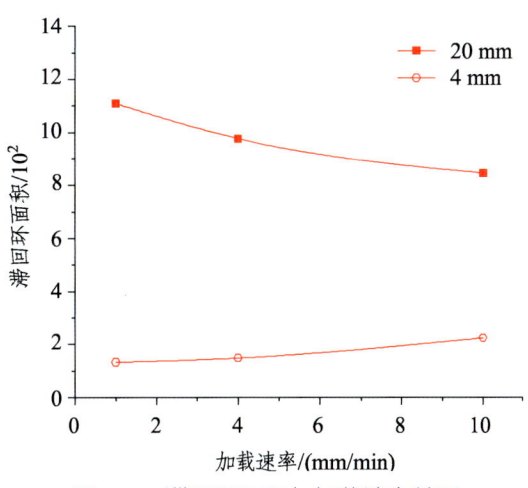

图7-12　滞回环面积与加载速率关系

由图7-12可知，随着加载速率的增大，不同位移幅值下滞回环面积的变化规律不同。位移幅值为4 mm时，随着加载速率的增加，滞回环的面积略有增长。荷载作用速率相对较大时,道床内部应力无法及时扩展,道砟颗粒未及时错位、重排,道砟颗粒群基本保持原有结构,道床整体更多地表现为弹性状态,宏观上表现为道床纵向刚度有所增强、阻力增大,即滞回环的面积增大。位移幅值为20 mm时,随着加载速率增加,道床所受扰动剧烈,结构易发生剪切破坏,颗粒间发生接触变化、重组,颗粒群重新排列,道床动态稳定性下降,能量耗散能力随之下降,滞回环面积随加载速率的增大明显降低。

综上所述,循环荷载作用下,道床在加载、卸载过程中存在稳定的耗能状态;由于散体道床的塑性流动性,大位移动态变化下的道床更易表现出一种循环软化行为,道床所受扰动更剧烈。有砟道床在受列车紧急制动作用时,道床发生较小的快速相对位移不会影响道床稳定,但应对快速加载条件下的道床相对位移值加以控制。应避免列车在钢轨伸缩调节器附近紧急制动,并在昼夜温差较大的季节加大对桥上有砟道床的整治力度,防止因桥梁较大的伸缩变形而造成道床阻力的严重退化。

7.3.2 斜拉桥上有砟道床动态稳定性研究

有砟道床作为桥上有砟轨道重要组成部分,其动态稳定性直接关系到行车安全性及旅客乘坐舒适性,在有砟轨道服役期间,往往会出现不同程度的劣化。相较于路基段而言,大跨度公铁平层斜拉桥具有结构轻柔、位移量大等显著特点,桥梁在外部荷载作用下的挠曲变形会引起桥上有砟道床出现道砟流变、迁移等现象,并导致道床松散,从而引起道床稳定性降低,严重时影响列车的安全平稳运行。因此,为满足高速列车所需求的轨道高平顺性和稳定性要求,对桥梁振动、冲击荷载以及列车荷载对桥上有砟轨道动态稳定性的影响展开研究显得尤为重要。

1. 桥梁振动对桥上有砟道床稳定性的影响

近年来,离散元法(DEM)在铁路行业有着广泛的应用,大量研究均表明DEM可较好地用于研究散体道床的力学特性,因此采用DEM建立桥上有砟道床模型进行相关研究。通过Clump簇方法生成道砟颗粒,通过墙体模拟Ⅲ型混凝土枕,选用Hertz-Mindlin模型作为道砟的接触本构模型,依照特级道砟级配,采用"落雨法"并配合分层捣固建立符合有砟轨道典型断面尺寸的3轨枕道床模型,如图7-13(a)所示。向有砟道床DEM模型底部输入桥梁梁端实测振动数据,模拟桥梁振动作用,如图7-13(b)所示。

仿真试验中,为减小边界效应的影响,以1 mm/s推动中间轨枕匀速横移、纵移,提取桥梁振动前后的道床阻力值,如图7-14所示。

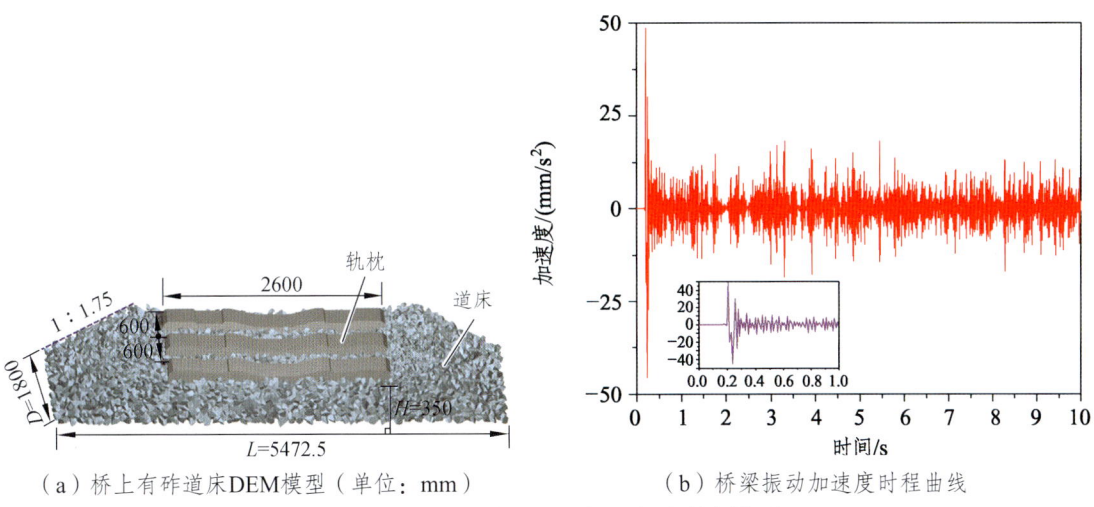

(a) 桥上有砟道床DEM模型（单位：mm）   (b) 桥梁振动加速度时程曲线

图7-13 桥梁振动作用下桥上有砟道床模型

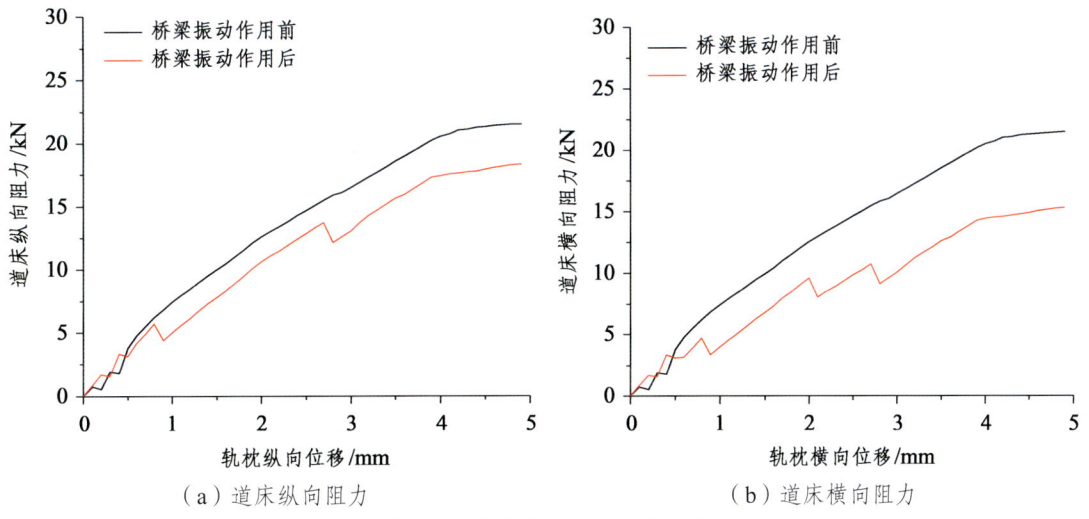

(a) 道床纵向阻力   (b) 道床横向阻力

图7-14 道床纵、横向阻力曲线

由图7-14可知，桥梁振动对道床扰动较大，桥梁振动作用后道床稳定性显著降低；在桥梁振动作用下，道床纵、横向阻力曲线波动较多，说明桥梁振动后道床的密实程度降低。

提取桥梁振动作用后道砟颗粒位移状态，如图7-15所示。

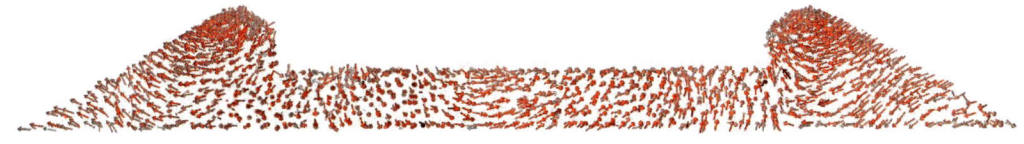

图7-15 桥梁振动后道砟颗粒位移状态

由图7-15可知，桥梁振动作用下，砟肩处道砟颗粒运动较为明显，主要沿轨枕端部向两侧扩散；轨枕底部的道砟颗粒由于受轨枕自重的限制，颗粒位移较小；不同位置处道砟颗粒的运动状态十分不规则,颗粒的旋转、翻滚等特征明显。

在砟肩、轨枕底部及道床内部选取3颗道砟,如图7-16(a)所示。3颗道砟的竖向位移、速度及配位数的变化如图7-16(b)所示。

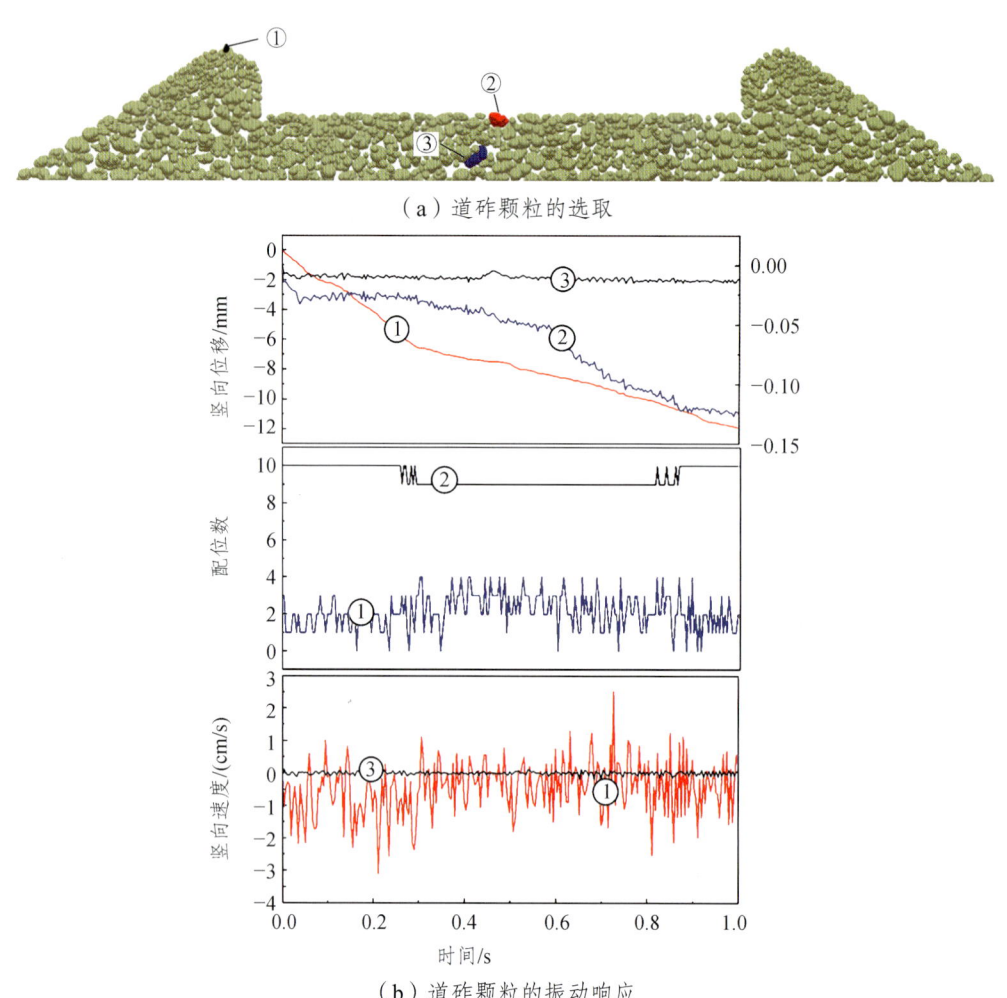

(a)道砟颗粒的选取

(b)道砟颗粒的振动响应

图7-16 不同位置处道砟颗粒振动响应

由图7-16可知,桥梁振动作用下,道床砟肩堆高处道砟颗粒竖向位移较大,为12 mm,且砟肩堆高处道砟颗粒位移时程曲线较为光滑,说明颗粒运动受限程度低;由于道床内部道砟与周围道砟呈咬合、互锁状态,③号道砟颗粒竖向位移较小;枕底、道床内部道砟配位数、竖向速度受桥梁振动的影响较小,砟肩处道砟位移、速度及配位数的变化较为明显。

综上所述,桥梁振动作用后,道床纵、横向阻力及密实程度均有所降低;不同位置处道砟颗粒的运动状态十分不规则,颗粒的旋转、翻滚等特征明显;砟肩堆高处道砟颗粒的运动较为明显,且主要沿轨枕端部向两侧扩散,砟肩道砟颗粒流动是导致道床阻力下降的关键因素之一。在大跨度公铁平层斜拉桥梁梁端等薄弱地段，应定期对桥上有砟道床进行捣固稳定作业及补砟处理，重点对砟肩处开展养护维修作业，防止砟肩松散、塌落。

2. 冲击荷载对桥上有砟道床稳定性的影响

在道砟重心处开孔，将包含三轴加速度计、陀螺仪、蓝牙及存储位置芯片的智能开发板埋入道砟内，通过高强度AB胶封装使开发板与道砟没有相对运动，实现对道砟颗粒运动状态的感知，将此类道砟命名为智能道砟。在现场实测试验中，将6颗智能道砟布置于正常服役的桥上有砟轨道线路的轨枕端部、枕盒、砟肩位置，如图7-17（a）所示。在轨枕上表面中心点处粘贴加速度传感器，提高力锤敲击轨枕模拟冲击荷载，如图7-17（b）所示。

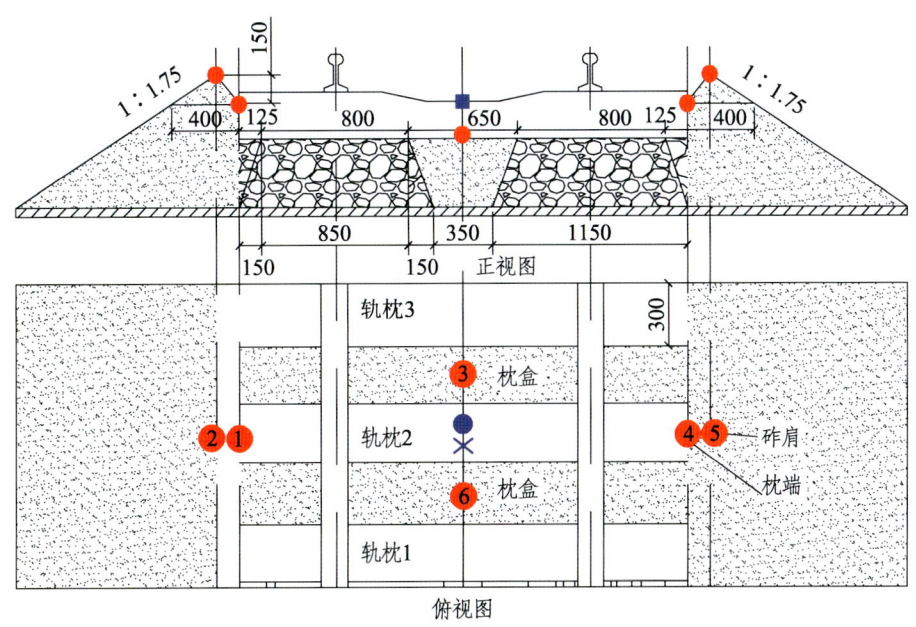

(a) 智能道砟布置位置

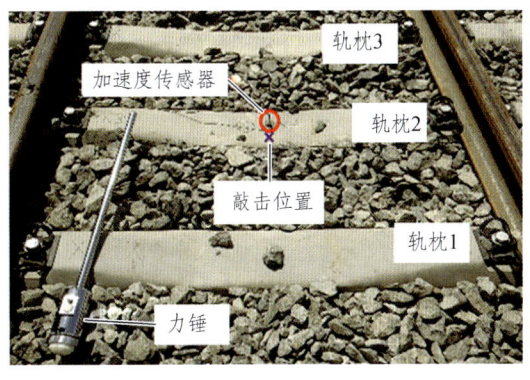

(b) 现场实测

图7-17 有砟轨道敲击试验示意图

取枕盒（3号、6号）、轨枕端部（1号、4号）、砟肩（2号、5号）各处道砟的垂向振动加速度平均值，如图7-18所示。

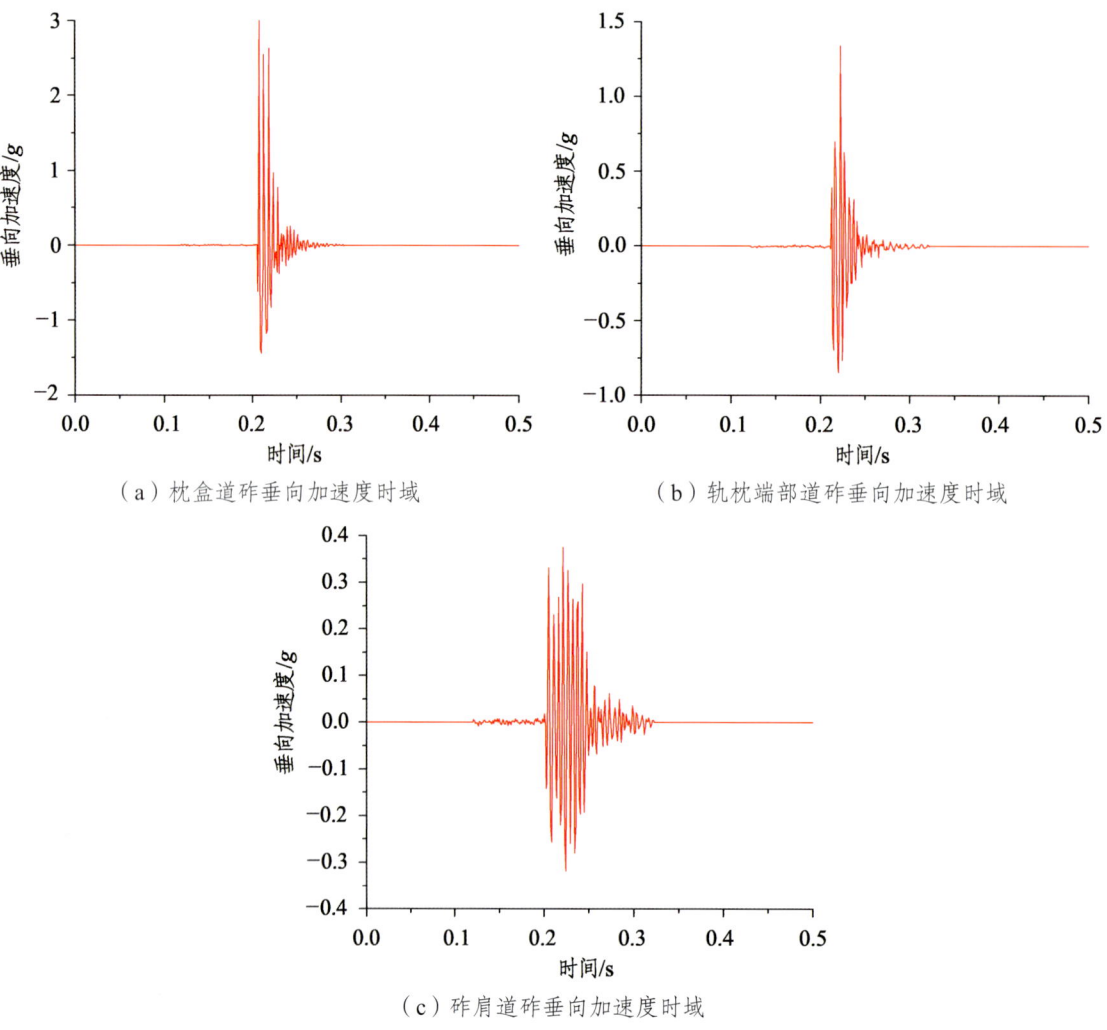

（a）枕盒道砟垂向加速度时域

（b）轨枕端部道砟垂向加速度时域

（c）砟肩道砟垂向加速度时域

图7-18 不同位置道砟垂向加速度时域

由图7-18可知，枕盒处道砟距敲击点的位置最近，因而在振动传递过程中能量耗散最少，枕盒处道砟的振动加速度最大，峰值为2.99 g；受散体道砟堆积特性的影响，激励传导至砟肩位置时，道床内部道砟颗粒间存在大量的能量耗散，砟肩处道砟的振动加速度最小，峰值为0.38 g。

各位置处道砟垂向加速度的频域结果如图7-19（a）所示。为探究道床表层的振动传递特性，将力锤激励后的轨枕视作该系统的输入，各道砟颗粒的振动视为输出，定义道床表层的加速度传递率T为该系统的输出与输入间的传递函数，即：

$$T = 20\lg[H(A_n, A)], n=1,2,3,\cdots \quad (7\text{-}8)$$

式中：$H(A_n, A)$为输出A_n与输入A传递函数的幅值。

通过式（7-8）计算轨枕与枕盒、轨枕端部、砟肩处道砟的加速度传递率，经滤波和平滑处理后，如图7-19（b）所示。

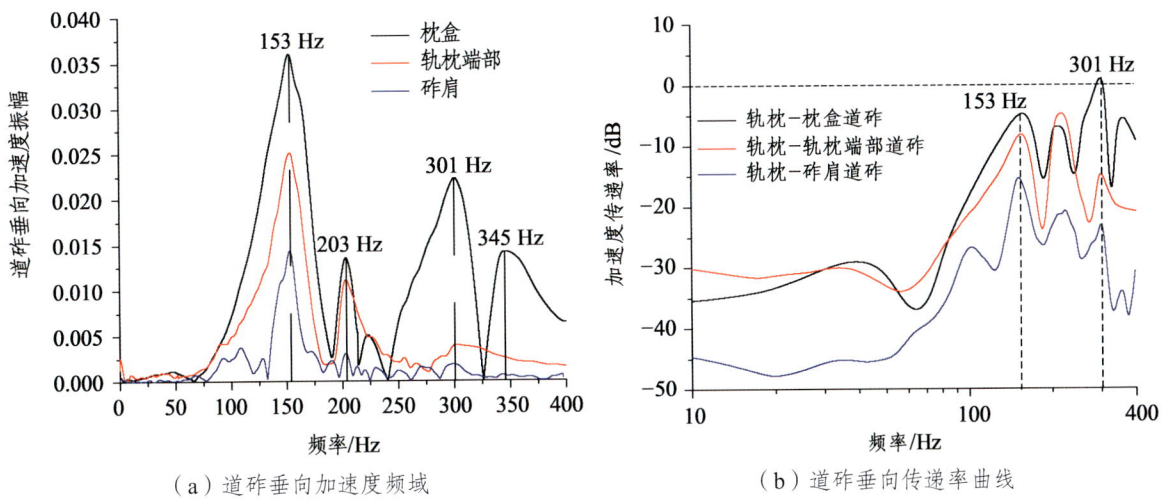

（a）道砟垂向加速度频域　　　　　（b）道砟垂向传递率曲线

图7-19　道砟垂向加速度频域及垂向传递率曲线

由图7-19（a）可知，冲击荷载作用下，枕盒、轨枕端部及砟肩处道砟在153 Hz处有其振动主频，此频率下枕盒处道砟加速度振幅最大，砟肩处道砟加速度振幅最小；在203 Hz处，枕盒、轨枕端部道砟加速度振幅均出现峰值，但砟肩处道砟振幅已十分微弱；在301 Hz处，枕盒道砟振幅出现其次频峰值，而轨枕端部及砟肩处的道砟振幅逐渐被抑制。由图7-19（b）可知，在153 Hz内，轨枕至各位置的道砟加速度传递率随频率的升高而波动增大；超出153 Hz后，轨枕至各位置处的道砟加速度传递率呈紊乱状态；在道砟振动主频的近2倍值即301 Hz处，轨枕至枕盒处道砟的加速度传递率大于0，说明该频率下冲击荷载对枕盒处道砟的影响十分显著，此时枕盒处道砟运动较为剧烈，易发生道砟飞溅现象。

综上所述，冲击荷载作用下，枕盒、轨枕端部及砟肩处道砟在153 Hz处有其振动主频，此频率下枕盒处道砟加速度振幅最大，砟肩处道砟加速度振幅最小；在301 Hz处，枕盒道砟加速度振幅出现其次频峰值，该频率下冲击荷载对枕盒处道砟的影响十分显著，此时枕盒处道砟的运动较为剧烈，易发生道砟飞溅现象。建议在枕盒位置处尽量放置粒径较大的道砟颗粒，在必要时铺设枕下垫层或道砟垫，降低道砟飞溅发生的概率。

3. 列车荷载对桥上有砟道床稳定性的影响

有砟道床具有散体性，而钢轨及扣件系统为连续介质体，通过多体动力学（MBD）与DEM联合仿真，可真实反映列车荷载对有砟道床动态稳定性的影响。建立桥上有砟道床DEM模型，并在MBD软件中建立包含柔性钢轨、扣件系统、刚性轨枕的有砟轨道上部结构模型，钢轨前后端部采用固定约束。采用远置边界条件方法，联合仿真时轨枕嵌入有砟道床，故不做任何约束，柔性钢轨与刚性轨枕之间设置垂向刚度和阻尼的单向弹簧以模拟扣件系统，每根钢轨与轨枕之间设置2个弹簧，模型前后两侧无轨枕部分，扣件弹簧下端采用固定约束，钢轨、扣件间仅可垂向相互运动，以MBD中的连续体轨枕和DEM中的几何体轨枕为纽带，实现计算过程中2种算法计算数据的实时交互，如图7-20所示。

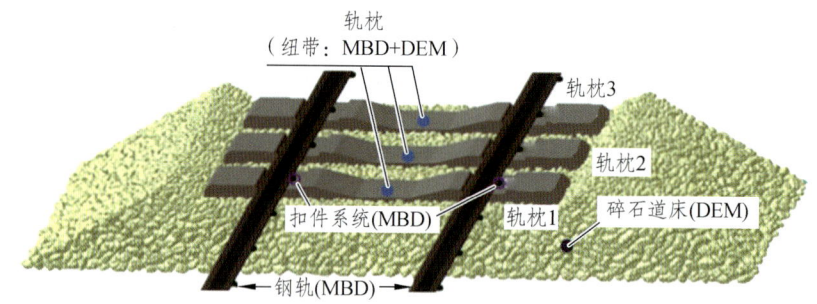

图7-20 有砟轨道DEM-MBD联合仿真模型

在不考虑轨道不平顺时，移动轮载可视为大小恒定的连续冲击荷载。以某一转向架在钢轨上移动时的荷载分布情况为例，两侧钢轨各承受72.50 kN的轴重。列车固定轴距为2.50 m，运行速度为200 km/h，钢轨任一位置受轮载作用的时间间隔为0.045 s，如图7-21所示。

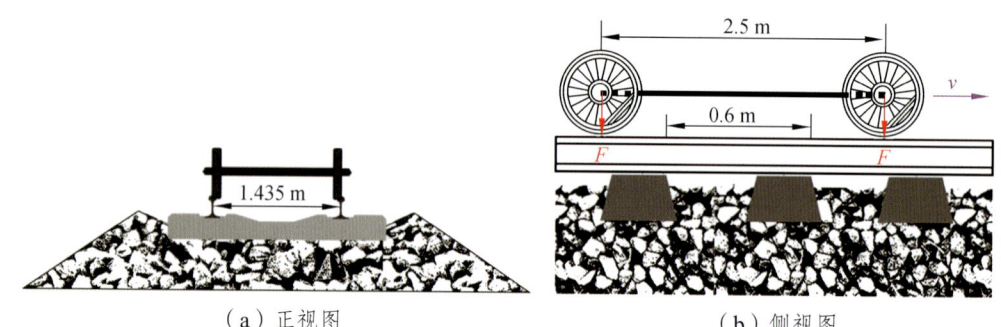

（a）正视图　　　　　　　　（b）侧视图

图7-21 列车轮载作用方式

在中间轨枕下方沿深度等间距选取4颗道砟进行观测，如图7-22所示。

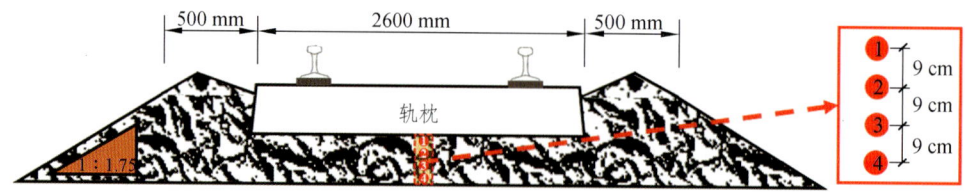

图7-22 沿深度方向观测道砟的位置示意图

提取1~4号道砟的垂向加速度及垂向位移的时域响应，如图7-23所示。

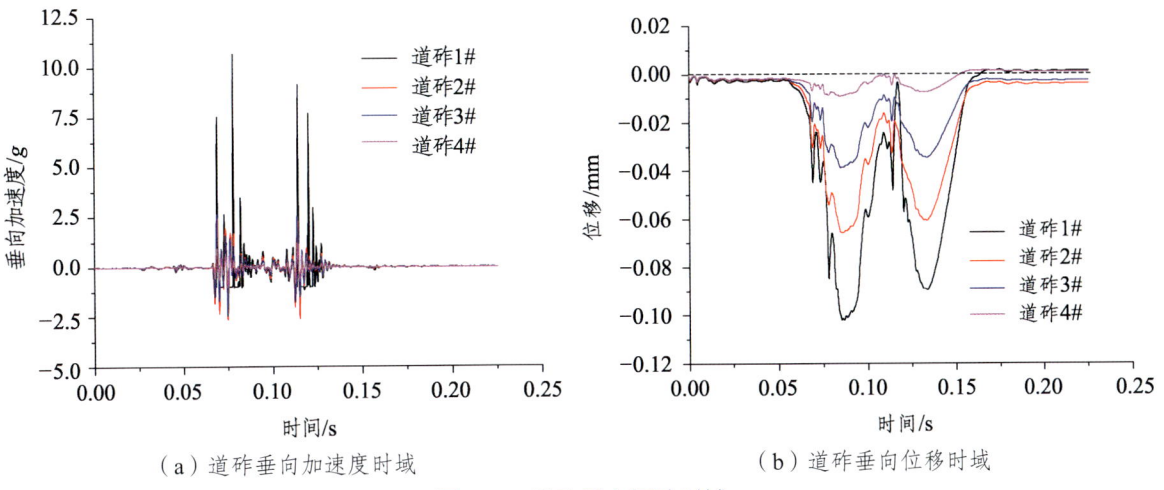

(a) 道砟垂向加速度时域　　(b) 道砟垂向位移时域

图7-23　道砟垂向振动时域

由图7-23可知，列车荷载作用下，各道砟颗粒均受到两次明显的冲击作用，随后逐渐达到稳定状态；随道砟所处深度的增加，其垂向加速度及位移的幅值逐渐减小，这是由于随深度的增加，道砟受到的约束逐渐增强。

对道砟垂向加速度时域曲线进行傅里叶变换，经滤波和平滑处理后，如图7-24所示。

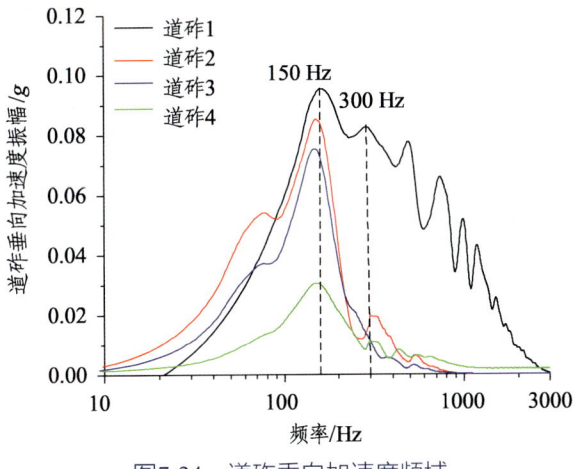

图7-24　道砟垂向加速度频域

由图7-24可知，移动轮载对有砟道床而言为宽频激励。在150 Hz内，道砟垂向振动加速度幅频曲线较为平滑，说明低频范围内有砟道床的减振性能良好；道砟颗粒在150 Hz处出现其主频峰值，道砟垂向加速度振幅随其所处深度的增加而减小；在频率超出300 Hz后，道砟加速度频域信号波动较为明显，反映出有砟道床在高频范围内的减振性能较差。

选取轮载作用于轨枕正上方及相邻两轨枕中点上方的时刻，提取各时刻对应的有砟道床DEM模型道砟颗粒的运动矢量，如表7-4所示。

表7-4 道床运动矢量图

时间/s	正视图	左视图
0.0766		
0.0820		
0.0874		
0.0928		
0.0982		

由表7-4可知，列车荷载作用后，枕下、枕间处的道砟颗粒运动显著，道床断面两侧随列车荷载作用呈"旋流"状。在列车轮载接近时，有砟道床内部的道砟颗粒下移，道床两侧断面呈现"旋流"状，这是由于道床横断面左右两侧的道砟颗粒受重力作用及道床边坡角的影响逐渐下落产生垂直于坡面的法向接触力，在道砟颗粒摩擦互锁作用下，其接触力的角度逐渐改变，因而表现出"旋流"。在列车轮载作用后，产生下移的道砟颗粒发生回弹。

综上所述，列车荷载作用下，道砟垂向加速度及位移幅值随所处深度的增加而逐渐减小；在150 Hz内，有砟道床的减振性能良好；在超出300 Hz后，有砟道床的减振性能较差；枕下、枕间处的道砟颗粒运动显著，道床断面两侧呈"旋流"状运动。在实际线路运营过程中，高速列车运行对桥上有砟道床产生高频荷载，车辆荷载的反复作用导致枕下道砟颗粒不断下移，铁路工务部门应及时对桥上有砟道床开展养护维修作业，减缓有砟道床沉降提高道床稳定性，同时重点对枕底处道砟开展补砟、换砟作业。

7.3.3　斜拉桥上有砟轨道最优道砟级配研究

大跨度公铁平层斜拉桥上有砟轨道显现出道床稳定性差、维修工作频繁等问题，大大增加了有砟轨道养护维修成本。道砟级配是有砟轨道的重要参数，表征道床内部各粒径道砟所占比例，对桥上有砟道床稳定性和容重有较大影响。道床稳定性是保持轨道稳定、防止轨道爬行及胀轨跑道的重要因素；在满足道床稳定性的前提下尽可能降低道床容重，不仅能够降低建设成本，而且能有效降低大跨铁路桥的挠曲变形。桥上有砟轨道包含挡砟墙，挡砟墙使桥上有砟道床断面结构与路基地段有砟道床断面结构有所差异，而既有线铁路桥上有砟道床级配设计多依赖于路基段的设计经验，未能充分考虑到桥上有砟道床断面形式的改变，桥上道砟级配设计缺乏足够的理论基础与技术支撑。因此，为优化道床质量，有必要对高速铁路大跨度斜拉桥上有砟轨道最优级配展开深入研究。

1. 道砟级配对桥上有砟道床稳定性影响

各国铁路规范中有砟道床采用的道砟级配标准有所不同：中国特级级配（以下简称中特）与欧洲铁路A级级配完全一致；中国一级道砟级配（以下简称中一）最小控制粒径低于中国特级级配，为16 mm；俄罗斯铁路B类级配（以下简称俄）最大控制粒径高于中国特级级配，为80 mm；美国材料与试验协会（American Society for Testing and Materials, ASTM）4A级配规范（以下简称美）最小控制粒径低于中国特级级配，为9.50 mm。

为探索桥上有砟轨道最优级配，需量化各粒径含量对道床稳定性的影响程度。将道砟颗粒按照粒径大小界定，粒径不高于22.40 mm的道砟称为小粒径道砟，粒径不低于63 mm的道砟称为大粒径道砟，粒径处于22.40～63 mm之间的道砟统称为中粒径道砟，定量分析道砟级配中各粒径道砟含量对道床稳定性的影响。对比中特、中一、俄和美4种级配规范下的桥上有砟道床粒径分布情况，同时采用极限思维法设置大、小粒径分布的极限情况，以道床横向阻力为评价指标，研究各粒径配比下道床稳定性，各工况粒径分布如表7-5所示。

表7-5 各国道砟级配及特殊级配各工况粒径含量占比   单位：%

序号	小粒径含量	中粒径含量	大粒径含量	描述
工况1	1	81.50	17.50	俄
工况2	1.50	83	15.50	中特
工况3	6.15	89.79	4.06	中一
工况4	21.26	73.74	5	美
工况5	100	0	0	单一小粒径
工况6	0	0	100	单一大粒径

续表

序号	小粒径含量	中粒径含量	大粒径含量	描述
工况7	8.83	0	91.17	大、小粒径混合
工况8	0	84.27	15.73	去除小粒径
工况9	1.78	98.22	0	去除大粒径
工况10	0	100	0	去除大、小粒径

建立不同级配下有砟道床DEM模型，在表7-5各工况建模过程中，由于工况6和工况10的小粒径道砟含量少且级配较窄，在反复捣固、稳定作用后，道床密度依然难以达到1.70 g/cm³。为控制级配为单一变量，需对其道床横向阻力进行换算，使工况6和工况10的试验结果与其余各工况具有可比性。研究表明，道床密度下降近20%时，2 mm极限位移对应的阻力值衰减近40%，因此对工况6和工况10的仿真结果进行换算，使其道床密度等效为1.70 g/cm³，在控制级配为单一变量的前提下进行道床稳定性分析。

工况6与工况10道床密度换算前，各工况道床横向阻力-位移曲线如图7-25（a）所示，密度换算后各工况道床横向阻力-位移曲线如图7-25（b）所示。

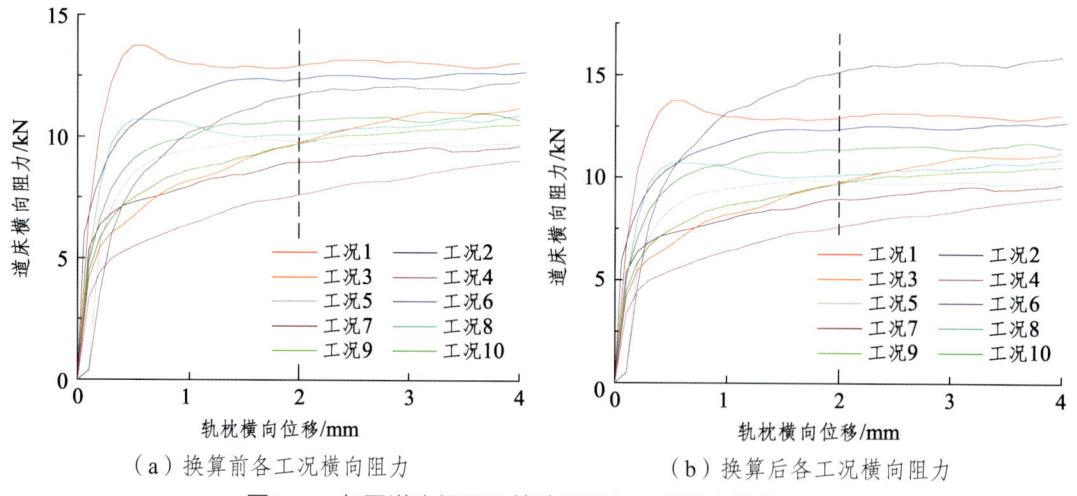

（a）换算前各工况横向阻力　　（b）换算后各工况横向阻力

图7-25　各国道砟级配及特殊级配各工况道床横向阻力

结合表7-5及图7-25（b）可知，当道床密度统一在1.70 g/cm³时，各工况下道床横向阻力-位移曲线变化规律大致相同：试验初期大致呈线性增长而后增长速率逐渐变慢；相较于中特而言，俄最大控制粒径大、大粒径道砟含量较高、小粒径道砟含量较低，其道床横向阻力值最大；美、中一最小控制粒径小、小粒径道砟含量较高、大粒径道砟含量较低，其道床阻力值较低；桥上有砟道床横向阻力受道砟级配中大、小粒径道砟含量的影响较为显著。特殊级配工况下，道床横向阻力值：工况6>工况10>工况8>工况5>工况9>工况7；工况6对应道床稳定性最优，工况7对应道床稳定性最差，即有砟道床中同时包含大、小粒径道砟时，建议中粒径道砟的含量应不为0。

结合各国道砟级配及特殊级配对道床稳定性影响的结论可知，道床稳定性受级配中各粒径含量的影响是多元的。上述研究中存在大粒径、中粒径、小粒径3种影响因素，为便于分析，定义道床阻力比F_p为各工况道床横向阻力与中特道床横向阻力的比值。

将图7-25（b）的试验数据绘制为三元相图，如图7-26所示。

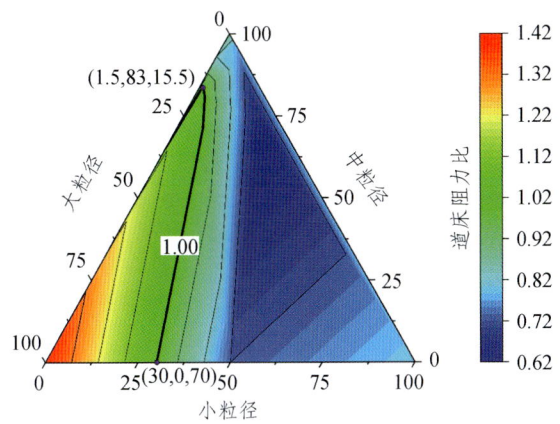

图7-26　各粒径含量对道床横向阻力值影响

由图7-26可知，大粒径道砟含量越高，道床横向阻力值越大；小粒径道砟含量增加，道床横向阻力值先减小后略有增大；中粒径道砟含量对道床横向阻力值变化程度影响较小；在道床阻力比为1的等高线上，其与三元相图下轴的交点（30，0，70）表明，为保证道床具有较好的稳定性，小粒径道砟的含量不得超过30%；其与三元相图左轴交点（1.50，83，15.50）表明，为保证道床具有较好的稳定性，大粒径道砟的含量不得低于15.50%。

综上所述，道床稳定性受级配中各粒径含量的影响是多元的。在高速铁路桥上有砟轨道线路设计施工与运营养护工作中，为保证有砟道床具有较高稳定性，建议小粒径道砟的含量应大于0但不超过30%，中粒径道砟的含量应不为0，大粒径道砟的含量应不低于15.5%。

2. 道砟级配对桥上有砟道床容重影响

桥上有砟道床容重的大小影响到梁体、墩、台的造价，对桥梁的挠曲变形也有较大影响。在高速铁路桥上有砟道床设计时要求尽量减小道床容重以降低桥梁结构的设计难度及综合造价。为探索道砟级配对桥上有砟道床的容重特性的影响，定义道床容重为每延米道砟的质量，基于最优级配区间设置工况11如表7-6所示，建立有砟道床DEM模型并通过压实控制其道床密度为1.70 g/cm³。

表7-6　工况11道砟级配各粒径含量　　　　　　　　　　　　单位：%

序号	小粒径含量	中粒径含量	大粒径含量
工况11	2	78	20

提取美、中一、中特、俄和工况11的有砟道床DEM模型道床容重值，如图7-27所示。

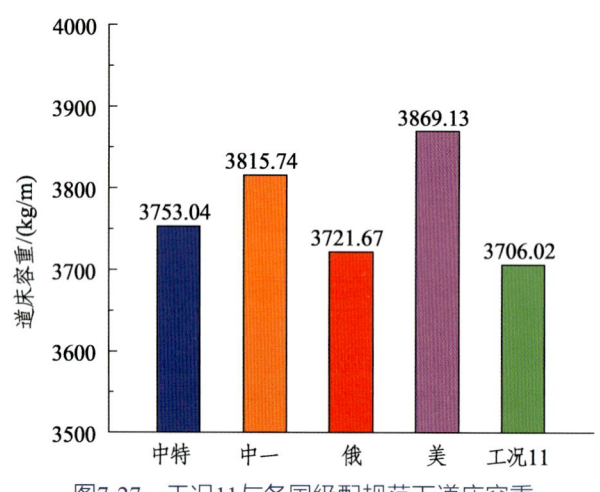

图7-27　工况11与各国级配规范下道床容重

由图7-27可知，道床容重：工况11<俄<中特<中一<美，即工况11的道床容重最小，基于道床稳定性所得的最优级配下建立的有砟道床相较于俄、中特、中一、美规范级配下的有砟道床容重特性更优。

综上所述，采用最优级配区间所建立的桥上有砟道床具有工程上所青睐的道床容重。当道床密度统一为1.70 g/cm³时，为提高大跨度公铁平层斜拉桥上有砟道床稳定性，降低道床容重，建议有砟道床级配改善为：道床中存在小粒径道砟，但其含量应不超过30%；中粒径道砟含量应不为0；大粒径道砟的含量应不低于15.5%。

7.4　斜拉桥上轨道几何形位特征分析与评估

临港长江大桥为主跨522 m的公铁两用平层钢箱梁斜拉桥，在温度、风及列车等荷载作用下，桥梁结构变形会引起桥上轨道结构的空间形位动态变形。轨道几何状态变化将直接影响高速车辆的行车平稳性，严重时甚至会威胁行车安全，因此，亟须开展桥上轨道几何形位特征分析、评估及控制研究。

7.4.1 线路纵断面及外荷载对桥上轨道几何形位影响规律研究

线路纵断面作为线路的基准线形,对轨道平顺性有直接影响。相较于普通区间线路的基础,大跨度桥梁作为线路基础时,存在受荷复杂、变形明显的特点,使得设计纵断面不易保持。因此,有必要针对大跨度公铁平层斜拉桥梁线路纵断面进行参数研究和适应性研究,分析不同方案纵断面及其在外荷载作用下对轨道平顺性的影响规律;同时,大跨度铁路桥梁在外荷载作用下会产生较大挠曲变形,故需在线路设计纵断面的基础上,分析外荷载对桥上轨道几何形位的影响。

1. 线路纵断面对桥上轨道几何形位影响规律研究

大跨度公铁平层斜拉桥上线路纵断面的线形设计直接影响桥上轨道几何形位,进而对高速列车行车安全性和平稳性产生影响,选用合理的纵断面设计线形及设计参数对保持轨道几何形位和保障高速列车行车性能尤为重要。

目前,桥上线路纵断面设置包含"平坡+预拱度""人字坡+竖曲线"2种方式。"平坡+预拱度"的设置方式为钢梁初始设计为平坡,按桥梁跨度逐跨设置预拱度。但实际工程中发现,随着桥梁跨度的增大,"平坡+预拱度"方式在线路静态验收时易出现静态轨面线形与线路设计线形不同的问题。近年来我国已经建成的部分大跨度铁路桥梁及线路纵断面设计情况如表7-7所示。

表7-7 国内部分大跨度铁路桥梁概况

结构体系	桥名	主跨跨度/m	设计标准	设计速度/(km/h)	线路纵断面
大跨度斜拉体系公铁两用桥梁	平潭海峡公铁两用大桥	532、364、336	客货共线	200	平坡+预拱度
	沪苏通长江大桥	1092	4线铁路	200~250	3‰人字坡+竖曲线
	常泰长江大桥	1176	2线城际铁路	200	12‰人字坡+竖曲线
大跨度悬索体系公铁两用桥梁	五峰山长江大桥	1092	4线铁路	250	3‰人字坡+竖曲线
斜拉悬索协作体系公铁两用桥梁	西堠门大桥	1488	双线客运专线	250	6‰人字坡+竖曲线

可见,目前千米级跨度铁路桥梁线路纵断面通常采用人字坡结合竖曲线的设计线型。"人字坡+竖曲线"方式线型简单,便于静态验收和养护维修,且利于桥梁和轨道纵向排水。因此,采用"人字坡+竖曲线"的纵断面设置方式,研究线路纵断面对斜拉桥上轨道

几何形位的影响规律。在行车速度为300 km/h的前提下，设置不同人字坡坡度与竖曲线半径的多组试验工况，以车体加速度作为评价指标，分别分析人字坡坡度与竖曲线半径对桥上轨道几何形位的影响规律。

为分析坡度取值对桥上轨道几何形位的影响规律，保持跨中竖曲线半径取值25000 m不变，设置坡度值为3‰、6‰、12‰，计算3种工况下纵断面线形引起的车体垂向加速度响应，如图7-28所示。由图可知，坡度值的不同不会影响车体垂向加速度响应大小，但坡度取值不同，即变坡点位置的不同，会影响车体垂向加速度最大值的出现位置。

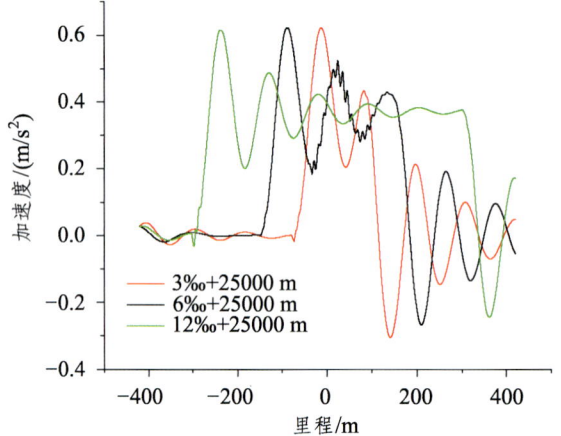

图7-28　坡度参数对车体垂向加速度的影响分析

为分析竖曲线半径取值对桥上轨道几何形位的影响规律，保持坡度值3‰不变，设置竖曲线半径分别为25000 m、30000 m、35000 m、40000 m、45000 m、50000 m、55000 m、60000 m，计算这8种工况下纵断面线形引起的车体垂向加速度最大值，如图7-29所示。

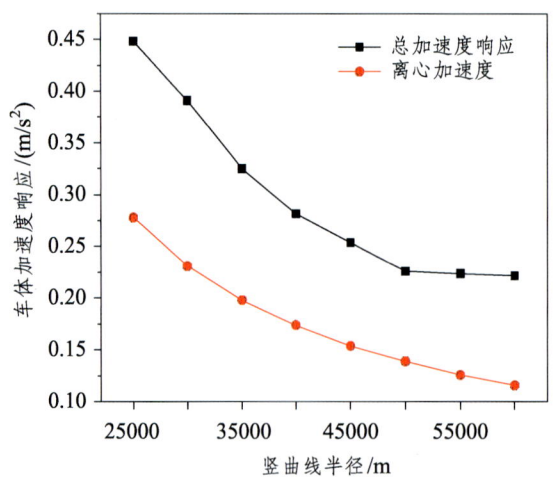

图7-29　竖曲线半径参数对车体垂向加速度的影响分析

由图7-29可知，随着竖曲线半径增大，车体加速度最大值减小，同时车体加速度最大值的减小率也减小,例如竖曲线半径为55000 m时的车体垂向加速度最大值较竖曲线半径为50000 m时减小了不足0.05 m/s^2。在满足施工及养护维修作业精度的条件下,适当增大竖曲线半径有利于行车的安全性和舒适性。

2. 外荷载对桥上轨道几何形位影响规律研究

较路基段线路不同,大跨度铁路桥梁易受环境荷载作用产生较大挠曲变形,直接影响桥上轨道几何形位,进而影响桥上高速列车行车性能。因此需考虑外荷载下的大跨度铁路桥梁变形,叠加线路设计纵断面,得到桥上复合线路不平顺线形,探讨外荷载对桥上轨道几何形位的影响规律。本节计算整体升温、整体降温工况下临港长江大桥的桥梁变形,并将其与线路纵断面叠加,得到桥上复合线路不平顺线形。以车体垂向振动加速度为指标,分析温度荷载对桥上轨道几何形位的影响规律。

参考当前最常见的"人字坡+竖曲线"纵断面的设计参数取值,人字坡坡度设计为3‰,竖曲线半径为25000 m,设计基准温度为15 ℃。鉴于环境荷载中温度荷载对桥梁变形的影响较大,因此本节设置整体升温、整体降温20 ℃两种工况,计算临港长江大桥的桥梁变形,并将其与线路纵断面叠加,如图7-30所示。由图可知,设计纵断面和桥梁受载线形所包含波形均以长波波长成分为主导。

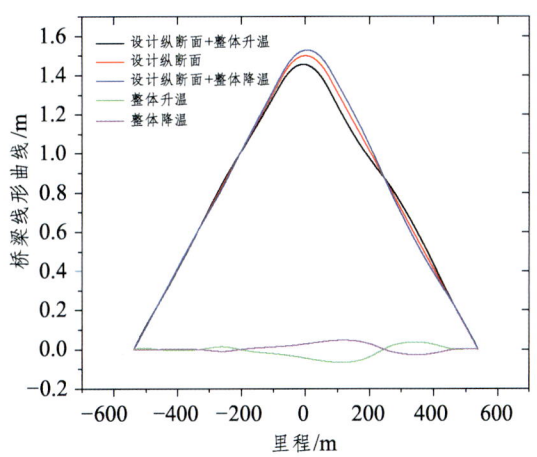

图7-30 临港长江大桥设计纵断面及桥梁受载变形

计算行车速度300 km/h下,列车通过线路复合不平顺线形的车体振动响应。由于纵断面和桥梁受载变形均表现为长波,主要影响车体加速度,因此仅给出了车体加速度的仿真分析结果,如图7-31所示。

临港长江大桥纵断面对应的车体垂向振动加速度如表7-8所示。设计纵断面与桥梁升、降温曲线叠加后,引起的车体加速度最大值为0.49 m/s^2,其中桥梁温度线形对车体加速度的影响不足0.05 m/s^2,车体垂向加速度主要由半径为25000 m的圆曲线产生,可认为桥梁温度变形对车辆响应影响很小,车体加速度接近《铁路线路设计规范》(TB 10098—2017)中一般条件下0.40 m/s^2,困难条件下0.50 m/s^{2}的纵断面设置要求。

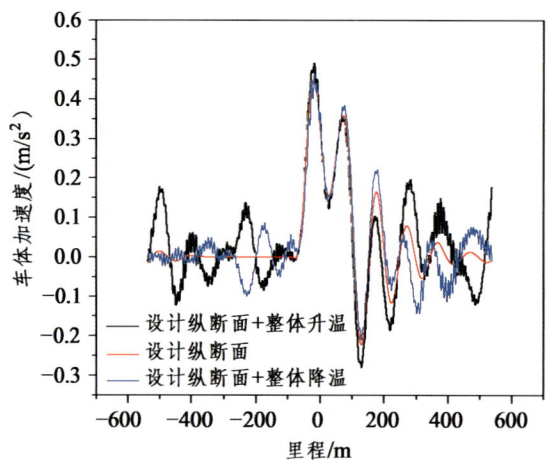

图7-31 临港长江大桥纵断面引起的客车车体垂向振动加速度

表7-8 临港长江大桥纵断面对应的车体垂向振动加速度

计算工况	速度/(km/h)	车体垂向振动加速度/(m/s^2)
设计线形	300	0.45
设计线形+桥梁升温		0.49
设计线形+桥梁降温		0.47

采用"人字坡+竖曲线"作为线路纵断面设计形式时,竖曲线半径的取值对车体加速度响应有显著影响,行车速度300 km/h下,人字坡坡度为3‰时,当竖曲线半径增大至60000 m,车体加速度最大值可降至0.22 m/s^2;坡度的取值不影响车体加速度响应,但影响车体加速度最大值出现位置。温度荷载引起的大跨度公铁平层斜拉桥变形对车体加速度响应影响不足0.5 m/s^2。在设计大跨度公铁平层斜拉桥上线路纵断面时,建议在满足施工和养护维修作业精度的前提下,适当增加竖曲线半径取值,以减小线路纵断面本身对车体加速度响应的影响。

7.4.2 各荷载工况及荷载组合工况下的轨道几何形位评估

临港长江大桥在风荷载、温度荷载、公路荷载、铁路荷载及各荷载组合的作用下,会发生较大挠曲变形,进而引起轨道几何形位的改变。轨道几何形位对机车车辆的安全运行、乘客的旅行舒适度、设备的使用寿命和养护费用有显著影响。因此,对各荷载工况及荷载组合工况下轨道几何形位进行评估具有重要意义。

本研究首先通过拟合桥梁挠曲线形,计算出平面曲线半径、竖曲线半径和最大坡度等线路平纵断面关键设计参数并与规范限值对比,以对轨道几何形位进行评估;其次通过计算轨道不平顺功率谱，清晰显示轨道不平顺中所包含的波长信息及各波长所对应的谱密度值，将计算结果与德国低干扰谱比较，通过对比交点波长与列车振动敏感波长，初步分析各荷载工况对车辆运行品质的影响；最后使用中点弦测法评价各荷载工况及荷载组合下的轨道几何形位。

1. 基于线路平纵断面的轨道几何形位评估

（1）方法介绍。

现有规范对平面曲线半径、竖曲线半径和最大坡度等线路平纵断面关键设计参数的取值具有明确规定，根据各荷载作用下桥上轨道变形曲线计算出平面曲线半径、竖曲线半径和最大坡度等线路平纵断面关键设计参数并与规范限值对比，从而对轨道几何形位进行评估。

平纵断面评价指标包括平面曲线半径、竖曲线半径和最大坡度。考虑到横向风荷载对轨向不平顺的影响较大，因此还评价了横向风荷载作用下的夹直线长度。本研究采用每8点按圆曲线拟合计算的方法计算曲线半径，线路最大坡度和夹直线长度则是先根据轨道变形曲线拟合出假想的、满足规范的设计线形，再由此设计线形计算其坡度和夹直线长度。限值选取《高速铁路设计规范》（TB 10621—2014）、《铁路线路设计规范》（TB 10098—2017）和《新建时速300~350公里客运专线铁路设计暂行规定》中的相关取值：设计时速300 km/h客运专线最大坡度20‰，夹直线长度最小值240 m，平面曲线半径最小值5000 m，最小竖曲线半径25000 m。

（2）荷载工况。

风荷载：考虑横桥向风荷载、顺桥向风荷载2个方向。

温度荷载：分析时考虑结构整体的升降温、横桥向分布的温度荷载效应和沿桥竖向温度荷载效应；结构整体升降温：考虑混凝土构件22 ℃，钢构件30 ℃；横桥向温度具体取值：主塔横桥向按一侧升温5 ℃，另一侧为0 ℃计算，中塔柱和下塔柱不考虑遮挡引起的温度变化；沿桥竖向温度效应：考虑索梁体系温差10 ℃。

公路荷载：根据《公路桥涵设计通用规范》，均布荷载取$q_k = 10.50$ kN/m，集中荷载取$P_K = 360$ kN。集中荷载作用于各跨跨中位置。考虑2种荷载布置情况，一是公路桥面满载加载，即满6车道荷载布置，二是公路桥面偏载加载，即在单侧3车道布置荷载。

列车荷载：临港长江大桥客运专线采用"ZK活载"，加载长度取为550 m。加载过程假设所有股道均从桥梁左端驶入，并计桥梁主跨跨中的里程为0；由于列车荷载工况多且复杂，在平纵断面和轨道谱分析中只选取轨道几何形位最不利的工况作分析：此荷载作用时，轨道和桥梁结构以竖向变形为主，因此分析列车荷载下的轨道几何形位时，以高低、水平不平顺为主，同时考虑三角坑。

列车加载工况的选取原则：522 m主跨跨中、203 m跨中和74.65 m跨中位置处的高低不平顺最不利和水平不平顺最不利。根据计算得到的最不利位置确定高低不平顺列车荷载工况为4车道同时加载,四线加载工况下高低不平顺加载方式如表7-9所示。

表7-9 高低不平顺加载工况(四线加载)

工况编号	加载方式
GD-SI-1	以第一跨跨中位置为目标函数得到的加载位置
GD-SI-2	以第二跨跨中位置为目标函数得到的加载位置
GD-SI-3	以第三跨跨中位置为目标函数得到的加载位置

在实际情况下,很少有4个车道同时行车的情况。另外,4线加载情况下有可能指标超限,因此还需要分别考虑单线、双线、三线加载工况,以便分析列车实际运行下的轨道几何形位。

单线、双线及三线加载工况下高低不平顺加载方式如表7-10~表7-12所示。

表7-10 高低不平顺加载工况(单线加载)

工况编号	加载方式
GD-D-1	以第一跨跨中位移为目标函数得到的加载位置
GD-D-2	以第二跨跨中位移为目标函数得到的加载位置
GD-D-3	以第三跨跨中位移为目标函数得到的加载位置

表7-11 高低不平顺加载工况(双线加载)

工况编号	加载方式
GD-SH-1	以第一跨跨中位移为目标函数得到的加载位置
GD-SH-2	以第二跨跨中位移为目标函数得到的加载位置
GD-SH-3	以第三跨跨中位移为目标函数得到的加载位置

表7-12 高低不平顺加载工况(三线加载)

工况编号	加载方式
GD-SA-1	以第一跨跨中位移为目标函数得到的加载位置
GD-SA-2	以第二跨跨中位移为目标函数得到的加载位置
GD-SA-3	以第三跨跨中位移为目标函数得到的加载位置

对于水平不平顺，需要考虑偏载加载，分别计算第一线轨道和第二线轨道位置加载的最不利工况，单线及双线加载时水平不平顺加载方式如表7-13、表7-14所示。

表7-13　水平不平顺加载工况（单线加载）

工况编号	加载方式
SP-D-1	以第一跨跨中扭转为目标函数得到的加载位置
SP-D-2	以第二跨跨中扭转为目标函数得到的加载位置
SP-D-3	以第三跨跨中扭转为目标函数得到的加载位置

表7-14　水平不平顺加载工况（双线加载）

工况编号	加载方式
SP-SH-1	以第一跨跨中扭转为目标函数得到的加载位置
SP-SH-2	以第二跨跨中扭转为目标函数得到的加载位置
SP-SH-3	以第三跨跨中扭转为目标函数得到的加载位置

在平纵断面和轨道谱分析中，由于公路、铁路列车荷载主要影响轨道高低和水平不平顺，因此荷载组合工况中按高低和水平不平顺进行组合。风荷载对高低不平顺的影响大，对水平不平顺的影响较小；整体升温对轨道高低不平顺的影响较大，对水平不平顺影响很小；横桥向分布的温度荷载对高低不平顺有一定程度的影响；竖桥向温度荷载对轨道高低不平顺的影响大，对水平不平顺的影响很小。因此，荷载组合工况考虑如表7-15所示。

表7-15　工况组合情况

	工况编号	列车荷载工况	公路荷载	风荷载	温度荷载	
组合1	ZH-GD-1	GD-SI-1	GD-HZ-3	顺风	竖向温度	整体降温
	ZH-GD-2	GD-SI-2	GD-HZ-3	顺风	竖向温度	整体升温
	ZH-GD-3	GD-SI-3	GD-HZ-3	顺风	竖向温度	整体升温
组合2	ZH-SP-1	SP-SH-1	SP-HZ-3	—	横向温度	—
	ZH-SP-2	SP-SH-2	SP-HZ-3	—	横向温度	—
	ZH-SP-3	SP-SH-3	SP-HZ-3	—	横向温度	—

(3）计算分析。

在计算过程中，由于整体升温和整体降温只是正负相反，轨道几何形位在数值上是相同的，因此未分析整体降温荷载工况。由于横向温度荷载工况下轨道结构的变形较小，因此未评价该工况下的平纵断面参数。在列车荷载与公路荷载作用下，轨道结构以竖向变形为主，因此仅分析轨道竖曲线半径和最大坡度。经计算，在各个评价指标下最不利工况的指标结果如表7-16所示。

表7-16 最不利工况下各评价指标结果

评价指标	最不利工况	第Ⅰ股道	第Ⅱ股道	第Ⅲ股道	第Ⅳ股道
最小平面曲线半径/万m	横桥向风	70.47	70.47	70.47	70.47
最小竖曲线半径/万m	ZH-GD-3	2.63	2.63	2.63	2.63
最大坡度/‰	ZH-GD-3	4.12	4.12	4.12	4.12

通过对临港长江大桥轨道平纵断面最不利工况的评价结果可以看出，拟合的平面曲线、竖曲线半径以及最大坡度均满足规范要求，但其中最小竖曲线半径接近限值。

本方法通过对桥梁挠曲变形曲线进行拟合，得到线路平纵断面要素，并与线路设计规范进行比对评估，充分考虑了桥梁挠曲变形对线路平纵断面的影响，从轨道平顺性角度对桥梁挠曲变形进行了合理评价。

2. 基于轨道谱的轨道几何形位评估

（1）方法介绍。

通过计算轨道不平顺功率谱，从幅值和波长2个方面来描述轨道不平顺的统计特征和规律。谱线位置越低，说明轨道几何形位的均方值越小，平顺状态越好。计算各荷载工况下轨道几何形位的能量谱，并将计算结果与德国低干扰谱（能量谱）比较，分析各荷载工况下轨道几何形位状态。

为便于对比分析，将轨道高低不平顺谱与德国低干扰谱相等时，所对应的波长称为"交点波长"。波长短于交点波长的频段，临港长江大桥的轨道不平顺谱低于德国低干扰谱，表明轨道平顺性状态较好；波长大于交点波长的频段，临港长江大桥的轨道不平顺谱高于德国低干扰谱，表明轨道平顺性状态相对较差。

众多波长成分中，只有某些波长成分的轨道不平顺对车辆运行品质的影响较大，将这种能够引起车辆-轨道系统产生较大振动的波长成分称为敏感波长。文献[12]对动检车实测数据进行了功率谱分析，得到列车时速300 km/h时的敏感波长，如表7-17所示。由表可知：列车速度为300 km/h时车体垂向敏感波长介于64~102 m，车体横向敏感波长介于102~147 m。本节通过比较车体垂、横向敏感波长范围与轨道谱的交点波长，以判断轨道不平顺对车体振动的影响。

表7-17   300 km/h时不同车型动检车敏感波长汇总   单位：m

车型	061C	068C	150C	0203	0301
垂向	64	64～73	64～73	64～73	102
横向	128	128	114	102	147

本节荷载工况的选取与"基于线路平纵断面的轨道几何形位评估"相同。

（2）计算分析。

① 风、温度荷载工况下轨道谱。

本节计算了横桥向风荷载、顺桥向风荷载、结构整体升降温、横桥向分布的温度荷载及竖桥向分布的温度荷载作用下临港长江大桥的轨道不平顺谱。其中，横桥向风荷载作用下的轨道谱如图7-32所示。

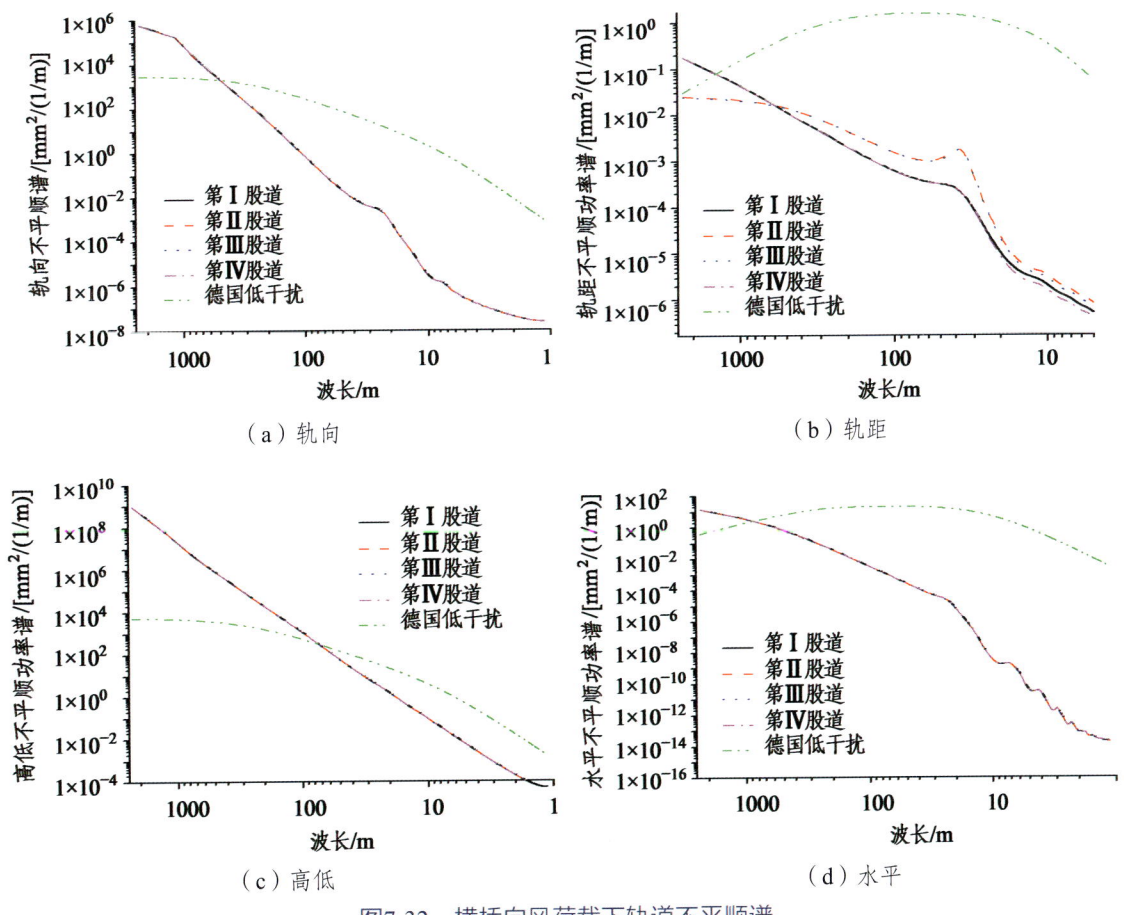

图7-32   横桥向风荷载下轨道不平顺谱

由图7-32可知，横桥向风荷载下，波长较短时各项轨道谱均小于德国低干扰谱，但随着波长增长，轨道谱接近或大于德国低干扰谱。轨向不平顺谱的交点波长为460 m，远离车体横向敏感波长范围，表明横桥向风荷载下桥上轨道轨向不平顺对车体横向振动影响较小；高低不平顺谱的交点波长为78 m，处于车体垂向敏感波长范围内，表明横桥向风荷载下桥上轨道高低不平顺会引起车体产生明显的垂向振动；轨距和水平不平顺谱在全频段内均小于德国低干扰谱，表明横桥向风荷载下桥上轨道轨距和水平不平顺对车体振动的影响可忽略不计。

其余风荷载、温度荷载工况下各轨道谱交点波长计算结果如表7-18所示。

表7-18　风、温度荷载工况下各轨道谱交点波长　　　　　　　单位：m

荷载工况	交点波长			
	轨向不平顺谱	轨距不平顺谱	高低不平顺谱	水平不平顺谱
顺桥向风荷载	—	—	78	—
整体升温温度荷载	—	—	76	—
横桥向温度荷载	—	—	78	765
竖桥向温度荷载	—	—	76	—

注：表格中"—"表示谱密度值低于德国低干扰谱，不存在交点波长。

由表7-18可知，风、温度荷载作用下，高低不平顺谱交点波长集中在76～78 m，处于车体垂向敏感波长范围内，表明风、温度荷载作用下桥上轨道高低不平顺会引起车体产生明显的垂向振动；轨距、轨向和水平不平顺谱不存在交点波长或交点波长远离敏感波长，表明风、温度荷载作用下桥上轨道轨距、轨向和水平不平顺对车体振动的影响较小。

②公路荷载、列车荷载、荷载组合工况下轨道谱。

由于公路荷载、列车荷载、荷载组合工况主要对高低和水平不平顺有较大影响，因此本节仅计算了公路荷载、列车荷载、荷载组合工况作用下的高低和水平不平顺轨道谱。鉴于荷载工况较多，此处仅给出双线加载工况下的轨道高低不平顺谱曲线，如图7-33所示。

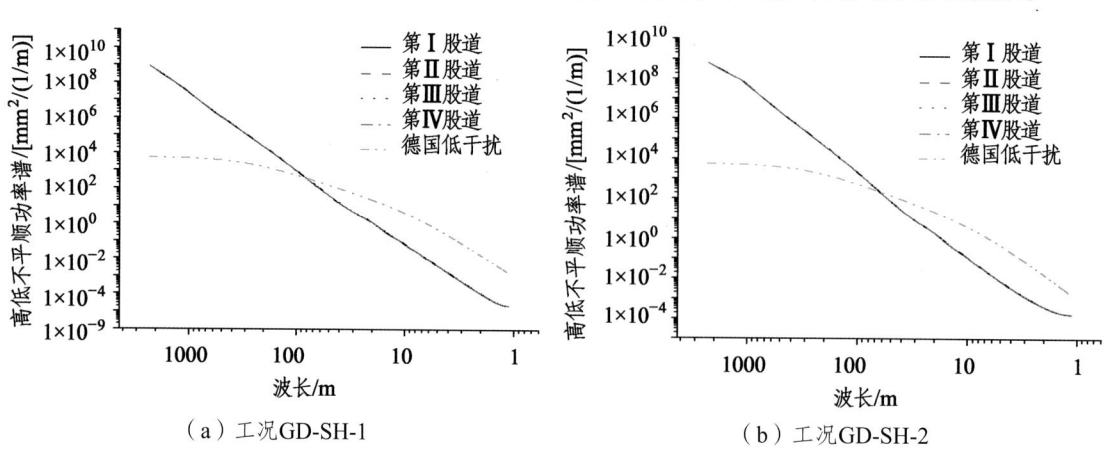

（a）工况GD-SH-1　　　　　　　　　（b）工况GD-SH-2

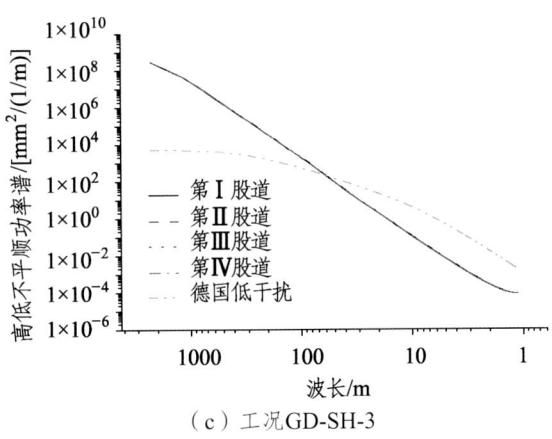

（c）工况GD-SH-3

图7-33 双线加载工况轨道高低不平顺谱

由图7-33可知，波长较短时，双线加载工况下的轨道高低不平顺谱小于德国低干扰谱，但随着波长增长，轨道谱接近或大于德国低干扰谱，表明双线加载工况下临港长江大桥的轨道高低不平顺能量主要集中于长波长范围。工况GD-SH-1、GD-SH-2、GD-SH-3作用下，高低不平顺谱交点波长分别为85 m、64 m、63 m，处于车体垂向敏感波长范围内，表明双线列车荷载下桥上轨道高低不平顺会引起车体产生明显的垂向振动。

其余公路荷载、列车荷载及荷载组合工况作用下高低及水平不平顺谱的交点波长如表7-19所示。

表7-19 公路荷载、列车荷载、荷载组合工况下高低及水平不平顺轨道谱交点波长　　　单位：m

荷载工况		交点波长	
		高低不平顺	水平不平顺
公路荷载	满载	76	—
	偏载	—	382
单线列车荷载	GD-D-1	85	—
	GD-D-2	66	—
	GD-D-3	64	—
双线列车荷（高低）	GD-SH-1	85	—
	GD-SH-2	64	—
	GD-SH-3	63	—

续表

荷载工况		交点波长	
		高低不平顺	水平不平顺
双线列车荷载（水平）	SP-SH-1	—	382
	SP-SH-2	—	383
	SP-SH-3	—	328
荷载组合1	ZH-GD-1	82	—
	ZH-GD-2	62	—
	ZH-GD-3	55	—
荷载组合2	ZH-SP-1	—	208
	ZH-SP-2	—	208
	ZH-SP-3	—	330

注：表格中"—"表示谱密度值低于德国低干扰谱，不存在交点波长。

由表7-19可知，公路荷载满载工况下的高低不平顺谱交点波长为76 m，处于车体垂向敏感波长范围内，表明公路满载下桥上轨道高低不平顺会引起车体产生明显的垂向振动；公路荷载偏载工况下的水平不平顺谱交点波长为382 m，表明公路荷载偏载下桥上轨道水平不平顺的能量主要集中于波长382 m以上的长波频段，对车体振动影响很小；单、双线列车荷载工况下的高低不平顺谱交点波长集中在63～85 m，处于车体垂向敏感波长范围内，表明单、双线列车荷载工况下桥上轨道高低不平顺会引起车体产生明显的垂向振动；荷载组合1工况下的轨道高低不平顺谱交点波长集中在55～82 m，处于车体垂向敏感波长范围内，表明荷载组合1工况下桥上轨道高低不平顺会引起车体产生明显的垂向振动；荷载组合2工况下的轨道水平不平顺谱最小交点波长为208 m，表明荷载组合2工况下桥上轨道水平不平顺的能量主要集中于波长在208 m以上的频段。

综上所述，将桥梁挠曲变形作为轨道不平顺，通过计算功率谱密度函数从能量和波长两方面直观显示了频域特征和统计特征；通过与现有轨道谱比对，可反映桥上线路平顺状态的优劣。该方法已在普通区间线路随机不平顺的表征上得到了广泛使用，运用于桥上轨道平顺性评估具有可行性。

3. 基于中点弦测法的轨道几何形位评估

大跨度公铁平层铁路桥梁在外荷载作用下发生较大挠曲变形，导致轨道线形出现超长波长的不平顺。鉴于波长120 m以上的轨道不平顺对列车运行的影响较小，因此，本节对桥上轨道不平顺进行波长120 m高通滤波，再采用中点弦测法对高通滤波后的桥上轨道不平顺进行静态检测。

首先对德国低干扰轨道谱使用傅里叶逆变换，反演生成轨道随机不平顺空间样本，再将临港长江大桥在不同荷载工况下的线形与轨道随机不平顺样本进行叠加，得到桥上线路的复合轨道不平顺；对复合轨道不平顺进行波长120 m高通滤波，并采用60 m中点弦测法对滤波后的复合轨道不平顺进行虚拟采样，对各荷载工况及荷载组合工况下复合轨道不平顺进行评估。

（1）方法介绍。

中点弦测法计算方式如图7-34所示，假定测量弦长为$2L$，测量i点时，需要同时测量$i-L$点和$i+L$点，计算i点的不平顺幅值如式（7-9）所示。

$$v_i = h_i - \frac{1}{2}[h_{i-L} + h_{i+L}] \qquad (7\text{-}9)$$

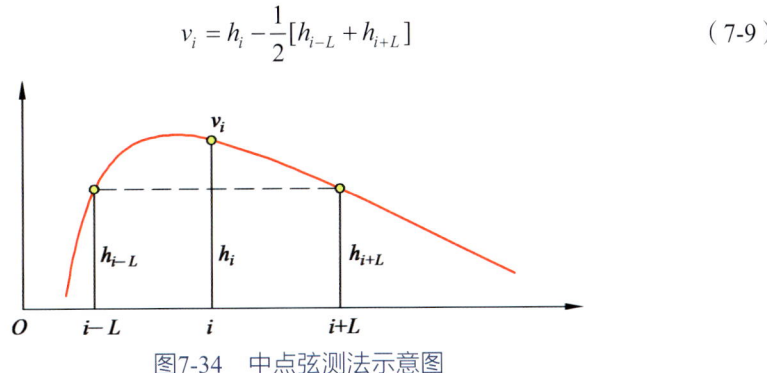

图7-34 中点弦测法示意图

中点弦测法将固定弦长作为测量基准，以三点弦测为例，在间距为p的三个轴上分别安装位移计，测量轴头与车体之间的相对位移，假设轨道的真实不平顺为$x(a)$，弦测系统测量值为$y(a)$，则$y(a)$计算表达式如式（7-10）所示。

$$y(a) = x(a) - \frac{1}{2}[x(a-p) + x(a+p)] \qquad (7\text{-}10)$$

（2）参数选取。

采用中点弦测法评估轨道平顺性需要确定弦长和弦测幅值限值，确定方法及随机不平顺样本的反演如下。

① 弦长选取。

中点弦测法的传递函数表达式为：

$$H(\omega) = \left[1 - \frac{e^{-j\omega p} + e^{j\omega p}}{2}\right] = 1 - \cos\omega p \qquad (7\text{-}11)$$

式中：ω为空间角频率，$\omega = 2\pi/\lambda$，λ为轨道不平顺波长。

为研究合理弦长，根据上述传递函数，分别计算不同弦长对应的有效检测波长区段，如表7-20所示。

表7-20　不同弦长有效检测区段（增益值大于1.00）　　　　　　　　单位：m

弦长	10	20	30	40	50	60	70	80
起始波长	7	13	20	27	33	40	47	53
终止波长	20	40	60	80	100	120	140	160

由于轨道不平顺是随里程变化的随机过程，其波长分布很广，通过选择合理弦长，可以突出大桥线形中对车辆-轨道系统振动影响较大的敏感波长成分。由"基于轨道谱的轨道几何形位评估"一节可知，列车速度为300 km/h时车体垂向敏感波长介于64～102 m，车体横向敏感波长介于102～147 m。由于60 m弦长的有效检测区段与300 km/h车型敏感波长最为接近，因此将测量弦长选为60 m。

② 弦测法幅值限值的确定。

选取检测速度为300 km/h的检测数据中部分特征区段轨道不平顺和车体加速度进行分析。轨道不平顺采用60 m弦输出幅值。对于计算得到的轨道不平顺数据和车体加速度数据，将轨道不平顺按照间隔1 mm进行分组，保证每一分组内有一定量的数据，如5～6 mm、6～6.50 mm等，对每一组轨道不平顺所对应的车体加速度进行统计。首先计算车体加速度的平均值、标准差，然后在95%置信度下（平均值减去1.645标准差）求其最大可能值，这样每一组所对应的车体加速度95%在该最大可能值以内。根据这些统计结果，以每组数据轨道不平顺均值为横坐标、车体加速度的最大可能值为纵坐标进行拟合，得出车体加速度与不平顺幅值的关系曲线。

按照上述方法计算分别得到车体垂向振动加速度与60 m弦轨道高低不平顺弦测幅值的拟合结果，车体横向振动加速度与60 m弦轨道轨向不平顺弦测幅值的拟合结果，如图7-35所示。

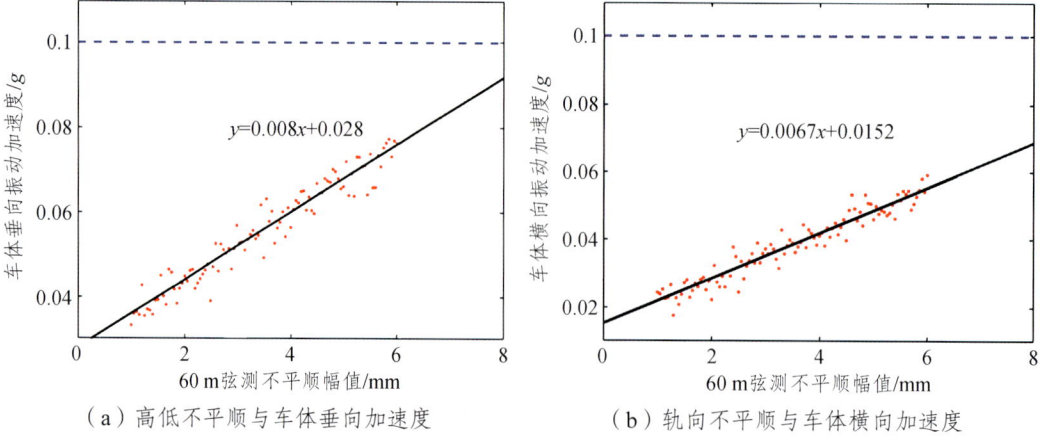

（a）高低不平顺与车体垂向加速度　　　　（b）轨向不平顺与车体横向加速度

图7-35　不平顺与车体加速度拟合关系

其中车体垂向加速度与高低不平顺弦测幅值的拟合公式为：
$$y = 0.008x + 0.028 \quad (7-12)$$

根据上述拟合结果，可得到300 km/h下60 m弦高低不平顺弦测幅值管理标准，如表7-21所示。

表7-21　60 m弦高低不平顺弦测幅值管理标准

车体垂向加速度	0.10 g	0.15 g	0.20 g	0.25 g
60 m弦高低不平顺弦测幅值	9 mm	15.20 mm	21.50 mm	27.80 mm

其中车体横向加速度与轨向不平顺弦测幅值的拟合公式为：
$$y = 0.0067x + 0.0152 \quad (7-13)$$

根据上述拟合结果，可得到300 km/h下60 m弦轨向不平顺弦测幅值管理标准，如表7-22所示。

表7-22　60 m弦轨向不平顺弦测幅值管理标准

车体横向加速度	0.06 g	0.09 g	0.15 g	0.20 g
60 m弦轨向不平顺弦测幅值	6.70 mm	11.20 mm	20.10 mm	27.60 mm

③ 随机不平顺样本及其弦测幅值。

由于轨道随机不平顺具有平稳随机特性，因此可以用有限长的轨道随机不平顺样本近似模拟某类线路的轨道随机不平顺。对德国低干扰轨道谱使用傅里叶逆变换，反演得到轨道随机不平顺空间样本，最小波长为1 m，最大波长为200 m。轨道谱密度函数和高低、轨向不平顺模拟样本如图7-36所示。

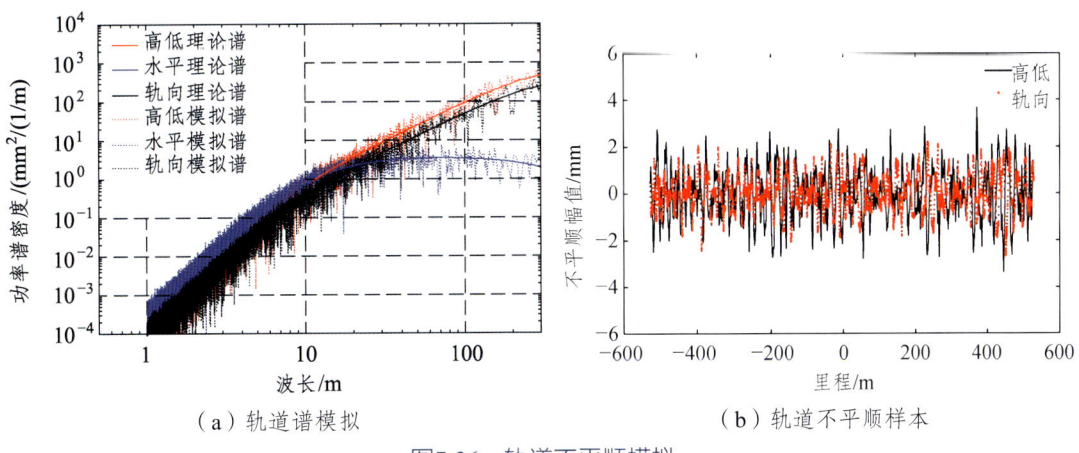

（a）轨道谱模拟　　　　　　　　（b）轨道不平顺样本

图7-36　轨道不平顺模拟

采用60 m中点弦测法分别对高低不平顺和轨向不平顺模拟样本进行虚拟采样,得到的弦测幅值结果如图7-37所示。由图可知,高低、轨向不平顺模拟样本的最大弦测幅值分别为4.2 mm、3.3 mm。

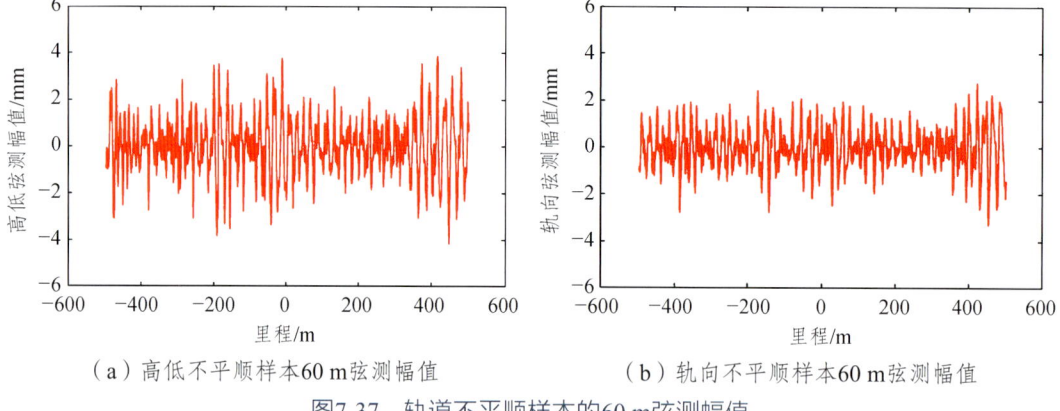

（a）高低不平顺样本60 m弦测幅值　　　　（b）轨向不平顺样本60 m弦测幅值

图7-37　轨道不平顺样本的60 m弦测幅值

（3）荷载工况。

由于临港长江大桥是四线铁路,荷载工况复杂,因此采用中点弦测法评估桥上轨道几何形位时考虑了不计列车荷载、单线行车、双线行车、三线行车及四线行车5类不同的荷载组合。

不计列车荷载的荷载组合如表7-23所示,其中的数值为单个荷载工况下的折减系数。

表7-23　不计列车荷载的荷载组合

荷载组合	纵向大风	横向大风	体系升温	体系降温	拉索升温	拉索降温	公路偏载
Cb1	0.21						
Cb2		0.21					
Cb3			1		1		
Cb4				1		1	
Cb5							1
Cb6	0.21		1				
Cb7	0.21			1			
Cb8	0.21		1		1		
Cb9	0.21			1		1	
Cb10		0.21	1				
Cb11		0.21		1			

续表

荷载组合	纵向大风	横向大风	体系升温	体系降温	拉索升温	拉索降温	公路偏载
Cb12		0.21	1		1		
Cb13		0.21		1		1	
Cb14	0.21		1				0.75
Cb15	0.21			1			0.75
Cb16	0.21		1		1		0.75
Cb17	0.21			1		1	0.75
Cb18		0.21	1				0.75
Cb19		0.21		1			0.75
Cb20		0.21	1		1		0.75
Cb21		0.21		1		1	0.75

单线行车、双线行车、三线行车及四线行车的荷载组合如表7-24所示，其中的数值为单个荷载工况下的折减系数。

表7-24 单线、双线、三线及四线行车的荷载组合

荷载组合	纵向大风	横向大风	体系升温	体系降温	拉索升温	拉索降温	公路偏载	铁路荷载
Cb1	0.21		1				1.12	0.47
Cb2	0.21			1			1.12	0.47
Cb3	0.21		1		1		1.12	0.47
Cb4	0.21			1		1	1.12	0.47
Cb5		0.21	1				1.12	0.47
Cb6		0.21		1			1.12	0.47
Cb7		0.21	1		1		1.12	0.47
Cb8		0.21		1		1	1.12	0.47

列车荷载分为单线、双线、三线、四线4种加载情况，将川南城际左线、渝昆高铁左线、渝昆高铁右线、川南城际右线依次命名为车道1、2、3、4，考虑9种铁路荷载组合，如表7-25所示。

表7-25 铁路荷载组合

铁路荷载组合编号	组合	车道 1	车道 2	车道 3	车道 4
1	单线	√			
2			√		
3	双线	√	√		
4		√		√	
5		√			√
6	三线		√	√	
7		√	√	√	
8		√			√
9	四线	√	√	√	√

（4）计算分析。

根据表7-23和表7-24，本节计算了不计列车荷载的荷载组合、单线行车的荷载组合、双线行车的荷载组合、三线行车的荷载组合、四线行车的荷载组合等多种工况，因组合工况过多且实际情况中桥上双线行车的概率较大，此处仅给出双线行车情况下铁路荷载组合3的高低最不利工况，对应表7-24中的荷载组合7。

根据表7-24，荷载组合7表达式为：

Cb7＝0.21×横向大风＋1×整体升温＋索升温10℃＋1.12×公路单侧＋0.47×铁路荷载

临港长江大桥在该工况作用下的弦测结果如图7-38所示。

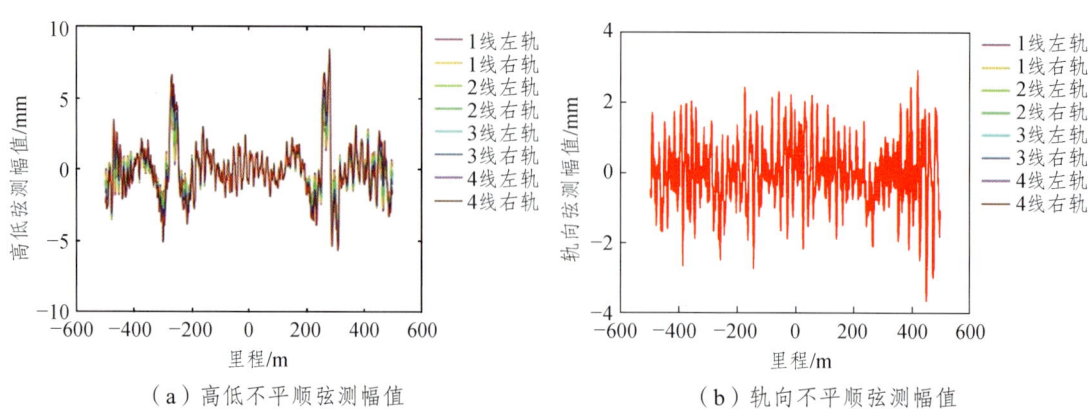

（a）高低不平顺弦测幅值　　　（b）轨向不平顺弦测幅值

图7-38 荷载组合7下临港长江大桥轨道几何形位

由图7-38（a）可知，荷载组合7对所有股道的高低几何形位均存在较大影响，高低弦测幅值在第4线里程278 m（右桥塔）附近有最大值8.45 mm，满足一级管理标准（一级限值为9 mm）。此外，高低弦测幅值在里程−462 m及+462 m（桥墩）附近有较大极值，以第4线最大，分别为3.51 mm和3.33 mm。由图7-38（b）及图7-37（b）可知，轨向随机不平顺的最大弦测幅值为3.3 mm，荷载组合7下临港长江大桥轨向不平顺的最大弦测幅值为3.66 mm。因此，荷载组合7对轨向几何形位影响较小，轨向几何形位主要由随机不平顺控制，轨向弦测幅值均满足一级管理标准（一级限值为6.7 mm）。

各荷载组合下高低及轨向最不利工况的最大弦测幅值结果如表7-26所示。

表7-26　各荷载组合下的最大弦测幅值结果　　　　　　　　单位：mm

荷载组合	最不利工况	最大高低弦测幅值/I级限值	最大轨向弦测幅值/I级限值
不计列车荷载	轨向最不利	8.02/9	3.59/6.7
	高低最不利	8.02/9	3.59/6.7
单线行车荷载组合1	轨向最不利	7.99/9	3.67/6.7
	高低最不利	8.28/9	3.65/6.7
单线行车荷载组合2	轨向最不利	7.97/9	3.65/6.7
	高低最不利	8.26/9	3.63/6.7
双线行车荷载组合3	轨向最不利	8.20/9	3.67/6.7
	高低最不利	8.45/9	3.66/6.7
双线行车荷载组合4	轨向最不利	8.19/9	3.66/6.7
	高低最不利	8.44/9	3.64/6.7
双线行车荷载组合5	轨向最不利	8.17/9	3.64/6.7
	高低最不利	8.41/9	3.62/6.7
双线行车荷载组合6	轨向最不利	8.23/9	3.64/6.7
	高低最不利	8.49/9	3.62/6.7
三线行车荷载组合7	轨向最不利	8.50/9	3.66/6.7
	高低最不利	8.80/9	3.64/6.7

续表

荷载组合	最不利工况	最大高低弦测幅值/I级限值	最大轨向弦测幅值/I级限值
三线行车荷载组合8	轨向最不利	8.61/9	3.65/6.7
	高低最不利	8.90/9	3.63/6.7
四线行车荷载组合9	轨向最不利	8.99/9	3.64/6.7
	高低最不利	9.20/9	3.62/6.7

临港长江大桥轨向弦测幅值主要受轨向随机不平顺控制，受外荷载影响较小，均满足一级管理标准；高低弦测幅值受外荷载影响较大，不同工况的高低弦测幅值均在里程+278 m附近（右侧主塔）有最大值，在里程−278 m（左侧主塔）、−462 m及+462 m（桥墩）附近存在局部极值；四线行车荷载下高低弦测幅值最大值为9.2 mm，略超高低不平顺一级管理标准，鉴于四线同时行车属小概率事件，且该行车荷载下高低弦测幅值仅超一级管理标准0.2 mm，因此可认为高低弦测幅值均满足要求。

综上所述，适用于大跨度公铁平层斜拉桥梁的中点弦测评估方法通过车体响应敏感波长选择适宜弦长，通过弦测值与加速度相关性建立适当评价标准，合理评价了轨道平顺性，准确反映出了桥梁塔墩处的局部不平顺问题。线路平纵断面法、功率谱密度法、中点弦测法可对大跨度公铁平层斜拉桥上轨道平顺性进行合理静态评估，为桥上轨道几何形位特征分析、评估问题提供了参考。

7.4.3 基于车辆-轨道耦合动力学的虚拟轨检质量分析与评估

轨道平顺性检测分为静态检测和动态检测，上述研究基于线路平纵断面、轨道谱及中点弦测法等方法对不同荷载组合工况下桥上轨道静态几何形位进行评估。动态检测指利用轨检车、高速综合检测列车对轨道平顺进行检测，能够真实地反映在列车运行条件下轨道线路的平顺性。本研究基于车辆-轨道耦合动力学，通过虚拟轨检技术对轨道几何形位进行动态检测，为保障桥上轨道平顺性提供更加完善的依据。

1. **虚拟轨检模型**

虚拟轨检技术主要采用惯性基准法，即利用惯性原理获得测量基准，加速度积分与位移相加法被大多数国家的现代轨检车普遍采用，该方法也是虚拟轨检车设计的理论基础，惯性基准法的原理如图7-39所示。

惯性基准法可以通过列车的动力响应来反演轨道动态几何形位的虚拟初始信号，根据研究需求只需保留120 m以下的波长成分，因此，还需要对轨道动态几何形位进行高通滤波处理。

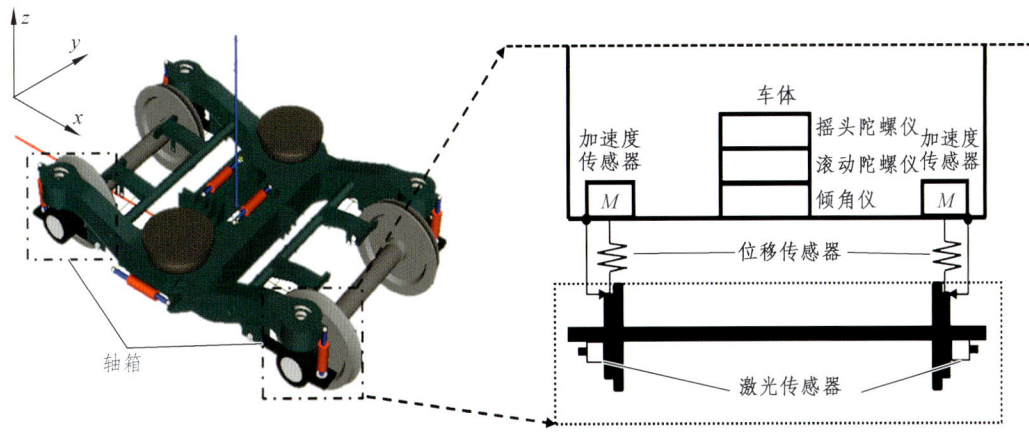

图7-39 惯性基准法原理

根据各荷载组合工况下轨道平顺性的静态检测结果,选取出现概率较大且超限较为严重的工况展开研究。考虑轨道随机不平顺的影响,利用虚拟轨检技术对不同工况下轨道几何形位进行动态检测,并根据《轨道几何状态动态检测及评定》(TB/T 3355—2014)对轨道高低、轨向动态不平顺进行评价,客运专线铁路轨道几何状态局部峰值动态验收管理值如表7-27所示。

表7-27 客运专线铁路轨道几何状态局部峰值动态验收管理值(250~350 km/h)

项目	验收Ⅰ级	验收Ⅱ级
高低(1.5~120 m波长)	5 mm	7 mm
轨向(1.5~120 m波长)	5 mm	6 mm

250~350 km/h线路轨道几何状态局部峰值动态运营管理值如表7-28所示。

表7-28 250~350 km/h线路轨道几何状态局部峰值动态运营管理值

项目	经常保养	舒适度	临时修补	限速
高低(1.50~120 m波长)	7 mm	9 mm	12 mm	15 mm
轨向(1.50~120 m波长)	6 mm	8 mm	10 mm	12 mm

2. 基于虚拟轨检技术的轨道几何形位动态分析

基于中点弦测法的轨道静态不平顺分析结果,本节取4种出现概率较大且弦测幅值较大的工况,对叠加轨道随机不平顺后的各荷载组合下的大桥线形进行动态检测。选取的工况为：铁路荷载组合1（单线）情况下的荷载组合7；铁路荷载组合2（单线）情况下的荷载组合7；铁路荷载组合3（双线）情况下的荷载组合7；铁路荷载组合4（双线）情况下的荷载组合7。

通过对临港长江大桥的桥上轨道动态几何形位进行虚拟采样，分析列车动力荷载下大桥轨道几何形位。此处给出铁路荷载组合4（双线）情况下的行车荷载组合7的计算结果曲线，并列出所有选取工况的计算结果。

根据表7-24可知行车荷载组合7的表达式为：

$Cb7 = 0.21 \times$ 横向大风 $+ 1 \times$ 整体升温 $+$ 索升温10℃ $+ 1.12 \times$ 公路单侧 $+ 0.47 \times$ 铁路荷载

大桥在行车荷载组合7作用下的轨道不平顺动态检测结果如图7-40所示。

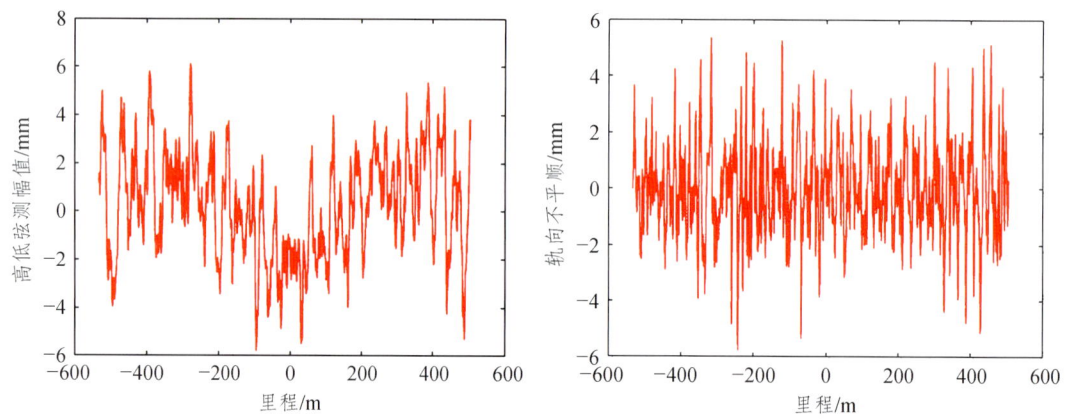

图7-40 双线行车荷载组合7下的高低、轨向不平顺动态检测幅值

由图7-40可知，行车荷载组合7作用下的高低不平顺动态检测幅值在里程±0 m、−261 m（主塔）、±464 m（边跨桥墩）附近出现局部极大值，其中最大值达到6.10 mm；行车荷载组合7作用下的轨向不平顺动态检测幅值在里程±0 m、−261 m（主塔）、±464 m（边跨桥墩）附近出现局部极大值，其中最大值达到−5.80 mm。根据表7-27的管理标准，其峰值满足轨道几何状态局部峰值动态运营管理标准的经常保养要求。

所有选取工况计算结果如表7-29所示，4种工况下的轨道不平顺动态检测值最大值均满足轨道几何状态局部峰值动态运营管理标准的经常保养要求。

表7-29 各荷载组合下的最大动态幅值结果

铁路荷载组合	行车荷载组合	最大高低动态幅值/经常保养要求/mm	最大轨向动态幅值/经常保养要求/mm
铁路荷载组合1（单线）	7	5.8/7	5.7/6
铁路荷载组合2（单线）	7	6.1/7	5.8/6

续表

铁路荷载组合	行车荷载组合	最大高低动态幅值/经常保养要求/mm	最大轨向动态幅值/经常保养要求/mm
铁路荷载组合3（双线）	7	5.9/7	5.8/6
铁路荷载组合4（双线）	7	6.1/7	5.8/6

本方法基于车辆-轨道耦合动力学建立虚拟轨检模型，计算出列车动力荷载下大跨度公铁平层斜拉桥上轨道几何形位；通过与规范中动态运营管理值比对，能真实评估列车运行条件下桥上轨道线路的平顺性，建议与轨道静态不平顺评估方法结合，以实现大跨度公铁平层斜拉桥上轨道静、动态不平顺的全面评估；研究发现，各荷载工况下的大跨度公铁平层斜拉桥上动态轨道几何形位均在主塔、辅助墩附近出现局部极大值。因此，在大跨度公铁平层斜拉桥线路运营期间，需重点关注主塔、辅助墩附近的线路平顺性，以保障高速列车运行的安全性和平稳性。

7.4.4 考虑成桥线形施工偏差的桥上线路轨道精调方法研究

在实际工程中，桥梁合龙后的成桥线形与设计线形间存在较大偏差，鉴于道床厚度调整能力有限，铺砟后轨面高程难以达到设计高程，故需在初铺道砟后桥梁成桥线形的基础上、保证道床厚度合理的前提下，采用适宜方法开展轨道精调作业。可根据实测成桥线形采用级数曲线拟合的方法进行桥上线路轨道精调，以满足轨道平顺性要求。

1. 级数曲线轨道精调方法

级数曲线轨道精调设计方法是一种可考虑成桥施工线形偏差的桥上线路轨道精调方法，通过级数曲线拟合的桥梁线形能够直观反映桥梁线形各成分的波长、波长间倍数关系，并且符合桥梁结构自身变形特征。采用级数曲线方法设计桥上线路轨道精调方案，使斜拉桥上轨道具有良好的平顺性，满足列车运行的平稳舒适性要求。

由于任何周期函数都可以用正弦函数和余弦函数构成的无穷级数来表示，可设线路精调目标线形为一周期函数，公式为：

$$f(x) = a_0 + \sum_{i=2}^{n} a_i \cos(iw_0 x) + b_i \sin(iw_0 x) \tag{7-14}$$

式中：w_0为角频率（基本频率）。

式（7-14）可直观反映线形各成分的波长$\dfrac{2\pi}{nw_0}$及幅值a_n、b_n，线形各成分波长存在倍数关系，并且拟合的线形符合桥梁结构自身变形特征。

级数曲线精调方法约束条件如下：

（1）保证主跨段线路与引桥桥上线路的平顺衔接。

（2）曲线设计线形符合桥梁结构自身挠曲变形特征。

（3）满足道床厚度要求，目前桥上有砟轨道道床厚度铺设范围为33~45 cm，因此拟合线形与成桥线形绝对偏差不能超过12 cm。

（4）满足道床厚度变化的均匀性，以保证轨道具有良好的支撑刚度。

为确保精调后的轨面线形具有良好的行车性能，需保证线路波长尽量位于车体垂向振动敏感波长范围之外，即精调后的轨面线形最小波长大于车体振动敏感波长区间上限，因此拟合阶数上限需满足：

$$n \leqslant \frac{L_B}{L_E} \tag{7-15}$$

式中：L_B为钢梁总长；L_E为车体垂向振动敏感波长下限，取200 m。至此，级数曲线设计中，轨面线形波长取决于主桥桥梁波长特性，拟合阶数上限取决于车体振动特性，实际上是基于实测成桥线形，将桥上线路轨道精调与车体平稳性进行了关联。

2. 级数曲线轨道精调实例

五峰山长江大桥为主跨1092 m的钢桁梁悬索桥，钢梁总长1432 m，桥梁布置方案为（84+84+1092+84+84）m，在气温较为稳定时（气温12 ℃），实测了大桥铁路桥面成桥线形，换算至设计基准温度（气温15 ℃）的成桥线形与理论线形如图7-41所示。

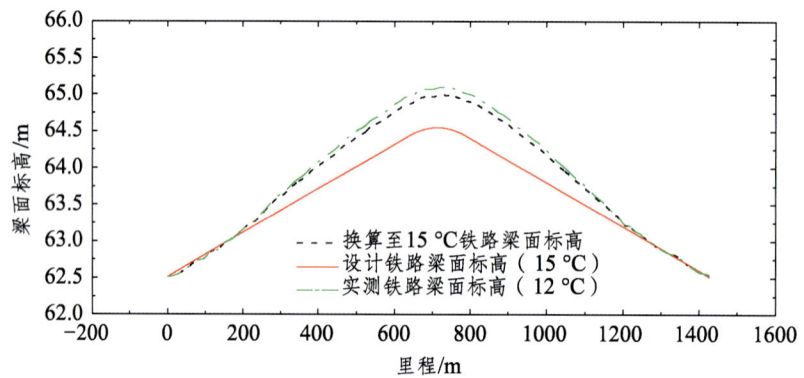

图7-41 五峰山长江大桥主桥换算至设计基准温度的成桥线形

由图7-41可知，换算后的桥梁实测线形，边跨段实测线形与原设计理论线形吻合较好，主跨段实测线形略高于原设计理论线形，主跨跨中高于原设计梁面45.60 cm，最大处高于原设计梁面52.50 cm。通过调整道床厚度无法实现原轨道设计高程。采用级数曲线进行轨道精调后，线路线形如图7-42所示，其包含的波长成分有1428 m、717 m、476 m和357 m，且道床厚度满足要求。

线路应具有良好的平顺性，以满足列车运行的平稳舒适性要求，故线路精调方案应遵循低动力响应原则。将精调线路线形输入到所建立的车辆-轨道耦合动力学模型中，计算列车在300 km/h下的车体垂向振动加速度以评价线路的平顺性。计算结果如图7-43所示。

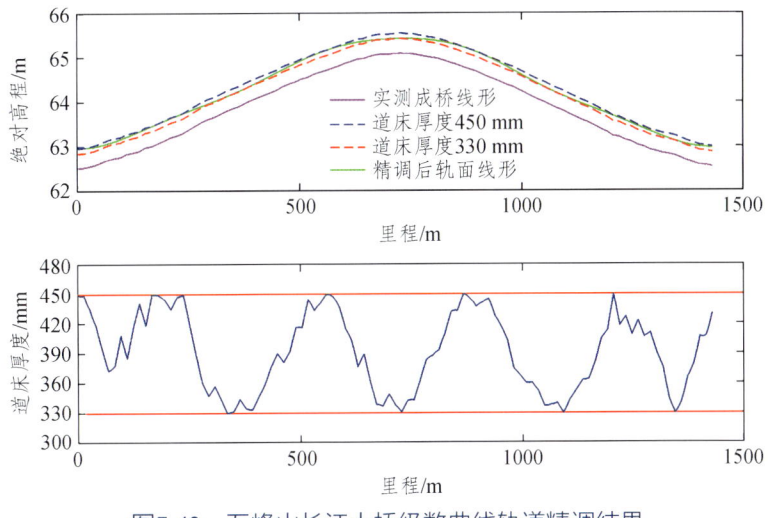

图7-42 五峰山长江大桥级数曲线轨道精调结果

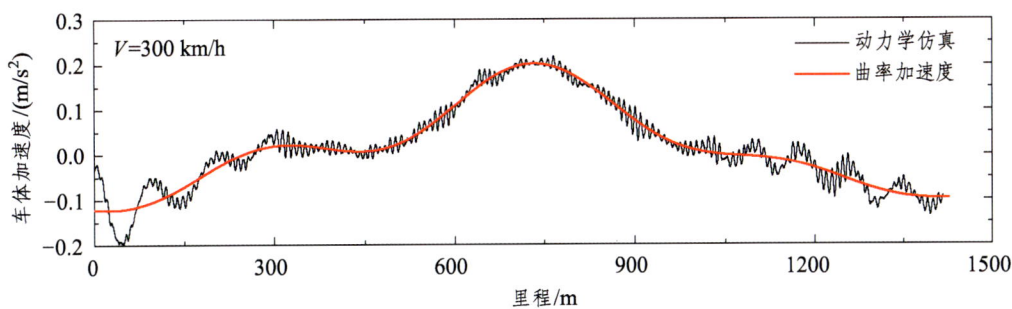

图7-43 五峰山长江大桥级数曲线调整线形的车体动力响应

由图7-43可知，车速为300 km/h时，精调后的线路线形引起的车体垂向振动加速度可控制在0.20 m/s²内，与离心加速度吻合很好，说明通过控制级数曲线的波长成分，可减小列车的垂向振动加速度，精调后线路的车体加速度响应可通过离心加速度V^2/R直接预测。

级数曲线轨道精调方法能够同时满足桥上道砟铺设厚度和轨道平顺性要求。该方法消除了变坡点和竖曲线，能直观显示线路的波长及幅值信息，使线路波长成分远离车体加速度敏感波长区间，并可通过曲率加速度预测精调后线路的行车性能。建议大跨度公铁平层斜拉桥成桥后，采用级数曲线的方法进行桥上线路轨道精调，以满足轨道平顺性要求。结合斜拉桥上轨道几何形位分析评估结果，桥上高低几何形位极大值位置基本集中在主塔、辅助墩附近，因此，建议采用级数曲线方法进行轨道精调方案设计时，应重点考虑主塔及辅助墩附近线路平顺性。

7.5 本章小结

本章采用实测与仿真相结合的方法，对大跨度公铁平层斜拉桥无缝线路设计、桥上轨道

结构变形及控制措施、桥上轨道几何形位特征分析与评估进行研究,主要研究结论如下:

(1)大跨度公铁平层斜拉桥上无缝线路设计时,建议在主桥两端分别设置2组单向伸缩调节器,并在伸缩调节器基本轨一侧分别铺设100 m小阻力扣件。铺设伸缩调节器可有效降低复杂荷载作用下的钢轨内应力,满足大跨度公铁平层斜拉桥上钢轨强度及轨道稳定性的要求,同时为防止断轨处断缝值变大,应减小阻力扣件的布设范围。上述伸缩调节器的铺设及扣件的选取可为其他特殊桥型的大跨度铁路桥上无缝线路设计提供参考。

(2)大跨度公铁平层斜拉桥上有砟道床阻力明显呈区域分布,固定墩处道床阻力大,梁缝处道床阻力小;大跨度公铁平层斜拉桥上有砟轨道拉伸-压缩动态变化幅值越大,散体道床所受扰动越剧烈。铁路工务部门应加强对大跨度公铁平层斜拉桥梁缝、梁端等薄弱地段的有砟道床开展养护维修工作;在昼夜温差、地震等作用下导致桥梁发生较大伸缩变形时,应加大对桥上有砟道床的整治力度,防止道床阻力的严重退化。针对大跨度公铁平层斜拉桥等存在大位移变形的铁路线路,宜分段、分区域对铁路轨道各部件响应机理与力学特性展开相关研究。

(3)为提高大跨度公铁平层斜拉桥上有砟道床稳定性,降低道床容重,建议有砟道床级配为:道床中存在小粒径道砟,但其含量应不超过30%;中粒径道砟含量应不为0;大粒径道砟的含量应不低于15.5%。作为有砟道床重要参数,有砟轨道最优级配不仅能改善大跨度公铁平层斜拉桥上有砟道床稳定性及容重特性,同时可为不同下部基础的铁路线路有砟道床设计、运维提供参考。

(4)复杂荷载作用后,大跨度公铁平层斜拉桥上有砟道床纵、横向阻力及密实程度均有所降低,砟肩处道砟运动明显;道砟在153 Hz处有其振动主频,此时枕盒处道砟加速度幅值最大;301 Hz时,枕盒处易发生道砟飞溅现象;道砟振动响应随所处深度的增加而逐渐减小,在150 Hz内,有砟道床的减振性能良好;当频率高于300 Hz时,有砟道床减振性能较差;道床断面两侧呈"旋流"状运动。铁路工务部门应重点对砟肩、枕底、枕盒处开展养护维修作业,保持道床均匀、饱满密实,砟肩处无塌落、松散现象;在枕盒位置放置粒径较大的道砟颗粒,并在清筛、起拨道等对道床扰动较大的作业后,夯实枕盒处道砟,降低道砟飞溅发生的概率。

(5)考虑到通航净高和桥梁结构排水需求以及与现行线路设计规范适应性的要求,建议大跨度公铁平层斜拉桥线路纵断面采用人字坡结合竖曲线的设计线型。其中,人字坡坡度影响车体加速度最大值出现的位置,竖曲线半径决定车体加速度响应的大小,行车速度300 km/h下,人字坡坡度为3‰时,当竖曲线半径增大至60000 m,车体加速度最大值可降至0.22 m/s^2。建议设计大跨度公铁平层斜拉桥线路纵断面时,在满足施工和养护维修作业精度的前提下,适当增大竖曲线半径。

(6)为保障大跨度公铁平层斜拉桥上轨道的平顺性,建议采用线路平纵断面法、功率谱密度法、中点弦测法对桥上轨道平顺性进行合理静态评估,采用虚拟轨检技术对桥上轨道平顺性进行动态评估。双线行车条件下，60 m弦高低不平顺弦测幅值在右侧主塔处出现最大值8.49 mm（一级管理标准限值为9 mm）。各荷载工况下的大跨度公铁平层斜拉桥上动态轨道几何形位均在主塔、辅助墩附近出现局部极大值。建议大跨度公铁平层斜拉桥成桥后，设计轨道精调方案时，重点关注主塔、辅助墩附近轨面标高的平顺性。

参考文献：

[1] 中铁第四勘察设计院集团有限公司. 铁路无缝线路设计规范：TB10015—2012[S]. 北京：中国铁道出版社，2013.

[2] 中国铁道科学研究院机车车辆研究所. 电动车组牵引系统温升试验方法：TB/T3347—2014[S]. 北京：中国铁道出版社，2014.

[3] The European Committee Standardization.Aggregates for railway ballast：NF EN13450[S]. Brussels：The European Committee Standardization，2002.

[4] 由致密岩石所制的铁路道砟层碎石：ГОСТ 7392—2014[S]. 2014.

[5] American Society for Testing and Materials. Standard test method for sieve analysis of fine and coarse aggregates: ASTM C136-06[S]. New York:American Society for Testing and Materials，2006.

[6] 刘浩，杨国涛，江成，等. 高速铁路有砟道床状态评定参数关联关系分析[J]. 铁道学报，2021，43（6）：128-134.

[7] 李秋义，张晓江，韦合导. 商合杭高铁裕溪河特大桥铺设无砟轨道关键技术研究[J]. 中国铁路，2020（6）：44-51.

[8] 刘晓光，郭辉，高芒芒，等. 千米级铁路桥梁线-桥一体化设计研究及探讨[J]. 中国铁路，2021（9）：32-39.

[9] 杨飞，赵文博，高芒芒，等. 运营期高速铁路轨道长波不平顺静态测量方法及控制标准[J]. 中国铁道科学，2020，41（3）：41-49.

[10] 杨飞，刘丙强，谭社会，等. 高速铁路轨道静态几何不平顺弦测评价标准体系研究[J]. 铁道建筑，2021，61（6）：107-111+120.

[11] 王平，王铭，陈嵘，等. 基于傅里叶级数拟合的铁路桥梁桥上铺轨线形优化方法：202111678370.7[P]. 2022-05-06.

[12] 中国铁道科学研究院集团有限公司. 京津城际基础设施状态评估及提升技术研究–运营期高铁轨道平顺性提升关键技术研究报告[R]. 北京：中国铁道科学研究院集团有限公司，2018.

第8章 桥梁抗震性能

8.1 概述

地震是一种严重危害人民生命财产安全的自然灾害，具有随机性、突发性、毁灭性。当一些大地震爆发时，会释放出巨大的能量，引起地面的剧烈震动，特别是当大地震发生在人们居住较为密集的城市、村庄附近时，会对桥梁、道路、房屋造成相当程度的破坏，对城市安全、人民财产有着巨大的威胁。20世纪期间，世界范围内发生了多次强震，并且其中许多都发生在城市，造成了相当严重的后果。1976年中国唐山大地震造成约24万人死亡、16.4万人重伤，经济损失100亿人民币以上；1989年美国LomaPrieta地震造成了3700人受伤，70亿美元经济损失；1994年美国Northridge地震导致300亿美元的经济损失；1995年日本阪神大地震造成6000多人死亡，经济损失近1000亿美元；2008年，中国汶川发生8.0级地震，死亡和失踪者约87000人；2016年，日本九州岛发生7.3级地震，41人死亡，2021人受伤。这些都是人类历史上血的教训，因此，必须对抗震减灾高度重视，否则很有可能会造成"万千高楼平地起，一震回到解放前"的局面。而我国恰好地处世界两大地震带的交汇地带，是一个地震多发的国家。中国地震频度高、震源浅、分布广、强度大。我国的地震丧生人数占全球地震丧生总人数的一半以上，且我国地震死亡人数占所有灾害类型总丧生人数的一半以上，可以说地震是所有自然灾害中的群害之首。自改革开放以来，中国经济飞速发展，各类基础设施建设如火如荼，交通事业发展也进入了一个崭新的时代。与此同时，自1988年起，我国地震也进入了活跃期，这无疑是一项潜在的巨大威胁。由于对地震抗震的重视不够，让我们在2008年汶川地震中付出了惨痛的代价。自此以后，国家相关的法律、规范中进一步要求对一些新建、扩建和改建的项目要进行一定级别的抗震设防。对桥梁而言，许多跨江、跨海桥梁花费了大量的人力物力才得以建成，有着重要的政治、经济作用，也是震后救灾的重要交通枢纽，同时，桥梁和其他建筑物一样，容易在地震期间遭到损坏。一些跨江、跨海大桥一旦损坏倒塌，不仅会带来巨大的经济损失，也会对人民群众的安全造成相当程度的威胁，还会对震后救灾工作造成很大的困扰，从而加重地震带来的损失。因此，作为桥梁设计者，必须保证桥梁具有一定的抗震能力，能够满足规范要求的各水准设防标准。

本章以临港长江大桥为工程背景，针对桥梁的减隔震措施开展了相关研究，具体研究内容包括：① 开展纵向黏滞阻尼器、横向E型钢阻尼器和单向摩擦摆减隔震支座的力学参数对桥梁抗震性能影响规律的研究。② 基于神经网络和模糊逻辑算法对桥梁纵向、横向减隔震装置不同参数下的减隔震效果进行预测和评价，从而得到符合工程需要的合理参数，保证减隔震装置的性能，为大桥提供充足的抗震能力。

8.1.1 国内外桥梁减隔震技术的发展

世界上第一座减隔震桥梁是新西兰于1973年所建成的莫图大桥。其上部结构采用滑动支承用以隔震，通过U型钢弯曲梁为结构提供阻尼。1975年，新西兰学者Robinson W. H.发明了价格更为低廉的铅芯橡胶支座，并在20世纪80年代将铅芯橡胶支座成功地应用在了一栋政府建造的大楼上，有效地提高了大楼的抗震性能。值得一提的是，Robinson W. H.通过在普通橡胶支座中加入屈服应力较低、滞回曲线丰满的铅棒，使得改进后的铅芯橡胶支座能够在变形停顿期间恢复其原有的力学特性，成为一种性能良好的减隔震装置。同时，Robinson W. H.等人还对铅芯橡胶支座进行了动力实验，结果表明，铅芯橡胶支座滞回特性良好，虽然屈服后刚度接近于普通叠层橡胶支座的剪切刚度，但是其初始刚度能够达到普通叠层橡胶支座的10倍以上，并且可以通过增大铅芯的面积来提高铅芯橡胶支座的屈服强度，从而增加支座的耗能效果。由于铅芯橡胶支座具有制作简单、价格低廉、隔震效果良好等显著优点，在国内外的隔震桥梁建设中都得到了广泛的应用。1983年，为进一步规范铅芯橡胶支座的设计和使用，新西兰建设部制定颁布了《桥梁铅芯橡胶支座设计细则》，隔震技术在20世纪末期的新西兰得到了蓬勃的发展。

除新西兰外，意大利、美国、日本也早在20世纪末期开始了减隔震桥梁的建造，这些世界上较早建立减隔震桥梁的国家，其隔震理念都类似，即通过采用铅芯橡胶支座、高阻尼橡胶支座和摩擦滚动支座等隔震支座的方式，达到其抗震设计目的。

我国于1965年开始对桥梁的橡胶支座进行了理论研究和试验，并将板式橡胶支座应用在了广东、上海、山东等地的公路桥梁中，现已在全国的市政桥梁和公路桥梁中投入使用。虽然板式橡胶支座构造简单，成本低廉，但是实践证明其仅适用于中小跨度的桥梁。

桥梁减隔震技术发展至今，铅芯橡胶支座、盆式橡胶支座、板式橡胶支座仍然是目前广泛应用的桥梁隔震支座。但是对于斜拉桥、悬索桥等跨度大、刚度小的桥型而言，这些常规隔震支座的效果有限，而采用黏滞阻尼器、E型钢阻尼器、摩擦摆支座等消能减震装置则能够获得十分显著的减震效果。

8.1.2 黏滞阻尼器

黏滞阻尼器滞回曲线饱满，以其内部的黏滞材料进行剪切耗能，可以有效地吸收地震作用于桥梁上的能量，使得桥梁受力更为安全。此外，黏滞阻尼器是一种速度相关型的被动减震装置，不会影响结构的温度变形和收缩徐变变形，也基本不会引起附加内力。

典型的黏滞阻尼器由油缸、活塞、黏滞流体（桥梁工程中多选用硅油）构成，其构造图如图8-1所示。借助活塞与油缸的相对运动，黏滞阻尼器内部的硅油从阻尼器的一侧经过活塞片与套筒间的缝隙流向另一侧，整个运动中，活塞两端会产生压力差，即为黏滞阻尼器的阻尼力。黏滞阻尼器内部的动能正是通过阻尼力被消耗转化为了热能，从而消耗了地震的输入能量，达到消能减震的目的。黏滞阻尼器理论滞回曲线如图8-2所示。

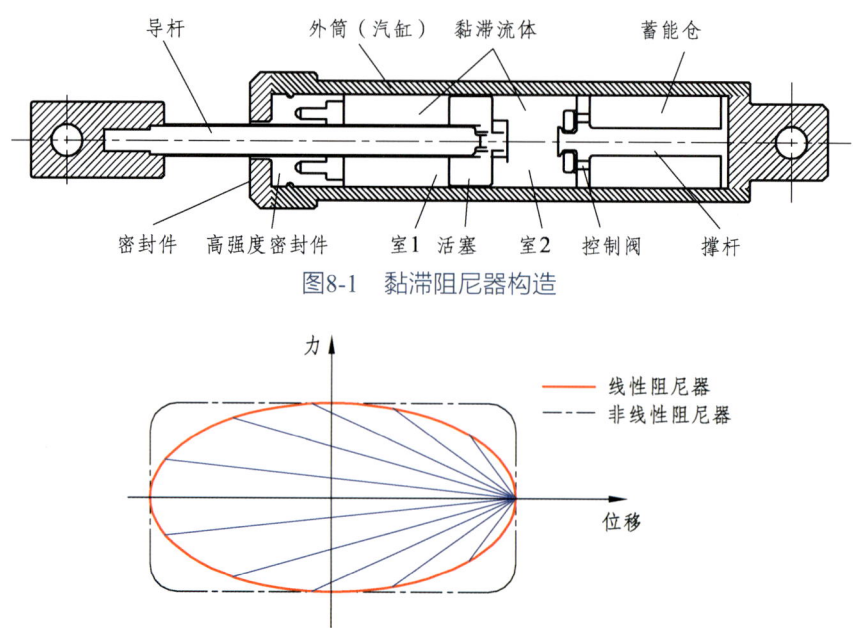

图8-1 黏滞阻尼器构造

图8-2 黏滞阻尼器理论滞回曲线

1992年，Makris和Constantinou等从黏滞阻尼器的耗能机理、流体材料、热力学特性等方面对黏滞阻尼器进行了研究，结果表明，若黏滞流体为纯黏性的情况下，黏滞阻尼器的阻尼力主要与阻尼系数和速度指数有关。模拟液体黏滞阻尼器时，一般采用一般连接中黏弹性消能器中的Maxwell模型（见图8-3），该模型由阻尼器和线性弹簧串联而成，其力与变形的关系式为：

$$F = C \cdot \mathrm{sign}\,(\dot{d}_\mathrm{d}) \left|\frac{\dot{d}_\mathrm{d}}{v_0}\right|^\alpha = k_\mathrm{b} d_\mathrm{b} \qquad (8\text{-}1)$$

式中：d_d和d_b为阻尼器和线性弹簧的变形量；v_0为参考速度，一般取为1；sign（ ）为符号函数；k_b为线性弹簧刚度。

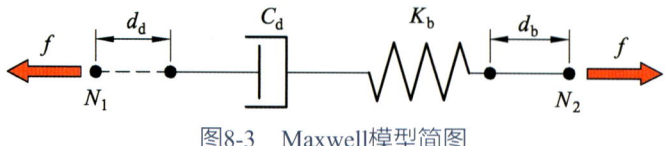

图8-3 Maxwell模型简图

实际模拟时，通过输入不同的阻尼系数和速度指数对黏滞阻尼器进行模拟，而线性弹簧刚度则可以输入一个大值从而忽略弹簧的影响。

对桥梁亦是如此，阻尼系数和速度指数影响着黏滞阻尼器的阻尼力，阻尼力越小，制作成本越低。此外，阻尼系数和速度指数的取值决定了黏滞阻尼器的减震效果，对于桥梁位移、内力响应有着直接的影响，关乎着桥梁在地震作用下的安全性。因此，对阻尼系数和速度指数进行参数分析，研究何种取值最适合于工程实际有着重大意义。

8.1.3 摩擦摆支座

摩擦摆支座是一种应用广泛的隔震装置，由美国的EPS公司于1985年发明。如图8-4所示，摩擦摆支座一般由上、下支座板和铰接滑块构成，铰接滑块与下支座板的滑动球面曲率半径相同，滑块滑动的过程中，两者完全贴合。滑动面上涂有低摩擦材料，在水平地震的作用下，若滑块受到的水平力小于最大静摩擦力，滑块保持静止；若滑块受到的水平力大于最大静摩擦力，滑块将在球面上滑动，并使得上部结构轻微抬高，进行类似于单摆的运动。在上部结构竖向荷载的作用下，滑块可以自行复位，正是通过这种往复的运动，摩擦摆支座实现了地震作用下的摩擦耗能。

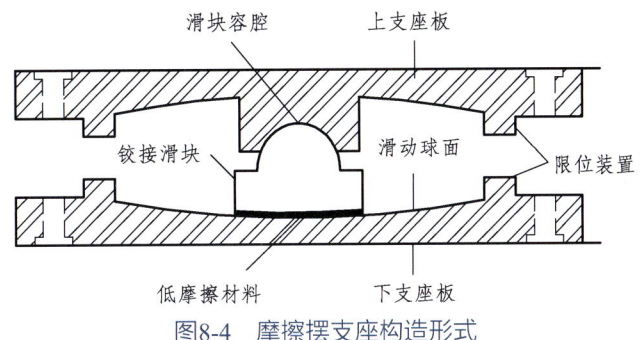

图8-4 摩擦摆支座构造形式

考虑动轴力、非库仑摩擦力以及双向耦合影响的双轴塑性模型，其滞回特性由式（8-2）决定。摩擦摆支座双线性模型如图8-5所示。

$$\begin{cases} F = -\dfrac{W}{R} - \mu W z \\ \dot{z} = \dfrac{k}{\mu|W|}\left[1-|z|^2\left\{\alpha \mathrm{sign}(\dot{d}\cdot z)+\beta\right\}\right]\dot{d} \\ \mu = \mu_\mathrm{f} - (\mu_\mathrm{f}-\mu_\mathrm{s})e^{-r|\dot{d}|} \end{cases} \quad (8\text{-}2)$$

式中：F 为摩擦摆支座的剪切力；W 为外荷载引起的轴力；μ 为等效摩擦系数；R 为摩擦摆支座曲率半径；α、β 为滞后循环参数，一般均取0.5；μ_f、μ_s 分别为速度快时的摩擦系数和速度慢时的摩擦系数；r 为摩擦系数变化参数，一般取为20 s/m左右；d 为剪切变形量。

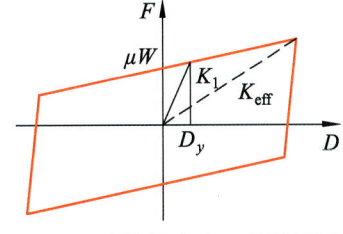

图8-5 摩擦摆支座双线性模型

8.2 公铁两用斜拉桥有限元模型建立及自振特性分析

8.2.1 公铁两用斜拉桥线性动力模型模拟

采用Midas Civil 2019建立大桥的三维结构动力分析模型（见图8-6）。全桥模型共计节点1115个，单元1072个，其中模拟斜拉索的桁架单元336个。

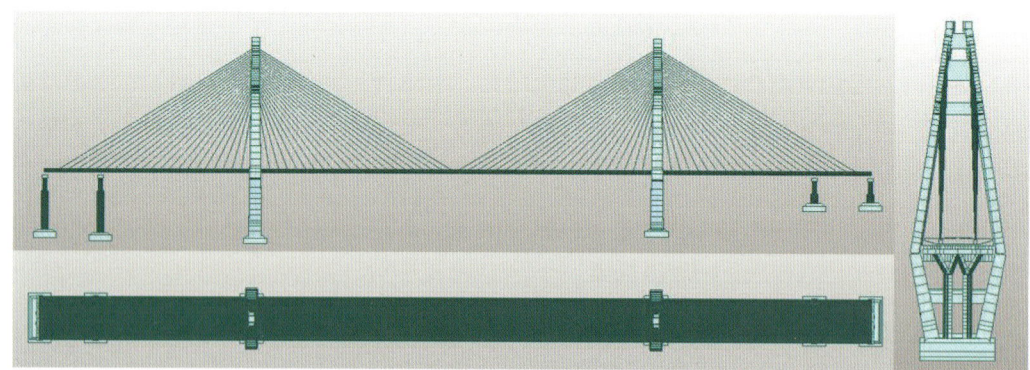

图8-6 公铁两用斜拉桥三维有限元模型

1. 斜拉桥主要构件的模拟

主梁采用单主梁的建模方式，通过截面导入功能导入全桥主梁的真实截面。

主塔和桥墩采用梁单元模拟，斜拉索则采用桁架单元模拟，通过弹性连接中的刚性连接将斜拉索、主梁、锚点进行相连，并采用等效弹性模量法考虑斜拉索的垂度效应，同时考虑恒载对几何刚度的影响。

2. 斜拉桥支承连接的模拟

在未设置减隔震装置时，公铁两用斜拉桥纵向采用塔梁固结体系，T1塔下横梁处设置有纵向固定支座，T2塔下横梁则设置有滑动支座，P1墩至P4墩的墩梁间均设置为滑动支座。T1塔、T2塔均设置有横向抗风支座以约束塔梁之间的横向位移，P1墩至P4墩均设有横向限位装置以约束墩梁横向位移。在进行桥梁结构动力特性计算时，大桥的塔-梁、墩-梁约束方式见表8-1所示。

表8-1 未设减隔震装置时塔-梁、墩-梁约束方式

位置	塔-梁、墩-梁连接方式					
	Δx	Δy	Δz	θ_x	θ_y	θ_z
P1（边墩）	0	1	1	0	0	0
P2（辅助墩）	0	1	1	0	0	0

续表

位置	塔-梁、墩-梁连接方式					
	Δx	Δy	Δz	θ_x	θ_y	θ_z
T1（主塔）	1	1	1	0	0	0
T2（主塔）	0	1	1	0	0	0
P3（辅助墩）	0	1	1	0	0	0
P4（边墩）	0	1	1	0	0	0

注：Δx、Δy、Δz 分别表示纵桥向、横桥向、竖桥向的线位移，θ_x、θ_y、θ_z 分别表示绕纵桥向、横桥向、竖桥向的转角位移，1代表约束，0代表放松。

8.2.2 公铁两用斜拉桥非线性动力模型

在进行大桥非线性动力分析时，考虑了减隔震装置的作用，大桥纵桥向分别在T1塔、T2塔处各设置8个纵向液体黏滞阻尼器进行公铁两用斜拉桥纵桥向减隔震；而横桥向则分别在各个墩上设置有2个E型钢阻尼器或者摩擦摆支座以实现大桥的横桥向减隔震。

8.3 不同减隔震装置的参数分析及减震效果研究

本节基于时程分析法对液体黏滞阻尼器、E型钢阻尼器、摩擦摆支座3种减隔震装置在不同参数下的减震效果进行比较分析。

8.3.1 地震动的输入

本桥为公铁两用大桥，研究时采用的抗震设防标准按照《铁路工程抗震设计规范》。根据大桥安评报告，本桥梁多遇地震（50年超越概率63%）的水平地震动峰值加速度 $A_{max} = 0.045g$，设计地震（50年超越概率10%）的水平地震动峰值加速度 $A_{max} = 0.132g$，罕遇地震（50年超越概率2%）的水平地震动峰值加速度 $A_{max} = 0.262g$。安评报告中对各个概率水准都提供了3条人工场地地表地震动时程，时程计算结果取3条波中的最大值。各个概率水准下的加速度时程曲线如图8-7～图8-9所示。

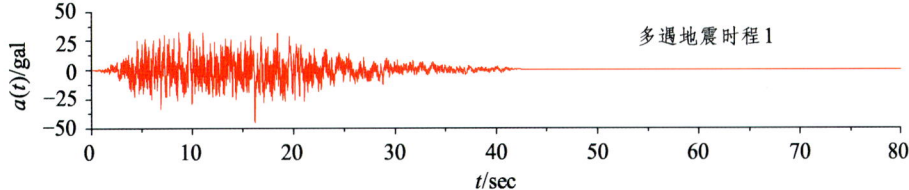

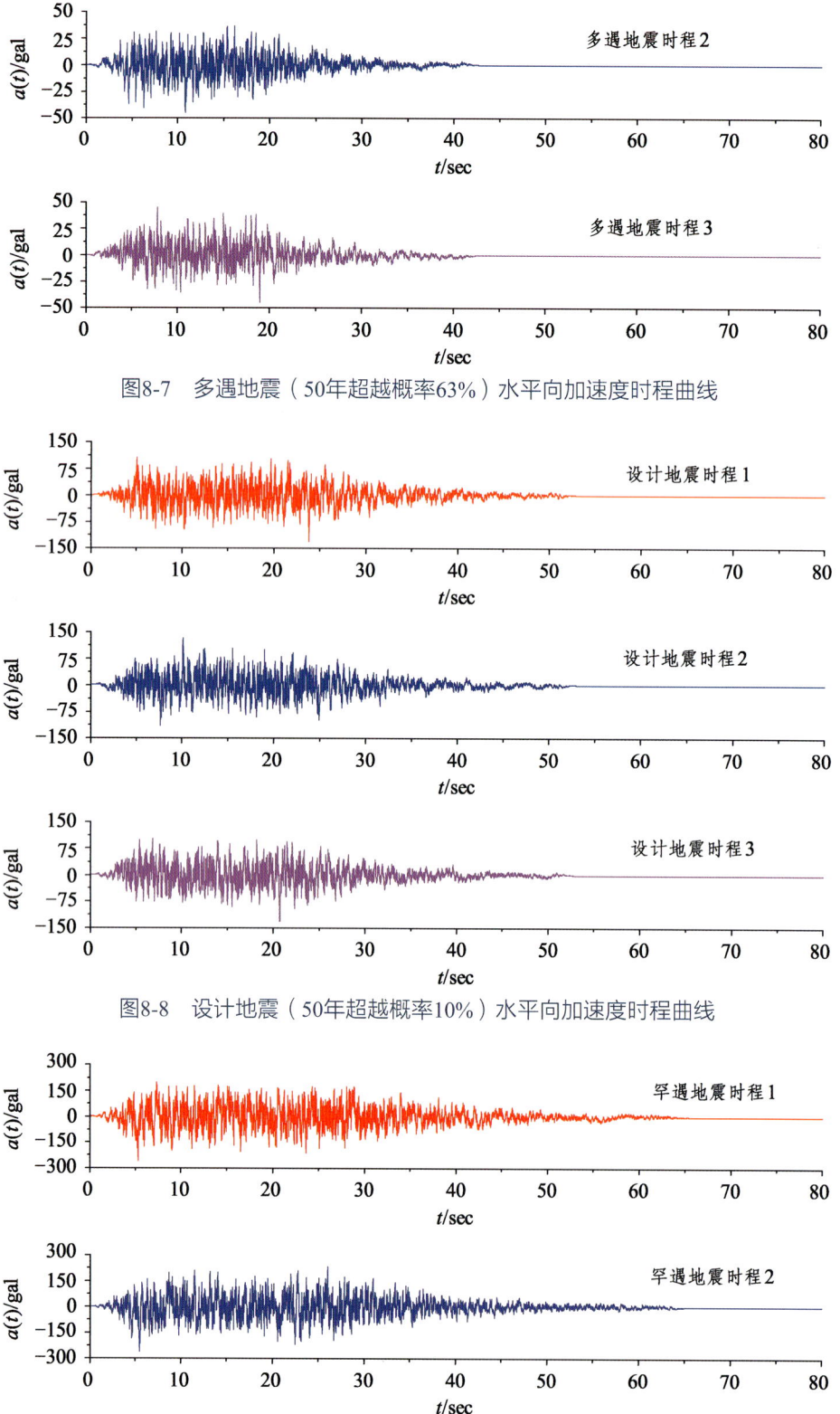

图8-7 多遇地震（50年超越概率63%）水平向加速度时程曲线

图8-8 设计地震（50年超越概率10%）水平向加速度时程曲线

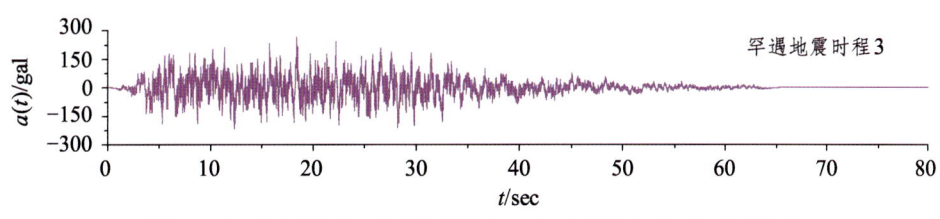

图8-9 罕遇地震（50年超越概率2%）水平向加速度时程曲线

进行非线性时程计算时，地震按一致激励输入，且地震荷载取值选为以下2种方式：纵向地震+竖向地震，横向地震+竖向地震，其中竖向取为水平向的0.65倍。

8.3.2 公铁两用斜拉桥纵桥向黏滞阻尼器参数分析

1. 黏滞阻尼器的参数选取

公铁两用斜拉桥纵桥向为纵向固定体系，在地震作用下，T1塔处的固定支座可能会承受过大的剪力而失效，导致梁端位移和塔顶位移过大，对抗震不利。在塔梁间设置纵向黏滞阻尼器可以进行有效耗能，从而实现对梁端位移、塔顶位移以及塔底内力响应的控制，有利于抗震设计。大桥共采用16个黏滞阻尼器，T1塔、T2塔处各设置8个，而黏滞阻尼器的力学性能主要与其阻尼系数C和速度指数α有关，两个参数的选取见表8-2。

表8-2 纵桥向黏滞阻尼器参数取值

α	0.2	0.3	0.4	0.6	0.8	1
C /[kN/(m/s)$^\alpha$]	2000	2000	2000	2000	2000	2000
	3000	3000	3000	3000	3000	3000
	4000	4000	4000	4000	4000	4000
	5000	5000	5000	5000	5000	5000
	7000	7000	7000	7000	7000	7000
	10000	10000	10000	10000	10000	10000

2. 黏滞阻尼器不同参数下的位移减震规律

根据表8-2中的参数选取对大桥进行了试算，在设计地震作用下，大桥无阻尼器时T1塔处固定支座承受了34885 kN的剪力，远大于支座所能承受的最大剪力4000 kN；而在设置了黏滞阻尼器后，各个阻尼器参数下固定支座承受的剪力也均在20000 kN以上。因此，计算选取的无阻尼器和有阻尼器状态下大桥纵桥向均为纵向放开体系。

为节省篇幅，仅列出塔顶最大纵向位移减震率随着速度指数、阻尼系数的减震规律，如图8-10和图8-11所示；梁端最大纵向位移减震率随着速度指数、阻尼系数的减震规律如图8-12和图8-13所示，其中减震率定义为：

$$减震率 = \left(1 - \frac{加减隔震装置时的响应}{未加减隔震装置时的响应}\right) \times 100\% \qquad (8-3)$$

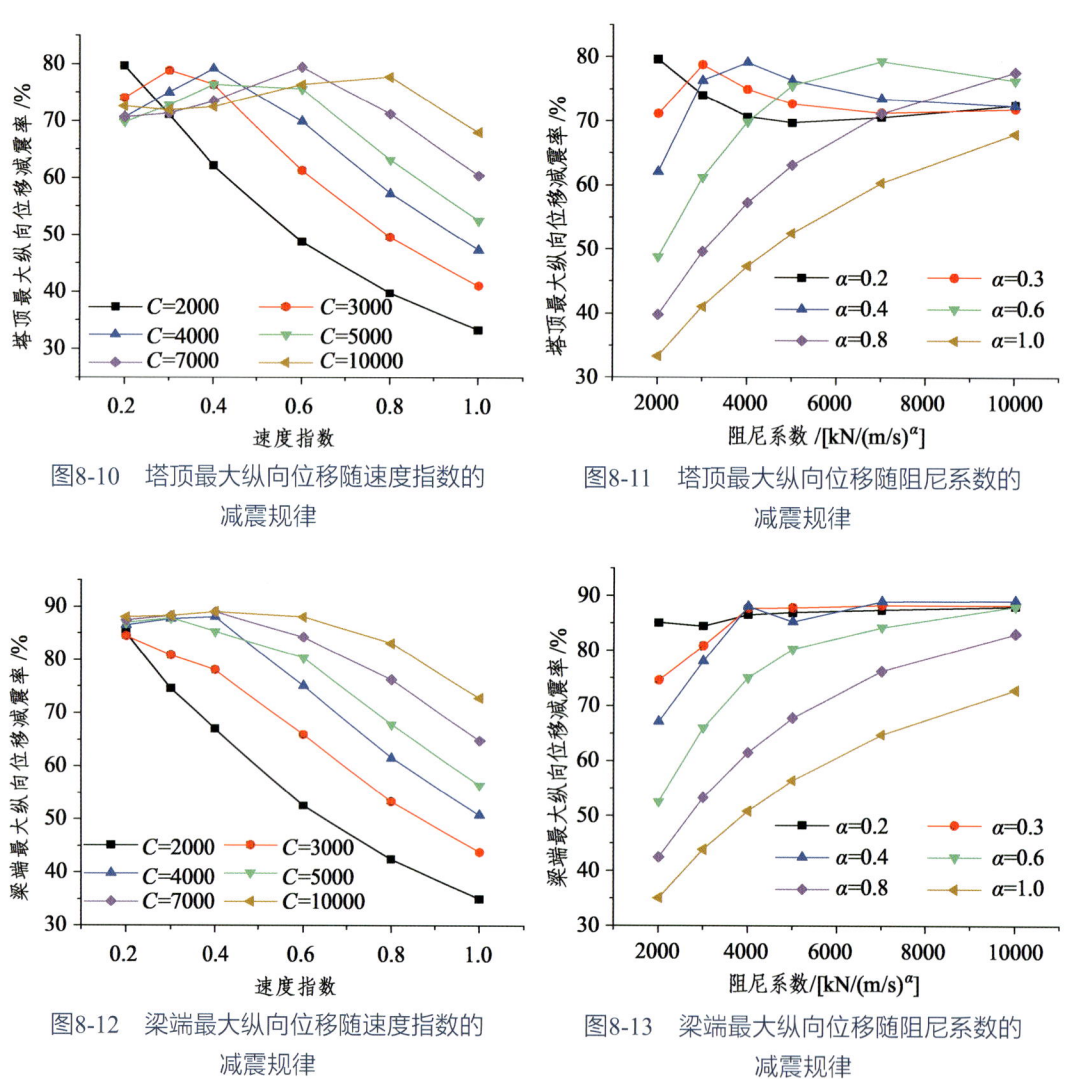

图8-10 塔顶最大纵向位移随速度指数的减震规律

图8-11 塔顶最大纵向位移随阻尼系数的减震规律

图8-12 梁端最大纵向位移随速度指数的减震规律

图8-13 梁端最大纵向位移随阻尼系数的减震规律

由图8-10、图8-11可知，塔顶最大纵向位移随着参数的变化规律如下：

（1）除了$C = 2000$ kN/（m/s）这组以外，其余各组的塔顶最大纵向位移都是随着速度指数α的增大而呈现先小幅减小而后增大的规律，与之对应的塔顶最大纵向位移减震率则表现出先小幅提高而后降低的规律。随着阻尼系数C的不断增大，塔顶最大纵向位移的极小值点、减震率极大值点不断后移，说明取到较大的阻尼系数C时，需要选取较大的速度指数α，才能得到良好的塔顶最大纵向位移减震率。

（2）当$C = 2000$ kN/（m/s）时，随速度指数α的不断增大，塔顶最大纵向位移不断增加，塔顶最大纵向位移减震率不断降低，此时塔顶纵向位移减震率极大值点很有可能在速度指数α取为$0\sim0.2$时出现。

（3）当$\alpha<0.8$时，塔顶最大纵向位移都随着阻尼系数C的增大呈现先减小后增大的趋势，对应的减震率则是先提高后降低；当$\alpha\geqslant0.8$时，塔顶最大纵向位移随着阻尼系数C的增大不断减小，对应的减震率不断提高。但太大的阻尼系数C意味着更高昂的成本，因此研究中仅考虑了$C\leqslant10000$ kN/（m/s）时的变化规律。

（4）当$C = 2000$ kN/（m/s），$\alpha=0.2$时，塔顶最大纵向位移减小幅度最大，由无阻尼时的72.79 cm减小至14.82 cm，减震率达79.64%。但总体而言，如果以塔顶最大纵向位移为设计的控制目标，那么选取的阻尼系数C应当与速度指数α相匹配，当阻尼系数C较大时，速度指数α也应选大值，以达到良好的效果。

由图8-12、图8-13可知，梁端最大纵向位移随着参数的变化规律如下：

（1）当$C \leqslant 3000$ kN/（m/s）时，随着速度指数α的不断增大，梁端最大纵向位移不断增大，减震率不断降低；当$C > 3000$ kN/（m/s）时，梁端最大纵向位移随着速度指数α的增大而先小幅减小而后增大，减震率则先小幅提高而后降低。

（2）随着阻尼系数C的不断增大，梁端最大纵向位移不断减小，减震率不断提高。

（3）当$C = 10000$ kN/（m/s），$\alpha=0.4$时，梁端最大纵向位移减小幅度最大，从无阻尼器时的63.39 cm减小至6.92 cm，减震率接近90%，位移减震效果显著。总体而言，若设计中以梁端最大纵向位移为控制目标，选取阻尼系数C较大、速度指数α较小的阻尼器可以取得良好的效果。

结合塔顶最大纵向位移和梁端最大纵向位移的变化规律综合来看，两者随着阻尼系数C和速度指数α的变化规律基本一致：塔顶最大纵向位移和梁端最大纵向位移都随着黏滞阻尼器阻尼力的增大而减小。

3. 黏滞阻尼器不同参数下的内力减震规律

黏滞阻尼器内力减震规律的研究，其参数选择依然按照表8-2进行选取，时程输入依然选取设计地震（50年超越概率10%）的3条时程。图8-14~图8-17给出了塔底最大弯矩减震率和塔底最大剪力减震率随着阻尼器参数改变的变化规律，图8-18和图8-19给出了最大阻尼力随着参数改变的变化规律。

由图8-14、图8-15可知，塔底最大弯矩随参数改变的变化规律为：

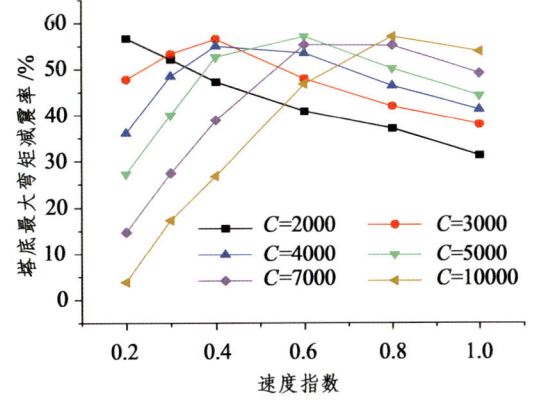

图8-14 塔底最大弯矩随速度指数的减震规律

（1）除了 $C = 2000$ kN/（m/s）以外，其余各组的塔底最大弯矩均随着速度指数 α 的增大而先减小后增大，减震率先提高后降低，且随着阻尼系数 C 的增大，各组的减震率极大值点不断后移。

（2）当 $C = 2000$ kN/（m/s）时，随着速度指数 α 的不断增大，塔底最大弯矩不断增加，塔底最大弯矩减震率不断降低，塔底最大弯矩减震率极大值点有可能在速度指数 α 取 $0 \sim 0.2$ 时出现。

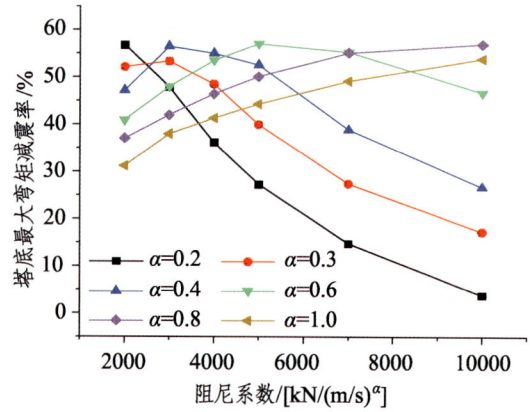

图8-15 塔底最大弯矩随阻尼系数的减震规律

（3）除了 $\alpha = 0.2$ 这组以外，其余各组的塔底最大弯矩都是随着阻尼系数 C 的增大呈现先小幅减小而后增大的规律，对应的减震率则是先小幅提高而后降低。

（4）当 $\alpha = 0.2$ 时，随着阻尼系数 C 的不断增大，塔底最大弯矩不断增加，塔底最大弯矩减震率不断降低，塔底最大弯矩减震率极大值点有可能在阻尼系数 C 取 $0 \sim 2000$ kN/（m/s）时出现。

（5）当 $C = 5000$ kN/（m/s），$\alpha = 0.6$ 时，塔底最大弯矩从未设黏滞阻尼器状态下的 25.88×10 kN·m 减小到了 11.12×10 kN·m，减震率达到57%，减震效果显著。若设计中以塔底弯矩为控制目标，那么可以遵循一个简单的规律：当阻尼系数 C 选取得较大时，也必须有着较大的速度指数 α 与之对应，才能获得相对较好的减震效果。

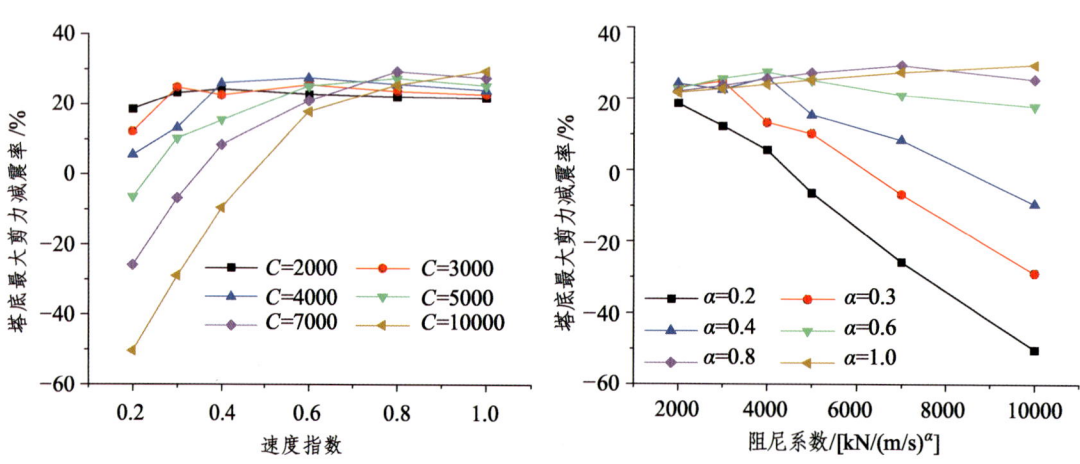

图8-16 塔底最大剪力随速度指数的减震规律　　图8-17 塔底最大剪力随阻尼系数的减震规律

由图8-16、图8-17可知，塔底最大剪力的变化规律为：

（1）随着速度指数 α 的增大，塔底最大剪力逐渐减小后保持稳定，减震率逐渐增大后保持稳定。

（2）当 $\alpha \leq 0.6$ 时，随着阻尼系数 C 的增大，塔底最大剪力有明显的不断增大的趋势，塔底最大剪力减震率有不断降低的趋势；而当α > 0.6时，塔底最大剪力基本保持稳定。

（3）当C = 10000 kN/（m/s），α = 1时，塔底最大剪力减震率达29%。但由图8-16和图8-17可知，塔底最大剪力的减震率总体较小，甚至出现塔底剪力响应随着阻尼系数增加而放大的情况。可以发现，以塔底剪力为目标进行参数选取时，应选用阻尼系数C较小、速度指数α较大的阻尼器。

从表8-3和图8-18、图8-19可知，最大阻尼力的变化规律比较清晰：最大阻尼力随着速度指数α的增大而不断减小，随着阻尼系数C的增大而不断增大。实际上，由式（8-1）可以清楚地看到黏滞阻尼器的阻尼力与其速度指数α和阻尼系数C的关系，由于阻尼器的相对速度一般小于1 m/s，所以其阻尼力会随着速度指数α的减小而增大，随着阻尼系数C的增大而增大，表明模型的非线性时程分析结果与理论相吻合，一定程度上验证了模型建立的准确性。

表8-3 不同参数下黏滞阻尼器的最大阻尼力 单位：kN

α	C					
	2000	3000	4000	5000	7000	10000
0.2	1388	2060	2695	3285	4297	5275
0.3	1176	1712	2235	2719	3552	4474
0.4	999	1433	1866	2269	2974	3787
0.6	801	1029	1320	1611	2129	2760
0.8	689	873	995	1142	1540	2042
1.0	592	769	895	989	1118	1497

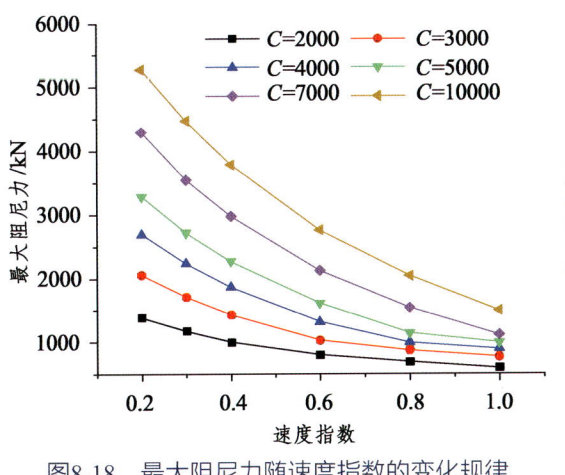

图8-18 最大阻尼力随速度指数的变化规律

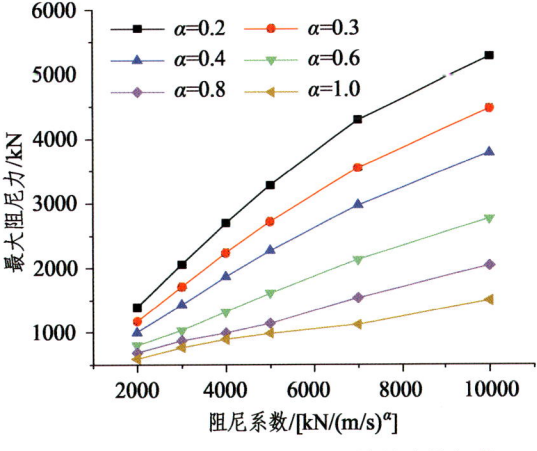

图8-19 最大阻尼力随阻尼系数的变化规律

8.3.3 公铁两用斜拉桥横桥向摩擦摆支座参数分析

1. 摩擦摆支座的参数选取

摩擦摆支座的参数选取参照规范《公路桥梁摩擦摆式减隔震支座》进行。

支座初始刚度K_1为：

$$K_1 = \mu W / D_y \tag{8-4}$$

支座屈服刚度K_2为：

$$K_2 = W / R \tag{8-5}$$

支座等效刚度K_{eff}为：

$$K_{\text{eff}} = \frac{\mu W + K_2 D}{D} = \frac{\mu W}{D} + \frac{W}{R} \tag{8-6}$$

支座自振周期T为：

$$T = 2\pi \sqrt{R/g} \tag{8-7}$$

式中：W为支座承受的竖向荷载；μ为摩擦系数；D_y为支座屈服位移；D为支座水平位移；R为支座曲率半径。

由式（8-4）~式（8-7）可得，摩擦摆支座的力学性能主要与其摩擦系数μ、曲率半径R有关。桥梁工程中μ一般取0.01~0.10，R选取原则为使支座自振周期为大桥一阶周期的1.5~2倍。与E型钢阻尼器的布置方式相同，大桥在全部4个墩处均设置了2个摩擦摆单向支座，共计8个，进行大桥横桥向的减隔震。根据上述参数选取原则，摩擦摆支座参数μ、R的选取见表8-4。

表8-4 横桥向摩擦摆支座参数取值

μ	0.02	0.03	0.04	0.06	0.08	0.10
R/m	4	4	4	4	4	4
	5	5	5	5	5	5
	7	7	7	7	7	7
	9	9	9	9	9	9
	10	10	10	10	10	10
	12	12	12	12	12	12

2. 摩擦摆支座不同参数下的墩梁相对位移变化规律

根据表8-4中的参数对大桥进行横桥向非线性时程分析，为节省篇幅且便于与横桥向采用E型钢阻尼器的方案进行比较，本节也仅列出P1边墩的墩梁相对位移随曲率半径和摩擦系数的变化规律，如图8-20和图8-21所示。

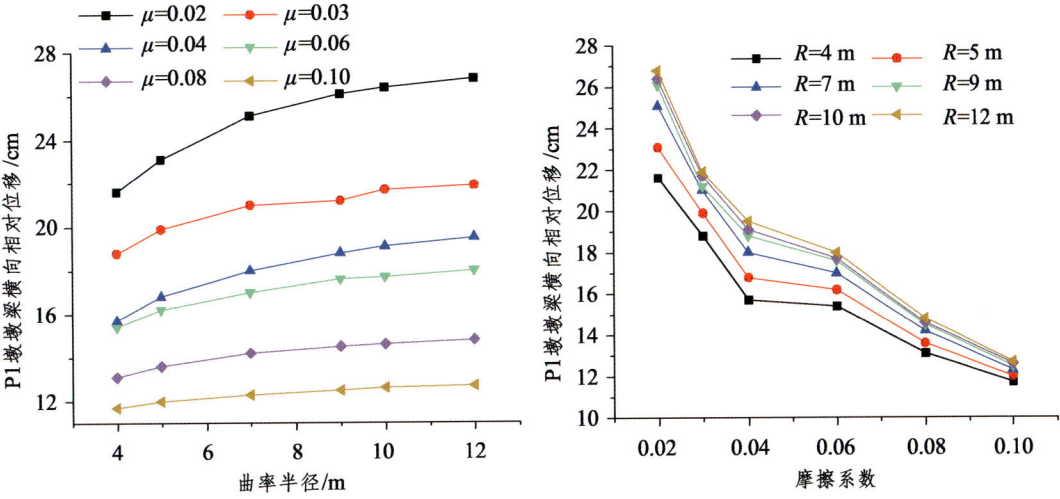

图8-20　P1墩墩梁横向相对位移随曲率半径的变化规律

图8-21　P1墩墩梁横向相对位移随摩擦系数的变化规律

从图8-20、图8-21可以看出，P1墩的墩梁横向相对位移随参数改变的变化规律为：

（1）P1墩的墩梁横向相对位移随着曲率半径的增大而增大，且随着摩擦系数的增大，墩梁相对位移随曲率半径的变化幅度减小，曲线逐渐趋于水平。

（2）P1墩的墩梁横向相对位移随着摩擦系数的增大而减小，相对于曲率半径而言，墩梁相对位移对摩擦系数的变化更为敏感，表现为曲线的斜率更大。因此，针对本桥梁而言，摩擦系数控制着桥墩的墩梁横向相对位移。

3. 摩擦摆支座不同参数下内力减震规律

根据表8-4中的参数，P1墩非线性时程的最大弯矩减震率随曲率半径和摩擦系数的变化规律见图8-22、图8-23。

从图8-22、图8-23可以看出，P1墩墩底最大弯矩随着摩擦摆支座参数改变的变化规律为：

（1）当摩擦系数较小时（$\mu \leq 0.03$），P1墩墩底最大弯矩对曲率半径的变化较为敏感，且随着曲率半径的增大，弯矩减震率不断降低；而当摩擦系数较大时（$\mu > 0.03$），P1墩墩底最大弯矩对曲率半径的变

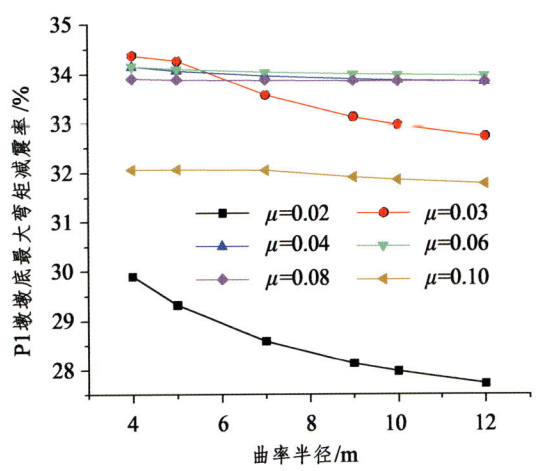

图8-22　P1墩墩底最大弯矩减震率随曲率半径的变化规律

化不敏感，随着曲率半径的变化，弯矩减震率基本保持不变。

（2）大桥P1墩墩底最大弯矩减震率随着摩擦系数的增大而先增大后减小，当$R=4$ m、$\mu=0.03$时，此时墩底弯矩减震率最大，由未加摩擦摆支座时的38.78×10 kN·m减小为27.19×10 kN·m，最大减震率达到35%。

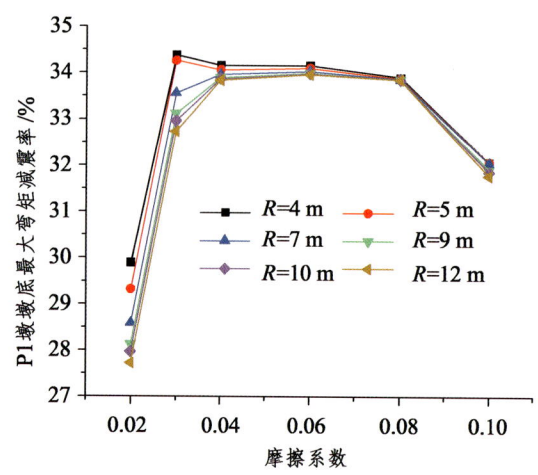

图8-23 P1墩墩底最大弯矩减震率随摩擦系数的变化规律

（3）综合而言，当摩擦系数较小时，摩擦系数和曲率半径都控制着P1墩墩底弯矩的大小；当摩擦系数较大时，仅由摩擦系数控制P1墩墩底弯矩的大小，曲率半径基本对墩底弯矩没有影响。

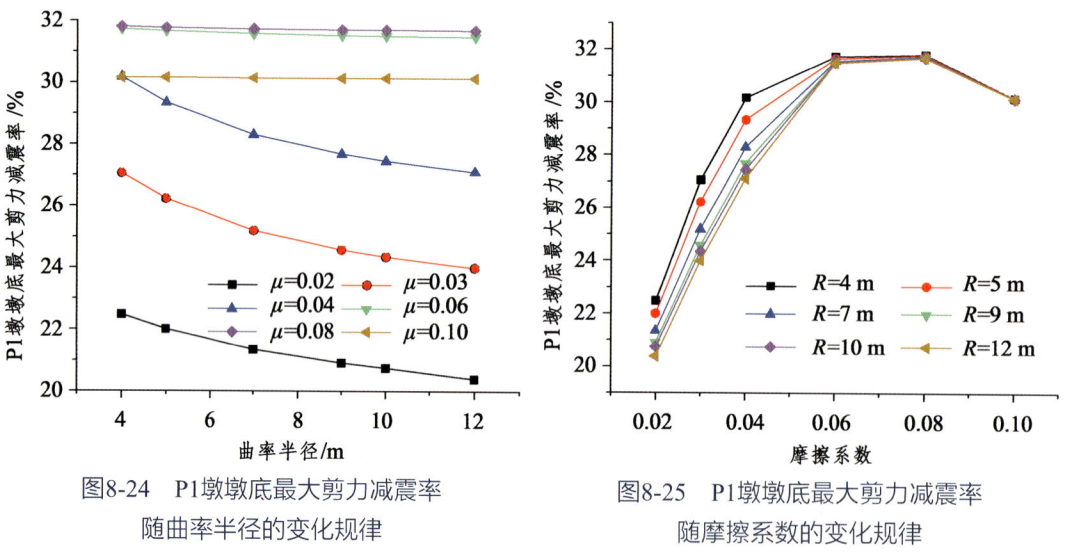

图8-24 P1墩墩底最大剪力减震率随曲率半径的变化规律

图8-25 P1墩墩底最大剪力减震率随摩擦系数的变化规律

由图8-24、图8-25可以看出，P1墩墩底最大剪力减震率随着摩擦摆支座参数改变的变化规律为：

（1）当摩擦系数较小时（$\mu\leqslant 0.04$），P1墩墩底最大剪力减震率随着曲率半径的增大而不断降低；当摩擦系数较大时（$\mu>0.04$），曲率半径基本对墩底剪力没有影响，P1墩墩底最大剪力减震率曲线保持水平。

（2）大桥P1墩墩底最大剪力减震率随着摩擦系数的增大而先增大后减小，当$R=4$ m、$\mu=0.06$时，墩底剪力相较于无摩擦摆支座时减震率最大，由11.23×10 kN减小为7.66×10 kN，减震率达到了32%。

（3）总体而言，在摩擦摆支座摩擦系数较小时，摩擦系数和曲率半径共同控制着P1墩墩底剪力的大小；而在摩擦系数较大时，仅由摩擦系数控制着墩底剪力，曲率半径对其影响较小。

8.4 基于模糊逻辑控制理论的减隔震装置参数优化

8.3节分析了不同减隔震装置的非线性时程响应随着参数改变的变化规律。本章在其基础上，研究不同减隔震装置的参数优化方法。一般而言，减隔震装置采用不同参数时的减震效果并不会同时在位移、内力响应中都取得最优值，两者甚至呈负相关。这就需要通过一种合理的评价方法，对不同减隔震装置的参数进行优化和评价。本章采用模糊逻辑控制理论，对纵桥向黏滞阻尼器、横桥向E型钢阻尼器、横桥向摩擦摆支座进行参数优化，并通过改进加权模糊逻辑的参数优化结果验证模糊逻辑控制理论的准确性，为同类工程减隔震装置参数的优化评价提供参考。

8.4.1 模糊逻辑控制理论概述

美国加州大学的Zadeh教授于1965年创立了模糊集合理论，模糊逻辑控制理论便是在此基础上发展起来的。模糊逻辑是一种连续逻辑，摒弃了二值逻辑简单的肯定或者否定，允许一个命题亦此亦彼，具有更加普遍的实际意义。

模糊逻辑系统由输入量模糊化、数据库、规则库、推理机和输出量反模糊化5个模块组成，其中规则库和数据库同属于知识库中，如图8-26所示。其中，输入量模糊化接口的作用是将确定的输入变量数值模糊化为语言变量；知识库是基于经验、学习方法、实际控制过程等确定系统所需的隶属度函数和模糊控制规则，由数据库和规则库构成，数据库包含了模糊逻辑控制系统输入变量和输出变量所有数据以及模糊子集，规则库则包含了推理系统中的全部IF-THEN模糊推理规则；推理机是模糊逻辑系统的核心，主要功能是对规则库中的模糊规则进行运算，具有对模糊概念进行推理的能力；去模糊化接口的本质是将通过模糊逻辑系统输出的模糊结果基于某种算法转换成具体的数值，常用的去模糊化方法有最大隶属度法、重心法、加权平均法等，而本节采用的重心法是所有去模糊化方法中最为可靠的方法。

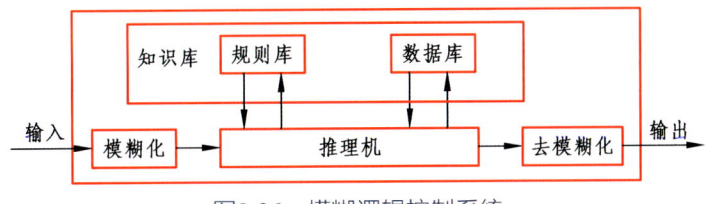

图8-26 模糊逻辑控制系统

8.4.2 模糊逻辑控制理论的实现

本节建立的模糊逻辑控制系统，其输入变量和输出变量都是具体的数值，而非模糊集合，下面对建立减隔震装置参数评价模型的步骤进行简要介绍。

1. 语言变量的确定

模糊变量是进行模糊逻辑运算的基础，而模糊变量又是由语言变量进行表达的，所以首先应当确定语言变量用以描述模糊逻辑系统的输入与输出。

研究选用的输入变量有位移减震率、弯矩减震率和剪力减震率，通过模糊化之后，会以语言变量表示。这里将每个输入变量都分为3个等级，用"-1""0""1"表示，"-1"代表减震率小，"0"代表减震率适中，"1"代表减震率大。输出变量定义为综合减震指标，在整个系统进行反模糊化之前，以其语言值进行模糊运算。输出变量的语言值定义为3个输入变量语言值的叠加。

2. 隶属度函数的选择

模糊逻辑理论发展至今，对于输入语言变量和输出语言变量的隶属度函数选择，目前并没有一套公认的方法。一般而言，隶属度函数的选择应当遵循3个规则：① 输入、输出模糊集合中的每一个变量都必须至少从属于1个隶属度函数的区域内且不能多于2个隶属度函数；② 每个输入变量不能同时在2个隶属度函数中取得最大值；③ 在2个隶属度函数重叠的区域内，所有输入变量都有其最大的隶属度值，且随着输入变量的改变，最大隶属度值不会交叉。

基于以上原则，对于3个输入变量：位移减震率、弯矩减震率、剪力减震率，其语言变量隶属度函数选择为高斯隶属度函数，通用表达式见式（8-8），各个减隔震装置输入变量隶属度函数中参数的选取见表8-5、表8-6。

$$\mu(\varphi) = e^{\frac{-(\varphi-c)^2}{2\sigma^2}} \quad (8-8)$$

式中：$\mu(\varphi)$为输入变量的隶属度；φ为输入变量具体的减震率数值；c为隶属度函数的中心点，上述参数由各输入变量减震率所涵盖的范围所决定；σ为决定高斯函数形状的参数，输入变量减震率涵盖的范围越广，σ越大，曲线越平滑。

表8-5 纵向黏滞阻尼器输入变量隶属度函数参数取值

输入变量类别	语言变量	c	σ
位移减震率	-1	35	9.3
	0	62.5	9.3
	1	90	9.3

续表

输入变量类别	语言变量	c	σ
弯矩减震率	−1	0	10.2
	0	30	10.2
	1	60	10.2
剪力减震率	−1	−50.5	13.7
	0	−10.25	13.7
	1	30	13.7

表8-6　横向摩擦摆支座输入变量隶属度函数参数取值

输入变量类别	语言变量	c	σ
位移减震率	−1	56	3.9
	0	67.5	3.9
	1	79	3.9
弯矩减震率	−1	19	1.4
	0	23	1.4
	1	27	1.4
剪力减震率	−1	15	1.1
	0	18.25	1.1
	1	21.5	1.1

通过输入3个输入变量的具体减震率，即可得到输入变量中各个语言变量的隶属度值。而输出变量的隶属度值是通过各个输入变量的隶属度值直接得到的，其中采取的方法为"最小隶属度法"。例如，当位移减震率隶属于"1"的隶属度为0.5、弯矩减震率隶属于"1"的隶属度为0.4、剪力减震率隶属于"1"的隶属度为0.3时，那么此时唯一的输出变量综合减震指标隶属于"3"的隶属度为3个输入变量隶属度的最小值，也即为0.3。

通过最小隶属度法得到了输出变量的隶属度值后，此时就需要基于输出变量隶属度函数反算出综合减震指标。为了使输出的结果有较为明显的区别，便于对减隔震装置的减震效果进行评价，输出变量的隶属度函数选择为三角形隶属度函数。

首先输入3个输入变量具体的减震率值，通过式（8-8）计算出输入变量的隶属度值，再由输入变量的隶属度值基于"最小隶属度法"得到输出变量的隶属度值，并通过输出变量的隶属度函数反算出对应其隶属度的横坐标，最终基于去模糊化方法得到输出结果，即综合减震指标。

3. 模糊规则的建立

模糊规则的建立是模糊逻辑系统的核心，考虑到本章为多输入、单输出的形式，更为符合Mamdani模糊逻辑规则。

由前述可知，共3个输入变量，且每个输入变量的语言变量有"–1""0""1"3种，所以共有$3\times3\times3=27$种组合形式，输出语言变量采用输入语言变量叠加后的结果。

4. 去模糊化方法的确定

去模糊化就是将模糊逻辑系统运算后的模糊结果转化为具体数值的过程。本节采用重心法去模糊化，其数学表达式如下：

$$e^* = \int_e \mu(e)ede / \int_e \mu(e)de \quad (8\text{-}9)$$

式中：μ为隶属度函数；E为论域；$\int_e$表示输出模糊子集内的全部元素的隶属度值在论域E内的代数积分。该式表示：总有一个去模糊化结果e^*，使得左右2个积分数值相等。由于该方法涉及模糊子集中的所有元素，所以其值较其他方法更精确。

8.4.3 基于模糊逻辑的纵桥向黏滞阻尼器参数优化

纵桥向黏滞阻尼器参数优化时，由于塔顶最大纵向位移和梁端最大纵向位移关系较为密切且变化规律相似，因此仅考虑梁端纵向位移、塔底最大弯矩、塔底最大剪力这3个因素，基于模糊逻辑对黏滞阻尼器的参数进行优化。

1. 输入变量和输出变量的模拟

大桥纵桥向基于黏滞阻尼器的非线性时程响应结果见表8-7～表8-9。为了方便对数据进行处理，将各个响应表示为减震率的形式，如式（8-10）～式（8-12）所示，这样可以使得各个响应的数据基本在同一个数量级内，方便变量的输入。

$$\varphi_1 = \frac{D_0 - D}{D_0} \times 100\% \quad (8\text{-}10)$$

$$\varphi_2 = \frac{M_0 - M}{M_0} \times 100\% \quad (8\text{-}11)$$

$$\varphi_3 = \frac{Q_0 - Q}{Q_0} \times 100\% \quad (8\text{-}12)$$

式中：φ_1、φ_2、φ_3表示梁端最大纵向位移减震率、塔底最大弯矩减震率、塔底最大剪力减震率；D_0、M_0、Q_0表示无阻尼器时的梁端最大纵向位移、塔底最大弯矩、塔底最大剪力；D、M、Q表示大桥设黏滞阻尼器后的梁端最大纵向位移、塔底最大弯矩、塔底最大剪力。

表8-7　黏滞阻尼器不同参数下的梁端最大纵向位移　　　　　单位：cm

α	C						无阻尼器
	2000	3000	4000	5000	7000	10000	
0.2	9.45	9.83	8.52	8.27	7.95	7.58	63.39
0.3	16.09	12.12	7.77	7.71	7.45	7.40	
0.4	20.89	13.87	7.55	9.32	6.98	6.92	
0.6	30.07	21.58	15.81	12.48	9.97	7.58	
0.8	36.48	29.60	24.38	20.41	15.04	10.71	
1.0	41.17	35.60	31.19	27.63	22.33	17.22	

表8-8　黏滞阻尼器不同参数下的塔底最大弯矩　　　　　单位：10^5 kN·m

α	C						无阻尼器
	2000	3000	4000	5000	7000	10000	
0.2	11.21	13.50	16.53	18.82	22.07	24.89	25.88
0.3	12.39	12.08	13.32	15.53	18.77	21.39	
0.4	13.66	11.25	11.63	12.26	15.80	18.94	
0.6	15.30	13.46	12.03	11.12	11.57	13.77	
0.8	16.29	15.00	13.86	12.91	11.60	11.12	
1.0	17.79	16.04	15.19	14.42	13.16	11.93	

表8-9　黏滞阻尼器不同参数下的塔底最大剪力　　　　　单位：10^3 kN

α	C						无阻尼器
	2000	3000	4000	5000	7000	10000	
0.2	20.83	22.47	24.18	27.27	32.24	38.51	25.62
0.3	19.65	19.22	22.19	23.00	27.34	33.02	
0.4	19.38	19.81	18.92	21.65	23.45	28.04	
0.6	19.77	19.03	18.55	19.16	20.22	21.02	
0.8	19.94	19.50	19.02	18.59	18.06	19.06	
1.0	20.03	19.77	19.44	19.11	18.54	18.03	

将表8-7~表8-9中的数据转化为减震率的形式,如表8-10~表8-12所示。

表8-10　黏滞阻尼器不同参数下的梁端最大纵向位移减震率φ_1　　　单位:%

α	C					
	2000	3000	4000	5000	7000	10000
0.2	85.09	84.49	86.56	86.95	87.46	88.04
0.3	74.62	80.88	87.74	87.84	88.25	88.33
0.4	67.05	78.12	88.09	85.30	88.99	89.08
0.6	52.56	65.96	75.06	80.31	84.27	88.04
0.8	42.45	53.30	61.54	67.80	76.27	83.10
1.0	35.05	43.84	50.80	56.41	64.77	72.83

表8-11　黏滞阻尼器不同参数下的塔底最大弯矩减震率φ_2　　　单位:%

α	C					
	2000	3000	4000	5000	7000	10000
0.2	56.68	47.84	36.13	27.28	14.72	3.83
0.3	52.13	53.32	48.53	39.99	27.47	17.35
0.4	47.22	56.53	55.06	52.63	38.95	26.82
0.6	40.88	47.99	53.52	57.03	55.29	46.79
0.8	37.06	42.04	46.45	50.12	55.18	57.03
1.0	31.26	38.02	41.31	44.28	49.15	53.90

表8-12　黏滞阻尼器不同参数下的塔底最大剪力减震率φ_3　　　单位:%

α	C					
	2000	3000	4000	5000	7000	10000
0.2	18.70	12.30	5.62	−6.44	−25.84	−50.31
0.3	23.30	24.98	13.39	10.23	−6.71	−28.88
0.4	24.36	22.68	26.15	15.50	8.47	−9.45
0.6	22.83	25.72	27.60	25.21	21.08	17.95
0.8	22.17	23.89	25.76	27.44	29.51	25.60
1.0	21.82	22.83	24.12	25.41	27.63	29.63

将φ_1、φ_2、φ_3作为模糊逻辑控制系统的精确输入变量,并选取高斯函数作为3个输入变量的隶属度函数,高斯函数中的参数选取见表8-5。

2. 模糊规则库的建立

对于模糊规则库的建立,8.4.2节已有相关表述,但为了看起来更直观,现将黏滞阻尼器参数优化的全部27条模糊规则列出,如图8-13所示。

表8-13 模糊规则库的建立

φ_1	φ_2	φ_3	λ	φ_1	φ_2	φ_3	λ
−1	−1	−1	−3	0	0	1	1
−1	−1	0	−2	0	1	−1	0
−1	−1	1	−1	0	1	0	1
−1	0	−1	−2	0	1	1	2
−1	0	0	−1	1	−1	−1	−1
−1	0	1	0	1	−1	0	0
−1	1	−1	−1	1	−1	1	1
−1	1	0	0	1	0	−1	0
−1	1	1	1	1	0	0	1
0	−1	−1	−2	1	0	1	2
0	−1	0	−1	1	1	−1	1
0	−1	1	0	1	1	0	2
0	0	−1	−1	1	1	1	3
0	0	0	0				

3. 模糊逻辑计算结果

当输入变量、输出变量及其隶属函数以及模糊逻辑库建立完成后,通过输入位移减震率φ_1、弯矩减震率φ_2和剪力减震率φ_3这3个指标的确切数值,就可以得到一个唯一的综合减震指标数值,其值越接近1,表明减震效果越好。同时,可以通过曲面观察器观察任意2个输入变量与输出变量之间的关系,图8-27给出了在不考虑剪力减震率的情况下,位移减震率φ_1、弯矩减震率φ_2和综合减震指标λ的关系。从图中可以看出,λ与φ_1、φ_2呈现明显的正相关性,符合模糊逻辑的要求,而其他输入变量与综合减震指标λ的关系也基本如此,此处就不再列出。

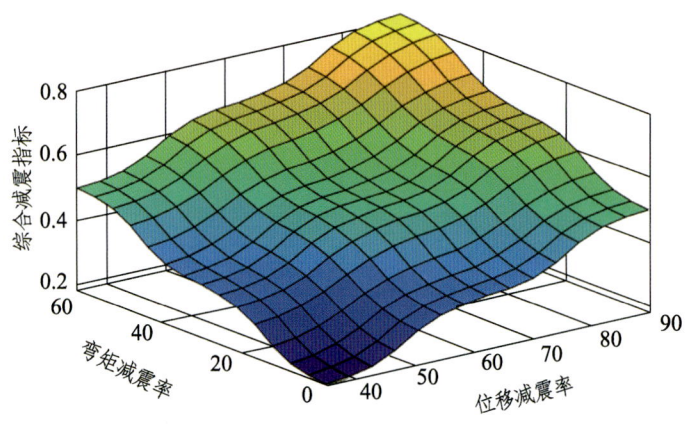

图8-27 综合减震指标与弯矩、位移减震率关系

阻尼系数$C = 4000$ kN/(m/s),此时梁端纵向位移减震率为88.09%,塔底最大弯矩减震率为55.06%,塔底最大剪力减震率为26.15%,综合减震指标λ为0.896。因此,大桥纵桥向阻尼器参数选用为:$\alpha = 0.4$,$C = 4000$ kN/(m/s)。

8.4.4 基于模糊逻辑的横桥向摩擦摆支座参数优化

横桥向摩擦摆支座的参数优化思路与E型钢阻尼器大体相同,也是综合考虑了大桥全部4个墩各项响应的分析方式。

1. 输入变量和输出变量的模拟

计算表明,大桥全部4个墩的墩底最大剪力分布较为均匀,但P1边墩和P2辅助墩的墩梁相对位移、墩底最大弯矩都远大于P3辅助墩和P4边墩。因此,以P1边墩和P2辅助墩的各项响应为依据,对摩擦摆支座参数进行优化。这样可以在4个墩的墩底剪力均匀分布的基础上,使得P1边墩和P2辅助墩的墩底最大弯矩和剪力得到最大程度的减小,进一步平衡4个墩的受力。P1边墩和P2辅助墩非线性时程响应见表8-14~表8-19。

表8-14 P1边墩不同参数下的墩梁相对位移   单位:cm

R	μ						横向固定
	0.02	0.03	0.04	0.06	0.08	0.10	
4 m	21.6	18.8	15.7	15.4	13.1	11.7	0
5 m	23.1	19.9	16.8	16.2	13.6	12.0	
7 m	25.1	21.0	18.0	17.0	14.2	12.3	
9 m	26.1	21.2	18.8	17.6	14.5	12.5	
10 m	26.4	21.7	19.1	17.7	14.6	12.6	
12 m	26.8	21.9	19.5	18.0	14.8	12.7	

表8-15 P2辅助墩不同参数下的墩梁相对位移　　　　　　　　　　单位：cm

R	μ						横向固定
	0.02	0.03	0.04	0.06	0.08	0.10	
4 m	17.6	14.2	12.4	10.3	10.2	9.8	0
5 m	17.1	14.3	12.5	10.4	10.2	9.8	
7 m	16.5	14.2	12.6	10.4	10.3	10	
9 m	15.9	14.1	12.7	10.4	10.3	10	
10 m	15.8	14.0	12.6	10.3	10.3	10	
12 m	16.4	13.9	12.5	10.3	10.4	10	

表8-16 P1边墩不同参数下的墩底最大弯矩　　　　　　　　　　单位：10^4 kN·m

R	μ						横向固定
	0.02	0.03	0.04	0.06	0.08	0.10	
4 m	27.19	25.45	25.54	25.54	25.64	26.35	38.78
5 m	27.41	25.50	25.57	25.56	25.64	26.34	
7 m	27.70	25.77	25.61	25.58	25.65	26.35	
9 m	27.87	25.94	25.64	25.60	25.65	26.41	
10 m	27.94	26.00	25.65	25.60	25.66	26.43	
12 m	28.03	26.09	25.66	25.61	25.66	26.46	

表8-17 P2辅助墩不同参数下的墩底最大弯矩　　　　　　　　　　单位：10^4 kN·m

R	μ						横向固定
	0.02	0.03	0.04	0.06	0.08	0.10	
4 m	23.73	23.37	24.99	26.16	26.43	27.29	27.66
5 m	23.89	23.41	24.93	26.14	26.40	27.27	
7 m	24.09	23.46	24.85	26.11	26.38	27.26	
9 m	24.21	23.49	24.81	26.10	26.36	27.25	
10 m	24.26	23.50	24.79	26.09	26.35	27.24	
12 m	24.33	23.52	24.77	26.08	26.35	27.24	

表8-18　P1边墩不同参数下的墩底最大剪力　　　　　　　　　　单位：10^3 kN

R	μ						横向固定
	0.02	0.03	0.04	0.06	0.08	0.10	
4 m	8.19	7.84	7.66	7.66	7.84	8.19	11.23
5 m	8.28	7.93	7.67	7.66	7.84	8.28	
7 m	8.40	8.05	7.68	7.66	7.84	8.40	
9 m	8.47	8.12	7.69	7.67	7.84	8.47	
10 m	8.49	8.15	7.69	7.67	7.84	8.49	
12 m	8.53	8.18	7.69	7.67	7.84	8.53	

表8-19　P2辅助墩不同参数下的墩底最大剪力　　　　　　　　　单位：10^3 kN

R	μ						横向固定
	0.02	0.03	0.04	0.06	0.08	0.10	
4 m	6.61	6.42	6.78	7.00	6.97	7.10	7.28
5 m	6.65	6.43	6.76	6.99	6.97	7.10	
7 m	6.71	6.44	6.73	6.98	6.96	7.09	
9 m	6.74	6.45	6.72	6.98	6.96	7.09	
10 m	6.75	6.45	6.72	6.98	6.96	7.09	
12 m	6.77	6.46	6.71	6.97	6.95	7.09	

从表8-14～表8-19可以看出，P1边墩和P2辅助墩的墩梁相对位移、墩底最大弯矩、墩底最大剪力响应数值差别不大，但是2个墩的非线性时程响应随着摩擦摆支座参数改变的变化规律却有所不同。以墩底最大剪力为例，当摩擦系数取0.04或者0.06时，P1墩的墩底出现剪力极小值；而当摩擦系数取0.03时，P2墩的墩底最大剪力出现极小值。为了综合考虑2个墩的变化规律，采取P1边墩与P2墩取为相等的权值的方式，对2个墩的全部响应进行平均。横向固定体系下的2个墩的墩梁相对位移均规定为50 cm，而平均后的横向固定体系下墩底最大弯矩为33.22×10 kN·m，墩底最大剪力为9.26×10 kN。P1边墩和P2辅助墩各项响应经过平均化后，相应的减震率见表8-20～表8-22。

表8-20　平均后的墩梁相对位移减震率φ_1　　　　　单位：%

R	μ					
	0.02	0.03	0.04	0.06	0.08	0.10
4 m	60.8	67.0	71.9	74.3	76.7	78.5
5 m	59.8	65.8	70.7	73.4	76.2	78.2
7 m	58.4	64.8	69.4	72.6	75.5	77.7
9 m	58.0	64.7	68.5	72.0	75.2	77.5
10 m	57.8	64.3	68.3	72.0	75.1	77.4
12 m	56.8	64.2	68.0	71.7	74.8	77.3

表8-21　平均后的墩底最大弯矩减震率φ_2　　　　　单位：%

R	μ					
	0.02	0.03	0.04	0.06	0.08	0.10
4 m	23.36	26.51	23.94	22.19	21.64	19.28
5 m	22.78	26.39	23.99	22.19	21.67	19.30
7 m	22.05	25.92	24.05	22.19	21.70	19.31
9 m	21.60	25.61	24.08	22.19	21.71	19.24
10 m	21.44	25.50	24.08	22.19	21.72	19.22
12 m	21.19	25.33	24.10	22.19	21.73	19.18

表8-22　平均后的墩底最大剪力减震率φ_3　　　　　单位：%

R	μ					
	0.02	0.03	0.04	0.06	0.08	0.10
4 m	17.33	21.13	21.08	20.83	21.00	19.33
5 m	16.79	20.57	20.68	20.82	21.01	19.34
7 m	16.10	19.86	20.17	20.82	21.02	19.36
9 m	15.65	19.44	19.87	20.81	21.03	19.37
10 m	15.48	19.28	19.75	20.81	21.04	19.37
12 m	15.17	19.04	19.58	20.81	21.04	19.37

将φ_1、φ_2、φ_3作为模糊逻辑控制系统的精确输入变量,隶属度函数的选取、输入语言变量的确定与纵桥向黏滞阻尼器和横桥向E型钢阻尼器一致,因此隶属度函数选取为高斯函数(具体参数选取见表8-6)。

2. 模糊逻辑计算结果

当输入变量、输出变量及其隶属函数以及模糊逻辑库建立完成后,通过输入墩梁相对位移减震率φ_1、弯矩减震率φ_2和剪力减震率φ_3的确切数值,就可以得到唯一的综合减震指标数值λ(见表8-23)。通过曲面观察器可以直观地看到任意2个输入变量与输出变量的关系,此处仅列出在不考虑φ_2的情况下,φ_1、φ_3与λ的关系,如图8-28所示。可以看出,综合减震指标λ与墩底位移减震率φ_1和墩底剪力减震率φ_3呈现出正相关性,满足模糊逻辑控制系统的要求。

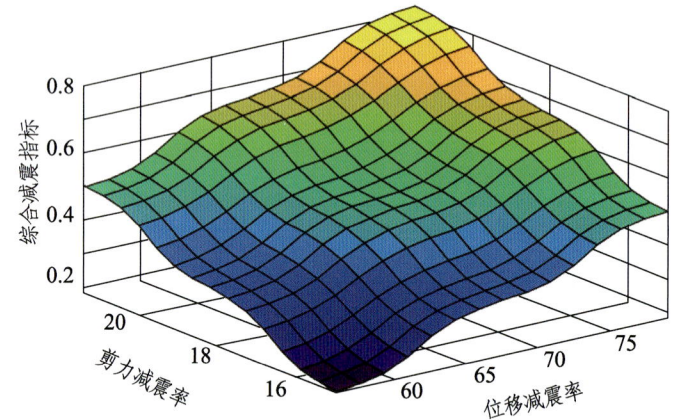

图8-28 综合减震指标与剪力、位移减震率关系

表8-23 摩擦摆支座的综合减震指标λ

R	μ					
	0.02	0.03	0.04	0.06	0.08	0.10
4 m	0.369	0.802	0.703	0.728	0.754	0.537
5 m	0.311	0.770	0.671	0.703	0.750	0.537
7 m	0.225	0.729	0.639	0.683	0.741	0.536
9 m	0.202	0.641	0.613	0.670	0.737	0.534
10 m	0.195	0.622	0.600	0.670	0.736	0.533
12 m	0.176	0.598	0.585	0.665	0.731	0.532

从表8-23可以看出,当摩擦摆支座的摩擦系数$\mu = 0.03$,曲率半径$R = 4$ m时,综合减震指标λ取到最大值0.802。此时,P1墩的墩梁相对位移为18.8 cm,P2墩的墩梁相对位

移为14.2 cm，平均墩梁相对位移为16.5 cm；P1墩的墩底最大弯矩减震率为34.37%，P2墩的墩底最大弯矩减震率为15.51%，平均墩底最大弯矩减震率为23.94%；P1墩的墩底最大剪力减震率为27.07%，P2墩的墩底最大弯矩减震率为11.81%，平均墩底最大剪力减震率为21.08%。

综上所述，与横向固结体系相比，虽然墩梁相对位移有所增大，但是满足摩擦摆支座的水平极限位移要求，而且墩底的弯矩和剪力得到了明显的改善。因此，摩擦摆支座的参数选取为：摩擦系数 $\mu = 0.03$，曲率半径 $R = 4$ m。

8.5 本章小结

本章以临港长江大桥为工程背景研究了纵桥向黏滞阻尼器、摩擦摆支座在不同参数下基于设计地震的非线性时程响应减震规律，利用模糊逻辑控制理论和改进加权模糊逻辑理论对减隔震装置的参数进行了评价，确定了最适合该大桥的减隔震装置参数，分析比较了横桥向E型钢阻尼器和摩擦摆支座的减震性能，主要结论如下：

（1）通过对纵桥向黏滞阻尼器参数的分析可得到其减震效果的变化规律：塔顶最大纵向位移随着速度指数 α 的增大而先减小后增大，随着阻尼系数 C 的增大而先减小后增大；梁端最大纵向位移随着速度指数 α 的增大而不断增大，随着阻尼系数 C 的增大而不断减小；塔底最大弯矩随着速度指数 α 和阻尼系数 C 的增大而先减小后增大；塔底最大剪力随着速度指数 α 的增大逐渐减小后保持稳定，当速度指数 α 较小时，塔底最大剪力随着阻尼系数 C 的增大而增大，而当速度指数 α 较大时，基本保持稳定；纵桥向黏滞阻尼器最大阻尼力随着速度指数 α 的增大不断减小，随着阻尼系数 C 的增大不断增大。

（2）通过对横桥向E型钢阻尼器参数的分析可得到其减震效果的变化规律：P1边墩的墩梁相对位移随着屈服力 F_y 的增大而先减小后保持稳定，随着初始弹性刚度 k 的增大而不断减小；P1边墩的墩底最大弯矩和墩底最大剪力都随着屈服力 F_y 的增大而减小，随着初始弹性刚度 k 的增大而先减小后增大再减小；P1边墩处的E型钢阻尼器最大阻尼力随着屈服力 F_y 的增大而增大，随着初始弹性刚度 k 的增大基本呈线性增大。

（3）通过对横桥向摩擦摆支座参数的分析可得到其减震效果的变化规律：P1边墩的墩梁相对位移随着曲率半径 R 的增大而增大，随着摩擦系数 μ 的增大而减小，且当摩擦系数 μ 越大时，墩梁相对位移对曲率半径 R 的变化越来越不敏感；当摩擦系数 μ 较小时，P1边墩的墩底最大弯矩随着曲率半径 R 的增大而增大，当摩擦系数 μ 较大时，P1边墩的墩底最大弯矩对曲率半径 R 的变化不敏感，P1边墩的墩底最大弯矩随着摩擦系数 μ 的增大而先减小后增大；当摩擦系数 μ 较小时，P1边墩的墩底最大剪力随着曲率半径 R 的增大不断增大，当摩擦系数 μ 较大时，曲率半径 R 对墩底剪力基本没有影响，P1边墩的墩底最大剪力随着摩擦系数 μ 的增大而先减小后增大。

（4）基于模糊控制理论，对各类减隔震装置进行了参数优化，最终得到一组综合考虑了大桥全部4个墩的位移、弯矩、剪力后的合理减隔震装置参数，优化后的纵桥向黏滞阻尼器参数选取为：速度指数$\alpha = 0.4$、阻尼系数$C = 4000$ kN/（m/s），横桥向E型钢阻尼器参数选取为：屈服力$F_y = 3000$ kN、初始弹性刚度$k = 6 \times 10$ kN/m，横桥向摩擦摆支座参数选取为：摩擦系数$\mu = 0.03$、曲率半径$R = 4$ m。

参考文献：

[1] CONSTANTINOU M. C, SYMANS M. D. Seismic response of structures with supplemental damping[J]. Structural Design of Tall and Special Buildings, 2010,2(2): 77-92.

[2] CONSTANTINOU M. C, SYMANS M. D. Experimental study of seismic response of buildings with supplemental fluid dampers[J]. Structural Design of Tall and Special Buildings, 2010,2(2): 93-132.

[3] LEE D, TAYLOR D P. Viscous damper development and future trends[J]. Structural Design of Tall and Special Buildings, 2010,10(5): 311-320.

[4] 王浩，沈惠军，张寒，等．隔震曲线连续梁桥粘滞阻尼器参数优化分析[J]．哈尔滨工程大学学报，2020，41（2）：282-288．

[5] 熊柏林，徐略勤，王龙，等．半漂浮体系斜拉桥粘滞阻尼器布置与参数优化[J]．西华大学学报（自然科学版），2019，38（3）：19-25+42．

[6] 王波，马长飞，刘鹏飞，等．基于随机地震响应的斜拉桥粘滞阻尼器参数优化[J]．桥梁建设，2016，46（3）：17-22．

[7] 周云．金属耗能减震结构设计[M]．武汉：武汉理工大学出版社，2006．

[8] 潘晋，吴成亮，全强，等．E型钢阻尼器数值仿真及试验研究[J]．振动与冲击，2009，28（7）：192-195+222．

[9] ZORDAN T, LIU T, BRISEGHELLA B, et al. Improved equivalent viscous damping model for base-isolated structures with lead rubber bearings[J]. Engineering Structures, 2014(75): 340-352.

[10] VU T D, KIM D, CHO S G. Updating of analytical model to consider aging effects of lead-rubber bearings for the seismic design of base-isolated nuclear power plants[J]. Nuclear Technology, 2013,182(1): 75-83.

[11] WEISMAN J, WARN G P. Stability of elastomeric and lead-rubber seismic isolation bearings[J]. Journal of Structural Engineering, 2012,138(2): 214-222.

[12] BROOMHEAD D S, LOWE D. Multivariable functional interpolation and adaptive networks[J]. Complex Systems, 1988(2): 321-355.

[13] 崔东文. 几种神经网络模型在湖库富营养化程度评价中的应用[J]. 水资源保护，2012，28（6）：12-18.

[14] 聂建国，王宇航，樊健生. 考虑扭转作用的钢管混凝土纤维梁模型[J]. 工程力学，2012，29（10）：82-90.

[15] 管仲国，李建中，范立础. 公路桥梁合理抗震设防理念研究[J]. 土木工程学报，2010，43（4）：99-104.

第9章
桥梁抗风性能

9.1 概 述

临港长江大桥具有跨度大、阻尼低、主梁布局形式独特的特点，对风荷载的作用敏感。而且大桥的风致响应及抗风稳定性是关系到施工安全和运营安全的重要问题，应予以高度重视。由于风对桥梁作用的复杂性，仅依靠理论计算无法得到可靠的结论。日本、美国、英国等国的桥梁抗风规范及我国公路桥梁抗风规范（我国目前还没有大跨度铁路桥梁的相关规范）对跨度超过200 m的大跨度桥梁均有必须通过风洞试验进行专门抗风研究的规定。本研究参照我国公路桥梁抗风规范《公路桥梁抗风设计规范》（JTG/T 3360-01—2018），通过一系列的节段模型风洞试验及计算分析对临港长江大桥的抗风性能进行评估，以检验大桥的抗风性能，并为可能存在的抗风问题提出有效、经济的对策，从而确保大桥施工架设阶段和运营期间的抗风安全。

9.2 桥位风特性参数分析

9.2.1 设计基本风速

根据《公路桥梁抗风设计规范》（JTG/T 3360-01—2018），可得到临港长江大桥桥址处距地面10 m高度处、百年一遇的、10 min平均年最大风速，即大桥桥位所在地区的设计基本风速为：

$$V_{10} = 25.1 \text{ m/s} \tag{9-1}$$

根据《公路桥梁抗风设计规范》，大桥桥址处的地形地貌可归为B类地表，因此，大桥的设计基本风速为：

$$V_{s10} = k_B V_{10} = 1.0 \times 25.1 = 25.1 \text{ m/s} \tag{9-2}$$

式中：k_B表示基本风速地表类别转换系数，B类地表取k_B=1.0。

9.2.2 设计基准风速

本节基于《公路桥梁抗风设计规范》获取临港长江大桥桥面高度处的设计基准风速。根据《公路桥梁抗风设计规范》，临港长江大桥桥址处的地形地貌可归为B类地表，大桥桥面高度处成桥状态的设计基准风速可按照下面公式计算获得：

$$V_{\mathrm{d}} = k_{\mathrm{f}} V_{\mathrm{s}10} \left(\frac{Z}{z_{10}} \right)^{\alpha_0} \tag{9-3}$$

式中：k_{f}为抗风风险系数，根据基本风速V_{10}，取$k_{\mathrm{f}} = 1.02$；α_0为桥址处的地表粗糙度系数，根据地表类别，取$\alpha_0 = 0.16$；Z为桥梁主梁的基准高度，对于本桥，主梁桥面距离常水位水面的最大高度为91 m。

因此，临港长江大桥桥面高度处的设计基准风速为：

$$V_{\mathrm{d}} = k_{\mathrm{f}} \left(\frac{Z}{10} \right)^{\alpha_0} V_{\mathrm{s}10} = 36.5 \text{ m/s} \tag{9-4}$$

临港长江大桥施工阶段的设计基准风速按照重现期20年计算为：

$$V_{\mathrm{sd}} = k_{\mathrm{sf}} V_{\mathrm{d}} = 0.88 \times 36.5 = 32.1 \text{ m/s} \tag{9-5}$$

式中：k_{sf}为施工期抗风风险系数，根据基本风速和施工年限，取$k_{\mathrm{sf}} = 0.88$。

9.2.3 颤振检验风速

根据《公路桥梁抗风设计规范》规定，临港长江大桥成桥状态在$\alpha = -3° \sim +3°$风攻角下的颤振检验风速为：

$$[V_{\mathrm{cr}}] = \gamma_{\mathrm{f}} \gamma_{\mathrm{t}} \gamma_{\alpha} V_{\mathrm{d}} = 1.15 \times 1.28 \times 1 \times 36.5 = 53.7 \text{ m/s} \tag{9-6}$$

式中：V_{d}表示桥面高度设计基准风速；γ_{f}为颤振稳定性分项系数，采用风洞试验方法时取$\gamma_{\mathrm{f}} = 1.15$；$\gamma_{\mathrm{t}}$为风速脉动空间影响分项系数，根据桥跨长度取$\gamma_{\mathrm{t}} = 1.28$；$\gamma_{\alpha}$为攻角效应分项系数，当风攻角$\alpha$为$-3° \sim +3°$时，攻角效应分项系数$\gamma_{\alpha}$取1.0。

当风攻角α为$+5°$、$-5°$时，攻角效应分项系数γ_{α}取为0.7，因此颤振稳定性检验风速为：

$$[V_{\mathrm{cr}}] = \gamma_{\mathrm{f}} \gamma_{\mathrm{t}} \gamma_{\alpha} V_{\mathrm{d}} = 1.15 \times 1.28 \times 0.7 \times 36.5 = 37.6 \text{ m/s} \tag{9-7}$$

临港长江大桥施工状态的颤振检验风速为：

当风攻角α为$+3°$、$0°$、$-3°$时：

$$[V_{\mathrm{scr}}] = \gamma_{\mathrm{f}} \gamma_{\mathrm{t}} \gamma_{\alpha} V_{\mathrm{sd}} = 47.2 \text{ m/s} \tag{9-8}$$

当风攻角α为$+5°$、$-5°$时：

$$[V_{\mathrm{scr}}] = \gamma_{\mathrm{f}} \gamma_{\mathrm{t}} \gamma_{\alpha} V_{\mathrm{sd}} = 33.1 \text{ m/s} \tag{9-9}$$

9.2.4 静风失稳检验风速

根据《公路桥梁抗风设计规范》规定，临港长江大桥的静风失稳检验风速为：

$$V_{\mathrm{td}} = \gamma_{\mathrm{ai}} V_{\mathrm{d}} = 1.6 \times 36.5 = 58.4 \text{ m/s} \tag{9-10}$$

式中：γ_{ai}表示静风稳定分项系数，当采用考虑气动非线性与几何非线性的计算方法分析静风失稳临界风速时，取为1.6。

施工重现期取20年，则考虑几何非线性与气动力非线性时其对应静风失稳检验风速为：

$$V_{\text{std}} = \gamma_{\text{ai}} V_{\text{sd}} = 1.6 \times 32.1 = 51.4 \text{ m/s} \tag{9-11}$$

临港长江大桥成桥状态及施工阶段风速参数如表9-1所示。

表9-1 临港长江大桥成桥状态及施工阶段的风速参数　　　　　单位：m/s

风参数		成桥状态	施工阶段
设计基准风速		36.5	32.1
颤振检验风速	$\alpha = +3°$、$0°$、$-3°$	53.7	47.2
	$\alpha = +5°$、$-5°$	37.6	33.1
静风失稳检验风速		58.4	51.4

9.3 结构动力特性分析

桥梁结构动力特性是进行动力模型风洞试验研究和风振计算分析的基础。本节将根据桥梁设计确定的结构参数，采用有限元方法对临港长江大桥主桥成桥状态进行结构动力特性计算分析，给出模型试验和风振计算所需的主要模态的频率、振型特征和等效质量等结构动力特性参数。

9.3.1 有限元计算模型

基于ANSYS软件平台，采用传统的鱼骨梁方式构建临港长江大桥有限元分析模型，如图9-1所示。主梁及刚臂采用空间梁单元BEAM4模拟，主梁质量和质量惯性矩采用质量点单元MASS21模拟，斜拉索采用空间杆单元LINK10模拟，主塔各构件均采用空间梁单元BEAM4模拟。计算模型中不考虑支座弹性。

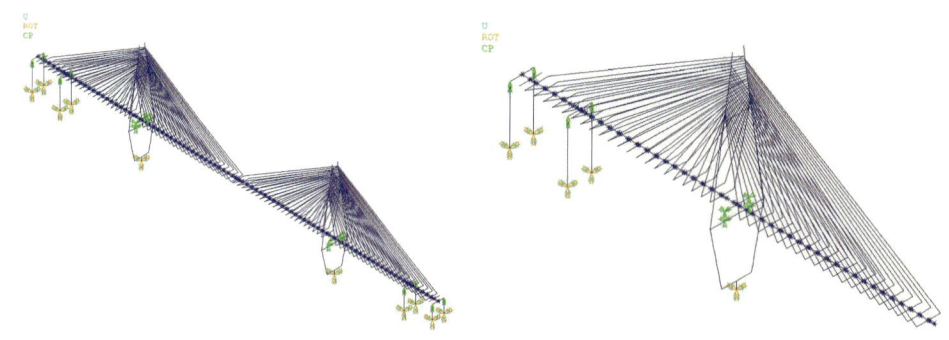

图9-1 临港长江大桥有限元模型

临港长江大桥有限元模型的主塔塔底、辅助墩和边墩墩底均为固结约束条件，主塔和主梁之间横向抗风支座采用横向主从约束，即约束横向自由度，主梁端部和边墩顶部之间则为主从约束条件,即横向、竖向和纵向扭转方向进行主从约束。模型约束体系如表9-2所示。

表9-2 边界和连接条件

位置	自由度					
	x	y	z	θ_x	θ_y	θ_z
主塔塔底、过渡墩及辅助墩墩底	d	d	d	d	d	d
主塔、过渡墩及辅助墩和主梁间	0	1	1	1	0	0
斜拉索和主梁间	1	1	1	0	0	0

注:x为纵桥向,y为竖向,z为横桥向;0表示自由,1表示主从,d表示固结约束。

9.3.2 动力特性结果

基于上述有限元模型,采用Block lancos方法对临港长江大桥成桥状态进行动力特性分析,得到大桥成桥状态和施工状态前10阶模态计算结果,如表9-3、表9-4及图9-2～图9-6所示。

表9-3 成桥状态动力特性结果

阶次	频率/Hz	等效质量				振型特点
		纵向/(t/m)	竖向/(t/m)	横向/(t/m)	扭转/(t/m·m²)	
1	0.286	—	142.7	—	—	V-S-1
2	0.335	586.7	328.1	—	—	V-A-1+纵飘
3	0.336	—	—	206.9	—	L-S-1
4	0.384	—	—	566.0	—	L-A-1
5	0.431	—	—	234.7	42736.4	L-S-2
6	0.453	356.5	167.8	—	—	V-A-2+纵飘
7	0.548	—	—	596.7	34959.6	T-S-1
8	0.575	—	—	209.4	95374.2	L-S-3
9	0.601	—	130.0	—	—	V-A-3
10	0.688	—	112.4	—	—	V-A-4

注:L—横向;V—竖向;T—扭转;S—对称;A—反对称。例如:L-S-1则表示第一横向对称振型。

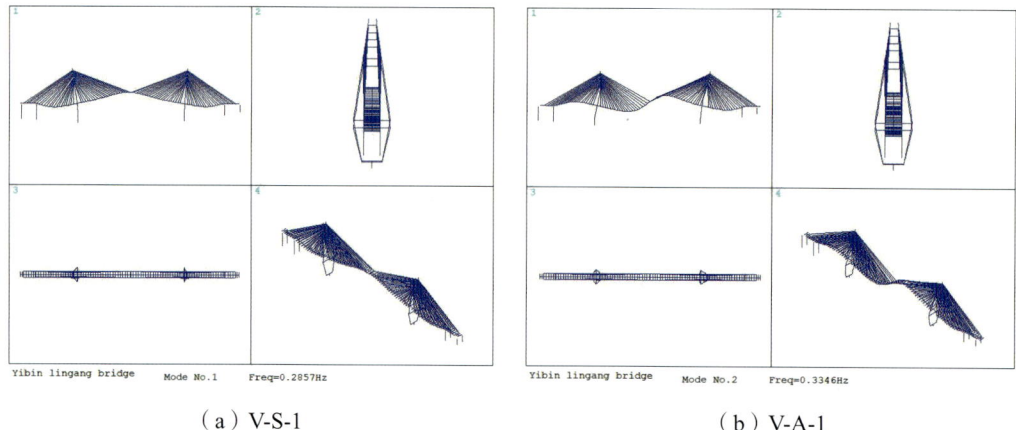

(a) V-S-1　　　　　　　　　　　　(b) V-A-1

图9-2　一阶正对称及一阶反对称竖弯

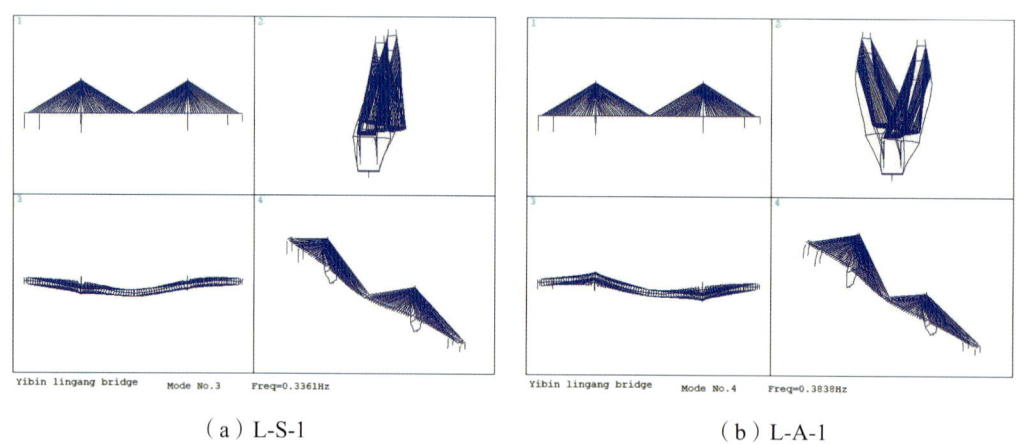

(a) L-S-1　　　　　　　　　　　　(b) L-A-1

图9-3　一阶正对称及一阶反对称横弯

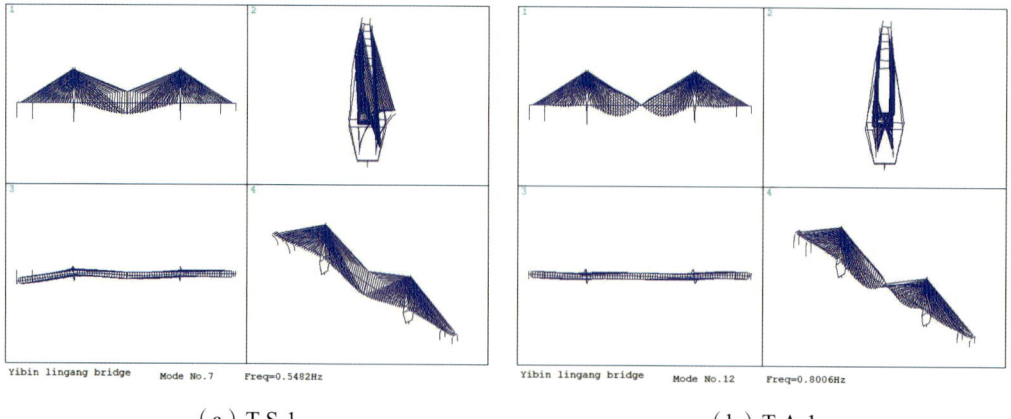

(a) T-S-1　　　　　　　　　　　　(b) T-A-1

图9-4　一阶正对称及一阶反对称扭转

表9-4 最大单悬臂状态动力特性结果

阶次	频率/Hz	等效质量				振型特点
		纵向/（t/m）	竖向/（t/m）	横向/（t/m）	扭转/（t/m·m²）	
1	0.244	—	—	64.9	—	L-1
2	0.359	—	125.8	—	—	V-1
3	0.363	—	—	217.4	—	L-2
4	0.510	—	—	54.9	—	L-3
5	0.635	—	67.8	—	—	V-2
6	0.842	—	—	—	11979.8	T-1
7	0.952	—	49.6	—	—	V-3
8	1.122	—	47.0	—	—	V-4
9	1.304	—	—	1014.7	—	桥塔扭转
10	1.363	—	—	—	—	辅助墩横弯

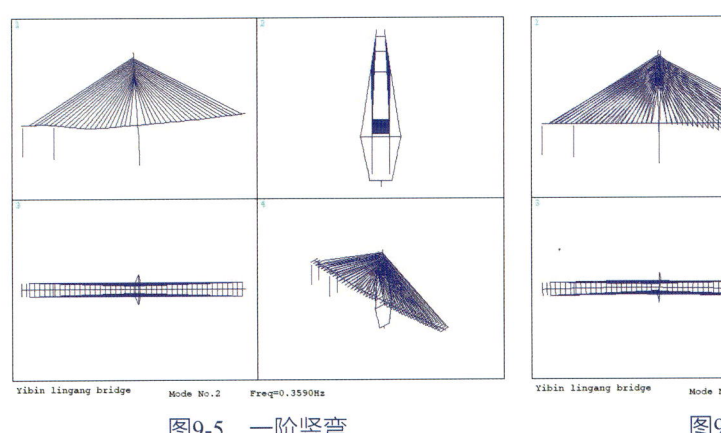

图9-5　一阶竖弯

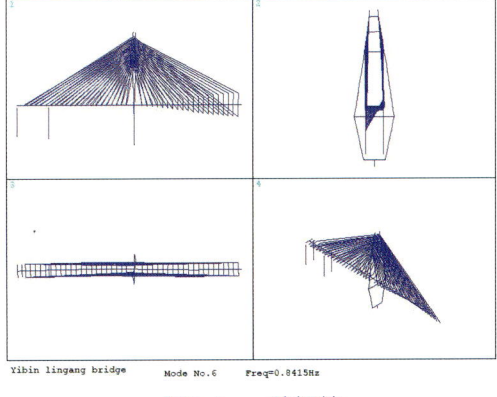

图9-6　一阶扭转

9.4　主梁静风荷载研究

9.4.1　静力三分力系数定义

静力三分力系数是表征主梁断面在平均风作用下受力大小的无量纲系数，它反映了风对桥梁的定常气动作用。本节研究目的是通过主梁静力节段模型试验，测试主梁在不同攻角下的三分力系数。

作用于主梁断面上的静力三分力按所取坐标系不同,有2种表示方法,即按体轴坐标系(坐标系沿截面形心主轴建立)表示和按风轴坐标系(坐标系沿风向建立)表示。静力三分力坐标系统如图9-7所示。风轴坐标系下的静力三分力系数按下式定义:

阻力系数: $C_D(\alpha) = F_D(\alpha) / \left(\frac{1}{2}\rho U^2 HL\right)$ （9-12）

升力系数: $C_L(\alpha) = F_L(\alpha) / \left(\frac{1}{2}\rho U^2 BL\right)$ （9-13）

力矩系数: $C_M(\alpha) = M_Z(\alpha) / \left(\frac{1}{2}\rho U^2 B^2 L\right)$ （9-14）

式中:α为来流攻角;$\rho U^2/2$为气流动压;H、B、L分别为节段模型的高度、宽度和长度;$F_D(\alpha)$、$F_L(\alpha)$、$M_Z(\alpha)$分别为风轴坐标系下的阻力、升力和俯仰力矩。将上式中$F_D(\alpha)$和$F_L(\alpha)$分别换成$F_H(\alpha)$和$F_V(\alpha)$,可得体轴坐标系的阻力系数和升力系数的计算式。2种坐标系下$M_Z(\alpha)$及$C_M(\alpha)$完全相同,但阻力和升力系数需要按照图9-7所示的关系进行坐标转换。

$$C_H = \frac{F_H}{\frac{1}{2}\rho U^2 H} = \frac{F_D\cos\alpha - F_L\sin\alpha}{\frac{1}{2}\rho U^2 H} \qquad (9-15)$$

$$C_V = \frac{F_V}{\frac{1}{2}\rho U^2 B} = \frac{F_D\sin\alpha + F_L\cos\alpha}{\frac{1}{2}\rho U^2 B} \qquad (9-16)$$

式中:α为风攻角。

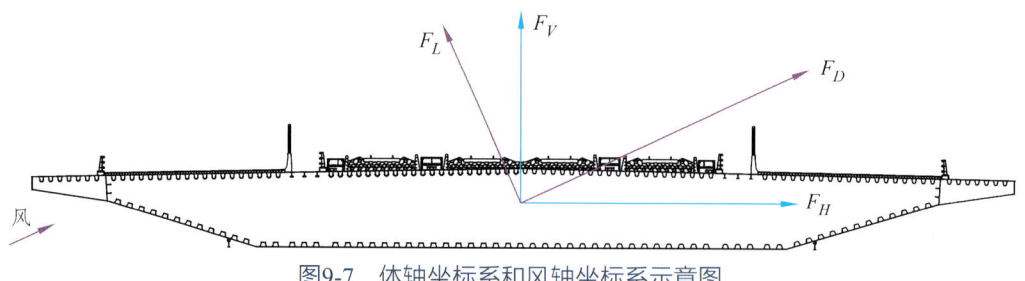

图9-7 体轴坐标系和风轴坐标系示意图

9.4.2 三分力系数试验结果

静力三分力测力节段模型采用的几何相似比为$\lambda_L = 1:80$。模型两端设置端板,以减小端部三维流动干扰。试验在西南交通大学XNJD-1风洞第二试验段中进行,具体试验条件如下:

- 来流：均匀流。
- 试验风速：12 m/s，15 m/s。

主要测量仪器设备包括：
- 皮托管和电子微压差计。
- 三分量应变式天平。
- CRAS动态信号采集分析系统。

测力试验工况安排如下：
- 主梁断面：优化断面的成桥状态。
- 风攻角：$\alpha = -12° \sim +12°$，变化步长为$\Delta\alpha = 1°$。

在12 m/s和15 m/s两种测试风速下的三分力试验结果接近，说明试验可靠度较高，试验结果取2次试验结果的平均值。图9-8给出了成桥状态和施工状态的风轴系的静力三分力系数随攻角的变化关系曲线。

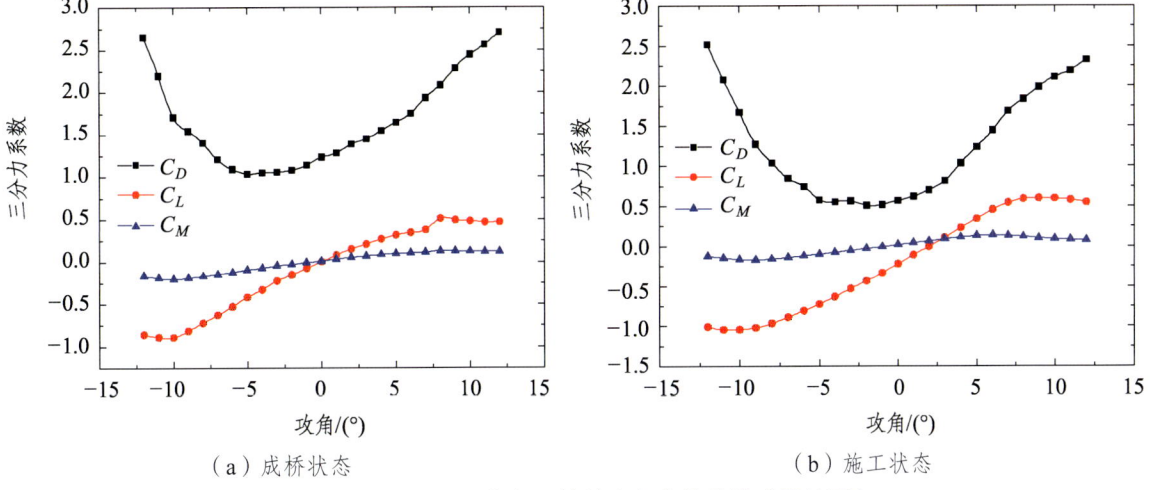

（a）成桥状态　　　　　　　　　（b）施工状态

图9-8　主梁断面三分力系数随攻角变化曲线（风轴系）

9.5　主梁颤振稳定性研究

颤振属于发散性的自激发散振动，当来流风速达到临界风速时，振动的桥梁通过气流的反馈作用不断从风中吸取能量，从而使振幅逐步增大，直至结构破坏。抗风设计要求桥梁的颤振风速必须高于相应的检验风速。颤振试验的目的是通过主梁动力节段模型风洞试验，直接测试施工状态以及成桥状态的主梁在不同攻角下发生颤振的临界风速，从而对该桥的动力抗风稳定性进行初步评估，避免大桥在颤振检验风速范围内出现发散性的颤振，必要时提出改善气动性能的结构（气动）措施。

针对临港长江大桥的主梁标准断面，采用动力节段模型风洞试验，检验主桥结构颤振稳定性能，确保其满足抗风规范要求。

9.5.1 颤振节段模型设计

主梁节段模型测振试验模拟结构竖向和扭转方向2个自由度的振动特性，水平来流方向即阻力方向的振动特性没有模拟。本部分测振节段模型采用的几何缩尺比为1:80，根据测振节段模型设计相似性要求，可以确定测振节段模型的相似比如表9-5所示。

表9-5 测振节段模型相似比

参数名称	符号	单位	相似比	相似要求
长度	L	m	$\lambda_L = 1:80$	几何相似比
速度	U	m/s	$\lambda_V = \lambda_L \lambda_f$	Strouhal数相似
密度	ρ	kg/m³	$\lambda_\rho = 1$	空气密度不变
单位长度质量	m	kg/m	$\lambda_m = \lambda_\rho \lambda_L^2 = \lambda_L^2 = 1:80^2$	量纲不变
单位长度质量惯矩	I_m	kg·m²/m	$\lambda_I = \lambda_m \lambda_L^2 = \lambda_L^4 = 1:80^4$	量纲不变
时间	t	s	$\lambda_t = \lambda_L / \lambda_V$	Strouhal数相似
阻尼比	ξ	—	$\lambda_\xi = 1$	阻尼比不变

根据对颤振机理的认识，通过对结构动力特性计算结果的分析可知，该桥可能的颤振形态由竖弯基频和扭转基频控制。根据平板颤振特性，对正对称振型组合和反对称振型组合2组动力特性扭转比进行了计算，结果表明该桥颤振是由正对称振型控制，故选择一阶正对称竖弯与一阶正对称扭转振型组合进行节段模型颤振稳定性试验。

临港长江大桥成桥状态颤振试验按主梁第一对称竖弯 f_h =0.286 Hz（第1阶，主梁对称竖弯振动）和主梁第一对称扭转 f_a =0.548 Hz（第7阶，主梁对称扭转振动）2个模态组合来确定模型系统的扭弯频率比，即 $\varepsilon = f_a / f_h$ =1.916。若选择第一反对称扭转和反对称竖弯的模态组合，扭弯频率比为2.519，显著大于2个对称模态的组合值，对应的颤振临界风速将高于对称模态的组合情况。因此，采用对称模态进行组合更能反映实际大桥的颤振性能。

临港长江大桥最大单悬臂状态颤振试验按主梁第一对称竖弯 f_h =0.359 Hz（第2阶，主梁对称竖弯振动）和主梁第一对称扭转 f_a =0.842 Hz（第6阶，主梁对称扭转振动）2个模态组合来确定模型系统的扭弯频率比，即 $\varepsilon = f_a / f_h$ =2.345。

动力节段模型试验将桥梁三维风致振动近似简化为弯扭耦合的二维振动问题处理。为考虑全桥的整体运动以及弯扭耦合振动，试验时模型系统更精确地采用主梁对应模态的等效质量和等效质量惯矩。由此，可以进一步确定出实桥结构主要参数与节段模型主要参数之间的一一对应关系，如表9-6和表9-7所示。

表9-6 缩尺比1:80成桥态模型颤振试验参数

参数名称	符号	单位	实桥值	缩尺比	模型值
主梁长度	L	m	167.6	1/80	2.095
主梁宽度	B	m	63.9	1/80	0.799
主梁高度	H	m	5.0	1/80	0.0625
等效质量	m_{eq}	kg/m	141069	$1/80^2$	22.04
等效质量惯性矩	I_{meq}	kg·m²/m	25625500	$1/80^4$	0.626
竖弯频率	f_v	Hz	0.286	—	2.641
扭转频率	f_t	Hz	0.548	—	4.993
扭弯频率比	ε	—	1.950	1	1.890
竖弯阻尼比	ξ_v	%	0.30	1	0.21
扭转阻尼比	ξ_t	%	0.30	1	0.26
竖弯风速比	λ_V^v	—	—	8.66	—
扭转风速比	λ_V^t	—	—	8.78	—

表9-7 缩尺比1:70最大单悬臂模型颤振试验参数

参数名称	符号	单位	实桥值	缩尺比	模型值
主梁长度	L	m	167.6	1/80	2.095
主梁宽度	B	m	63.9	1/80	0.799
主梁高度	H	m	5.0	1/80	0.0625
等效质量	m_{eq}	kg/m	125826	$1/80^2$	19.70
等效质量惯性矩	I_{meq}	kg·m²/m	11979800	$1/80^4$	0.300
竖弯频率	f_v	Hz	0.358	—	3.493
扭转频率	f_t	Hz	0.841	—	7.435
扭弯频率比	ε	—	2.335	1	2.129
竖弯阻尼比	ξ_v	%	0.30	1	0.29
扭转阻尼比	ξ_t	%	0.30	1	0.30
竖弯风速比	λ_V^v	—	—	8.66	—
扭转风速比	λ_V^t	—	—	8.22	—

9.5.2 动力节段模型系统

临港长江大桥主梁节段模型颤振试验在西南交通大学XNJD—1工业风洞第二试验段中进行，该试验段设计了专门针对双幅桥进行桥梁节段模型动力试验的装置。上游下游节段模型，分别由8根拉伸弹簧悬挂在特制的铝型材框架上，形成可竖向运动和绕模型轴线转动的二自由度振动系统。模型两端装上端板，以模拟风洞试验中的二元流动。安装在风洞中的临港长江大桥主梁节段模型如图9-9所示。

图9-9 成桥态和施工态主梁动力节段模型

9.5.3 颤振稳定性评估

针对临港长江大桥成桥状态和最大单悬臂施工状态的主梁标准断面分别进行了α=0°、±3°、±5°五种攻角下的试验，获得不同风攻角下颤振临界风速的测试结果如表9-8和表9-9所示。由表可见，对于临港长江大桥成桥状态和最大单悬臂施工状态，在−5°~+5°风攻角下的颤振临界风速均大于相应的颤振检验风速，满足规范要求。

表9-8 成桥状态颤振临界风速   单位：m/s

攻角	实桥临界风速	颤振检验风速	安全评价
−5°	>65.9	37.6	安全
−3°	>82.1	53.7	安全
0°	>82.1		安全
+3°	>75.4		安全
+5°	>65.3	37.6	安全

表9-9 最大单悬臂状态主梁颤振临界风速　　　　　　　　　　　　单位：m/s

攻角	实桥临界风速（m/s）	颤振检验风速（m/s）	安全评价
-5°	>72.7	33.1	安全
-3°	>72.7		安全
0°	>73.1	47.2	安全
+3°	>72.9		安全
+5°	>72.7	33.1	安全

9.6 主梁涡振特性研究

当气流绕过物体时会在物体两侧及尾流中会产生周期性脱落的漩涡，并对物体产生上下交替的作用力。随着风速的增加，旋涡脱落的频率也增加，当脱落频率接近物体某阶自振频率时，就会发生共振现象，这种振动被称为涡激共振。它通常发生在较低的风速下，其振动形式通常为竖向涡振和扭转涡振。大跨度桥梁结构由于质量轻、阻尼小，主梁断面为钝体断面，极易发生涡激共振现象。涡振虽不具有很强的破坏性质，但其发生风速较低，会造成结构累积疲劳损伤，并严重影响行车的舒适性。

采用常规尺度和大尺度主梁节段模型，在精确模拟主梁细节构造的情况下，研究主梁原始断面的涡振性能，以获得其涡振锁定风速和振幅，并根据现有规范进行舒适性评价。

临港长江大桥主梁常规尺度节段模型涡振试验在西南交通大学XNJD-1风洞中进行。该风洞是回流式风洞，试验段宽2.4 m，高2 m，风洞空置时的风速范围为0~40 m/s，纵向紊流度1.0%以下。

9.6.1 常规尺度涡振节段模型设计

按照临港长江大桥主梁标准断面尺寸和形状，确定节段模型长2.095 m、宽0.799 m、高0.0625 m。为控制模型的质量及质量惯矩，并保证模型自身具有足够刚度，模型外衣采用优质木材制作，并内置刚性骨架；栏杆、检修轨道均采用塑料板并由机器雕刻而成。

主梁节段涡振模型由8根拉伸弹簧悬挂在支架侧壁上，形成二自由度振动系统。为保证二元流动，在模型两端设置端板。置于风洞中的成桥状态节段模型如图9-10所示。

临港长江大桥涡振节段模型系统的竖向和扭转阻尼比均与评价规范规定的阻尼比0.3%相符。成桥状态涡振节段模型系统竖向和扭转阻尼比分别为0.31%和0.29%，最大单悬臂状态涡振节段模型系统竖向和扭转阻尼比分别为0.32%和0.31%。

图9-10　1∶80 常规尺度主梁节段模型（局部）

9.6.2　大尺度涡振节段模型设计

主梁1∶35大尺度节段模型按照临港长江大桥梁宽63.9 m、梁高5 m方案图纸进行设计。节段模型长3.9 m、宽1.826 m、高0.143 m。为控制模型的质量及质量惯矩，并保证模型自身具有足够刚度，模型采用优质木材制作。桥面防撞护栏、垫石、列车轨道采用木材加工而成，扶手栏杆、检修轨道均采用塑料板并由机器雕刻而成。

临港长江大桥成桥状态大尺度节段模型由8根拉伸弹簧悬挂在支架上，形成二自由度振动系统。鉴于涡振通常发振风速较低，为降低模型风速比，采用刚度较大的弹簧以提高模型的自振频率。质量相似通过在模型两端加装配重的方式实现。为避免耦合现象导致竖向与扭转涡振区重叠，试验中节段模型竖向与扭转频率分离开来。图9-11和图9-12为成桥状态主梁在风洞中的情况。

图9-11　1∶35大尺度主梁节段模型（成桥状态）　　图9-12　1∶35大尺度主梁节段模型（局部）

9.6.3 测量仪器及模型动力特性测试

在节段模型涡振试验中，须准确测量出试验中的来流风速以及模型的位移响应。为此，在模型的前方布置了Cobra风速仪，用于试验来流风速的测量。模型位移响应则采用MICRO-EPSILON公司生产的ILD 1401-200激光位移计进行测量。该位移计量程为±100 mm，精度为±0.2 mm。在模型的几何中心位置和背风侧边缘处分别布置了1个激光位移计，采用CRAS振动及动态信号分析仪进行实时监视，并采用计算机数据采集系统软件进行数据采集，最后通过位移计测量数据和换算关系得到模型振动时的竖向位移响应和扭转角位移响应。

在零风速下，给予节段模型2种不同的外部初始激励，使模型分别产生纯竖向自由振动和纯扭转自由振动，根据激光位移计测得2种自由振动时的动态信号，便可以计算出模型系统在竖弯和扭转振动时的固有频率、阻尼比等基本自振特性。模型在成桥状态和施工状态的实测频率与目标要求值非常接近，满足风洞试验精度的要求。因结构体系在振动时，阻尼比并非定值，其大小与初始振幅有很大关系，因此，本试验在测量模型系统的阻尼比时采用不同的初始振幅，并参照实际涡振试验中模型竖向或扭转振动位移的幅值，来确定出更接近于实际情况的模型系统阻尼比的值。

9.6.4 试验工况

根据公路桥梁抗风设计规范，确定临港长江大桥主梁节段模型涡振试验的来流风攻角α为$-5°$、$-3°$、$0°$、$+3°$和$+5°$。

考察临港长江大桥主梁成桥状态和最大单悬臂状态主梁在上述5种风攻角下的涡振特性，确定对应涡振风速锁定区间以及对应的涡振振幅大小。

临港长江大桥主梁成桥状态和最大单悬臂状态的涡振试验均在均匀流中进行，试验来流湍流度小于1%。

试验风速变化步长为0.5 m/s。在涡振锁定风速区间内，再适当减小风速增加步长，以确定出精确的涡激共振起始风速和最大振幅。

9.6.5 涡振振幅容许值

临港长江大桥成桥状态一阶正对称竖弯频率为0.286 Hz，一阶正对称扭转频率为0.548 Hz。根据《公路桥梁抗风设计规范》，临港长江大桥成桥状态一阶正对称竖弯、一阶正对称扭转模态对应的涡振振幅容许值分别为：

$$竖向\quad [h_c] = 0.04/0.286 = 0.139 \text{ m} = 139 \text{ mm} \quad (9-17)$$

$$扭转\quad [\theta_c] = \frac{4.56}{B \cdot f_t} = \frac{4.56}{63.9 \times 0.548} = 0.126° \quad (9-18)$$

施工阶段最大单悬臂状态一阶正对称竖弯、一阶正对称扭转模态对应的涡激共振的振幅容许值分别为：

竖向　　$[h_c] = 0.04/0.359 = 0.111 \text{ m} = 111 \text{ mm}$ 　　　　　　（9-19）

扭转　　$[\theta_c] = \dfrac{4.56}{B \cdot f_t} = \dfrac{4.56}{63.9 \times 0.841} = 0.085°$ 　　　　　　（9-20）

9.6.6 常规尺度主梁节段模型涡振试验结果

临港长江大桥常规尺度主梁节段模型涡激振动试验结果表明，成桥状态主梁在 $\alpha = +3°$ 和 $+5°$ 两种攻角下出现了轻微的涡激振动。

如图9-13（图中的风速和位移均已通过相似准则换算至实际桥梁）所示，当竖向阻尼比为0.31%时，成桥状态主梁在+3°和+5°两种攻角下的最大竖向振幅分别为11.9 mm和12.2 mm，对应风速分别为11.1 m/s和11.0 m/s。

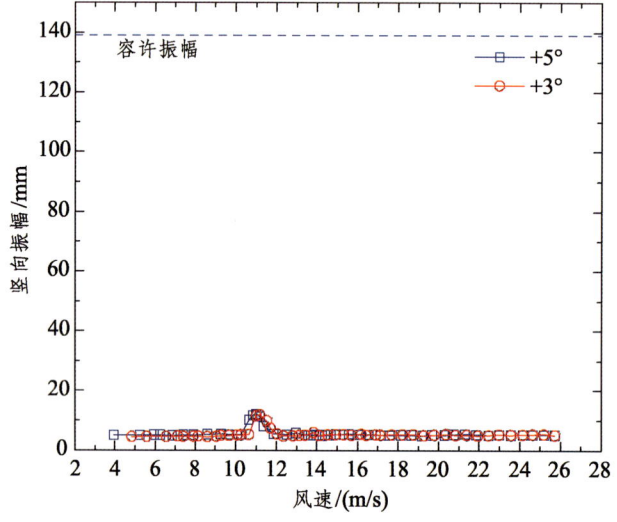

图9-13　成桥态竖向涡振振幅

如图9-14所示，当扭转阻尼比为0.29%时，成桥状态主梁在+3°和+5°攻角下的最大扭转振幅约为0.026°和0.029°，对应的风速分别为15.1 m/s和21.2 m/s。

如上所述，临港长江大桥成桥状态主梁在+3°和+5°两种攻角下出现的最大竖向振幅和扭转振幅均小于9.6.5节中获得的涡振振幅容许值。

临港长江大桥成桥状态主梁在其他攻角下（0°、–3°和–5°）未观测到明显的竖向和扭转涡振。

由此可见，临港长江大桥成桥状态主梁涡振性能满足现有规范要求。

若将竖向和扭转阻尼增加至0.50%时，临港长江大桥成桥状态主梁在–5°、–3°、0°、+3°和+5°五种攻角下均未出现明显竖向和扭转涡振。

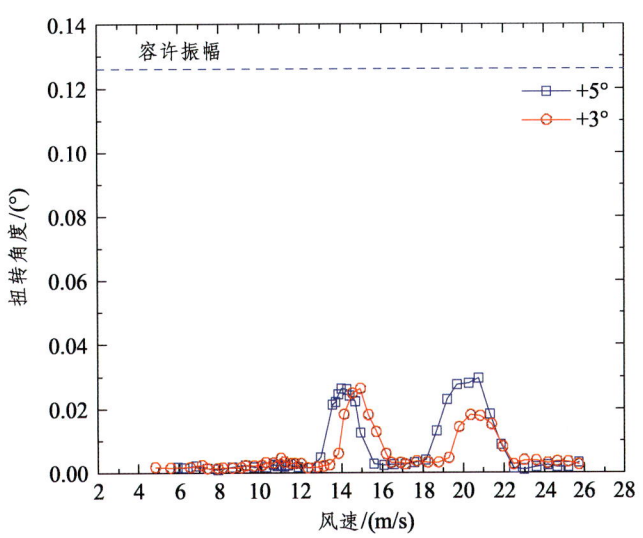

图9-14 成桥态扭转涡振振幅

当竖向和扭转阻尼比分别为0.32%和0.31%时，临港长江大桥最大单悬臂施工状态主梁在0°、±3°和±5°五种攻角下，均没有观测到竖向涡激振动和扭转涡激振动。

9.6.7 大尺度主梁节段模型涡振试验结果

针对临港长江大桥成桥状态进行了-5°、-3°、0°、+3°和+5°五种风攻角条件下的涡激振动试验。试验均在均匀流中进行，来流湍流度小于1%。试验风速变化步长为0.5 m/s，在涡振锁定风速区间内，再适当减小风速增加步长，以确定出精确的涡激共振起始风速和最大振幅。

大尺度主梁节段模型涡振试验结果表明，临港长江大桥成桥状态主梁在0°、+3°和+5°三种风攻角下出现了涡激振动现象，这与1:80常规尺度节段模型试验获得涡振试验现象基本一致。

如图9-15所示（图中的风速和位移均已通过相似准则换算至实际桥梁），当竖向阻尼比为0.31%时，成桥状态主梁在0°、+3°和+5°三种攻角下的最大竖向振幅分别为3.6 mm、7.7 mm和9.2 mm，对应风速分别为11.0 m/s、11.4 m/s和11.7 m/s。

如图9-16所示，当扭转阻尼比为0.29%时，成桥状态主梁在0°、+3°和+5°三种攻角下的最大扭转振幅约为0.004°、0.015°和0.019°，对应的风速分别为15.7 m/s、15.8 m/s和21.8 m/s。

如上所述，临港长江大桥成桥状态主梁在0°、+3°和+5°三种攻角下出现的最大竖向振幅和扭转振幅均小于9.6.5节中获得的涡振振幅容许值。

此外，临港长江大桥成桥状态主梁在其他攻角下（0°、-3°和-5°）未观测到明显的竖向和扭转涡振。

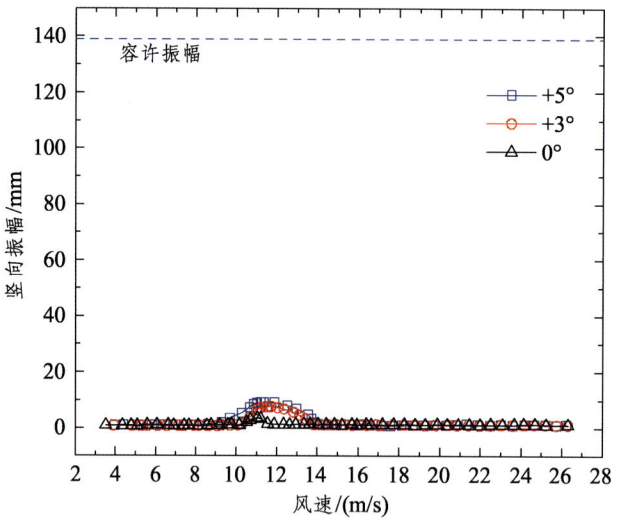

图9-15 成桥态竖向涡振振幅

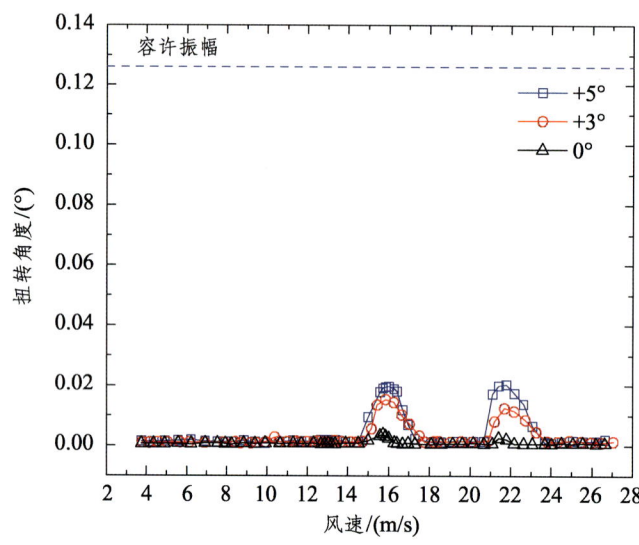

图9-16 成桥态扭转涡振振幅

对比常规尺度和大尺度2种比例的主梁节段模型涡振试验结果，可以发现临港长江大桥成桥状态在部分攻角下出现了较明显的竖向和扭转涡振，且2种比例下的涡振锁定风速区间、振幅均较为一致，其中大尺度节段模型涡振结果的振幅略小。临港长江大桥施工状态未观测到明显的涡振现象。

将临港长江大桥的常规尺度节段模型涡振试验结果和大尺度节段模型涡振试验结果一并汇总于表9-10中。由表可知，该桥的涡激振动振幅远小于其容许值。

表9-10 主梁节段模型涡振试验结果统计

模型缩尺比	状态	风攻角/(°)	振动形态	阻尼比/(%)	风速锁定区/(m/s)	最大振幅	相应风速/(m/s)	一阶振型对应的容许振幅
1:80	成桥状态	+3	竖向	0.31	10.2~12.1	11.9 mm	11.1	140 mm
			扭转	0.29	12.5~16.5	0.026°	15.1	0.128°
					18.5~22.3	0.018°	20.8	
		+5	竖向	0.31	10.0~12.0	12.1 mm	11.0	140 mm
			扭转	0.29	12.8~16.0	0.027°	14.0	0.128°
					17.8~22.2	0.029°	21.2	
1:35	成桥状态	0	竖向	0.28	10.1~11.9	3.6 mm	11.0	140 mm
			扭转	0.31	14.5~16.6	0.004°	15.7	0.128°
					20.7~22.2	0.003°	21.4	
		+3	竖向	0.28	9.6~13.7	7.7 mm	11.7	140 mm
			扭转	0.31	14.4~17.7	0.015°	15.8	0.128°
					20.9~23.7	0.013°	21.7	
		+5	竖向	0.28	7.9~13.8	9.2 mm	11.4	140 mm
			扭转	0.31	14.5~18.1	0.018°	16.0	0.128°
					20.7~24.0	0.019°	21.8	

注：表中未列出数据的工况，无明显涡振发生。

9.7 全桥气弹模型风洞试验研究

临港长江大桥全桥气弹模型风洞试验研究的主要目的有2个：一是通过均匀流场下的风洞试验获得比节段模型颤振试验更为可靠的颤振临界风速预测值，同时检验桥梁的静风稳定性，作为评估实桥抗风稳定性的最终依据；二是在紊流条件下测定桥梁结构的抖振位移，并检验实桥在实际自然紊流下的抗风稳定性。

9.7.1 全桥气弹模型设计

1. 相似要求

在全桥气动弹性模型风洞试验中,不仅要模拟几何外形和风场特性,还要模拟气动弹性特性。桥梁气动弹性模型风洞试验遵循的相似准则如表9-11所示。表中参数ρ表示空气密度,一般可取$\rho=1.225 \text{ kg/m}^3$;$U$表示平均风速,$B$表示结构特征尺寸,一般取桥面宽度;$\mu$表示空气运动黏性系数;$g$表示重力加速度;$f$表示结构振动频率;$E$表示结构材料弹性模量;$\rho_s$表示结构材料密度;$\delta$表示结构阻尼对数衰减率。

表9-11 桥梁气弹模型试验相似准则

无量纲参数	表达式	物理意义	相似要求
Reynolds数	$\rho UB/\mu$	气动惯性力/空气黏性力	可不模拟
Froude数	gB/U^2	结构物重力/气动惯性力	严格相似
Strouhal数	fB/U	时间尺度	严格相似
Cauchy数	$E/\rho U^2$	结构物弹性力/气动惯性力	严格相似
密度比	ρ_s/ρ	结构物惯性力/气动惯性力	严格相似
阻尼比	δ	每个周期耗能/振动总能量	严格相似

考虑到临港长江大桥以及XNJD-3风洞试验段尺寸(宽22.5 m,高4.5 m),为尽量准确地模拟实桥主梁几何外形及细部尺寸,减小尺度效应的影响,将临港长江大桥全桥气弹模型的几何缩尺比取为$\lambda_L = 1:100$,则模型主跨长度为5.22 m,全长为17.42 m。安装模型后风洞中的空气阻塞度小于3%(一般要求风洞试验模型试验的阻塞度应小于5%)。

除了Reynolds数相似性条件无法满足之外,其余5个相似准则在模型设计中须严格满足。根据上述相似准则,导出临港长江大桥全桥气弹模型的主要参数相似比如表9-12所示。

表9-12 临港长江大桥全桥气弹模型相似比

参数	符号	单位	相似比	相似要求
长度	L	m	$\lambda_L = 1:100$	几何相似比
速度	U, u, w	m/s	$\lambda_v = 1/\sqrt{\lambda_L} = 1:11.6$	Froude数
重力加速度	g	m/s^2	$\lambda_g = 1$	不变

续表

参数	符号	单位	相似比	相似要求
频率	f	Hz	$\lambda_f = \lambda_v / \lambda_L = 11.6 : 1$	Strouhal数
时间	t	s	$\lambda_t = 1/\lambda_f = 1 : 11.6$	Strouhal数
空气密度	ρ	kg/m³	$\lambda_\rho = 1$	不变
单位长度质量	m	kg/m	$\lambda_m = \lambda_\rho \cdot \lambda_L^2 = \lambda_L^2 = 1 : 11.6^4$	量纲
单位质量惯性矩	j_m	kg·m²/m	$\lambda_j = \lambda_\rho \cdot \lambda_L^4 = \lambda_L^4 = 1 : 11.6^8$	量纲
弯曲刚度	EI	N·m²	$\lambda_{EI} = \lambda_E \cdot \lambda_L^4 = \lambda_L^5 = 1 : 11.6^{10}$	量纲
扭转刚度	GJ_d	N·m²	$\lambda_{GJ} = \lambda_G \cdot \lambda_L^4 = \lambda_L^5 = 1 : 11.6^{10}$	量纲
拉压刚度	EA	N	$\lambda_{EA} = \lambda_E \cdot \lambda_L^2 = \lambda_L^3 = 1 : 11.6^6$	量纲
阻尼比	ξ	—	$\lambda_\xi = 1$	不变

2. 全桥气弹模型设计与制作

斜拉索模拟的基本原则是气动力相似、质量相似和拉伸刚度相似。根据全桥模型设计的基本情况，几何相似比$C_L = 1 : 100$，风速比$C_V = 1 : \sqrt{100}$。斜拉索经缩尺比换算后，直径平均为1.33 mm，因此桥梁模型中的斜拉索（一般用电线）直接采用最大外直径1.33 mm（铜芯直径1.25 mm）规格的电线模拟。用中径8 mm、丝径1.2 mm的小弹簧模拟斜拉索的拉伸刚度，具体小弹簧的圈数根据相应斜拉索的拉伸刚度计算得到，斜拉索采用特制螺栓调节松紧程度。弹簧及拉索如图9-17所示。

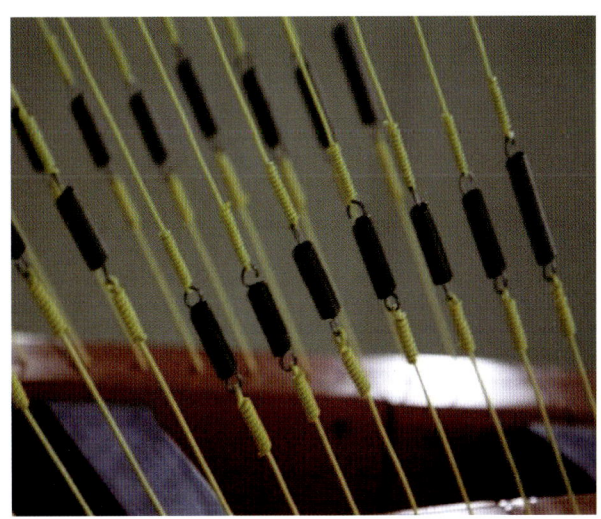

图9-17 弹簧及拉索

临港长江大桥主梁采用钢箱梁形式,为了满足几何以及竖向、横向和扭转刚度相似,采用优质PVC板和航空层板模拟主梁的几何外形,在主梁的扭转中心用"凹"字形钢芯梁模拟该叠合梁的竖向、横向和扭转刚度,如图9-18所示。模型芯梁全长10.773 m,主梁模型的质量由芯梁、外模和配重块的质量组成。根据相似关系,确定芯梁和外模后,通过调整配重块质量及位置使其满足所有参数要求。为了消除塑料外模对刚度的影响,并能准确模拟结构的振动振型,将全桥划分为46个节段,梁段共4种,每个梁段的长度如表9-13所示。为了避免梁段之间的碰撞影响试验精度,梁段间留有2 mm的空隙,如图9-19所示。

表9-13 临港长江大桥气弹模型梁段划分

梁段分类	模型梁段长度/mm	代表的实桥长度/m	数量
标准梁段	238	23.8	38
跨中处	198	19.8	2
桥塔处	248	24.8	4
边墩段	125.5	12.55	2

图9-18 临港长江大桥钢芯梁及外模模型

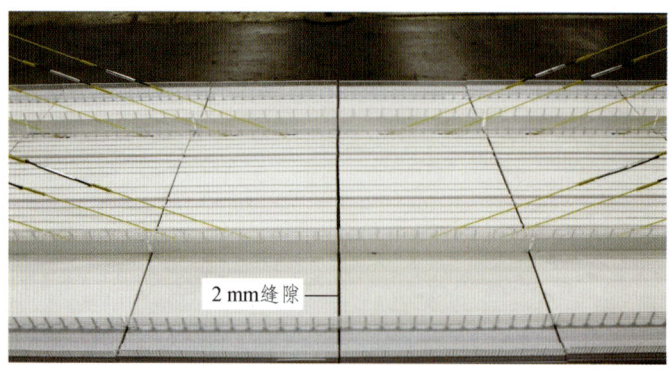

图9-19 临港长江大桥缝隙处理

桥塔的气动外形由优质木材制作，其构造原则与主梁相同，如图9-20所示。采用铅配重调整各段的质量，使之满足相似要求。桥塔的弯曲刚度由A3钢制成的芯梁提供，芯梁截面为矩形，使塔柱、横梁在面内外的弯曲刚度满足相似关系，由于桥塔在横桥上是一超静定框架结构，必须对该桥塔的刚度整体考虑，才能使得横向刚度符合要求，从而达到结构动力特性相似。

图9-20　临港长江大桥桥塔模型

根据设计资料，临港长江大桥的附属设施主要包括检修轨道、桥面系的人行道栏杆、边防撞栏杆、中央防撞栏杆、防眩屏障、纵向排水槽、检修走道兼电缆槽以及铁路轨道，如图9-21所示。这些附属设施可提供一部分质量和质量惯矩，不参与刚度模拟。由于全桥模型的缩尺比一般较小，若栏杆等附属设施完全按照实际方案缩尺，可能会给加工带来很大困难，为此，可按照"透风率相等"的原则对栏杆等构件进行适当的简化。

图9-21　临港长江大桥附属设施

图9-22给出了置于XNJD-3风洞中的全桥气弹模型。

图9-22 置于XNJD-3风洞中的全桥气弹模型

9.7.2 全桥气动弹性模型的动力特性

气弹模型结构动力特性与原型（实桥）之间满足相似性要求，是开展风洞试验的前提条件。为此，需要在无风情况下，通过模态试验测定全桥气弹模型的结构动力特性并与计算值比较，以确定模型动力特性是否满足相似准则要求。

模态试验采用2种方法进行，第一种是采用人工激励的方法获取模型自由振动实测信号，再利用CRAS采集程序滤波并进行FFT处理，获取模型各基阶模态的频率及阻尼比；第二种是在强迫随机激励条件下，测量结构振动位移响应，从中识别出模型各阶重要模态的频率及阻尼比。随机激振系统由信号发生器、功率放大器和激振器组成，位移测量系统由激光位移传感器及随机信号与振动分析系统（CRAS）组成。对于悬索桥气弹模型，上述第二种方法比第一种方法能更好地识别出高阶模态的动力特性参数。

1. 测点布置

全桥试验共布置6个测点，即跨中和两侧1/4跨分别设置3个测点。具体测点的位置如图9-23所示。

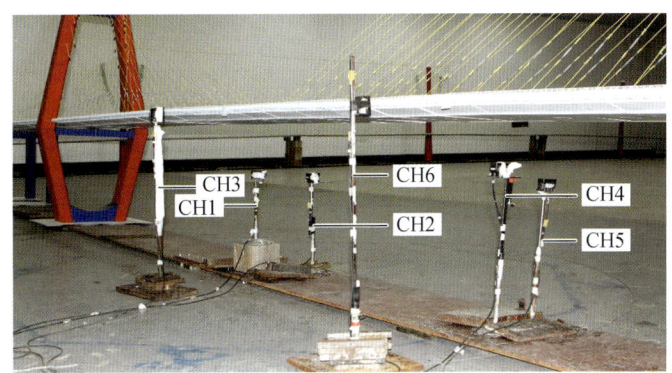

图9-23 临港长江大桥全桥测点布置

（注：图中CH1、CH2、CH4、CH5为竖向位移测点；CH3、CH6为横向位移测点。）

最大单悬臂试验共布置6个测点，即跨中和两侧1/4跨分别设置3个测点。具体测点的位置如图9-24所示。

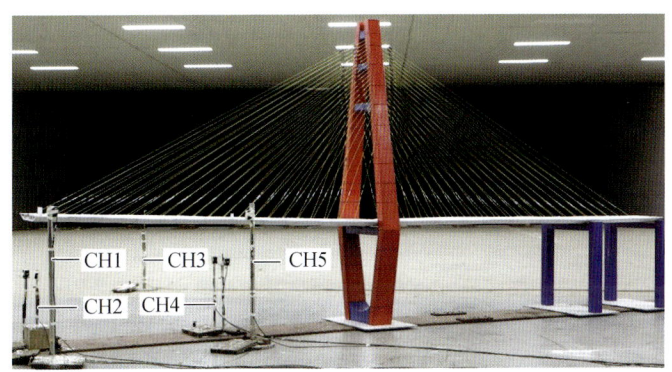

图9-24 临港长江大桥最大单悬臂测点布置

2. 动力特性测试结果

结构动力特性测试采用的激振系统由信号发生器和功率放大器组成，测量系统由激光位移传感器及随机信号与振动分析系统（CRAS）组成。通过激励的方法获取动力特性实测信号，并通过CRAS采集程序滤波并进行FFT处理的方法，获取模型主要模态的动力特性结果。

由于斜拉桥在发生振动时，主要是低阶频率起控制作用。因此在调试模型动力特性过程中，优先考虑了横向、竖向和扭转3个方向上的基频以及相应的阻尼比。表9-14和表9-15分别给出了全桥模型在成桥态与最大单悬臂施工状态下的模态测试结果。

表9-14 临港长江大桥成桥态动力特性测试结果

振型	频率/Hz				阻尼比/%
	实桥频率	模型要求值	模型实现值	误差	
V-S-1	0.286	2.86	2.81	−1.75%	0.61
L-S-1	0.336	3.36	3.12	−7.14%	0.19
T-S-1	0.548	5.48	5.2	−5.11%	0.59

表9-15 临港长江大桥最大单悬臂施工状态动力特性测试结果

振型	频率/Hz				阻尼比/%
	实桥频率	模型要求值	模型实现值	误差	
V-S-1	0.359	3.59	3.75	4.45%	0.59
L-S-1	0.244	2.44	2.62	7.42%	2.35
T-S-1	0.841	8.41	8.25	−1.96%	5.83

动力特性的实测结果表明，本全桥模型在成桥和各施工状态下的频率误差和阻尼比均控制得较好，可以满足试验要求。

9.7.3 均匀流场试验结果

1. 试验仪器

主要测振试验仪器设备如下：

- 皮托管和电子微压差计。
- 非接触式激光位移传感器。
- CRAS动态信号采集分析系统。

2. 试验工况

均匀流场试验主要考查桥梁的静风稳定性、颤振及涡激振动特性，紊流流场试验主要考查桥梁的抖振响应。考虑到桥址处来流存在一定的风攻角，均匀流下的全桥气弹模型试验考虑了+3°、−3°风攻角的情况。试验工况安排见表9-16和表9-17。

表9-16 临港长江大桥全桥气弹模型均匀流场试验工况

工况				试验风速范围/（m/s）	实桥风速范围/（m/s）
序号	结构形式	风偏角	风攻角		
LG1	成桥状态	0°	0°	0~5.9	0~59
LG2		0°	+3°	0~5.9	0~59
LG3		0°	−3°	0~5.9	0~59
LG4		10°	0°	0~5.9	0~59
LG5		30°	0°	0~5.9	0~59
LG6	最大单悬臂状态	0°	0°	0~5	0~50
LG7		0°	+3°	0~5	0~50
LG8		0°	−3°	0~5	0~50
LG9		10°	0°	0~5	0~50
LG10		30°	0°	0~5	0~50

表9-17 临港长江大桥全桥气弹模型紊流场试验工况

工况				试验风速范围/（m/s）	实桥风速范围/（m/s）
序号	结构形式	风偏角	风攻角		
LG11	成桥状态	0°	0°	0~5.7	0~57
LG12		10°	0°	0~5.7	0~57
LG13		30°	0°	0~5.7	0~57
LG14	最大单悬臂状态	0°	0°	0~5.7	0~57
LG15		10°	0°	0~5.7	0~57
LG16		30°	0°	0~5.7	0~57

3. 颤振试验结果

本节分别针对成桥状态及最大单悬臂施工状态，在均匀流场中进行风洞试验，以获取颤振临界风速等试验结果，并与节段模型结果进行对比。汇总结果如表9-18所示。

表9-18 临港长江大桥全桥气弹模型颤振测试结果汇总

工况			颤振临界风速		颤振检验风速/(m/s)	节段模型结果/(m/s)
序号	结构形式	风偏角	风攻角	实桥临界风速/(m/s)		
LG1	成桥状态	0°	0°	>59	53.7	>82.1
LG2		0°	+3°	>59	53.7	>75.4
LG3		0°	−3°	>59	53.7	>82.1
LG4		10°	0°	>59	53.7	—
LG5		30°	0°	>59	53.7	—
LG6	最大单悬臂状态	0°	0°	>50	47.2	>73.1
LG7		0°	+3°	>50	47.2	>72.9
LG8		0°	−3°	>50	47.2	>72.7
LG9		10°	0°	>50	47.2	—
LG10		30°	0°	>50	47.2	—

由上述全桥气弹模型风洞试验结果表明，临港长江大桥成桥状态在0°风偏角及0°、±3°三种风攻角，0°风攻角及0°、10°和30°风偏角下的颤振临界风速均超过59 m/s，即超过颤振检验风速53.7 m/s。由此表明，临港长江大桥成桥状态的颤振稳定性满足规范要求。

临港长江大桥最大单悬臂施工态在0°风偏角及0°、±3°三种风攻角，0°风攻角及0°、10°和30°风偏角下的颤振临界风速均大于对应的颤振检验风速。这表明临港长江大桥能够满足颤振稳定性的要求。

由此可见，临港长江大桥在0°风偏角及0°、±3°三种风攻角，0°风攻角及0°、10°和30°风偏角下的颤振稳定性满足规范要求。

4. 静风失稳结果

在均匀流场试验过程中，在成桥状态及最大单悬臂施工态下，全桥气弹模型均未发生静风失稳现象。

由此可见，在0~59 m/s范围内临港长江大桥没有出现静风失稳问题，即超过静风失稳检验风速，满足规范要求。

9.7.4 紊流场试验结果

利用在西南交通大学XNJD-3边界层风洞中建立的紊流风场,进行了模拟风场中成桥运营状态下各种结构风效应的观察和测量。通过模拟自然风场的风洞试验,可以达到以下目的:

- 测量结构在不同风速下的抖振响应。
- 观察结构在紊流场中是否存在涡激共振现象。
- 观察结构在自然风作用下的静风稳定性。

1. 边界层流场模拟

根据《公路桥梁抗风设计规范》,桥址区域的地表类别为B类,风剖面指数$\alpha=0.16$。风洞试验风场应与桥址处的风场满足相似条件。风洞试验的风场模拟采用尖塔与粗糙元的形式进行,如图9-25所示。

图9-25 大气边界层模拟

流场测量仪器采用丹麦DANTEC公司生产的Stream Line四通道热线风速仪。可以测量平均风速、纵向紊流度。图9-26~图9-28分别为模型所在位置的风剖面图(已换算为实桥)、紊流强度(I_u)剖面和大气边界层模拟风谱(B类地表)。模拟风谱在桥梁抖振试验所依赖的折算频率范围内($f>10^{-1}$)与目标谱吻合良好,满足抖振试验的要求。

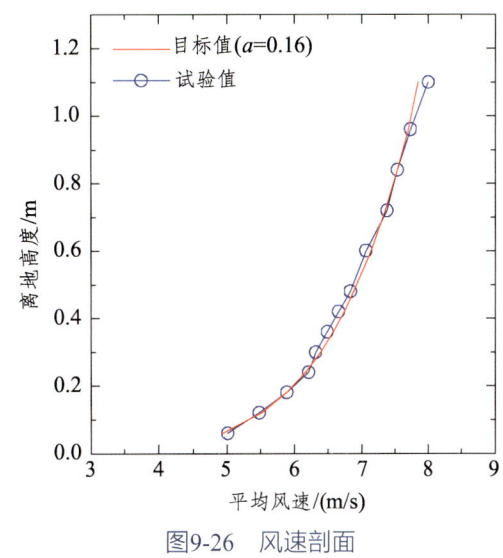

图9-26 风速剖面

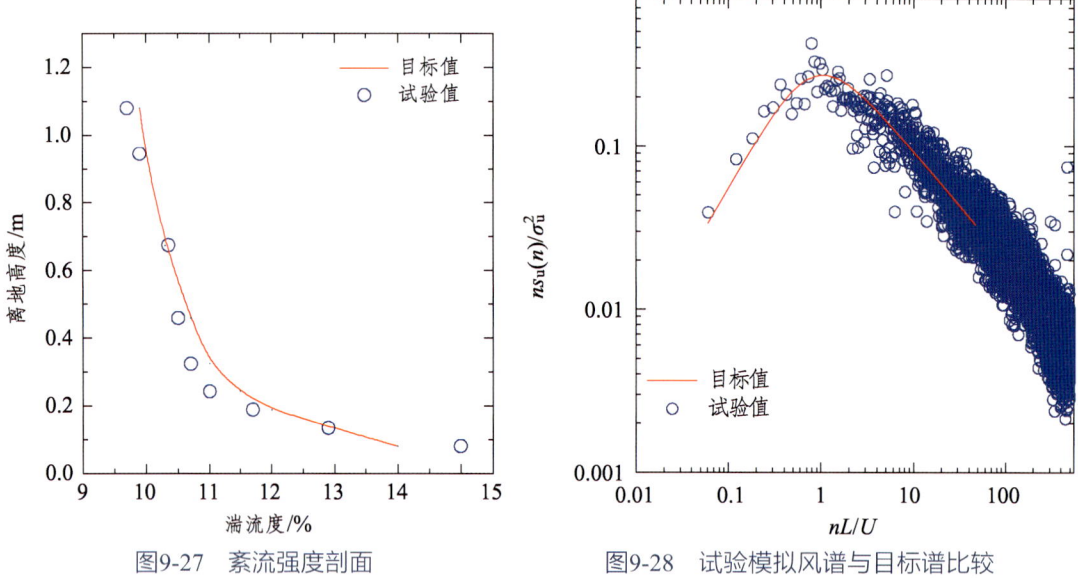

图9-27 紊流强度剖面　　　　　　　　　图9-28 试验模拟风谱与目标谱比较

2. 紊流场位移响应

根据试验结果,在设计基准风速范围内,成桥状态和最大单悬臂施工状态下跨中、1/4跨的扭转、竖向和侧向位移响应(均值、均方根值、峰值=均值+3.5×均方根值)如表9-19所示。

表9-19　成桥状态在设计基准风速下位移响应(风速36.5 m/s)

偏角	攻角	测点位置	位移类别	均值	均方根值	峰值
0°	0°	1/4跨	扭转/(°)	−0.007	0.099	−0.353
			竖向/m	0.028	0.035	0.151
			侧向/m	0.006	0.026	0.099
		跨中	扭转/(°)	−0.013	0.082	−0.299
			竖向/m	0.050	0.062	0.268
			侧向/m	0.022	0.029	0.124
10°	0°	1/4跨	扭转/(°)	−0.018	0.111	−0.406
			竖向/m	0.028	0.032	0.141
			侧向/m	0.027	0.026	0.117
		跨中	扭转/(°)	0.056	0.087	0.360
			竖向/m	0.031	0.043	0.182
			侧向/m	0.028	0.028	0.127

续表

偏角	攻角	测点位置	位移类别	均值	均方根值	峰值
30°	0°	1/4跨	扭转/(°)	−0.015	0.093	−0.342
			竖向/m	0.009	0.028	0.108
			侧向/m	0.028	0.027	0.122
		跨中	扭转/(°)	0.028	0.073	0.285
			竖向/m	0.019	0.036	0.144
			侧向/m	0.053	0.031	0.161

成桥状态抖振峰值图（已换算成实桥对应值）如图9-29、图9-30所示。

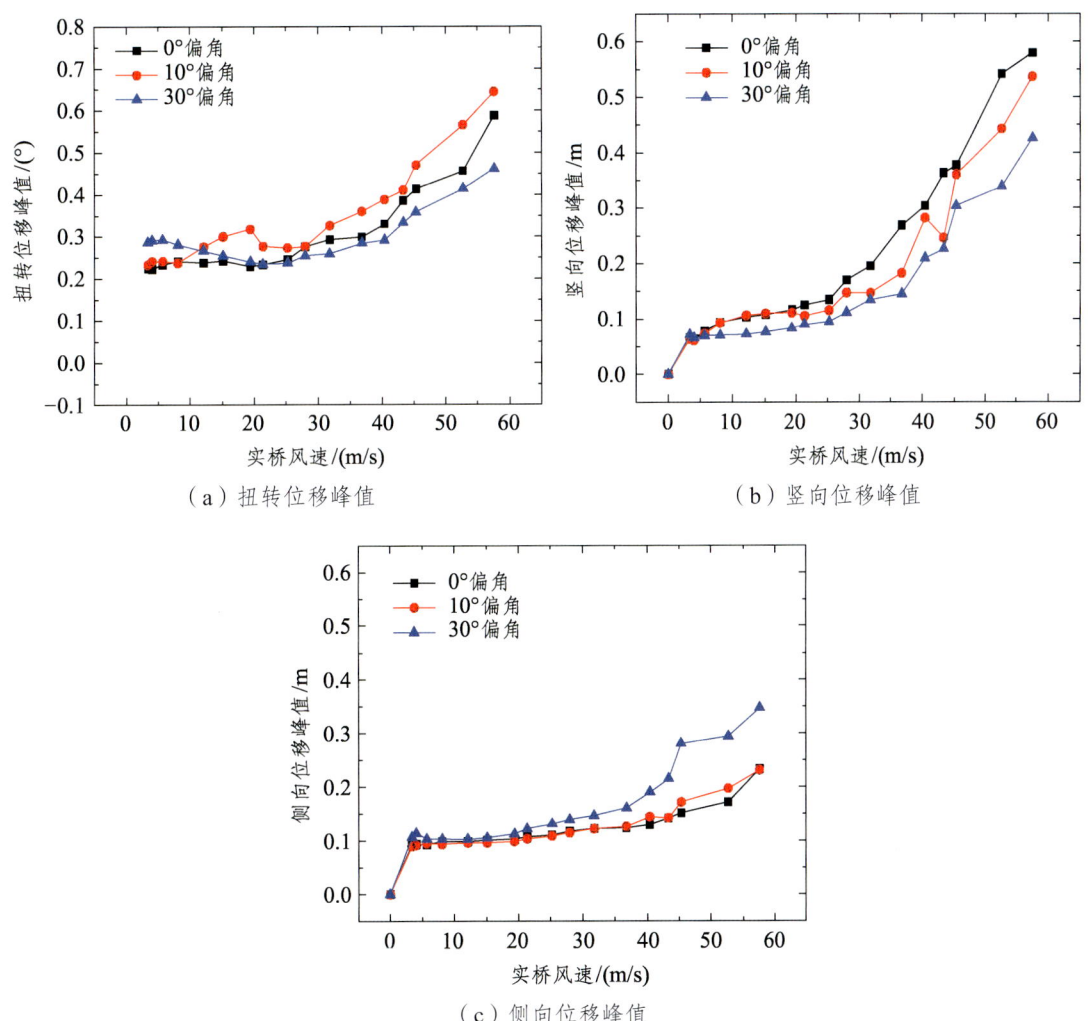

（a）扭转位移峰值

（b）竖向位移峰值

（c）侧向位移峰值

图9-29 成桥状态，紊流场，跨中位移响应峰值

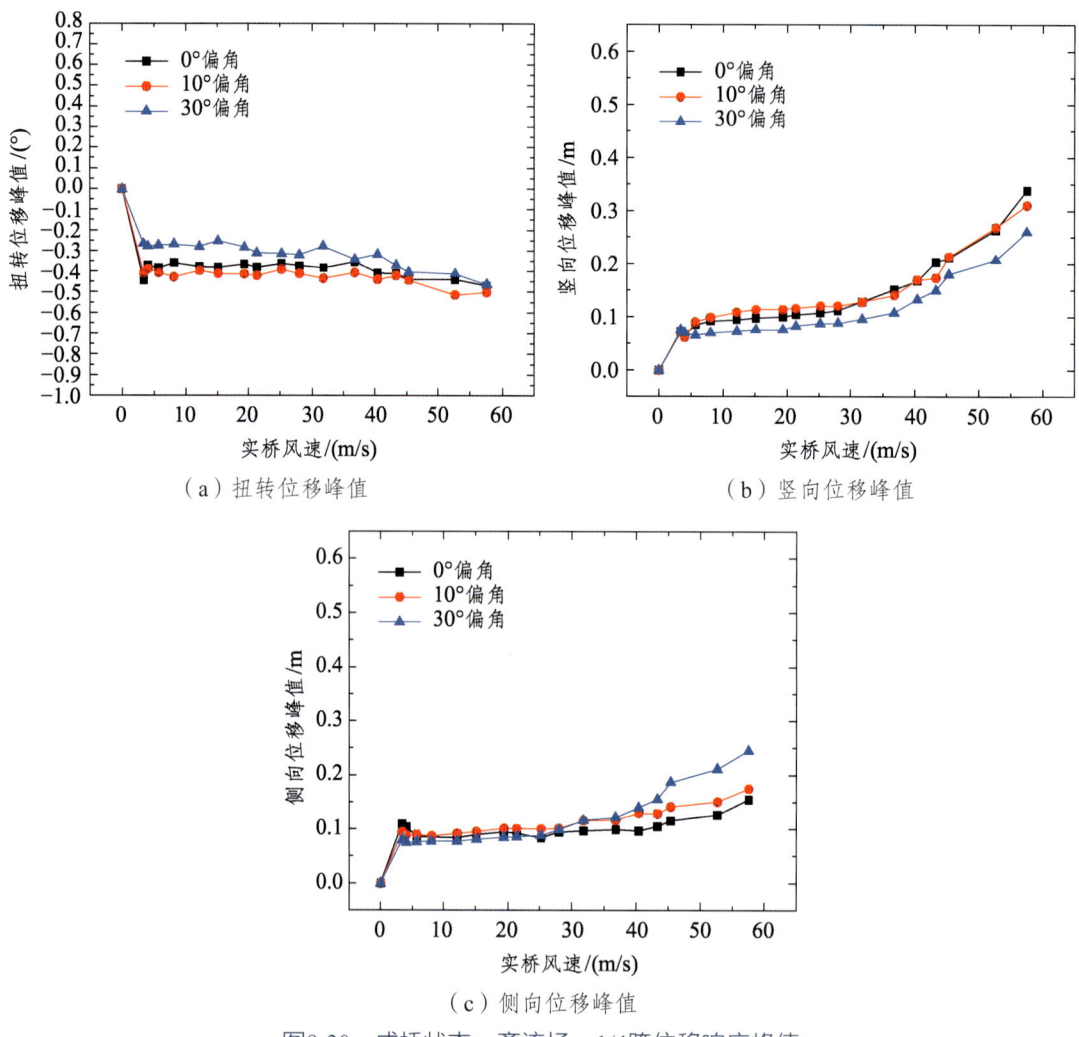

（a）扭转位移峰值　　（b）竖向位移峰值

（c）侧向位移峰值

图9-30　成桥状态，紊流场，1/4跨位移响应峰值

根据试验结果，在设计基准风速范围内，最大单悬臂施工态下跨中、1/4跨的扭转、竖向和侧向位移响应（均值、均方根值、峰值=均值+3.5×均方根值）如表9-20所示。

表9-20　最大单悬臂施工态在设计基准风速下位移响应（风速32.1 m/s）

偏角	攻角	测点位置	位移类别	均值	均方根值	峰值
0°	0°	1/4跨	扭转/(°)	−0.037	0.089	−0.349
			竖向/m	0.064	0.028	0.162
			侧向/m	0.078	0.040	0.219

续表

偏角	攻角	测点位置	位移类别	均值	均方根值	峰值
0°	0°	跨中	扭转/(°)	0.107	0.066	0.338
			竖向/m	0.094	0.038	0.227
			侧向/m	0.082	0.062	0.300
10°	0°	1/4跨	扭转/(°)	−0.060	0.111	−0.449
			竖向/m	0.053	0.025	0.139
			侧向/m	0.051	0.028	0.148
		跨中	扭转/(°)	0.173	0.071	0.422
			竖向/m	0.076	0.031	0.185
			侧向/m	0.067	0.043	0.219
30°	0°	1/4跨	扭转/(°)	−0.002	0.117	−0.411
			竖向/m	0.022	0.025	0.109
			侧向/m	0.027	0.031	0.136
		跨中	扭转/(°)	−0.047	0.065	−0.275
			竖向/m	0.057	0.028	0.155
			侧向/m	0.041	0.058	0.244

最大单悬臂施工状态抖振峰值图（已换算成实桥对应值）如图9-31、图9-32所示。

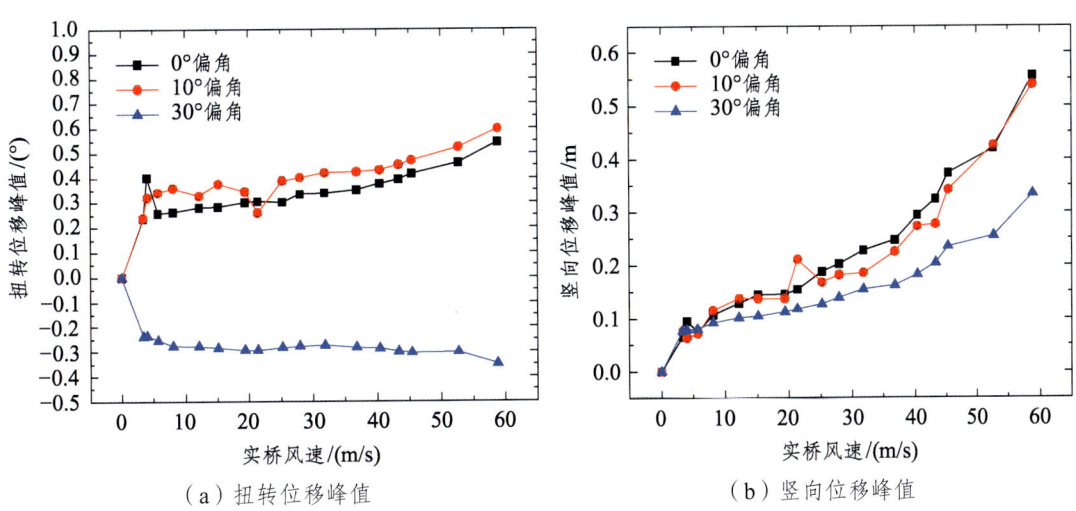

（a）扭转位移峰值　　　　　　　（b）竖向位移峰值

（c）侧向位移峰值

图9-31 最大单悬臂施工状态，紊流场，跨中位移响应峰值

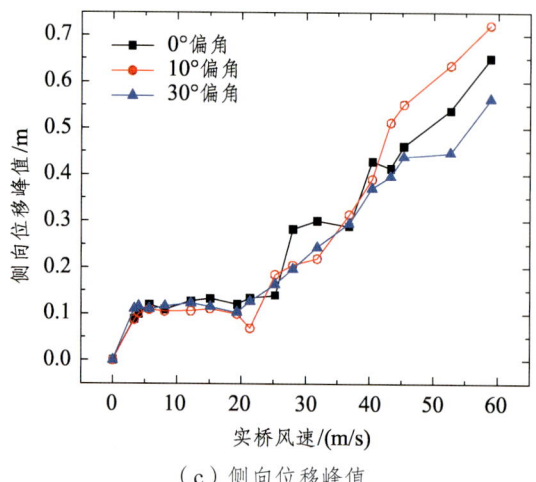

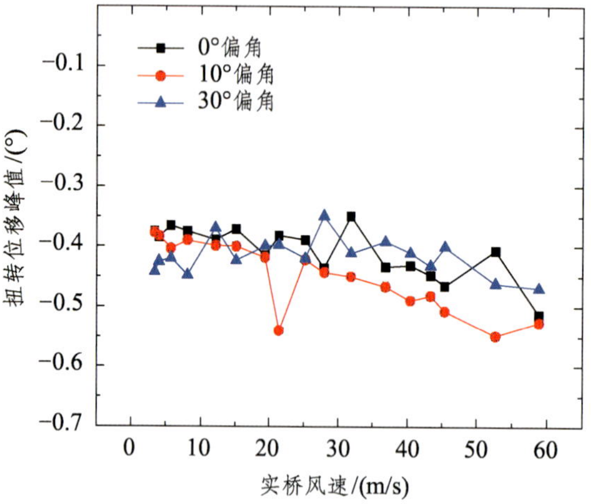

（a）扭转位移峰值 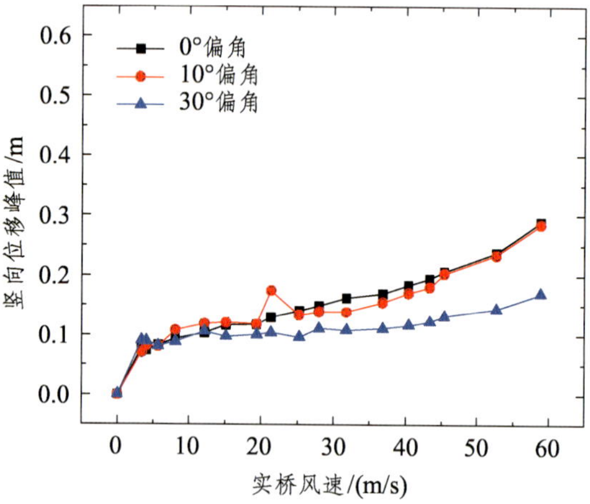　　　　　　　　　　（b）竖向位移峰值

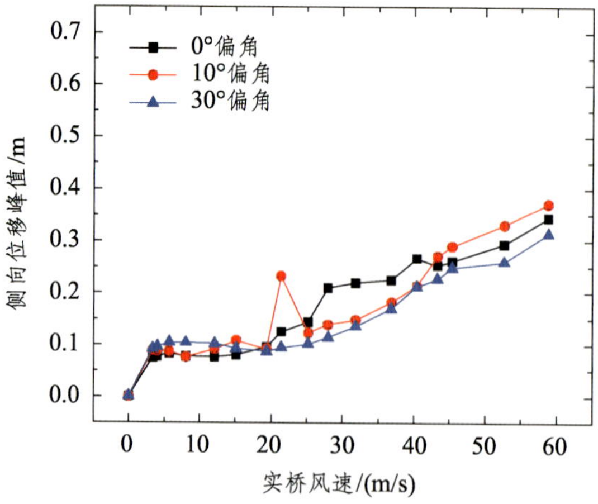

（c）侧向位移峰值

图9-32 最大单悬臂施工状态，紊流场，1/4跨位移响应峰值

9.8 本章小结

通过对临港长江大桥桥址风速标准推算、主梁节段模型涡振试验、节段模型颤振试验以及节段模型测力试验，得到如下结论：

（1）颤振风洞试验研究表明：标准主梁断面成桥状态和最大单悬臂施工状态的颤振临界风速均超过其对应的颤振检验风速，即满足规范对颤振稳定性的要求。

（2）涡振风洞试验研究表明：当竖向阻尼为0.31%时，成桥状态主梁在0°、+3°和+5°攻角下均出现了轻微的竖向涡振，最大振幅分别为3.6 mm、7.7 mm和9.2 mm；当扭转阻尼为0.29%时，在0°、+3°和+5°攻角下均出现了轻微的扭转涡振，最大振幅分别为0.004°、0.015°和0.019°。当竖向阻尼增加到0.5%时，未发现涡振现象。

（3）全桥气弹模型颤振试验研究表明：临港长江大桥成桥状态和最大单悬臂施工状态在0°风偏角及0°、±3°三种风攻角，0°风攻角及0°、10°和30°风偏角下的颤振临界风速均大于对应的颤振检验风速，表明大桥能够满足颤振稳定性的要求。

（4）全桥气弹模型静风稳定性试验结果表明：临港长江大桥成桥状态和最大单悬臂施工阶段的静风稳定性满足规范要求。

（5）全桥气弹模型抖振试验结果表明：临港长江大桥成桥状态在设计基准风速（36.5 m/s）下其跨中位置的竖向、侧向和扭转的抖振峰值响应分别为0.268 m、0.161 m和0.360°；最大单悬臂施工状态在施工设计风速（32.1 m/s）下其悬臂端位置的竖向、侧向和扭转的抖振峰值响应分别为0.227 m、0.300 m和0.422°。

参考文献：

[1] 同济大学. 公路桥梁抗风设计规范：JTG/T3360-01—2018[S]. 北京：人民交通出版社，2018.

[2] 李永乐，欧阳韦，郝超，等. 大跨度悬索桥静风失稳形态及机理研究[J]. 空气动力学学报，2009，6（27）：701-706.

[3] 李永乐，侯光阳，乔倩妃，等. 超大跨径悬索桥主缆材料类型对静风稳定性的影响研究[J]. 中国公路学报，2013，4（26）：72-77.

[4] 李永乐，安伟胜，李翠娟，等. 基于风致静动力稳定性的超大跨径桥梁跨中比选研究[J]. 公路交通科技，2012，8（29）：51-55.

[5] 李永乐，侯光阳，李翠娟，等. 超大跨径碳纤维主缆悬索桥施工阶段颤振稳定性研究[J]. 2012，21（31）：15-21.

[6] 李永乐，安伟胜，蔡宪棠，等. 倒梯形板桁跨中CFD简化模型及气动特性研究[J]. 工程力学，2011，S1（28）：103-109.

[7] 李永乐，侯光阳，向活跃，等. 大跨度悬索桥钢箱跨中涡振性能优化风洞试验研究[J]. 空气动力学学报，2011，6（29）：702-708.

[8] SHINOZUKA M. Identification of linear structure dynamic system[J]. Journal of the Engineering Mechanics Division, 1982, 108(6): 1371-1390.

[9] YAMADA H, ICHIKAWA H. Measurement of aerodynamic parameters by extended Kalman filter algorithm[J]. Journal of Wind Engineering and Industrial Aerodynamics, 1992(42): 1255-1263.

[10] SARKAR P P. Identification of aeroelastic parameters of flexible bridges[J]. Journal of the Engineering Mechanics Division, 1994, 120(8): 1718-1741.

[11] 廖海黎，奚绍中. 非流线形断面气动导数辨识[M]. 成都：成都科技大学出版社，1998：96-100.

[12] GU M, ZHANG R X, XIANG H F. Identification of flutter derivatives of bridge decks[J]. Journal of Wind Engineering and Industrial Aerodynamics, 2000(84): 151-162.

[13] 丁泉顺，陈艾荣，项海帆. 桥梁断面气动导数识别的修正最小二乘法[J]. 同济大学学报，2001，29（1）：25-29.

第 10 章
风-车-桥耦合振动性能

10.1 概　述

车辆行驶通过桥梁时会引起桥梁的振动，而桥梁的振动也会反馈给车辆。横向风作用时，风荷载的加入可能会使得这一耦合振动系统具有更大的响应。对汽车而言，过大的响应会造成汽车的倾覆；对列车而言，过大的响应可能引起列车的脱轨；对桥梁而言，过大的响应将会引起桥梁的疲劳稳定等问题。而临港长江大桥跨度大、桥面宽、车道和线路多、汽车与列车间的相互动力作用明显，桥面车流组织复杂，相互气动影响较大，进行侧风作用下车桥耦合振动研究是很有必要的。

本章主要包含以下研究内容：首先，利用XNJD-3风洞，系统测试了大缩尺比（1∶20）桥梁及车辆模型组合情况下车辆的五分力系数，研究了桥塔遮风效应对车辆气动力的影响以及汽车在迎风侧线路超车时的气动力变化。然后，进一步建立了风-列车-桥梁耦合振动模型，以及考虑随机车流和随机风荷载的风-汽车-桥耦合振动分析模型和方法，并根据相应的规范，建立了车辆运行的安全性和运行舒适评价方法，提出了相应的评价标准，建立了行车准则。接下来，采用自主研发的风-列车-桥耦合振动软件对临港长江大桥展开车-桥、风-车-桥耦合振动仿真分析，系统地研究列车线路、双车交会、桥塔遮风效应以及汽车车道荷载作用下车辆的行驶安全性和舒适性，并计算和评估了桥梁的响应。进一步，采用自主研发的公路风-车-桥系统分析软件对临港长江大桥开展车-桥、风-车-桥耦合振动仿真分析，系统地研究车速、车型、车道、车流密度、车道偏载等因素对桥梁和车辆的安全性及舒适性的影响规律。在此基础上，充分认识车-桥、风-车-桥系统的振动特点，为确定风速阈值和车速阈值提供理论依据。最后，对迎风侧桥塔、列车和相邻车道车辆遮挡效应对车辆过桥安全和舒适性的影响展开研究。

本章通过风洞试验研究汽车与列车的相互气动影响，通过仿真分析研究汽车与列车的相互动力影响，明确强风作用下行车安全性，对保障临港长江大桥安全运营具有重要的意义。

10.2 车桥气动特性风洞试验

为确定风-车-桥系统中车辆的气动力系数，分别制作了桥梁节段模型、汽车模型、列车模型及桥塔模型，在西南交通大学XNJD-3工业风洞中进行了大比尺节段模型风洞试验。

10.2.1 试验概况

根据主梁断面形式制作了节段模型,节段模型长3.9 m、宽3.195 m、高0.25 m。采用优质松木和层板制作了模型的主要结构,节段模型按1:20几何缩尺比严格模拟主梁的几何外形,桥面系构造及细节如图10-1所示。

(a)桥面系总览

(b)人行道栏杆与排水槽

(c)钢防撞栏杆

(d)混凝土防撞墙和防眩屏障

(e)外部翼缘板与U肋

图10-1 桥面系构造

CRH3型列车的车辆风荷载采用ATI六分量天平进行测试，各类型汽车的车辆风荷载采用型号为KWR46的六分量天平进行测试，测试的车辆类型包括小汽车、厢式货车、客车、集装箱车。为方便对工况进行说明，将公路车道及铁路线路编号，各车道编号如图10-2所示。

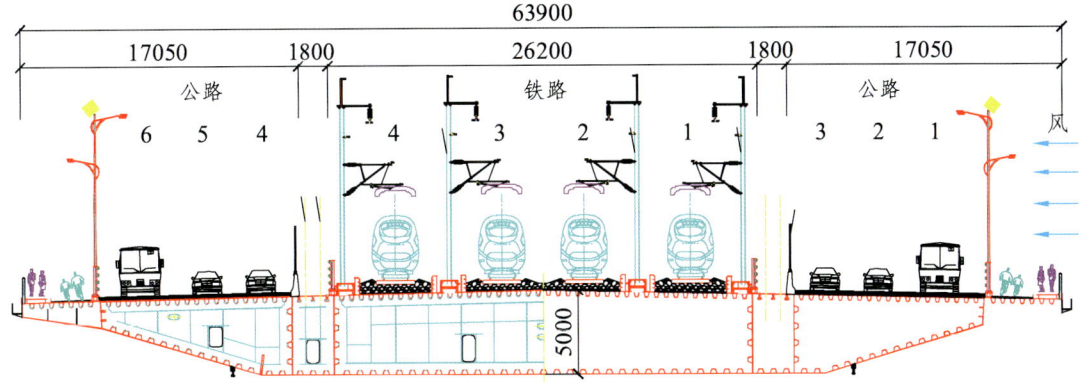

图10-2 桥梁公路铁路编号示意图

对公路车辆静力五分力系数进行定义：

$$C_S = \frac{F_S}{qLH}, \quad C_L = \frac{F_L}{qB_cH}, \quad C_{M_R} = \frac{M_R}{qLB_c^2}, \quad C_{M_Y} = \frac{M_Y}{qLB_c^2}, \quad C_{M_P} = \frac{M_P}{qLB_c^2} \quad (10\text{-}1)$$

式中：C_S、C_L、C_{M_P}、C_{M_Y}、C_{M_R} 分别为车辆的升力系数、侧向力系数、俯仰力矩系数、横摆力矩系数、侧翻力矩系数；F_L、F_S、M_P、M_Y、M_R 分别为车辆所受到的升力、侧向力、俯仰力矩、横摆力矩、侧翻力矩；L、B_c、H 分别为车辆的长度、宽度、高度；$q = 0.5\rho U^2$（U为平均风速）。

各个车辆的试验模型如图10-3所示，其设计参数见表10-1，试验在均匀流条件下进行，来流风速包括8 m/s和10 m/s。

（a）厢式货车模型

（b）客车模型

（c）集装箱车模型

图10-3　测试中的汽车模型

表10-1　车辆模型设计参数

车辆类型	侧向投影面积（A）/cm²	长度（L）/cm	宽度（B_c）/cm	高度（H）/cm	重心高度/cm
集装箱车	1077.3	77.1	12.5	14.9	8.5
客车	692.9	52.1	12.5	14.0	7.5
厢式货车	482.7	38.4	11.5	13.5	7.0
小轿车	92.1	20.8	6.1	6.0	1.3

试验中采用KWR46型天平测试汽车的静力五分力系数，主要测试内容包含以下4个方面：① 不同汽车车道上各类型汽车的静力五分力系数；② 桥塔遮风效应对汽车的静力五分力系数的影响［见图10-4（a）］；③ 不同线路列车对位于背风侧的汽车的静力五分力系数的影响；④ 汽车超车过程对静力五分力系数的影响［见图10-4（b）］。

（a）桥塔遮风效应对厢式货车的影响　　　（b）厢式货车超越集装箱车

图10-4　风载突变效应测试

列车的阻力系数、升力系数和力矩系数与汽车定义一致［见式（10-1）］，仅将气动力系数定义的特征尺寸换为列车参数即可。

试验中采用ATI天平测试列车的气动力系数，测试的内容包含以下5个方面：① 列车在不同线路上的静力三分力系数；② 双车于桥梁上交会时各个线路组合下列车的静力三分力系数；③ 位于迎风侧公路车道的汽车对列车静力三分力系数的影响；④ 桥塔遮风效应对列车静力三分力系数的影响；⑤ 混凝土防撞墙及防眩屏障对列车静力三分力系数的影响。

其中，双车交会工况测试和迎风侧公路汽车对列车影响测试分别如图10-5和图10-6所示。

图10-5 双车交会工况测试

图10-6 迎风侧公路汽车对列车影响测试

10.2.2 汽车气动特性

1. 各车道汽车气动力系数

4种车辆在6车道下的静力五分力系数如图10-7所示。由图可见，4种车辆的静力五分力系数随车道变化的趋势一致，均随着车道位置逐渐偏向背风侧而减小。由于该桥面的桥面系设计较为复杂，迎风侧汽车车道的上游还存在防撞栏杆、人行道及非机动车道，加之小轿车高度较低，所以气动力系数相对较小，但随着车道向后移动时，车辆的气动力总体减小，由于桥面防眩屏障及桥面较宽等原因，背风侧车道上各种车辆的气动力系数均较小。

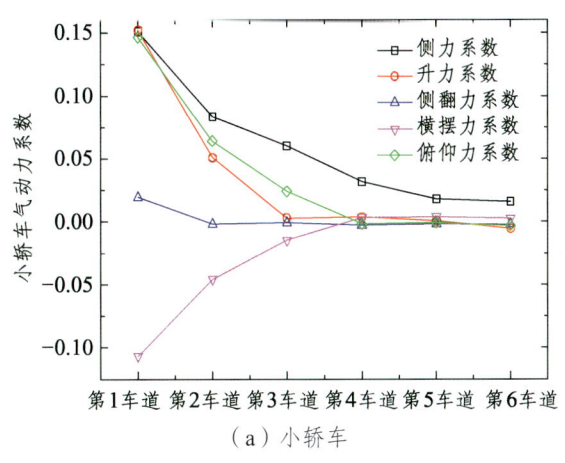

（a）小轿车

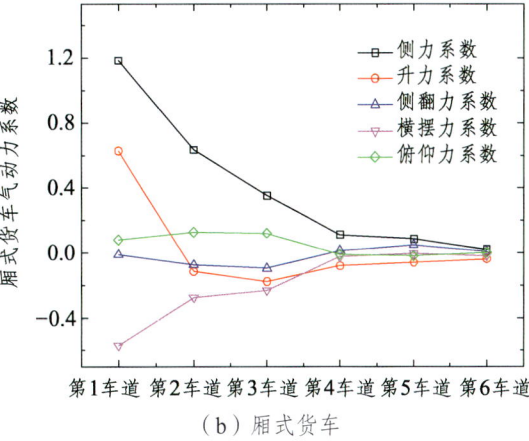

（b）厢式货车

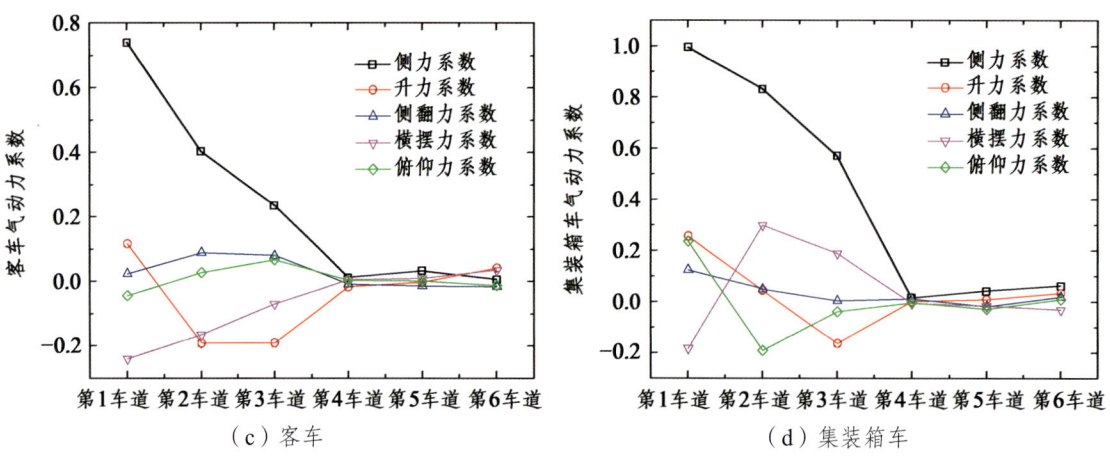

（c）客车　　　　　　　　　　　　（d）集装箱车

图10-7　汽车气动力测试结果

2. 桥塔遮风效应的影响

桥塔遮风效应对各车道各类型车辆的影响如图10-8所示。由图可见，桥塔的遮挡效应会显著改变车辆的气动力系数，车辆经过桥塔时侧向力存在先减小后增加的过程。汽车的尺寸相对桥面处桥塔宽度较小，桥塔遮风效应对行车安全性影响是不容忽视的。

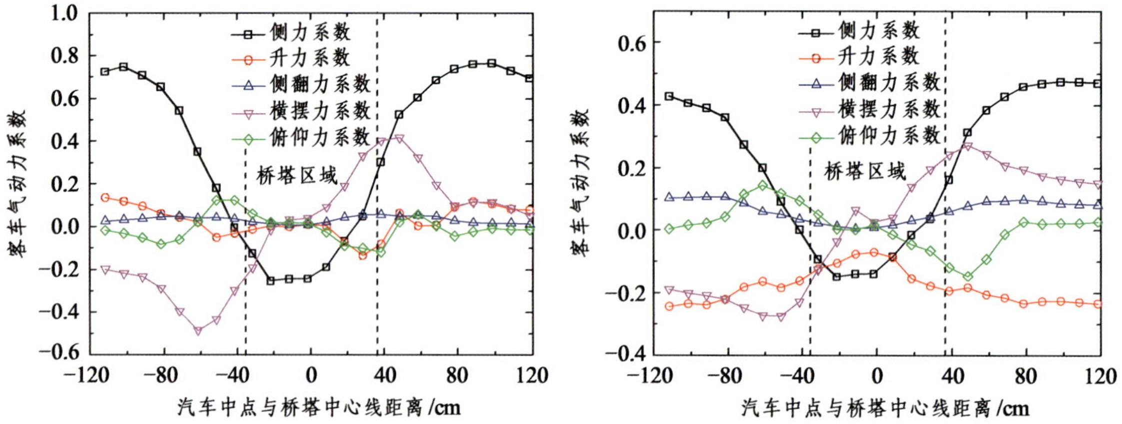

（a）客车位于1车道　　　　　　　　（b）客车位于2车道

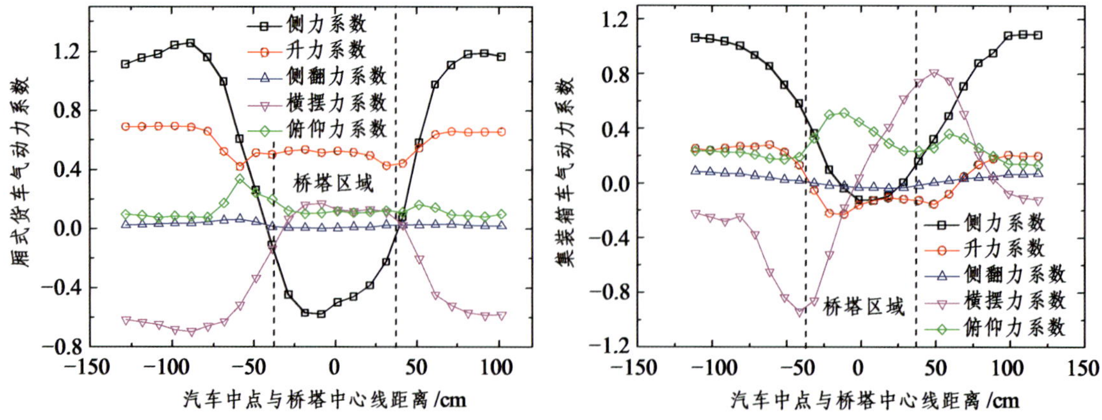

（c）厢式货车位于1车道　　　　　　（d）集装箱车位于1车道

图10-8　桥塔遮风效应的影响

3. 汽车超车的影响

以集装箱车和客车之间超车为例，集装箱车和客车之间超车过程中车辆静力五分力测试结果如图10-9所示。

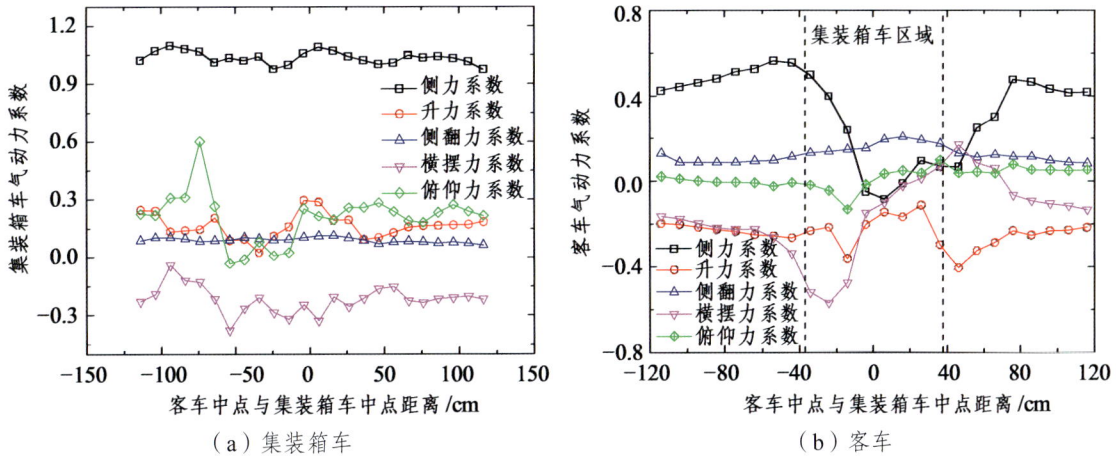

（a）集装箱车　　　　　　　　　　　　　　（b）客车

图10-9　公路车静力五分力系数（集装箱车位于1车道-客车位于2车道）

由图可见，由于被超越车辆较超越车辆而言位于迎风的位置，所以被超越车辆的静力五分力系数在超车过程中变化较小，但被超越车辆对超越车辆的静力五分力系数影响较大，超越车辆的静力侧向力系数在超车过程中会经历先减小后增加的过程，这与车辆过桥塔的变化规律是一致的。

10.2.3　列车气动特性

列车位于不同线路时的测试结果如图10-10所示。由图可见，由于列车线路周围设置的混凝土防撞墙及防眩屏障的高度较高，列车在各个线路上受到的风荷载较小，故静力三分力系数较小。总体而言，列车处于越靠近背风侧的线路，静力三分力系数越小。但车辆处于1号线路时，距离迎风侧的混凝土防撞墙及防眩屏障较近，气流通过混凝土防撞墙及防眩屏障时

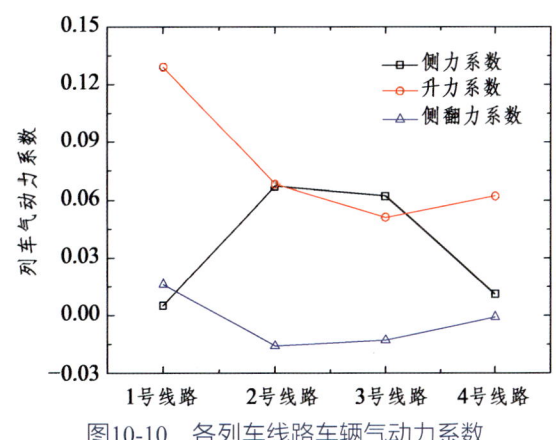

图10-10　各列车线路车辆气动力系数

绕流作用明显，所以该线路车辆具有最小的静力三分力系数。

由于列车单车运行状下的气动力系数较小，在双车交会、列车过桥塔时风载突变效应的影响也较小，由于防眩屏障的遮挡作用，汽车对列车气动特性的干扰也较小。

10.3 风-车-桥耦合振动分析方法

风-列车-桥系统本质上是双重随机激励（轨道不平顺和脉动风）作用下的时变系统，其相互作用包括3个方面的内容：①强风与大跨度桥梁间的流-固耦合作用；②车辆与大跨度桥梁间的固体接触耦合作用；③强风对车辆的随机脉动作用。此外，车辆和桥梁间相互的气动影响以及由车辆运行引起的时变效应使风-车-桥系统变得更为复杂。车-桥耦合振动系统包括2个子系统，即车辆子系统和桥梁子系统。这2个子系统通过轮轨相互作用而形成耦合机制，对这2个子系统的运动方程分别独立求解，通过分离迭代算法来实现车、桥两子系统间的几何和力学耦合关系。

10.3.1 风-列车-桥耦合振动

列车模型包含一个车体，2个转向架和4个轮对，共7个刚体，并通过弹簧和阻尼连接（见图10-11），车体和转向架各5个自由度，轮对仅考虑横移和点头2个自由度，一节车厢共23自由度。

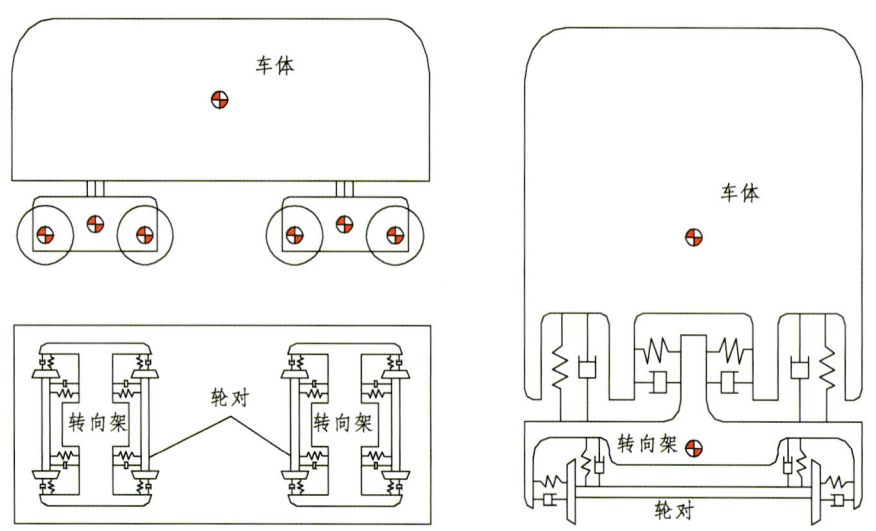

图10-11 车辆质量-弹簧-阻尼模型

通过达朗贝尔原理，可建立车辆运动方程：

$$\boldsymbol{M}_v \ddot{\boldsymbol{u}}_v + \boldsymbol{C}_v \dot{\boldsymbol{u}}_v + \boldsymbol{K}_v \boldsymbol{u}_v = \boldsymbol{F}_{bv} \tag{10-2}$$

式中：$\ddot{u}_v$、$\dot{u}_v$、u_v分别为车辆的加速度、速度及位移；$\boldsymbol{M}_v$、$\boldsymbol{C}_v$、$\boldsymbol{K}_v$分别为车辆的质量矩阵、阻尼矩阵和刚度矩阵；$\boldsymbol{F}_{bv}$为由轨道不平顺和桥梁运动引起的轮-轨相互作用力矩阵。

桥梁结构分析模型采用有限元方法建立，桥梁的运动方程可写为：

$$\boldsymbol{M}_b \ddot{\boldsymbol{u}}_b + \boldsymbol{C}_b \dot{\boldsymbol{u}}_b + \boldsymbol{K}_b \boldsymbol{u}_b = \boldsymbol{F}_{vb} \tag{10-3}$$

式中：$\ddot{u}_b$、$\dot{u}_b$、u_b分别为桥梁的加速度、速度及位移；$\boldsymbol{M}_b$、$\boldsymbol{C}_b$、$\boldsymbol{K}_b$分别为桥梁的质量矩

阵、阻尼矩阵和刚度矩阵；F_{vb}为由轨道不平顺和桥梁运动引起的轮-轨相互作用力矩阵。

轨道不平顺是列车运行时产生振动的主要原因，采用德国低干扰谱模拟轨道不平顺记录，将模拟的轨道不平顺作为激励输入，其功率谱函数为：

垂向不平顺：

$$S_v(\Omega) = \frac{KA_v\Omega_c^2}{\Omega^2(\Omega^2 + \Omega_c^2)} \quad (10\text{-}4)$$

方向不平顺：

$$S_\alpha(\Omega) = \frac{KA_\alpha\Omega_c^2}{\Omega^2(\Omega^2 + \Omega_c^2)} \quad (10\text{-}5)$$

水平不平顺及轨距不平顺：

$$S_c(\Omega) = S_g(\Omega) = \frac{4KA_v\Omega_c^2}{(\Omega^2 + \Omega_c^2)(\Omega^2 + \Omega_s^2)} \quad (10\text{-}6)$$

式中：$S(\Omega)$为轨道不平顺功率谱密度；Ω为空间频率；Ω_c和Ω_s为截断频率；A_v、A_α为粗糙度系数，与线路等级有关；K为系数，一般取0.25。

轨道不平顺样本（上行）如图10-12所示。

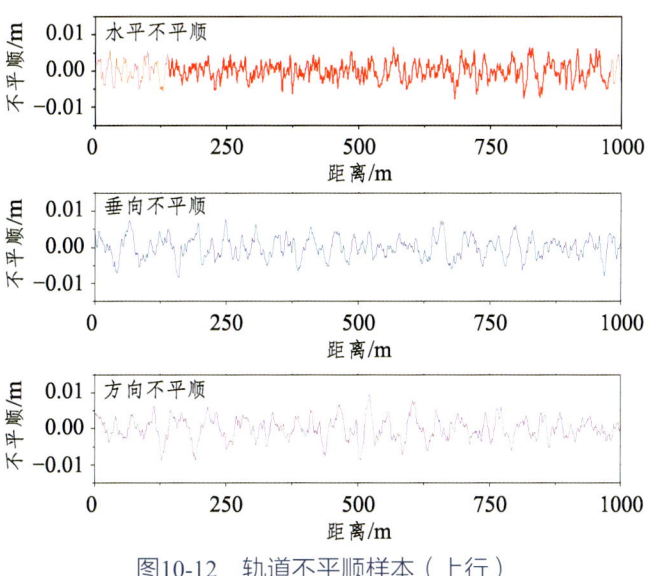

图10-12 轨道不平顺样本（上行）

采用谱方法进行脉动风场模拟。其中，风谱按照规范要求选取，具体模拟方法可参考相关论文。

对于临港长江大桥，其风场可简化为2个独立的一维多变量随机风速场（见表10-2），沿主梁从左至右等间距（10 m）地分布了112个风速模拟点，对2个方案主梁横桥向和竖桥向脉动风场进行模拟。对于钢箱梁桥，整个主梁基本位于同一高度处，可认为沿主梁布置的各模拟点具有相同的平均风速。

表10-2 一维脉动风速场

风场号	位置	风向	模拟点数
1	主梁	横桥向	112
2	主梁	竖桥向	112

作用在桥梁主梁上的风荷载通常被分成3部分,即由平均风引起的静风力、由脉动风引起的抖振力以及由结构与流体相互作用引起的自激力。作用在桥道上的静风荷载通常用体轴坐标系和风轴坐标系表示。体轴坐标系下,作用在主梁单位长度上的静力风荷载可表示为:

横桥向风荷载（阻力）：

$$F_H = \frac{1}{2}\rho U^2 C_H(\alpha_0)D \quad (10\text{-}7)$$

竖向风荷载（升力）：

$$F_V = \frac{1}{2}\rho U^2 C_V(\alpha_0)B \quad (10\text{-}8)$$

扭转风荷载（力矩）：

$$F_M = \frac{1}{2}\rho U^2 C_M(\alpha_0)B^2 \quad (10\text{-}9)$$

式中：$C_H(\alpha_0)$、$C_V(\alpha_0)$、$C_M(\alpha_0)$为体轴系下攻角为α_0时主梁的三分力系数；D，B分别为主梁断面的高度和宽度。三分力系数通常随攻角而变化,可通过静力节段模型试验来确定。

对于风-车-桥系统,由于列车的影响,列车所在位置的桥梁受到的静风荷载与列车的位置有关,此时静力风荷载表达式应采用考虑了车辆气动影响的三分力系数；当其上无车时,静力风荷载表达式中的三分力系数不考虑车辆影响。此外,桥上双车共存时主梁的气动力系数与仅有单车及无车时主梁的气动力系数亦有差异。

根据Scanlan的准定常气动力表达式,并引入气动导纳函数修正,作用在主梁单位展长上的抖振力可表达如下：

$$\begin{aligned} D_{bu}(x,t) &= \frac{1}{2}\rho U^2 B\left[2\frac{D}{B}C_D(\alpha_0)\frac{u(x,t)}{U}\gamma_1(t)\right] \\ L_{bu}(x,t) &= -\frac{1}{2}\rho U^2 B\left\{2C_L(\alpha_0)\frac{u(x,t)}{U}\gamma_2(t) + \left[C_L'(\alpha_0) + \frac{D}{B}C_D(\alpha_0)\right]\frac{w(x,t)}{U}\gamma_3(t)\right\} \quad (10\text{-}10) \\ M_{bu}(x,t) &= \frac{1}{2}\rho U^2 B^2\left[2C_M(\alpha_0)\frac{u(x,t)}{U}\gamma_4(t) + C_M'(\alpha_0)\frac{w(x,t)}{U}\gamma_5(t)\right] \end{aligned}$$

式中：D_{bu}、L_{bu}、M_{bu}分别为抖振阻力、抖振升力及抖振力矩；C_D、C_L、C_M分别为主梁断面在风轴坐标系的阻力、升力、力矩系数；C'_L、C'_M分别为升力系数和力矩系数的斜率；$u_0(x,t)$、$w_0(x,t)$分别为主梁x处横桥向及竖向的脉动风速；$\chi_1(t) \sim \chi_5(t)$为时域气动导纳函数，分析中偏安全地取为1.0。

式中三分力系数及其斜率的选择与静力风荷载相似，即当某一段桥道上有车时，其抖振风荷载表达式应采用考虑了车辆影响后的三分力系数及斜率；当其上无车时，抖振风荷载表达式中的三分力系数及斜率不考虑车辆影响。

基于颤振导数，Scanlan首先提出了6个颤振导数的桥梁断面的自激力表达式，后来扩充为18个颤振导数的表达形式。考虑到颤振导数的测试精度和各参数敏感性，实际应用常采用下面的表达形式（11个颤振导数）：

$$D_{se} = \frac{1}{2}\rho U^2 B \left[KP_1^* \frac{\dot{p}}{U} + KP_2^* \frac{B\dot{\alpha}}{U} + K^2 P_3^* \alpha \right]$$

$$L_{se} = \frac{1}{2}\rho U^2 B \left[KH_1^* \frac{\dot{h}}{U} + KH_2^* \frac{B\dot{\alpha}}{U} + K^2 H_3^* \alpha + K^2 H_4^* \frac{h}{B} \right] \quad (10\text{-}11)$$

$$M_{se} = \frac{1}{2}\rho U^2 B^2 \left[KA_1^* \frac{\dot{h}}{U} + KA_2^* \frac{B\dot{\alpha}}{U} + K^2 A_3^* \alpha + K^2 A_4^* \frac{h}{B} \right]$$

式中：P_i^*、H_i^*、A_i^*（$i=1,4$）为桥梁断面的颤振导数，可通过节段模型风洞试验测试，$K = \frac{B\omega}{U}$为折算频率。

横桥向风作用下车辆上的风荷载与主梁类似，亦可分为3部分，即静风力、抖振力和自激力。具体计算时按气动力系数定义反算即可得相应的静风力。

由于车辆的运动，其在横风向具有一定的速度，计算风荷载时应采用风速和车辆速度的合成速度，且考虑等效斜交风效应。已有研究表明，对于较长的轨道车辆，其侧向气动力系数近似符合余弦规则，即车辆所受的静风力和抖振力可采用类似主梁风荷载表达式，但是式中的三分力系数应取车辆的三分力系数值，特征尺寸应为车辆的高度和宽度。当桥道截面沿跨向不变时，列车通过整个桥梁的过程中车辆的三分力系数不变；当主梁采用变截面时，列车的三分力系数随车辆前进位置的不同而相应地变化。此外，列车位于迎风侧时和位于背风侧时的三分力系数不同，双车共存时与仅有单车时的气动力系数亦不同。

列车所受抖振力按主梁风荷载表达式求解时，式中横桥向及竖向的脉动风速根据车辆所在位置确定，车辆所受的脉动风速与车辆所在梁段的脉动风速相同。随着列车的前行，车辆所受的脉动风速对应于不同梁段处的风速时程。列车宽度较窄（2~6 m），且断面较为钝化，其气动耦合作用应较弱。因此，风-车-桥系统分析中忽略列车的自激力作用。

风-车-桥系统中，风-车系统间的相互作用仅考虑定常力和准定常力，风-桥系统间的耦合通过对非线性风荷载的迭代来实现，车-桥系统间的耦合通过车、桥两子系统间的分离迭代来实现。风-车-桥系统运动方程可表示为：

$$M_b \ddot{u}_b + C_b \dot{u}_b + K_b u_b = F_{stb} + F_{bub} + F_{seb} + F_{vb} \quad (10\text{-}12)$$

$$M_v \ddot{u}_v + C_v \dot{u}_v + K_v u_v = F_{stv} + F_{buv} + F_{bv} \quad (10\text{-}13)$$

式中：下标 b、v 分别表示桥梁及车辆；F_{st}、F_{bu}、F_{se} 分别表示静力风荷载、抖振风荷载及自激风荷载；F_{vb}、F_{bv} 分别表示车-桥系统间的相互作用力。

对于风-车-桥系统，可将桥梁及车辆运动方程分别独立求解，通过分离迭代来满足车、桥两子系统间的几何、力学耦合关系。分析中采用桥梁科研分析软件系统 BANSYS（Bridge Analysis System）进行风-车-桥系统耦合振动计算分析。

10.3.2　风-汽车-桥耦合振动

风-汽车-桥系统本质上也是双重随机激励（轨道不平顺和脉动风）作用下的时变系统，其中，车-桥耦合振动系统包括 2 个子系统，即随机车流子系统和桥梁子系统。

研究中将小轿车、厢式货车、大客车、集装箱车共 4 类车辆作为代表车型，研究其在侧风作用下桥上行车的安全性和舒适性问题。小轿车采用英国汽车工业研究联合会（MIRA）建立的汽车模型，简称 MIRA 模型。厢式货车以五十铃、江淮轻卡等为代表的厢式小货车车型，大客车以宇通、金龙等为代表的旅行巴士车型。对于集装箱车辆，采用 5 轴车辆模型。

在汽车-桥梁或风-汽车-桥耦合振动分析中，通常将车辆看成由几个刚体通过若干的轴质量块、弹性元件和阻尼元件连接而成。对于 2 轴车辆而言，整个车辆可以分为 5 个刚体：1 个车体和 4 个车轮。车体考虑竖向位移 Z_v、侧向位移 Y_v、侧翻位移 ϕ_v、横摆位移 φ_v 和俯仰位移 θ_v，共计 5 个自由度；每一个车轮考虑竖向位移 Z_{si} 和横向位移 Y_{si}，共 2 个自由度。因此，2 轴 4 轮车辆共 13 个自由度，动力分析模型如图 10-13 所示。同理，对于 5 轴车辆而言，整个车辆可以分为 12 个刚体：2 个车体和 10 个车轮。为了对车辆进行简化，牵引车车体考虑竖向位移 Z_{vr}^1、俯仰位移 θ_{vr}^1 和侧翻位移 φ_{vr}^1，共计 3 个自由度；拖挂车车体考虑竖向位移 Z_{vr}^2、俯仰位移 θ_{vr}^2 和侧翻位移 φ_{vr}^2；由于 θ_{vr}^2 不是独立自由度，其与 θ_{vr}^1 满足关系式 $\theta_{vr}^2 = \frac{1}{L_8}(Z_{vr}^2 - Z_{vr}^1 - L_7 \theta_{vr}^1)$，因此拖挂车车体共计 2 个自由度；每一个车轮仅考虑竖向位移 Z_{si}（$i=1,2,3,\cdots,10$），10 个车轮共计 10 个自由度。因此，5 轴 10 轮车辆共 15 个自由度，动力分析模型如图 10-14 所示。

采用基于传统元胞自动机（Cellular Automation，简称 CA）的改进型随机车流模型（Refined Cellular Automation，简称 RCA）来模拟车流状态。基于传统 CA 的改进型随机车流模型具有以下特点：

（1）元胞功能的定义：与 CA 交通流思路一致，将整个模拟空间离散，看成由一系列等长的元胞组成。但与 CA 交通流中元胞长度和状态定义不同，RCA 中元胞的长度由常用

（a）　　　　　　（b）

图10-13　两轴车辆动力学模型

（b）

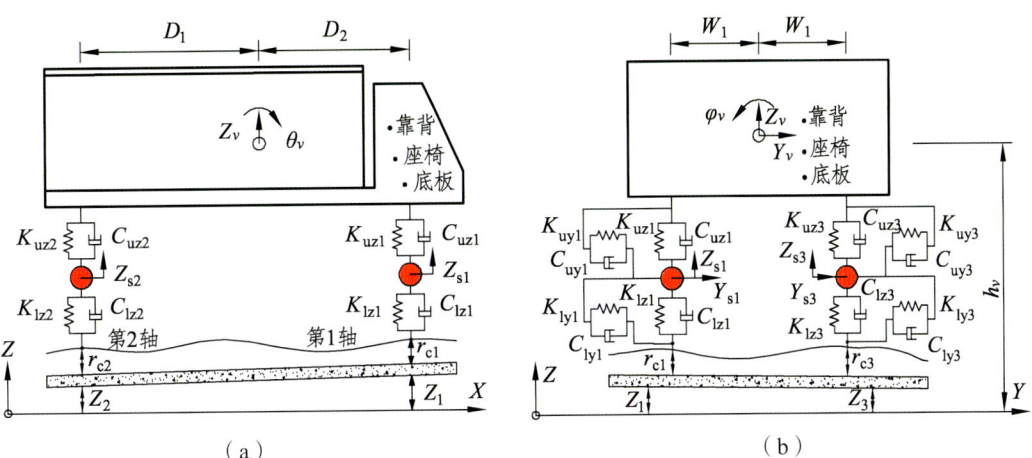

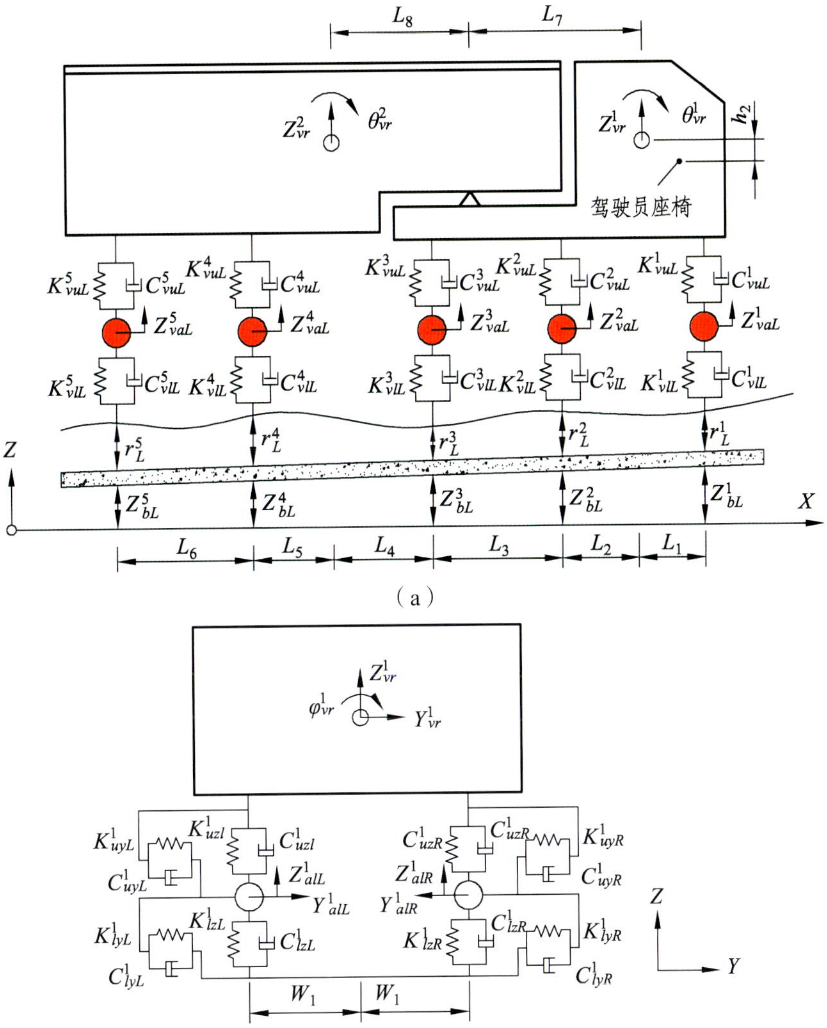

图10-14　五轴车辆动力学模型

的7.5 m缩短至0.05 m，同时，为了体现车辆类型的多样性，规定任意车辆根据其车长可同时占据多个元胞，但相同元胞同一时刻最多只能用于"容纳"一辆车的部分车长，以避免不同车辆发生"碰撞"或"重叠"。通过上述定义，可模拟任意类型的车辆，包括车身长度较长的重型车甚至是大件运输车辆。同时，由于元胞长度相比于传统的长度大大缩小，因此RCA中车速虽然仍是离散的，为0.05 m的倍数，但基本实现平稳变化，不会发生速度突变的情况。

（2）加、减速的模拟：目前，基于CA交通流模型的风-车或风-车-桥分析中均忽略了车辆的加、减速行为对风-车耦合振动的影响，而车辆的加、减速行为对车流本身以及桥梁结构的动力响应均有重要影响。本研究通过在车辆动力方程中引入惯性力矩的方法考虑了由车辆的加、减速行为给车辆和桥梁带来的影响。

桥梁为城市桥梁，因此选取了7种典型车辆类型构成该桥桥上的交通流。这7种典型车辆（用V1~V7来表示）及其在4个车道上的占有率（Occupancy Ratio）如表10-3所示。

表10-3　7种典型车辆在各车道上的占有率

车辆类型	车道1	车道2	车道3	车道4
V1（2轴轿车）	0.140	0.060	0.140	0.060
V2（2轴货车）	0.015	0.035	0.015	0.035
V3（3轴拖车）	0.015	0.035	0.015	0.035
V4（3轴整车）	0.015	0.035	0.015	0.035
V5（4轴拖车）	0.015	0.035	0.015	0.035
V6（5轴拖车）	0.015	0.035	0.015	0.035
V7（6轴拖车）	0.015	0.035	0.015	0.035
车道总占有率	0.230	0.270	0.230	0.270

在RCA模拟过程中，时间步长取0.05 s，元胞长度为0.05 m，整车（V1、V2、V4）和拖车（V3、V5~V7）最大允许速度分别为35 m/s和30 m/s。交通流模型采用闭合边界，即车辆驶出道路终点后会重新从道路起点驶入。同一辆车任意2次行驶的路径、速度、换道情况均不同，保证了模拟交通流的随机特性。经试算，当交通流运行1000 s后模拟的交通流达到稳定。

随机车流和桥梁两子系统间的耦合关系体现在车轮与桥面接触处几何位移关系及车轮与桥面相互作用力。桥梁子系统对随机车流子系统中车辆（下文简称为车辆）的作用通过几何位移关系实现，而车辆对桥梁子系统的作用通过相互作用力实现。

路面不平度是汽车-桥梁耦合振动系统的主要激励源之一，本节通过傅里叶逆变换，采用Shinozuka等提出的干扰谱生成路面粗糙度，功率谱密度函数为：

$$\phi(n) = \phi(n_0)(n/n_0)^{-2} \quad (10\text{-}14)$$

式中：n为逆傅里叶变换中的采点数，取值为2048；n_0为不连续频率，设为0.5/π (cycle/m)；$\phi(n_0)$的取值不同，代表的路况也不同。IOS 8608及国标GB/T-7031—2005对不同等级路面的功率谱密度函数进行了详细论述。根据路面粗糙程度，将路面分为8个等级，路面不平度采用B级进行模拟。

与列车不同，汽车车辆在行驶过程中的风荷载与车速和所处的风场密切相关，计算车辆风荷载应首先确定作用于车辆上的合成风速和对应的角度，如图10-15所示。假定车速为U_v，平均风速为U_0，车辆行驶过程中的横向脉动风速分别为$u_0(x_v, t)$和$v_0(x_v, t)$，依据矢量合成法则，车速与风速的合成速度U_r和对应的合成角度为：

$$\begin{cases} U_1 = \sqrt{[U_0 + u(x_v,t)]^2 + [v(x_v,t)]^2} \\ \alpha = \arctan\left[\dfrac{v(x_v,t)}{U_0 + u(x_v,t)}\right] \\ U_r = \sqrt{[U_1\cos(\beta-\alpha)]^2 + [U_v + U_1\sin(\beta-\alpha)]^2} \\ \psi = \arctan\left[\dfrac{U_1\cos(\beta-\alpha)}{U_r}\right] \end{cases} \quad (10\text{-}15)$$

式中：U_1为平均风（U_0）和水平脉动风（u和w）的合成风速；α为U_1与平均风U_0的夹角；Ψ为车辆合成风速与桥跨法向的夹角；x_v为车辆沿桥轴线的坐标。

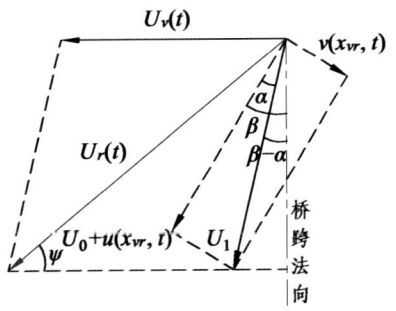

图10-15　车辆风速合成

由于车辆位置是时变的，且任意时刻作用在车辆上的脉动风速应与作用在该处桥面的脉动风速一致，由此可以根据车辆在桥面上所处相邻两风速点区间的位置通过线性插值的方式获取车辆此时的脉动风速$u(x_v, t)$和$w(x_v, t)$。

为了计算车辆风荷载，除了计算作用于车辆上的合成风速以外，还需要获取车辆的气动力系数。车辆的气动系数的准确测定通常需要进行考虑车桥间气动相互干扰的节段风洞试验。

风-汽车-桥耦合振动系统包含了随机车流、随机风荷载和桥梁三者之间的相互作用。采用元胞自动机模拟随机车流,并将车流中的每一辆车模拟成质量-弹簧-阻尼体系。采用有限元模型模拟桥梁结构,将随机风荷载模拟成与空间相关的平稳随机过程。同时,将作用在桥梁上的风荷载模拟成静风力、抖振力和自激力,将作用在车辆上的风荷载模拟成静风力和抖振力,车辆与桥梁之间的相互作用通过车辆子系统和桥梁子系统之间的分离迭代来描述。风-汽车-桥耦合振动方程组与风-列车-桥耦合振动方程组类似,不再赘述。

本章采用分离迭代方法求解风-车-桥耦合振动方程,再根据两个子系统间的耦合关系进行平衡迭代,风-车-桥耦合振动分析流程如图10-16所示。

10.3.3 评价标准

在轨道不平顺及外在激励(如风荷载等)作用下,轨道车辆通过桥梁时,车辆和桥梁都会发生振动,过大的振动会影响行车安全性及乘坐舒适度。因此,需通过相应的指标来评判车辆和桥梁的振动性能。

车辆的动力性能主要包括运行的安全性和运行的平稳性。

铁路列车运行安全性主要涉及车辆脱轨及倾覆等危及行车安全的问题,通常用脱轨系数和轮重减载率等指标来评定。车辆运行平稳性通常用车体的加速度指标和舒适度指标来评定。

汽车车辆的运行安全性包括侧倾安全指标和侧滑安全指标,汽车车辆的舒适性指标是根据人体主观感受采用总加权加速度方均根值a_{OVTV}。

除对车辆的振动特性进行评定外,亦需相应的指标来评判桥梁的振动水平。桥梁的评价指标包括桥梁的横向及竖向变形、桥梁梁端转角。

本研究中铁路列车、公路汽车、桥梁的安全性和舒适度评定标准如表10-4~表10-6所示。

表10-4 本研究中桥梁的评定标准

	桥梁的评价指标	限定标准
桥梁	横向挠跨比	无风:$L/4000$;可行车风速:$L/1200$;更高风速:由结构安全性来控制
	竖向挠跨比	$L/1100$
	单侧竖向梁端折角(rad, 1/1000)	2
	单侧横向梁端折角(rad, 1/1000)	1.5

注:L为跨度。

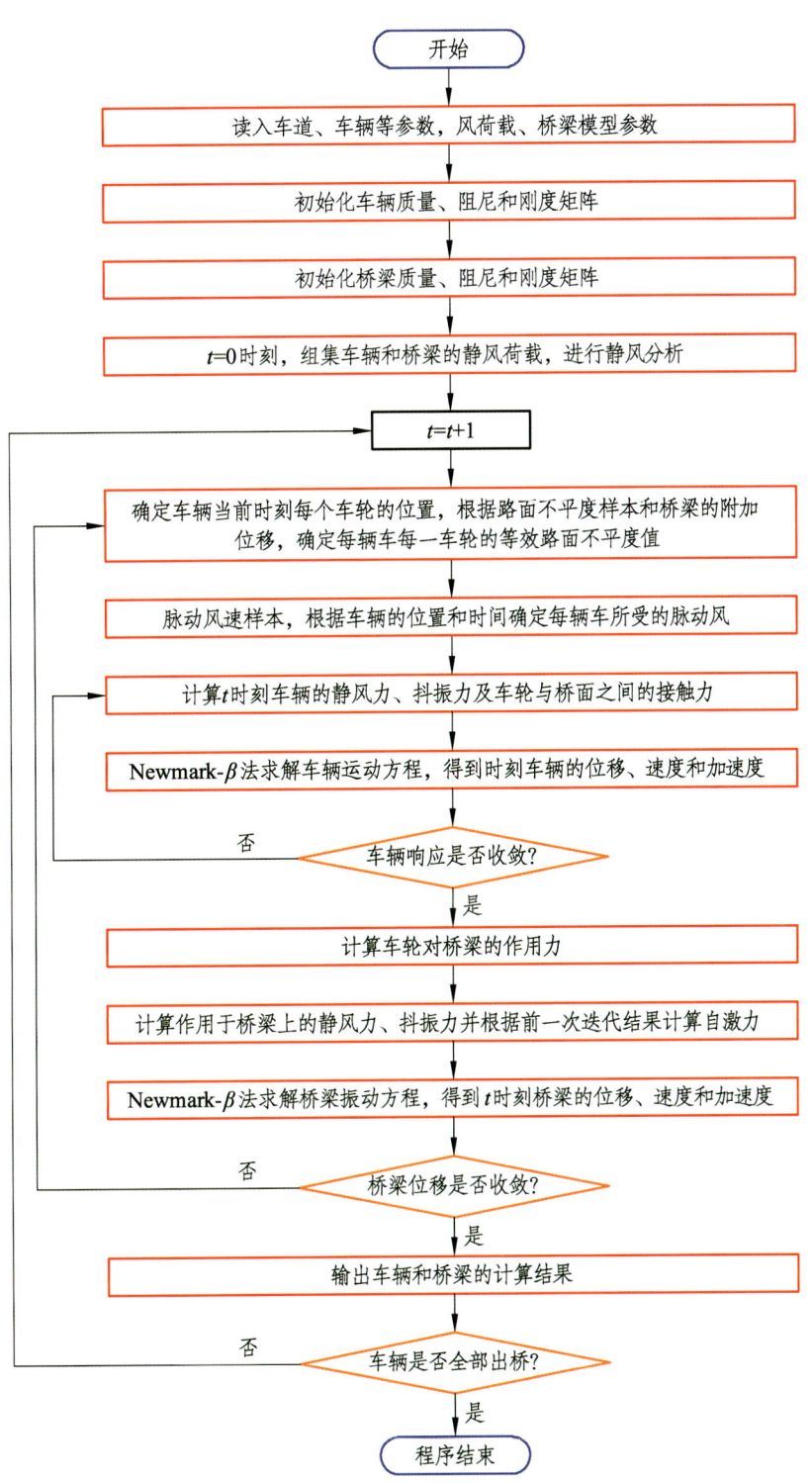

图10-16 风-车-桥耦合振动分析流程

表10-5　本研究中铁路列车的评定标准

车辆的评价指标			限定标准
动车	安全性	脱轨系数	0.8
		轮重减载率	0.6
		轮轴横向力/kN	62.27
	舒适度	横向加速度/（m/s²）	1.5
		竖向加速度/（m/s²）	2.0
		横向Sperling指数	≤2.5（优秀），≤2.75（良好），≤3.0（合格）
		竖向Sperling指数	≤2.5（优秀），≤2.75（良好），≤3.0（合格）
拖车	安全性	脱轨系数	0.8
		轮重减载率	0.6
		轮轴横向力/kN	57.69
	舒适度	横向加速度/（m/s²）	1.5
		竖向加速度/（m/s²）	2.0
		横向Sperling指数	≤2.5（优秀），≤2.75（良好），≤3.0（合格）
		竖向Sperling指数	≤2.5（优秀），≤2.75（良好），≤3.0（合格）

表10-6　本研究中公路汽车的评定标准

车辆的评价指标			限定标准			
舒适性指标（a_{OVTV}）			≤0.8			
侧倾安全指标（RSF）			≤0.8			
侧滑安全指标（H_{red}）	车辆类型	车辆最小轴重/kN	道路状况			
			干	湿	雪	冰
	小轿车	9.595	≥1.343	≥0.959	≤0.288	≥0.134
	厢式货车	41.062	≥5.749	≥4.106	≥1.232	≥0.575
	大客车	48.066	≥6.729	≥4.807	≥1.442	≥0.673
	集装箱车	28.622	≥4.007	≥2.862	≥0.859	≥0.401

10.4 风-列车-桥耦合振动分析

10.4.1 车-桥耦合振动性能

车-桥耦合振动分析包括2种运营状态（单车过桥、双车过桥），分析中采用CRH3型车。为方便对计算工况进行说明，采用图10-2对列车和汽车车道编号。

运行状态一：单车过桥分析，包括2种线路类型（内线——2号与3号线路、外线——1号与4号线路）、4种车速等共计8种工况，列车不平顺采用德国低干扰轨道谱。分析车辆情况具体如下：

线路类型：内线（距桥梁中心线2.5 m）、外线（距桥梁中心线9 m）。

列车编组为：（动+拖+动+动+动+动+拖+动）×2，共16节。

速度等级为：200 km/h、250 km/h、300 km/h、350 km/h。

运行状态二：双车对开过桥，分别进行了4种线路组合（1线-2线、1线-3线、1线-4线、2线-3线）、8种入桥距离差（0/8、1/8、2/8、3/8、4/8、5/8、6/8、7/8桥长）共32种工况的分析，计算中列车速度为设计车速（300 km/h）。

线路类型：1线-2线、1线-3线、1线-4线、2线-3线。

列车编组为：（动+拖+动+动+动+动+拖+动）×2，共16节。

速度等级为：300 km/h。

入桥距离差：0/8、1/8、2/8、3/8、4/8、5/8、6/8、7/8桥长。

1. 单车过桥时车-桥耦合振动分析

表10-7、表10-8给出了不同车速下、不同线路类型下动车及拖车的具体响应值，包括车辆运行安全性指标（轮轴横向力、轮重减载率、脱轨系数），以及车辆运行平稳性指标（横向加速度、竖向加速度、横向Sperling指标、竖向Sperling指标）。

内线车辆以4种车速（200 km/h、250 km/h、300 km/h、350 km/h）通过桥梁时，在德国低干扰谱条件下，动车及拖车的轮轴横向力、轮重减载率、脱轨系数均满足要求，动车和拖车的运行安全性满足要求。对于车辆的舒适性，动车、拖车的横向加速度在200～350 km/h车速下均满足要求，动车竖向加速度在200～350 km/h车速下均满足要求，拖车的竖向加速度在200～350 km/h车速下均满足要求，动车、拖车的横向Sperling指标在200～350 km/h车速下均评价为"优秀"；动车的竖向Sperling指标在200～350 km/h车速下评价为"优秀"。车辆各响应总体上随着车速的增加而增大，外线车辆响应的规律基本与内线一致。内外线路车辆在德国低干扰谱条件下以设计车速300 km/h时过桥，车辆的各项响应指标均能满足要求。车辆可以按设计车速正常行驶通过桥梁。

表10-7 动车及拖车的响应(内侧线路)

	车速/(km/h)	200	250	300	350
动车	脱轨系数	0.1158	0.1398	0.1540	0.1872
	轮重减载率	0.1366	0.1798	0.2133	0.2323
	轮轴横向力/kN	17.47	21.60	24.77	30.85
	横向加速度/(m/s^2)	0.4347	0.5207	0.6184	0.7349
	竖向加速度/(m/s^2)	0.7295	0.7368	0.8328	0.9763
	横向Sperling指数	1.8698	2.0033	2.1248	2.2663
	竖向Sperling指数	1.9422	2.0476	2.1959	2.2961
拖车	脱轨系数	0.1660	0.1868	0.2073	0.2314
	轮重减载率	0.1514	0.1835	0.2089	0.2309
	轮轴横向力/kN	23.69	26.37	30.74	35.08
	横向加速度/(m/s^2)	0.4347	0.5207	0.6184	0.7349
	竖向加速度/(m/s^2)	0.7295	0.7368	0.8328	0.9763
	横向Sperling指数	2.0330	2.1241	2.2351	2.3643
	竖向Sperling指数	1.7791	1.9170	2.0179	2.0983

表10-8 动车及拖车的响应(外侧线路)

	车速/(km/h)	200	250	300	350
动车	脱轨系数	0.1155	0.1396	0.1553	0.1884
	轮重减载率	0.1405	0.1833	0.2152	0.2340
	轮轴横向力/kN	17.42	21.57	25.03	31.12
	横向加速度/(m/s^2)	0.4358	0.5216	0.6202	0.7355
	竖向加速度/(m/s^2)	0.7379	0.7509	0.8426	0.9840
	横向Sperling指数	1.8697	2.0032	2.1245	2.2654
	竖向Sperling指数	1.9451	2.0513	2.1993	2.3058

续表

	车速/(km/h)	200	250	300	350
拖车	脱轨系数	0.1155	0.1839	0.2104	0.2359
	轮重减载率	0.1650	0.1950	0.2207	0.2424
	轮轴横向力/kN	24.59	26.43	31.44	35.83
	横向加速度/(m/s^2)	0.4358	0.5216	0.6202	0.7355
	竖向加速度/(m/s^2)	0.7379	0.7509	0.8426	0.9840
	横向Sperling指数	2.0333	2.1242	2.2349	2.3641
	竖向Sperling指数	1.7821	1.9198	2.0238	2.1062

内线车桥、外线车辆通过桥梁时，不同车桥工况下的桥梁位移见表10-9、表10-10。由表可知，内外线车辆以不同速度通过桥梁时，桥梁的横向挠跨比、竖向挠跨比和梁端折角均满足要求。各桥梁响应总体上随着车速的增加而增大。

表10-9 不同运行速度下桥梁的响应（内线车辆）

		车速/(km/h)	200	250	300	350
桥梁	最大位移/mm及最大扭转角/(rad/1000)	锚跨跨中竖向	18.825	19.243	19.393	19.409
		边跨跨中竖向	2.351	2.228	2.218	2.406
		主跨跨中竖向	82.573	94.210	93.501	96.764
		锚跨跨中横向	0.098	0.090	0.087	0.112
		边跨跨中横向	0.073	0.074	0.079	0.094
		主跨跨中横向	0.596	0.617	0.598	0.599
		锚跨跨中扭转角	0.076	0.076	0.077	0.076
		边跨跨中扭转角	0.016	0.019	0.016	0.016
		主跨跨中扭转角	0.287	0.289	0.292	0.293
		进桥侧梁端竖向转角	0.101	0.101	0.102	0.103
		出桥侧梁端竖向转角	0.099	0.104	0.102	0.123
		进桥侧梁端水平转角	0.001	0.001	0.001	0.001
		出桥侧梁端水平转角	0.000	0.001	0.001	0.001

续表

	车速/(km/h)	200	250	300	350
桥梁	最大竖向挠跨比(1/x)	6322	5541	5583	5395
	最大横向挠跨比(1/x)	875296	846235	873304	773498
	最大梁端竖向折角/(rad/1000)	0.101	0.104	0.102	0.123
	最大梁端水平折角/(rad/1000)	0.001	0.001	0.001	0.001

表10-10 不同运行速度下桥梁的响应(外线车辆)

		车速/(km/h)	200	250	300	350
桥梁	最大位移/mm及最大扭转角/(rad/1000)	锚跨跨中竖向	18.827	19.246	19.397	19.410
		边跨跨中竖向	2.351	2.228	2.219	2.406
		主跨跨中竖向	82.576	94.223	93.516	96.791
		锚跨跨中横向	0.233	0.230	0.222	0.239
		边跨跨中横向	0.191	0.180	0.194	0.200
		主跨跨中横向	1.812	1.845	1.894	1.908
		锚跨跨中扭转角	0.244	0.244	0.247	0.245
		边跨跨中扭转角	0.050	0.060	0.051	0.049
		主跨跨中扭转角	0.919	0.926	0.934	0.938
		进桥侧梁端竖向转角	0.101	0.101	0.102	0.103
		出桥侧梁端竖向转角	0.099	0.104	0.102	0.123
		进桥侧梁端水平转角	0.002	0.002	0.002	0.002
		出桥侧梁端水平转角	0.001	0.001	0.001	0.001
桥梁	最大竖向挠跨比(1/x)		6321	5540	5582	5393
	最大横向挠跨比(1/x)		288095	282958	275593	273571
	最大梁端竖向折角/(rad/1000)		0.101	0.104	0.102	0.123
	最大梁端水平折角/(rad/1000)		0.002	0.002	0.002	0.002

2. 双车过桥时车-桥耦合振动分析

表10-11~表10-13给出了车辆以300 km/h车速在1线、2线双车对开时不同入桥距离差情况下内外线线路的具体响应值。

表10-11 上行侧动车及拖车响应（1线、2线，车速300 km/h）

	入桥距离差（桥长）	0	1/8	2/8	3/8	4/8	5/8	6/8	7/8
动车	脱轨系数	0.1584	0.1574	0.1561	0.1555	0.1558	0.1558	0.1560	0.1559
	轮重减载率	0.2227	0.2290	0.2239	0.2267	0.2194	0.2152	0.2152	0.2152
	轮轴横向力/kN	25.04	25.03	25.02	25.09	25.13	25.24	25.22	25.26
	横向加速度/(m/s^2)	0.6203	0.6199	0.6197	0.6197	0.6199	0.6209	0.6213	0.6205
	竖向加速度/(m/s^2)	0.8905	0.9409	0.8384	0.8424	0.8426	0.8426	0.8426	0.8426
	横向Sperling指数	2.1244	2.1245	2.1247	2.1242	2.1244	2.1244	2.1245	2.1245
	竖向Sperling指数	2.2437	2.2465	2.2503	2.2416	2.2112	2.2121	2.2089	2.2003
拖车	脱轨系数	0.2103	0.2105	0.2103	0.2102	0.2120	0.2123	0.2125	0.2115
	轮重减载率	0.2258	0.2368	0.2228	0.2246	0.2229	0.2207	0.2207	0.2207
	轮轴横向力/kN	31.48	31.42	31.41	31.50	31.87	31.84	31.91	31.91
	横向加速度/(m/s^2)	0.6203	0.6199	0.6197	0.6197	0.6199	0.6209	0.6213	0.6205
	竖向加速度/(m/s^2)	0.8905	0.9409	0.8384	0.8424	0.8426	0.8426	0.8426	0.8426
	横向Sperling指数	2.2347	2.2350	2.2350	2.2349	2.2350	2.2349	2.2350	2.2349
	竖向Sperling指数	2.0632	2.0866	2.0401	2.0629	2.0426	2.0483	2.0385	2.0370

表10-12 下行侧动车及拖车响应（1线、2线，车速300 km/h）

	风速/(m/s)	15	20	25	30
动车	脱轨系数	0.1391	0.1383	0.1384	0.1564
	轮重减载率	0.1855	0.1874	0.1906	0.2231
	轮轴横向力/kN	21.477	21.20	21.20	24.99
	横向加速度/(m/s^2)	0.5183	0.5246	0.5224	0.6323
	竖向加速度/(m/s^2)	0.7383	0.7327	0.7384	0.9864
	横向Sperling指数	2.0075	2.0088	2.0085	2.1315
	竖向Sperling指数	2.0867	2.0964	2.0896	2.2391

续表

风速/(m/s)		15	20	25	30
拖车	脱轨系数	0.2124	0.2123	0.2143	0.2356
	轮重减载率	0.1755	0.1731	0.1745	0.2071
	轮轴横向力/kN	29.95	30.00	30.16	33.28
	横向加速度/(m/s²)	0.5178	0.5244	0.5226	0.6326
	竖向加速度/(m/s²)	0.7389	0.7323	0.7388	0.9867
	横向Sperling指数	2.1235	2.1235	2.1215	2.2341
	竖向Sperling指数	1.9554	1.9597	1.9561	2.0866

表10-13 不同入桥距离差情况下桥梁的响应（1线、2线，车速300 km/h）

	入桥距离差（桥长）		0	1/8	2/8	3/8	4/8	5/8	6/8	7/8
桥梁	最大位移/m 及最大扭转角/rad	锚跨跨中竖向	36.83	26.24	19.99	20.86	19.82	20.30	20.57	20.46
		边跨跨中竖向	2.52	2.33	2.40	2.28	2.37	2.35	2.42	2.30
		主跨跨中竖向	189.74	173.29	126.14	81.80	96.49	93.51	99.94	93.52
		锚跨跨中横向	0.220	0.220	0.222	0.222	0.222	0.222	0.222	0.222
		边跨跨中横向	0.197	0.194	0.194	0.194	0.194	0.194	0.194	0.194
		主跨跨中横向	3.204	2.947	2.287	1.906	1.897	1.895	1.894	1.894
		锚跨跨中扭转角	0.247	0.247	0.247	0.247	0.247	0.247	0.247	0.247
		边跨跨中扭转角	0.051	0.051	0.051	0.051	0.051	0.051	0.051	0.051
		主跨跨中扭转角	1.232	1.177	1.016	0.926	0.931	0.934	0.934	0.934
		进桥侧梁端竖向转角	0.110	0.106	0.108	0.103	0.106	0.104	0.109	0.105
		出桥侧梁端竖向转角	0.103	0.102	0.099	0.104	0.180	0.121	0.111	0.080
		进桥侧梁端水平转角	0.002	0.002	0.002	0.002	0.002	0.002	0.002	0.002
		出桥侧梁端水平转角	0.002	0.001	0.001	0.002	0.002	0.002	0.002	0.002
	最大竖向挠跨比（1/x）		2751	3012	4138	6382	5410	5582	5223	5582
	最大横向挠跨比（1/x）		162901	177141	228267	273843	275186	275534	275578	275578
	最大梁端竖向折角/(rad/1000)		0.110	0.106	0.108	0.104	0.180	0.121	0.111	0.105
	最大梁端水平折角/(rad/1000)		0.002	0.002	0.002	0.002	0.002	0.002	0.002	0.002

车辆以300 km/h车速在1线、2线双车对开时，上行侧（先入桥）的车辆在各工况下动车及拖车的脱轨系数、轮重减载率、轮轴横向力、横向及竖向加速度均满足要求，横向Sperling指标、竖向Sperling指标评价为"优秀"。下行侧（后入桥）的车辆在各工况下动车及拖车的脱轨系数、轮重减载率、轮轴横向力、横向及竖向加速度均满足要求，横向Sperling指标、竖向Sperling指标评价为"优秀"。车辆各项响应总体上随车速的增加而增加。同理，车辆以300 km/h的车速在其他线路上对开时，车辆的竖向和横向指标均满足要求。

车辆以300 km/h车速在1线、2线双车对开时不同车桥工况下的桥梁位移响应值详见表10-13。可见各个线路组合下，不同入桥距离差情况下桥梁的横向挠跨比以及梁端折角均满足要求；外线车辆以300 km/h速度双车对开通过桥梁时，不同入桥距离差情况下桥梁的横向挠跨比、竖向挠跨比、水平梁端折角以及竖向梁端折角均满足要求。

3. 汽车车道偏载的影响

对于城市公铁两用桥梁而言，汽车车道荷载的偏载作用可能引起列车和桥梁系统更大的响应，为此，进行了汽车车道荷载偏载下的列车-桥梁耦合振动计算。

计算时考虑车道荷载满布于主跨的情况，根据《公路桥涵设计通用规范》（JTG D60—2015），采用均布荷载加集中荷载模拟车道荷载进行计算，1、2、3号线路同时满载。

公路-I级车道均布荷载标准值为q_k = 10.5 kN/m，集中荷载取为360 kN。

车道荷载的均布荷载标准值应满布于使结构产生最不利效应的影响线上，集中荷载标准值只作用于相应影响线中一个影响线峰值处。其中，横向布载系数取0.78，纵向布载系数取0.96。

表10-14给出汽车车道荷载偏载作用下（即1、2、3号线路同时满载），列车以300 km/h车速分别以4条线路通过桥梁时动车及拖车的具体响应值，汽车车道荷载偏载作用下，列车以300 km/h车速分别以4条线路通过桥梁时，动车及拖车的脱轨系数、轮重减载率、轮轴横向力、横向及竖向加速度均满足要求，横向Sperling指标、竖向Sperling指标评价为"优秀"。对比表10-14和表10-7，列车以300 km/h运行时，汽车车道偏载作用会略微增大列车车辆的响应，但是并不会影响列车运行安全性。

表10-14 动车及拖车的响应

列车线路		1	2	3	4
动车	脱轨系数	0.1570	0.1566	0.1563	0.1559
	轮重减载率	0.2203	0.2160	0.2143	0.2122
	轮轴横向力/kN	25.01	24.75	24.52	24.30
	横向加速度/（m/s^2）	0.6213	0.6190	0.6181	0.6172

续表

列车线路		1	2	3	4
动车	竖向加速度/（m/s²）	0.8538	0.8467	0.8479	0.8584
	横向Sperling指数	2.1273	2.1277	2.1281	2.1284
	竖向Sperling指数	2.4728	2.3489	2.3353	2.5324
拖车	脱轨系数	0.2345	0.2253	0.2228	0.2242
	轮重减载率	0.2350	0.2307	0.2281	0.2270
	轮轴横向力/kN	36.27	34.74	33.75	32.97
	横向加速度/（m/s²）	0.6213	0.6190	0.6181	0.6172
	竖向加速度/（m/s²）	0.8538	0.8467	0.8479	0.8584
	横向Sperling指数	2.2364	2.2366	2.2367	2.2367
	竖向Sperling指数	2.3356	2.1938	2.2113	2.4171

不同工况下的桥梁位移响应值详见表10-15。由表可见，各个线路组合下，车辆以300 km/h速度通过桥梁时，桥梁的横向挠跨比、竖向挠跨比、水平梁端折角以及竖向梁端折角均满足要求。通过与表10-9中列车单独以300 km/h运行时桥梁响应对比，汽车车道偏载作用叠加桥梁响应会明显增大桥梁的响应。

表10-15 汽车车道荷载作用下桥梁响应

线路			1	2	3	4
桥梁	最大位移/mm及最大扭转角/（rad/1000）	锚跨跨中竖向	19.91	19.37	19.37	19.38
		边跨跨中竖向	3.09	2.22	2.22	2.22
		主跨跨中竖向	95.93	93.60	93.57	93.56
		锚跨跨中横向	0.334	0.182	0.066	0.126
		边跨跨中横向	0.237	0.113	0.064	0.180
		主跨跨中横向	2.260	0.875	0.382	1.655
		锚跨跨中扭转角	0.249	0.079	0.076	0.246
		边跨跨中扭转角	0.072	0.016	0.016	0.051
		主跨跨中扭转角	0.937	0.295	0.289	0.930

续表

线路			1	2	3	4
桥梁	最大位移/mm及最大扭转角/(rad/1000)	进桥侧梁端竖向转角	0.110	0.110	0.110	0.110
		出桥侧梁端竖向转角	0.103	0.103	0.103	0.103
		进桥侧梁端水平转角	0.018	0.017	0.017	0.018
		出桥侧梁端水平转角	0.008	0.008	0.008	0.008
	最大竖向挠跨比(1/x)		5442	5577	5579	5579
	最大横向挠跨比(1/x)		231004	596790	1133043	315351
	最大梁端竖向折角/(rad/1000)		0.110	0.110	0.110	0.110
	最大梁端水平折角/(rad/1000)		0.018	0.017	0.017	0.018

汽车车道荷载的存在会加大内外侧线路车辆的响应。距离汽车车道越近的线路，列车响应越大。这是由于越靠近汽车车道，列车与汽车车道荷载引起的偏载作用越明显，桥梁各项响应增加，从而导致列车响应也增加。汽车车道荷载使得各线路列车脱轨系数、轮重减载率及轮轴横向力增加了10%左右。针对响应最大的4号线路，车道荷载将脱轨系数增大11.36%，将轮重减载率增大6.21%，将轮轴横向力增大15.36%。车道荷载对于列车的横向加速度及竖向加速度也有明显提升，但各类型的线路之间差距并不明显。

汽车荷载显著增大了桥梁主跨跨中的各项响应。不同线路之间的竖向位移差距并不明显，原因可能是较列车荷载而言，汽车车道荷载占竖向激励的主导，所以各个线路产生的竖向激励比较接近，桥梁竖向振动差异不大。对于横向位移及扭转角而言，越靠近车道的列车线路会引起桥梁更大的响应，这是由于列车线路越靠近汽车车道，线路偏载越明显，从而导致桥梁产生更大的扭转角及横向位移。对于桥梁的竖向位移，3个汽车车道偏载的情况下列车单线通过桥梁时桥梁的竖向位移增加了一倍。车道荷载显著增加了桥梁的横向位移和跨中扭转，车道荷载偏载作用下，列车通过桥梁时，桥梁跨中节点的横向位移为4~6 mm，跨中最大扭转角约为3°。对于横向位移，车道荷载对2~3号线路的提升约为50倍，对于车道荷载对1号和4号线路的提升约为1倍。对于跨中扭转角，车道荷载对2号和3号线路的提升约为10倍，对于车道荷载对1号和4号线路的提升约为3倍。

4. 温度对车-桥响应的影响

为讨论桥梁结构温度剧烈变化对车-桥系统响应的影响，本节对相关的工况进行了计算。讨论了桥梁结构升温和降温20℃时，列车以300 km/h时速从外侧线路通过桥梁时的车-桥响应。根据《钢结构设计标准》（GB 50017—2017），模型中钢材的热膨胀系数取为

$1.2\times10^{-5}/\text{C}°$;根据《混凝土结构设计标准》(GB 50010—2010)混凝土的热膨胀系数取为$1.0\times10^{-5}/\text{C}°$。

在计算得到桥梁结构在自重以及温度荷载作用下的变形后,通过将温度荷载引起的变形作为额外的轨道不平顺叠加到原有的轨道不平顺中,即可得到温度荷载作用下车-桥系统的行车响应。车辆过桥的响应极值如表10-16所示。由表可见,桥梁结构升温或者降温20℃对于车辆响应的影响有限,这可能是由于温度引起的桥梁变形是长波,因而对车辆响应的影响较为有限。

表10-16 车辆响应分析

温度条件		升温20 ℃	无温度	降温20 ℃
动车	脱轨系数	0.1566	0.1553	0.1564
	轮重减载率	0.2108	0.2152	0.2192
	轮轴横向力/kN	25.13	25.03	25.12
	横向加速度/(m/s^2)	0.6211	0.6202	0.6211
	竖向加速度/(m/s^2)	0.8764	0.8426	0.8277
	横向Sperling指数	2.1244	2.1245	2.1244
	竖向Sperling指数	2.1919	2.1993	2.2190
拖车	脱轨系数	0.2114	0.2104	0.2113
	轮重减载率	0.2188	0.2207	0.2273
	轮轴横向力/kN	31.59	31.44	31.61
	横向加速度/(m/s^2)	0.6211	0.6202	0.6211
	竖向加速度/(m/s^2)	0.8764	0.8426	0.8277
	横向Sperling指数	2.2349	2.2349	2.2349
	竖向Sperling指数	2.0224	2.0238	2.0475

温度荷载作用下车桥工况中桥梁的响应如表10-17所示。由表可见,温度荷载同样对桥梁结构的影响较小,桥梁主跨、锚固跨以及边跨的各项位移几乎未受到明显影响。

表10-17 桥梁响应分析

温度条件			升温20 ℃	标准温度	降温20 ℃
桥梁	最大位移/mm及最大扭转角/（rad/1000）	锚跨跨中竖向	18.96	19.397	19.04
		边跨跨中竖向	2.28	2.219	2.28
		主跨跨中竖向	92.87	93.516	92.67
		锚跨跨中横向	0.251	0.222	0.249
		边跨跨中横向	0.219	0.194	0.214
		主跨跨中横向	2.105	1.894	2.109
		锚跨跨中扭转角	0.280	0.247	0.279
		边跨跨中扭转角	0.059	0.051	0.059
		主跨跨中扭转角	1.051	0.934	1.049
		进桥侧梁端竖向转角	0.101	0.102	0.104
		出桥侧梁端竖向转角	0.102	0.102	0.103
		进桥侧梁端水平转角	0.002	0.002	0.002
		出桥侧梁端水平转角	0.002	0.001	0.002
	最大竖向挠跨比（1/x）		5621	5582	5633
	最大横向挠跨比（1/x）		247946	275593	247464
	最大梁端竖向折角/（rad/1000）		0.102	0.102	0.104
	最大梁端水平折角/（rad/1000）		0.002	0.002	0.002

10.4.2 风-车-桥耦合振动分析

风-车-桥耦合振动分析包括2种运营状态（单车过桥、双车过桥），分析中采用CRH3型车。单车过桥包括4种线路类型（迎风侧的1-2号线、背风侧的3-4号线）、4种车速、3种风速等共计48种工况，轨道不平顺采用德国低干扰轨道谱。

表10-18给出了在25 m/s风速下列车以不同车速行驶在1车道时动车及拖车的具体响应值。在德国低干扰谱条件下，动车及拖车的轮轴横向力、轮重减载率、脱轨系数均满足要求，动车和拖车的运行安全性满足要求。对于车辆的舒适性，动车、拖车的横向加速度在200～350 km/h车速下均满足要求，动车竖向加速度在200～350 km/h车速下均满足要求，

拖车的竖向加速度在200～350 km/h车速下均满足要求，动车、拖车的横向Sperling指标在200～350 km/h车速下均评价为"优秀"，动车的竖向Sperling指标在200～350 km/h车速下评价为"优秀"。车辆各响应总体上随着车速的增加而增大。同理计算了不同线路的车辆响应，发现各线路车辆以设计车速300 km/h在4种风速（15 m/s、20 m/s、25 m/s、30 m/s）时过桥，车辆的各项响应指标均能满足要求。车辆可以按设计车速正常行驶通过桥梁。

表10-18 动车及拖车的响应（1号线路，25 m/s风速）

	车速/（km/h）	200	250	300	350
动车	脱轨系数	0.1164	0.1404	0.1614	0.1901
	轮重减载率	0.1515	0.1931	0.2251	0.2414
	轮轴横向力/kN	17.48	21.51	25.15	31.31
	横向加速度/（m/s^2）	0.4376	0.5224	0.6201	0.7424
	竖向加速度/（m/s^2）	0.7457	0.7587	0.8455	0.9591
	横向Sperling指数	1.8702	2.0048	2.1254	2.2655
	竖向Sperling指数	1.9574	2.0686	2.2055	2.3061
拖车	脱轨系数	0.1791	0.1841	0.2131	0.2394
	轮重减载率	0.1774	0.2124	0.2335	0.2655
	轮轴横向力/kN	25.73	27.00	31.73	36.20
	横向加速度/（m/s^2）	0.4374	0.5224	0.6201	0.7424
	竖向加速度/（m/s^2）	0.7455	0.7581	0.8454	0.9595
	横向Sperling指数	2.0346	2.1246	2.2355	2.3646
	竖向Sperling指数	1.7951	1.9407	2.0347	2.0987

1号线路列车通过桥梁时，不同风车桥工况下的桥梁位移详见表10-19。由表可知，内外线车辆以不同速度通过桥梁时，在不同的风速下桥梁的横向加速度、竖向加速度、横向挠跨比、竖向挠跨比和梁端折角均满足要求。各桥梁响应总体上随着车速的增加而增大。

表10-19 不同运行速度下桥梁的响应（1号线车辆，25 m/s风速）

		车速/（km/h）	200	250	300	350
桥梁	最大位移/mm及最大扭转角/（rad/1000）	锚跨跨中竖向	18.31	18.32	18.58	18.63
		边跨跨中竖向	2.31	2.25	2.25	2.45
		主跨跨中竖向	81.08	89.76	91.82	95.72
		锚跨跨中横向	0.721	0.723	0.741	0.738
		边跨跨中横向	0.514	0.521	0.527	0.504
		主跨跨中横向	6.12	6.22	6.18	6.07
		锚跨跨中扭转角	0.306	0.307	0.310	0.304
		边跨跨中扭转角	0.064	0.084	0.066	0.062
		主跨跨中扭转角	1.152	1.154	1.162	1.152
		进桥侧梁端竖向转角	0.108	0.108	0.108	0.108
		出桥侧梁端竖向转角	0.102	0.105	0.100	0.117
		进桥侧梁端水平转角	0.004	0.004	0.004	0.004
		出桥侧梁端水平转角	0.002	0.002	0.002	0.002
	最大竖向挠跨比（1/x）		6438	5815	5685	5453
	最大横向挠跨比（1/x）		85328	83865	84478	85966
	最大梁端竖向折角/（rad/1000）		0.108	0.108	0.108	0.117
	最大梁端水平折角/（rad/1000）		0.004	0.004	0.004	0.004

由于列车的气动力系数较小，双车交会和桥塔遮风效应对列车动力响应影响较小，因此未给出列车在各种风载突变效应下的分析结果。

10.5 风-汽车-桥耦合振动分析

10.5.1 汽车-桥耦合振动性能

本章采用自主研发的公路风-汽车-桥系统分析软件对临港长江大桥进行汽车-桥耦合振动仿真分析，研究车速、车型、车道、车流密度、车道偏载等因素对桥梁和车辆的安全性及舒适性的影响。其中，单车行驶时以小轿车为例来说明车桥耦合振动响应。

小轿车以不同车速（40 km/h、60 km/h、80 km/h）沿迎风侧不同行车道（第1车道、第2车道、第3车道）行进时桥梁跨中的动力响应如表10-20所示。从表中可以看出，汽车在不同车道行驶时对桥梁响应相差较小，轿车行驶速度增大对桥梁响应的影响较小。

表10-20　小轿车以不同车速通过桥梁时的桥梁响应

	车道		1	1	1	2	2	2	3	3	3
	车速		40	60	80	40	60	80	40	60	80
桥梁	跨中位移极值	竖向	0.368	0.370	0.368	0.368	0.370	0.368	0.368	0.370	0.368
		横向	0.014	0.011	0.010	0.012	0.010	0.009	0.010	0.008	0.007
		扭转角	0.013	0.014	0.013	0.011	0.012	0.011	0.009	0.010	0.009
	1/4跨位移极值	竖向	0.203	0.215	0.203	0.203	0.215	0.203	0.203	0.215	0.203
		横向	0.008	0.008	0.007	0.007	0.007	0.006	0.006	0.006	0.005
		扭转角	0.009	0.009	0.009	0.008	0.008	0.008	0.007	0.007	0.006
	跨中加速度极值	竖向	1.233	1.112	1.063	1.233	1.112	1.063	1.233	1.112	1.062
		横向	0.413	0.117	0.173	0.358	0.100	0.148	0.303	0.083	0.125
		扭转角	0.347	0.613	0.494	0.297	0.525	0.421	0.248	0.439	0.351
	1/4跨加速度极值	竖向	1.278	1.167	0.984	1.280	1.167	0.983	1.281	1.167	0.982
		横向	0.369	0.171	0.163	0.320	0.146	0.139	0.271	0.122	0.116
		扭转角	0.295	0.262	0.270	0.253	0.223	0.232	0.211	0.185	0.194

注：车速的单位为km/h；位移的单位为mm或10^{-3} rad；加速度的单位为mm/s^2或10^{-3} rad/s^2。

图10-17为小轿车以80 km/h车速沿第1车道通过桥梁时的车体竖向加速度、车体横向加速度、干路面侧滑抗力和雪路面侧滑抗力时程曲线。随着车速的增大，车辆的竖向加速度会逐渐减小，横向加速度增大；随着车速的增大，车辆的侧滑剩余抗力变小了，车速增大对安全是不利的。

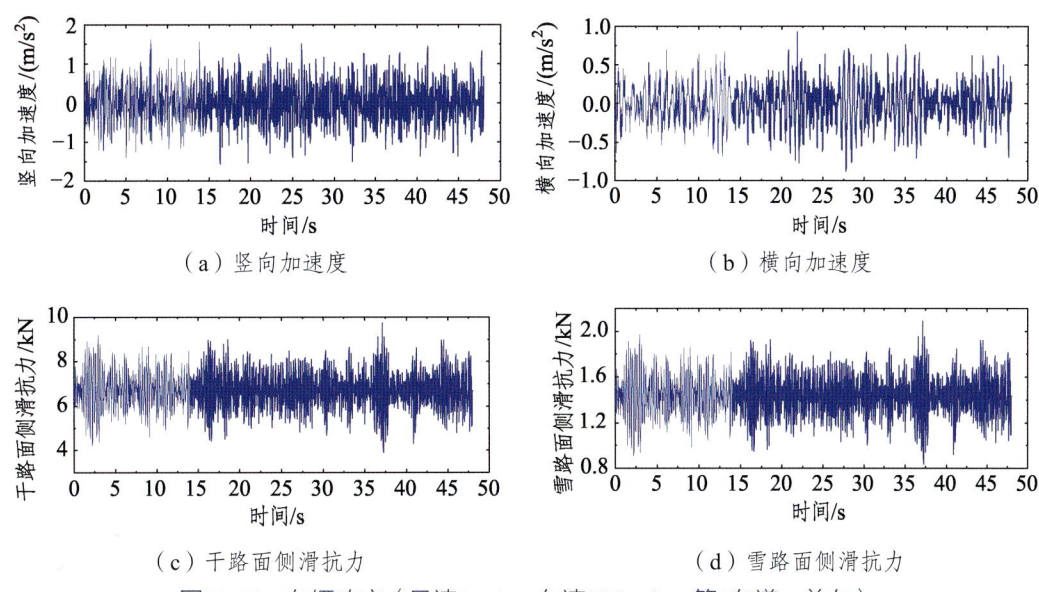

（a）竖向加速度　　　　　　　　　　　（b）横向加速度

（c）干路面侧滑抗力　　　　　　　　　（d）雪路面侧滑抗力

图10-17　车辆响应（风速0 m/s，车速80 km/h，第1车道，单车）

图10-18给出了稀疏车流作用下主梁跨中的竖向位移和竖向加速度响应时程曲线。为了使图形显示更加清楚，图10-18仅给出200～400 s时间段的计算结果。由图可以看出，由于车辆数目较多，无论车辆是否经过主梁跨中，该点竖向位移始终不为0，这主要是由于主梁在较大的车辆移动荷载作用下产生了一个向下的竖向平均位移，且所关心时间段内主梁跨中最大竖向位移为3.73 cm。稀疏、轻微堵塞和堵塞3种车流作用下桥梁跨中的动力响应如表10-21所示，桥梁各项响应指标均满足要求。

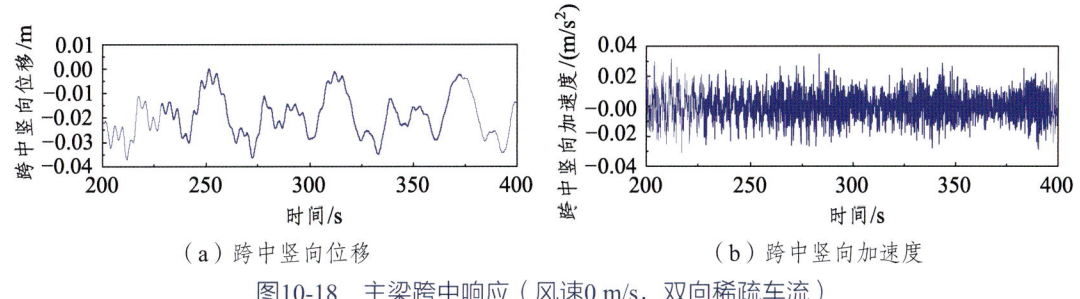

（a）跨中竖向位移　　　　　　　　　　（b）跨中竖向加速度

图10-18　主梁跨中响应（风速0 m/s，双向稀疏车流）

表10-21　不同车流作用下桥梁响应

车流			稀疏	轻微堵塞	堵塞
车流密度ρ/（辆/km/车道）			12	25	40
桥梁	跨中位移极值	竖向	37.27	70.05	103.68
		横向	1.01	1.93	3.47

续表

车流			稀疏	轻微堵塞	堵塞
桥梁	跨中位移极值	扭转角	0.70	1.57	2.61
	1/4跨位移极值	竖向	17.63	40.03	51.90
		横向	0.77	1.30	2.21
		扭转角	0.55	0.98	1.70
	跨中加速度极值	竖向	34.35	38.50	37.70
		横向	3.95	5.00	4.29
		扭转角	7.74	5.28	3.35
	1/4跨加速度极值	竖向	33.63	33.19	29.99
		横向	14.26	8.08	6.22
		扭转角	10.23	3.36	3.30

注：车流密度的单位为辆/km/车道；位移的单位为mm或10^{-3} rad；加速度的单位为mm/s^2或10^{-3} rad/s^2。

由于随机车流中包含了4种车型，每种车型又包含了众多车辆，因此本节随机车流中以小轿车为例，仅给出稀疏车流过桥时每种车型代表性车辆的动力响应，选取响应最大的车辆进行车辆行车安全性和舒适性的评价。表10-22给出了稀疏、轻微堵塞、堵塞3种车流密度下小轿车车型中最不利车辆动力响应。从表中可以得知，随着车流密度的增大，车辆的最不利竖向加速度极值逐渐增大，横向加速度极值逐渐减小，侧倾安全因子在轻微堵塞时最大，侧滑剩余抗力也是在轻微堵塞时最大，说明轻微堵塞时的安全系数最高。

表10-22 不同密度车流作用下小轿车车型中最不利车辆动力响应及评价

车流			稀疏	轻微堵塞	堵塞
车辆	车流密度ρ		12	25	40
	竖向加速度极值		2.566	2.602	2.789
	横向加速度极值		1.118	0.782	0.854
	总的加权加速度方均根值a_{OVTV}		0.674	0.684	0.701
	侧倾安全因子RSF		0.240	0.270	0.255
	侧滑剩余抗力（H_{red}）	干路面	5.208	5.262	5.187
		湿路面	3.720	3.759	3.705

续表

车流			稀疏	轻微堵塞	堵塞
车辆	侧滑剩余抗力（H_{red}）	雪路面	1.116	1.128	1.111
		冰路面	0.521	0.526	0.519

注：车流密度的单位为辆/km/车道；加速度的单位为m/s²；侧滑剩余抗力的单位为kN。

10.5.2 单车运行下的风-车-桥耦合振动性能

侧风作用下车辆过桥安全性和舒适性评价的研究包含2类：单车过桥安全性和舒适性评价以及随机车流过桥安全性和舒适性评价。

小轿车分别以车速40 km/h、60 km/h、80 km/h沿迎风侧不同行车道和不同风速下（15 m/s、20 m/s、25 m/s）行进时桥梁跨中的动力响应如表10-23～表10-25所示。从表中可以得知，小轿车以不同车速沿桥面不同车道运行时，随着风速的增大，桥梁的位移响应逐渐增大。

表10-23 小轿车以40 km/h车速通过桥梁时的桥梁响应

	车速		40	40	40	40	40	40	40	40	40
	车道		1	1	1	2	2	2	3	3	3
	风速		15	20	25	15	20	25	15	20	25
桥梁	跨中位移极值	竖向	27.03	61.73	83.36	27.03	61.73	83.36	27.03	61.73	83.36
		横向	2.19	1.82	5.26	2.19	1.82	5.26	2.19	1.82	5.26
		扭转角	0.81	1.14	2.61	0.81	1.14	2.61	0.81	1.14	2.61
	1/4跨位移极值	竖向	20.64	31.69	61.77	20.64	31.69	61.77	20.64	31.69	61.77
		横向	2.34	3.13	5.63	2.34	3.13	5.63	2.34	3.13	5.63
		扭转角	0.55	0.75	1.56	0.55	0.75	1.56	0.55	0.75	1.56
	跨中加速度极值	竖向	168.84	420.75	505.14	168.84	420.71	505.15	168.83	420.68	505.16
		横向	32.94	43.90	101.32	32.95	43.90	101.32	32.95	43.90	101.31
		扭转角	19.48	27.93	54.53	19.48	27.93	54.53	19.48	27.93	54.53
	1/4跨加速度极值	竖向	172.76	377.10	499.71	172.77	377.08	499.73	172.80	377.04	499.74
		横向	76.52	125.14	217.68	76.53	125.15	217.73	76.54	125.17	217.76
		扭转角	16.74	26.66	46.80	16.74	26.67	46.80	16.73	26.69	46.80

注：车速的单位为km/h；风速的单位为m/s；位移的单位为mm或10^{-3} rad；加速度的单位为mm/s²或10^{-3} rad/s²，下同。

表10-24　小轿车以60 km/h车速通过桥梁时的桥梁响应

		车速	60	60	60	60	60	60	60	60	60
		车道	1	1	1	2	2	2	3	3	3
		风速	15	20	25	15	20	25	15	20	25
桥梁	跨中位移极值	竖向	26.65	46.54	62.39	26.64	46.54	62.39	26.64	46.54	62.38
		横向	1.68	1.63	5.26	1.68	1.63	5.26	1.68	1.63	5.26
		扭转角	0.81	0.80	2.61	0.81	0.80	2.61	0.81	0.80	2.61
	1/4跨位移极值	竖向	20.45	27.97	44.78	20.45	27.97	44.78	20.45	27.97	44.79
		横向	1.71	2.22	5.63	1.71	2.22	5.63	1.71	2.22	5.63
		扭转角	0.55	0.61	1.57	0.55	0.61	1.57	0.55	0.61	1.57
	跨中加速度极值	竖向	168.94	350.94	414.85	168.94	350.94	414.77	168.93	350.93	414.69
		横向	31.34	43.95	101.25	31.34	43.94	101.27	31.34	43.94	101.28
		扭转角	19.54	22.22	54.55	19.53	22.22	54.54	19.52	22.22	54.54
	1/4跨加速度极值	竖向	172.78	322.91	500.46	172.77	322.88	500.42	172.78	322.85	500.38
		横向	58.86	106.52	190.11	58.86	106.56	190.13	58.87	106.59	190.15
		扭转角	14.73	24.59	46.89	14.73	24.59	46.87	14.73	24.59	46.86

表10-25　小轿车以80 km/h车速通过桥梁时的桥梁响应

		车速	80	80	80	80	80	80	80	80	80
		车道	1	1	1	2	2	2	3	3	3
		风速	15	20	25	15	20	25	15	20	25
桥梁	跨中位移极值	竖向	25.15	40.39	75.89	25.16	40.39	75.89	25.16	40.39	75.90
		横向	1.27	2.59	3.52	1.27	2.59	3.52	1.27	2.59	3.52
		扭转角	0.63	1.06	1.65	0.63	1.06	1.65	0.63	1.06	1.65
	1/4跨位移极值	竖向	16.10	23.31	40.91	16.10	23.30	40.91	16.10	23.30	40.91
		横向	1.58	3.24	3.90	1.58	3.24	3.90	1.58	3.24	3.90
		扭转角	0.39	0.71	1.33	0.39	0.71	1.33	0.39	0.71	1.33
	跨中加速度极值	竖向	243.69	263.57	459.36	243.72	263.59	459.41	243.75	263.58	459.45
		横向	25.51	54.87	83.90	25.51	54.86	83.89	25.52	54.86	83.88
		扭转角	15.00	25.42	44.63	15.00	25.43	44.63	15.00	25.44	44.63
	1/4跨加速度极值	竖向	177.53	335.34	646.91	177.54	335.32	646.87	177.55	335.31	646.81
		横向	66.69	123.22	197.50	66.70	123.23	197.55	66.71	123.23	197.59
		扭转角	20.10	26.13	55.23	20.10	26.13	55.22	20.10	26.13	55.21

表10-26～表10-28给出了小轿车以车速40 km/h、60 km/h、80 km/h沿迎风侧不同行车道（第1车道、第2车道、第3车道）和不同风速下（15 m/s、20 m/s、25 m/s）行进时车辆的动力响应值。从表中可以得知，车辆以不同车速沿桥面不同车道运行时，车辆运行安全性标准满足要求；随着风速的增大，车辆的加速度极值逐渐增大，侧滑剩余抗力逐渐较小，风速对安全性是不利的。对于车辆运行平顺性，在25 m/s侧风作用下，车辆的舒适度指标略大于限值，其余工况下车辆运行平顺性满足要求。随着车速的增大，竖向加速度极值逐渐减小，横向加速度极值逐渐增大，总体的侧滑剩余抗力逐渐减小，车辆的舒适性和安全性指标都会下降。

表10-26　小轿车以40 km/h车速通过桥梁时的车辆响应

	车速		40	40	40	40	40	40	40	40	40
	车道		1	1	1	2	2	2	3	3	3
	风速		15	20	25	15	20	25	15	20	25
车辆	竖向加速度极值		2.67	2.68	3.23	2.62	2.63	2.98	2.58	2.55	2.73
	横向加速度极值		0.47	0.48	0.47	0.47	0.48	0.47	0.47	0.48	0.47
	总的加权加速度方均根值a_{OVTV}		0.70	0.75	0.81	0.70	0.73	0.81	0.70	0.72	0.77
	侧倾安全因子RSF		0.28	0.28	0.29	0.28	0.27	0.28	0.28	0.27	0.28
	侧滑剩余抗力（H_{red}）	干路面	5.70	5.60	5.43	5.74	5.68	5.57	5.77	5.73	5.65
		湿路面	4.07	4.00	3.88	4.10	4.06	3.98	4.12	4.09	4.03
		雪路面	1.22	1.20	1.16	1.23	1.22	1.19	1.24	1.23	1.21
		冰路面	0.57	0.56	0.54	0.57	0.57	0.56	0.58	0.57	0.56

备注：车速的单位为km/h；风速的单位为m/s；加速度的单位为m/s²；侧滑剩余抗力的单位为kN，下同。

表10-27　小轿车以60 km/h车速通过桥梁时的车辆响应

	车速	60	60	60	60	60	60	60	60	60
	车道	1	1	1	2	2	2	3	3	3
	风速	15	20	25	15	20	25	15	20	25
车辆	竖向加速度极值	2.25	2.45	3.95	2.22	2.37	3.57	2.19	2.32	3.20
	横向加速度极值	0.73	0.73	0.74	0.73	0.73	0.74	0.73	0.73	0.73
	总的加权加速度方均根值a_{OVTV}	0.63	0.70	0.82	0.63	0.68	0.82	0.62	0.66	0.76
	侧倾安全因子RSF	0.27	0.28	0.29	0.26	0.27	0.28	0.26	0.26	0.27

续表

车辆	侧滑剩余抗力(H_{red})	干路面	5.22	5.10	4.88	5.29	5.20	5.05	5.32	5.26	5.15
		湿路面	3.73	3.64	3.49	3.78	3.72	3.60	3.80	3.75	3.68
		雪路面	1.12	1.09	1.05	1.13	1.11	1.08	1.14	1.13	1.10
		冰路面	0.52	0.51	0.49	0.53	0.52	0.50	0.53	0.53	0.51

表10-28 小轿车以80 km/h车速通过桥梁时的车辆响应

	车速		80	80	80	80	80	80	80	80	80
	车道		1	1	1	2	2	2	3	3	3
	风速		15	20	25	15	20	25	15	20	25
车辆	竖向加速度极值		1.78	3.09	3.43	1.74	2.80	3.03	1.71	2.51	2.65
	横向加速度极值		0.92	0.92	0.96	0.92	0.92	0.96	0.92	0.92	0.95
	总的加权加速度方均根值a_{OVTV}		0.62	0.74	0.82	0.61	0.70	0.81	0.60	0.67	0.75
	侧倾安全因子RSF		0.24	0.25	0.26	0.23	0.25	0.25	0.23	0.25	0.24
	侧滑剩余抗力(H_{red})	干路面	4.87	4.72	4.59	4.95	4.85	4.76	4.99	4.91	4.85
		湿路面	3.48	3.37	3.28	3.54	3.46	3.40	3.57	3.51	3.46
		雪路面	1.04	1.01	0.98	1.06	1.04	1.02	1.07	1.05	1.04
		冰路面	0.49	0.47	0.46	0.50	0.48	0.48	0.50	0.49	0.49

10.5.3 随机车流作用下的风-车-桥耦合振动性能

图10-19～图10-21分别给出了25 m/s风速与稀疏车流、轻微堵塞车辆、堵塞车流联合作用下主梁跨中的竖向位移和竖向加速度响应时程曲线。

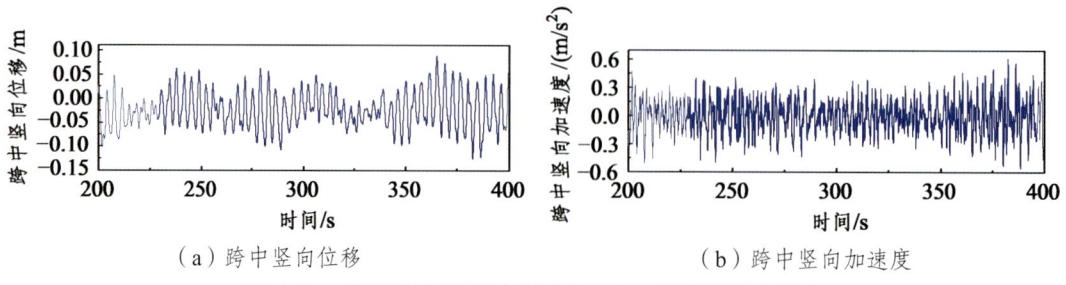

（a）跨中竖向位移　　　　（b）跨中竖向加速度

图10-19 主梁跨中响应（风速25 m/s，双向稀疏车流）

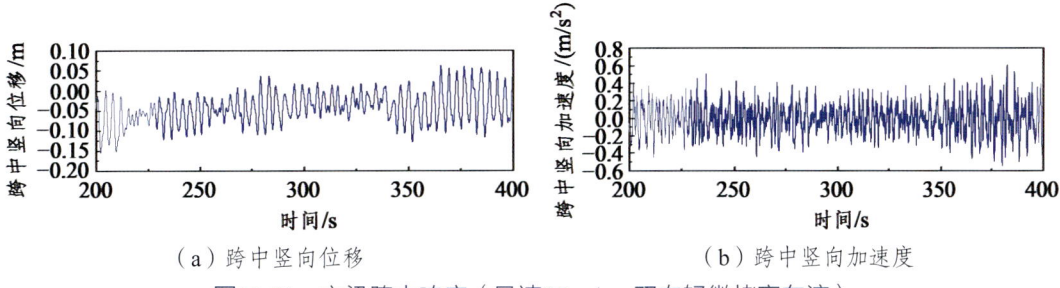

(a) 跨中竖向位移　　　　　　　　(b) 跨中竖向加速度

图10-20　主梁跨中响应（风速25 m/s，双向轻微堵塞车流）

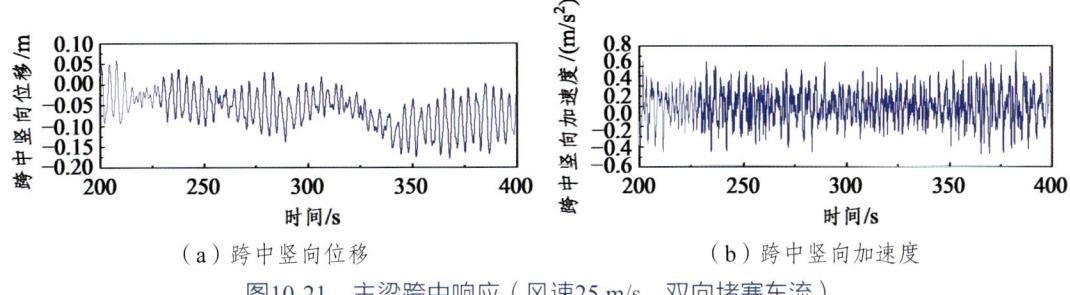

(a) 跨中竖向位移　　　　　　　　(b) 跨中竖向加速度

图10-21　主梁跨中响应（风速25 m/s，双向堵塞车流）

为了使图形显示更加清楚，图10-21仅给出200～400 s时间段的计算结果。由图可以看出，由于车辆数目较多，无论车辆是否经过主梁跨中，该点竖向位移始终不为0，这主要是由于主梁在较大的车辆移动荷载作用下产生了一个向下的竖向平均位移，且所关心时间段内稀疏车流联合作用下主梁跨中最大竖向位移为12.58 cm，轻微堵塞车辆联合作用下主梁跨中最大竖向位移为14.99 cm，堵塞车流联合作用下主梁跨中最大竖向位移为17.7 cm。

研究中考虑了3种风速（15 m/s、20 m/s和25 m/s），并且随机车流中包含了4种车型，每种车型又包含了众多车辆，因此仅给出25 m/s侧风下，稀疏车流过桥时集装箱车为代表性车辆的动力响应，如表10-29所示。从表中可以得知，随着车流密度的增大，车辆响应受到限制变小，稀疏状态下的车辆响应是最不利的。随着风速的增大，车辆响应逐渐增大，侧滑剩余抗力逐渐减小，风速增大对车辆响应是不利的。

表10-29　不同风速和随机车流作用下集装箱车车型中最不利车辆动力响应及评价

风速			15			20			25		
车流			稀疏	轻微堵塞	堵塞	稀疏	轻微堵塞	堵塞	稀疏	轻微堵塞	堵塞
车流密度ρ			12	25	40	12	25	40	12	25	40
车辆		竖向加速度极值	1.31	0.82	0.66	2.11	1.82	1.32	2.26	1.25	1.26

续表

		横向加速度极值	0.68	0.45	0.16	0.90	0.72	0.15	0.97	0.62	0.16
车辆		总的加权加速度方均根值a_{OVTV}	0.30	0.26	0.16	0.36	0.32	0.22	0.45	0.24	0.22
		侧倾安全因子RSF	0.15	0.14	0.10	0.15	0.12	0.08	0.18	0.18	0.10
	侧滑剩余抗力(H_{red})	干路面	32.3	33.2	31.2	31.7	32.2	31.4	31.0	32.3	30.3
		湿路面	23.1	23.1	22.3	22.6	23.1	22.4	22.1	22.2	23.2
		雪路面	6.94	6.82	6.69	6.79	6.52	6.72	6.64	6.72	6.82
		冰路面	3.24	3.12	3.12	3.17	3.10	3.11	3.10	3.12	3.15
车辆响应评定		舒适性指标($a_{OVTV} \leqslant 0.8$)	满足要求								
		侧倾安全指标($RSF \leqslant 0.8$)	满足要求								
		侧滑安全指标（干/湿/雪/冰：$H_{red} \geqslant 4.007/2.862/0.859/0.401$）	满足要求								

注：风速的单位为m/s；车流密度的单位为辆/km/车道；加速度的单位为m/s²；侧滑剩余抗力的单位为kN。

10.5.4 列车荷载对风-汽车-桥系统的影响

列车对风-汽车-桥耦合振动的影响表现在2个方面：一方面，横风作用下，列车的遮挡效应对车辆过桥安全和舒适性造成影响；另一方面，当列车在桥上行驶时，列车引起的桥梁位移会影响在桥上行驶汽车的动力响应，进而可能影响汽车的舒适性和行车安全性。

对于列车的遮挡效应，针对气动力系数最大的集装箱车以及集装箱车位于6车道进行研究，所有工况下假设路面等级均为"良好"。

图10-22给出了20 m/s风速下，列车位于第2车道，车辆以80 km/h车速沿第6车道通过桥梁时的车体响应时程曲线。集装箱车模型中没有考虑车体的横向自由度。从计算结果来看，列车的遮挡效应总体上影响较小。

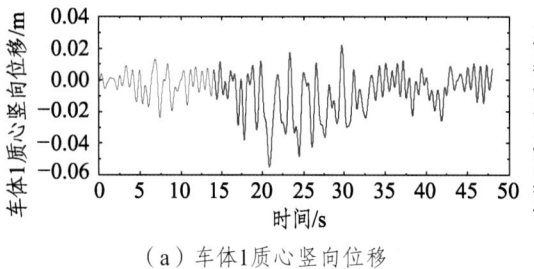

（a）车体1质心竖向位移

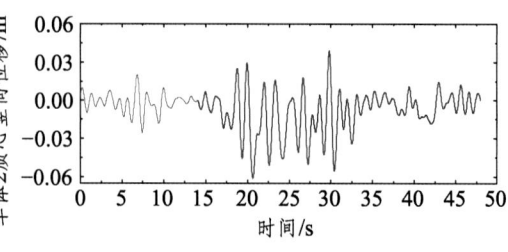

（b）车体2质心竖向位移

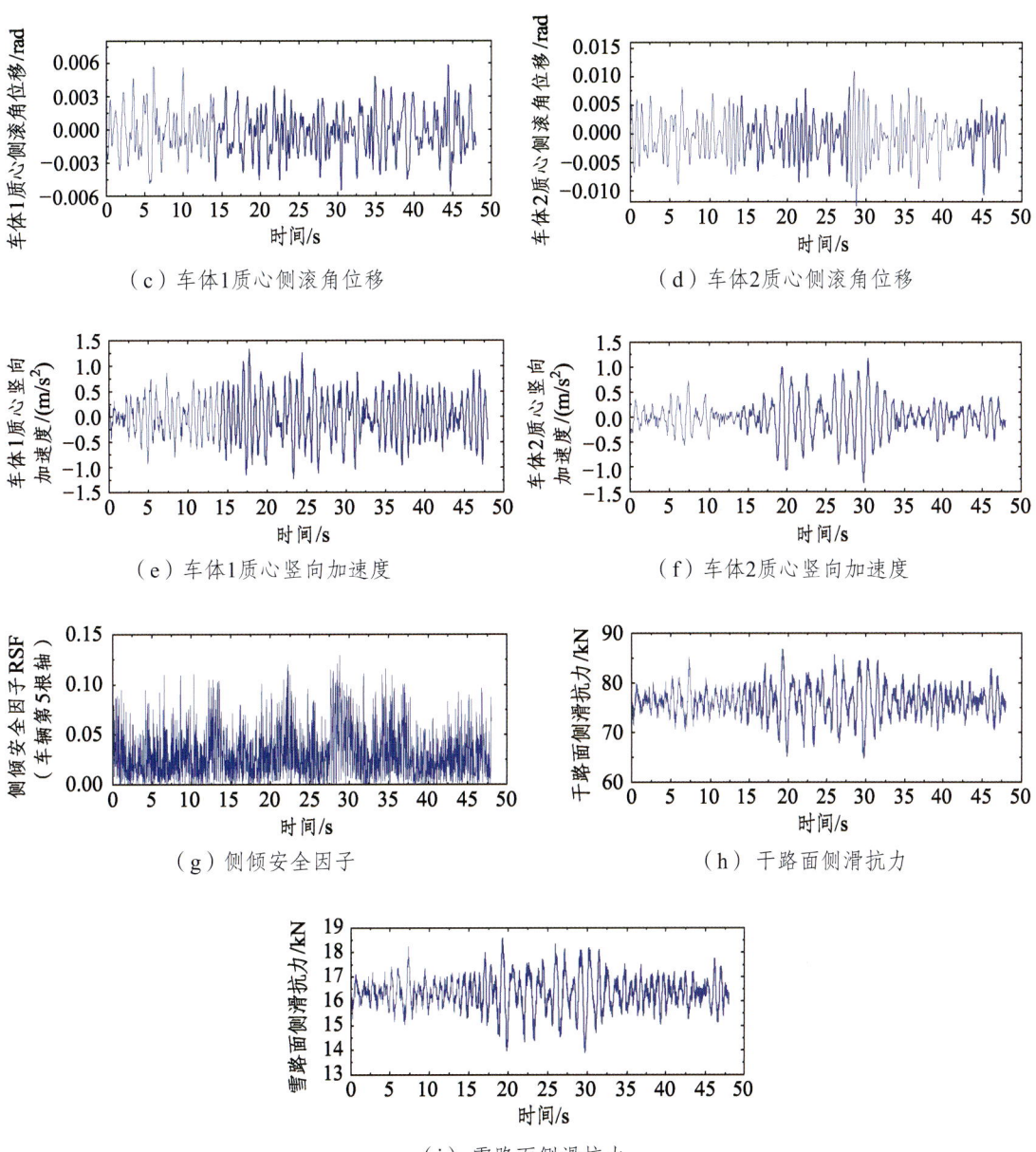

图10-22 考虑列车遮挡效应的车辆响应（风速20 m/s，车速80 km/h，列车位于第2车道）

研究列车荷载引起的最大静偏载和静竖向荷载对单车道公路车辆动力特性及行车安全性和舒适性的影响时，以厢式货车为例，研究列车在最大偏载、列车静载作用下，25 m/s风速下，厢式货车以80 km/h车速沿第1车道通过桥梁时的车辆响应，如图10-23和图10-24所示。

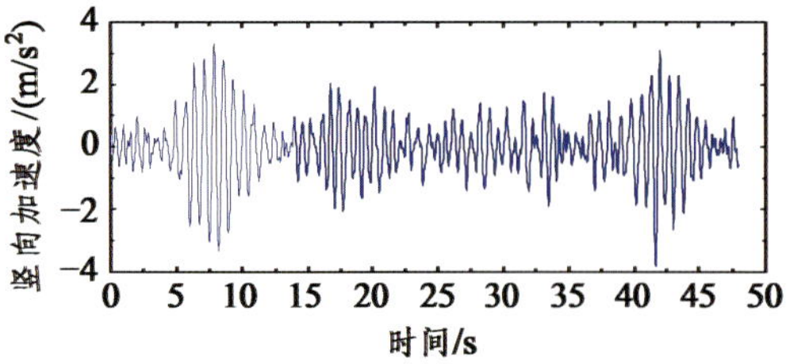

（a）竖向加速度 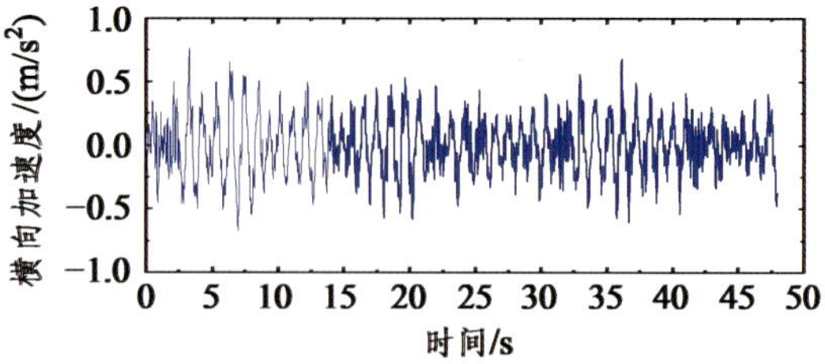　　　　　　　　　　　　（b）横向加速度

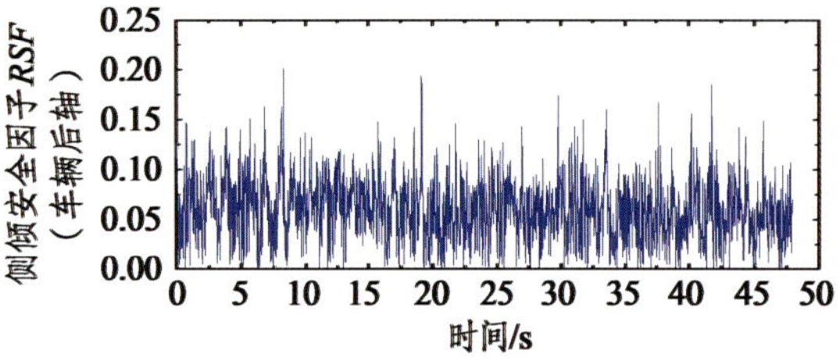

（c）侧倾安全因子 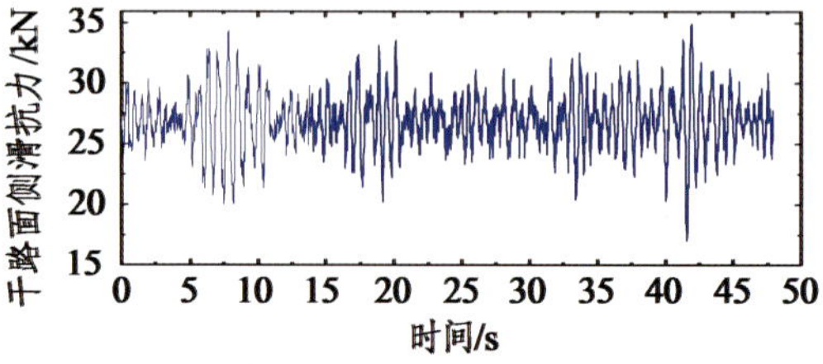　　　　　　　　　　　（d）干路面侧滑抗力

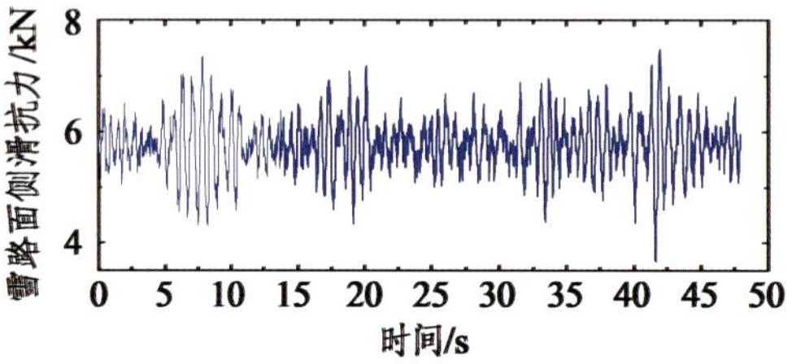

（e）雪路面侧滑抗力

图10-23　车辆响应（风速25 m/s，车速80 km/h，第1车道，单车，列车最大偏载）

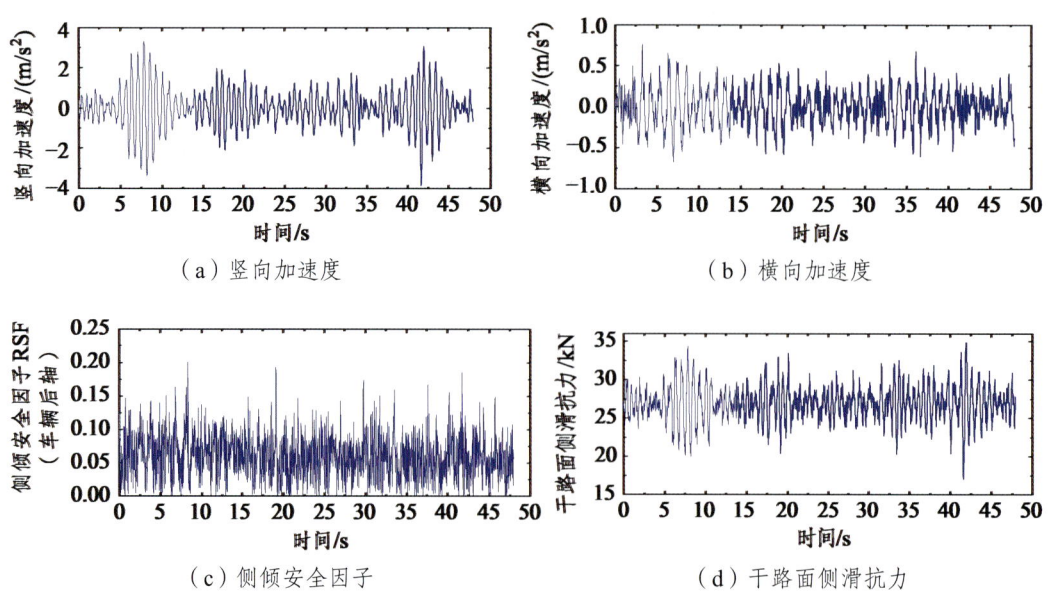

（a）竖向加速度　　　　　　　　　　　　（b）横向加速度

（c）侧倾安全因子　　　　　　　　　　　（d）干路面侧滑抗力

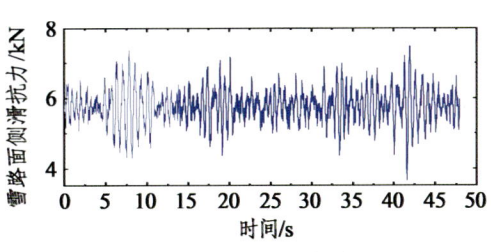

（e）雪路面侧滑抗力

图10-24 车辆响应（风速25 m/s，车速80 km/h，第1车道，单车，列车最大静载）

由图10-23和图10-24可知，与不考虑列车静载作用相比，考虑列车最大偏载和最大静载后，车辆的动力特性几乎没有变化。由此可知，列车的偏载和静载作用对于公路车辆过桥安全性和舒适性的影响很小。

10.5.5 汽车过桥塔

为明确桥塔遮挡效应对车辆过桥安全性和舒适性的影响，针对不同车辆在大风作用下通过桥塔时的动力响应，由于桥塔宽度相对于车间距较小，故仅针对单车运行情况进行分析。

图10-25给出了25 m/s风速下，车辆以80 km/h车速沿第1车道通过桥梁时的车体横向位移、横向加速度、侧滚角位移、侧滚角加速度、竖向加速度、侧倾安全因子、干路面侧滑抗力和雪路面侧滑抗力时程曲线。由图可以很明显地看出，由于受到桥塔的遮挡作用，当车辆2次经过桥塔时，车辆的横向和侧滚位移响应显著增大，车辆横向加速度也有一个明显的增大。

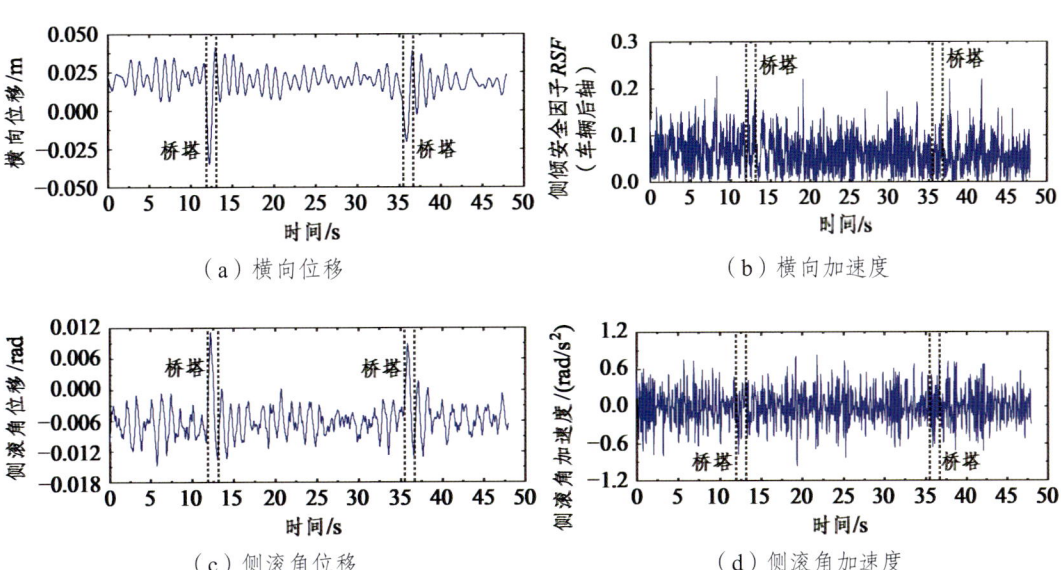

（a）横向位移　　　　　　　　　　（b）横向加速度

（c）侧滚角位移　　　　　　　　　（d）侧滚角加速度

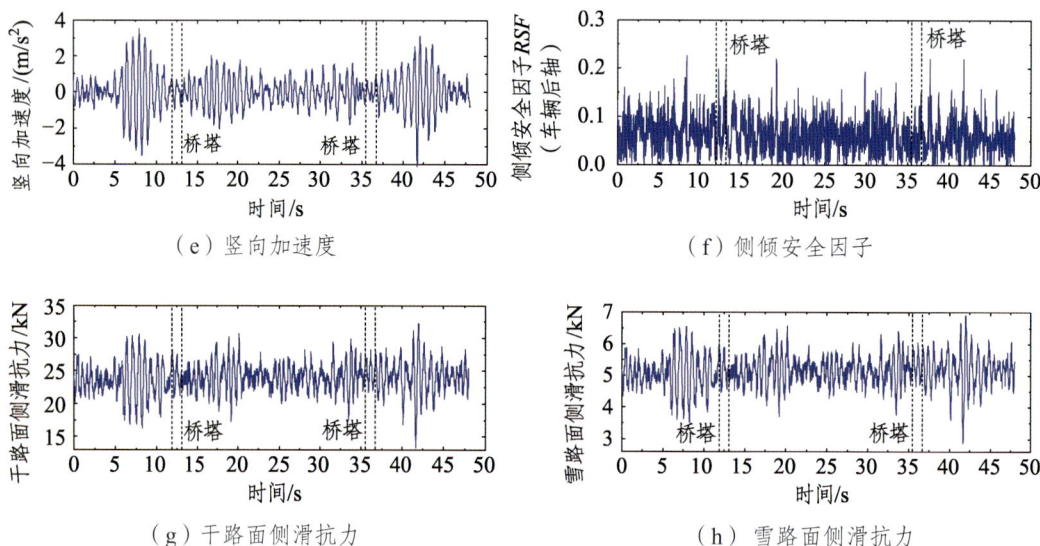

（e）竖向加速度　　　　　　　　　　（f）侧倾安全因子

（g）干路面侧滑抗力　　　　　　　　（h）雪路面侧滑抗力

图10-25　考虑桥塔遮挡效应的车辆响应（风速25 m/s，车速80 km/h，第1车道，厢式货车）

此外，大客车和集装箱车也有类似的规律。

10.5.6　超车的影响

本节将研究横风作用下，相邻车道车辆的遮挡效应对汽车车辆过桥安全性和舒适性的影响。本节仅研究一辆车超越另一辆车时车辆过桥安全性和舒适性的影响，而不考虑随机车流的影响。这主要是因为随机车流中，由于车辆之间的相互影响，导致车辆气动力系数非常复杂，而且目前还没有非常有效的试验手段进行准确的测量。此外，由于集装箱车挡风面积较大，本节仅考虑了客车超越集装箱车的情况。

图10-26给出了25 m/s风速下，车辆以80 km/h车速在第2车道主梁主跨处超车时的车体响应时程曲线。由图可以很明显地看出，客车在超车过程中，由于受到迎风侧被超集装箱车的遮挡作用，客车的横向和侧滚振动响应显著增大。

表10-30给出了客车在不同工况下超车时车辆的动力响应值。从表中可以看出，迎风侧集装箱车的遮挡效应会增大客车超车时的横向振动。

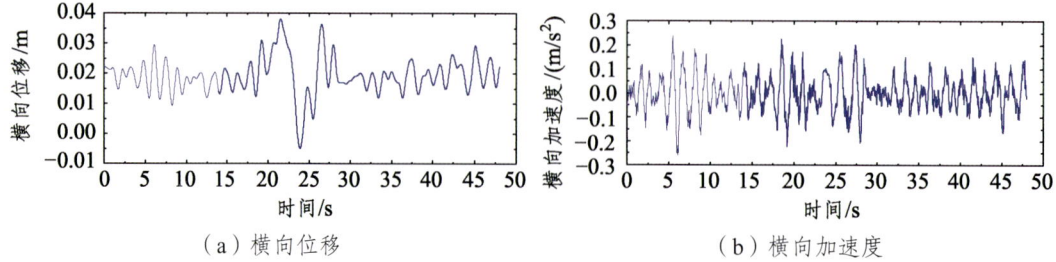

（a）横向位移　　　　　　　　　　　（b）横向加速度

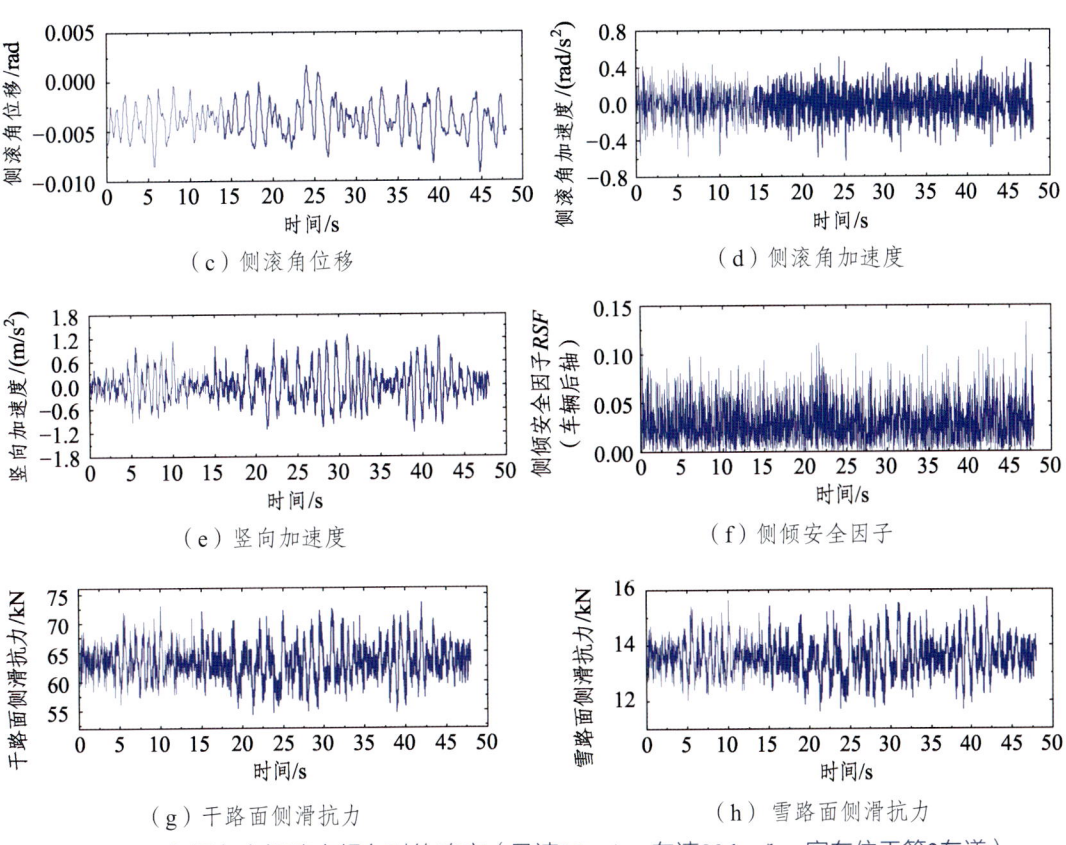

图10-26 车辆在主梁跨中超车时的响应（风速25 m/s，车速80 km/h，客车位于第2车道）

表10-30 客车在主梁跨中超车时车辆响应

被超越车辆车道车速	车型	集装箱车	集装箱车	集装箱车	集装箱车	集装箱车	集装箱车
	1	1	1	1	1	1	1
	60	60	60	40	40	40	
超车车辆车道车速	车型	客车	客车	客车	客车	客车	客车
	2	2	2	2	2	2	
	80	80	80	60	60	60	
	风速	15	20	25	15	20	25
车辆	竖向加速度极值	0.80	1.08	1.29	0.74	1.25	1.85
	横向加速度极值	0.17	0.17	0.26	0.12	0.20	0.32
	总的加权加速度方均根值 a_{OVTV}	0.18	0.24	0.31	0.17	0.25	0.30

续表

车辆	侧倾安全因子 RSF		0.12	0.12	0.13	0.09	0.10	0.10
	侧滑剩余抗力（H_{red}）	干路面	32.14	31.96	31.76	32.30	32.04	31.97
		湿路面	22.96	22.83	22.69	23.07	22.88	22.83
		雪路面	6.89	6.85	6.81	6.92	6.87	6.85
		冰路面	3.21	3.20	3.18	3.23	3.20	3.20
	车辆响应评定	舒适性指标（$a_{OVTV} \leq 0.8$）	满足要求					
		侧倾安全指标（$RSF \leq 0.8$）	满足要求					
		侧滑安全指标（干/湿/雪/冰：$H_{red} \geq 6.729/4.807/1.442/0.673$）	满足要求					

注：车辆车道车速的单位为km/h；风速的单位为m/s；加速度的单位为m/s²；侧滑剩余抗力的单位为kN。

10.6　本章小结

通过车-桥气动特性的大比例尺节段模型风洞试验、列车-桥梁耦合振动分析、风-列车-桥梁耦合振动分析及风-汽车-桥梁耦合振动分析，可得出以下结论：

（1）通过大比例尺节段模型风洞试验测了各车道4种汽车的气动力系数、不同线路位置列车气动力系数、列车与汽车之间相互的气动干扰、桥塔遮风效应以及汽车超车过程的气动力系数。结果表明，迎风侧车道车辆气动力系数相对较大，列车和背风侧车道汽车的气动力系数较小，桥塔和超车过程风载突变效应对车辆气动力系数影响较大，为行车抗风安全分析提供了分析参数。

（2）设计车速300 km/h下，列车在无风各工况下过桥时，单车行驶或者双车行驶时桥梁的动力特性及车辆安全性、平稳性和舒适性均满足要求，车辆舒适性评价均为"优秀"；考虑汽车荷载偏载作用时，列车和桥梁安全性和舒适性仍满足要求。汽车车道荷载显著增大了桥梁的响应，但对于列车响应的影响较小。升温或降温对于车桥系统的响应影响有限。

（3）设计车速300 km/h下，风速不超过30 m/s时，单车及双车过桥时，随着风速、车速增加，车辆的各项响应指标逐渐增加，由于列车气动力系数较小，车辆安全性、平稳性和舒适性均满足要求，车辆舒适性评价均为"优秀"，双车交会和桥塔遮风效应对列车行车安全影响有限。

（4）单车和随机车流作用下的汽车-桥耦合振动和风-汽车-桥耦合振动分析表明，随着风速增加,桥梁与车辆的各项响应均增加,车辆的安全性和舒适性满足要求,汽车经过桥梁时引起的车桥响应均较小。

(5)桥塔的遮挡效应会增大车辆经过桥塔时的横向振动,但车辆的安全性和舒适性仍然满足要求。对于背风侧汽车,列车车辆遮挡效应对公路集装箱车的动力响应影响有限。汽车在超车过程中,由于迎风侧集装箱车的遮挡效应,车体的横向和侧滚振动响应显著增大,列车静荷载会引起较大的主梁位移,显著增加了车辆的RSF值。

参考文献:

[1] 翟婉明. 车辆-轨道耦合动力学:上册[M]. 北京:科学出版社,2015.

[2] 同济大学. 公路桥梁抗风设计规范:JTG/T3360-01—2018[S]. 北京:人民交通出版社,2018.

[3] 李永乐. 风-车-桥系统非线性空间耦合振动研究[D]. 成都:西南交通大学,2003.

[4] LI Y, QIANG S, LIAO H, et al. Dynamics of wind-rail vehicle-bridge systems[J]. Journal of Wind Engineering and Industrial Aerodynamics,2005, 93(6): 483-507.

[5] 陈宁. 侧风作用下桥上汽车行车安全性及防风措施研究[D]. 成都:西南交通大学,2015.

[6] 邓露,段林利,何维,等. 中国公路车-桥耦合振动车辆模型研究[J]. 中国公路学报,2018,31(7):92-100.

[7] 刘献栋,邓志党,高峰. 公路路面不平度的数值模拟方法研究[J]. 北京航空航天大学学报,2003(9):843-846.

[8] 王海涌. 高速列车舒适度评价机理及其应用研究[D]. 兰州:兰州交通大学,2014.

[9] 孙华,左曙光,杨占春,等. 轿车乘坐舒适性主观感觉评价及实践[J]. 同济大学学报(自然科学版),2001(2):239-241.

[10] 赵锐军. 高速公路行车舒适性评价体系[J]. 交通世界(运输.车辆),2011(11):124-125.

第11章
列车冲击波及噪声控制

11.1 概 述

11.1.1 桥面列车气动力作用

临港长江大桥所采用的公铁平层箱梁是一种较为经济合理的结构方案，利用整体钢箱梁布置公路轨道和铁路轨道，充分节约桥位资源，同时也提供了较大的结构刚度，保证了良好的铁路运行条件。但公铁同层桥梁面临的一个问题是高速列车行车引起的桥面空气动力效应所形成的气动冲击，如图11-1所示。

根据《高速铁路设计规范》（TB 10621）气动力表格，距离川南铁路约6.5 m内侧公路车道的列车水平气动力约为0.35 kPa，换算平均风速为22.8~23.9 m/s。由此可知，为保证公路车道的行车安全，公铁交通之间设置隔离屏障是必要的。

另外，列车在桥上高速通过时周围空气会产生瞬间急升的空气压力冲击波，该冲击波为无规则的瞬态旋涡运动，旋涡在列车表面产生、发展并脱落，并与风屏障、斜拉索等构件及汽车相互作用，引起桥面气流脉动，影响公路正常运营。

11.1.2 桥面噪声

高速列车对周边环境的影响主要有噪声、振动和电磁波干扰，其中噪声最受关注。既有高速列车噪声问题以环境影响研究为主，研究方法以现场试验测试为主，而且研究的目的是针对周围环境的噪声影响提出有效的控制方法。

由于高速铁路公铁平层桥梁的桥面噪声问题目前缺乏同类现场测试的条件，因此为评估该桥未来运营噪声的分布规律及强度，有必要开展新的理论方法研究。

根据国内外铁路噪声理论研究和试验测试，铁路噪声主要由牵引噪声、轮轨噪声和气动力噪声等组成，它们与列车运行速度的关系如图11-2所示。按照列车运行速度区间，可以将列车运行速度分为3个主导噪声区段，并用2个不同声学转换速度进行界定。然而高速列车噪声影响因素复杂，与列车和轨道状态及所采取的减振降噪措施有关，声学转换速度并非固定不变。例如法国TGV高速试验表明，当列车运行速度达到380 km/h时，轮轨噪声依然占主导地位。另外，综合其他相关研究表明，高速列车的噪声或气动噪声等问题相对较为复杂，而对于设置高速列车通行的临港长江大桥，其桥面噪声或气动噪声的规律及控制也是有待研究的问题，目前也缺乏理论依据，其研究结果可为噪声控制和隔离屏障的设计提供参考与依据。

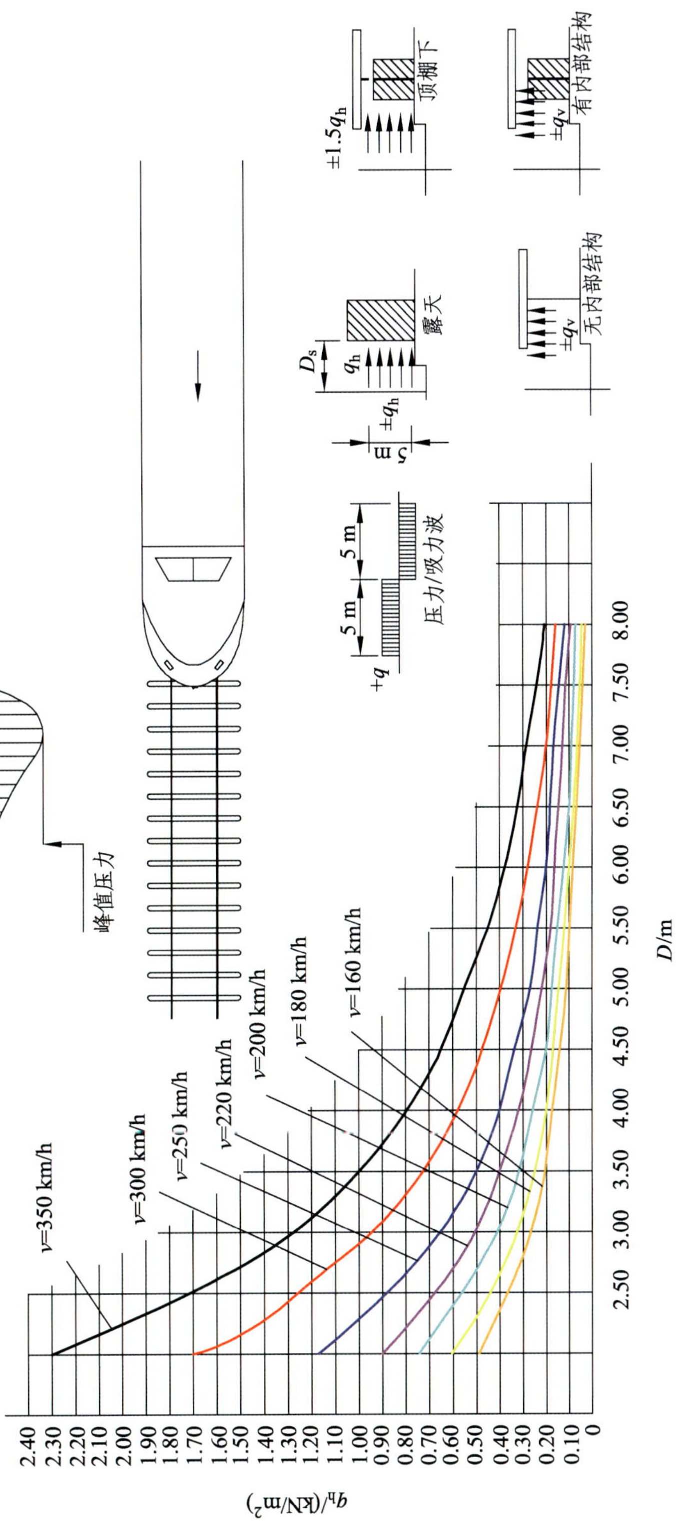

第11章 列车冲击波及噪声控制

图11-1 驶过列车产生的水平气动力

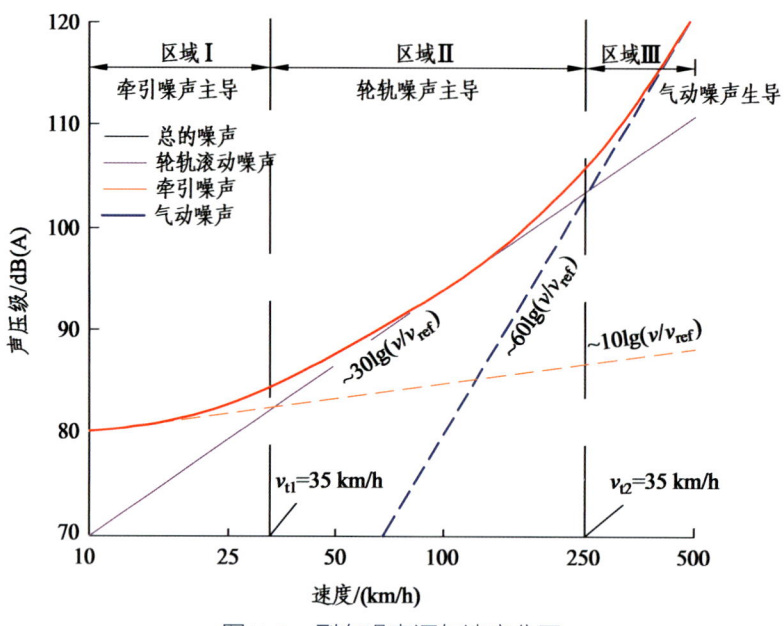

图11-2 列车噪声源与速度分区

11.1.3 研究框架

本章的主要工作是对临港长江大桥的列车气动效应和气动噪声进行分析和评估,鉴于2个问题的源头在于桥上高速行车,引起气动效应和噪声的源头是高速列车,高速列车的参数超出课题的范围,为不可控因素。因此,工作主要围绕气动效应和气动噪声的传播进行研究分析。研究框架如图11-3所示。

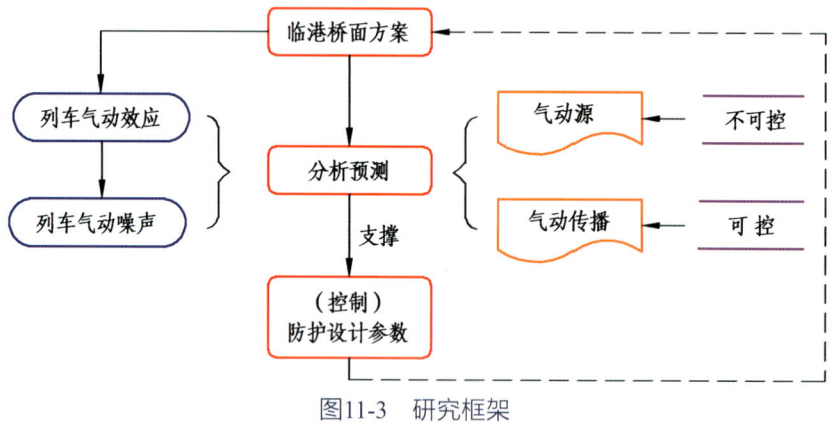

图11-3 研究框架

研究成果主要体现在防护屏障的设计参数调整,以实现更好的综合防护性能。此外,本章基于钝体空气动力学程序aFLOW进行计算,并使用ParavView和TecPlot进行结果后处理。

11.2 研究现状及进展

本节从高速列车空气动力效应和气动噪声2方面回顾了国内外的研究进展与现状。

11.2.1 高速列车空气动力效应

随着列车速度的提高，高速列车对周围的气动影响逐渐变大。当高速列车在桥面运动时，列车周围空气会产生瞬态空气压力冲击波和许多无规则的瞬态旋涡。列车通过时在其周围产生2种气动影响，如图11-4所示。其中1种影响是脉冲压力，是由列车头车和尾车通过造成的。列车头车通过时，产生了压力先增大随后快速下降的压力脉冲，压力脉冲持续时间非常短。由于头车导致的压力脉冲幅值比尾车大，因此头车导致的压力脉冲的影响更重要。第2种影响是列车通过时诱导的流动，运动中的列车产生了沿列车长度方向逐渐增厚的边界层，在列车后面的尾迹流动。这导致在列车中后部形成与列车运动方向一致的气流，称为诱导流动，而在列车后尾迹内的流动是非常复杂的湍流流动。

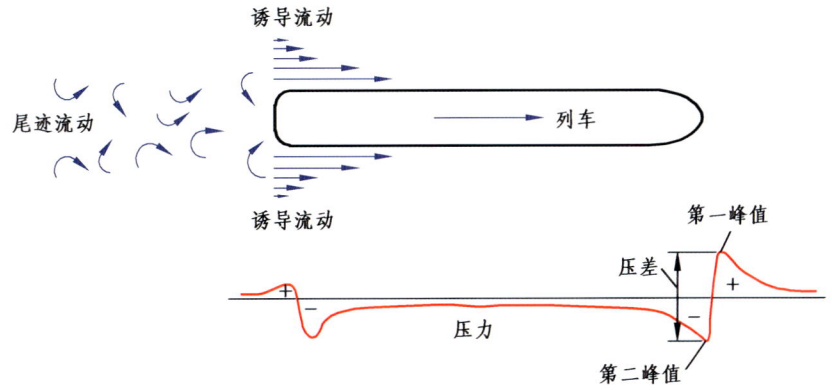

图11-4 运动列车周围的压力和气流

图11-5给出了对离通过列车不同横向距离的许多不同列车测得的诱导气流数据，图中也给出了理论气流数值。与试验数据比较，诱导气流的强度取决于列车速度、离列车侧边的间距、环境风速和风向、列车的头型和表面粗糙度。研究表明，细长头型列车的诱导气流速度比钝头型列车的低0.78倍，而货车为钝头型列车的1.9~3.5倍。因此，细长头型列车能以比钝头型列车快25%~30%的速度运行，而产生的诱导气流速度却几乎相同。

法国国家铁路公司（SNCF）研究了列车通过时诱导气流的作用力，以确定TGV 001列车通过时头车产生的诱导气流作用在圆柱物体上的力。列车以229 km/h通过时，物体离列车侧边0.7 m，列车通过在物体上产生了75 N的峰值作用力，而离列车侧边1.2 m，峰值作用力下降到约50 N，峰值作用力持续时间约0.03 s，约为头车压力波的通过时间。

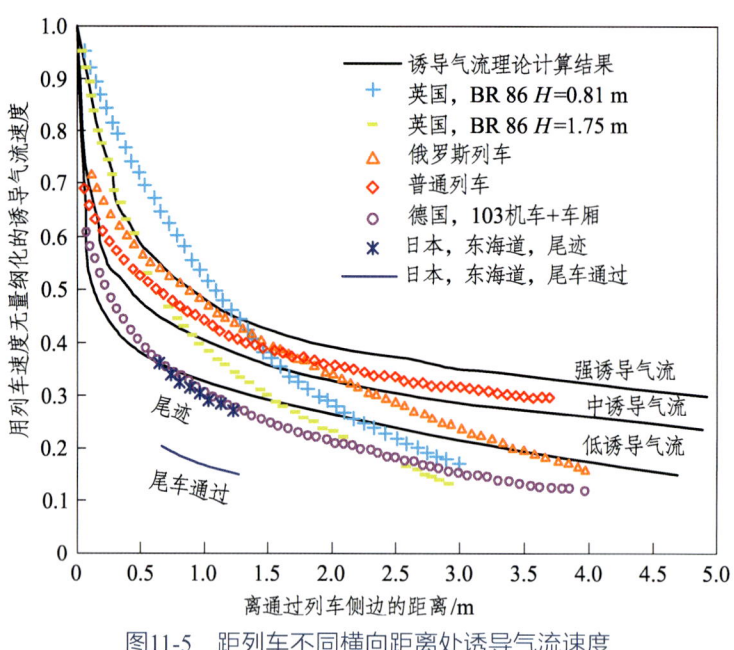

图11-5 距列车不同横向距离处诱导气流速度

气流的剧烈变化伴随着剧烈的气压冲击波,Mancini等在普通路堤区间上测试了Etr500型车高速通过引起的冲击波效应。当列车以280 km/h通过时,对向列车所受到的冲击波最大约为530 Pa,如图11-6所示。

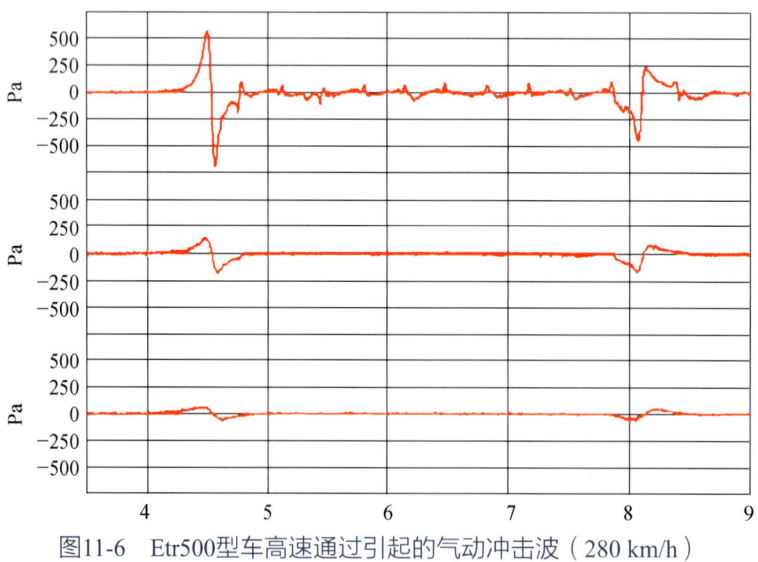

图11-6 Etr500型车高速通过引起的气动冲击波(280 km/h)

列车头车通过导致的压力波量值取决于5个主要参数,即列车速度、列车横截面积、距通过列车的距离、列车与地面之间的间隙和头型长度。列车高速通过时产生的脉冲压力造成线路附近人员的耳膜有不适感。图11-7给出了不同列车通过时，离列车侧边1 m处人员感受到的峰值压差，图中也给出了不同头型长度列车通过时压力变化的持续时间。钝头型列车头鼻部长度短，因此压力变化的持续时间短，但压力波压差却更大。在速度241 km/h时产生的压力脉冲，对人耳的影响是次声压力变化。根据Carstens等给出的压力限值和建议的150 dB，采用1379 Pa峰值压差作为导致列车周围人员产生不愉快感觉的判别标准。

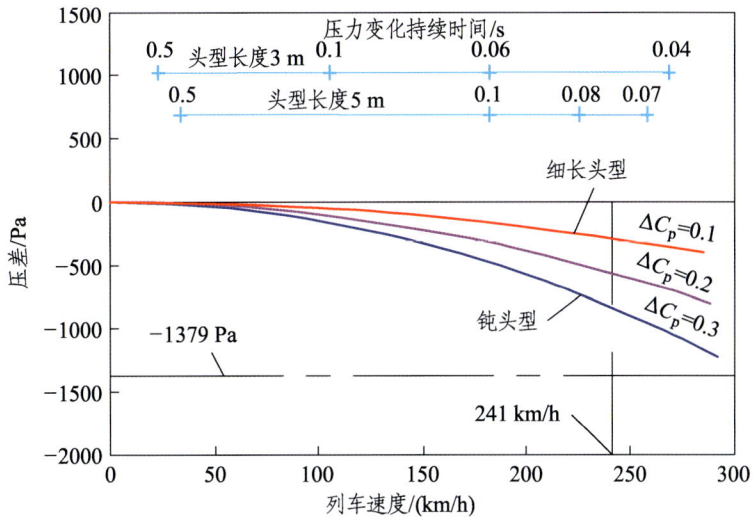

图11-7　离通过列车侧边1 m处峰值压差（据杨国伟等，2015）

由图11-7可见，根据这一最大压差限值标准，不同头型的列车以241 km/h速度通过时产生的峰值压差都小于该限值。因此，离通过列车1 m或更远距离处的人员，耳膜感受到的影响都不严重。目前列车运行速度已经达到350 km/h。根据不同头型列车峰值压差曲线的变化趋势，钝头型列车的峰值压差有可能超过1379 Pa的限值，而细长头型的列车可能不会超过这一限值，但具体结果应该通过实验或数值研究确定。

Kikuchi等给出了减弱列车通过时产生的脉冲压力的措施。一种方法是加长列车头型长度以减弱头车导致的压力梯度，另一种是通过沿轨道设置屏障来减小路旁压力变化。研究结果表明，最大压力衰减发生在墙壁附近，而进一步远离墙壁衰减则很小。除了对列车周围人员的影响外，列车通过时产生的脉冲压力对沿轨道布置的结构（如声屏障、站台雨棚、悬链线遮棚、脚手架等）都有影响，目前对这些影响的研究还很少。

列车风对附近人员产生的作用力因车头（尾）形状不同而差别很大。列车头型形状越钝，列车风对附近人员产生的作用力越大，完全钝型与充分流线型头型相比，在车速350 km/h、人车距离1 m时列车风产生的作用力可相差7倍以上。不同头型形状产生的列车风对附近人体的作用力，其差别随人车距离的增大而减小，大致呈二次方函数规律变化。同一种车型，当人车距离一定时，车头车尾列车风对人体作用力最大值的比值几乎为常数，与列车速度无关。在不同人车距离条件下，车头列车风作用力最大值的比值或车尾列车风作用力最大值的比值几乎为常数，与列车速度无关。由此可归纳出不同人车距离时列车风作用力与车速和车头尾变截面长度之间的关系为：

$$F = 1.656^{2(3.5-d)} \times 1.4442^{0.072v-4} \times (0.6863S^2 - 12.5392S + 69.064) \quad (11\text{-}1)$$

式中：F为作用力；d为人车距离；v为列车速度；S为列车头鼻部长度。

11.2.2 气动噪声

气动噪声，是指流体运动而产生的噪声，最早多集中于高马赫数流动，射流、高超声速航天飞机等产生的气动噪声都是一些典型的问题。最近三十年地面运输工具快速发展，尤其是高速列车行驶速度已超越二战时期的飞机，机械噪声会退居次要位置，而空气动力学效应及气动噪声则变得越来越重要。事实上，机械声源散射的平均能量与列车速度呈3%比率增大，而气动噪声声源散射的平均能量则随列车速度呈5%~6%比率增大。

高速列车气动噪声按其产生机理的不同，大致可以分为以下2种类型：由气体流经结构部件表面产生的噪声和湍流脉动产生的噪声。前者主要在受电弓、车厢连接处、转向架等钝体部位产生，后者则在车体表面、头车、尾车等部位产生。如何预测高速列车的气动噪声，并进而确定噪声源和设法降低气动噪声对临港长江大桥的安全运营具有现实意义。

1. 试验研究

当前对高速列车气动噪声的研究主要依赖于试验，随着声阵列理论和测试技术的发展，多通道阵列式噪声数据采集分析系统开始被广泛用来确定噪声声源的分布及强度特性。

国内外有很多学者对列车车外噪声进行了测试与分析。对于车外声源识别试验研究，Nagakura等利用声反射镜对新干线列车车外噪声源分布进行了定位，结果表明列车转向架、受电弓、司机室车门和车头下部的噪声显著。

我国京津城际铁路段系选定现场测试点，根据ISO-3095-2005规定的列车和线标准安装了该系统进行噪声测试。He等采用基于延迟求和波束形成法的车外声源识别系统，对不同速度高速列车的车外噪声进行了测试，指出车外主要噪声源位于转向架区域、受电弓和车间连接区域，并明确了车外噪声源强度随速度的变化规律。

谭晓明等基于非负最小二乘法NNLS对CIT500列车200~350 km/h速度等级的车外噪声源图谱进行了试验研究。相对于延迟求和方法，反卷积方法具有更好的分辨率，且能够有效地消除声源重影。Chu等对6种不同类型的反卷积算法进行了比较，综合考虑计算效率与消除旁瓣的能力，FFT-NNLS反卷积波束形成算法综合性能较好。

2. 数值计算方法

气动噪声的现场测试通常耗时较长，且易受当地实际条件制约而导致结果离散性。相较而言，采用数值方法进行噪声预测，其优点是研究效率明显提高，且能够在各种条件下进行规律性模拟研究，能够得到现场实测中不能实现的工况结果，因此使得计算气动声学（CAa）越来越受到学者和行业的关注。

当前计算气动声学主要有2类研究方法：第一类是直接模拟法。它包括直接数值模拟（DNS）、大涡模拟（LES）或者雷诺平均方法（RANS），用以计算瞬时噪声声源分布以及噪声辐射。但因噪声模拟中的困难，直接数值模拟和大涡模拟在实际工程应用中可操作性不强，这是因为要得到准确的模拟结果，这两者对网格的要求将会非常苛刻：DNS要求的大致网格数量是Re9/4，其最小网格尚需捕捉到高频声源的波长。实际工程中模型的几何外形往往比较复杂，采用此类方法的难度更高，进行准确的噪声模拟是相对困难的。而非定常RANS方法虽然降低了网格量要求，但网格量的降低会使得对亚格子尺度上的声源捕捉不够完善。

第二类是声学类比方法。Lighthill首先开创了声学类比方法，并发展出一套完善的Lighthill方程。Curle等在刚性边界内求解了Lighthil方程，Ffowcs-Williams将Curle的解拓展到了运动边界。FWH方法是一种表面积分方法，由于无须体积分而更具优势。表面积分方法中假定声音传播遵循简单的波动方程，可以通过给定的围绕在非线性声源附近的控制面的表面积分来精确预测气动噪声。Casper和Farassat对FW-H方程进行了细致研究，并推导出了许多行之有效的公式。这类方法在计算远场气动噪声时存在很大的优势，即无须顾及远场区域的网格精度，而是直接通过公式求积分即可求解远场噪声。

11.3 高速列车气动力及气动噪声数值方法研究

11.3.1 空气动力学数值模拟方法

1. 离散控制方程

根据BGK模型，时空离散的流动分布函数函数演化方程为：

$$f(r+\xi\delta t,\xi,t+\delta t)-f(r,\xi,t)=\frac{1}{\tau}[f^{(eq)}(r,\xi,t)-f(r,\xi,t)] \qquad (11\text{-}2)$$

式中：τ为无量纲弛豫时间。

流动宏观物理量为：

$$\begin{cases}\rho=\sum_\alpha f_\alpha=\sum_\alpha f_\alpha^{(eq)}\\ \rho\upsilon=\sum_\alpha \xi_i f_\alpha=\sum_\alpha \xi_i f_\alpha^{(eq)}\\ \rho\varepsilon=\frac{1}{2}\sum_\alpha(\xi-\upsilon)^2 f_\alpha=\sum_\alpha(\xi-\upsilon)^2 f_\alpha^{(eq)}\end{cases} \qquad (11\text{-}3)$$

而根据Maxwell-Boltzmann的低马赫数展开，得到平衡分布函数为：

$$f^{(eq)} = \frac{\rho}{(2\pi RT)^{D/2}} \exp(-\xi^2 2\pi RT) \exp[(\xi \cdot \upsilon)/RT - \upsilon^2/2\pi RT]$$
$$= \frac{\rho}{(2\pi RT)^{D/2}} \exp(-\xi^2 2\pi RT) \left[1 + \frac{\xi \cdot \upsilon}{RT} + \frac{(\xi \cdot \upsilon)^2}{2(RT)^2} - \frac{\upsilon^2}{2RT}\right] + O(\upsilon^3)$$

（11-4）

2. 空间格子玻尔兹曼模型

数值模拟的格子玻尔兹曼模型包括空间格子结构、局部平衡分布函数和运动论演化方程，典型空间格子结构如图11-8所示，D3Q27表示3维27速度方向的模型。

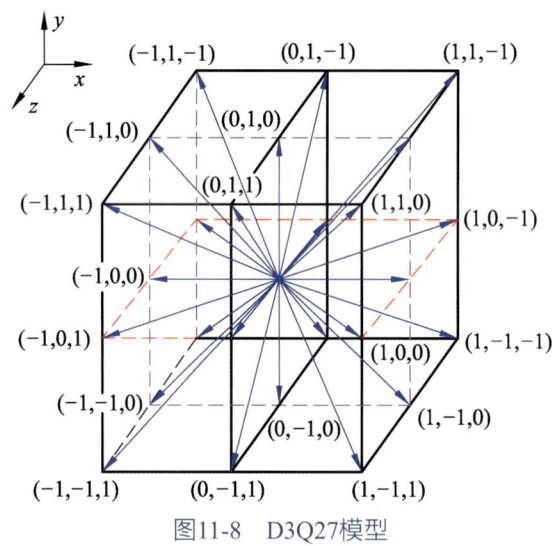

图11-8　D3Q27模型

D3Q27格子模型中的流场宏观物理量为：

$$\begin{cases} \rho_0 = \sum_{\alpha=0}^{26} f_\alpha^{(eq)} = \sum_{\alpha=0}^{26} f_\alpha \\ u = \sum_{\alpha=0}^{26} c_\alpha f_\alpha^{(eq)} = \sum_{\alpha=0}^{26} c_\alpha f_\alpha \\ p = \frac{c_s^2}{1-\omega_0}\left[\sum_{\alpha=0}^{26} f_\alpha^{(eq)} + s_0(u)\right] = \frac{c_s^2}{1-\omega_0}\left[\sum_{\alpha=0}^{26} f_\alpha + s_0(u)\right] \end{cases}$$

（11-5）

3. 非定常流动的湍流模式

针对高速列车的高度分离流动，直接计算无滑移壁面的湍流边界层几乎是不能的，近似的处理方法是引入湍流模式，通过对大尺度脉动进行直接模拟，二阶小尺度脉动采用亚格子模型进行模式，大涡模拟能得到大尺度涡结构的真实演化过程，精度较高，也决定了能够模拟真实物理的瞬态流场。

Smagorinsky模式假定涡黏性与亚格子尺度特征值和二阶变形张量不变量成正比关系。

$$v_t = (C_s \Delta)^2 |\overline{S}| = (C_s \Delta)^2 2\sqrt{\overline{S}_{ij}\overline{S}_{ij}} \tag{11-6}$$

C_K为Kolmogorov常数，通常取1.4，$|\overline{S}|$为应变率张量的模，即：

$$|\overline{S}| = \frac{\sqrt{\tau_0^2 + 18(C_s\Delta)^2 \sqrt{Q/\rho}} - \tau_0}{6(C_s\Delta)^2} \tag{11-7}$$

其中：

$$Q = \overline{\Pi}_{ij}^{(\text{neq})} \overline{\Pi}_{ij}^{(\text{neq})}, \quad \overline{\Pi}_{ij}^{(\text{neq})} = \sum_{\alpha} e_{\alpha i} e_{\alpha j} [f_\alpha - f_\alpha^{(\text{eq})}] \tag{11-8}$$

4. 数值实现

对于湍流模式，LBM用总黏性：

$$v = v_0 + v_t \tag{11-9}$$

代替分子黏性，相应演化弛豫参数为：

$$\tau = 3(v_0 + v_t) + \frac{1}{2} \tag{11-10}$$

11.3.2 气动噪声数值计算方法

1. 基本方程

如前所述，LBM本质上是非定常、可压缩流动的拉格朗日模拟方法，因此其流动物理与声波压缩传递是一致的。另外，通过引入LES湍流模式，LBM可以计算空间格子精度的湍流涡结构，因此本节在LBM空气动力数值计算的基础上研究列车气动噪声的直接数值模拟方法，其基本原理是噪声的声压场来自气动力计算的压强场结果。直接模拟方法的优点是计算过程中不会引入任何人工剪切阻尼或稳定，因此不会影响小尺度涡结构的准确计算，以及流场的高频特征。

根据LBM，压强波动速度等于换算数值风速：

$$c_{\text{num}} = \frac{dx}{\sqrt{3}dt} \tag{11-11}$$

式中：dx为流场空间分辨率；dt为数值计算时间步长。根据格子各向同性条件和碰撞模型，确定系数（Fraser，2006）。

根据理想气体定律，热力学声速C_{thermo}为：

$$C_s = \sqrt{\frac{\gamma RT}{M}} \tag{11-12}$$

式中：γ为绝热常数；M为分子重量；R为理想气体常数；T为温度。

声学计算过程中，时间步长dt选择应满足下述关系：

$$c_{\text{num}} = c_s \tag{11-13}$$

因此，根据流场空间分辨率，时间步长为：

$$dt = \frac{dx}{\sqrt{3}c_s} \quad (11\text{-}14)$$

LBM的另一个优势是通过更新平衡分布函数直接计算流动的体积黏性（Dellar等，2001），而Navier-Stokes方程通常忽略了该参数，这对于声学计算或弱压缩流动的数值模拟精度的影响非常突出。牛顿流体的体积黏性系数为：

$$\mu V = \mu' + \frac{2}{3}\mu \quad (11\text{-}15)$$

式中μ'为二次黏度，因此在可压缩N-S方程中为：

$$\rho\left(\frac{\partial v}{\partial t} + v \cdot \nabla v\right) = -\nabla p + \mu \nabla^2 v + f + \left(\frac{1}{3}\mu + \mu v\right)\nabla(\nabla \cdot v) \quad (11\text{-}16)$$

根据Stokes假设（1845），牛顿流体的体积黏度可以忽略，且：

$$\mu' = \frac{-2}{3}\mu \quad (11\text{-}17)$$

2. 边界条件

在非定常声学计算中，声强计算结果对边界压强波的反射非常敏感，因为脉动压强场的波动与反射波会产生干涉。为了克服该问题，本书提出了无反射的边界条件，吸收压缩流场模拟中的随机脉动和边界反射。

首先为了推导速度和压强的Dirichlet边界，根据局部一维无黏性方程（Heubes，2014；Stoll，2014）：

$$\begin{aligned} &\frac{\partial \rho}{\partial t} + u\frac{\partial \rho}{\partial x} + \rho\frac{\partial u}{\partial x} = 0 \\ &\frac{\partial u}{\partial t} + u\frac{\partial u}{\partial x} + \frac{1}{\rho}\frac{\partial p}{\partial x} = 0 \\ &\frac{\partial v}{\partial t} + u\frac{\partial v}{\partial x} = 0 \\ &\frac{\partial \rho E}{\partial t} + \frac{\partial [u(\rho E + p)]}{\partial x} = 0 \end{aligned} \quad (11\text{-}18)$$

若将LODI变量表示矢量$U = (\rho, u, v, E)$，则上式可表示为：

$$\frac{\partial}{\partial t}U + S^{-1}\frac{\partial}{\partial x}L = 0 \quad (11\text{-}19)$$

式中：

$$L = \Lambda S \frac{\partial}{\partial t}U \quad (11\text{-}20)$$

对于绝热流动，LODI方程进一步降阶为：

$$\frac{\partial \rho}{\partial t} + \frac{1}{2c_s^2}(L_4 + L_1) + \frac{1}{c_s^2}L_3 = 0$$

$$\frac{\partial u_x}{\partial t} + \frac{1}{2\rho c_s^2}(L_4 - L_1) = 0 \quad (11\text{-}21)$$

$$\frac{\partial u_y}{\partial t} + L_2 = 0$$

3．FW FWH声学类比[Williams, Hawkings, 1969]

Ffowcs Williams – Hawkings声类比法在气动噪声预测中应用较为广泛，该方法为时域方法，其各声源等效源项包括：

（1）非定常气流诱发的声源项主要包括边界体积或质量改变引发的脉动质量源（单极子声源）。

（2）物体表面对流体作用引发的脉动力源（偶极子声源）。

（3）湍流相互作用引发的湍流应力源（四极子声源）。

基于LBM和壁面函数法FW-H声类比方法的混合数值方法，是通过流场计算确定噪声源，并根据非定常脉动压力积分解法来求解远场气动噪声预测（Masson等，2010；Meskine等，2013）。从而对高速列车钝体区域进行气动噪声预测，细致分析流动现象和气动噪声特性，揭示流致噪声机理。

FW-H方程为：

$$p'(x,t) = \frac{\partial}{\partial t}\int_{f=0}\left[\frac{Q_i n_i}{4\pi|x-y|}\right]_{\tau_e} dS - \frac{\partial}{\partial x_i}\int_{f=0}\left[\frac{L_{ij} n_j}{4\pi|x-y|}\right]_{\tau_e} dS$$
$$+ \frac{\partial^2}{\partial x_i \partial x_j}\int_{f>0}\left[\frac{T_{ij}}{4\pi|x-y|}\right]_{\tau_e} dV \quad (11\text{-}22)$$

其中声源表示为：

$$Q_i = \rho(u_i - v_i) + \rho_0 v_i$$
$$L_{ij} = \rho u_i(u_j - v_j) + P_{ij} \quad (11\text{-}23)$$

Lighthill应力张量为：

$$T_{ij} = \rho u_i u_j + [(p - p_0) - c_0^2(p - p_0)]\delta_{ij} - \sigma_{ij} \quad (11\text{-}24)$$

声源信息可以直接对固体壁面上的压力脉动进行采样并积分，还可在空间中设置可穿透包络面（Porous Surface）记录脉动压力。

桥面气动噪声传播如图11-9所示。

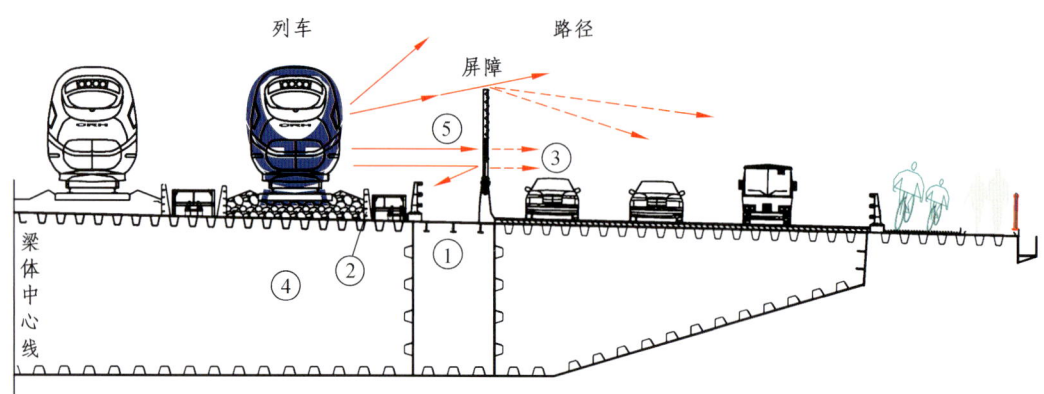

图11-9 桥面气动噪声传播示意

11.4 桥梁列车气动冲击波计算

11.4.1 计算模型

1. 开放桥面计算模型

开放桥面计算模型如图11-10所示。

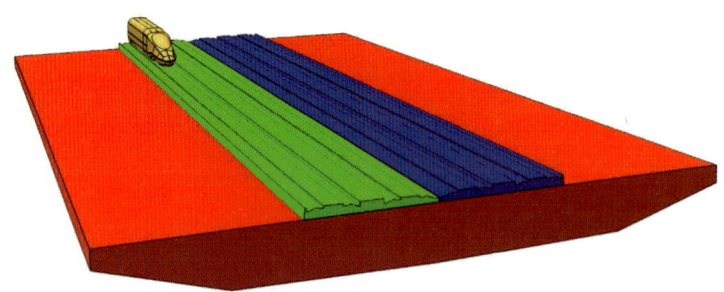

图11-10 开放桥面模型

模型参数：

• 运行速度：350 km/h。

• 流场尺寸：64 m × 20 m × 240 m。

• 时间步长：0.005 s。

• 采用CRH380S三节编组模型，分析中对车体进行了简化，忽略接触网、车间连接处的空腔细节。

2. 有屏障计算模型

该计算模型用于公铁合建桥梁桥面的不同屏障对桥面列车气动流场分布的影响规律研究，以及气动噪声研究。

模型参数：

• 运行速度：350 km/h。

- 流场尺寸：40 m × 20 m × 100 m。
- 空间离散：空间离散采用笛卡尔正交格子方式，最小网格尺度为2 cm，在列车表面、转向架附近及列车头尾部分离点处进行了网格加密，如图11-11所示，格子数量3800万。
- 时间步长：0.005 s。

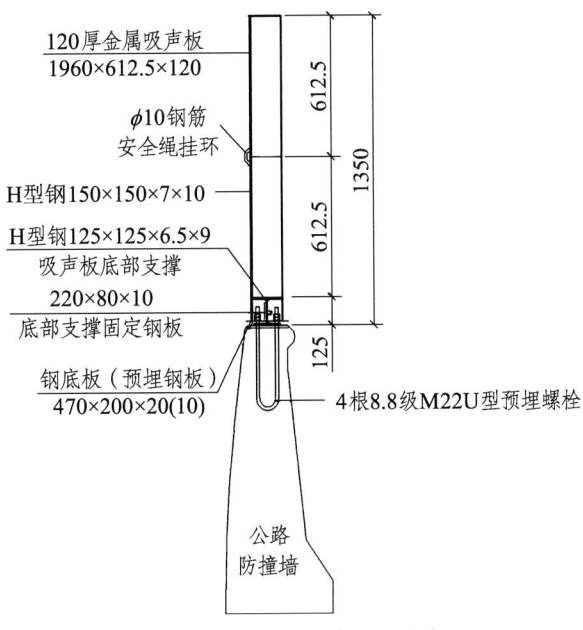

图11-11　综合屏障设计方案

11.4.2　开放桥面气动波效应

1. 桥面列车风

开放桥面的瞬态流场如图11-12，从流场断面看头车有显著峰值列车风速，且横向公路车道处最大风速与车鼻有滞后。同时，头车中部对应处风速减小，之后列车风速随列车长度方向逐渐增大，在列车的近尾迹区达到另一峰值，并受列车尾流区作用而衰减。

另外，列车侧面流场中有强烈的涡运动，主要集中在转向架空腔区。由于未考虑转向架和设备，因此车顶涡结构相对分布少，如图11-13所示。

开放桥面行车速度350 km/h，公路第一车道处（$x = 6.0$ m）时均风速沿列车长度分布如图11-14所示，测点为公路面以上$h=1.5$ m。由此可知，最高风速为16.2 m/s。

公铁相对行车速度400 km/h，公路第一车道处（$x = 6.0$ m）时均风速沿列车长度分布如图11-15所示，同一测点最高风速为22.2 m/s。

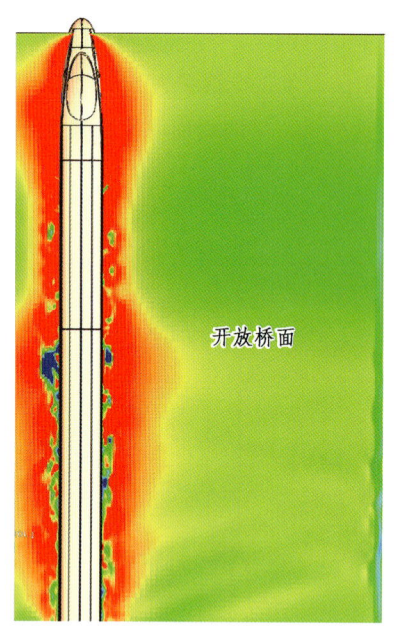

图11-12　列车侧面瞬态流场：流速分布

图11-13　列车侧面瞬态流场：涡量分布

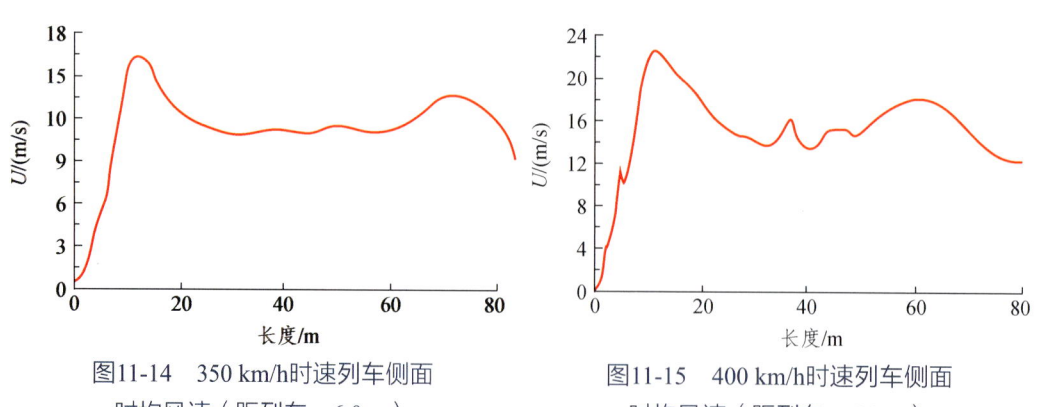

图11-14　350 km/h时速列车侧面时均风速（距列车 x=6.0 m）

图11-15　400 km/h时速列车侧面时均风速（距列车 x=6.0 m）

2．讨　论

本节数值模拟结果实际上提供了2组列车气动力样本，然而试验研究（郭易等，2021）表明，多次试验的列车风存在显著差异，头车诱导列车风相对稳定，而车身和车尾处列车风有明显的非定常特征，且列车风最大值往往在近尾迹区发生，因此应根据多个样本数据的特征进行条件平均分析，才能得到一般性结论。然而考虑到实际工程的需求和数值模拟方法可信度，可尝试不同初始条件下的数值计算结果，并对不同结果进行定性归纳分析，进一步得出一般性的结论。

11.4.3 有屏障桥面

1. 数值模型

有屏障桥面模型如图11-16所示。

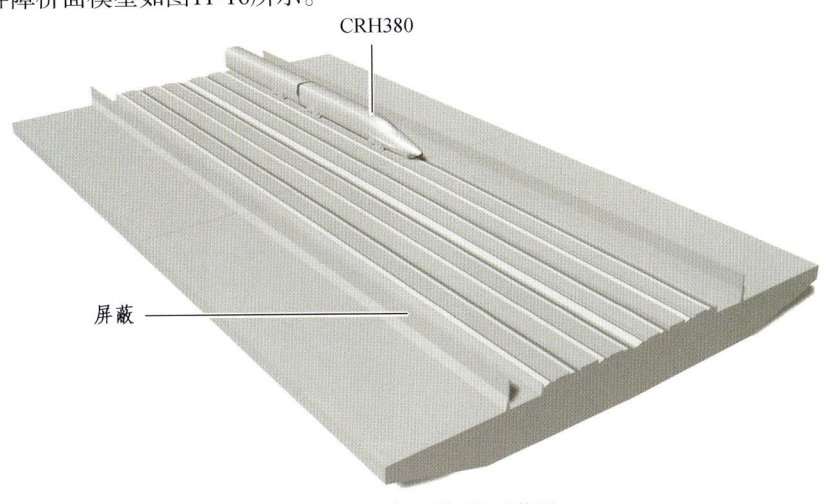

图11-16 有屏障桥面模型

2. $V = 350$ km/h

有屏障桥面的列车流场模拟结果如图11-17所示，车周高频涡运动主要集中在铁路防护墙以内，且主要向车顶移动，涡流横向扩散效应不突出。因此，列车风对斜拉索及防护屏障的影响主要为包含低强度湍流的诱导风。

根据铁路的流速断面，可知车顶两侧风速高于侧面的列车风速，其主要原因是挡渣墙、防护墙等构筑物的固定边界效应。

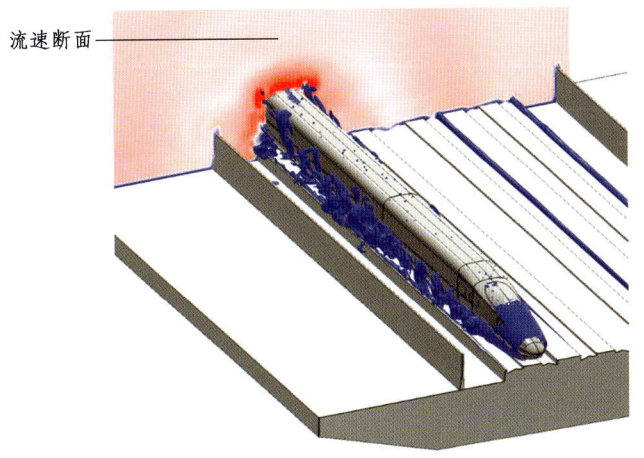

图11-17 列车侧面气动涡运动及横断面流速分布

桥面以上不同高度处的流速分布如图11-18～图11-20所示，对比可知综合防护屏障的挡风效应非常突出，如H=1.5 m和H=2.65 m高度处。

第一公路车道桥面以上1.5 m处时均列车风速如图11-21所示，屏障内几乎不受列车风的影响，桥面风速的符号甚至与行车方向相反。

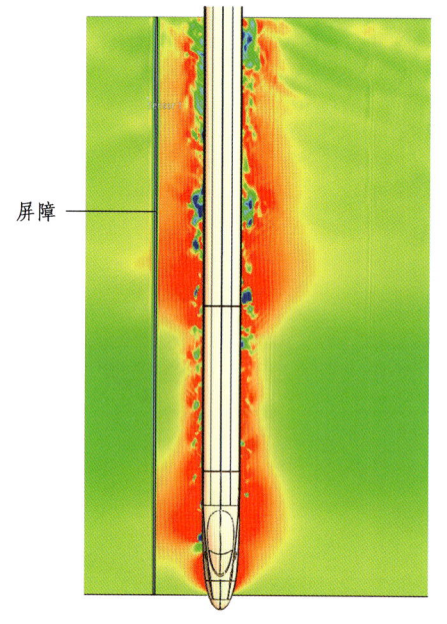

图11-18 列车风流速分布
（公路面以上H = 1.5 m）

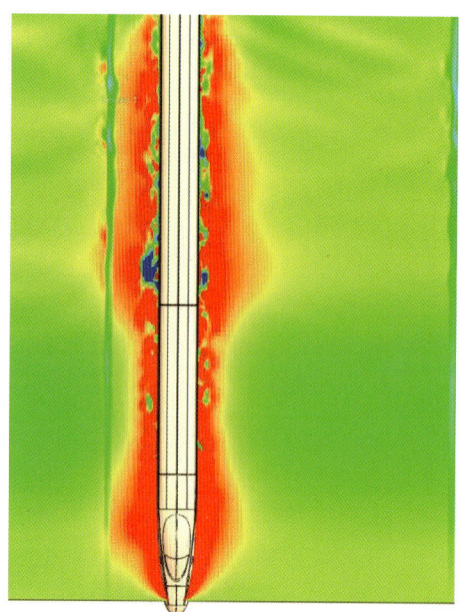

图11-19 列车风流速分布
（公路面以上H = 2.65 m）

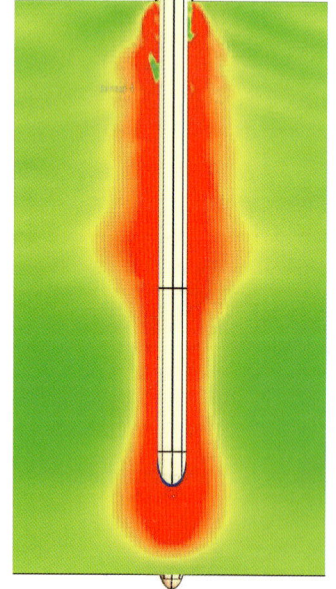

图11-20 列车风流速分布
（公路面以上H = 4.75 m）

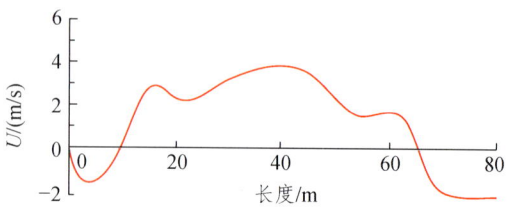

图11-21 350 km/h时速列车侧面时均风速
（距列车x=6.0 m，H=1.5 m）

11.5 桥上高速列车气动噪声分析

11.5.1 临港长江大桥的气动声源

通过前述有屏障桥面流场的气动冲击模拟分析结果，确定主要气动噪声源为车头和转向架空腔区，因此在全车设置了12个可穿透积分面。计算域内设置接收点，采用声类比方法计算近场噪声声压级，并与LBM计算结果进行了对比，两者吻合较好，一定程度上验证了基于LBM法进行气动噪声数值模拟的准确性和可行性。

11.5.2 FW-H噪声积分

根据气动声源的可穿透积分面，利用FW-H方程计算远场的噪声声压级。高速列车头车周围瞬态涡结构如图11-22所示。

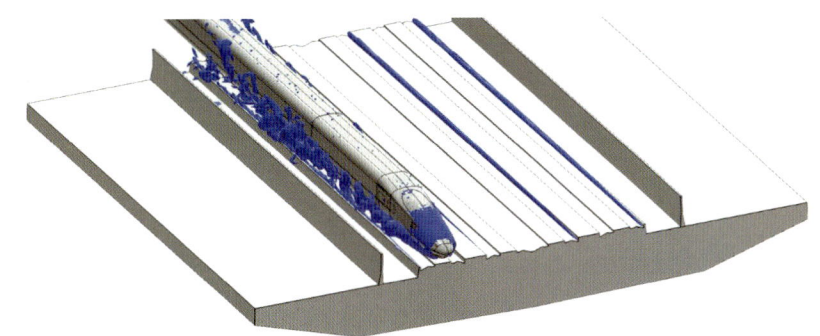

图11-22　高速列车头车周围瞬态涡结构

11.6 本章小结

公铁同层大桥上公路和铁路相向行驶，临港长江大桥公铁设计相对运行速度达400 km/h，设置综合屏障是必要的。通过研究得出主要结论如下：

（1）在既有基础上，研究了高速列车行车的弱压缩气动力的数值计算方法，并根据流场计算结果采用FW-H声压类比方法计算远场噪声水平。

（2）公铁同层大桥桥面行车的气动冲击效应显著，紧邻铁路的公路车道所受气动力约0.35 kPa，且瞬时的交变冲击不利于公路行车安全；数值模拟的时均列车风基本与规范吻合。

（3）综合防护屏障对列车风防护效果显著，几乎隔离公铁行车的不利影响。

（4）桥上高速列车的气动噪声显著，远场气动噪声数值模拟表明头车、尾车和转向架空腔是主要噪声源。本研究暂未考虑受电弓的噪声贡献。

（5）第一公路车道中心/路面以上1.2 m处的噪声预测值为71 dB（A），原设计防护屏障方案的总声压级衰减值为12 dB（A），能满足环境噪声要求。

参考文献：

[1] RAGHUNATHAN R S, KIM H D, SETOGUCHI T. Aerodynamics of high-speed railway train[J]. Progress in Aerospace Sciences,2002,38(6):469-514.

[2] MANCINI G, MALFATTI A. Full scale measurements on high speed train Etr 500 passing in open air and in tunnels of Italian high speed line[M]. Berlin: Springer, 2002:101-22.

[3] BAKER C J. A review of train aerodynamics Part 1-Fundamentals[J]. The Aeronautical Journal, 2014,118(1201):201-208.

[4] BAKER C J. A review of train aerodynamics Part 2-Applications[J]. The Aeronautical Journal,2014,118(1202):345-82.

[5] 田红旗. 中国高速轨道交通空气动力学研究进展及发展思考[J]. 中国工程科学，2015（4）：30-41.

[6] STERLING M, BAKER C, BOUFERROUK A, et al. An investigation of the aerodynamic admittances and aerodynamic weighting functions of trains[J].Journal of Wind Engineering and Industrial Aerodynamics, 2009,97(11):512-22.

[7] BAKER C J. The simulation of unsteady aerodynamic cross wind forces on trains[J].Journal of Wind Engineering and Industrial Aerodynamics, 2010,98(2):88-99.

[8] MORDEN J A, HEMIDA H, BAKER C J. Comparison of RANS and detached eddy simulation results to wind-tunnel data for the surface pressures upon a class 43 high-speed train[J].Journal of Fluids Engineering, Transactions of the ASME,2015 137(4):1-9.

[9] 清長倉. 新幹線鉄道の騒音問題[J]. 日本音響学会誌，2004，60（5）：284-289.

[10] 環境庁. 新幹線鉄道騒音に係る環境基準について[EB/OL]. [1975-01-01]. https://www.env.go.jp/kijun/oto3.html.

[11] KURITA T, HARA M, YAMADA H, et al. Reduction of pantograph noise of high-speed trains[J].Journal of Mechanical Systems for Transportation and Logistics,2010(3):63-74.

[12] KURITA T, WAKABAYASHI Y, YAMADA H, et al. Reduction of wayside noise from shinkansen high-speed trains[J].Journal of Mechanical Systems for Transportation and Logistics,2011(4):1-12.

[13] MANCINI G, MALFATTI A. Full scale measurements on high speed train Etr 500 passing in open air and in tunnels of Italian high speed line[M]. Berlin:Springer, 2002:101-122.

[14] POISSON F. Railway noise generated by high-speed trains[M].Berlin:Springer, 2015: 457-480.